Objective-C 2.0

Sebastian Meyer, Torben Wichers

Objective-C 2.0
Programmierung für Mac® OS X und iPhone

3., aktualisierte Auflage

mitp

Bibliografische Information der Deutschen Nationalbibliothek
Die Deutsche Nationalbibliothek verzeichnet diese Publikation in der Deutschen Nationalbibliografie; detaillierte bibliografische Daten sind im Internet über <http://dnb.d-nb.de> abrufbar.

Bei der Herstellung des Werkes haben wir uns zukunftsbewusst für umweltverträgliche und wiederverwertbare Materialien entschieden.
Der Inhalt ist auf elementar chlorfreiem Papier gedruckt.

ISBN 978-3-8266-9218-6
3., aktualisierte Auflage 2013

www.mitp.de
E-Mail: kundenservice@hjr-verlag.de
Telefon: +49 6221 / 489 -555
Telefax: +49 6221 / 489 -410

Lektorat: Sabine Schulz
Sprachkorrektorat: Petra Heubach-Erdmann
Coverbild: © Max Krasnov, fotolia.de
Satz: III-satz, Husby, www.drei-satz.de
Druck: Westermann Druck Zwickau GmbH

Inhaltsverzeichnis

Danksagung

Bücher entstehen aus Ideen, aber nicht von alleine. Wir möchten uns bei all jenen bedanken, die uns ermutigt und unterstützt haben dieses Buch zu schreiben und es zu dem zu machen was es jetzt ist.

Wir wollen zuerst den Stundenten danken, die an unserem Seminar zu Objective-C und Cocoa im Wintersemester 2008/2009 teilgenommen haben. Ohne sie wäre dieses Buch nie entstanden. Wir freuen uns, dass ein Seminar in diesem Bereich auch über die Grenzen der Leibniz Universität Hannover hinaus soviel Interesse hervorrufen konnte.

Wir danken ebenso dem Verlag und insbesondere unser Lektorin, die uns viele Freiheiten bei der endgültigen Ausgestaltung des Buches ermöglicht hat.

Unser Dank gilt weiterhin Prof. Parchmann und Prof. Schneider, die uns in vielen anregenden Gesprächen ermutigt und mit wertvollen Tipps unterstützt haben dieses Buch zu schreiben. Ebenso allen Kollegen, die ebenfalls ermutigende Worte für uns gefunden haben.

Nicht vergessen werden sollen all jene, die in unzähligen Stunden unsere Entwürfe auf Korrektheit und Sinnhaftigkeit überprüft haben.

Ebenso danken wir allen Lesern der ersten beiden Auflagen, die diese dritte, komplett aktualisierte Auflage erst ermöglicht haben.

In diesem Sinne gilt schließlich aber nicht zuletzt unser besonderer Dank Verena Oesterlein, für ihre Bereitschaft, uns über diese lange Zeit hinweg stets zu unterstützen, und die dafür aufgebrachte Geduld.

Über die Autoren

Sebastian Meyer und Torben Wichers haben an der Leibniz Universität Hannover Informatik studiert. Nach ihrem Abschluss als Master of Science arbeiten sie am Institut für Praktische Informatik in den Fachgebieten Software Engineering und Programmiersprachen und Übersetzer als wissenschaftliche Mitarbeiter. Zusammen veranstalten sie Seminare und Labore zu Themen der Compilerkonstruktion und Programmiersprachen wie Objective-C.

Einleitung

In diesem Buch wollen wir uns mit der Programmiersprache Objective-C sowie ihrem Einsatz im Zusammenhang mit dem Cocoa-Framework auf dem Mac und auf iOS-Geräten wie dem iPhone und dem iPad beschäftigen. Die Sprache an sich ist schon verhältnismäßig alt. Jedoch ist sie in der breiten Öffentlichkeit bislang nie richtig in Erscheinung getreten. Dies mag daran liegen, dass Objective-C so gut wie auf den Mac beschränkt ist. Mit dem wachsenden Erfolg der Macs und der Einführung des iPhones stehen die Vorzeichen für Objective-C gut. Auf beiden Plattformen, also sowohl Mac OS X als auch iOS, ist Objective-C die Standardsprache. Für das iOS ist sie sogar die einzige Sprache. Mit der Veröffentlichung von Mac OS X 10.5 (Leopard) hat Apple die Sprache auf die symbolisch bedeutsame Versionsnummer 2.0 angehoben. Für iOS steht entsprechend auch die neue Version 2.0 der Sprache zur Verfügung. Objective-C 2.0 fügt einige neue Konzepte und Sprachmittel ein, die die Entwicklung mit dieser Sprache noch effektiver und angenehmer machen.

Insgesamt lässt sich festhalten, dass Objective-C anders ist als besser bekannte Sprachen wie Java oder C++. Anders heißt in diesem Fall jedoch nicht schlecht. Eher möchte man sagen, Objective-C ist erfrischend anders. Denn Objective-C bietet uns Programmierern in der Sprache enthaltene Hilfsmittel, die wir in anderen Sprachen so nicht besitzen. Dies liegt zum einen am Alter der Sprache. Zur damaligen Zeit gab es noch nicht so viele Vorbilder für objektorientierte Programmiersprachen. Eigentlich nur eine: SmallTalk. So ist auch C++ zur selben Zeit entstanden. Das Hauptziel von Objective-C war, die in SmallTalk entwickelten Konzepte in eine C-ähnliche effiziente Sprache zu integrieren. Und dies ist damals wirklich gelungen, wodurch sich das sehr dynamische Verhalten von SmallTalk in Objective-C sehr gut wiederfindet und sehr viel Spaß beim Programmieren bringt.

Als zweiter Glücksfall für Objective-C erweist sich die Aktualisierung der Konzepte in Objective-C 2.0. Diese Sprachneuerungen wurden im Verhältnis zum Alter der Sprache selbst recht spät eingeführt. Dies ist aber durchaus ein Vorteil, da man erst nach all der Zeit allmählich versteht, was eine objektorientierte Sprache ausmacht und welche Sprachmittel man wirklich benötigt. Sehen Sie sich zum Vergleich einmal an, was gerade im Umfeld der Java Virtual Machine (JVM) geschieht. Dort entstehen eine Menge neuer Sprachen, die alle versuchen, die Unzulänglichkeiten und veralteten Paradigmen von Java zum Teil zu umgehen oder zu ersetzen, um eine moderne Sprache zu schaffen. Hier hat Apple mit Objective-C 2.0 durchaus ein glückliches Händchen gehabt und behutsam neue Aspekte in die Sprache eingeführt. Dabei ist es jedoch gelungen, die Sprache weiterhin so wirken zu lassen, als wäre sie aus einem Guss.

Die Konzepte, die Objective-C umsetzt, wirken von vorne bis hinten durchdacht. Sehr selten nur ist man gezwungen, einen Umweg zu gehen, um schließlich zum Ziel zu kommen. So ist zum Beispiel die Verwendung von Methoden mit benannten Parametern etwas, was man aus den meisten objektorientierten Sprachen nicht kennt. Man erkennt nach kurzer Einarbeitungszeit sofort, was eine Methode macht, ohne zuerst die Parameter nachschlagen und zuordnen zu müssen.

Schließlich bleibt anzumerken, dass man mit Objective-C in Kombination mit dem Cocoa-Framework in der Lage ist, sowohl schnell und einfach zu einem ersten Ergebnis zu kommen, als auch bis ins letzte Detail Einfluss zu nehmen. Dies gilt sowohl für den Mac als auch für iOS, viel mehr, als wir das von anderen Sprachen und anderen Systemen kennen. Wenn Sie einmal mit den Werkzeugen, die Apple bereitstellt, gearbeitet und das Cocoa-Framework ein bisschen besser kennen gelernt haben, werden Sie feststellen, dass es sich einfach gut anfühlt, damit zu arbeiten. Denn dies sind die Tools und die Sprachmittel und Bibliotheken, die auch Apple verwendet. Sie halten sie aber nicht in Cupertino hinter verschlossener Tür, sondern teilen, zumindest das meiste, mit uns Entwicklern. Was im Gegenzug den Effekt hat, dass Mac-Programmierer sich meist deutlich stärker mit ihren Programmen beschäftigen und identifizieren und dadurch immer noch ein wenig mehr polieren als ihre Kollegen auf anderen Plattformen.

Aber lassen Sie sich selbst in die Welt von Objective-C und der Programmierung für den Mac und iOS führen. Wir sind überzeugt davon, dass Sie es lieben und sich auch schnell als Mac-Entwickler fühlen werden. Wir hoffen, dass Sie beim Lesen dieses Buches genauso viel Spaß haben wie wir beim Schreiben und wünschen Ihnen viel Erfolg bei Ihrem nächsten oder vielleicht auch ersten Programm, das Sie in Objective-C schreiben.

An wen richtet sich das Buch?

Viele Objective-C-Bücher sind in der ersten Linie auch Bücher über die Sprache C. Dies wollen wir nicht. Wir wollen die Programmiersprache Objective-C in der Version 2.0 in den Mittelpunkt stellen. Dies hat allerdings zur Folge, dass wir davon ausgehen, dass Sie bereits mit der Programmiersprache C oder auch C++ programmiert haben. Ist dies nicht der Fall, können Sie dieses Buch natürlich trotzdem lesen, da die Beispiele so einfach wie möglich gehalten wurden.

Viele andere Teile gehen jedoch auch sehr in die Tiefe, wodurch ein gutes Verständnis der Sprache C vonnöten ist. In diesem Fall würden wir empfehlen, sich vorweg ein wenig mit der Programmierung in C auseinanderzusetzen und vor allem zu verstehen, wie nah man sich mit C an der Programmierung der Hardware befindet und welche Möglichkeiten dieses dem Programmierer durch die etwas »einfachere« Typprüfung bietet. Im Grunde hat die Programmiersprache C eigentlich keine echte Typprüfung, sondern nur eine Feststellung, wie viel Platz eine Variable im Speicher einnimmt. Für alle Interessierten und insbesondere Programmierer, die wenig bis keine Kenntnisse in C besitzen, gibt es aus diesem Grund im Anhang B einen kurzen C-Kurs, der Ihnen einen Einblick in die C-Programmierung gewährt.

Erfahrung mit der objektorientierten Programmierung müssen Sie jedoch nicht besitzen. Wir erklären das Konzept der objektorientierten Programmierung in diesem Buch von Grund auf. Denn die meisten objektorientierten Programmiersprachen sind gar keine richtigen reinen objektorientierten Sprachen, wodurch es sehr schwer ist, den Kern von objektorientierter Programmierung (OOP) zu verstehen. Dies trifft im Grunde auch auf Objective-C zu. Allerdings ist der Grad zwischen strukturierter prozeduraler Programmierung und objektorientierter Programmierung in Objective-C sehr gut gelungen. Also auch für Programmierer, die bereits eine objektorientierte Programmiersprache verwendet haben, macht es Sinn, zu kontrollieren, ob sie das OOP-Konzept auf die gleiche Weise bereits verstanden haben, wie es in Objective-C umgesetzt ist.

Aufbau des Buches

Dieses Buch teilt sich in zwei Teile. Der erste Teil beschäftigt sich mit der Programmiersprache Objective-C 2.0 und der objektorientierten Programmierung. Eine Einführung in die Entwicklungswerkzeuge von Mac OS X haben wir mit Absicht nicht in den ersten Teil des Buches aufgenommen, diese werden in Kapitel 8 im zweiten Teil vorgestellt. Lesen Sie sich erst einmal in die Programmiersprache Objective-C ein. Wenn Sie dann das Gefühl haben, genug verstanden zu haben, ist zu empfehlen, sich zunächst einmal mit den Entwicklungsumgebungen auseinanderzusetzen. Den Zeitpunkt sollten jedoch Sie bestimmen. Zum weiteren Verständnis gibt es für jedes Kapitel einen Abschnitt mit Übungsaufgaben. Die entsprechenden Lösungshinweise finden Sie gesammelt in Anhang A.

Wir beschäftigen uns in diesem Buch ausschließlich mit der Version 2.0 von Objective-C und der zum Zeitpunkt des Drucks aktuellen Version von Xcode. Daher sind alle Beispiele für eine Mac-OS-X-Version ab 10.7 ausgelegt. Dies betrifft insbesondere das automatische Reference Counting aus Kapitel 9. Für die Leser, die noch unter Mac OS 10.6 programmieren, haben wir die Features der Sprache und des Cocoa-Frameworks gekennzeichnet, die hier nicht oder nur eingeschränkt zur Verfügung stehen.

Die restlichen Teile sind, soweit nicht anders vermerkt, auch für den Einsatz unter Mac OS X 10.6 geeignet. An einigen Stellen kann es jedoch sein, dass eine benutzte Methode erst in 10.7 vorhanden ist. In diesen Fällen können Sie jedoch dem Text entnehmen, was die Aufgabe dieser Methode ist. Die Dokumentation von Apple bietet in diesen seltenen Fällen einen guten Anlaufpunkt, um eine äquivalente Methode für ältere Cocoa-Versionen zu finden.

- **Kapitel 1: Objekte und Klassen**

  Wir steigen aus diesem Grund im ersten Teil des Buches mit Kapitel 1 sofort bei der objektorientierten Programmierung und ihrer Realisierung in Objective-C mit Objekten und Klassen ein. Es gibt vorweg auch keine Einleitung in den C-Teil von Objective-C, da wir davon ausgehen, dass dieser bereits bekannt ist. Für alle Interessierten gibt es dennoch eine kurze Einführung in die Programmiersprache C in Anhang B.

- **Kapitel 2: Wie werden Nachrichten verarbeitet?**

  Um ein bisschen besser zu verstehen, wie Objective-C funktioniert, werden wir uns in Kapitel 2 anschauen, wie die objektorientierten Elemente von Objective-C in die Sprache C abgebildet werden können.

In den darauffolgenden Kapiteln 3 bis 7 des ersten Teils wollen wir uns einige zusätzliche Features von Objective-C ansehen, die zum Teil erst mit Objective-C 2.0 hinzugekommen sind. Bei diesen Features handelt es sich um einige sehr nützliche Details, die einem Programmierer in vielen Situationen das Leben stark erleichtern. Ein sehr nützliches Feature ist zum Beispiel, dass wir sogar bereits in einem Framework kompilierte Klassen durch Kategorien erweitern können.

- **Kapitel 3: Kategorien**

  Wie Kategorien eingesetzt werden können und was dabei zu beachten ist, untersuchen wir in Kapitel 3.

- **Kapitel 4: Properties**

  In Kapitel 4 befassen wir uns mit Properties, die eine bestimmte Art von Methoden, die sehr häufig benötigt werden, automatisch generieren. Jeder, der bereits eine objektorientierte Programmiersprache verwendet hat, die keine Properties besitzt, wird sie lieben. Sie erleichtern uns eigentlich in fast jeder Klasse das Leben.

- **Kapitel 5: Protokolle**

  Ebenso interessant sind die Protokolle aus Kapitel 5, die den Interfaces in anderen Sprachen sehr ähneln, allerdings einige interessante Eigenschaften mitbringen, die so in anderen Sprachen eher selten existieren.

- **Kapitel 6: Ausnahmebehandlung**

  Ausnahmen sind in modernen Programmiersprachen mittlerweile Pflicht geworden, um in einem Fehlerfall vom normalen Programmfluss abzuweichen und den Programmcode für den fehlerfreien Programmablauf von der Fehlerbehandlung zu entkoppeln. Hierdurch müssen nicht mehr ständig die Rückgabewerte von Funktionen für die Fehlerbehandlung verwendet werden und die Übersichtlichkeit von Programmen steigt enorm. Wie dies in Objective-C umgesetzt ist und wie es genutzt wird, damit beschäftigt ich Kapitel 6.

- **Kapitel 7: Blöcke**

  Mit Kapitel 7 und den Blöcken schließt dann der erste Teil des Buches ab. Blöcke sind eine Art von anonymen Prozeduren. Sie bieten im Vergleich zu normalen Funktionen jedoch einige Vorteile, die zu sehr interessanten Möglichkeiten und neuen Programmiervarianten führen.

Der zweite Teil des Buches

Im zweiten Teil des Buches wollen wir uns dann ansehen, wie die Programmiersprache Objective-C im Mac-Umfeld, also unter Mac OS X oder iOS, eingesetzt werden kann. Es handelt sich um einen Überblick über die dort vorhandenen Entwicklungswerkzeuge und mitgelieferten Frameworks. Dies ist beim Erlernen moderner Programmiersprachen meist der wichtigste Teil, da die mitgelieferten Frameworks immer größer werden. Das Lernen der eigentlichen Programmiersprache ist im Vergleich zum Einleben in ein neues Framework verhältnismäßig leicht. Dies gilt auch für Objective-C und den Umfang des Cocoa-Frameworks, dem wichtigsten Framework unter Mac OS X, das etwa 300 Klassen umfasst. Allerdings macht es immer wieder Spaß, mit dem Cocoa-Framework zu arbeiten, da die Konzepte sehr klar sind und alles wie aus einem Guss wirkt. Aus diesem Grund wollen wir uns in diesem Buch auch auf die Teile der Bibliothek konzentrieren, die infolge der Anwendungen mit grafischer Benutzeroberfläche selten im Vordergrund stehen, jedoch beim täglichen Gebrauch von Objective-C ständig benötigt werden. Ein weiterer Grund für diese Ausrichtung ist, dass es mit dem Buch *Cocoa Programmierung für Mac OS X* von Aaron Hillegass bereits ein sehr gutes Buch gibt, das nur jedem empfohlen werden kann. Hillegass konzentriert sich sehr stark auf die Entwicklung von grafischen Oberflächen. In diesem Buch sollen deshalb jene Teile des Frameworks betrachtet werden, die im Hintergrund hinter der grafischen Oberfläche stehen, jedoch fundamental wichtig für ein gutes Programm sind. Der zweite Teil soll deshalb auch eher als eine Art Nachschlagewerk angesehen werden und nicht als ein »Roman«, der von vorne bis hinten sequenziell durchgelesen wird. Lesen Sie lieber die Teile, die Sie besonders interessieren und die Sie in Ihrer Situation gerade brauchen. Wir wollen uns jedoch einmal genau anschauen, welche Inhalte in den einzelnen Kapiteln vermittelt werden sollen:

- **Kapitel 8: Die Cocoa-Umgebung**

  In diesem Kapitel wollen wir einen Überblick über die Cocoa-Entwicklungsumgebung unter Mac OS X und iOS geben. Dazu stellen wir die dort zur

Verfügung gestellten Entwicklungstools vor und zeigen, wie man mit ihnen sowohl für Mac OS X als auch für iOS Software entwickeln kann.

- **Kapitel 9: Memory Management**

  Da es sich bei Objective-C im Prinzip um C handelt, spielt das Memory Management eine sehr große Rolle. Mit dem Cocoa-Framework werden für den Programmierer allerdings zwei Verfahren mitgeliefert, die das Memory Management stark vereinfachen: das Reference Counting und das Garbage Collecting. Diese beiden Verfahren wollen wir in diesem Kapitel genau erklären. Ebenso den Unterschied zwischen automatischen und manuellen Reference Counting und was beim Übergang von einer Art in die andere zu beachten ist.

- **Kapitel 10: Grundlegende Klassen**

  Das Cocoa-Framework bietet eine große Auswahl an Klassen, die für die meisten Anwendungsfälle passende Lösungsansätze und Konzepte bereithalten. In einem normalen Programm werden Sie daher nicht die volle Spannbreite dieser Bibliothek nutzen. Es gibt jedoch einige wenige Klassen, die so zentral sind, dass sie die Grundbausteine jedes Programms bilden. Mit diesen grundlegenden Klassen wollen wir uns in diesem Kapitel detailliert beschäftigen.

- **Kapitel 11: Collections**

  Collections sind Sammlungen von Objekten. Jede moderne Programmiersprache bringt in ihrer Bibliothek Klassen mit, die solche Sammlungen auf unterschiedliche Art ermöglichen. Objective-C macht hier mit dem Cocoa-Framework keine Ausnahme, geht aber durch die Trennung in veränderliche und unveränderliche Sammlungen noch einen Schritt weiter. In diesem Kapitel wollen wir uns daher genauer mit der Collections-API des Cocoa-Frameworks beschäftigen.

- **Kapitel 12: Eingabe und Ausgabe**

  Kaum ein Programm kommt heute ohne die Ein- und Ausgabe von Daten in Dateien oder über Netzwerkverbindungen aus. Dieses Kapitel beschäftigt sich daher mit den reichlichen Möglichkeiten der Ein- und Ausgabe durch das Cocoa-Framework und beleuchtet ausführlich sowohl die Dateiebene als auch die Kommunikation über Netzwerke.

- **Kapitel 13: Introspektion**

  Da es sich bei Objective-C um eine eher dynamische objektorientierte Programmiersprache handelt, gibt es mit der Objective-C-Runtime-API einige beeindruckende Möglichkeiten, sich zur Laufzeit über das Programm zu informieren und eventuell sogar Änderungen am Programm durchzuführen. Wie weit diese Auskunfts- und Änderungsmöglichkeiten reichen, soll in diesem Kapitel betrachtet werden.

- **Kapitel 14: Design Patterns für Objective-C**

  Design Patterns spielen beim Entwurf von Software heutzutage eine bedeutsame Rolle. Sie fassen bewährte Implementierungen als eine Art Best Practice zusammen. In Kapitel 14 wollen wir uns vier Entwurfsmuster für die praktische Arbeit mit dem Cocoa-Framework ansehen.

- **Kapitel 15: Threading**

  Auf modernen Systemen wird es immer wichtiger, dass mehrere Programmteile parallel abgearbeitet werden können. Welche Möglichkeiten das Cocoa-Framework hierzu bietet und welche Risiken und Schwierigkeiten damit verbunden sind, wollen wir uns in diesem Kapitel ansehen.

- **Kapitel 16: Bundles**

  Anwendungen, die auf dem Mac oder unter iOS laufen, sind nicht nur eine Datei. Vielmehr sind Anwendungen in Wirklichkeit Verzeichnisse, die neben Programmcode auch Ressourcen wie zum Beispiel Bilder oder Texte enthalten können. In diesem Kapitel sehen wir uns an, wie wir diese Eigenschaft benutzen können, um ein Programm in verschiedenen Sprachen auszuliefern, oder auch, um ein Programm mit PlugIns nachträglich zu erweitern.

Beispiele und verwendete Werkzeuge

In den Kapiteln dieses Buches findet sich eine Vielzahl an Beispielen, um die Sachverhalte der einzelnen Kapitel zu verdeutlichen. Diese Beispiele sind mit Xcode 4.6 unter Mac OS X 10.8.2 entstanden und geprüft worden. Die Beispiele für iOS sind sowohl im Simulator als auch auf dem iPhone mit dem Betriebssystem iOS 6.0 getestet worden.

Die Werkzeuge zum Entwickeln von Software sind kostenloser Bestandteil des Betriebssystems Mac OS X. Die beiden wichtigsten Anwendungen sind Xcode und Interface Builder. Wie diese Tools zum Entwickeln von Software eingesetzt werden können, wollen wir uns in Kapitel 8 ansehen. Wer jedoch bereits mit einer modernen Programmiersprache und den dazugehörigen Entwicklungswerkzeugen gearbeitet hat, wird hier nicht sehr viele Überraschungen erleben und sich schnell einfinden.

Unter der folgenden Webseite können Sie auf Basis der Listingnummer die meisten Programmbeispiele herunterladen:

```
www.it-fachportal.de/9218
```

In den meisten Fällen handelt es sich nur um Ausschnitte aus den vollständigen Programmen. Die Ausschnitte sind häufig auf den Kern reduziert. Viele der Beispiele müssen erst in den Kontext einer `main`-Funktion eingefügt werden, um ausgeführt werden zu können. Bei Beispielen, die auf mehrere Dateien aufgeteilt sind, wurde in den meisten Fällen auf die Angabe der `#import`-Anweisungen verzichtet. Es kann jedoch davon ausgegangen werden, dass Klassen immer in zwei Dateien abgelegt sind. Für eine Klasse mit dem Namen `MyClass` wäre es die Datei `MyClass.h` für das Klasseninterface und `MyClass.m` für die Implementierung.

Wir verwenden bereits zu Beginn des Buches das Cocoa-Framework, um darauf unsere Beispiele aufzubauen. Hierbei verwenden wir natürlich auch Klassen aus diesem Framework und nicht nur eigene Klassen. Im Normalfall versuchen wir, diese Klassen dann auch zu beschreiben. Jedoch gibt es für eigentlich jede Klasse eine sehr gute Klassendokumentation, in der alle unterstützten Methoden beschrieben werden.

Wenn nichts Genaueres dazu geschrieben wird, handelt es sich bei den Testanwendungen, in denen die Beispiele entstanden sind, um Cocoa-Konsolenanwendungen. Wie man diese erstellt und verwendet, wird in Kapitel 8 beschrieben.

Um die Programme so einfach wie möglich zu halten, wurde beim Memory Management auf das automatische Reference Counting ARC zurückgegriffen (siehe Kapitel 9).

Für viele Beispiele sind Ausgaben als Bilder in den Kapiteln abgedruckt. Diese Beispiele sind Ausgaben der Programme, die als Bildschirmfotos aus der Anwendung *Konsole* von Mac OS X gewonnen wurden. Allerdings handelt es sich im Normalfall nur um einen Ausschnitt des gesamten Fensters.

Typografische Konventionen

Um Ihnen das Einfinden in die Texte dieses Buches zu erleichtern, haben wir einige typografische Konventionen festgelegt. Diese Konventionen wollen wir Ihnen nun kurz vorstellen.

Beispiele sind immer als ein hervorgehobener Block in einer Schrift mit festem Zeichenabstand wie folgt gekennzeichnet:

```
-(void)setBalance:(float)theBalance {
    accountBalance = theBalance;
}
```

Listing 1: Darstellung von Beispiel-Quellcode

Vollständige Methoden, Klassen oder längere Beispiele besitzen wie in diesem Fall (Listing 1) eigentlich immer eine Listingunterschrift mit Angabe einer eindeutigen Nummer.

Wird in den Beschreibungen zu den Beispielen auf Methoden oder Variablennamen Bezug genommen, so werden diese ebenfalls in einer Schriftart mit festem Zeichenabstand abgedruckt, wie zum Beispiel beim Methodennamen `setBalance:`. Ähnliches gilt für die Angabe von Dateinamen oder Internetadressen.

Namen von Bildschirmsteuerelementen oder Menübefehle werden kursiv abgedruckt (Beispiel: »*File/New Project...*«). Ebenfalls kursiv gedruckt sind Verweise auf externe Dokumente oder Bücher.

Unseres Erachtens nach wichtige Begriffe heben wir bei der ersten Verwendung fett hervor, zum Beispiel tritt in Kapitel 1 irgendwann in fett der Begriff **Polymorphie** auf.

Hinweis

Hinweise, Tipps oder Dinge, die Sie beachten sollten und die wir als besonders wichtig erachten, haben wir in eine solche graue hervorgehobene Box geschrieben, damit sie Ihnen besonders ins Auge fallen.

Historische Einordnung

Wenn man von Objective-C hört, denkt man in den heutigen Tagen sofort an Apple und Mac OS X. Die Programmiersprache Objective-C stammt jedoch bereits aus den frühen 1980ern, also aus einer Zeit etwa 20 Jahre vor dem Erscheinungsdatum von Mac OS X. Objective-C stellt eine Erweiterung der Programmiersprache C dar und wurde von Brad Cox und Tom Love in ihrem Unternehmen StepStone entwickelt. Objective-C ist damit etwa gleich alt wie die 1983 erschienene, sehr viel bekanntere objektorientierte Programmiersprache C++, die ebenfalls auf C basiert und von Bjarne Stroustrup bei AT&T entwickelt wurde.

Zu diesem Zeitpunkt basierten fast alle Software-Entwicklungen auf der strukturierten Programmierung. Durch die strukturierte Programmierung erhoffte man sich damals eine Möglichkeit, die immer größer werdenden Programme in kleinere handhabbarere Teile zerlegen zu können. Jedoch führten die immer größer werdenden Programme zu einem immensen Anstieg der notwendigen Prozeduren und der dazugehörigen Kontrollstrukturen, die entschieden, welche Prozeduren auszuführen waren. An eine effiziente Form der Wiederverwendung von Code war damit nicht zu denken.

Aus diesem Grund entstand die Idee der objektorientierten Programmierung. Die objektorientierte Programmierung versprach, das Heilmittel für die Zerlegung großer Projekte zu sein, und vereinfachte die Codewiederverwendung erheblich. Als eigentlich erste objektorientierte Programmiersprache wurde in den 1970er Jahren die Programmiersprache SmallTalk am Xerox-PARC-Forschungszentrum von Alan Kay, Dan Ingalls und Adele Goldberg entwickelt.

Das Konzept von SmallTalk war damals revolutionär. So soll Alan Kay 1970 zu Beginn seiner Zeit bei Xerox auf die Frage »*Was wird ihre wichtigste Errungenschaft hier sein?*« geantwortet haben: »*Der Personal Computer*«, und er skizzierte auf seinem Notizbuch, »*Ein Rechner dieser Größe, mit einem Bildschirm, einer Tastatur und genug Power, um ihre Post zu speichern und ihre Musik, Bilder und Bücher.*« Mit dieser Vorstellung stieß Kay bei Xerox auf Unverständnis, sie ließen ihn jedoch an seinem Projekt arbeiten.

Durch dieses Unverständnis wurde das Potenzial der Sprache und der damit entstandenen Umgebung von Xerox völlig unterschätzt, wodurch es nie zu einem echten Durchbruch kam, obwohl einige sehr interessante Ansätze zusammen mit SmallTalk entstanden sind. So wurde auf Basis von SmallTalk die erste interaktive grafische Benutzeroberfläche mit Mausbedienung und Menüsteuerung entwickelt (siehe Abbildung 1).

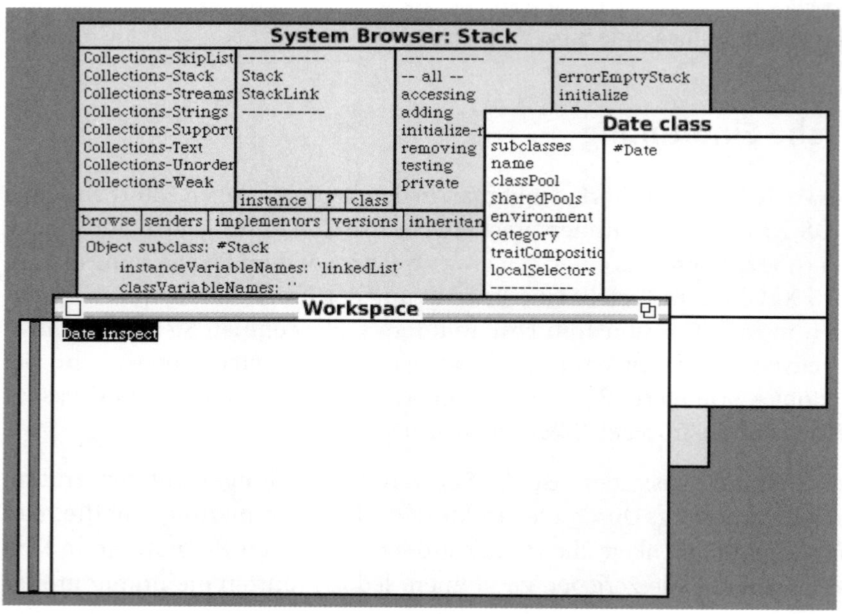

Abb. 1: Grafische Benutzeroberfläche in SmallTalk-80

Zu diesem Zeitpunkt kam auch das Unternehmen Apple mit Steve Jobs durch einen Besuch bei Xerox das erste Mal mit SmallTalk und den dort entstehenden Entwicklungen in Kontakt. Dieser Besuch war für Steve Jobs ein Wendepunkt, als er vernetzte Computer sah, die mit grafischer Benutzeroberfläche untereinander E-Mails austauschten und mit einer objektorientierten Programmiersprache programmiert waren. Steve Jobs sagte viele Jahre später über seinen Besuch bei Xerox: »*Ich war total geblendet von dem ersten Ding, das sie mir zeigten: Die grafische*

Benutzeroberfläche. Ich dachte, das ist das beste Ding, was ich je in meinem Leben gesehen habe. Es hatte noch viele Schwächen. Was wir sahen, war unvollständig. Sie hatten eine ganze Reihe Sachen falsch gemacht. Aber zu der Zeit wussten wir das nicht. Aber dennoch: Sie hatten den Keim der Idee geschaffen, und sie hatten es sehr gut gemacht. Und innerhalb von zehn Minuten war mir klar, dass eines Tages alle Computer so arbeiten würden.«[1]

Aus diesem Besuch entstand für Apple die Vision eines Rechners mit grafischer Benutzeroberfläche nach dem Vorbild von Xerox, woraus bis zum Jahr 1984 der erste Macintosh entstand. In Abbildung 2 sehen Sie den Apple Macintosh SE/30, der 1989 eingeführt wurde und dem ersten Macintosh äußerlich sehr ähnlich war. Was Steve Jobs und Apple allerdings unterschätzten, war die objektorientierte Programmierung auf Basis der Programmiersprache SmallTalk. Die Entwicklung von objektorientierten Programmiersprachen ging aus diesem Grund viele Jahre an Apple vorüber. Steve Jobs sagte hierzu in demselben Interview wie oben über seinen Besuch bei Xerox: »*... und sie zeigten mir wirklich drei Dinge, aber von dem ersten war ich so geblendet, dass ich die anderen beiden gar nicht richtig wahrgenommen habe. Eines der Dinge, die sie mir zeigten, war die objektorientierte Programmierung. Das haben sie mir gezeigt! Aber ich habe es nicht einmal wahrgenommen ...*«

Abb. 2: Apple Macintosh SE/30 von 1989

1 Aus dem Film *Triumph of the Nerds*, `http://www.pbs.org/nerds/`

Der größte Nachteil an der Programmiersprache SmallTalk war damals ihre Geschwindigkeit. Zur Ausführung von SmallTalk diente eine virtuelle Maschine, die später unter anderem als Vorbild für die virtuelle Maschine der Programmiersprache Java diente. Da Rechner zum damaligen Zeitpunkt jedoch noch sehr langsam waren, war durch die zusätzliche virtuelle Maschine die Programmiersprache SmallTalk viel zu langsam, um den Durchbruch in den freien Markt zu schaffen.

Viele andere Programme basierten damals auf der Programmiersprache C. Diese war durch ihre Nähe zur Hardware extrem effizient zu programmieren, wodurch auch auf langsamer Hardware effiziente Programme entstehen konnten. Die Vision hinter den Programmiersprachen C++ von Bjarne Stroustrup und Objective-C von Brad Cox und Tom Love war damals, die Ideen der Programmierung von SmallTalk auf die Programmiersprache C mit ihrer effizienten Ausführung zu übertragen. Auf welche Art und Weise diese Kombination erzielt wurde, unterschied sich jedoch stark. Bei der Programmiersprache C++ stand die Effizienz im Vordergrund, was zu einer eher statischen objektorientierten Erweiterung führte. Diese Effizienz stellte jedoch den großen Vorteil von C++ dar. Bei Objective-C standen eher die dynamischen Aspekte von SmallTalk im Vordergrund. So wundert es nicht, dass sich SmallTalk und Objective-C, was die Syntax angeht, sehr viel stärker ähnelten. Dies hatte allerdings zur Folge, dass Objective-C ebenfalls eher ein Nischendasein fristete. Die erste echte Beschreibung der Programmiersprache in seiner originalen Form veröffentlichten Cox und Love in dem Buch *Object-Oriented Programming, An Evolutionary Approach* im Jahr 1986.

Im Jahr 1988 gründete Steve Jobs, nachdem er Apple verlassen hatte, das Unternehmen NeXT. Mit NeXT hoffte Steve Jobs, seine Visionen nach seinen eigenen Vorstellungen umsetzen zu können. Hierzu entwickelte er eigene Rechner zusammen mit dem objektorientierten Betriebssystem NeXTSTEP. Für die Entwicklung lizenzierte NeXT die Programmiersprache Objective-C von StepStone und entwickelte seinen eigenen Compiler. Auf Basis von Objective-C entstanden dann die objektorientierten NeXTSTEP-Bibliotheken für das eigene Betriebssystem.

Nach dem Kauf von NeXT durch Apple im Jahr 1996 verwendete Apple unter der neuen Führung von Steve Jobs NeXTSTEP als Grundlage für die Entwicklung ihres neuen Betriebssystems Mac OS X. Hierzu gehörte auch die Programmiersprache Objective-C und die dazugehörigen Entwicklertools: **Project Builder**, aus dem später die Entwicklungsumgebung **Xcode** entstehen sollte, und der **Interface Builder**. Viele der Teile von NeXTSTEP finden sich heutzutage immer noch im Cocoa-Framework, der zentralen Bibliothek von Mac OS X, wieder. Mac OS X ist mit dem Cocoa-Framework damit die größte und ernst zu nehmendste Entwicklungsplattform für die Programmiersprache Objective-C.

Als Alternative zum Framework NeXTSTEP gibt es das auf dem OpenStep-Standard basierende Framework GNUstep. Auch dieses Framework greift auf die in der GNU Compiler Collection (gcc) integrierte Version der Programmiersprache Objective-C zurück.

Mit Mac OS X 10.5 entwickelte Apple dann eine an die eigenen Bedürfnisse angepasste Version von Objective-C. Diese veröffentlichte Apple im Jahr 2006 auf der *Worldwide Developers Conference* unter dem Namen Objective-C 2.0 als eine Revision der Programmiersprache Objective-C zur zusätzlichen Unterstützung von Garbage Collecting als modernes Memory-Management-Verfahren und mit einigen Syntaxerweiterungen sowie einer verbesserten Performance. Hierfür stellte Apple einen eigenen Compiler zur Verfügung. Bis jetzt ist nicht bekannt, wann und ob die Sprache Objective-C 2.0 in die GNU Compiler Collection für andere Systeme als Mac OS X Einzug halten wird.

Seit dem 11. Juli 2008 stehen Objective-C 2.0 und eine spezielle Version des Cocoa-Frameworks auch als Programmierumgebung für das von Apple entwickelte iPhone der Öffentlichkeit zur Verfügung. Apple bietet mit dem iPhone SDK einen revolutionären Ansatz für die Programmierung von tragbaren Geräten. Zusammen mit der Möglichkeit, eigene Programme über den AppStore auf eine sehr einfache Art und Weise verkaufen zu können, hat Apple einen extremen Boom für die Programmierung auf einem Handy ausgelöst und damit der Programmiersprache Objective-C zu einem späten Siegeszug verholfen.

Mit der Vorstellung des iPads am 27. Januar 2010 ist ein weiteres Gerät für die Programmierung mit Objective-C und dem Cocoa-Framework hinzugekommen. In diesem Zuge wurde das Betriebssystem iPhone OS in iOS umbenannt und steht seitdem beiden Plattformen zur Verfügung. Auch das neue AppleTV der zweiten Generation basiert auf dem neuen iOS. Hiermit zeigt Apple, dass der Weg des neuen Betriebssystems und der Programmierung mit Objective-C erst begonnen hat und sie mit iOS und Objective-C noch viel vorhaben.

Aber auch auf dem Mac selbst hält das Konzept eines zentralen Marketplace Einzug. Seit dem 6.1.2011 steht auch unter Mac OS X ab 10.6.6 ein Mac AppStore zur Verfügung. Über diesen können Entwickler ihre Programme allen Mac-Benutzern zur Verfügung stellen. Dieser Schritt vereinheitlicht die Entwicklungsstrategie von Apple für alle Gerätefamilien und wird insgesamt sicherlich der Programmiersprache Objective-C sehr förderlich sein.

Objective-C als Erweiterung zu ANSI-C

Wie zuvor bereits erwähnt, handelt es sich bei der Programmiersprache Objective-C um eine Erweiterung des ANSI-Standards für die Programmiersprache C. Hierdurch sind alle für ANSI-C geschriebenen Programmteile auch in Objective-C einsetzbar, das heißt, Sprachkonstrukte wie Schleifen, Abfragen und die Definition von Funktionen oder Datentypen bleiben identisch. Viele der zusätzlich hinzugefügten Sprachelemente dienen dazu, die objektorientierten Konzepte in C nachzupflegen. Es sind erstaunlich wenige zusätzliche Konstrukte notwendig, um eine objektorientierte Programmierung zu ermöglichen. Sie werden merken, dass die Programmierung in Objective-C für einen C-Programmierer sehr einfach zu erlernen ist. Mit der objektorientierten Programmierung und den hierzu hinzugefügten Sprachenelementen werden wir uns in Kapitel 1 ausführlich beschäftigen.

Als Compiler verwendet man unter Mac OS X die GNU Compiler Collection (kurz `gcc`). In diese wurde Objective-C 2.0 von Apple integriert. Allerdings existiert die GNU Compiler Collection mit Objective-C-2.0-Unterstützung nur für Mac OS X. Für andere Systeme steht nur die einfache Version von Objective-C zur Verfügung. Aus diesem Grund müssen Sie sich auch nicht wundern, wenn ein Programm, das unter Mac OS X kompiliert wurde, sich unter Linux nicht übersetzen lässt.

Womit startet ein Objective-C-Programm?

Da jedes C-Programm auch ein Objective-C-Programm ist, beginnt die Ausführung eines Objective-C-Programms ebenfalls mit der `main`-Funktion. Diese Methode muss irgendwo in einer der Quelldateien, die übersetzt werden, zur Verfügung gestellt werden. Damit der Compiler erkennen kann, dass es sich um Objective-C-Quellcode handelt und nicht um einfaches ANSI-C, ist die Endung für die Quelldateien nicht `.c`, sondern `.m`. In Objective-C gibt es jedoch auch zusätzlich die Möglichkeit, Definitionen in andere Dateien auszulagern. Diese Dateien enden äquivalent zu C mit `.h`. In einer der `.m`-Dateien eines Objective-C-Programms muss also eine `main`-Funktion der folgenden Art definiert sein:

```
int main (int argc, const char * argv[]) {
    // Objective-C Code
    return 0;
}
```

Diese Methode wird dann mit dem Starten der Anwendung ausgeführt und damit der darin enthaltene und übersetzte Quelltext ausgeführt.

Die Präprozessordirektive »#import«

Es gibt allerdings auch noch einige sehr nützliche Erweiterungen in Objective-C, die das Programmieren in Objective-C an vielen Stellen vereinfachen. Das wichtigste Sprachelement in diesem Zusammenhang ist die Präprozessordirektive `#import`. Mit Hilfe von `#import` kann der Quelltext in eine andere Datei hinzugefügt werden:

```
#import "someFile.h"
```

Die Verwendung von #import verhält sich sehr ähnlich zu der Verwendung von #include aus der Programmiersprache C:

```
#include "someFile.h"
```

Jedoch wird beim mehrfachen Auftreten von #import eine Datei nicht mehrfach hinzugefügt. Beim Befehl #include musste dies in C manuell abgebildet werden, wodurch der Aufbau einer .h-Datei für C immer wie folgt aussieht:

```
#ifndef _SOMEFILE_H_
#define _SOMEFILE_H_
    // Eigentlicher Quelltext
#endif /* _SOMEFILE_H_ */
```

Bei Verwendung von #import anstelle von #include kann dieses Konstrukt vollständig entfallen und es ergibt sich exakt das gleiche Verhalten. Hiermit ist eine beliebte Fehlerquelle ausgeschaltet und die Lesbarkeit der .h-Dateien erhöht sich, da nur noch der relevante Quellcode erhalten bleiben muss.

Darstellung von booleschen Werten

Ein weiterer Punkt, der die Lesbarkeit von Objective-C-Programmen erhöht, ist die Einführung des Datentyps BOOL als Standarddatentyp zur Darstellung von booleschen Werten. Ein solcher Datentyp existiert in ANSI-C nicht. Im C99-Standard oder C++ sind ebenfalls Datentypen zur Darstellung von booleschen Werten hinzugefügt worden. Bei C99 ist es der Datentyp _Bool und in C++ bool. Allerdings unterscheidet sich die Realisierung in Objective-C ein wenig von den anderen untereinander sehr ähnlichen Realisierungen.

Beim Datentyp BOOL in Objective-C handelt es sich eigentlich nur um eine Typdefinition auf signed char:

```
typedef signed char BOOL;
```

Außerdem gibt es zwei Konstanten, die als Wahrheitswerte »Wahr« (YES) und »Falsch« (NO) dienen:

```
#define YES  (BOOL)1
#define NO   (BOOL)0
```

Diese beiden Konstanten können einer Variablen vom Typ BOOL zugewiesen und in booleschen Operationen verwendet werden:

```
BOOL var1 = YES;
BOOL var2 = NO;
BOOL var3 = (YES || var2) & (var1 && NO);
```

Da in C implizit davon ausgegangen wird, dass 0 den Wert »Falsch« besitzt und jeder andere Wert einem »Wahr« entspricht, funktioniert diese Definition zum Beispiel in einer if-Abfrage wie erwartet:

```
if (var3) { printf("Ja"); } else { printf("Nein"); }
```

Diese Form der Definition hat allerdings zur Folge, dass einem BOOL jeder Wert zugewiesen werden kann, der auch einer Variablen vom Typ signed char zugewiesen werden kann.

```
BOOL var3 = 5;
if (var3) { printf("Ja"); } else { printf("Nein"); }
```

Aus diesem Grund muss das Vergleichen von booleschen Werten mit Vorsicht genossen werden. So führt die folgende Konstruktion nicht immer zum erwarteten Ergebnis, obwohl sie aus boolescher Sicht äquivalent zur vorherigen if-Abfrage sein müsste:

```
if (var3 == YES) { printf("Ja"); } else { printf("Nein"); }
```

So würde die zweite Variante der Variablen var3 mit dem obigen if zu der Ausgabe "Ja" führen, wohingegen die zweite if-Abfrage zu der Ausgabe "Nein" führt, obwohl man erwarten würde, dass beide Aussagen äquivalent sind.

Die beiden Datentypen _Bool und bool sind im Gegensatz zu BOOL allerdings fest in den Compiler eingebaut und funktionieren auch beim Objective-C-Compiler von Apple. Auch für diese beiden Datentypen gibt es Konstanten für die beiden Wahrheitswerte: true und false.

Dadurch, dass die beiden Datentypen jedoch fest in den Compiler integriert sind, besteht die Möglichkeit, mehr Semantik hinzufügen, als wenn davon ausgegangen wird, dass es sich nur um eine Typdefinition auf Basis von signed char handelt.

Im Prinzip werden auch die Werte von _Bool und bool wieder als Zahlen 0 und 1 mit der Länge von einem Byte kodiert. Allerdings können Variablen dieser beiden Typen keine anderen Werte annehmen. Hierzu folgendes Beispiel:

```
bool var1 = true;
bool var2 = false;
bool var3 = 5;
```

Die drei Variablen var1, var2 und var3 können hierdurch ebenfalls als Zahlenwerte interpretiert werden. Die Variable var1 besitzt dann den Wert 1 und die Variable var2 den Wert 0. Die Variable var3 besitzt im Vergleich zu BOOL allerdings nicht den Wert 5, sondern den Wert 1, da die 5 kein gültiger Wert für bool ist.

Der Grund hierfür ist, dass hinter jeder Wertzuweisung an eine Variable vom Typ bool oder _Bool eigentlich eine Abfrage der folgenden Form steckt:

```
bool var3 = 5 ? true : false;
```

Diesen Unterschied sollte man als Programmierer in Objective-C immer im Hinterkopf behalten. Und man sollte darauf achten, dass man bei Funktionen, die ein Argument vom Typ BOOL erwarten oder einen BOOL-Wert zurückgeben, auch Variablen vom Typ BOOL zur Übergabe der Werte verwendet. Entsprechendes gilt für die anderen Datentypen.

Teil I

Die Programmiersprache Objective-C 2.0

In diesem Teil:

Objekte und Klassen

Der größte Unterschied zwischen Objective-C und C ist die Erweiterung um objektorientierte Konzepte. Aber was genau macht die objektorientierte Programmierung aus? An diese Frage wollen wir uns im ersten Abschnitt dieses Kapitels zuerst einmal unabhängig von Objective-C heranwagen. In den Abschnitten 1.2 und 1.3 wollen wir dann zeigen, was Objekte in Objective-C sind und wie sie miteinander interagieren können. In Abschnitt 1.4 beschäftigen wir uns dann mit Klassen, um in Abschnitt 1.5 mit der Erzeugung von Objekten das Kapitel abzuschließen.

1.1 Was ist objektorientierte Programmierung?

Traditionell unterscheiden prozedurale Programmiersprachen wie C zwischen Daten und den Funktionen, die diese Daten verarbeiten. Die Daten selbst sind so lange statisch und unverändert, bis der Programmcode sie modifiziert. Der Programmcode auf der anderen Seite ist ohne die Daten wenig nützlich. Seine einzige Funktion ist das Verändern der Daten. Funktionen in prozeduralen Programmiersprachen haben keinen eigenen inneren Zustand. Diese Trennung ist begründet in der Art und Weise, wie Computer arbeiten, daher kann sie nicht einfach ignoriert werden. Objektorientierte Programmiersprachen verändern diese Strukturen, indem sie Daten und die zugehörigen Methoden gruppieren. Eine solche Gruppierung ist ein **Objekt** (Engl. **Object**).

Im Zusammenhang mit Objekten spricht man anstelle von Methoden auch gerne von **Nachrichten**, die ein Objekt versteht und die ihm gesendet werden können. Auf diese Nachrichten kann das Objekt dann reagieren und antworten.

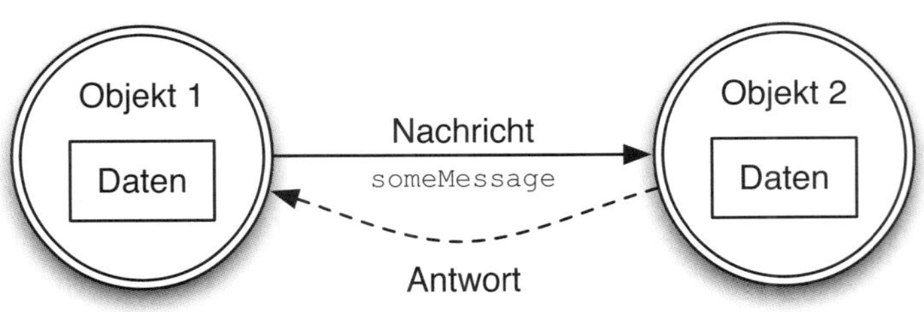

Abb. 1.1: Interaktion von Objekten über Nachrichten

In Abbildung 1.1 sieht man, dass ein Objekt 1 einem Objekt 2 eine Nachricht senden kann. In diesem Fall sendet Objekt 1 eine Nachricht mit dem Namen `someMessage`. Objekt 2 kann dann entscheiden, ob es diese Nachricht versteht und, wenn dies der Fall ist, auf Basis seines internen Zustands (Daten) darauf antworten. Anderenfalls führt das Senden der Nachricht zu einem Fehler. Realisiert wird dieses Bild von Nachrichten natürlich mit Methoden. Eine Nachricht besteht immer aus einer Identifikation (im Beispiel `someMessage`) und evtl. weiteren Argumenten. Für jede von einem Objekt unterstützte Nachricht muss dieses Objekt eine passende Methodenimplementierung zur Abarbeitung bereitstellen.

Die Idee hinter objektorientierten Sprachen ist also, dass ein Objekt sowohl einen Zustand (Daten) besitzt als auch Nachrichten versteht, die diesen Zustand ändern können. Durch die Kombination mehrerer Objekte und die Interaktion dieser untereinander kann ein komplettes Programm erstellt werden. Die beiden Basiskonzepte einer objektorientierten Programmiersprache sind also die Objekte selbst sowie ein Mechanismus, über den die Objekte miteinander über Nachrichten interagieren können. Eine der Ideen hinter objektorientierter Programmierung ist es, über Objekte die reale Welt besser nachbilden zu können.

Als Beispiel soll uns ein Auto dienen: Dieses hat einen inneren Zustand wie zum Beispiel die Füllung des Benzintanks oder die gefahrenen Kilometer sowie eine Möglichkeit, diesen Zustand zu manipulieren, indem es zum Beispiel Benzin verbrennt oder vorwärtsfährt. Wenn man genauer hinschaut, wird man feststellen, dass ein Auto eigentlich nicht ein einzelnes Objekt ist, sondern eine Ansammlung von mehreren kleineren Objekten wie Benzintank oder Motor. Wie fein ein Objekt exakt definiert ist, liegt in der Entscheidung des Betrachters.

Ein Vorteil, den man sich von der objektorientierten Programmierung verspricht, ist die bessere Wiederverwendbarkeit von geschriebenem Programmcode. Durch die Kombination von Objekten kann man das gleiche Objekt in unterschiedlichen Programmen verwenden, wenn ähnliche oder gleiche Probleme gelöst werden müssen. Ein anderer Vorteil ist die bessere Modularisierbarkeit von Programmen. Dadurch, dass man Objekte verwendet, kann man den Programmcode stärker als bisher nach Eigenschaften und Methoden gruppieren und damit eine deutlich stärkere Strukturierung ermöglichen.

David Parnas prägte 1972 den Begriff des **Information Hiding**, der besagt, dass ein Objekt nur das preisgeben soll, was wirklich wichtig zu wissen ist. So soll ein Algorithmus etwa nur angeben, was er tut und welche Daten er benötigt und zurückliefert. Wie er dies tut, ist jedoch für den Benutzer des Algorithmus nicht wichtig, es ist versteckt. Im Folgenden wollen wir uns zwei grundlegende Eigenschaften der Objektorientierung ansehen, die genau dieses Prinzip des Information Hidings umsetzen.

Polymorphismus

Unter **Polymorphismus** (im Deutschen etwa: Vielgestaltigkeit) versteht man die Eigenschaft einer objektorientierten Sprache, dass unterschiedliche Objekte auf die gleiche Nachricht unterschiedlich reagieren können. So kann eine Nachricht `berechneUmfang` eine unterschiedliche Implementierung besitzen, abhängig davon, ob sie zu einem Kreisobjekt oder einem Rechteckobjekt gehört. Aus Sicht des Programmierers können wir die Nachricht bei beiden Objekten aufrufen, ohne deren konkrete Ausgestaltung zu kennen. Ein anderes Beispiel ist die Addition. Wenn wir ein Bankobjekt haben, kann dieses sowohl eine Addition für einfache Geldbeträge anbieten als auch eine Addition von Immobilien, für die zuerst ein Wert festgestellt werden muss und möglicherweise noch weitere Faktoren ausschlaggebend sind. Jedoch rufen wir in beiden Fällen die Methode `addiere` auf, die unterschiedlich implementiert ist. Wenn wir den Blick noch einmal auf unser Autobeispiel lenken, so haben wir auch hier viele Beispiele für Polymorphie: So funktioniert die Möglichkeit zu beschleunigen sowohl bei einem Auto, das auf Benzin basiert, als auch bei einem Auto, das mit einem Elektromotor angetrieben wird, obwohl eventuell dafür intern unterschiedliche Aktionen ausgelöst werden müssen. Auch die Scheinwerferfassungen nehmen Glühlampen unterschiedlicher Hersteller an, solange diese die gleiche Fassung verwenden.

Kapselung von Daten

Ein zweites Konzept zur Umsetzung von Information Hiding ist die Kapselung der Daten. Wie wir wissen, enthält ein Objekt neben Daten auch Methoden, um diese Daten zu verändern. Es liegt nun nahe, den Zugriff auf die internen Daten eines Objekts zu beschränken und stattdessen Methoden anzubieten, die diese Daten setzen oder auslesen. Dies hat mehrere Vorteile. Zum einen ist die Integrität der Daten besser geschützt, wenn man jede Veränderung zuvor auf Gültigkeit prüfen kann und im negativen Fall die Veränderung der Daten unterbinden oder sie auf einen gültigen Zustand setzen kann. Zum anderen müssen Eigenschaften eines Objekts nicht an interne Variablen gebunden sein. Sie können zur Laufzeit beliebig aus anderen Daten berechnet werden. So ist zum Beispiel das Gesamtguthaben, das man bei einer Bank besitzt, die Summe aller Guthaben und Kredite, die dynamisch aus den aktuellen Werten berechnet werden kann.

1.2 Objekte und Dynamic Typing

Wie wir im vorherigen Abschnitt bereits gezeigt haben, nehmen in der objektorientierten Programmierung **Objekte** eine zentrale Rolle ein. Jedes Objekt besitzt einen inneren Zustand (**Instanzenvariablen**), der durch eine Menge von Operationen (**Methoden**, **Nachrichten**) von außen verändert werden kann. Welchen Zugriff ein Objekt über die Methoden von außen auf den internen Zustand gewährt und wie sich dieser daraufhin verändert, entscheidet das Objekt selbst. Ein Objekt bildet also eine Art Abstraktionsbarriere für die internen Daten. Als Basistyp zur Abbildung von Objekten in Objective-C dient `id`. Hiermit können beliebige Objekte dargestellt werden. Hierzu folgendes kurzes Beispiel:

```
id stringObj = @"Hello, World";
```

In diesem Beispiel wird ein Zeichenketten-Objekt erzeugt und der Variablen `stringObj` zugewiesen. Diese Variable ist vom Datentyp `id`. Der interne Zustand dieses Objekts bildet die Zeichenkette `"Hello, World"`. Zu Zeichenketten, die auf diese Weise erzeugt werden, kommen wir später in Abschnitt 10.3 wieder zurück.

Aber was genau ist `id` nun? Wie wir aus dem vorherigen Abschnitt wissen, ist die Idee bei der objektorientierten Programmierung, über Objekte Elemente bzw. Individuen aus der Realität abzubilden. Aus diesem Grund ist jedes erzeugte Objekt prinzipiell einzigartig. Zur Erstellung eines Objekts nimmt es zur Speicherung seiner internen Daten Hauptspeicher ein und bleibt bis zu seinem Lebensende an dieser Stelle gespeichert. Identifiziert wird ein Objekt also über seine Speicheradresse. Der gesamte Speicherinhalt, den ein Objekt einnimmt, wird also nicht bei jeder Wertzuweisung oder Parameterübergabe wie bei C-Strukturen kopiert. Aus diesem Grund ist der Datentyp `id` eigentlich nichts anderes als ein Pointer, der auf die Speicherstelle des Objekts zeigt. Wir werden später in diesem Kapitel noch einmal darauf zurückkommen, was `id` genau ist.

Als Null-Objekt dient in Objective-C das Schlüsselwort `nil`. Es zeigt äquivalent zu `NULL` aus C für Pointer auf die Speicherstelle 0, an der kein Objekt abgelegt werden kann. Auch `nil` hat als Datentyp in Objective-C den Datentyp `id`:

```
id someObj = nil;
```

Wie wir später sehen werden, kann der Typ eines Objekts nachträglich auch noch genauer spezifiziert werden. Über diesen Typ kann der Compiler feststellen, welche Methoden ein Objekt versteht, da nicht jedes Objekt gleich ist (siehe hierzu das Konzept der Klassen in Abschnitt 1.4). So ist ein Auto kein Fahrrad, oder ein Haus ist nicht gleich einem Boot. Diese zusätzlichen Typinformationen dienen im Grunde jedoch nur zur Unterstützung des Compilers. Ausreichend ist in allen Situationen der Datentyp `id`. Jedoch ist `id` in keiner Weise restriktiv oder schränkt den möglichen Funktionsumfang ein, der mit einem Objekt ausgeführt werden kann. Der Typ bzw. das Verhalten und die dazugehörigen Operationen, die ein Objekt versteht, werden alle zur Laufzeit dynamisch an das Objekt gebunden. Dieses Verhalten nennt sich **Dynamic Typing**. Da eine mögliche Typprüfung auf Basis des Datentyps `id` eher unmöglich ist, kann eine Prüfung im Prinzip erst zur Laufzeit stattfinden. Aus diesem Grund sind alle Prüfungen, die der Compiler auf Basis der doch vorhandenen Typen durchführt, eher als Hinweise und Warnungen zu verstehen und müssen nicht immer korrekt sein. Damit der Typ eines Objekts zur Laufzeit geprüft werden kann, besitzt jedes Objekt die Instanzenvariable `isa`. Diese Instanzenvariable zeigt auf ein anderes Objekt, das den Typ (**Klasse**) und damit die Metainfo zu einem Objekt repräsentiert. Wie genau es zu dieser Klasseneinteilung von Objekten kommt, sehen wir später in Abschnitt 1.4.

Das Dynamic Typing und die Auflösung des Typs über die Instanzenvariable `isa` sowie die Metainformationen, die damit zur Laufzeit über ein Objekt zur Verfügung stehen, bieten dem Programmierer die Möglichkeit, zur Laufzeit auf diese Informationen zuzugreifen und abhängig davon zu reagieren. Diese Möglichkeit, sich zur Laufzeit über die Metainformationen zu informieren, wird auch als **Introspektion** bezeichnet. Der Umfang der Selbstauskunft, die Objective-C einem Programmierer bietet, geht sehr weit und wird später in Kapitel 13 im Detail erklärt.

1.3 Nachrichten und Dynamic Binding

Neben dem Konzept der Objekte gehört die Idee, dass diese Objekte untereinander Nachrichten austauschen, zu den Grundkonzepten der objektorientierten Programmierung. Wir senden einem Objekt eine Nachricht, auf die dieses Objekt uns basierend auf seinem internen Zustand antwortet und diesen eventuell ändert. Jedes Objekt versteht eine andere Menge von Nachrichten. Die Nachrichten stellen die Abstraktionsbarriere zwischen der Außenwelt und dem internen Zustand eines Objekts dar.

Im Prinzip ist das Nachrichtenkonzept nichts anderes als der Aufruf einer Funktion und die Antwort ist der Rückgabewert dieser Funktion. Dabei kann die Funktion auf die Instanzenvariablen des Objekts zugreifen und diese eventuell auch ändern. Jedoch kann diese exakte Methode, die hinter einem Aufruf steckt, erst zur Laufzeit festgestellt werden. Dazu allerdings später.

Senden von Nachrichten

Wir wollen uns nun erst einmal ansehen, wie wir eine solche Nachricht an ein Objekt schicken. Zur Unterscheidung von einfachen C-Funktionsaufrufen wurde in Objective-C eine komplett neue Syntax eingeführt. Diese Syntax für Methodenaufrufe lehnt sich an die Syntax der Programmiersprache SmallTalk an.

Um einen Nachrichtenaufruf stehen immer eckige Klammern. Als erstes Element in den eckigen Klammern steht der Ausdruck, der das Objekt berechnet, an den die Nachricht geschickt werden soll. Darauf folgen der Name der Funktion und die Argumente.

Die einfachsten Formen von Nachrichten bzw. Methoden besitzen keine zusätzlichen Argumente. Auf den Ausdruck für das Objekt folgt also nur der Name der Methode:

```
id strObj = @"Hello, World";
int length = [strObj length];
```

In diesem Fall wird an das Zeichenketten-Objekt `strObj` die Nachricht `length` gesendet. Dieses Objekt gibt durch diese Methode die Länge seiner internen Zeichenkette zurück. Die Implementierung der Methode `length` hat also Zugriff auf das Objekt `strObj` und kann damit auf alle seine Instanzenvariablen zugreifen. Eine Nachricht kann äquivalent zu C-Funktionen auch keinen Wert als Ergebnis liefern. In diesem Fall ist der Rückgabetyp der Nachricht ebenfalls `void`.

Es gibt aber auch Nachrichten mit zusätzlichen Argumenten. Hierzu zuerst der Aufruf einer Methode mit einem Argument:

```
unichar ch = [strObj characterAtIndex: 4];
```

Bei einem Argument folgt auf das Objekt und die Methode noch das Argument, das dem Methodenaufruf mitgegeben wird. In diesem Beispiel wird von der Zeichenkette hinter dem Objekt `strObj` das vierte Zeichen beginnend bei 0 abgefragt, also das o. Als Hinweis auf ein Argument endet der Methodenname mit einem Doppelpunkt. Der Doppelpunkt hinter dem `characterAtIndex` gehört zum Namen der Methode. Es handelt sich allerdings nicht nur um eine Konvention, sondern gehört zur Syntax und kann auch somit nicht entfallen.

Bei mehr als einem Argument folgen nun nicht einfach mehrere Doppelpunkte gefolgt von der entsprechenden Anzahl der Argumente, sondern der Name der Nachricht wird in einzelne Teile zerlegt, um jeweils mit einem Doppelpunkt endend die einzelnen Argumente zu benennen. Für zwei Argumente sieht das Ganze dann wie folgt aus:

```
id str = @"Hello, World";
if ([str compare:@"hello, world" options:NSCaseInsensitiveSearch] == 0) {
    NSLog(@"Die Zeichenketten sind bis auf Groß-/Kleinschreibung gleich");
}
```

In diesem Beispiel wird das Objekt `str` mit dem Objekt für die Zeichenkette `@"hello, world"` verglichen. Als erstes Argument wird die Vergleichszeichenkette übergeben. Als zweites Argument mit dem Namen `options:` wird die Konstante `NSCaseInsensitiveSearch` übergeben, wodurch beim Vergleich der Zeichenketten die Groß- und Kleinschreibung nicht beachtet wird. Der Name der Methode setzt sich aus allen Einzelstücken inklusive der Doppelpunkte zusammen. In diesem Fall lautet der Name also `compare:options:`.

Für noch mehr Argumente setzt sich dieses Muster entsprechend fort. Die einzelnen Abschnitte des Namens vor den Argumenten dienen als eine Art benannte Argumente, wodurch genauer erkennbar wird, welche Aufgaben die einzelnen

Argumente besitzen. Im Gegensatz zu Programmiersprachen wie C++ oder Java gibt es dafür keine überladenen Funktionen.

Den Vorteil zwischen den benannten Parametern des Objective-C-Methodenaufrufs und dem Funktionsaufruf von C ohne benannte Parameter wollen wir im folgenden Beispiel noch etwas verdeutlichen:

```
StringCompareWithOptions(str, "hello, world", NSCaseInsensitiveSearch];
[str compare: "hello, world" options: NSCaseInsensitiveSearch];
```

Hier sieht man sehr schön, dass die Beschreibung der Funktion inkl. Argumentnamen bei C vorne im Namen der Funktion stehen und hinten als kommaseparierte Liste die Argumente folgen. Ein echter Bezug zwischen Argumenten und Namen existiert also nicht. Bei dem Objective-C-Methodenaufruf sieht es hingegen anders aus. Hier sieht man sehr deutlich, welche Aufgabe die einzelnen Argumente übernehmen. Noch deutlicher wird das Ganze, wenn man die in C-Programmen üblichen sehr kryptischen und kurzen Funktionsnamen verwendet. In diesem Fall ist eine Deutung der Argumente nur noch über den Funktionsablauf oder eine zusätzliche Dokumentation möglich.

Hinweis

Da der Doppelpunkt zum Namen gehört, wäre als Name einer Funktion oder eines Arguments auch nur der Doppelpunkt denkbar. Hiermit würde jedoch der Vorteil der Benennung der Argumente verloren gehen, wodurch die Aufgabe einzelner Argumente am Namen nicht mehr zu erkennen ist.

Es gibt allerdings auch Methoden, die eine variable Anzahl an Argumenten annehmen. Beim Aufruf solcher Methoden übergibt man dem letzten Argumentnamen eine Liste von Ausdrücken als Argumente. Eine formatierte Zeichenkette lässt sich dann zum Beispiel über die Funktion `stringWithFormat:` wie folgt erzeugen:

```
id strObj = [NSString stringWithFormat:@"a = %f, b = %i", 3.14, 25 + 7];
```

Die drei Argumente `@"a = %f, b = %i"`, `3.14` und `25 + 7` werden als kommaseparierte Liste dem letzten und einzigen Argument übergeben. Die Kommata selbst gehören im Gegensatz zum Doppelpunkt dann allerdings nicht zum Namen der Methode.

Die Aufrufe von Methoden dürfen natürlich auch beliebig geschachtelt werden. So dürfen sowohl das Argument, an das eine Nachricht geschickt wird, als auch die Argumente einer Nachricht selbst sich wieder aus einem Aufruf einer Nachricht ergeben:

```
int len = [[NSString stringWithFormat:@"Pi = %f", 3.14] length];
[obj1 someMessage: [obj2 someOtherMessage] argument: 22 - 7];
```

Wichtig

Durch die Zerteilung des Methodennamens in einzelne Teile zur Benennung der Argumente könnte man auf die Idee kommen, dass man einige Argumente auch weglassen könnte oder die Reihenfolge der Argumente beliebig wäre. Dies ist jedoch nicht erlaubt. Ein Methodenaufruf muss immer inklusive aller Argumente in der richtigen Reihenfolge geschehen. In manchen Situationen scheint es allerdings so, als ob Argumente doch wegfallen dürften, da in Programmen Methoden mit ähnlichen Namen, aber unterschiedlichen Argumenten verwendet werden. Hierbei handelt es sich dann allerdings auch wirklich um unterschiedliche Methoden. So gibt es zu der oben verwendeten Methode `compare:options:` bei Cocoa-Zeichenketten auch die Methode `compare:` ohne das Argument `options:`.

Es gibt seit Objective-C 2.0 noch eine weitere Form des Methodenaufrufs über den Punkt-Operator (.). Mit dieser Art des Methodenaufrufs werden wir uns in Abschnitt 4.3 genauer beschäftigen.

Dynamic Binding und Polymorphismus

Wie wir gezeigt haben, unterscheiden sich Nachrichten oder Methodenaufrufe auf Objekten stark von den klassischen Funktionsaufrufen der Programmiersprache C. Neben den Unterschieden in der Syntax ist der größte Unterschied, dass sich eine Nachricht immer auf ein Objekt bezieht. Dieses Objekt entscheidet auf Basis des Methodennamens dann, welche implementierte Funktion in Wirklichkeit zur Bearbeitung dieser Nachricht ausgeführt wird. Die Tatsache, dass sich unterschiedliche Objekte auf ein und dieselbe Nachricht völlig verschieden verhalten können, nennt man auch **Polymorphismus**. So reagiert zum Beispiel ein Objekt, das einen Kreis darstellt, auf eine Methode `display` zum Zeichnen des Objekts ganz anders als ein Objekt, das ein Rechteck darstellt, obwohl beide die Methode `display` verstehen. Durch den Polymorphismus der Methodenaufrufe ändert sich die Art, wie man eine objektorientierte Sprache programmiert, erheblich. In Programmiersprachen wie SmallTalk kann aufgrund des Polymorphismus sogar ganz auf Steuerstrukturen wie `if`-Anweisungen oder Schleifen verzichtet werden.

Ermöglicht wird der Polymorphismus in Objective-C erst durch die Unterscheidung zwischen Methodennamen und Implementierung. Aus diesem Grund gibt es in Objective-C für Methodennamen, auch **Selektor** genannt, den Datentyp `SEL` und für die Implementierung den Datentyp `IMP`. Für jeden Selektor kann es in einem Programm also eine Vielzahl an verschiedenen Implementierungen geben. Für die Methode `compare:options:` bekommt man den Selektor zum Beispiel durch folgende Anweisung:

```
SEL methodSelector = @selector(compare:options:);
```

Über einen solchen Selektor wird dann bei einem Methodenaufruf die passende Implementierung für das entsprechende Objekt zur Laufzeit gesucht. Man bezeichnet diesen Suchvorgang äquivalent zum Dynamic Typing auch als dynamische Bindung (**Dynamic Binding**). Wie genau diese Suche in Objective-C eingebaut ist und wie sie funktioniert, wollen wir uns später in Kapitel 2 ansehen. Bis jetzt reicht uns erst einmal, dass es eine Unterscheidung zwischen Selektor und Implementierung gibt und dass Methodenaufrufe dynamisch zur Laufzeit an die korrekte Implementierung gebunden werden, um Polymorphismus zu ermöglichen.

Sonderrolle des Null-Objekts »nil«

Eine Sonderrolle im Bezug auf Methodenaufrufe nimmt das Null-Objekt `nil` ein. Im Gegensatz zu vielen anderen Programmiersprachen versteht das Null-Objekt jede beliebige Nachricht, die man ihm schickt. Für den Fall, dass die Methode eine Zahl als Ergebnis erwartet, liefert das Null-Objekt die Zahl 0 in dem entsprechenden Datentyp zurück. Wird ein Objekt oder ein Pointer als Ergebnis erwartet, zeigt das Ergebnis auf die Speicheradresse 0.

Hierzu das folgende Beispiel mit der Ausgabe in Abbildung 1.2:

```
id objVar = nil;
int intVar = [objVar someMethod: 5 + 7];
id idVar = [objVar someOtherMethod: nil arg: 6];

NSLog(@"intVar = %i", intVar);
NSLog(@"objectVar = %@", idVar);
```

Listing 1.1: Senden von Nachrichten an `nil`

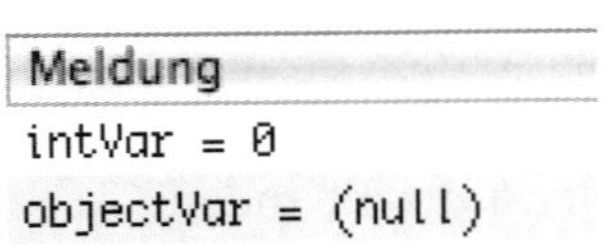

Abb. 1.2: Senden von Nachrichten an das Null-Objekt

Diese Sonderrolle erlaubt es, an vielen Stellen im Programm sehr viel einfacher Programme zu schreiben. Andernfalls müsste man vor jeder Verwendung eines Objekts prüfen, ob es das Null-Objekt ist:

```
if (objVar != nil) {
    [objVar someMethod];
}
```

In Programmen vieler anderer Programmiersprachen sieht man sehr häufig solche Aufrufe. Dies hat damit zu tun, dass Null-Objekte in anderen Programmiersprachen einen Ausnahmezustand darstellen. Der Versuch, einem Null-Objekt eine Nachricht zu senden, resultiert dann in einem Fehler. Da `nil` in Objective-C keine Ausnahmesituation darstellt, sondern ein normales Objekt ist, kann auf diese Abfrage verzichtet werden. Durch den Wegfall dieser Abfragen erhöht sich die Lesbarkeit von Programmen an vielen Stellen ernorm. Für den Fall, dass ein Objekt allerdings für sehr viele Methodenaufrufe hintereinander benötigt wird, kann sich jedoch aus Performancegründen eine vorherige Abfrage auf `nil` trotzdem lohnen.

1.4 Klassen

In den vorherigen Abschnitten haben wir gezeigt, dass bei Objective-C die Objekte eine zentrale Rolle einnehmen. Diesen Objekten können wir Nachrichten schicken, auf die sie reagieren. Das Verhalten eines Objekts steckt also in der Implementierung der unterstützten Nachrichten. Da es allerdings viel zu aufwendig wäre, wirklich für jedes Objekt das Verhalten genau zu definieren, bedient sich Objective-C dem Konzept der **Klassen**. Eine Klasse stellt eine Sammlung von Objekten dar, die das gleiche Verhalten besitzen, also eine Art Prototyp für ein späteres Objekt. Als Programmierer muss man nur das Verhalten dieser ganzen Klasse beschreiben, um das Verhalten aller Objekte (**Instanzen**) dieser Klasse zu bestimmen. Zur Identifizierung besitzt jede Klasse einen Namen. So beschreibt zum Beispiel die Klasse `NSString` im Cocoa-Framework alle Objekte, die eine Zeichenkette darstellen.

Die Namen beginnen per Konvention immer mit einem großen Buchstaben. Falls der Name aus mehreren Teilwörtern besteht, wie zum Beispiel `BankAccount`, wird jeweils der erste Buchstabe der Teilwörter großgeschrieben. Alle anderen Buchstaben sind ebenfalls klein. Sollten Teilwörter der Klasse zu einzelnen Buchstaben abgekürzt werden, wie bei `NSString` das `NS` (**N**ext**S**tep), so werden diese ebenfalls großgeschrieben. Diese Art der Namenskonvention nennt man auch **Camel Case** oder **Binnengroßschreibung**, aufgrund der immer wieder auftauchenden Großbuchstaben in einem sonst kleingeschriebenen Wort.

Allerdings sind in Objective-C auch Klassen wiederum Objekte. Für jede Klasse generiert der Compiler genau ein **Klassen-Objekt** je Klasse, auf das wir durch den Namen der Klasse zugreifen können. An dieses Objekt können wir natürlich auch wieder Nachrichten schicken. So kann zum Beispiel durch Senden der Methoden `alloc` an eine Klasse zunächst Speicherplatz für diese reserviert werden. Anschließend sendet man an das erhaltene Objekt die Methode `init`, um die Instanz dieser Klasse zu erzeugen:

```
id strObj = [[NSString alloc] init];
id myObj = [[MyClass alloc] init];
```

Neben dem Senden von `alloc` und `init` können diese beiden Schritte auch durch das Senden der Methode `new` an das Klassenobjekt erfolgen. Dadurch verändert sich das obige Beispiel wie folgt:

```
id strObj = [NSString new];
id myObj = [MyClass new];
```

Beide Möglichkeiten, eine Instanz zu erzeugen, liefern jeweils das gleiche Ergebnis.

Klassen-Objekte

Für die Klassen-Objekte gibt es den eigenen Datentyp `Class`. Um von einem Objekt die Klasse zu erfahren, gibt es die Methode `class`:

```
id obj = @"abcd";
Class objClass = [obj class];
```

In diesem Klassen-Objekt sind Metainformationen über die Klasse gespeichert. Zu diesen Metainformationen gehört zum einen der Name der Klasse (`[objClass className]`) sowie die Superklasse als Klassen-Objekt (`[objClass superclass]`). Es beinhaltet aber auch eine Auflistung aller Instanzenvariablen der Klasse sowie der Methoden inklusive der Typsignaturen, die durch die Klasse implementiert sind. Mit diesen Klassen-Objekten und der Auflistung der Methoden wird die dynamische Bindung zur Laufzeit durchgeführt (siehe Kapitel 2). Diese Metainformationen ermöglichen auch viele der Introspektionsmöglichkeiten von Objective-C. Interessant ist, dass viele der Informationen und damit das Verhalten eines Objekts auch zur Laufzeit verändert werden kann (siehe Kapitel 13).

Hinweis

Für jedes Klassen-Objekt, das der Compiler generiert, wird zusätzlich ein Metaklassen-Objekt generiert, das wiederum die Metainformationen für das Klassen-Objekt beinhaltet. Für dieses Metaklassen-Objekt gibt es kein weiteres Metametaklassen-Objekt. Das Metaklassen-Objekt wird allerdings nur intern vom Laufzeitsystem verwendet.

Zugriff auf das Klassen-Objekt erhält man auch direkt über den Namen der Klasse, indem man diesem die Nachricht `class` sendet:

```
Class strClass = [NSString class];
```

Wenn man in diesem Klassen-Objekt eine Nachricht schicken möchte, kann man dieses auch direkt erledigen, ohne sich zuerst das Klassen-Objekt mit der Nachricht `class` zu holen, das heißt, der Ausdruck `[NSString className]` ist äquivalent zu `[[NSString class] className]`. Will man das Klassen-Objekt aber zum Beispiel in einer Variablen speichern (wie oben) oder als Argument einer Methode übergeben, so kann nicht nur der Klassenname verwendet werden. Der folgende Ausdruck erzeugt also einen Übersetzungsfehler:

```
Class strClass = NSString;
```

1.4.1 Static Typing als Alternative zum Dynamic Typing

Zur dynamischen Typisierung über den Datentyp `id` gibt es als Alternative die Möglichkeit, den Typ eines Objekts auch genauer zu beschreiben. Hierzu dient die Zugehörigkeit zu einer Klasse als Typzuordnung. Die Klasse selbst nimmt in diesem Fall die Rolle des Datentyps ein. Die Identifizierung des Typs geschieht ebenfalls über den Namen der Klasse. Allerdings handelt es sich dadurch nicht automatisch um einen Pointer wie bei der Verwendung von `id`. Da eine Zeichenkette in Cocoa über die Klasse `NSString` dargestellt wird, ist ein Objekt der Klasse auch vom Typ `NSString*`:

```
NSString* strObj = @"Hallo, World";
```

Durch diese Art der Typisierung von Variablen bekommt der Compiler zusätzliche Informationen über das Verhalten bzw. die Instanzenvariablen und unterstützten Methoden des möglichen Objekts, auf das die Variable zeigt. Mit diesen zusätzlichen Informationen kann der Compiler bereits zum Zeitpunkt des Übersetzens die Typen bei der Verwendung dieser Variablen prüfen. Somit können zum Beispiel Methodenaufrufe geprüft und, falls eine Methode von einem Objekt des entsprechenden Typs bzw. der entsprechenden Klasse nicht unterstützt wird, eine Warnung ausgegeben werden. Diese Form der zusätzlichen Typisierung und Nutzung der Typinformationen zur Übersetzungszeit nennt man auch statische Typisierung (**Static Typing**).

Um möglichst viele Fehler eines Programms zu entdecken, die sich über Typen von Objekten erschließen lassen, ist es sinnvoll, soweit möglich, die statische der dynamischen Typisierung über `id` vorzuziehen. Außerdem erhöht die statische Typisierung oft die Lesbarkeit eines Programms erheblich, da sich die Bedeutung einer Variablen durch die Angabe ihrer Klasse viel besser erschließt.

Es gibt allerdings auch Situationen, in denen eine statische Typisierung nicht möglich ist. Wenn zum Beispiel nur ein beliebiges Objekt erwartet wird und sein Typ egal ist, so muss hierfür `id` verwendet werden. Ein Beispiel für solche Klassen, in denen die Verwendung von `id` nicht zu umgehen ist, sind die Klassen der Collection-API (siehe Kapitel 11). Sie dienen als Container-Klasse, um andere Objekte aufzunehmen, zum Beispiel zur Darstellung von Mengen. Diese Mengen dürfen dann beliebige Objekte, also Objekte vom Typ `id`, beinhalten. Ein anderes

Beispiel ist die Methode `init`, die wir im vorherigen Abschnitt bereits vorgestellt haben. Diese Methode initialisiert eine neue Instanz einer Klasse und gibt diese zurück. Der Rückgabewert dieser Methode ist also von der entsprechenden Klasse abhängig. Da diese Methode allerdings für alle Klassen nur einmal implementiert ist, ist ihr Ergebnistyp `id`. Man kann den Wert allerdings sofort einer Variablen des entsprechenden Typs zuweisen:

```
MyClass* myObj = [[MyClass alloc] init];
```

Genau diese Mischung aus dynamischer und statischer Typisierung stellt für den Compiler ein Problem dar, da an all den Stellen, an denen `id` verwendet wird, keine Informationen über den Typ vorhanden sind. Die Folge hieraus ist, dass die Typprüfungen, die der Compiler zur Übersetzungszeit durchführt, eventuell falsch sind. Aus diesem Grund werden die erkannten Typfehler auch nur als Warnungen und nicht als Fehler ausgegeben. Es kann also sein, dass Sie ein korrektes Programm schreiben, der Compiler allerdings trotzdem eine Warnung meldet. So führt zum Beispiel jeder Nachrichtenaufruf an eine Variable vom Typ `id` zu einer Warnung, da nicht sichergestellt werden kann, dass das Objekt diese Methode auch wirklich versteht.

1.4.2 Aufbau einer Klasse

Nachdem Sie nun bereits eine ganze Menge über Objekte, Methoden, Typen und Klassen gelesen haben, wollen wir uns nun einmal anschauen, wie wir unsere eigenen Klassen implementieren. Hierzu werden ähnlich zu Java oder C++ die Definitionen einer Klasse, das **Klasseninterface**, von den eigentlichen Implementierungen getrennt. Das Klasseninterface, mit Angabe der Instanzenvariablen und der unterstützten Methoden, wird normalerweise in der `.h`-Datei formuliert. Die eigentliche Implementierung der Methoden geschieht dann in der `.m`-Datei. Die Aufteilung in zwei Dateien ist wie in C für den Compiler jedoch nicht notwendig. Allerdings dienen die `.h`-Dateien dazu, mehreren getrennten Programmteilen die darin definierten Klassen bekannt zu machen. Übersetzt werden später nur die `.m`-Dateien, die sich auf die `.h`-Dateien beziehen. Dazu allerdings später. Versuchen wir nun, eine Klasse zu entwickeln, über die wir ein Bankkonto abbilden können. Gucken wir uns zuerst an, wie ein Klasseninterface aufgebaut ist:

```
@interface BankAccount : NSObject {
    // Instanzenvariablen
}
// Methodendeklarationen
@end
```

Listing 1.2: Struktureller Aufbau eines Klasseninterface

Ein Klasseninterface beginnt immer mit `@interface` und endet mit `@end`. Typischerweise steht dieses Klasseninterface in einer `.h`-Datei, die nach dem Namen der Klasse benannt ist, also `BankAccount.h`.

Der Name der neuen Klasse lautet `BankAccount`. Hinter dem Namen der Klasse folgt durch einen Doppelpunkt getrennt ihre Superklasse. In diesem Fall ist die Superklasse `NSObject`. Was dies genau bedeutet, wird im Abschnitt 1.4.3 beschrieben. Die Definition einer Superklasse kann auch entfallen, was allerdings nicht zu empfehlen ist. In Abschnitt 9.3.6 zeigen wir ein Beispiel für eine Klasse ohne Oberklasse. Bis jetzt wollen wir die Angabe der Superklasse erst einmal ignorieren.

Auf den Namen folgt in geschweiften Klammern die Definition der Instanzenvariablen. Die Werte dieser Instanzenvariablen bilden hinterher den internen Zustand einer Instanz dieser Klasse. Ein Beispiel für Instanzenvariablen könnte wie folgt aussehen:

```
NSString* name;
int accountNumber;
float balance;
```

Listing 1.3: Instanzenvariablen der Klasse BankAccount

In diesem Fall gibt es drei Instanzenvariablen: eine für den Namen des Kontoinhabers (`name`) als Zeichenkette, eine für die Kontonummer (`accountNumber`) und eine für den Kontostand (`balance`). Auf das Thema Instanzenvariablen gehen wir in Abschnitt 1.4.4 in aller Ausführlichkeit ein.

Zuletzt folgen die Methoden oder Nachrichtendeklarationen. Hier können sowohl die Nachrichten spezifiziert werden, die eine Instanz versteht, als auch die Methoden, die wir dem entsprechenden Klassen-Objekt schicken dürfen (**Klassenmethoden**). Beispiele hierfür sind folgende:

```
- (id) initWithNumber: (int) number andName: (NSString*) name;
+ (BankAccount*) accountWithNumber: (int) number andName: (NSString*) name;

- (int) accountNumber;
- (NSString*) name;
- (float) deposit: (float) money;
- (float) withdraw: (float) money;
- (float) balance;
```

Listing 1.4: Methoden der Klasse BankAccount

Bei den Methoden `accountNumber`, `name`, `deposit:`, `withdraw:`, `balance` und `initWithNumber:andName:`, die durch das Minus (-) gekennzeichnet sind, handelt es sich um Methoden, die ein Objekt dieser Klasse versteht. Das Plus (+) zu

Beginn von `accountWithNumber:andName:` kennzeichnet diese Methode als Klassenmethode, also als Methode, die das Klassen-Objekt versteht. Insgesamt sieht die Definition der Klasse `BankAccount` wie folgt aus:

```
@interface BankAccount : NSObject {
    NSString* name;
    int accountNumber;
    float balance;
}
- (id) initWithNumber: (int) number andName: (NSString*) name;
+ (id) accountWithNumber: (int) number andName: (NSString*) name;

- (int) accountNumber;
- (NSString*) name;
- (float) deposit: (float) money;
- (float) withdraw: (float) money;
- (float) balance;
@end
```

Listing 1.5: Vollständiges Klasseninterface der Klasse BankAccount

Die eigentliche Implementierung der Methode erfolgt dann in der entsprechenden `.m`-Datei, also in diesem Fall zum Beispiel `BankAccount.m`. Die Implementierung einer Klasse ist sehr ähnlich zu einem Klasseninterface aufgebaut:

```
@implementation BankAccount : NSObject {
    // Instanzenvariablen
}
// Methodenimplementierungen
@end
```

Listing 1.6: Struktureller Aufbau einer Klassen-Implementierung

Es unterscheidet sich nur darin, dass es nicht mit `@interface`, sondern mit `@implementation` beginnt. Außerdem sind nicht nur die Methodensignaturen angegeben, sondern die gesamten Implementierungen der Methoden. Die Implementierung für die Methode `deposit:` zum Einzahlen von Geld sieht zum Beispiel wie folgt aus:

```
- (float) deposit: (float) money {
    if (money < 0) return balance;
    balance += money;
    return balance;
}
```

Listing 1.7: Implementierung der Methode `deposit:`

In dieser wird das Einzahlen von Geld nur dann erlaubt, wenn ein positiver Betrag `money` eingezahlt werden soll. Ist dies der Fall, wird der Betrag zum Kontostand in der Instanzenvariablen `balance` aufaddiert. Als Ergebnis liefert die Funktion den neuen Kontostand.

Da jedoch eine Implementierung sich immer auf ein Klasseninterface beziehen muss und nicht von dessen Instanzenvariablen, Namen und Superklasse abweichen darf, sind viele der Informationen redundant. Um sich auf das Klasseninterface zu beziehen, müssen wir in der `BankAccount.m`-Datei die `BankAccount.h`-Datei importieren. Hierzu steht vor der Implementierung diese Zeile:

```
#import "BankAccount.h"
```

Aus diesem Grund können sowohl Superklasse als auch Instanzenvariablen entfallen und die Implementierung sieht wie folgt aus:

```
@implementation BankAccount
// Methodenimplementierungen
@end
```

Listing 1.8: Verkürzte Struktur einer Klassen-Implementierung

Eine Instanz der Klasse `BankAccount` kann dann wie folgt erzeugt werden:

```
BankAccount *account = [BankAccount accountWithNumber: 12345678
                                    andName: @"Max Mustermann"];
```

In Abschnitt 1.4.5 beschäftigen wir uns noch einmal genauer mit der Definition und der Implementierung von Methoden.

Verwendung von anderen Klassen

Bei der Definition von Klassen kommt es sehr häufig vor, dass andere Klassen für Instanzenvariablen oder als Rückgabewert oder Argumenttyp von Methoden verwendet werden. Um in diesen Situationen als Datentyp nicht einfach nur `id` zu schreiben, muss die Definition der Klasse bekannt sein. Nehmen wir als Beispiel an, dass wir in unserer Klasse `BankAccount` für eine Instanzenvariable `bank` die Klasse `Bank` verwenden:

```
@interface BankAccount : NSObject {
    Bank* bank;
    //...
}
// ...
@end
```

Listing 1.9: Verwendung der Klasse Bank

Gehen wir außerdem davon aus, dass die Klasse `Bank` in der Datei `Bank.h` definiert wurde. Eine Möglichkeit ist nun einfach, vor dem Klasseninterface die Datei `Bank.h` zu importieren:

```
#import "Bank.h"
```

Allerdings kann es passieren, dass diese Klasse ebenfalls die Klasse `BankAccount` verwendet oder eine Klasse, die `BankAccount` verwendet, oder so weiter. In diesem Fall würde sich ein zyklischer Import bilden.

Uns würde es aber reichen, wenn wir dem Compiler in der `.h`-Datei nur das Versprechen geben, dass es die entsprechende Klasse `Bank` gibt, und erst in der `.m`-Datei, in der wir für die Implementierung der Methoden genauere Informationen über `Bank` benötigen, den Import durchführen. Da `.m`-Dateien niemals importiert werden, würden somit garantiert keine Zyklen mehr existieren. Um in der `.h`-Datei ein solches Versprechen zu geben, kann das Schlüsselwort `@class` wie folgt eingesetzt werden:

```
@class Bank;
@interface BankAccount : NSObject {
    Bank* bank;
    //...
```

Listing 1.10: Bereitstellen der Klasse Bank ohne `#import`

Hiermit ist für die Definition der Instanzenvariablen `bank` bekannt, dass es eine Klasse `Bank` gibt, und es gibt keinen Übersetzungsfehler. Wenn nun in der Implementierung der Klasse `BankAccount` weitere Informationen über die Klasse `Bank` benötigt werden, kann der Import der Klassendatei in der Datei `BankAccount.m` durchgeführt werden.

Für die korrekte Übersetzung der Klasse `BankAccount` aus Listing 1.5 benötigt man die beiden Klassen `NSString` und `NSObject`. Da diese beiden Klassen Teil des Cocoa-Frameworks sind, können sie wie folgt importiert werden:

```
#import <Cocoa/Cocoa.h>
```

1.4.3 Vererbung

Beim Programmieren von Klassen treten oft Situationen auf, in denen mehrere Klassen zum Teil äquivalentes Verhalten zeigen. Diese Teile müssten in allen Klassen einzeln implementiert werden. Es gibt also wahrscheinlich gleiche Methoden mit gleicher Implementierung in verschiedenen Klassen. Genau an dieser Stelle setzt die Vererbung an. Sie bietet die Möglichkeit, gleiches Verhalten und damit Quellcode für verschiedene Klassen wiederzuverwenden. Dazu kann für mehrere Klassen eine **Oberklasse** programmiert werden, in der das Verhalten implementiert ist, das in allen **abgeleiteten Klassen** (auch **Unterklassen** genannt) gleich sein soll. Dabei werden in den Unterklassen sowohl Instanzenvariablen als auch Methoden von der Oberklasse geerbt. Eine Klasse, die als Oberklasse verwendet wird, kann ebenfalls eine Oberklasse besitzen. Die sich aus der Vererbung ergebende Hierarchie kann beliebig tief werden. Eine Klasse, die selbst keine Oberklasse besitzt, wird als **Wurzelklasse** bezeichnet, da sie sich in der Vererbungshierarchie auf oberster Stufe befindet. Eine Mehrfachvererbung, wie man sie auch aus manchen objektorientierten Programmiersprachen kennt, bei der eine Klasse mehrere Oberklassen besitzen kann und damit deren Verhalten vereint, gibt es in Objective-C nicht. In Objective-C kann eine Klasse maximal eine Oberklasse besitzen.

Die Wurzelklasse »NSObject«

Unter Mac OS X ist im Cocoa-Framework die Wurzelklasse `NSObject` für Objective-C definiert. Von dieser Klasse leiten sich im Prinzip alle Klassen des Cocoa-Frameworks ab. Ein Teil der Klassenhierarchie, die für das Abbilden von Collections gedacht sind, sehen Sie in Abbildung 1.3. Auch alle Klassen, die man als Programmierer im Zusammenhang mit dem Cocoa-Framework unter Mac OS X implementiert, sollten direkt oder indirekt von `NSObject` erben.

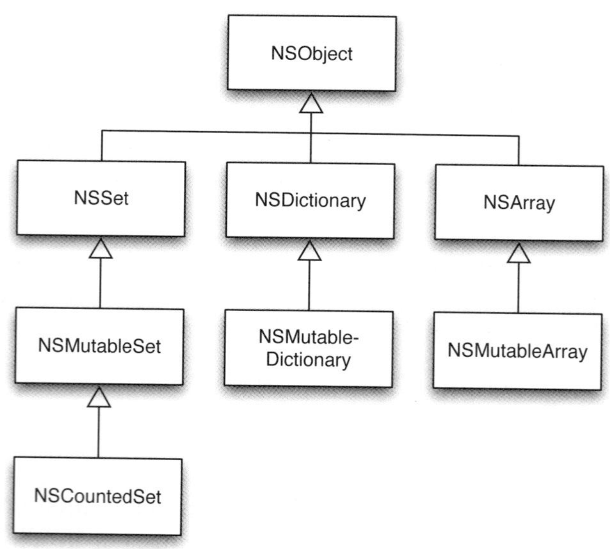

Abb. 1.3: Klassen-Ausschnitt aus dem Cocoa-Framework

In der Klasse `NSObject` ist das Grundverhalten eines Cocoa-Objekts festgelegt. So stellt `NSObject` die Instanzenvariable `isa` bereit. Diese Instanzenvariable zeigt bei jedem erzeugten Objekt auf sein passendes Klassen-Objekt. Auf Basis dieser Instanzenvariablen wird das Dynamic Typing und Dynamic Binding betrieben. Hierzu mehr in Kapitel 2.

Um von einer Klasse neue Instanzen erzeugen zu können, sind in der Klasse `NSObject` Methoden für die Objekterzeugung bereitgestellt. Bereits vorgestellt haben wir die Klassenmethode `new`. In Abschnitt 1.5 zeigen wir, wie die Objekterzeugung auf Basis von `NSObject` genau funktioniert.

Als Gegenstück zur Objekterzeugung sind in `NSObject` auch die Mechanismen für das Memory Management und damit die Erkennung des Lebensendes eines Objekts implementiert. Als zwei verschiedene Verfahren werden im Cocoa-Framework das Reference Counting und das Garbage Collecting bereitgestellt. Was sich hinter diesen Begriffen verbirgt und was Memory Management wirklich ist, erklären wir in Kapitel 9.

Weiter sehr interessant sind zum Beispiel die Methoden `isMemberOfClass:` und `isKindOfClass:`. Hiermit kann für ein Objekt geprüft werden, ob es exakt eine Instanz einer Klasse ist oder Instanz einer Klasse, die von der als Argument übergebenen Klasse erbt. Diese Funktionalität nennt man **Introspektion**. Die genauen Möglichkeiten der Klasse `NSObject` bzgl. Introspektion betrachten wir in Kapitel 13.

In `NSObject` sind aber noch eine ganze Menge weiterer Methoden bereitgestellt, die einem als Programmierer helfen und durch Vererbung allen Objekten aller abgeleiteten Klassen zur Verfügung stehen. Viele dieser Methoden werden in den einzelnen Kapiteln dieses Buches beschrieben. Es lohnt sich aber in jedem Fall, sich in der Klassendokumentation einen Überblick zu verschaffen.

Erweiterung der Klasse »BankAccount«

Als Beispiel zur Vererbung wollen wir uns ein Konto mit zusätzlichem Überziehungskredit ansehen. Hierzu erbt die Klasse `OverdraftAccount` von der Klasse `BankAccount` aus Listing 1.5:

```
#import <Cocoa/Cocoa.h>
#import "BankAccount.h"

@interface OverdraftAccount : BankAccount {
    float overdraft;
}
- (float) overdraft;
- (void) setOverdraft: (float) overdraft;
- (float) withdraw: (float) money;
@end
```

Listing 1.11: Klasseninterface der Klasse `OverdraftAccount`

Wir wollen uns genauer damit beschäftigen, wie die Instanzenvariablen und Methoden vererbt werden. Bei den Instanzenvariablen ist die Vererbung eigentlich ganz einfach. Die Instanzenvariablen einer Klasse sind nichts anderes als die Summe aller in der Klasse und ihrer Oberklassen definierten Instanzenvariablen. Dazu dürfen jedoch keine zwei Instanzenvariablen mit gleichem Namen existieren. Andernfalls führt dies zu einem Übersetzungsfehler. Den Instanzen der Klasse `OverdraftAccount` steht also sowohl die Instanzenvariable `overdraft` als auch `name`, `accountNumber` und `balance` aus `BankAccount` zur Verfügung. Hierzu kommen noch die von `NSObject` geerbten Instanzenvariablen wie `isa` hinzu.

Die Vererbung von Methoden verhält sich etwas komplizierter. Die Methoden, die eine Klasse zur Verfügung stellt, sind ebenfalls alle Methoden, die in der Klasse selbst oder einer ihrer Oberklassen definiert sind. Es werden sowohl Klassenmethoden als auch Methoden für die Instanzen vererbt. Allerdings können hier in den Unterklassen sowohl neue Methoden mit neuen Namen hinzugefügt werden als auch Methoden mit gleichem Namen aus einer Oberklasse überschrieben werden. Gültig ist für eine Klasse immer die erste Methode mit einem Namen, die auf dem Weg über die Oberklasse zur Wurzelklasse hin erreicht wird. Hierdurch kann man als Programmierer die Implementierung einer Methode in den Unterklassen austauschen und anpassen. Bei der Klasse `OverdraftAccount` werden die Methoden `overdraft` und `setOverdraft:` zu den Methoden von `BankAccount` hinzugefügt. Die Methode `withdraw:` wird überschrieben. Eine Implementierung der Methode könnte wie folgt aussehen:

```
- (float) withdraw: (float) money {
    if (money > (balance + overdraft) || money < 0) return balance;
    balance -= money;
    return balance;
}
```

Listing 1.12: Implementierung der Methode `withdraw:`

1.4.4 Instanzenvariablen

Wie wir bereits im Listing 1.5 gezeigt haben, erfolgt die Definition der Instanzenvariablen im Klasseninterface in geschweiften Klammern direkt hinter dem Namen der Klasse und der Angabe der Superklasse. Die Klasse `BankAccount` besitzt die Instanzenvariablen `name`, `accountNumber` und `balance`:

```
@interface BankAccount : NSObject {
    int accountNumber;
    NSString* name;
```

```
    float balance;
}
```

Listing 1.13: Instanzenvariablen der Klasse BankAccount

Außerdem erbt die Klasse BankAccount noch die Instanzenvariablen der Klasse NSObject. Wir wollen bis auf Weiteres davon ausgehen, dies wäre genau die Instanzenvariable isa.

Per Konvention werden auch Instanzenvariablen in Camel Case formuliert (siehe Abschnitt 1.4), jedoch beginnen Instanzenvariablen mit einem kleinen Buchstaben.

Die Instanzenvariablen bilden den internen Zustand einer Instanz der Klasse. Da eine Klasse selbst auch wieder ein Objekt ist, könnte man auf die Idee kommen, dass es etwas Ähnliches wie Instanzenvariablen auch für Klassen-Objekte gibt, also Klassenvariablen. Ein solches Konstrukt gibt es in Objective-C allerdings nicht. Wir werden in Abschnitt 1.4.5 allerdings zeigen, wie man etwas Vergleichbares mit statischen Variablen erhält.

Wie wir bereits zuvor festgestellt haben, stellt jedes Objekt über die Menge der Methode, die es versteht, eine Abstraktionsbarriere für seine Instanzenvariablen dar. Zugegriffen werden kann auf diese Variablen nur aus Methodenimplementierungen der Klasse selbst oder einer ihrer Unterklassen. Die Inhalte der Variablen können also von außerhalb nicht direkt ausgelesen oder geändert werden.

Der Gültigkeitsbereich von Instanzenvariablen kann aber noch feingranularer beeinflusst werden. Hierfür gibt es die drei Schlüsselworte @private, @protected und @public. Jedes dieser drei Schlüsselworte stellt eine Art von Gültigkeitsbereich dar. Sie können beliebig einer Menge von Instanzenvariablen vorangestellt werden. Für alle darauffolgenden Variablen gilt dann dieser Gültigkeitsbereich, bis ein neuer Gültigkeitsbereich angegeben wird. Standardmäßig wird davon ausgegangen, dass allen Variablen das Schlüsselwort @protected vorangestellt ist.

Möchte man hingegen, dass die Variablen name und balance als @public definiert sind, so muss die Definition zum Beispiel wie folgt aussehen:

```
@interface BankAccount : NSObject {
    int accountNumber;

@public
    NSString* name;
    float balance;
}
```

Listing 1.14: Definition von Instanzenvariablen mit @public

Die Instanzenvariable `accountNumber` bleibt damit weiterhin als `@protected` definiert. Hierdurch können die Instanzenvariablen nicht nur aus Methodenimplementierungen der Klasse oder aus Unterklassen heraus zugegriffen werden, sondern auch von außerhalb. So können wir zum Beispiel wie folgt auf die Instanzenvariable `name` zugreifen:

```
BankAccount *account = [BankAccount accountWithNumber: 12345678
                                    andName: @"Max Mustermann"];

NSLog(@"name = %@", account->name);
```

Die Funktion `NSLog` stammt aus dem Cocoa-Framework und dient ähnlich zu `printf` aus C zur Ausgabe von formatierten Zeichenketten auf der Konsole.

Auf eine Variable, die als `@protected` definiert ist, kann auf diese Weise nicht zugegriffen werden. Bisher liefert der Compiler allerdings nur eine Warnung mit dem Hinweis, dass ein Zugriff auf nicht-`@public` Instanzenvariablen in Zukunft zu einem echten Fehler führen wird.

Das Problem ist, dass damit die Instanzenvariable `name` auch von außen geändert werden kann:

```
account->name = @"Tessa Test";
```

Aus softwaretechnischer Sicht ist es aufgrund des Prinzips des Information Hidings sinnvoll, Instanzenvariablen nie als `@public` freizugeben. Besser ist es, für den Zugriff Methoden zur Verfügung zu stellen. Aus diesem Grund sollten Instanzenvariablen nur dann als `@public` definiert sein, wenn der Performance-Vorteil durch den direkten Zugriff auf die Speicheradresse ohne zusätzlichen Methodenaufruf wichtig ist. Andernfalls sollte die Instanzenvariable mindestens als `@protected` definiert sein.

Vorsicht

Auch die Instanzenvariable `isa` der Klasse `NSObject` ist als `@public` definiert. Allerdings sollte man nie auf die Idee kommen, den Inhalt von `isa` zu ändern, da die Variable als Grundlage für das Dynamic Typing und Dynamic Binding verwendet wird (siehe Kapitel 2).

Alternativ kann auch `@private` als Einschränkung des Gültigkeitsbereichs sinnvoll sein. Hierdurch ist der Zugriff nur noch aus Methodenimplementierungen der Klasse möglich. Auch aus Unterklassen heraus ist der Zugriff nicht mehr möglich. Dadurch kann man verhindern, dass eine Unterklasse den Inhalt dieser Instanzenvariablen verändern kann. Auch die Unterklasse muss dann die

Methoden der Klasse selbst zum Zugriff auf die Variablen verwenden. Für die Instanzenvariable `accountNumber` ist es zum Beispiel eher sinnvoll, sie als `@private` zu definieren, denn die Kontonummer eines Kontos darf nicht geändert werden:

```
@interface BankAccount : NSObject {
    float balance;
    NSString* name;
@private
    int accountNumber;
}
```

Listing 1.15: Definition von Instanzenvariablen mit `@private`

Als Programmierer der Klasse `BankAccount` kann man dieses verhindern. So wird in der Klasse `BankAccount` aus Listing 1.5 keine Methode `setAccountNumber:` zum Ändern angeboten. Durch einfaches Ableiten der Klasse zu zum Beispiel `MyAccount` wäre dies ohne die Anpassung der Variablen `accountNumber` zu `@private` allerdings möglich:

```
@interface MyAccount : BankAccount {}
- (void) setAccountNumber: (int) value;
@end
```

Die Methode `setAccountNumber:` müsste nur wie folgt implementiert werden:

```
- (void) setAccountNumber: (int) value {
    accountNumber = value;
}
```

Auf einer Instanz von `MyAccount` könnte die Kontonummer dann geändert werden:

```
MyAccount* account = [MyAccount accountWithNumber:1234567 andName:@"Ich"];
[account setAccountNumber:5555555];
```

Da die Variable `accountNumber` oben allerdings als `@private` definiert ist, führt die Implementierung von `setAccountNumber:` zu einem Compiler-Fehler. Der Zugriff auf die Variable `accountNumber` aus einer Unterklasse heraus wird vom Compiler also verhindert.

Wir sehen, dass wir mit den drei Schlüsselwörtern `@private`, `@protected` und `@public` den Gültigkeitsbereich unser Instanzenvariablen an die entsprechenden Bedürfnisse anpassen können. In Abbildung 1.4 sehen Sie noch mal eine Übersicht über die Bedeutung der drei Arten der Gültigkeitsbereiche.

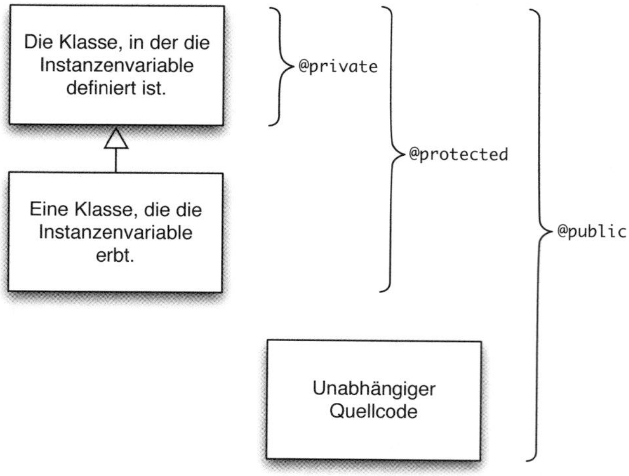

Abb. 1.4: Gültigkeitsbereiche von Instanzenvariablen

> **Hinweis**
>
> Für 64-Bit-Programme kann der Gültigkeitsbereich auch noch auf `@package` eingeschränkt werden. Innerhalb des Kompilats (zum Beispiel ein Framework) ist eine Variable, die mit `@package` definiert ist, wie eine Variable mit `@public` gültig. Außerhalb des Kompilats hingegen verhält sie sich wie eine Variable mit `@private`.

Speicheraufbau

Nachdem wir uns damit beschäftigt haben, wie wir die Instanzenvariablen definieren können, wollen wir uns nun der Frage zuwenden, wie ein Objekt auf Basis der Instanzenvariablen im Speicher abgebildet wird. In vorherigen Abschnitten haben Sie gelesen, dass die Instanzenvariablen den internen Zustand eines Objekts bilden. Aus diesem Grund muss für jede Instanz einer Klasse für jede Instanzenvariable ein Platz im Hauptspeicher reserviert werden. Am einfachsten kann man sich vorstellen, dass aus jeder Klasse eine C-Struktur wird, die genau die Instanzenvariablen der Klasse enthält. Dann stellt sich allerdings die Frage, was passiert, wenn eine Klasse von einer anderen Klasse erbt. In der Struktur werden dazu auch alle Instanzenvariablen, die von anderen Klassen geerbt werden, in der Reihenfolge der Vererbung beginnend bei der Wurzelklasse mit aufgenommen. Sehen wir uns die Struktur an, die die Klasse `BankAccount` aus Listing 1.5 beschreibt:

```
struct BankAccount_structure {
    Class isa;
    NSString* name;
```

```
    int accountNumber;
    float balance;
};
```

Listing 1.16: Speicherstruktur der Klasse BankAccount

Als erstes Element der Struktur steht die Instanzenvariable `isa`, die in `BankAccount` von `NSObject` geerbt wurde. Hiernach würden noch weitere Instanzenvariablen von `NSObject` folgen. Wir gehen allerdings aus Gründen der Übersichtlichkeit davon aus, dass `NSObject` nur die Instanzenvariable `isa` besitzt. Danach folgen dann die Instanzenvariablen von `BankAccount` in der im Klasseninterface definierten Reihenfolge. Wird nun eine neue Instanz eines Objekts erzeugt, wird im Hauptspeicher Speicher für die passende Struktur reserviert. Als Objekt wird dann der Zeiger auf diese Struktur zurückgegeben.

Wir wollen uns nun die passende Struktur für die Klasse `OverdraftAccount` aus Listing 1.11 ansehen:

```
struct OverdraftAccount_structure {
    Class isa;
    NSString* name;
    int accountNumber;
    float balance;
    float overdraft;
};
```

Listing 1.17: Speicherstruktur der Klasse `OverdraftAccount`

Wir sehen, dass in dieser Struktur alle Instanzenvariablen bis einschließlich `balance` identisch sind, da die Klasse `OverdraftAccount` diese Instanzenvariablen von `BankAccount` erbt. Danach folgt dann die Instanzenvariable `overdraft` der Klasse `OverdraftAccount`.

Der Vorteil an dieser Reihenfolge ist, dass die Instanzenvariablen von `BankAccount` oder `NSObject` auch in einer Struktur für `OverdraftAccount` an der gleichen Position stehen. Der Compiler kann aus diesem Grund den Zugriff auf eine Instanzenvariable im Speicher unabhängig von den tatsächlichen Unterklassen berechnen. Die Instanzenvariable `isa` befindet sich zum Beispiel immer an der ersten Stelle in der Struktur. Dies ist nicht nur bei Klassen, die von `NSObject` erben, so, sondern bei allen denkbaren Wurzelklassen, da das Objective-C-Laufzeitsystem von allen Wurzelklassen die Bereitstellung der Instanzenvariablen `isa` fordert. Im Laufzeitsystem gibt es hierfür die Struktur `obj_object`, die in der Datei `objc/objc.h` definiert ist. Diese Struktur legt auch genau den Datentyp `id` fest:

```
typedef struct objc_object {
    Class isa;
} *id;
```

Listing 1.18: Speicherstruktur eines beliebigen Objective-C-Objekts

Zu diesem Datentyp müssen alle Objekte kompatibel sein.

1.4.5 Methoden und Klassenmethoden

Nachdem wir nun bereits wissen, wie wir eine Klasse aufbauen und wie wir sie verwenden können, wollen wir uns noch einmal etwas genauer damit beschäftigen, wie wir Instanzen- oder Klassenmethoden im Klasseninterface definieren und wie diese Methoden dann implementiert werden können.

Die Definition der Methoden erfolgt im Klasseninterface hinter der Definition der Instanzenvariablen. Schauen wir uns dazu noch einmal die Methodendefinitionen der Klasse `BankAccount` aus Listing 1.5 an:

```
@interface BankAccount : NSObject { /*... */}
- (id) initWithNumber: (int) number andName: (NSString*) name;
+ (id) accountWithNumber: (int) number andName: (NSString*) name;

- (int) accountNumber;
- (NSString*) name;
- (float) deposit: (float) money;
- (float) withdraw: (float) money;
- (float) balance;
@end
```

Listing 1.19: Methode der Klasse `BankAccount`

Alle Methodendefinitionen beginnen mit einem Plus (+) oder Minus (-). Das Plus (+) kennzeichnet eine Methode als Klassenmethode, wird also von dem Klassen-Objekt verstanden und das Minus (-) kennzeichnet eine Instanzenmethode. Danach folgt in Klammern der Typ des Rückgabewertes. Zwischen die einzelnen Teile der Methodennamen werden die Typen in Klammern und Variablen der Argumente eingeschoben. Abgeschlossen wird eine Methodendefinition mit einem Semikolon.

Für die Namenskonventionen der einzelnen Teile der Methodennamen bietet sich ebenfalls Camel Case an, wobei die Teile zur Abgrenzung von Klassen mit einem kleinen Buchstaben beginnen sollten. Handelt es sich um einen Teil, der ein zu übergebendes Argument benennt, so muss als Abschluss ein Doppelpunkt folgen. Beim Doppelpunkt zur Einleitung von Argumenten handelt es sich allerdings nicht um eine Konvention, sondern er gehört zur Syntax der Sprache und kann damit auch nicht entfallen.

In vielen Programmen sieht man sehr häufig, dass bei der Definition einer Methode kein Typ für den Rückgabewert spezifiziert ist. Dies liegt daran, dass der Rückgabetyp einer Methode auch entfallen kann. In diesem Fall wird der Compiler annehmen, dass der Rückgabewert dem Typ `id` entspricht. Auf die Methoden `initWithNumber:andName:` und `accountWithNumber:andName:` hätte das Weglassen des Rückgabetyps also keine Auswirkungen. Die verkürzten Definitionen würden also wie folgt aussehen:

```
- initWithNumber: (int) number andName: (NSString*) name;
+ accountWithNumber: (int) number andName: (NSString*) name;
```

Die eigentliche Implementierung der Methoden erfolgt dann im `@implementation`-Teil in der entsprechenden `.m`-Datei. In diesem Fall zum Beispiel in der Datei `BankAccount.m`:

```
@implementation BankAccount
// Methodenimplementierungen
@end
```

Die Implementierung für die Methode `accountNumber` kann zum Beispiel wie folgt aussehen:

```
- (int) accountNumber {
    return accountNumber;
}
```

Eine Methodenimplementierung beginnt also exakt wie die Methodendefinition. Mit dem Unterschied, dass anstelle des Semikolons ein Methodenrumpf in geschweiften Klammern angegeben wird. In der Implementierung von `accountNumber` wird nur der Wert der Instanzenvariablen `accountNumber` zurückgegeben. Eine Objective-C-Methode wird immer im Kontext eines Objekts ausgeführt. Dieses Objekt ist in einer versteckten Variablen `self` abgespeichert. Den Zugriff auf die Variable `accountNumber` können wir uns also eher wie folgt vorstellen:

```
- (int) accountNumber {
    return self->accountNumber;
}
```

Sehen wir uns die Verwendung dieser Methode in folgendem Beispiel an:

```
BankAccount* account = [BankAccount accountWithNumber:12345678
                                    andName:@"Max Mustermann"];
NSLog(@"Kontonummer: %d", [account accountNumber]);
```

In diesem Beispiel wird an das Objekt `account` die Nachricht `accountNumber` geschickt. Hierdurch wird obige Implementierung ausgeführt. Die Variable `self` innerhalb der Implementierung zeigt dadurch auf das gleiche Objekt wie die Variable `account`. Von diesem Objekt wird dann die Kontonummer `accountNumber` zurückgegeben und mit `NSLog` auf der Konsole ausgegeben. Das Ergebnis ist die Nummer `12345678`, wie man auch in Abbildung 1.5 sieht.

Meldung

```
Kontonummer: 12345678
```

Abb. 1.5: Ausgabe der Kontonummer

Innerhalb der Methodenrümpfe darf beliebiger Objective-C-Code verwendet werden. Schauen wir uns dazu als weiteres Beispiel die Implementierung von `deposit:` zum Einzahlen von Beträgen auf das Konto an:

```
- (float) deposit: (float) money {
    if (money < 0) return balance;
    balance += money;
    return balance;
}
```

Listing 1.20: Implementierung der Methode `deposit:`

Dazu wird als Erstes geprüft, ob der Betrag `money`, der eingezahlt werden soll, negativ ist. In diesem Fall wird keine Einzahlung durchgeführt und der alte Kontostand zurückgegeben. Andernfalls wird auf die Instanzenvariable `balance` für den Kontostand der Betrag `money` addiert und der neue Betrag zurückgeliefert.

Wir wollen uns nun noch etwas genauer mit der Variablen `self` und einer zusätzlichen Variablen `super` auseinandersetzen. Erweitern wir dazu die Klasse `BankAccount` um die Methode `saldo`, die angibt, wie viel von einem Konto abgebucht werden kann:

```
- (float) saldo {
    return [self balance];
}
```

Listing 1.21: Implementierung der Methode `saldo`

In unserem sehr einfachen Beispielkonto ist der Betrag, den wir abbuchen dürfen, gleich dem Kontostand des Kontos. Für das Auslesen des Kontostands verwenden wir allerdings nicht die Instanzenvariable `balance`, sondern senden uns selbst die Nachricht `balance`. Der Vorteil an dieser Variante ist, dass die Implementierung von `saldo` von der Instanzenvariablen `balance` entkoppelt ist. Hierdurch kann die interne Darstellung des Kontostands beliebig geändert werden, solange wieder eine funktionierende `balance`-Methode zur Verfügung gestellt wird (Prinzip des Information Hidings). Die Variable `self` dient also nicht nur dem Auslesen von Instanzenvariablen, sondern kann auch für das Senden von Methoden verwendet werden. Auf Basis der Methode `saldo` können wir die Methode `withdraw:` wie folgt implementieren:

```
- (float) withdraw: (float) money {
    if (money > [self saldo] || money < 0) return balance;
    balance -= money;
    return balance;
}
```

Listing 1.22: Implementierung der Methode `withdraw:` mit Hilfe von `saldo`

In dieser Implementierung wird die Methode `saldo` dazu verwendet, um den maximal abzubuchenden Betrag zu begrenzen. Auch hierfür wird die Methode dem Empfängerobjekt `self` geschickt.

Da es sich bei `self` um eine normale Variable handelt, könnten wir den Inhalt von `self` auch ändern. Dies hat auch keinen Einfluss auf die weitere Ausführung der Methode. Wir werden diese Möglichkeit bei den Initialisierungsmethoden in Abschnitt 1.5.1 noch nutzen. Jedoch ist die Verwendung der Variablen `self`, um ihr einen neuen Wert zuzuweisen, mit Vorsicht zu genießen, da dies schnell zu sehr unverständlichen Programmen führt.

Wir wollen nun untersuchen, was unter der Variablen `super` zu verstehen ist. In der Klasse `OverdraftAccount` aus Listing 1.11 kann nun die Methode `saldo` überschrieben werden:

```
- (float) saldo {
    return [self overdraft] + [super saldo];
}
```

Listing 1.23: Überschreiben der Methode `saldo` in der Klasse `OverdraftAccount`

Die Variable `super` stellt eine Sonderrolle dar. Es handelt sich eigentlich um die Variable `self`, jedoch mit dem Hinweis, dass bei der Methodenauflösung die Implementierung in der Superklasse der aktuellen Klasse gesucht werden soll. Die Berechnung des Saldos in der Klasse `OverdraftAccount` ergibt sich also aus dem Überziehungskredit (`[self overdraft]`) und aus dem Saldo, der sich aus der Implementierung in der Superklasse `BankAccount` ergibt (`[super saldo]`). Da es sich bei der Variablen `super` mehr um eine Compilerdirektive für die Variable `self` als um eine »echte« Variable handelt, kann man der Variablen `super` keinen neuen Wert zuweisen.

Durch das Überschreiben der Methode `saldo` ändert sich indirekt auch das Verhalten der Methode `withdraw:`, ohne dass wir diese Methode in der Klasse

`OverdraftAccount` wie in den vorigen Abschnitten gezeigt überschreiben. Verwendet man die Methode `withdraw:` mit einer Instanz der Klasse `BankAccount`, wird die alte nicht überschriebene Variante von `saldo`, die direkt den Kontostand zurückgibt, verwendet, um zu prüfen, ob der Betrag abgebucht werden kann. Wird allerdings eine Instanz vom Typ `OverdraftAccount` verwendet, ruft die Methode `withdraw:` die neue Version von `saldo` auf, wodurch sich der abzubuchende Betrag um den Überziehungskredit `overdraft` erhöht. Hierzu folgendes Beispiel:

```
BankAccount* account;
account = [BankAccount accountWithNumber:1 andName:@" 1"];
NSLog(@"Kontostand: %.2f", [account withdraw: 300]);

account = [OverdraftAccount accountWithNumber:2
             andName:@"2" andOverdraft:300];
NSLog(@"Kontostand: %.2f", [account withdraw: 300]);
```

Listing 1.24: Unterschiedliches Verhalten der Methode `withdraw:`

In der Ausgabe in Abbildung 1.6 sieht man, dass bei einem Konto vom Typ `BankAccount` der Abhebevorgang nicht durchgeführt wird, wohingegen das Abheben beim Konto vom Typ `OverdraftAccount` funktioniert.

```
Meldung
Kontostand: 0.00
Kontostand: -300.00
```

Abb. 1.6: Abheben mit überschriebener `saldo`-Methode

Es gibt für Objekte jedoch noch eine weitere Möglichkeit, auf Methoden zu reagieren, die nicht über den Klassenmechanismus implementiert sind. So ist es möglich, dass unterschiedliche Objekte ein und derselben Klassen unterschiedlich reagieren. Das Prinzip dieser Methodenauswertung nennt man **Forward Invocation** und wird in Abschnitt 2.4 beschrieben.

Klassenmethoden und statische Variablen

Kommen wir nun noch einmal auf die Definition und Implementierung von Klassenmethoden zurück. Definieren wir dazu in der Klasse `BankAccount` die Klassenmethode `bankBalance`, die die Summe der Kontostände aller `BankAccount`-Objekte darstellen soll:

```
+ (float) bankBalance;
```

Mit diesen Methoden können wir dann den Kontostand über alle Bankkonten hinweg auslesen:

```
BankAccount *account;
account = [BankAccount accountWithNumber:1 andName:@"Konto 1"];
[account deposit:100];
account = [BankAccount accountWithNumber:2 andName:@"Konto 2"];
[account deposit:200];
account = [BankAccount accountWithNumber:3 andName:@"Konto 3"];
[account deposit:150];
[account withdraw:100];

NSLog(@"Kontostandsumme: %.2f", [BankAccount bankBalance]);
```

Listing 1.25: Verwendung der Klassenmethode bankBalance

Wir wollen dazu die Implementierung der Klasse BankAccount so anpassen, dass sich die Ausgabe in Abbildung 1.7 ergibt.

Abb. 1.7: Summe der Kontostände mit der Methode bankBalance

Um diese Funktionalität zu implementieren, werden eigentlich Klassenvariablen benötigt, die es in Objective-C allerdings nicht gibt. Da jedes Klassen-Objekt jedoch nur einmal existiert, kann man als Alternative statische Variablen definieren. Hierzu muss der Variablendefinition nur das Schlüsselwort static vorangestellt werden. Wir definieren uns dazu eine statische Variable bankBalance im Implementationsblock, das heißt, die Variable ist nur innerhalb der Klassenimplementierung sichtbar:

```
@implementation BankAccount

static float bankBalance = 0.0;
//Methodenimplementierungen
@end
```

Listing 1.26: Statische Variablen als Ersatz für Klassenvariablen

Der Inhalt der Variablen dient nun als Rückgabewert für die Methode bankBalance:

```
+ (float) bankBalance {
    return bankBalance;
}
```

Listing 1.27: Implementierung der Klassenmethode bankBalance

Da es sich bei `bankBalance` nicht um eine Klassenvariable, sondern um eine statische Variable handelt, kann der Zugriff darauf nicht durch `self->bankBalance` ersetzt werden, obwohl `self` auf das Klassen-Objekt zeigt.

Hinweis

Statische Variablen können auch in anderer Umgebung verwendet werden. So kann man zum Beispiel innerhalb einer Methode eine statische Variable definieren, die nur innerhalb dieser Methode sichtbar, aber über die Ausführung der Funktion hinaus gültig ist.

In den Implementierungen von `withdraw:` und `deposit:` muss jede Bankbewegung nun noch in der Variablen `bankAccount` vermerkt werden:

```
- (float) deposit: (float) money {
    if (money < 0) return balance;
    balance += money;
    bankBalance += money;
    return balance;
}
- (float) withdraw: (float) money {
    if (money > [self saldo] || money < 0) return balance;
    balance -= money;
    bankBalance -= money;
    return balance;
}
```

Listing 1.28: Anpassen der Methoden `deposit:` und `withdraw:`

Natürlich könnte man in einer Klassenmethode ebenfalls die Variable `self` für das Senden von Methoden an das Klassen-Objekt verwenden. Experimente hiermit überlassen wir allerdings dem Leser, wir kommen bei der Implementierung von Konstruktoren in Abschnitt 1.5.2 darauf zurück.

1.5 Erzeugung von Objekten

Wie erzeugen wir als Programmierer nun ein Objekt, sprich eine neue Instanz einer Klasse? Im Gegensatz zu vielen anderen objektorientierten Programmiersprachen ist die Objekterzeugung bei Objective-C nicht in die Syntax der Programmiersprachen fest eingebaut, sondern ist Bestandteil des Frameworks. Im Cocoa-Framework ist die Objekterzeugung in der Klasse `NSObject` über eine Kombination aus der Methode `alloc` für die **Allokation** von Speicher für die Instanz und einer passenden `init`-Methode für die **Initialisierung** der erzeugten Instanz gelöst. Eine Instanz der Klasse `NSObject` oder `BankAccount` aus Listing 1.5 erhalten wir durch die folgenden Programmzeilen:

```
NSObject *obj = [[NSObject alloc] init];
BankAccount *account = [[BankAccount alloc]
    initWithNumber: 12345678 andName: @"Max Mustermann"];
```

Die `alloc`-Methode ist eine Klassenmethode der Klasse `NSObject`. Sie fordert vom Laufzeitsystem für die Speicherung des Objekts ausreichend Speicher an und reserviert ihn. Als Ergebnis liefert die Funktion den Pointer auf diese Adresse als die Instanz selbst zurück. Der Speicherbereich ist außerdem von der Methode `alloc` komplett mit Nullen gefüllt worden, um nicht zufällig auf Daten eines vorherigen Objekts zugreifen zu können. Alternativ gibt es noch die Methode `allocWithZone:`, die ebenfalls den Speicher für ein neues Objekt anfordert. Auf die Funktionsweise dieser Methode wollen wir später im Abschnitt 9.1 eingehen.

Wirklich initialisiert ist das neue Objekt allerdings noch nicht. Dazu dient die Methode `init` oder ähnliche Methoden wie `initWithNumber:andName:` der Klasse `BankAccount`. Es sollten auch nur diese Methoden überschrieben werden, um den Inhalt von Instanzenvariablen eines Objekts mit Standardwerten zu initialisieren. Die `alloc`-Methode sollte nach Möglichkeit nie überschrieben werden. Sehen wir uns an, wie wir die Initialisierungsmethode `initWithNumber:andName:` der Klasse `BankAccount` implementieren könnten:

```
- (id) initWithNumber: (int) aNumber andName: (NSString*) aName {
    self  = [super init];
    if (self != nil) {
        accountNumber = aNumber;
        name = aName;
    }
    return self;
}
```

Listing 1.29: Implementierung der Initialisierungsmethode `initWithNumber:andName:`

In der Methode `initWithNumber:andName:` wird zuerst die Initialisierung an die `init`-Methode einer der Superklassen weitergereicht. Ist die Initialisierung durch die Superklassen erfolgreich verlaufen, so werden die Instanzenvariablen `accountNumber` und `name` mit den Werten der entsprechenden Parameter der Methode belegt. Zum Schluss wird die Instanz der Klasse als Ergebnis zurückgegeben (`self`). Auf den Grund für die `if`-Abfrage werden wir im nächsten Abschnitt eingehen.

Nach diesen beiden Schritten steht im Laufzeitsystem ein neues Objekt, das fertig initialisiert ist, im Speicher bereit. Es handelt sich bei dieser Form der Objekterzeugung allerdings nur um eine Konvention, die durch die Oberklasse `NSObject` und einige zusätzliche Regeln festgelegt ist, und könnte natürlich auch beliebig anders implementiert werden. So kann zum Beispiel die Methode `alloc` auch überschrieben werden. Allerdings empfiehlt Apple ausdrücklich, dies nicht zu tun.

Über die Vorteile und Nachteile einer in Allokation und Initialisierung getrennten Konstruktion von Objekten kann man lange diskutieren. Der Vorteil dieser Variante gegenüber den Varianten in anderen objektorientierten Programmiersprachen ist allerdings, dass die Objekterzeugung erst in den Klassen selbst (in unserem Fall in der Klasse `NSObject` und von dort vererbt) implementiert und nicht Bestandteil des Laufzeitsystems und der Sprache ist. Hierdurch hat der Programmierer kompletten Einfluss auf die Objekterzeugung und kann, falls er dies will, zum Beispiel eigene Optimierungsmethoden zur Allokation seiner Objekte programmieren.

Es gibt in Objective-C unter dem Cocoa-Framework jedoch in eigentlich jeder Klasse Methoden, die die Objekterzeugung in einem Schritt zusammenfassen und nicht in Allokation und Initialisierung auftrennen. Allerdings handelt es sich hierbei ebenfalls nur um eine Konvention. Diese Konstruktoren werden von Apple auch als **Convenience-Konstruktoren** bezeichnet. Jedoch bedienen sich auch die Convenience-Konstruktoren ebenfalls der `alloc`-Methode und einer Initialisierungsmethode. In Abschnitt 1.5.2 werden wir uns mit den Convenience-Konstruktoren noch etwas genauer beschäftigen.

Es gibt in `NSObject` allerdings auch noch die bereits vorgestellte Methode `new`. Diese Methode verbindet ebenfalls die Allokation und Initialisierung für die Konstruktion eines neuen Objekts. Sie spielt, was das Memory Management angeht, aber eine etwas andere Rolle als die Convenience-Konstruktoren. Implementiert ist die `new`-Methode wie folgt:

```
+ (id) new {
    return [[self alloc] init];
}
```

Listing 1.30: Implementierung der Klassenmethode new von `NSObject`

Hiermit lässt sich die Konstruktion des obigen Objekts wie folgt erledigen:

```
NSObject *obj = [NSObject new];
```

1.5.1 Initialisierungsmethoden

Als Bestandteil der Objekterzeugung spielen die Initialisierungsmethoden eine sehr wichtige Rolle. Sie dienen dem Programmierer dazu, die Instanzenvariablen eines Objekts auf Startwerte festzulegen. Per Konvention beginnen alle Initialisierungsmethoden mit `init`, gefolgt von weiteren Teilen für die Benennung der

Argumente. Der Typ der Rückgabe ist bei allen Initialisierungsmethoden `id`. In `NSObject` steht bereits die Initialisierungsmethode `init` ohne Argumente bereit. Diese Methode kann in Unterklassen überschrieben werden oder um weitere Initialisierungsmethoden mit zusätzlichen Argumenten ergänzt werden.

Schauen wir uns zuerst an, wie eine Implementierung für die Methode `init` für die Klasse `BankAccount` aus Listing 1.5 aussehen könnte:

```
- (id) init {
    self = [super init];
    if (self != nil) {
        accountNumber = 1111;
        name = @"Some Name";
    }
    return self;
}
```

Listing 1.31: Implementierung einer Initialisierungsmethode `init`

Wir sehen, dass als Erstes die `init`-Methode der Superklasse, also in diesem Fall die `init`-Methode von `NSObject`, ausgeführt wird. Diese Methode liefert als Ergebnis im Normalfall die Instanz, die gerade initialisiert wird, zurück. Diese wird der Variablen `self` zugewiesen. Falls aus irgendeinem Grund die Objekterzeugung nicht erlaubt ist, so kann eine Initialisierungsmethode `nil` zurückgeben. Um diesen Fall abzufangen, dient die `if`-Abfrage. Falls die Initialisierung der Superklassen erfolgreich war, werden die Instanzenvariablen `accountNumber` und `name` auf Standardwerte gesetzt. Zum Schluss wird der Wert der Variablen `self` als Ergebnis zurückgegeben. Hierdurch wird das initialisierte Objekt zurückgegeben, falls die Initialisierung durch die Superklasse erfolgreich war und andernfalls ebenfalls `nil`. Auf diese Art ist eine Initialisierungsmethode eigentlich immer aufgebaut. Der Vorteil an dieser Art ist, dass durch die Initialisierung die Objekterzeugung auch verweigert werden kann, indem `nil` zurückgegeben wird. Allerdings muss in diesem Fall darauf geachtet werden, dass das Objekt zuvor wieder aus dem Speicher entfernt wird.

Da bei einem Bankkonto eigentlich die Instanzenvariablen `accountNumber` und `name` initialisiert werden sollten, sollte entsprechend zur Initialisierung die Methode `initWithNumber:andName:` verwendet werden. Die Implementierung dieser Methode ist im Grunde genommen äquivalent zu der `init`-Methode zuvor. Allerdings werden die Werte der Instanzenvariablen `accountNumber` und `name` durch die Parameter der Methode bestimmt:

```
- (id) initWithNumber: (int) aNumber andName: (NSString*) aName {
    self = [super init];
    if (self != nil) {
```

```
        accountNumber = aNumber;
        name = aName;
    }
    return self;
}
```

Listing 1.32: Implementierung der Initialisierungsmethode `initWithNumber:andName:`

Die Rückgaben von `nil` können wir dann verwenden, um die Objekterzeugung ohne Parameter mit `init` wie folgt zu verweigern:

```
- (id) init {
    return nil;
}
```

Listing 1.33: Verbieten der Initialisierungsmethode `init`

Durch die Rückgabe von `nil` wird die Objekterzeugung abgebrochen. Auch die Erzeugung eines neuen Objekts mit der Klassenmethode `new` führt damit nicht mehr zu einem neuen Objekt, da auch die Implementierung von `new` auf `init` zurückgreift:

```
BankAccount *account = [BankAccount new];
```

Dies hat zur Folge, dass man als Programmierer mit einer nicht erfolgreichen Objekterzeugung rechnen muss. In dem obigen Beispiel zeigt die Variable `account` nach dem Aufruf von `new` auf `nil`. Aus diesem Grund sollte in einem Fall wie der überschriebenen `init`-Methode auf das Auslösen einer Ausnahme zur Verweigerung der Ausführung nachgedacht werden. Hierdurch führt die Ausführung eines nicht erlaubten Konstruktors wirklich zu einem Fehler und lässt sich damit nicht so leicht übersehen (siehe hierzu Kapitel 6).

Bei der Implementierung von Initialisierungsmethoden kann jedoch auch auf andere Initialisierungsmethoden mit Argumenten zurückgegriffen werden. Wir wollen hierfür eine Initialisierung für die Klasse `OverdraftAccount` aus Listing 1.11 programmieren, bei der zusätzlich zu Kontonummer und Name auch der Überziehungskredit initialisiert wird. Die Methode `initWithNumber:andName:andOverdraft:` ist wie folgt implementiert:

```
- (id) initWithNumber: (int) aNumber
              andName: (NSString*) aName
         andOverdraft: (int) aOverdraft {

    self = [super initWithNumber: aNumber andName:aName];
    if (self != nil) {
        overdraft = aOverdraft;
```

```
    }
    return self;
}
```

Listing 1.34: Implementierung von `initWithNumber:andName:andOverdraft:`

Die Initialisierung von `name` und `accountNumber` wird an die Methode `initWithNumber:andName:` weitergereicht. An dieser Stelle könnte auch `self` anstelle von `super` verwendet werden. Durch den Aufruf von `[self initWithNumber: aNumber andName:aName]` kann jedoch nicht sichergestellt werden, dass die erwartete Implementierung von `initWithNumber:andName:` aus der Klasse `BankAccount` ausgeführt wird, wenn die Methode in einer eventuellen Unterklasse überschrieben wird.

Ist diese Initialisierung mit `initWithNumber:andName:` erfolgreich, wird die Instanzenvariable `overdraft` auf den Wert des Parameters `aOverdraft` gesetzt.

Initialisierung von Klassen-Objekten

Aber auch Klassen-Objekte besitzen eine Initialisierungsmethode `initialize`:

```
+ (void) initialize {
    // Klasseninitialisierungen
}
```

Listing 1.35: Klasseninitialisierung mit der Klassenmethode `initialize`

Diese Methode ist in der Klasse `NSObject` als leere Methode implementiert. Bei der ersten Verwendung einer Klasse wird für diese Klasse die Methode `initialize` ausgeführt. Die Methode kann damit dazu genutzt werden, um statische Variablen (Klassenvariablen) zu initialisieren. Allerdings muss man vor allem beachten, dass, wenn man eine eigene Wurzelklasse programmiert, diese Methode vorhanden sein muss, da es sonst zu einem Laufzeitfehler kommt, wenn das Laufzeitsystem für eine Klasse versucht, diese Methode auszuführen (siehe Abschnitt 9.3.6).

1.5.2 Convenience-Konstruktoren

Die Convenience-Konstruktoren verbinden die Allokation und Initialisierung zu einer einstufigen Objekterzeugung. Für unsere Klasse `BankAccount` aus Listing 1.5 ist die Methode `accountWithNumber:andName:` ein Convenience-Konstruktor. Der Konstruktor ist auf folgende Weise implementiert:

```
+ (id) accountWithNumber: (int) number andName: (NSString*) name {
    return [[self alloc] initWithNumber:number andName:name];
}
```

Listing 1.36: Implementierung des Convenience-Konstruktors `accountWithNumber:andName:`

Zuerst wird an das Objekt in der Variablen `self` die Nachricht `alloc` gesendet. Da die Methode `accountWithNumber:andName:` eine Klassenmethode ist, zeigt `self` auf das Klassen-Objekt, von dem eine Instanz erzeugt werden soll. Diese Instanz wird durch die Methode `alloc` erzeugt. Mit der Methode `initWithNumber:andName:` wird dann diese Instanz initialisiert.

Mit dem Konstruktor `accountWithNumber:andName:` kann man dann in einem Schritt eine Instanz der Klasse `BankAccount` erstellen:

```
BankAccount *account = [BankAccount
    accountWithNumber: 12345678 andName: @"Max Mustermann"];
```

Durch das Senden der Nachricht `alloc` an die Variable `self` kann der Konstruktor allerdings auch direkt für die Konstruktion von Instanzen der Unterklassen von `BankAccount` verwendet werden. Dies sieht zum Beispiel für die Klasse `OverdraftAccount` aus Listing 1.11 wie folgt aus:

```
OverdraftAccount *account = [OverdraftAccount
    accountWithNumber: 87654321 andName: @"Tessa Test"];
```

Der Konstruktor wurde also für die Klasse `OverdraftAccount` weitervererbt. In der Klasse `OverdraftAccount` kann man natürlich aber auch noch weitere Konstruktoren hinzufügen:

```
+ (id) accountWithNumber: (int) number
                 andName: (NSString*) name
            andOverdraft: (int) overdraft {

    return [[self alloc]
            initWithNumber:number
            andName:name
            andOverdraft:overdraft];
}
```

Listing 1.37: Implementierung von `accountWithNumber:andName:andOverdraft:`

Dieser Konstruktor kann verwendet werden, um eine Instanz der Klasse `OverdraftAccount` oder von Unterklassen dieser zu erzeugen, aber nicht für die Klasse `BankAccount`:

```
OverdraftAccount* account = [OverdraftAccount
    accountWithNumber:2222222 andName:@"Du" andOverdraft:300];
```

Wie bei allem, was die Objekterzeugung angeht, handelt es sich bei Convenience-Konstruktoren wiederum nur um eine Konvention. Es ist allerdings sinnvoll, sie genau wie hier beschrieben einzusetzen. Denn so verstehen auch andere Programmierer, die unsere Klasse verwenden, die Funktionsweise ihrer Konstruktoren ohne zusätzliche Dokumentation.

Aus diesem Grund sollten auch gewisse Namenskonventionen eingehalten werden. So sollten alle Convenience-Konstruktoren einer Klasse das gleiche Präfix besitzen, das verständlich macht, welche Art von Instanz erzeugt wird. In unserem Fall beginnen alle Konstruktoren mit dem Präfix `account`. Bei der Klasse `NSString` ist dies zum Beispiel `string`. Alle darauffolgenden Teile des Namens sollten sich an einer Initialisierungsmethode orientieren. So gibt es eigentlich für jeden Convenience-Konstruktor auch eine passende Initialisierungsmethode. In unserem Fall also `accountWithNumber:andName:` und `initWithNumber:andName:` oder `accountWithNumber:andName:andOverdraft:` und `initWithNumber:andName:andOverdraft:`.

Es spricht jedoch nichts dagegen, in einem Convenience-Konstruktor auch weitere Initialisierungen vorzunehmen. Der Konstruktor `accountWithNumber:andName:andOverdraft:` könnte zum Beispiel mit dem Konstruktor `accountWithNumber:andName:` und der Methode `setOverdraft:` realisiert werden:

```
+ (id) accountWithNumber: (int) number
                 andName: (NSString*) name
            andOverdraft: (int) overdraft {

    OverdraftAccount* account =
        [self accountWithNumber:number andName:name];
    [account setOverdraft:overdraft];
    return account;
}
```

Listing 1.38: Alternative Implementierung von `accountWithNumber:andName:andOverdraft:`

In diesem Fall sollte man allerdings nicht auf die Idee kommen, die Variable `self` für die Instanz wiederzuverwenden, da es bei größeren Methoden zu sehr unverständlichem Quellcode führen würde:

```
self = [self accountWithNumber:number andName:name];
[self setOverdraft:overdraft];
return self;
```

Denn hierdurch zeigt bis zur Konstruktion des neuen Objekts die Variable `self` auf das Klassen-Objekt und nach der Konstruktion auf das neue Objekt. Der Unterschied ist jedoch nur schwer zu erkennen und die Methode sollte deshalb lieber wie in der ersten Variante realisiert werden.

1.6 Übungsaufgaben

1. Aufgabe

Schreiben Sie das folgende Programm, bei dem alle Objekt-Variablen dynamisch typisiert sind, in ein äquivalentes Programm um, in dem alle Variablen statisch typisiert sind:

```
id array = [NSMutableArray array];
for (int i = 0; i < 10; i++) {
    id formatStr = @"Bankkunde Nr. %d";
    id name = [[NSString alloc] initWithFormat:formatStr, i];
    id account = [OverdraftAccount
        accountWithNumber:0 andName:name andOverdraft: i * 80];
    [array addObject:account];
}
for (int i = 0; i < 10; i++) {
   id account = [array objectAtIndex:(9 - i)];
    float value = i * 78.33;
    if (i % 2 == 0) {
        [account withdraw:value];
    } else {
        [account deposit: value];
    }
}
float sum = [BankAccount bankBalance];
id message = @"Summe aller Kontostände ist %.2f";
NSLog(message, sum);
```

2. Aufgabe

Schreiben Sie ein Klasseninterface für eine Klasse `Bank` zur Modellierung einer Bank. Eine Bank besitzt einen Namen (`name`) und eine BLZ (`bankCode`). Stellen Sie hierfür Instanzenvariablen und Methoden für den Zugriff bereit. Stellen Sie außerdem eine Instanzenvariable `accounts` vom Typ `NSMutableArray*` bereit. Weiterhin soll eine Bank Methoden für das Anlegen eines Kontos auf Basis des Kundennamens sowie das Suchen eines Kontos auf Basis der Kontonummer anbieten. Hierfür können Sie die Klasse `OverdraftAccount` verwenden. Für die

Erstellung eines Bank-Objekts sollen sowohl eine Initialisierungsmethode als auch ein Convenience-Konstruktor existieren, denen man sowohl den Namen der Bank als auch die BLZ übergibt.

3. Aufgabe

Implementieren Sie die Initialisierungsmethode und den Convenience-Konstruktor aus Aufgabe 2. Erzeugen Sie dazu ein neues `NSMutableArray`-Objekt mit der Klassenmethode `array` für die Instanzenvariable `accounts`.

4. Aufgabe

Bilden Sie von der Klasse `Bank` eine Unterklasse `OnlineBank` mit zusätzlicher Instanzenvariablen `url`. In der Instanzenvariablen `url` soll die Adresse zur WWW-Seite als `NSString`-Objekt gespeichert sein. Bieten Sie für diese Instanzenvariable ebenfalls Zugriffsmethoden an, über die die Instanzenvariable `url` ausgelesen und geändert werden kann. Geben Sie für diese Klasse sowohl das Klasseninterface als auch eine C-Struktur für die Speicherstruktur der Klasse `OnlineBank` an. Gehen Sie davon aus, dass die Klasse `NSObject` nur die Instanzenvariable `isa` besitzt.

Wie werden Nachrichten verarbeitet?

Die frühen Versionen von Objective-C wurden ähnlich wie frühe Versionen von C++ nur als Präprozessor für C implementiert. Der Kern von Objective-C, die Objective-C-Runtime-API, ist als reine C-Bibliothek implementiert. Um die zusätzliche Funktionalität, die Objective-C bietet, zu ermöglichen, werden Methodenaufrufe in Funktionsaufrufe dieser API übersetzt. Auch Wertzuweisungen werden nicht wirklich als einfache Wertzuweisung durchgeführt, sondern führen zu einem Aufruf der Methoden `objc_assignIvar` und `objc_assignGlobal`. Wie genau Wertzuweisungen übersetzt werden und warum diese Übersetzung notwendig ist, erklären wir in Abschnitt 9.4.

In diesem Kapitel wollen wir erklären, wie in Objective-C Nachrichten bzw. Methodenaufrufe übersetzt und von den entsprechenden Methoden `objc_msgSend` und `objc_msgSendSuper` ausgeführt werden.

Wichtig

Die in diesem Kapitel gezeigten Übersetzungen werden vom Compiler vorgenommen und ausschließlich zum besseren Verständnis von Objective-C erklärt. In einem Objective-C-Programm sollten sie vom Programmierer nach Möglichkeit nie manuell verwendet werden.

2.1 Übersetzung von Methodenaufrufen

Bei der Übersetzung von Methodenaufrufen müssen wir zwischen »normalen« Methodenaufrufen und Methodenaufrufen an `super` unterscheiden. Beginnen wir mit den »normalen« Methodenaufrufen. Sehen wir uns hierzu an, wie der folgende Methodenaufruf übersetzt wird:

```
id value = [obj someMethodWith: 42 and: @"Text"];
```

Für die Ausführung von Objective-C-Methodenaufrufen dient die Methode `objc_msgSend`. Die Funktion hat die folgende Signatur:

```
id objc_msgSend(id receiver, SEL selector, ...)
```

Als erstes Argument erwartet sie das Objekt, an das die Nachricht gesendet werden soll. Die Nachricht selbst wird über den Selektor identifiziert, der als zweites Argument übergeben wird. Die Argumente, die mit der Nachricht mitgegeben werden, folgen ab dem dritten Argument, in der gleichen Reihenfolge, wie sie beim Nachrichtenaufruf angegeben waren.

Der obige Methodenaufruf wird also in den folgenden C-Funktionsaufruf übersetzt:

```
id value = objc_msgSend(obj, @selector(someMethodWith:and:), 42, @"Text");
```

Genau genommen wird die Konstante `@"Text"` noch in einen entsprechenden Aufruf übersetzt. Dies wollen wir hier allerdings mal vernachlässigen.

In der Methode `objc_msgSend` ist die dynamische Bindung abhängig vom Objekttyp und dem angegebenen Selektor implementiert, den genauen Ablauf der dynamischen Bindung schauen wir uns in Abschnitt 2.3 an. Ein Aufruf von `objc_msgSend` ermittelt dann die passende Implementierung und führt diese direkt aus.

Der Rückgabewert dieser Implementierung entspricht dem Rückgabewert der gesendeten Nachricht und ist damit auch der Rückgabewert der Methode `objc_msgSend`. Ein Problem ergibt sich allerdings dadurch, dass die Methode `objc_msgSend` für den Rückgabewert den Datentyp `id` vorgesehen hat. Alle Datentypen mit einer Größe kleiner gleich `sizeof(id)` können damit abgebildet werden. Hierzu gehören `int`, `char` oder zum Beispiel auch alle Pointertypen. Rückgabewerte vom Typ `double` oder ganze Strukturen können hiermit allerdings nicht abgebildet werden. Hierfür gibt es als Alternativen die beiden Funktionen `objc_msgSend_fpret` und `objc_msgSend_stret`:

- `double objc_msgSend_fpret(id receiver, SEL selector, ...)`
- `void objc_msgSend_stret(void* stAddr, id receiver, SEL selector, ...)`

Für die Rückgabe von Strukturen besitzt die Methode `objc_msgSend_stret` zusätzlich das Argument `stAddr`, über das eine Adresse auf einen Speicherplatz angegeben werden kann, in dem die Rückgabestruktur abgelegt werden kann.

Hinweis

Die Bestimmung des Rückgabetyps eines Methodenaufrufs und damit die Wahl der passenden Variante von `objc_msgSend` kann nur unter Zuhilfenahme der statischen Typisierung geschehen. Wenn der Empfänger nicht statisch typisiert ist, wird als Rückgabetyp für den angegebenen Selektor `id` angenommen und somit die Funktion `objc_msgSend` verwendet.

Methodenaufrufe an »super«

Etwas anders sieht es beim Senden von Nachrichten an super aus. Wie Sie bereits zuvor gesehen haben, handelt es sich bei super eigentlich um die Instanzenvariable self. Allerdings ist die Methodenauflösung nicht vom Typ des Empfängers abhängig, sondern die Suche beginnt erst ab der Superklasse der Klasse, in der sich die Methodenimplementierung mit dem super-Aufruf befindet. Als Beispiel hierzu der folgende Methodenaufruf:

```
id value = [super someSuperMethodWith: 23];
```

Nehmen wir an, dieser Aufruf würde in einer Methodenimplementierung der Klasse MyClass stehen, deren Oberklasse die Klasse MySuperClass ist. Ein solcher Methodenaufruf wird dann in einen Aufruf der Methode objc_msgSendSuper übersetzt:

```
id objc_msgSendSuper(struct objc_super *super, SEL selector, ...)
```

Als erstes Argument der Methode wird im Vergleich zu objc_msgSend also nicht direkt der Empfänger der Nachricht angegeben, sondern ein Pointer auf eine objc_super-Struktur, die in der Datei objc/message.h definiert ist:

```
struct objc_super {
    id receiver;
    Class super_class; /* super_class is the first class to search */
};
```

Listing 2.1: Definition der Struktur objc_super

Über diese Struktur wird dann der eigentliche Empfänger und die Klasse, ab der die Suche nach der Methodenimplementierung beginnen soll, übergeben. Unser Superklassen-Aufruf kann also wie folgt übersetzt werden:

```
struct objc_super super = {self, [MySuperClass class]};
id value = objc_msgSendSuper(&super, @selector(someSuperMethodWith:), 23);
```

Den Aufruf von objc_msgSend aus dem obigen Beispiel kann man sich also mit Hilfe von objc_msgSendSuper wie folgt vorstellen, so dass die Suche der passenden Methodenimplementierung bei der Klasse des Empfängerobjekts beginnt:

```
struct objc_super tObj = {obj, obj->isa};
id v = objc_msgSendSuper(&tObj, @selector(someMethodWith:), 42, @"Text");
```

Die Variable tObj ist dann eine Art getypte Version von obj. Der Typ ergibt sich an dieser Stelle also dynamisch zur Laufzeit über die Instanzenvariable isa. Allerdings entspricht diese Übersetzung nicht ganz der Realität und soll nur zeigen, dass sich das Dynamic Typing, das an dieser Stelle geschieht, über die Instanzenvariable `isa` realisieren lässt.

2.2 Struktur einer Methodenimplementierung

Bevor wir uns anschauen können, wie die Auswahl der Methodenimplementierung auf Basis des Empfängerobjekts und des Selektors entschieden wird, wollen wir betrachten, wie die Implementierung von Objective-C-Methoden auf Basis von C-Methoden geschieht. Wie damit schon vorweggenommen, wird also für jede Objective-C-Methode, die wir in einer Klasse implementieren, eine entsprechende C-Funktion erstellt. Diese hat eine festgelegte Struktur, damit sie von der Funktion `objc_msgSend` oder einer entsprechenden Spezialversion ausgeführt werden kann.

Wir wollen uns die Übersetzung der folgenden Funktion ansehen:

```
+ (id) accountWithNumber: (int) number andName: (NSString*) name {
    return [[self alloc] initWithNumber:number andName:name];
}
```

Bei der Übersetzung ist der Name dieser Funktion unerheblich, da später nur ihre Adresse entscheidend ist. Dieser Pointer wird vom Compiler dann in einem Methoden-Dictionary im Klassen-Objekt für den entsprechenden Selektor abgelegt.

Schauen wir uns an, wie die übersetzte Methodensignatur aussieht:

```
id accountWithNumberAndName(id self, SEL _cmd, int number, NSString* name)
{
    return [[self alloc] initWithNumber:number andName:name];
}
```

Listing 2.2: Übersetzte Methodensignatur von `accountWithNumber:andName:`

Die Argumente der Nachricht werden in Argumente der C-Funktion umgewandelt. Hinzu kommen allerdings die beiden ersten Argumente `self` und `_cmd`, die in der originalen Methodenimplementierung versteckt waren. Der Variablen `self` wird bei Aufruf der Implementierung durch `objc_msgSend` der Empfänger der Nachricht mitgegeben. Die Variable `_cmd` enthält durch den Aufruf den Selektor, der zur Ausführung der Implementierung geführt hat.

Hierdurch wird klar, wie der Aufruf von `alloc` an die Variable `self` kommt, da dieser in der internen Implementierung nur ein Funktionsargument wie `number` oder `name` ist.

Im Rumpf der Funktion werden nun noch die Nachrichtenaufrufe durch Aufrufe von `objc_msgSend` ersetzt:

```
id accountWithNumberAndName(id self, SEL _cmd, int number, NSString* name)
{
    id temp1 = objc_msgSend(self, @selector(alloc));
    id temp2 = objc_msgSend(temp1, @selector(initWithNumber:andName:),
                            number, name);
    return temp2;
}
```

Listing 2.3: In C übersetzte Methode `accountWithNumber:andName:`

Auf diese Weise sind jegliche Anzeichen von Objective-C-Code außer `@selector` verschwunden und es handelt sich nur noch um reinen C-Quellcode. Als Datentyp für Methoden, die sich als Implementierung für Selektoren eignen, gibt es in Objective-C den Datentyp `IMP`:

```
typedef id (*IMP)(id, SEL, ...);
```

Die Implementierung für den Selektor `accountWithNumber:andName:` ist dann einfach ein Zeiger auf die Funktion:

```
IMP imp = &accountWithNumberAndName;
```

Verwendung der versteckten Variablen

Durch das Wissen darüber, wie die Implementierungen von Objective-C-Methoden abgebildet werden, kann man verstehen, woher die Variable `self` kommt und wieso man sie innerhalb einer Implementierung verwenden kann. Vom Compiler wird diese Variable zum Beispiel auch verwendet, um auf eine Instanzenvariable innerhalb einer Methodenimplementierung zuzugreifen. Als Beispiel wollen wir uns die folgende Funktion ansehen:

```
- (float) withdraw: (float) money {
    if (money > balance || money < 0) return balance;
    balance -= money;
    return balance;
}
```

Wenn der Compiler diese Methode übersetzt, muss er sie zum einen in eine C-Funktion überführen. Zum anderen müssen auch die Zugriffe auf Instanzenvariablen durch die Verwendung von `self` verändert werden:

```
float withdraw(BankAccount* self, SEL _cmd, float money) {
    if (money > self->balance || money < 0) return self->balance;
    self->balance -= money;
```

```
    return self->balance;
}
```

Listing 2.4: Übersetzung der Methode `withdraw:`

Auf die gleiche Weise, wie man die Variable `self` in einer Methodenimplementierung verwenden kann, kann man aber auch die Variable `_cmd` verwenden.

2.3 Auflösung der dynamischen Bindung

Kommen wir nun dazu, wie die Auflösung der dynamischen Bindung von Methodenaufrufen realisiert ist. Schauen wir uns dazu folgendes Beispiel auf Basis der Klasse `OverdraftAccount` aus dem Listing 1.11 des vorherigen Kapitels mit der Ausgabe in Abbildung 2.1 an:

```
id account = [[OverdraftAccount alloc]
    initWithNumber:2222222 andName:@"Du"];

[account setOverdraft: 300];
NSLog(@"Kontostand: %.2f", [account balance]);

[account withdraw: 200];
NSLog(@"Kontostand: %.2f", [account balance]);

[account deposit: 500];
NSLog(@"Kontostand: %.2f", [account balance]);
```

Listing 2.5: Beispiel zur Auflösung der dynamischen Bindung

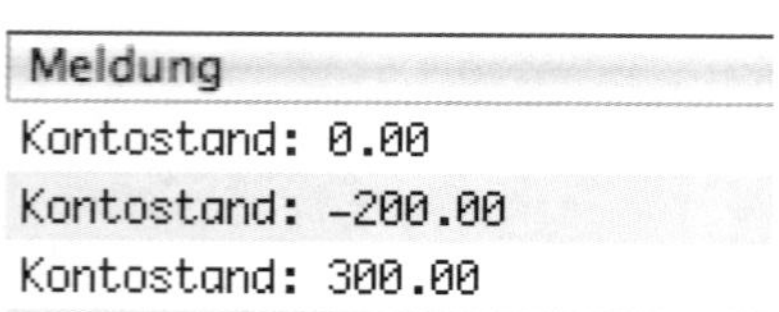

Abb. 2.1: Ausgabe der Bankbewegungen

In diesem Beispiel verzichten wir bewusst auf die statische Typisierung der Variablen `account`, indem wir ihr den Typ `id` zuordnen. Im Folgenden wollen wir betrachten, wie die Methoden `setOverdraft:`, `withdraw:` und `deposit:` ausgewertet werden.

Beginnen wir mit dem Methodenaufruf `setOverdraft:`. Hierbei wird dem Objekt, auf das die Variable `account` zeigt, eine Nachricht mit dem Selektor `setOverdraft:` geschickt. Um nun für diesen Selektor die passende Implementierung zu erhalten, wird als Erstes die Instanzenvariable `isa` des Objekts `account` verwendet, um das zugehörige Klassen-Objekt zu erhalten. In diesem Fall ist es das Klassen-Objekt für die Klasse `OverdraftAccount`.

Dieser Sachverhalt ist in Abbildung 2.2 dargestellt. Wir sehen dort das Objekt `account` und die Klassen-Objekte `OverdraftAccount`, `BankAccount` und `NSObject` inklusive ihrer Methoden-Dictionaries. Zur Erklärung, welche Implementierung durch den jeweiligen Aufruf ausgewählt wird, sind für die Methodenimplementierung Nummern zur Identifizierung angegeben.

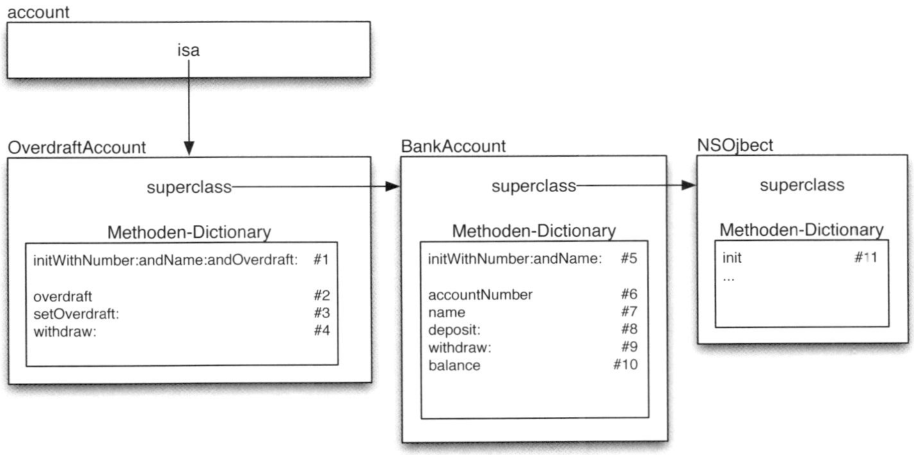

Abb. 2.2: Methodenauflösung für das Objekt `account`

Für den Aufruf von `setOverdraft:` wird nun durch die Methode `objc_msgSend` im Methoden-Dictionary der Klasse `OverdraftAccount` nach dem Selektor `setOverdraft:` gesucht. Für diesen Aufruf gäbe es auch keine weitere Alternative in den Oberklassen von `OverdraftAccount`. Es wird also die Methodenimplementierung #3 ausgeführt.

Interessanter wird es beim Selektor `withdraw:`. Für diesen Selektor steht sowohl eine Implementierung in der Klasse `OverdraftAccount` als auch in der Klasse `BankAccount` zur Verfügung. Gewählt wird in diesem Fall die Methode #4, da die Suche nach einer Implementierung über den `isa`-Zeiger des Objekts `account` ebenfalls bei `OverdraftAccount` beginnt. Erst wenn in einer Klasse eine Implementierung nicht gefunden wird, wird die Suche in der Superklasse über den Zeiger `superclass` weiterverfolgt.

Dies wird beim Aufruf von `deposit:` genutzt. In diesem Fall beginnt die Suche ebenfalls über `isa` bei `OverdraftAccount`. Im Methoden-Dictionary der Klasse `OverdraftAccount` ist allerdings keine Implementierung für `deposit:` vorhanden. Durch Verfolgung des Zeigers `superclass` wird als Nächstes `BankAccount` durchsucht. Im Methoden-Dictionary dieser Klasse wird dann die passende Implementierung #8 gefunden.

Die Suche nach einer passenden Implementierung wird über den `superclass`-Zeiger so lange verfolgt, bis dieser auf `nil` zeigt, das heißt die Suche bei der Wurzelklasse angekommen ist. In diesem Fall wird zusätzlich versucht, die Methode per Forward Invocation aufzulösen (siehe Abschnitt 2.4). Ist auch dies erfolglos, wird eine Exception vom Typ `NSInvalidArgumentException` ausgelöst (siehe Kapitel 6).

Der beschriebene Algorithmus ist genau der, der in der Methode `objc_msgSend` implementiert ist, um die dynamische Bindung der Selektoren an die passenden Implementierungen zur Laufzeit durchzuführen. Es wird jedoch nicht bei jedem Methodenaufruf immer die komplette Suche durchgeführt. Dies wäre viel zu ineffizient. Stattdessen wird in jedem Klassen-Objekt eine Hash-Tabelle gespeichert, um bereits gefundene Implementierungen für einen Selektor darin abzulegen. Wird nun die Methode `objc_msgSend` für ein Objekt ausgeführt, wird zuerst in der Hash-Tabelle des Klassen-Objekts nach einer Implementierung gesucht. Ist diese Suche erfolglos, beginnt die Suche über die `superclass`-Zeiger bis hin zur Wurzelklasse. Die dadurch gefundene Implementierung wird dann für den Selektor in die Hash-Tabelle eingetragen, um beim nächsten Aufruf eine effiziente Ausführung zu gewährleisten.

Methodenaufrufe an »super«

Die Methodenaufrufe an `super`, die durch die Methode `objc_msgSendSuper` abgebildet sind, verhalten sich sehr ähnlich zu den zuvor beschriebenen Methodenaufrufen. Der einzige Unterschied ist, dass die Suche nicht beim Klassen-Objekt, das wir durch den `isa`-Zeiger erhalten, beginnt, sondern bei der spezifizierten Klasse. Stellen wir uns dazu vor, die Implementierung #4 für den Selektor `withdraw:` würde wie folgt aussehen:

```
- (float) withdraw: (float) money {
    return [super withdraw:money];
}
```

Da diese Methode in der Klasse `OverdraftAccount` implementiert ist, beginnt die Suche beim Klassen-Objekt `BankAccount`. Für den Selektor `withdraw:` ist also die #9 die passende Implementierung für den `super`-Aufruf, egal welchen Typ das Empfängerobjekt `self` zur Laufzeit über die Instanzenvariable `isa` genau besitzt.

2.4 Forward Invocation

Das Senden einer Nachricht an ein Objekt, dessen Klasse und deren Oberklassen diese Nachricht nicht implementieren, muss nicht zwangsläufig zu einem Fehler führen. Dies liegt daran, dass jedes Objekt sein Verhalten bzgl. der unterstützten

Nachrichten zur Laufzeit beeinflussen kann. Diese Form der programmatischen Anpassung des Objektverhaltens nennt sich **Forwarding** oder auch **Forward Invocation**. Diese Funktionalität ist fest ins Objective-C-Laufzeitsystem und in der Implementierung der dynamischen Bindung eingebaut. Um das Forwarding zu nutzen, muss die Methode `forwardInvocation:` von `NSObject` überschrieben werden:

```
- (void) forwardInvocation: (NSInvocation*) invocation {
    // Auswertung des Aufrufs invocation
}
```

Sollte nun das Objekt eine Nachricht, die ihm gesendet wird, nicht implementieren, so wird vom Objective-C-Laufzeitsystem die Methode `forwardInvocation:` ausgeführt. Als Argument bekommt die Methode ein Objekt der Klasse `NSInvocation` mit. Diese Klasse ist Bestandteil des Cocoa-Frameworks und kapselt einen Methodenaufruf inklusive Selektor, Argumenten und Rückgabewert. Die Standardimplementierung von `forwardInvocation:` in `NSObject` löst bei Aufruf direkt eine Ausnahme vom Typ `NSInvalidArgumentException` aus.

Wir wollen als Beispiel nun eine Proxy-Klasse schreiben, deren Objekte alle ihnen gesendeten Nachrichten an ein inneres Objekt weiterreichen. Das Klasseninterface für die Klasse `MyProxy` sieht dazu wie folgt aus:

```
@interface MyProxy : NSObject {
    id innerObject;
}
- initWithInnerObject: (id) object;
+ proxyWithInnerObject: (id) object;
@end
```

Listing 2.6: Klasseninterface der Proxy-Klasse `MyProxy`

Die Initialisierungsmethode und der Convenience-Konstruktor sind dazu wie folgt implementiert:

```
- initWithInnerObject: (id) object {
    self = [super init];
    if (self != nil) {
        innerObject = object;
    }
    return self;
}
+ proxyWithInnerObject: (id) object {
    return [[self alloc] initWithInnerObject:object];
}
```

Listing 2.7: Implementierung der Objekterzeugung von `MyProxy`

Um die Verwendung von Forward Invocation zu verstehen, wollen wir in der Methode `forwardInvocation:` zuerst einmal nur den Selektor ausgeben, der an das Objekt gesendet wurde:

```
- (void) forwardInvocation: (NSInvocation*) invocation {
    NSLog(@"Nachricht (%s) empfangen.", [invocation selector]);
}
```

Listing 2.8: Ausgabe aller weitergeleiteten Nachrichten

Versuchen wir nun, die Klasse `MyProxy` zusammen mit der Klasse `BankAccount` aus Listing 1.1 des vorherigen Kapitels zu verwenden:

```
id innerObject = [BankAccount accountWithNumber:43 andName:@"Du"];
id account = [MyProxy proxyWithInnerObject:innerObject];

NSLog(@"Kontonummer: %d", [account accountNumber]);
NSLog(@"Kontostand: %.2f", [account deposit:300]);
NSLog(@"Kontostand: %.2f", [account withdraw:100]);
```

Listing 2.9: Verwendung von `MyProxy` mit einem `BankAccount`-Objekt

Bei Ausführung des Programms wird das Proxy-Objekt erfolgreich erstellt. Das Senden der Nachricht `accountNumber` führt allerdings zu einer Ausnahme vom Typ `NSInvalidArgumentException` mit der folgenden Meldung:

```
[MyProxy accountNumber]: unrecognized selector sent to instance 0x104d60
```

Der Grund hierfür ist, dass, zusätzlich zu der Methode `forwardInvocation:` für die Verarbeitung der nicht-erfolgreichen Nachrichtenaufrufe, auch die Methode `methodSignatureForSelector:` der Klasse `NSObject` überschrieben werden muss. Diese Methode dient der dynamischen Bindung dazu, die Typsignatur einer Methode, inklusive Rückgabetyp und den Typ der Argumente, zu erfahren. Diese Signatur steht normalerweise für jede definierte Methode mit im Methoden-Dictionary des Klassen-Objekts und wird vom Compiler auf Basis der Informationen aus dem Klasseninterface generiert. Für alle Methoden, die allerdings nicht durch die Klasse definiert sind, also genau die, die wir mit Forward Invocation realisieren wollen, fehlen diese Informationen. Aus diesem Grund wird vor jedem Aufruf der Methode `forwardInvocation:` die Methode `methodSignatureForSelector:` mit dem entsprechenden Selektor als Argument ausgeführt. Falls der geforderte Selektor unterstützt werden soll, muss die Methode dann ein `NSMethodSignature`-Objekt zurückliefern, in dem die Typen für Rückgabewert und Argumente spezifiziert sind. Auf die Klasse `NSMethodSignature` wollen wir in diesem Abschnitt des Buches jedoch nicht weiter eingehen. Später im Buch werden wir auf diese Klasse noch einmal zurückkommen. Ansonsten kann die Funktionsweise in der Klassendokumentation sehr gut nachgelesen werden. In unserem Beispiel wollen wir den Aufruf von `methodSignatureForSelector:` direkt an das innere Objekt weiterreichen:

```
- (NSMethodSignature *)methodSignatureForSelector:(SEL)aSelector {
    return [innerObject methodSignatureForSelector:aSelector];
}
```

Listing 2.10: Weiterreichen der Methode `methodSignatureForSelector:`

Dieses funktioniert, da für Selektoren, die bereits im Klasseninterface beschrieben sind, die Implementierung von `methodSignatureForSelector:` die korrekten Werte automatisch liefert.

Wenn wir nun das Beispiel aus Listing 2.9 ausführen, kommt es zu der Ausgabe in Abbildung 2.3. Wir sehen, dass die Nachrichtenaufrufe auf dem Proxy-Objekt `account` nicht mehr verweigert werden. Allerdings haben die Aufrufe auch noch keine Auswirkungen auf das innere `BankAccount`-Objekt. Jedoch ist bereits die Ausgabe durch die Implementierung von `forwardInvocation:` zu sehen.

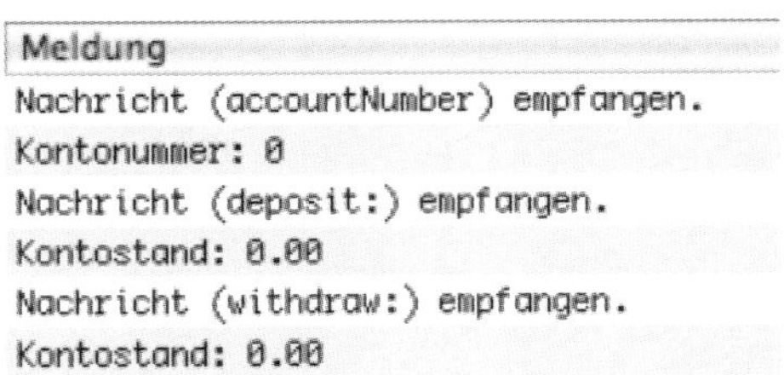

Abb. 2.3: Empfangene Nachrichten im Proxy-Objekt

Irgendwie muss der verzögerte Aufruf, der als `NSInvocation`-Objekt im Argument `invocation` der Methode `forwardInvocation:` übergeben wurde, an das innere Objekt `innerObject` weitergereicht werden. Einfach die Methode `forwardInvocation:` des Objekts `innerObjekt` zu verwenden, funktioniert jedoch nicht, da diese Methode bei `BankAccount` die Standardimplementierung von `NSObject` ist, die eine Ausnahme vom Typ `NSInvalidArgumentException` auslöst.

In der Klasse `NSInvocation` ist jedoch eine Methode `invokeWithTarget:` implementiert, mit der wir den verzögerten Nachrichtenaufruf an ein Objekt senden können. Die Implementierung von `forwardInvocation:` kann dann wie folgt aussehen:

```
- (void) forwardInvocation: (NSInvocation*) invocation {
    [invocation invokeWithTarget:innerObject];
}
```

Listing 2.11: Weiterreichen der gesendeten Nachrichten an `innerObject`

Der Rückgabewert der hierdurch ausgeführten Methode wird nach ihrer Beendigung im `NSInvocation`-Objekt gespeichert. Alternativ hätte man den Rückgabewert auch manuell mit `setReturnValue:` setzen können. Mit der Methode `returnValue` kann der Rückgabewert ausgelesen werden. Es gibt jedoch noch eine Reihe weiterer Methoden, wie `setSelector:` und `selector` für den Zugriff und das Ändern des Selektors hinter dem Methodenaufruf. Auch auf das zugehörige `NSMethodSignature`-Objekt können Sie mit der Methode `methodSignature` zugreifen. Weitere Informationen zu der Klasse `NSInvocation` finden Sie in der Klassendokumentation.

Durch diese Implementierung erfüllt die Klasse `MyProxy` nun genau das, was wir von ihr erwarten. An der Ausgabe in Abbildung 2.4 zu Listing 2.9. sehen wir, dass alle Nachrichtenaufrufe an das Proxy-Objekt `account` durch Forward Invocation an das innere Objekt weitergeleitet werden und ebenso die Rückgabewerte der Methoden des inneren Objekts wieder an den Code zurückgegeben werden, der das Proxy-Objekt benutzt.

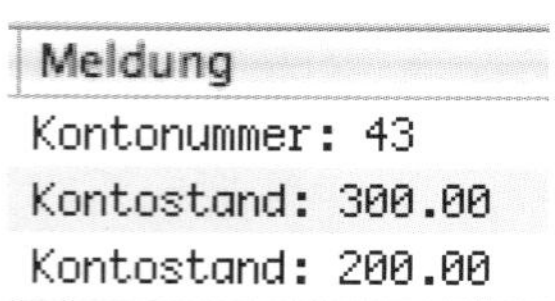

Abb. 2.4: Benutzung eines BankAccount-Objekts über ein Proxy-Objekt

Ein Proxy-Objekt der Klasse `MyProxy` funktioniert auf diese Weise für jedes beliebige innere Objekt. Auch Klassen-Objekte können über ein `MyProxy`-Objekt verwendet werden. Hierzu folgendes Beispiel:

```
id proxyClass = [MyProxy proxyWithInnerObject:[BankAccount class]];
id innerObject = [proxyClass accountWithNumber:43 andName:@"Du"];
id account = [MyProxy proxyWithInnerObject:innerObject];

NSLog(@"Kontonummer: %d", [account accountNumber]);
NSLog(@"Kontostand: %.2f", [account deposit:300]);
NSLog(@"Kontostand: %.2f", [account withdraw:100]);
```

Listing 2.12: Verwendung eines Proxy-Objekts für das Klassen-Objekt von BankAccount

In diesem Beispiel wird für das Klassen-Objekt von `BankAccount` ein Proxy-Objekt `proxyClass` erzeugt. An dieses Objekt wird die Nachricht `accountWithNumber:andName:` zum Erzeugen einer neuen `BankAccount`-Instanz gesendet. Die Ausgabe dieses Beispiels ist mit der in Abbildung 2.4 identisch.

2.5 Übungsaufgaben

1. Aufgabe

Übersetzen Sie folgende Methodenaufrufe in die entsprechenden Aufrufe von objc_msgSend:

```
NSString* name = [[NSString alloc] initWithCString:"Mein Name"];
OverdraftAccount* account = [OverdraftAccount
    accountWithNumber:0 andName:name andOverdraft: 300];
```

2. Aufgabe

Übersetzen Sie die folgende Methodenimplementierung aus Listing 1.28 in eine entsprechende C-Funktion inklusive der Signatur, der internen Methodenaufrufe und Zugriffe auf die Instanzenvariablen:

```
- (float) withdraw: (float) money {
    if (money > [self saldo] || money < 0) return balance;
    balance -= money;
    bankBalance -= money;
    return balance;
}
```

Für das Senden der Nachricht saldo verwenden Sie die Funktion objc_msgSend_fpret.

3. Aufgabe

Schreiben Sie eine Klasse MyMultiProxy nach dem Vorbild der Klasse MyProxy so, dass die an ein MyMultiProxy-Objekt gesendeten Nachrichten nicht nur an ein internes Objekt weitergeleitet werden, sondern an eine Menge von internen Objekten, die diese Methode unterstützen. Für die Methodensignatur nehmen Sie die des ersten Objekts an, das eine Methode für den geforderten Selektor anbietet.

Als Rückgabewert soll der Wert des letzten Aufrufs zurückgegeben werden. Verwenden Sie zum Speichern der internen Objekte die Klasse NSArray. Ein Element aus einem NSArray-Objekt erhalten Sie mit der Methode objectAtIndex: und die Anzahl der Elemente mit count. Ein Durchlauf durch alle Elemente in einem NSArray-Objekt lässt sich also wie folgt realisieren:

```
for (int i = 0; i < [objects count]; i++) {
    NSObject* item = [objects objectAtIndex:i];
    // ...
}
```

Ein `NSArray`-Objekt, das genau ein Element enthält, erhalten Sie mit dem Convenience-Konstruktor `arrayWithObject:`:

```
[NSArray arrayWithObject:object]
```

Um zwei `NSMethodSignature`-Objekte miteinander zu vergleichen, kann die Methode `isEqual:` aus der Klasse `NSObject` verwendet werden:

```
if ([signature1 isEqual: signature2]) NSLog(@"Signaturen sind gleich");
```

Testen Sie Ihr Proxy-Objekt mit folgendem Programm, das bei korrekter Implementierung den Gesamtkontostand 150 liefert:

```
NSArray* innerObjects = [NSArray arrayWithObjects:
    [BankAccount accountWithNumber:1 andName:@"1"],
    [OverdraftAccount accountWithNumber:2 andName:@"2" andOverdraft:100],
    [BankAccount accountWithNumber:3 andName:@"3"],
    [OverdraftAccount accountWithNumber:4 andName:@"4" andOverdraft:200],
    nil];

id proxy = [MyMultiProxy proxyWithInnerObjects:innerObjects];
[proxy withdraw: 150];
[proxy deposit: 200];
[proxy setOverdraft: 300];
[proxy withdraw: 250];

NSLog(@"Gesamtkontostand = %.2f", [BankAccount bankBalance]);
```

Kapitel 3

Kategorien

Wenn wir in einer objektorientierten Programmiersprache zusätzliche Funktionalität zu einer Klasse hinzufügen wollen, so bilden wir üblicherweise eine Unterklasse und fügen das neue Verhalten dort hinzu. Dies hat zur Folge, dass man überall dort, wo das neue Verhalten benutzt werden soll, die Unterklasse anstelle der originalen Klasse benutzen muss. Dies ist ein semantischer Unterschied, da das benutzte Objekt nun nicht mehr eine Instanz der ursprünglichen Klasse ist, sondern eine Unterklasse, die typkompatibel ist. Will man weiterhin die ursprüngliche Klasse verwenden, so muss man diese direkt verändern, was jedoch nicht immer geht, da sie zum Beispiel nur in kompilierter Form in einer Bibliothek vorliegt. Objective-C bietet mit dem Konzept der **Kategorien** (engl. **Categories**) noch einen weiteren Mechanismus, der es ermöglicht, eine Klasse zu erweitern.

3.1 Erweiterung durch Kategorien

Eine Kategorie ermöglicht es, eine beliebige Klasse mit eigenen Methoden zu erweitern. Dies funktioniert auch für Klassen, für die man keinen Zugriff auf den Quelltext besitzt. Methoden, die als Kategorie zu einer Klasse hinzugefügt wurden, lassen sich zur Laufzeit nicht von Methoden unterscheiden, die in der Definition der Klasse direkt enthalten sind, sie werden ein vollständiger Teil der erweiterten Klasse. Dadurch vererben sich per Kategorie hinzugefügte Methoden ganz normal an Unterklassen. Methoden, die einer Unterklasse per Kategorie hinzugefügt werden, stehen nur ab der erweiterten Unterklasse zur Verfügung. Die Methoden in einer Kategorie haben genauso wie die ursprünglich in der Klasse enthaltenen Methoden vollständigen Zugriff auf alle Instanzenvariablen, auch auf solche, die mit dem Schlüsselwort `@private` gekennzeichnet sind.

Wichtig

Für XCode-Versionen vor 4.2 (LLVM Compiler 3.0) ist es nicht möglich, eine Klasse mit Kategorien um zusätzliche Instanzenvariablen zu erweitern, in diesem Fall muss weiterhin die Bildung einer Unterklasse erfolgen.

Sehen wir uns nun an, wie eine Kategorie definiert wird. Erstellen wir eine Kategorie für die Klasse `NSString`, die einen String verkehrt herum ausgibt. Diese Kategorie wollen wir `StringManipulation` nennen. Zuerst erstellen wir die Header-Datei `NSString+StringManipulation.h`:

```
@interface NSString (StringManipulation)
    -(NSString *)printReversed;
@end
```

Listing 3.1: `NSString+StringManipulation.h`

Am obigen Beispiel kann man zwei Dinge sehen. Zum einen die Namenskonvention für die Dateien, in denen Kategorien gespeichert werden: Eine Kategorie, die eine vorhandene Klasse erweitert, wird in einer Datei gespeichert, die mit dem Namen der erweiterten Klasse beginnt, gefolgt von einem + und dem Namen der Kategorie. Da es sich nur um eine Konvention handelt, sind Sie bei der Definition eigener Kategorien daran allerdings nicht gebunden. Das Zweite, was wir am obigen Beispiel sehen können, ist, wie eine Kategorie definiert wird. Hierzu steht zuerst der Name der zu erweiternden Klasse und danach der Name der Kategorie in runden Klammern. Beachten Sie außerdem, dass keine geschweiften Klammern benutzt werden, da keine Instanzenvariablen definiert werden. Zwischen `@interface` und `@end` stehen, wie auch bei Klassen, die Definitionen der hinzuzufügenden Methoden. Sehen wir uns nun die Implementierung der Kategorie `StringManipulation` an:

```
@implementation NSString (StringManipulation)

-(NSString *)printReversed {
    NSUInteger len = [self length];
    NSMutableString *ret = [[NSMutableString alloc] initWithCapacity:len];
    for (int i=len-1; i>=0; i--)
    {
        [ret appendFormat:@"%C", [self characterAtIndex:i]];
    }

    return [NSString stringWithString:ret];
}

@end
```

Listing 3.2: `NSString+StringManipulation.m`

Wie man sehen kann, unterscheidet sich die Implementierung einer Kategorie nicht groß von der Implementierung einer Klasse. Nach dem Schlüsselwort `@implementation` folgen noch einmal der Name der zu erweiternden Klasse und der Name der Kategorie in runden Klammern.

Tipp

Da jede Kategorie in einer eigenen Datei definiert werden kann, sind Kategorien hervorragend geeignet, um eine Klasse modularisiert aufzubauen.

Zu jeder Klasse können beliebig viele Kategorien definiert werden. Dabei ist jedoch zu beachten, dass jede Kategorie einen eigenen Namen besitzen muss und andere Methoden hinzufügt. Das Verhalten eines Programms, bei dem eine Klasse von zwei unterschiedlichen Kategorien jeweils um die gleiche Methode erweitert wird, ist nicht definiert. Hingegen kann eine Kategorie Methoden der zu erweiternden Klasse überschreiben. Zur Laufzeit wird dann die Implementierung der Kategorie benutzt und nicht mehr die ursprünglich definierte Methode. Sehen wir uns hierzu ein Beispiel an, in dem wir die Methode `description` der Klasse `NSString` überschreiben. Zuerst der Header:

```
@interface NSString (NewDescription)
    -(NSString *)description;
@end
```

Listing 3.3: `NewDescription.h`

Die neue Kategorie `NewDescription` enthält nur die Methode `description`, die exakt so definiert ist wie in `NSString`. Dies überrascht nicht, da wir so auch beim Überschreiben in eine Unterklasse vorgegangen wären. Wenn wir nun jedoch die Methode `description` implementieren wollen, stehen wir vor einem Problem: Wir können zwar unseren eigenen Code ausführen, jedoch nicht zusätzlich den der erweiterten Klasse. Eine typische Implementierung der Methode `description` in einer Unterklasse von `NSString` sähe wie folgt aus:

```
-(NSString *)description {
    NSLog(@"description called...");
    return [super description];
}
```

Listing 3.4: Implementierung von `description` durch eine Unterklasse

Wenn wir die obige Implementierung jedoch in unserer Kategorie benutzen, erhalten wir die folgende Ausgabe:

```
Meldung
description called...
<NSCFString: 0x1059f0>
```

Abb. 3.1: Benutzung von super in einer Kategorie

Hier macht sich die Tatsache bemerkbar, dass Kategorien keine Unterklassen sind, sondern in die Klasse integriert werden. Dadurch führt der Aufruf von `[super description]` die Methode `description` der Oberklasse von `NSString` aus. Eine Unterklasse hingegen hätte die Methode `description` ihrer eigenen Oberklasse `NSString` ausgeführt und dadurch deren Verhalten wieder verwenden können. Dass eine Kategorie nicht mehr von der erweiterten Klasse unterschieden werden kann, merken wir auch, wenn wir versuchen, die ursprüngliche Methode mit `[self description]` aufzurufen. In diesem Fall würden wir in eine Endlosschleife geraten. Aus diesem Grund eignen sich Kategorien zwar, um das Verhalten von bereits in einer Klasse enthaltenen Methoden zu überschreiben, zwingen den Programmierer jedoch dazu, das komplette Verhalten neu zu schreiben. Wenn Sie also das Verhalten einer schon vorhandenen Methode erweitern wollen, sollten Sie die Bildung einer Unterklasse bevorzugen.

3.2 Verstecken von Methoden

Objective-C kennt per Design keine privaten Methoden, wie man sie zum Beispiel aus C++ oder Java kennt. Prinzipiell ist also jede Methode, die in der Klassendefinition auftaucht, auch von außen aufrufbar. Zwar kann nicht verhindert werden, dass externer Code bestimmte Methoden aufruft, da Objective-C es bekanntlich zulässt, dass jedem Objekt jede beliebige Nachricht gesendet werden kann und, wenn eine Implementierung für die Nachricht bereitsteht, diese auch ausgeführt wird. Was wir jedoch mit Kategorien erreichen können ist, dass eine Methode von außen nicht sichtbar ist. Dies eignet sich gut, wenn man seine Klassen in einen öffentlichen Teil und einen privaten Teil aufteilen möchte. Für den öffentlichen Teil sind die Methodendeklarationen im Klasseninterface aufgeführt und somit direkt von Dritten nutzbar. Für den privaten Teil enthält das Klasseninterface entsprechend keine Einträge und ist somit für Dritte nicht direkt sichtbar. Dies mag auf den ersten Blick unnötig erscheinen, kann man doch auch ohne Kategorien nur einen Teil der Methoden in das Klasseninterface aufnehmen. Der Nachteil hiervon ist jedoch, dass der Compiler bei jeder Methode, die nicht im Klasseninterface aufgeführt ist, eine Warnung meldet. Wenn die Methoden allerdings als eine Kategorie definiert sind, so sind sie dem Compiler bekannt und führen zu keiner Warnung während des Kompiliervorgangs. Sehen wir uns dazu als Beispiel eine Klasse an, die eine öffentliche Methode definiert, die wiederum eine interne Methode benutzt. Zunächst sehen wir uns das Klasseninterface an:

```
@interface SecretClass : NSObject {
}
-(void)method;
@end
```

Listing 3.5: `SecretClass.h`

Für die Klasse `SecretClass` ist nur die Methode `method` definiert. Wenn wir uns jedoch die Implementierung der Klasse ansehen, stellen wir fest, dass die Klasse tatsächlich zwei Methoden beinhaltet:

```
@implementation SecretClass

-(void)method {
    [self hidden];
    NSLog(@"method");
}

-(void)hidden {
    NSLog(@"hidden");
}

@end
```

Listing 3.6: `SecretClass.m`

Die Methode `hidden` ist zwar in der Klasse enthalten und wird von der Methode `method` benutzt, sie ist jedoch nicht im Klasseninterface enthalten. Wenn wir das Programm nun kompilieren, generiert der Compiler, je nach Einstellung, eine Warnung, wie in Abbildung 3.2 zu sehen ist:

Abb. 3.2: Compilerwarnung bei der Benutzung nicht deklarierter Methoden

In diesem einfachen Fall könnte man die Warnung natürlich noch dadurch entfernen, dass man die Methode `hidden` vor ihrer Verwendung definiert, dies ist bei größeren Klassen jedoch nicht immer möglich. Um dieses Problem zu beheben, können wir eine Kategorie für unsere Klasse `SecretClass` definieren. Diese schreiben wir in die Datei `SecretClass.m`:

```
@interface SecretClass (Hidden)
-(void)hidden;
@end

@implementation SecretClass

-(void)method {
    [self hidden];
    NSLog(@"method");
```

```
}

-(void)hidden {
    NSLog(@"hidden");
}

@end
```

Listing 3.7: `SecretClass.m` mit eingebetteter Kategorie

Solange wir über den Quellcode der Klasse verfügen, ist auch die Kategorie dem Compiler bekannt. Wenn wir später nur die kompilierte Klasse und das Klasseninterface veröffentlichen, so ist die Kategorie nicht mehr bekannt. Dadurch wird es uns ermöglicht, unsere Klasse schon zur Entwurfszeit in einen öffentlichen und einen nicht-öffentlichen Teil zu separieren. Der Vorteil dieser Trennung ist, dass der nicht-öffentliche Teil von einer Version zur nächsten beliebig verändert werden kann, während der öffentliche Teil stabil bleiben muss, um die Kompatibilität der Klasse zu gewährleisten. Sie sollten aber immer beachten, dass die Methode `hidden` trotzdem von außen aufgerufen werden kann, sie ist nur nicht direkt sichtbar.

Vorsicht

Diese Einteilung in freigegebene und nur intern verwendete findet sich auch in vielen Frameworks von Apple. Dies trifft insbesondere auf iOS-Frameworks zu, in denen sich viele – auch nützliche – Methoden finden, die in den Header-Files nicht eingetragen sind. Diese können natürlich dennoch aufgerufen werden, es sollte jedoch beachtet werden, dass die Richtlinien des App Stores die Benutzung dieser *private apis* nicht erlauben.

3.3 Kategorien und die Klasse »NSObject«

Mit einer Kategorie kann jede Klasse von Objective-C erweitert werden, so auch die Klasse `NSObject`, die die Wurzel der gesamten Objekthierarchie in Objective-C bildet. Methoden, die der Klasse `NSObject` über eine Kategorie hinzugefügt werden, stehen somit jeder Klasse in der Klassenhierarchie zur Verfügung. Dies ist ein verhältnismäßig großer Eingriff in das gesamte Laufzeitsystem. Auch wenn Sie die Änderungen, die Sie durch die Kategorie vornehmen, gut verstehen, sollten Sie beachten, dass andere Klassen möglicherweise nichts von diesen Änderungen wissen und dadurch ein Fehlverhalten produzieren könnten.

Abgesehen von den nicht immer abzusehenden Folgen, die eine Erweiterung der Klasse `NSObject` durch eine Kategorie nach sich ziehen kann, gibt es noch zwei weitere Besonderheiten, die es zu beachten gilt: `NSObject` ist die Wurzelklasse im

Cocoa-Framework, daher hat sie keine eigene Oberklasse. Aufrufe von `super` sind daher nicht erlaubt. Eine zweite Besonderheit bei Kategorien von `NSObject` ist, dass Instanzenmethoden von `NSObject` wie Klassenmethoden benutzt werden können. Das normale Verhalten einer Klasse ist, dass Instanzenmethoden nur auf Instanzen der Klasse ausgeführt werden können. So führt zum Beispiel der folgende Aufruf zu einer Ausnahme, da `length` eine Instanzenmethode von `NSString` ist:

```
[NSString length]
```

Anders verhält es sich bei der Erweiterung der Klasse `NSObject`. Alle Methoden, die dieser Klasse hinzugefügt werden, können auch auf Klassen-Objekten aufgerufen werden. Dies wollen wir an einem Beispiel deutlich machen. Hierzu definieren wir eine Kategorie für die Klasse `NSObject`, die eine Methode `log` hinzufügt. Ein Aufruf dieser Methode soll zu einer Ausgabe in der Konsole führen:

```
@interface  NSObject (ObjectC)
-(void)log;
@end

@implementation NSObject (ObjectC)
-(void)log {
    NSLog(@"Neue Methode von NSObject");
}
@end
```

Listing 3.8: Eine Kategorie für `NSObject`

Diese Methode können wir nun sowohl auf dem Klassen-Objekt als auch auf einer Instanz von `NSObject` aufrufen, wie im folgenden Beispiel zu sehen:

```
NSObject *object = [NSObject new];
[object log];
[NSObject log];
```

Listing 3.9: Benutzung einer Kategorie für `NSObject`

Die Ausgabe dieses Beispiels zeigt die folgende Abbildung. Wie man sehen kann, ist sie in beiden Fällen gleich:

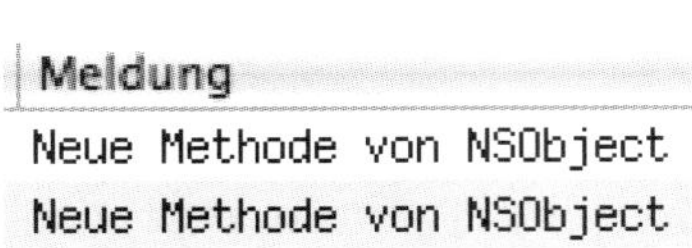

Abb. 3.3: Ausgabe von Listing 3.9

Welche Folgen hat dies für uns als Programmierer? Dadurch, dass die Methode sowohl auf einer Instanz als auch auf der Klasse direkt aufgerufen werden kann, können wir das `self`-Objekt nicht sicher verwenden, da wir nicht wissen, ob `self` eine Instanz oder das Klassen-Objekt selbst ist. Um dies deutlich zu machen, ändern wird die Methode `log` wie folgt ab:

```
-(void)log {
    NSLog(@"self: %@", self);
}
```

Listing 3.10: Ausgabe von `self` bei Klassen und Instanzen

Nun können wir in der Ausgabe den Inhalt des `self`-Objekts sehen. Wenn wir das Beispiel aus Listing 3.9 noch einmal ausführen, erhalten wir die folgende Ausgabe:

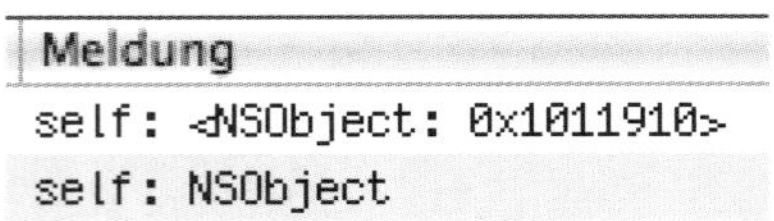

Abb. 3.4: Ausgabe des `self`-Objekts

Wie zu sehen ist, enthält das `self`-Objekt im ersten Fall eine Instanz der Klasse `NSObject` und im zweiten Fall das Klassen-Objekt selbst. Weiterhin ist zu beachten, dass dieses Verhalten nicht nur für `NSObject` gilt, sondern für alle Klassen, da es sich durch die Typhierarchie weitervererbt. Das folgende Beispiel zeigt dies an der Klasse `NSString`:

```
NSString *string = @"Ein String";
[string log];
[NSString log];
```

Listing 3.11: Vererbte Kategorie von `NSObject`

Die Ausgabe dieses Beispiels ist in der folgenden Abbildung zu sehen:

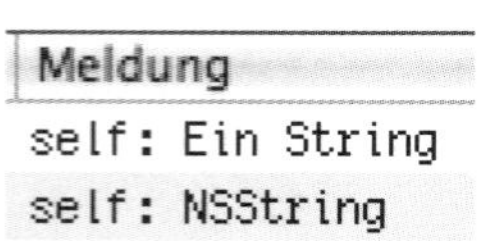

Abb. 3.5: Ausgabe von Listing 3.11

Diese Beispiele haben gezeigt, dass Kategorien, die `NSObject` erweitern, zwar möglich sind, jedoch einige Gefahren in sich bergen. Wenn man plant, eine Kategorie für `NSObject` zu erstellen, sollte man also genau abwägen, ob es nicht vielleicht noch andere Möglichkeiten gibt. Es gibt allerdings auch einen Anwendungsfall für Kategorien zu `NSObject`, der im Cocoa-Framework weite Verbreitung findet: Dies sind informelle Protokolle, die wir in Kapitel 5 vorstellen werden.

3.4 Extensions

In Abschnitt 3.2 haben wir gezeigt, wie eine Klasse mit Hilfe von Kategorien in einen öffentlichen und einen nicht-öffentlichen Teil separiert werden kann. Dieses Verfahren hat neben den oben ausgeführten Vorteilen jedoch auch einen entscheidenden Nachteil: Methoden, die in einer Kategorie definiert sind, müssen nicht implementiert werden, um das Programm fehlerfrei zu kompilieren. Nehmen wir noch einmal das Beispiel aus Listing 3.7 und entfernen die Implementierung der Klasse `hidden`. Der folgende veränderte Quellcode kann ohne Probleme kompiliert werden. Der Aufruf der Methode `hidden` führt jedoch zur Laufzeit zu einem Fehlverhalten, wie in Abbildung 3.6 gezeigt:

```
@interface SecretClass (Hidden)
-(void)hidden;
@end

@implementation SecretClass

-(void)method {
    [self hidden];
    NSLog(@"method");
}
@end
```

Listing 3.12: Unvollständige Implementierung einer Kategorie

```
Meldung
*** -[SecretClass hidden]: unrecognized selector sent to instance 0x1011910
*** Terminating app due to uncaught exception 'NSInvalidArgumentException',
reason: '*** -[SecretClass hidden]: unrecognized selector sent to instance
0x1011910'
```

Abb. 3.6: Fehlermeldung bei nicht vollständig implementierten Kategorien

Genau für diesen Anwendungsfall gibt es **Extensions**. Eine Extension ist gewissermaßen eine anonyme Kategorie, also eine Kategorie ohne Namen. Daher wird eine Extension genau wie eine Kategorie definiert, jedoch ohne Text zwischen den runden Klammern. Eine Extension zu unserer obigen Klasse `SecretClass` würde wie folgt definiert:

```
@interface SecretClass ()
@end
```

Listing 3.13: Definition einer Extension

Ein weiterer Unterschied zwischen Kategorien und Extensions ist, dass alle Methoden, die in einer Extension definiert werden, von der Klasse implementiert werden müssen. Die Implementierung muss dabei direkt im `@implementation`-Block der Klasse stehen und kann nicht von einer Kategorie übernommen werden. Da die Implementierung der Methoden Pflicht ist, kann der Compiler nun eine Warnung generieren, wenn eine in einer Extension definierte Methode nicht implementiert ist. Wir ändern nun unser Beispiel aus Listing 3.12 so um, dass statt einer Kategorie eine Extension benutzt wird:

```
@interface SecretClass ()
-(void)hidden;
@end

@implementation SecretClass
-(void)method {
    [self hidden];
    NSLog(@"method");
}
@end
```

Listing 3.14: Verwendung einer Extension

Wenn wir das obige Beispiel kompilieren, ohne die geforderte Methode zu implementieren, sehen wir, dass der Compiler eine Warnung generiert (Abbildung 3.7).

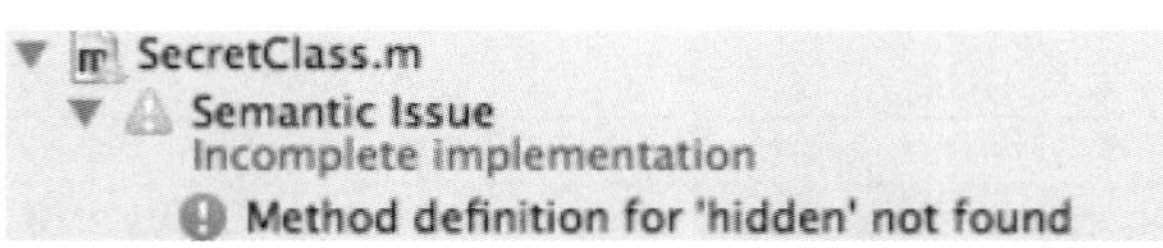

Abb. 3.7: Compilerwarnung bei einer nicht komplett implementierten Extension

Extensions sind daher besser als Kategorien dazu geeignet, eine Klasse in einen öffentlichen und einen nicht-öffentlichen Teil zu separieren. Durch die Verpflichtung, die Methoden einer Extension von der Klasse selbst implementieren zu lassen, können vom Compiler Fehlermeldungen generiert werden, die es den Programmierer erkennen lassen, welche Methoden möglicherweise noch nicht implementiert sind. Das Verhalten des Compilers gleicht bei der Verwendung von Extensions also dem Verhalten, das wir erwarten, wenn wir Methoden im Klasseninterface definieren, diese jedoch nicht implementieren.

3.5 Übungsaufgaben

1. Aufgabe

Schreiben Sie eine Kategorie für die Klasse `NSString`, die eine Methode `countOfCharacter:` hinzufügt. Die Rückgabe dieser Methode soll ein `int`-Wert sein, der die Häufigkeit der Vorkommen eines übergebenen Zeichens im String angibt. Um die Länge eines Strings zu ermitteln, können Sie ihm die Nachricht `length` senden. Um auf ein Zeichen eines Strings zuzugreifen, verwenden Sie die Methode `characterAtIndex:`. Die Signatur der Methode soll wie folgt aussehen:

```
-(int)countOfCharacter:(unichar)theChar
```

2. Aufgabe

Nehmen Sie an, die Kategorie `MyObject` ist für die Klasse `NSObject` wie folgt definiert:

```
@interface NSObject (MyObject)
-(void)showMe;
@end
```

Weiterhin sei die Implementierung für die Kategorie `MyObject` wie folgt gegeben:

```
@implementation NSObject (MyObject)
-(void)showMe {
    NSLog(@"Hallo, ich bin %@", self);
}
@end
```

Was ist die Ausgabe der folgenden beiden Aufrufe?

```
[NSString showMe];
[@"ein Text" showMe];
```

3. Aufgabe

Gegeben ist die folgende Klassendefinition für die Klasse `Parted`:

```
@interface Parted : NSObject {
}
-(void)useMe;
@end
```

Dabei ist die Methode `useMe` wie folgt implementiert:

```
-(void)useMe {
    NSLog(@"useMe aufgerufen");
}
```

Schreiben Sie eine Extension der Klasse `Parted`, die die zusätzliche Methode `dontUseMe` hinzufügt. An welcher Stelle im Programm muss die Implementierung der Methode erfolgen? Wo muss die Extension definiert werden, damit die neue Methode `dontUseMe` Dritten, die Ihre Klasse benutzen wollen, nicht bekannt gemacht wird?

Kapitel 4

Properties

Wie wir gezeigt haben, ist eines der Kernkonzepte der objektorientierten Programmierung die Kombination von Daten und Algorithmen in einem Objekt. Sehen wir uns hierzu noch einmal unsere Klasse BankAccount aus Kapitel 1 an:

```
@interface BankAccount : NSObject {
    NSString* name;
    int accountNumber;
    float balance;
}
- (id) initWithNumber: (int) number andName: (NSString*) name;
+ (id) accountWithNumber: (int) number andName: (NSString*) name;

- (int) accountNumber;
- (NSString*) name;
- (float) balance;

- (float) deposit: (float) money;
- (float) withdraw: (float) money;
@end
```

Listing 4.1: Klasseninterface der Klasse BankAccount

Die Klasse `BankAccount` besitzt also die Instanzenvariablen `name`, `accountNumber` und `balance`, die zusammen den internen Zustand der Klasse bilden. Zur Beschreibung der Funktionalität eines Bankkontos mit Abheben und Einzahlen haben wir die beiden Methoden `deposit:` und `withdraw:`, die auf den Instanzenvariablen arbeiten, sowie die Methode `initWithNumber:andName:` und den Convenience-Konstruktor `accountWithNumber:andName:`, die eine Instanz der Klasse initialisieren. Was sind aber die Methoden `accountNumber`, `name` und `balance`? Zuerst einmal können wir feststellen, dass sie so heißen wie die Instanzenvariablen. Sehen wir uns zum Beispiel einmal die Implementierung von `balance` an:

```
 - (float) balance {
    return balance;
}
```

Listing 4.2: Implementierung der Methode `balance`

Wie man sieht, enthält diese Methode keinen besonderen Algorithmus, sondern gibt lediglich den Wert der Instanzenvariablen `balance` zurück. Diese Art von Methoden nennt man **Zugriffsmethoden** oder **Accessor Methods**. Der Sinn von Zugriffsmethoden ist es, dass man externem Code nicht erlaubt, direkt auf die Instanzenvariablen zuzugreifen, sondern stattdessen eine definierte Schnittstelle zur Verfügung stellt, über die dann zugegriffen werden kann. Der Vorteil hiervon ist, dass man zum einen den internen Klassenaufbau ganz im Sinne des Information Hidings nicht offenbaren muss. Zum anderen kann man diesen auch ändern, ohne dass der Code, der die Klasse benutzt, unbrauchbar wird, solange er nur die Zugriffsmethoden benutzt. Wir wollen uns in diesem Kapitel zuerst mit den Konventionen und dem Nutzen von Zugriffsmethoden generell vertraut machen, bevor wir uns ansehen, wie wir die in Objective-C eingebaute Unterstützung hierfür verwenden können.

4.1 Zugriffsmethoden

Bei Zugriffsmethoden unterscheidet man zwischen **Gettern**, die den Wert einer Eigenschaft zurückgeben, und **Settern**, die den Wert einer Eigenschaft setzen. Durch die Verwendung einer Methode ist es nicht nötig, dass ein Getter tatsächlich den Wert einer Instanzenvariablen zurückgibt. Eine Eigenschaft kann auch dynamisch aus anderen Werten berechnet werden. Ein Setter kann vor dem Setzen einer Eigenschaft überprüfen, ob der zu setzende Wert für die Eigenschaft überhaupt gültig ist. Ein Setter für die Eigenschaft `name`, der etwa verhindert, dass der Name des Kontos auf das Null-Objekt `nil` gesetzt wird, könnte wie folgt aussehen:

```
-(void)setName:(NSString *)aName {
    if (aName != nil)
        name = aName;
}
```

Listing 4.3: Ein Setter für die Eigenschaft name

Für Getter und Setter existieren Namenskonventionen, die für das Funktionieren von Cocoa-Techniken wie zum Beispiel dem Key-Value Coding, das wir in Abschnitt 15.2 im Detail vorstellen, unerlässlich sind. Ein Getter hat immer die folgende Form:

```
-(Typ)name;
```

Der Rückgabetyp ist immer der Typ der Eigenschaft und der Name des Setters muss mit dem Namen der Eigenschaft inklusive der Groß-/Kleinschreibung übereinstimmen. Ein Beispiel für einen Getter haben wir bereits in Listing 4.2 gezeigt. Ein Setter hat die folgende Form:

```
-(void)setName:(Typ)parameterName;
```

Der Rückgabewert eines Setters ist immer `void`. Der Name eines Setters beginnt mit `set`, gefolgt vom Namen der Eigenschaft. Zu beachten ist, dass der erste Buchstabe großgeschrieben werden muss. Ein Beispiel für einen Setter kennen wir bereits aus Listing 4.3. Hierbei sollte bedacht werden, dass der Parameter nicht so heißt wie der Name der Eigenschaft, da er sonst nicht zugewiesen werden kann.

Der Zugriff auf eine Klasseneigenschaft unter Verwendung von Zugriffsmethoden geschieht mit Nachrichten. Das folgende Beispiel zeigt das Auslesen und Setzen von Eigenschaften der Klasse `BankAccount`:

```
float balance = [account balance];
[account setName:@"Mein Konto"];
```

Listing 4.4: Verwendung von Zugriffsmethoden

4.2 Deklarative Zugriffsmethoden

Es ist unbestritten, dass die Benutzung von Zugriffsmethoden zahlreiche Vorteile mit sich bringt. Gleichzeitig ist das Implementieren von Zugriffsmethoden jedoch eine äußerst lästige Aufgabe. Zum einen wird man immer wieder den gleichen Code schreiben, zum anderen gilt es, viele Spezialfälle wie zum Beispiel Threadsicherheit (Kapitel 14) oder die Unterstützung unterschiedlicher Arten des Memory Managements (Kapitel 9) zu beachten. Ein entscheidender Nachteil bei der Benutzung von Zugriffsmethoden ist jedoch, dass man aus der Methodensignatur nicht erkennen kann, ob eine Zugriffsmethode zum Beispiel threadsicher ist. Dies ist zwar nach dem Prinzip des Information Hidings durchaus gewollt, bei Zugriffsmethoden sind diese Zusatzinformationen jedoch für einen Benutzer unter Umständen wichtig.

Um das Erstellen von ähnlichem Code zu verhindern und die oben vorgestellten Aspekte für Entwickler, die unsere Klassen benutzen, deutlich zu kennzeichnen, ist es seit Objective-C 2.0 möglich, Zugriffsmethoden deklarativ zu definieren, für die der Compiler den entsprechenden Code generieren und uns so Arbeit abnehmen kann. Diese Eigenschaft von Objective-C nennt sich **Property**. Wir wollen diesen Begriff im Folgenden benutzen, um deutlich zu machen, dass wir Zugriffsmethoden für Eigenschaften meinen, die deklarativ definiert wurden. Dabei kann eine Eigenschaft entweder eine Instanzenvariable sein oder ein Wert, der nur durch einen Getter oder Setter dynamisch erzeugt wird.

Vorsicht

Beachten Sie, dass Properties ein Sprachfeature von Objective-C 2.0 sind und somit erst ab Mac OS X 10.5 zur Verfügung stehen.

4.2.1 Synthetische Properties

Zunächst einmal wollen wir uns damit beschäftigen, wie Properties überhaupt definiert werden. Um ein Property zu definieren, gibt es die Compileranweisung `@property`. Dieser folgen eine Menge von Attributen in runden Klammern und schließlich Typ und Name des Propertys. Wir werden uns später mit den Attributen eines Propertys beschäftigen. Schauen wir uns einmal ein Beispiel an, um das Property `balance` für unsere Klasse `BankAccount` zu definieren:

```
@property float balance;
```

Properties, die auf diese Weise definiert werden, werden automatisch an die Unterklassen vererbt. Die Instanzenvariable, auf die wir über das so erzeugte Property zugreifen wollen, hat ebenfalls den Namen `balance` und den Typ `float`. Was passiert nun, wenn wir den Code kompilieren? In unserer Klasse war die Methode `balance` bereits definiert, die wir bislang benutzt haben, um den Zugriff auf die gleichnamige Variable zu ermöglichen. Diese ist in Listing 4.2 zu sehen. Wenn wir ein Property ohne weitere Attribute definieren, so wie wir es im obigen Fall getan haben, bedeutet das für den Compiler, dass wir eine Zugriffsmethode zum Lesen und Schreiben für die Eigenschaft benötigen und diese vom Compiler zur Verfügung gestellt bekommen möchten.

Wenn wir nun unser Programm kompilieren, liefert der Compiler zwei Warnungen, wie in Abbildung 4.1 zu sehen.

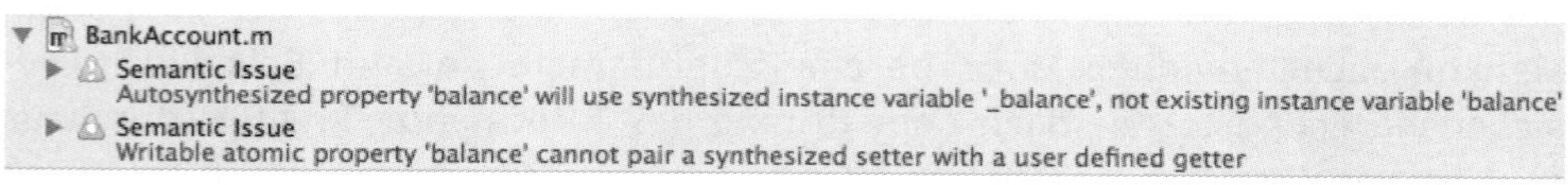

Abb. 4.1: Warnungen beim Erstellen eines Propertys

Die erste Warnung weist uns darauf hin, dass von der automatischen Synthese des Propertys die Instanzenvariable `_balance` benutzt wird und nicht die bereits existierende Instanzenvariable `balance`, die den gleichen Namen wie das Property trägt. Dies bedeutet, dass der Compiler nicht nur einen Getter und einen Setter für das Property generiert hat, sondern ebenso eine Instanzenvariable. Diese generierten Instanzenvariablen heißen immer wie das Property, jedoch wird ihnen ein Unterstrich (_) vorangestellt. In unserem Fall also `_balance`.

Die zweite Warnung weist uns darauf hin, dass es zwar eine Methode `balance` gibt, die die korrekte Signatur für einen Getter besitzt und der Namenskonvention folgt, jedoch keine Methode `setBalance:`, die für den Setter benutzt werden kann. So wie unser Property bisher definiert ist, ist es als threadsicher gekennzeichnet. Der Compiler erzeugt dadurch den Getter und Setter so, dass gewährleistet wird, dass sie sich nicht gegenseitig beeinflussen, wenn sie von verschiedenen Threads aus ausgeführt werden. Dies bedeutet, dass entweder beide Methoden vom Compiler generiert oder beide manuell erstellt werden müssen. Im Falle der manuellen Erstellung muss natürlich der Entwickler sicherstellen, dass die Threadsicherheit gegeben ist. Wenn nur der Getter oder der Setter manuell implementiert wird, kann der Compiler keine Threadsicherheit garantieren und zeigt somit die obige Warnung an.

Um diese Warnungen zu beheben, stehen zwei Möglichkeiten zur Verfügung: Die erste wäre, die automatische Synthese der Getter und Setter für dieses Property zu deaktivieren. Hierfür geben wir in der Implementierung der Klasse `BankAccount` durch die Direktive `@dynamic` das Versprechen ab, dass die Methoden zur Laufzeit vorhanden sind:

```
@implementation BankAccount
@dynamic balance;
...
@end
```

Listing 4.5: Deaktivierung der automatischen Synthese von Zugriffsmethoden

Dies bringt uns aber unserem Ziel, die immer wiederkehrende Arbeit vom Compiler erledigen zu lassen, nicht näher. Da wir jedoch keine spezielle Implementierung unseres Getters vorgenommen haben, kann er einfach gelöscht werden. Tun wir dies, so führt das jedoch zu dem Problem, dass überall dort im Code, wo direkt auf die Instanzenvariable `balance` zugegriffen wird, nicht auf den Inhalt des Propertys `balance` zugegriffen wird. Denn dieser befindet sich durch die Compilerautomatik in der Instanzenvariablen `_balance`. Dies lässt sich jedoch leicht lösen, indem an allen Stellen, an denen die Variable `balance` verwendet wird, stattdessen der Getter in der Form `[self balance]` oder der Setter in der Form `[self setBalance:(float)]` verwendet wird. Alternativ kann auch direkt auf die Variable `_balance` zugegriffen werden. Die veränderten Methoden `withdraw:` und `deposit:` sind in Listing 4.6 gezeigt:

```
- (float) deposit: (float) money {
    if (money < 0) return [self balance];
    [self setBalance: [self balance] + money];
    return [self balance];
}

- (float) withdraw: (float) money {
    if (money > [self balance] || money < 0)
         return [self balance];
    [self setBalance: [self balance] - money];
```

```
    return [self balance];
}
```

Listing 4.6: Verwendung von Gettern und Settern

Die Definition der Klasse `BankAccount` sieht nach der Anpassung wie folgt aus:

```
@interface BankAccount : NSObject {
    NSString* name;
    int accountNumber;
}
- (id) initWithNumber: (int) number andName: (NSString*) name;
+ (id) accountWithNumber: (int) number andName: (NSString*) name;

@property float balance;

- (NSString*) name;
- (void)setName:(NSString *)aName;
- (int)accountNumber;

- (float) deposit: (float) money;
- (float) withdraw: (float) money;
@end
```

Listing 4.7: Klassendefinition von `BankAccount` mit einem Property

Der Compiler erzeugt nun einen passenden Setter und einen passenden Getter, abhängig von den angegebenen Attributen. Da wir keine angegeben haben, sehen die erzeugten Methoden vereinfacht etwa wie folgt aus:

```
-(void)setBalance:(float)balance {
    _balance = balance;
}

-(float)balance {
    return _balance
}
```

Listing 4.8: Synthetisierter Setter und Getter für das Property `balance`

Um auf die Erzeugung des Getters und des Setters Einfluss zu nehmen, existiert neben der Direktive `@dynamic` die Direktive `@synthesize`. Diese wird in der Implementierung der Klasse eingesetzt. Hierbei kann z. B. die Instanzenvariable angegeben werden, die die generierten Zugriffsmethoden benutzen. Für die automatische Synthese sieht der entsprechende Eintrag wie folgt aus:

```
@implementation BankAccount
@synthesize balance =_balance
...
@end
```

Listing 4.9: Nutzung von `@synthesize` durch die automatische Synthese

Hierdurch wird die Instanzenvariable `_balance` für die generierten Zugriffsmethoden genutzt. Falls sie nicht in der Definition der Klasse vorhanden ist, wird sie ebenfalls vom Compiler generiert. Die verschiedenen Möglichkeiten, die `@synthesize`-Direktive einzusetzen, werden im folgenden Abschnitt detailliert vorgestellt.

Wichtig

Das automatische Synthetisieren von Properties steht erst ab dem LLVM-Compiler 4.0 zur Verfügung, der erstmals mit XCode 4.4 ausgeliefert wurde. Für ältere Versionen müssen Sie das Schlüsselwort `@synthesize` wie beschrieben manuell hinzufügen.

4.2.2 Attribute für Properties

Nachdem Sie nun wissen, wie Properties vom Compiler automatisch erzeugt werden können, wollen wir uns in diesem Abschnitt damit beschäftigen, wie wir die genaue Generierung der Zugriffsmethoden beeinflussen können. Wie wir gezeigt haben, wird bei Benutzung des Schlüsselworts `@property` ohne weitere Attribute sowohl ein Getter als auch ein Setter erstellt. Um einem Property Attribute zuzuweisen, verwendet man die `@property`-Direktive wie folgt:

```
@property (Attribute) Typ Name;
```

Sehen wir uns einmal an, welche Attribute zur Verfügung stehen, wobei einige dieser Attribute nur für Properties mit einem Datentyp, der ein Objekt darstellt, benutzt werden können. Wenden wir uns jedoch zuerst den Attributen zu, die allen Properties, also mit beliebigen Datentypen, zur Verfügung stehen.

Allgemeine Attribute

Das Attribut `readwrite` gibt an, dass das Property sowohl gelesen als auch geschrieben werden kann. Dies entspricht also dem Standardverhalten, wenn kein anderes Attribut angegeben wurde. Im obigen Beispiel für das Property `balance` hätten wir also auch Folgendes schreiben können:

```
@property (readwrite) float balance
```

Das Attribut `readonly` kann benutzt werden, wenn auf eine Eigenschaft durch das Property nur lesender Zugriff gewährt werden soll. Wenn das Attribut `readonly` angegeben wird, erzeugt die Synthese des Propertys nur einen Getter. Wenn das Property selbst implementiert werden soll, genügt es ebenfalls, einen Getter zu implementieren. In unserer Klasse `BankAccount` sind zum Beispiel die Eigenschaften `balance` und `accountNumber` Eigenschaften, die nur gelesen werden sollen, da weder die Kontonummer noch der Betrag direkt geändert werden dürfen. Ein Property für die Eigenschaft `accountNumber` könnte also wie folgt definiert werden:

```
@property(readonly) int accountNumber;
```

Entsprechend sollte das schon vorhandene Property `balance` wie folgt umgeschrieben werden:

```
@property(readonly) float balance;
```

Die erstellten Zugriffsmethoden erfüllen immer die zuvor genannten Namenskonventionen. Sehen wir uns hierzu einmal die Definition eines Propertys `active` vom Typ `BOOL` an:

```
@property BOOL active;
```

Die für dieses Property benötigten Zugriffsmethoden sind entsprechend der Namenskonventionen die folgenden:

```
-(BOOL)active;
-(void)setActive:(BOOL)active;
```

Manchmal gibt es jedoch Gründe, warum man einen Getter oder einen Setter nicht nach diesem Muster benennen will. Der typischste Anwendungsfall ist, einen Getter für eine Eigenschaft, die den Typ `BOOL` besitzt, so zu benennen, dass dieser mit `is` beginnt, gefolgt vom Namen der Eigenschaft, beginnend mit einem Großbuchstaben. Für die Eigenschaft `active` würde der Getter also entsprechend `isActive` heißen.

Um einen anderen Namen für den Getter zu verwenden, wird das Attribut `getter=` benutzt. Nach dem Gleichheitszeichen gibt man den Namen des Getters an. Dabei muss die Signatur des Getters den Konventionen entsprechen, falls sie manuell implementiert wird. Entsprechend kann mit dem Attribut `setter=` ein anderer Name für den Setter angegeben werden. Diese Methode muss gemäß der Konvention `void` als Rückgabetyp haben und genau einen Parameter besitzen, der vom selben Typ ist wie die Eigenschaft. Entsprechend gehört der Doppelpunkt mit zum Methodennamen. Sehen wir uns dieses Verhalten an einem Beispiel an. Wir definieren die Eigenschaft `active` mit den folgenden Attributen:

```
@property(getter=isActive, setter=makeActive:) BOOL active;
```

Bei der Synthese der Zugriffsmethoden für das Property `active` erstellt der Compiler die folgenden beiden Zugriffsmethoden:

```
-(BOOL)isActive {
    return active;
}

-(void)makeActive:(BOOL)value {
    active = value;
}
```

Listing 4.10: Getter und Setter mit geänderten Namen

Wichtig

Auch wenn wir die Zugriffsmethoden nicht generieren lassen, müssen sie natürlich die angegebenen Namen tragen.

Die beiden Attribute `readonly` und `setter=` schließen sich gegenseitig aus. Wenn Sie die beiden Attribute wie im folgenden Beispiel verwenden, erhalten Sie die in Abbildung 4.2 gezeigte Warnung.

```
@property(readonly,setter=setNumber:) int accountNumber;
```

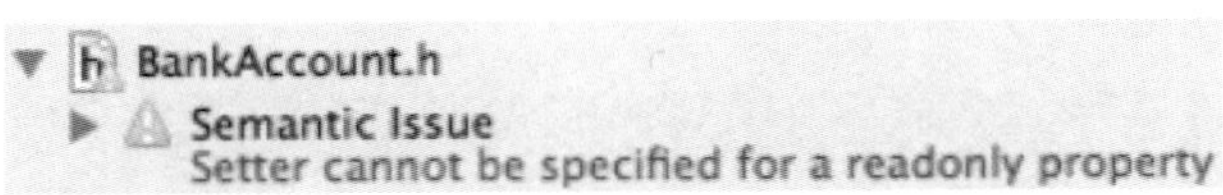

Abb. 4.2: Fehler bei Verwendung von `readonly` und `setter=`

Hinweis

Wenn Sie die Attribute `getter=` oder `setter=` verwenden, sollten Sie dennoch Methodennamen wählen, die, wie in Abschnitt 15.2 beschrieben, *Key-Value Coding compliant* sind.

Das Attribut `nonatomic` gibt an, dass der Zugriff auf ein Property nicht atomar, also nicht threadsicher ist. Standardmäßig sind Zugriffe auf Properties atomar, sie haben das Attribut `atomic`. Für Details zu atomaren Funktionen und Threads allgemein sei auf Kapitel 14 verwiesen. Ein Nebeneffekt von nicht-threadsicheren Properties ist es, dass nur eine von beiden Zugriffsmethoden generiert werden kann, während die andere manuell hinzugefügt werden kann.

Attribute für Objekte

Bislang haben wir uns nur mit Properties beschäftigt, die einen primitiven Typ wie `int` oder `float` kapseln. Jedoch wird man weitaus häufiger mit Properties arbeiten, die den Zugriff auf ein Objekt kapseln. In der Klasse `BankAccount` wäre dies zum Beispiel die Eigenschaft `name`, denn diese ist vom Typ `NSString*`. Für Properties, die Objekte (oder eher Zeiger auf Objekte) kapseln, gibt es drei zusätzliche Attribute, die sich gegenseitig ausschließen. Da diese in engem Zusammenhang mit dem Memory Management stehen, wollen wir sie an dieser Stelle nur kurz vorstellen. Der genaue Unterschied, abhängig vom verwendeten Memory Management, wird in Kapitel 9 ausführlich behandelt.

Durch die Attribute `weak` und `assign` wird angegeben, dass der Wert der Eigenschaft direkt zugewiesen werden soll, ohne dass die Referenz zusätzlich gehalten wird. Der Unterschied zwischen `assign` und `weak` liegt darin, dass ein Property, das als `weak` definiert ist, automatisch auf `nil` gesetzt wird, wenn die Referenz nicht mehr gültig ist. Bei der Verwendung von `assign` würde sie weiterhin auf den (nun ungültigen) Speicherbereich zeigen. Beachten Sie, dass dieses Verhalten für `weak` direkt von der Objective-C Runtime durchgeführt wird, so dass diese Änderung des Wertes des Propertys nicht durch Techniken wie beispielsweise Key-Value Coding (siehe Kapitel 14) beobachtet werden kann. Ebenso ist es nicht möglich in einem Programm, das Reference Counting (ohne ARC) verwendet, das als `weak` markierte Property zu synthetisieren.

Das Attribut `copy` sorgt hingegen dafür, dass das übergebene Objekt durch einen Aufruf von `copy` aus dem Protokoll `NSCopying` kopiert wird und die Kopie danach der Eigenschaft zugewiesen wird.

Hinweis

In einigen Fällen kann es vorkommen, dass Sie für das Kopieren eines Objekts nicht die Methode `copy` verwenden wollen, sondern zum Beispiel bei einem veränderbaren Array auf die Methode `mutableCopy` zurückgreifen müssen. In diesem Fall können Sie den Setter nicht generieren lassen, sondern müssen ihn selbst implementieren.

Als drittes Attribut kann `strong` benutzt werden. Dieses Attribut sorgt dafür, dass dem Objekt, das zugewiesen werden soll, zuerst die Nachricht `retain` (im Falle von Reference Counting) gesendet wird, bevor es in der Instanzenvariablen gespeichert wird. Aus historischen Gründen kann für `strong` auch `retain` als Attribut benutzt werden, wenn kein Garbage Collecting benutzt wird.

Zum Abschluss dieses Abschnitts wollen wir noch einmal die Klassendefinition der Klasse `BankAccount` betrachten, die jetzt nur noch Properties verwendet, anstatt die Zugriffsmethoden zu definieren:

```
@interface BankAccount : NSObject {
}
- (id) initWithNumber: (int) number andName: (NSString*) name;
+ (id) accountWithNumber: (int) number andName: (NSString*) name;

@property(readonly) float balance;
@property(readonly) int accountNumber;
@property(strong) NSString *name;

- (float) deposit: (float) money;
- (float) withdraw: (float) money;
@end
```

Listing 4.11: Klassendefinition der Klasse `BankAccount` mit Properties

Da die Properties `accountNumber` und `balance` als `readonly` markiert sind, werden keine Setter generiert. Um dennoch in der Implementierung der Klasse `BankAccount` einen Wert zu setzen, muss direkt auf die jeweils erzeugte Instanzenvariable zugegriffen werden. Die vollständige Implementierung der Klasse `BankAccount` unter Verwendung der Properties ist in Listing 4.12 dargestellt:

```
@implementation BankAccount
- (id) initWithNumber: (int) aNumber andName: (NSString*) aName {
    if (self  = [super init]) {
        _accountNumber = aNumber;
        _name = aName;
    }
    return self;
}

+ (id) accountWithNumber: (int) number andName: (NSString*) name {
    return [[self alloc] initWithNumber:number andName:name];
}

- (float) deposit: (float) money {
    if (money < 0) return [self balance];
    _balance = [self balance] + money;
    return [self balance];
}

- (float) withdraw: (float) money {
    if (money > [self balance] || money < 0)
        return [self balance];
```

```
    _balance = [self balance] - money;
    return [self balance];
}
@end
```

Listing 4.12: Zuweisung zu Properties ohne Setter

4.2.3 Eigene Implementierungen von Properties

Die deklarative Definition von Eigenschaften durch Properties hat vor allem den Vorteil, dass die Attribute der Eigenschaft klar angeben, wie die Eigenschaft verwendet wird. Wenn Sie eigene Implementierungen der Getter oder Setter schreiben, müssen Sie unbedingt darauf achten, dass Ihre Implementierungen mit den Attributen des Propertys übereinstimmen. In diesem Abschnitt wollen wir uns kurz anschauen, was zu beachten ist, wenn Sie die Zugriffsmethoden selbst implementieren wollen.

Kommen wir zuerst noch einmal auf die unterschiedlichen Methoden zurück, dem Compiler mitzuteilen, wie mit Properties zu verfahren ist. Standardmäßig werden für alle Properties entsprechende Zugriffsmethoden erstellt. Mit dem Schlüsselwort `@synthesize` können wir zudem den Compiler anweisen, eine bestimmte Instanzenvariable zu benutzen. Mit dem Schlüsselwort `@dynamic` können wir dem Compiler hingegen mitteilen, dass die Methoden zwar nicht in der Implementierung der Klasse vorhanden sind und dadurch auch nicht generiert werden müssen, zur Laufzeit aber garantiert bereitgestellt werden. Dies kann zum Beispiel durch Vererbung oder mit einer Kategorie erfolgen oder mit den Hilfsmitteln der Introspektion, die wir in Kapitel 13 vorstellen werden. Diese beiden Methoden sollen uns hier aber nicht weiter beschäftigen.

Eine andere Möglichkeit ist die teilweise Implementierung von Zugriffsmethoden. Definiert man eigene Methoden für ein Property, so werden vom Compiler nur die fehlenden Methoden generiert. Wenn wir zum Beispiel die Eigenschaft `name` synthetisieren lassen, jedoch der Klasse eine eigene Implementierung für den Setter hinzufügen, so wird entsprechend nur der Getter generiert. Die Möglichkeit, einen generierten Getter mit einem selbst implementierten Setter zu kombinieren, wird man sehr häufig benutzen. Denn dadurch ist es möglich, die Werte, die für eine Eigenschaft gesetzt werden, zu überprüfen und nötigenfalls zu korrigieren. Den Getter können wir dann einfach vom Compiler generieren lassen. Sehen wir uns hierzu ein Beispiel an: Wir definieren in einer Klasse `Person` ein Property `age` vom Typ `int`, für das wir verlangen, dass es nur auf Werte größer 17 gesetzt werden darf. Die Definition dieser Klasse sieht wie folgt aus:

```
@interface Person : NSObject {
}
```

```
@property(nonatomic) int age;
@end
```

Listing 4.13: Definition der Klasse Person

Der Compiler wird standardmäßig Getter und Setter für das Property age generieren. Fügen wir nun noch einen Setter hinzu. Die Implementierung der Klasse Person sieht damit wie folgt aus:

```
@implementation Person

-(void)setAge:(int)theAge {
    if (theAge > 17)
        _age = theAge;
}
@end
```

Listing 4.14: Implementierung der Klasse Person

Wenn wir die Klasse nun wie im folgenden Beispiel verwenden, sehen wir an der Ausgabe in Abbildung 4.3, dass zwar ein Getter generiert, jedoch unsere eigene Implementierung des Setters verwendet wird:

```
Person *person = [Person new];
[person setAge:20];
NSLog(@"Alter: %i", [person age]);
[person setAge:15];
NSLog(@"Alter: %i", [person age]);
```

Listing 4.15: Verwendung einer halbsynthetischen Eigenschaft

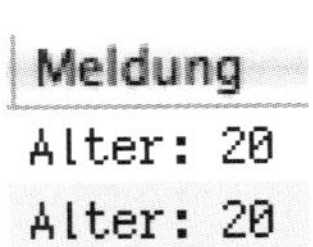

Abb. 4.3: Ausgabe von Listing 4.15

Wenn wir Setter für Eigenschaften selbst schreiben, die ein Objekt als Typ besitzen, so müssen wir unbedingt darauf achten, dass die Implementierung so durchgeführt wird, wie es in der Definition des Propertys angegeben wurde. Ein Benutzer unserer Klasse wird üblicherweise nur die Definition des Propertys kennen. Im Sinne des Information Hidings ist die konkrete Implementierung vor ihm verborgen. Wenn sich nun aber die Implementierung anders verhält, als in der Definition angegeben, so wird er diesen Fehler nicht oder nur sehr schwer finden.

4.2.4 Neudeklaration von Properties

Ein Property, das in einer Klassendefinition definiert ist, kann auf drei Arten erneut definiert sein: durch ein Protokoll, das die Klassen erfüllt (siehe Kapitel 5), durch eine Kategorie, die die Klasse erweitert, oder durch eine Unterklasse, da Properties genau wie Methoden und Variablen nach den Regeln der Vererbung an die Unterklassen weitergegeben werden. Wenn ein Property auf eine dieser Arten ein zweites Mal definiert wird, so müssen alle Attribute jeweils identisch angegeben werden. Eine Ausnahme bildet jedoch das Attribut `readonly`. Ein Property, das mit dem Attribut `readonly` deklariert wurde, kann in einer zweiten Deklaration auch mit dem Attribut `readwrite` deklariert werden. Auf diese Weise werden für das Property sowohl Getter als auch Setter generiert. Für diese Funktionalität gibt es zwei Anwendungszwecke. Der erste ist es, eine Klasse zu definieren, die ein Property hat, das als `readonly` markiert ist. In einer Unterklasse kann man diese Eigenschaft dann auf `readwrite` setzen und so eine veränderbare Variante dieser Klasse erstellen. Apple verwendet dies zum Beispiel bei der Klasse `NSString` (Abschnitt 9.3) oder allen Klassen der Collections-API (Kapitel 11).

Der zweite Anwendungsfall ist das Zerlegen einer Klasse in einen öffentlichen und einen privaten Teil. Code, der nur den öffentlichen Teil kennt, darf die Eigenschaft nur lesen, während Code, der Zugriff auf den privaten Teil hat, die Eigenschaft auch verändern darf, in der Annahme, dass solcher Code die Konsequenzen der Veränderung kennt. Diesen Anwendungsfall wollen wir uns an einem Beispiel ansehen. Dazu definieren wir eine Extension der Klasse `BankAccount`, in der die Eigenschaft `balance` mit dem Attribut `readwrite` neu deklariert wird. Wie wir in Listing 4.11 sehen können, ist diese in der Klassendefinition mit dem Attribut `readonly` definiert.

```
@interface BankAccount ()
@property(readwrite) float balance;
@end
```

Listing 4.16: Extension der Klasse `BankAccount`

Code, der auf die Definition der Extension zugreifen kann, sieht das Property `balance` als `readwrite`, während Code, der die Extension nicht kennt, das Property als `readonly` sieht. Welchen konkreten Unterschied dies machen kann, sehen Sie im nächsten Abschnitt.

4.3 Der Punkt-Operator

Bislang haben wir Properties immer benutzt, indem wir die entsprechenden Zugriffsmethoden der Klasse aufgerufen haben. Die Unterstützung von Properties in Objective-C geht jedoch über das Generieren von Zugriffmethoden hinaus. Für die einfache Benutzung von Properties gibt es den Punkt-Operator (`.`). Das folgende Beispiel zeigt die Benutzung dieses Operators am Beispiel der Klasse BankAccount:

```
BankAccount *account = [BankAccount accountWithNumber:123456
                        andName:@"Mein Konto"];
NSLog(@"Kontoname: %@, Guthaben: %.2f", account.name,
                                        account.balance);

account.name = @"Dein Konto";
NSLog(@"Kontoname: %@", account.name);

NSUInteger len = account.name.length;
NSLog(@"Länge des Namens: %li", len);
```

Listing 4.17: Verwendung des Punkt-Operators

Wie aus dem Beispiel zu sehen ist, kann der Punkt-Operator sowohl für die Zuweisung als auch für das Auslesen einer Eigenschaft genutzt werden. Außerdem ist der Punkt-Operator rekursiv anwendbar. Das folgende Codefragment zeigt das Beispiel aus dem obigen Listing unter Verwendung der Zugriffsmethoden ohne Punkt-Operator:

```
BankAccount *account = [BankAccount accountWithNumber:123456
                        andName:@"Mein Konto"];

NSLog(@"Kontoname: %@, Guthaben: %.2f", [account name],
                                        [account balance]);

[account setName:@"Dein Konto"];
NSLog(@"Kontoname: %@", [account name]);

NSUInteger len = [[account name] length];
NSLog(@"Länge des Namens: %li", len);
```

Listing 4.18: Verwendung der Zugriffsmethoden

Die Ausgabe, die in beiden Fällen identisch ist, ist in der folgenden Abbildung zu sehen:

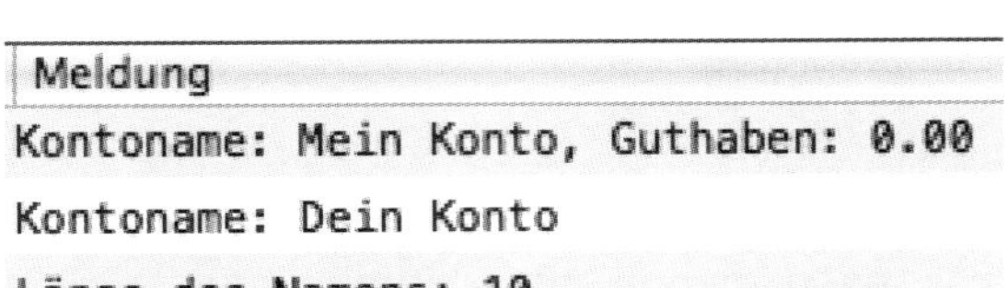

Abb. 4.4: Ausgabe von Listing 4.17 und Listing 4.18

> **Hinweis**
>
> Der Punkt-Operator ist nicht nur für Properties zu gebrauchen. Solange in der Klassendefinition entsprechende Getter oder Setter angegeben sind, die der Namenskonvention genügen, muss kein Property mit der Direktive `@property` deklariert sein, damit der Punkt-Operator funktioniert.

Ein weiterer Vorteil ist, dass der Compiler eine Fehlermeldung generieren kann, wenn versucht wird, einem Property, das mit `readonly` definiert ist, einen Wert zuzuweisen. Der Ausdruck `account.accountNumber=12` würde damit folgende Fehlermeldung generieren:

Abb. 4.5: Fehlermeldung beim Zuweisen eines `readonly` Propertys

Im Gegensatz dazu führt das Benutzen eines Setters, der in der Klassendefinition nicht aufgeführt ist, lediglich zu einer Warnung, dass dieser möglicherweise nicht definiert ist.

Denken wir nun noch einmal an den letzten Abschnitt zurück. Hier hatten wir mit einer Extension der Klasse `BankAccount` das Property `balance` als `readwrite` neu deklariert. Dadurch kann Code, der die Extension kennt, mit dem Punkt-Operator auf die Eigenschaft zugreifen. Code, der die Extension nicht kennt und den Inhalt von der Eigenschaft `balance` ändern will, führt beim Kompilieren zu einer Fehlermeldung. Dies ist zwar immer noch kein absoluter Schutz, da der fremde Code direkt den generierten Setter benutzen kann, jedoch macht es deutlich, dass schreibender Zugriff auf die Eigenschaft nicht gewünscht wird.

Für Properties, die einen primitiven Wert zurückgeben, können auch die Operatoren wie += oder -= verwendet werden. Sie verhalten sich wie bei Variablen des entsprechenden Typs. Um beispielsweise die Eigenschaft `balance` der Klasse `BankAccount` um einen bestimmten Betrag zu verändern, kann der folgende Ausdruck verwendet werden:

```
account.balance += 200;
```

Der Compiler generiert hieraus den folgenden Aufruf:

```
[account setBalance:[account balance] + 200];
```

Dadurch werden auch evtl. Einschränkungen, die im Setter definiert sind, berücksichtigt.

Ein Aspekt des Punkt-Operators, der beachtet werden muss, ist, dass er nicht identisch mit dem Punkt-Operator ist, der für C-Strukturen definiert ist. Sehen wir uns hierzu den folgenden Aufruf an:

```
object.structure.entry;
```

Hierbei soll `structure` eine C-Struktur sein, deren Eintrag `entry` wir auslesen wollen. Da der Compiler weiß, dass `structure` eine C-Struktur ist, wird der Aufruf von `structure.entry` nicht in einen Methodenaufruf umgesetzt, sondern als Zugriff auf eine C-Struktur benutzt. Dies kann man sich deutlich machen, wenn man sich den folgenden kompilierten Ausdruck ansieht:

```
[object structure].entry;
```

Will man innerhalb einer Klasse die Zugriffsmethoden benutzen, so muss dies über das Objekt `self` geschehen. So zum Beispiel folgender Ausdruck:

```
self.name = aName;
```

Hier wird der Wert des Propertys `name` mit dem Setter auf den Wert `aName` gesetzt. Anders in folgendem Ausdruck:

```
_name = aName;
```

In diesem Fall wird hingegen der Inhalt der Variablen `_name` auf den Wert `aName` gesetzt, ohne den Setter zu benutzen.

4.4 Übungsaufgaben

1. Aufgabe

Geben Sie die Definition eines Propertys mit der Bezeichnung `readMe` an. Dabei soll die Eigenschaft vom Datentyp `int` sein und nur lesenden Zugriff erlauben. Was ist zusätzlich nötig, wenn Sie den Getter nicht selbst implementieren wollen?

2. Aufgabe

Betrachten Sie die folgende Definition des Propertys `temperature`:

```
property float temperature;
```

Geben Sie eine einfache Implementierung der benötigten Zugriffsmethoden für dieses Property an, wenn keine automatische Synthese von Properties aktiviert ist. Gehen Sie dabei davon aus, dass die Instanzenvariable `temperature` vom Typ `float` definiert ist.

3. Aufgabe

Gehen wir davon aus, dass die Klasse MyClass wie folgt definiert ist:

```
@interface MyClass : NSObject {
    int var1;
    int var2;
    float floatVar;
}

@property int intVar;
@property int var1;
@property int anotherVar;
@property (readonly) float floatVar;
@end
```

Die Implementierung der Klasse ist wie folgt gelöst:

```
@implementation MyClass
@synthesize intVar=var1;
@synthesize var1=var2;
@end
```

Nehmen wir an, dass alle Variablen mit 0 initialisiert sind. Wie ist die Belegung der Instanzenvariablen der Klasse MyClass nach den folgenden Zuweisungen:

```
class.intVar = 3;
class.var1 = 4;
class.anotherVar = 5;
```

Was passiert, wenn Sie dem Programm noch die Anweisung

```
class.floatVar = 3.14;
```

hinzufügen?

Kapitel 5

Protokolle

In Kapitel 3 haben wir uns angesehen, wie wir mit Kategorien bereits bestehende Klassen um zusätzliche Methoden erweitern können. Kategorien definieren also Methoden, die einer bestimmten Klasse hinzugefügt werden sollen, sowie die zugehörigen Implementierungen. Die Umkehrung dieses Prinzips wäre es, eine Schnittstellenbeschreibung zur Verfügung zu stellen, die von beliebigen Klassen implementiert werden kann.

Objective-C bietet uns mit **formalen Protokollen** (engl. **Formal Protocols**) genau diese Möglichkeit. Ein formales Protokoll, das wir im Folgenden nur noch **Protokoll** nennen wollen, definiert eine Schnittstelle. Prinzipiell ist ein Protokoll nichts anderes als eine Sammlung von Methoden, die keiner bestimmten Klasse zugeordnet sind und somit von jeder beliebigen Klasse implementiert werden können. Jedes Protokoll gruppiert eine Menge von Methoden, die in irgendeiner Weise zusammenhängen. Nehmen wir als Beispiel Methoden, die den Eingang und die Verarbeitung von Nachrichten melden:

```
-(void)incomingMessage:(NSString*)message;
-(void)outgoingMessage:(NSString*)message;
```

Listing 5.1: Gruppierung von Methoden

Die Gruppe von Methoden hat also eine semantische Gemeinsamkeit, daher eignen sie sich gut, um zu einer Gruppe zusammengefasst zu werden. Jede Klasse, die auf Nachrichteneingänge und Nachrichtenausgänge reagieren soll, kann dieses Protokoll benutzen und dafür die Methoden des Protokolls implementieren.

Dadurch, dass ein Protokoll nicht an eine bestimmte Klasse oder Implementierung gebunden ist, lösen sich Protokolle aus der Klassenhierarchie heraus. Sie definieren lediglich die Methoden, die implementiert werden sollen. Dies ist eine Anwendung des Prinzips des Information Hidings: Die Identität der implementierenden Klasse selbst ist dabei nicht interessant, ebenso wenig wie die Frage, *wie genau* die Klasse die Methode implementiert. Was jedoch interessant ist, ist hingegen die Frage, ob eine Klasse ein bestimmtes Protokoll erfüllt oder nicht, also ob die Methoden überhaupt implementiert werden. Im Folgenden wollen wir uns zunächst den Unterschieden zuwenden, die sich bei der Verwendung von Protokollen im Gegensatz zu Klassen und Kategorien ergeben. Danach sehen wir uns an, wie Protokolle sich in die Sprachsyntax einfügen und konkret benutzt werden.

Zum Abschluss werfen wir noch einen Blick auf eine andere Art von Protokollen, die informellen Protokolle.

5.1 Protokolle und Hierarchien

Wie wir bereits gezeigt haben, stehen Protokolle dadurch, dass sie nicht an eine bestimmte Implementierung gebunden sind, außerhalb der Klassenhierarchie. Wir haben in Kapitel 1 bereits das Prinzip der Vererbung vorgestellt. Die Idee hinter der Vererbung ist, das gemeinsame Verhalten einer Menge von Klassen in eine Oberklasse auszulagern und somit jeder Klasse, die von dieser Oberklasse erbt, zur Verfügung zu stellen. Abbildung 5.1 zeigt eine typische Struktur einer Klassenhierarchie. Die Methoden `size`, `add:` und `remove:` sind in der Oberklasse definiert und werden entsprechend an alle Unterklassen vererbt.

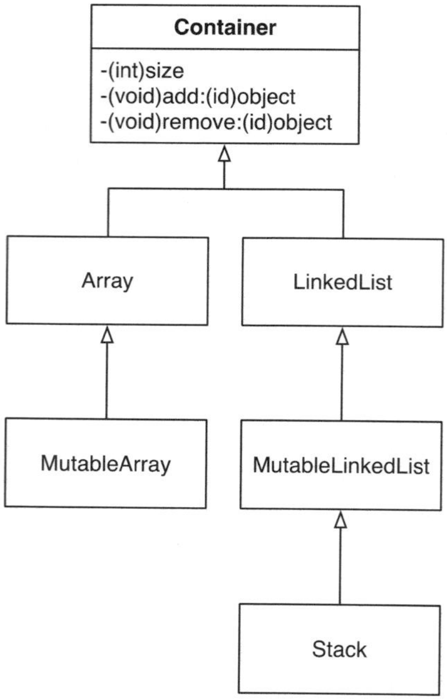

Abb. 5.1: Klassenhierarchie mit gemeinsam verwendeter Methode in der Oberklasse

Durch die Definition von Oberklassen entsteht automatisch eine Hierarchie. Alle Klassen in dieser Hierarchie sollten ein gemeinsames Aufgabengebiet besitzen. Die Unterklassen von `Container` im obigen Beispiel dienen alle der Aufnahme und Speicherung von Daten. Zwar kann jede Unterklasse die geerbten Methoden nach eigenem Ermessen überschreiben, die Vererbungshierarchie und die in der Oberklasse definierten Methoden bilden jedoch die Gemeinsamkeiten all dieser Klassen.

Das Gruppieren von Methoden in einer gemeinsamen Oberklasse funktioniert nur so lange sinnvoll, wie die von der Oberklasse erbenden Klassen auch tatsächlich einen semantischen Zusammenhang besitzen. Manchmal ist es jedoch notwendig, dass Klassen, die keinen Zusammenhang besitzen, dennoch die gleichen Methoden implementieren. Die Gemeinsamkeit durch diese Methoden ist jedoch nicht groß genug, um eine gemeinsame Klassenhierarchie zu rechtfertigen. Stellen wir uns vor, wir möchten einigen unserer Klassen die Möglichkeit hinzufügen, ihren inneren Zustand in eine Datei speichern und diesen wieder aus einer Datei herstellen zu können. Die beiden hierfür benötigten Methoden könnten wie folgt aussehen:

```
-(void)saveToFile:(NSString*)fileName;
-(id)initFromFile:(NSString*)fileName;
```

Listing 5.2: Methoden zum Laden und Speichern des inneren Zustands

Diese beiden Methoden können nun von beliebigen Klassen implementiert werden. Es ist aber nicht nötig, dass jede Klasse die Eigenschaft, ihren Zustand in eine Datei speichern und wieder laden zu können, implementiert. Daher kommt eine Integration dieser Methoden in `NSObject` mit Hilfe einer Kategorie nicht in Frage. Denn dies würde bedeuten, dass jede Klasse der gesamten Klassenhierarchie diese Funktionalität bereitstellen müsste. Wenn wir also erlauben wollen, dass verschiedene Klassen die gleichen Methoden implementieren, und diese Klassen nicht in einer zusammenhängenden Klassenhierarchie implementiert werden können oder dürfen, so können wir dies mit einem Protokoll erreichen. Diese Klassen haben dann alle die Gemeinsamkeit, dass sie das gleiche Protokoll erfüllen. Abbildung 5.2 zeigt, wie sich ein Protokoll außerhalb der Klassenhierarchie verhält und eine Gemeinsamkeit zwischen nicht kompatiblen Klassen herstellt. Die gestrichelten Klassen erfüllen das Protokoll, während die Klassen mit durchgezogenem Rand das Protokoll nicht erfüllen.

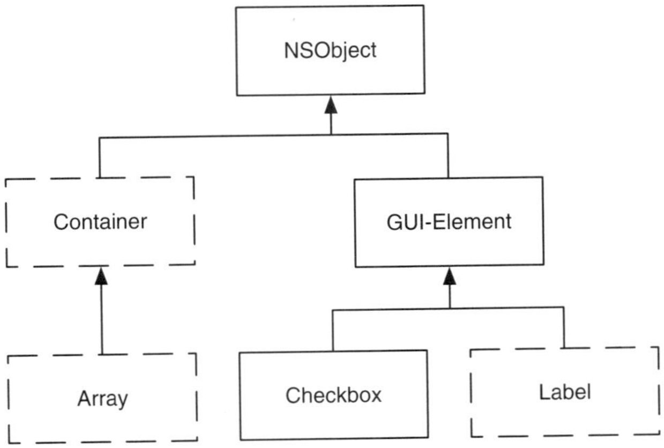

Abb. 5.2: Gemeinsamkeiten zwischen Klassen durch die Erfüllung eines Protokolls

5.2 Verwendung von Protokollen

Nachdem wir nun verstanden haben, wie das Verhältnis von Protokollen zu Klassen und Kategorien ist, wollen wir uns ansehen, wie wir ein formales Protokoll definieren können und welche Unterstützung uns Objective-C für die Benutzung von Protokollen bietet.

Ein formales Protokoll wird durch das Schlüsselwort `@protocol` gefolgt vom Namen des Protokolls definiert. Danach folgen die Methoden, die das Protokoll erfüllen soll, und schließlich das Schlüsselwort `@end`. Eine Protokolldefinition sieht also wie folgt aus:

```
@protocol MyProtocol
//Methodendeklarationen
@end
```

Um zum Beispiel ein Protokoll mit dem Namen `Account` zu definieren, das Methoden definiert, die von einer Konto-Klasse implementiert werden müssen, würde man das Folgende schreiben:

```
@protocol Account
-(float)balance;
-(float)deposit:(float)money;
-(float)withdraw:(float)money;
@end
```

Listing 5.3: Das Protokoll Account

Eine Klasse, die dieses Protokoll erfüllen will, muss also die Methoden `balance`, `deposit:` und `withdraw:` erfüllen. Ist dies nicht der Fall, stellt der Compiler dies fest und generiert die folgende Warnung:

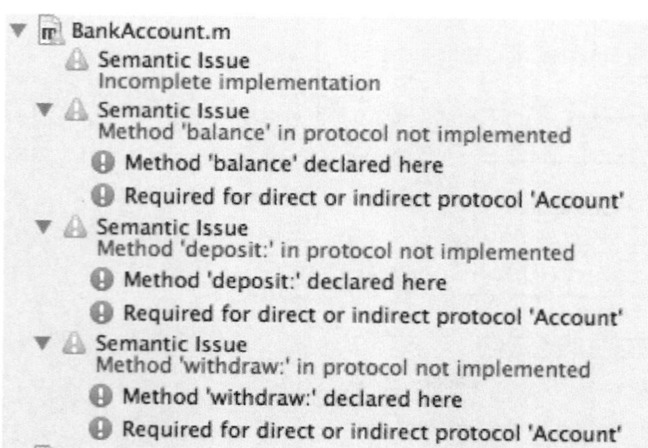

Abb. 5.3: Warnung bei Nichterfüllung eines Protokolls

Ein Protokoll verlangt also, dass eine Klasse, die dieses Protokoll erfüllen will, auch alle Methoden, die das Protokoll vorgibt, implementiert. Im Gegensatz zu Kategorien, die ihre Methoden und deren Implementierung an eine konkrete Klasse binden, definieren Protokolle nur Methoden ohne eine Implementierung. Dadurch ist ein Protokoll nicht an eine bestimmte Klasse oder Implementierung gebunden, ist aber darauf angewiesen, dass die geforderten Methoden von einer anderen Klasse implementiert werden. Wie wir gezeigt haben, ist der Compiler in der Lage, eine Warnmeldung zu generieren, wenn eine Klasse, die ein Protokoll erfüllen will, nicht alle geforderten Methoden implementiert. Woher weiß aber der Compiler, wann eine Klasse ein Protokoll erfüllen will?

Wie wir bereits wissen, ist eine Klassendefinition immer in der folgenden Form anzugeben:

```
@interface Klasse : Oberklasse {
    //Variablen
}
//Methoden
@end
```

Wenn wir nun zusätzlich wollen, dass die Klasse ein bestimmtes Protokoll erfüllt, können wir dies in spitzen Klammern hinter die Oberklasse schreiben. Um eine Klasse `BankAccount` zu erstellen, die das Protokoll `Account` implementiert, würde die Definition wie folgt aussehen:

```
@interface BankAccount : NSObject<Account> {
    float balance;
    //...
}
// ...
@end
```

Listing 5.4: Implementierung des Protokolls `Account` durch die Klasse `BankAccount`

Hinter der Oberklasse `NSObject` steht in spitzen Klammern der Name des Protokolls (`Account`). Dadurch weisen wir den Compiler an, bei der Implementierung der Klasse `BankAccount` zu überprüfen, ob alle Methoden des Protokolls in der Klasse implementiert sind, und Warnmeldungen zu generieren, wenn dies nicht der Fall ist. Soll eine Klasse mehrere Protokolle erfüllen, so können wir diese durch Kommata voneinander getrennt angeben. Wenn die Klasse `BankAccount` sowohl das Protokoll `Account` als auch das Protokoll `NSCopying` erfüllen muss, so würde die Definition wie folgt aussehen:

```
@interface BankAccount : NSObject<Account, NSCopying> {
    float balance;
}
@end
```

Listing 5.5: Implementierung mehrerer Protokolle

Für das folgende Beispiel soll es aber genügen, dass die Klasse `BankAccount` das Protokoll `Account` erfüllt. Sehen wir uns der Vollständigkeit halber eine mögliche Implementierung der Klasse `BankAccount` an:

```
@implementation BankAccount
-(float)balance {
    return balance;
}

-(float)withdraw:(float)money {
    if (money > balance || money < 0)
        return balance;
    balance -= money;
    return balance;
}

-(float)deposit:(float)money {
    if (money < 0)
        return balance;
    balance += money;
    return balance;
}
@end
```

Listing 5.6: Implementierung der Klasse BankAccount

Wie man sieht, wird in der Implementierung nicht mehr auf das Protokoll eingegangen. Es genügt, dies in der Definition der Klasse zu tun. Die Klasse `BankAccount` erfüllt durch die vorhandenen Implementierungen das Protokoll `Account` und kann daher ohne Warnungen kompiliert werden. Nun wollen wir uns ansehen, wie ein Protokoll verwendet werden kann, um anonyme Objekte nutzen zu können:

Ein **anonymes Objekt** ist ein Objekt, dessen konkrete Klasse nicht bekannt ist. Eine Klasse ist normalerweise nicht für den Programmierer anonym, sondern für das Programmstück, dem es übergeben wird. Dieses Prinzip wollen wir uns einmal genauer ansehen. Nehmen wir dazu an, dass wir eine Bibliothek benutzen, die mit internen Klassen arbeitet, deren Namen uns jedoch nicht bekannt sind. Da diese Bibliothek auch keine Klasseninterfaces der internen Klassen mitliefert, können wir die internen Klassen daher nicht als Typen für ein Objekt benutzen. Die Bibliothek liefert jedoch Methoden mit, die Instanzen der internen Klassen zurückgeben. Ganz konkret könnten wir zum Beispiel die folgende Klasse `Bank` definieren:

```
@interface Bank : NSObject {
}
-(id)createAccount;
@end
```

Listing 5.7: Klassendefinition der Klasse Bank

```
@implementation Bank
-(id)createAccount {
    BankAccount *newAccount = [[BankAccount alloc] init];
    [newAccount deposit:10.00];
    return newAccount;
}
@end
```

Listing 5.8: Implementierung der Klasse Bank

Mit der Funktion `createAccount` kann eine Instanz der Klasse `Bank` angewiesen werden, ein neues Konto, implementiert durch die oben beschriebene Klasse `BankAccount`, zu erstellen. Hierbei fällt auf, dass die Rückgabe von `createAccount` vom Typ `id` ist. Dies hat den einfachen Grund, dass wir die Klasse `BankAccount` nach außen nicht bekannt machen wollen. Wenn wir nun als externer Programmierer die Klasse `Bank` verwenden wollen, lassen wir ein neues Konto auf die folgende Art erstellen und geben dessen Guthaben aus:

```
Bank *myBank = [Bank new];
id account = [myBank createAccount];
NSLog(@"%.2f",[account balance]);
```

Das Problem, das wir dadurch haben, ist, dass die Rückgabe von `createAccount` aus Sicht des aufrufenden Codes ein Objekt ohne eine direkte Klassenidentität ist, da die Methode, die dieses Objekt erstellt, die Identität der Rückgabe nicht preisgibt. Es gibt, gerade im Sinne des Information Hidings, gute Gründe, die interne Klassenstruktur nicht nach außen bekannt zu geben. So kann man diese z.B. ändern, ohne dass externer Code verändert werden muss. Jedoch ist ein Objekt ohne Klassenidentität für die weitere Benutzung durch den Aufrufer sinnlos, da nicht bekannt ist, welche Nachrichten das Objekt versteht. Zwar konnten wir im obigen Beispiel die Nachricht `balance` senden, ohne dass der Compiler eine Warnung generiert, jedoch liegt das daran, dass beim Senden von Nachrichten an `id` nie eine Warnung generiert wird. Dass das Objekt die Nachricht `balance` tatsächlich versteht, konnten wir nur wissen, weil wir Einblick in die Klasse `Bank` nehmen können. Daher muss eine Methode ein Objekt zurückgeben, bei dem wenigstens eine Methode bekannt ist, die aufgerufen werden kann. Dieses kann erreicht werden, indem man das zurückgegebene Objekt durch ein Protokoll mit einer Menge von Methoden identifiziert, die es versteht.

Wir wollen uns einmal ansehen, wie dies geschieht. Bei der Definition einer Klasse, die ein Protokoll erfüllen soll, haben wir den Namen in spitze Klammern hinter den Namen der Oberklasse geschrieben. Um ein anonymes Objekt mit einem Protokoll zu identifizieren, benutzt man wiederum spitze Klammern. So gibt der Ausdruck `id<Account>` ein Objekt an, das an einer beliebigen Stelle der Klassenhierarchie stehen kann und das Protokoll `Account` erfüllt. Ändern wir also die Klasse `Bank` entsprechend ab:

```
@interface Bank : NSObject {
}
-(id<Account>)createAccount;
@end
```

Listing 5.9: Definition der Klasse Bank mit Protokollinformationen

```
@implementation Bank
-(id<Account>)createAccount {
    BankAccount *newAccount = [BankAccount new];
    [newAccount deposit:10.00];
    return newAccount;
}
@end
```

Listing 5.10: Implementierung der Klasse Bank mit Protokollinformationen

Dies hat zwei unmittelbare Folgen: Die Rückgabe der Methode `createAccount` ist immer noch ein anonymes Objekt, das nichts über die Identität der Klasse aussagt. Jedoch kann man nun erkennen, dass mindestens das Protokoll `Account` erfüllt wird. Als Entwickler, der diese Methode aufruft, wissen wir nun, welche Methoden wir mit Sicherheit aufrufen können. Aus Sicht des Compilers kann zur Kompilierzeit festgestellt werden, ob die korrekte Klasse, also eine Klasse, die das Protokoll `Account` erfüllt, zurückgegeben wird. Wenn wir nun die Methode `createAccount` so umschreiben, dass sie eine Klasse zurückgibt, die das Protokoll `Account` nicht erfüllt, zum Beispiel die Klasse `NSString`, so wird der Compiler eine Warnung generieren:

```
@implementation Bank
-(id<Account>)createAccount {
```

```
    NSString *newAccount = @"Ein Konto";
    return newAccount;
}
@end
```

Listing 5.11: Falsche Rückgabe der Methode `createAccount`

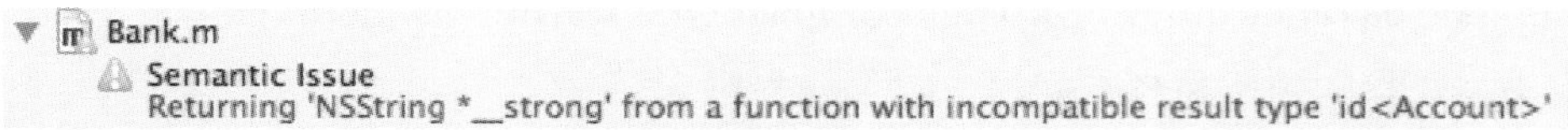

Abb. 5.4: Warnung bei falscher Rückgabe

Eine ähnliche Warnung erhalten wir, wenn wir einer Variablen, die ein Objekt erwartet, das ein bestimmtes Protokoll erfüllen muss, ein Objekt zuweisen, das dieses Protokoll nicht erfüllt, wie im folgenden Beispiel zu sehen ist:

```
NSString *string = @"Ein String";
id<Account> account = string;
```

Durch die Angabe, welches Protokoll ein Objekt erfüllen muss, ergeben sich folgende Vorteile: Zum einen ist es möglich, anonyme Objekte als Rückgabe für eine Funktion zu benutzen, da zumindest der Teil der Methoden, der im Protokoll definiert ist, veröffentlicht wird. Zum anderen können wir vom Compiler die Korrektheit von Zuweisungen überprüfen lassen. Dies geht sogar noch weiter, indem wir den Typ nicht bei `id` belassen, sondern durch eine Klasse weiter einschränken. So würde der Ausdruck `NSObject<Account>` nur Objekte erlauben, die das Protokoll `Account` erfüllen und direkt oder indirekt von `NSObject` erben. Der Vorteil bei der Verwendung von `NSObject` anstelle von `id` ist, dass der Compiler hierfür Warnungen generiert, wenn eine Nachricht gesendet wird, die möglicherweise nicht verstanden werden kann. Ändern wir also die Klasse `Bank` ein letztes Mal ab:

```
@interface Bank : NSObject {
}
-(NSObject<Account> *)createAccount;
@end
```

Listing 5.12: Definition der Klasse Bank mit angepasster Rückgabe

```
@implementation Bank
-(NSObject<Account> *)createAccount {
    BankAccount *newAccount = [BankAccount new];
    [newAccount deposit:10.00];
    return newAccount;
```

```
}
@end
```

Listing 5.13: Implementierung der Klasse Bank mit angepasster Rückgabe

Nun bekommen wir durch den Compiler eine erweiterte Unterstützung. Nehmen wir als Rückgabe von `createAccount` nur den Typ `NSObject` und rufen darauf die Methode `balance` auf, so wird der Compiler eine Warnung generieren:

```
Bank *myBank = [Bank new];
NSObject *account = [myBank createAccount];
NSLog(@"%.2f",[account balance]);
```

Dieser Code führt dazu, dass der Compiler den folgenden Fehler generiert, da er nicht sicherstellen kann, dass die Rückgabe von `createAccount` tatsächlich die Nachricht `balance` versteht:

Abb. 5.5: Fehlermeldung des Compilers

Versehen wir die Definition von `account` hingegen mit dem Hinweis, dass das Protokoll `Account` erfüllt sein muss, wie im folgenden Beispiel zu sehen ist, generiert der Compiler keine Warnung mehr, da ihm bekannt ist, dass Objekte, die das Protokoll `Account` erfüllen, die Methode `balance` implementieren müssen:

```
Bank *myBank = [Bank new];
NSObject<Account> *account = [myBank createAccount];
NSLog(@"%.2f",[account balance]);
```

Protokollhierarchien

Wie Ihnen bekannt ist, stehen Protokolle außerhalb der Klassenhierarchie. Es ist jedoch möglich, auch auf Protokollen eine Hierarchie zu erstellen, die sich ähnlich zu einer Klassenhierarchie verhält. Der deutlichste Unterschied ist allerdings, dass eine Protokollhierarchie kein gemeinsames Wurzelprotokoll hat. Eine Klassenhierarchie im Cocoa-Framework lässt sich hingegen in der Regel auf die Klasse `NSObject` zurückverfolgen. Es ist also problemlos möglich, mehrere unabhängige Protokollhierarchien zu erstellen.

Es gibt jedoch noch einen weiteren wichtigen Unterschied zwischen Klassen- und Protokollhierarchien: Während sich eine Klassenhierarchie von einer Wurzelklasse aus auffächert, startet eine Protokollhierarchie meistens von mehreren Protokollen aus und fasst diese zusammen, wie in Abbildung 5.6 zu sehen.

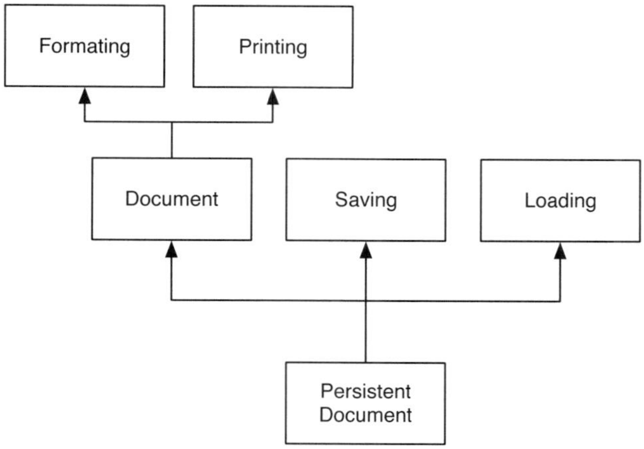

Abb. 5.6: Eine Protokollhierarchie

Wie erstellt man nun aber eine Protokollhierarchie und welche Auswirkungen hat diese auf die enthaltenen Protokolle? Genauso wie bei der Definition einer Klasse angegeben werden kann, welche Oberklasse sie besitzt, kann bei der Definition eines Protokolls angegeben werden, welche anderen Protokolle es beinhaltet. Die Definition eines Protokolls sieht dann wie folgt aus:

```
@protocol MyProtocol < Andere Protokolle >
//Methodendeklarationen
@end
```

Die Protokolle, die das neu definierte Protokoll beinhalten soll, stehen in spitzen Klammern hinter dem Namen des Protokolls und werden bei mehreren Protokollen durch Kommata getrennt. Nehmen wir wiederum unser Protokoll `Account` aus Listing 5.3. Wenn wir nun ein weiteres Protokoll `BookingDisplayAccount` definieren wollen, das das Protokoll `Account` um zusätzliche Methoden erweitert, die zur Erzeugung von Kontoauszügen dienen, können wir auf zwei Arten vorgehen: Die erste wäre, das Protokoll `BookingDisplayAccount` so zu erstellen, dass es nur das Protokoll `Account` erweitert und die neuen Methoden selbst definiert, wie im folgenden Beispiel gezeigt:

```
@protocol BookingDisplayAccount <Account>
-(NSArray *)allBookings;
-(NSArray *)allBookingsSince:(NSDate*)date;
@end
```

Listing 5.14: Das Protokoll `BookingDisplayAccount` mit nur einem enthaltenen Protokoll

Um ein Protokoll zu erfüllen, das ein oder mehrere andere enthält, müssen nicht nur die verpflichtenden Methoden dieses Protokolls erfüllt werden, sondern auch die der enthaltenen Protokolle. Im obigen Beispiel müsste also eine Klasse, die das Protokoll BookingDisplayAccount erfüllen soll, zusätzlich zu den Methoden aus BookingDisplayAccount auch die Methoden balance, deposit: und withdraw: erfüllen.

Eine weitere Möglichkeit, das Protokoll BookingDisplayAccount zu erstellen, wäre es, zuerst ein zweites Protokoll BookingDisplay zu definieren, das die Methoden zur Erzeugung von Kontoauszügen enthält:

```
@protocol BookingDisplay
-(NSArray *)allBookings;
-(NSArray *)allBookingsSince:(NSDate*)date;
@end
```

Listing 5.15: Das Protokoll BookingDisplay

Anschließend kann das Protokoll BookingDisplayAccount so definiert werden, dass es die beiden Protokolle BookingDisplay und Account enthält. Eigene Methoden werden in diesem Beispiel nicht definiert:

```
@protocol BookingDisplayAccount <Account, BookingDisplay>
@end
```

Listing 5.16: Das Protokoll BookingDisplayAccount mit zwei enthaltenen Protokollen

Hinweis

Da das Protokoll BookingDisplayAccount keine eigenen Methoden definiert, hätte eine Klasse, die dieses Protokoll erfüllen soll, auch so definiert werden können, dass sie stattdessen die Protokolle Account und BookingDisplay erfüllen soll.

Je nach Implementierung ergibt sich eine der in Abbildung 5.7 gezeigten Protokollhierarchien:

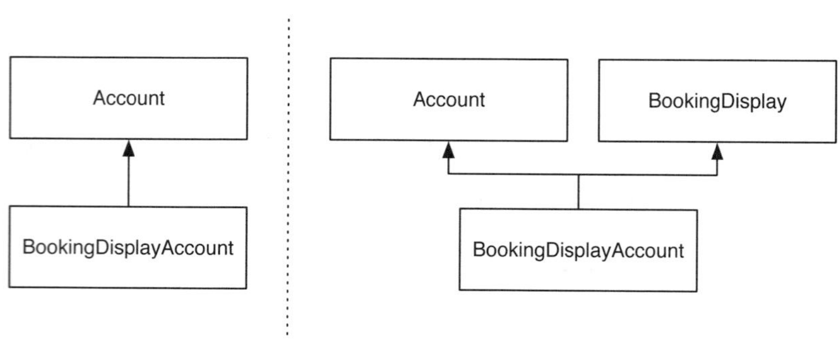

Abb. 5.7: Mögliche Protokollhierarchien für das Protokoll BookingDisplayAccount

Wann benutzt man als Programmierer nun aber die erste und wann die zweite Variante? Dies hängt zunächst einmal von Ihren eigenen Vorlieben ab. Als Faustformel kann man sich aber merken, dass man die zweite Variante dann benutzen sollte, wenn die zusätzlichen Methoden auch in einem anderen Kontext benutzt werden können. Insbesondere dann ist es sinnvoll, diese Methoden in ein eigenes Protokoll auszulagern, das von anderen, unabhängigen Klassen implementiert werden kann. Werden die zusätzlichen Methoden nicht in einem anderen Kontext gebraucht, so kann man die erste Variante benutzen.

Zyklische Protokollverwendung

Ein Problem, das bei der Verwendung von Protokollen auftreten kann, sind zyklische Verweise. Sehen wir uns hierzu die folgenden beiden Protokolldefinitionen an:

```
#import "ProtocolB.h"

@protocol ProtocolA
-(id<ProtocolB>)useProtocol;
@end
```

Listing 5.17: Definition von `ProtocolA`

```
#import "ProtocolA.h"

@protocol ProtocolB
-(id<ProtocolA>)useProtocolA;
@end
```

Listing 5.18: Definition von `ProtocolB`

Das Problem hierbei ist, dass ein zyklischer Import entsteht. Ein äquivalentes Problem tritt bei zyklischer Verwendung von Klassen auf. Analog zu der Lösung bei Klassen ergibt sich eine Lösung für Protokolle: Anstatt das Protokoll zu importieren, geben wir zur Übersetzungszeit einfach das Versprechen ab, dass das entsprechende Protokoll zur Laufzeit zur Verfügung steht. Dies funktioniert ebenfalls mit der Direktive `@protocol`. Entsprechend kann dafür der Import entfallen. Die Definition von zum Beispiel `ProtocolB` sähe dann wie folgt aus:

```
@protocol ProtocolA;

@protocol ProtocolB
-(id<ProtocolA>)useProtocolA;
@end
```

5.3 Überprüfung der Einhaltung von Protokollen

Wie wir im letzten Abschnitt gezeigt haben, ist eine Unterstützung für Protokolle stark in die semantische Analyse des Compilers integriert. Insbesondere kann er erkennen, ob eine Zuweisung in Hinsicht auf die erfüllten Protokolle korrekt ist. Es ist jedoch wichtig zu wissen, dass dieser Typüberprüfung deutliche Grenzen gesetzt sind.

So gibt der Compiler lediglich Warnungen und keine Fehler aus, wenn man einer Variablen einen Wert zuweist, der das Protokoll nicht erfüllt. Das folgende Beispiel soll dies verdeutlichen:

```
id<Account> account;
account = [[NSString alloc] init];
NSLog(@"%.2f",[account balance]);
```

Zwar generiert der Compiler die in Abbildung 5.8 gezeigte Warnung, jedoch lässt sich das Programm dennoch erfolgreich ausführen.

Abb. 5.8: Warnung bei falscher Zuweisung

Wenn wir nun das obige Beispiel ausführen, erzeugen wir jedoch einen Programmabsturz, wie in Abbildung 5.9 zu sehen, da ein `NSString`-Objekt die Nachricht `balance` nicht verstehen kann.

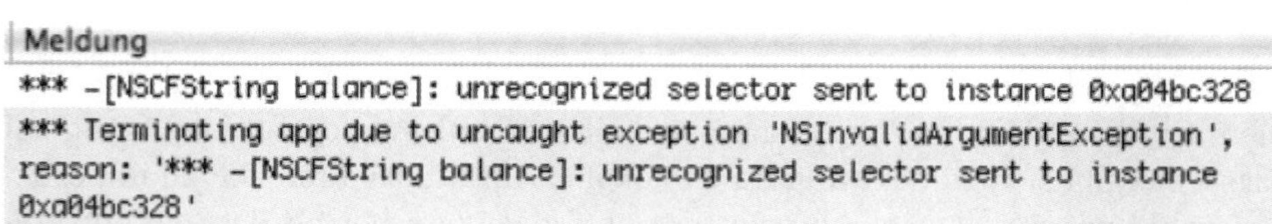

Abb. 5.9: Grenzen der Typüberprüfung

Nun stellt sich die Frage, wie man sicher sein kann, dass ein Objekt tatsächlich das Protokoll unterstützt, das gefordert wurde. Hierfür bietet das Cocoa-Framework eine Unterstützung an. So kann für jede Instanz einer Klasse überprüft werden, ob sie ein angegebenes Protokoll erfüllt. Jedoch bleibt zunächst noch die Frage zu klären, wie man ein Protokoll angibt, gegen das getestet werden soll. Hierfür gibt es das Makro `@protocol()`. Hierbei folgt auf das Schlüsselwort `@protocol` in Klammern der Name des Protokolls. Dabei muss beachtet werden, dass es sich bei dem Namen nicht um einen String handelt und er somit nicht in Anführungszeichen gesetzt wird. Außerdem kann kein Protokoll benutzt werden, das der Klasse nicht bekannt ist. Wenn ein Protokoll also in einer anderen Datei definiert ist, muss diese zuerst mit dem Schlüsselwort `#import` eingebunden werden, um das Protokoll bekannt zu machen. Das Protokoll `Account` würden wir uns also durch einen Aufruf von `@protocol(Account)` geben lassen, wenn es im aktuellen Kontext bekannt ist.

Die Rückgabe eines solchen Aufrufs ist vom Typ `Protocol`. Ähnlich wie der Typ `Class` wird ein Objekt dieses Typs zu jedem erstellten Protokoll zusätzlich im Hintergrund mit erzeugt. Ein `Protocol`-Objekt enthält die Metainformation zu zugehörigen Protokollen wie zum Beispiel die Methoden, die dieses Protokoll fordert. Wir wollen uns hier aber nicht weiter mit dem Typ `Protocol` beschäftigen, es soll reichen zu wissen, dass es ihn gibt und wir ihn benutzen können. Genauere Informationen hierzu können Sie in Kapitel 13 nachlesen. Für alle Objekte, die von `NSObject` erben, steht die Methode `conformsToProtocol:` zur Verfügung, mit der getestet werden kann, ob eine Instanz oder eine Klasse ein bestimmtes Protokoll erfüllt. Um zum Beispiel zu überprüfen, ob die Klasse `NSString` das Protokoll `Account` erfüllt, würde man den folgenden Ausdruck schreiben:

```
[NSString conformsToProtocol:@protocol(Account)]
```

In diesem Fall wäre das Ergebnis `NO`. Um zu überprüfen, ob die Instanz `instance` das Protokoll `Account` erfüllt, genügt der folgende Ausdruck:

```
[instance conformsToProtocol:@protocol(Account)]
```

Diese Variante von `conformsToProtocol:` ermittelt intern zuerst die Klasse der Instanz, auf der sie operiert. Danach wird auf diesem Klassen-Objekt die Klassenmethode `conformsToProtocol:` aufgerufen. Statt des obigen Aufrufs könnte man also auch das Folgende schreiben:

```
[[instance class] conformsToProtocol:@(Account)]
```

Wir würden also die Ausgabe des Kontostands wie folgt schützen:

```
if ([account conformsToProtocol:@protocol(Account)])
    NSLog(@"%.2f",[account balance]);
```

In diesem Fall wird der Aufruf der Methode `balance` nur dann ausgeführt, wenn `account` tatsächlich das Protokoll `Account` erfüllt. Mit dem Aufruf der Methode `conformsToProtocol:` können wir also zur Laufzeit testen, ob ein Protokoll erfüllt ist. Allerdings verlässt sich `conformsToProtocol:` hierbei lediglich auf die Angabe bei der Klassendefinition und überprüft nicht, ob eine vom Protokoll geforderte Methode tatsächlich auch implementiert ist. Genau genommen prüft `conformsToProtocol:` also nur, ob eine Klasse das Versprechen abgegeben hat, das Protokoll zu implementieren. Der Versuch, eine Methode aufzurufen, die zwar im Protokoll definiert, jedoch von der Klasse nicht implementiert wird, führt zu einem Fehler, ähnlich dem, der in Abbildung 5.9 zu sehen ist. Jedoch kann man sich hier auf den Standpunkt stellen, dass alle Methoden, die ein Protokoll definiert, auch implementiert werden müssen, und sich auf die Rückgabe von `conformsToProtocol:` verlassen.

5.3.1 Optionale Protokollmethoden

Bislang sind wir immer davon ausgegangen, dass alle Methoden in einem Protokoll verpflichtend sind, das heißt, dass sie von einer Klasse, die ein Protokoll erfüllen will, implementiert werden müssen. Dies macht Sinn, wenn man bedenkt, dass ein Protokoll eine Schnittstellenbeschreibung darstellt. Nun kann es aber Fälle geben, in denen eine Schnittstelle so detailliert durch ein Protokoll beschrieben ist, dass man nur in den wenigsten Fällen alle Methoden des Protokolls benötigt. Da sich der Benutzer des Protokolls aber auf das Vorhandensein der im Protokoll definierten Methoden verlässt, müssen diese alle implementiert sein. Dies führt dann zu einer Menge von Methoden mit leerem Rumpf. Protokolle bieten daher eine Möglichkeit an, Methoden als **optional** zu kennzeichnen. Optionale Methoden müssen im Gegensatz zu den verpflichtenden Methoden nicht implementiert werden, um ein Protokoll zu erfüllen.

Wichtig

Optionale Methoden in Protokollen ist eine der Neuerungen, die Objective-C 2.0 mit sich gebracht hat. Wenn Sie eine ältere Objective-C-Version benutzen, weil Sie zum Beispiel unter Mac OS X 10.4 programmieren, können Sie keine optionalen Methoden in Protokollen verwenden. Wenn Sie dennoch Methoden benötigen, sollten Sie versuchen, dies über informelle Protokolle abzubilden, die wir am Ende des Kapitels vorstellen werden.

Da man jederzeit damit rechnen muss, dass eine optionale Methode von einem Objekt, das das Protokoll erfüllt, nicht implementiert wird, muss der Programmcode in der Lage sein, auch in dieser Situation ohne Probleme zu funktionieren. Daher sollte für den Fall, dass eine optionale Methode nicht implementiert wird, eine sinnvolle Annahme getroffen werden. Wenn wir noch einmal unser Protokoll `Account` betrachten, so können wir uns vorstellen, dass eine zusätzliche optionale Methode für ein Konto die Ermittlung des Zinssatzes ist, die wir `interest` nennen wollen. Diese Methode ist ein guter Kandidat für eine optionale Methode, da ein Konto auch dann funktioniert, wenn es keine Zinsen bringt. Dies wäre gleichbedeutend mit der Tatsache, dass ein Objekt die Methode `interest` nicht implementiert. Für diesen Fall kann auch eine sinnvolle Annahme getroffen werden, nämlich dass der Zinssatz bei 0% liegt. Alternativ kann auch auf die Zinsberechnung ganz verzichtet werden. Es liegt jedoch immer im Ermessen des Entwicklers, wie im Falle der Nichtimplementierung einer optionalen Methode verfahren werden soll. Wichtig ist nur, dass dieser Fall bei der Implementierung beachtet wurde.

Um einen Block von Methoden als optional zu deklarieren, stellt man ihm das Schlüsselwort `@optional` voran. Alle Methoden, die nach diesem Schlüsselwort in der Protokolldefinition stehen, sind dann als optionale Methoden gekennzeichnet, die zur Erfüllung des Protokolls nicht implementiert werden müssen. Im Gegensatz dazu gibt es das Schlüsselwort `@required`, das die dem Schlüsselwort folgenden Methoden als zu implementierende kennzeichnet. Wenn kein Schlüsselwort angegeben wird, nimmt der Compiler an, dass die Methoden verpflichtend sind. Kein Schlüsselwort hat also den gleichen Effekt wie die Benutzung von `@required` zu Beginn des Methodenblocks. Wir wollen nun unser Protokoll `Account` so erweitern, dass es die optionale Methode `interest` enthält:

```
@protocol Account

@required
-(float)balance;
-(float)deposit:(float)money;
-(float)withdraw:(float)money;

@optional
-(float)interest;

@end
```

Listing 5.19: Das Protokoll `Account` mit einer optionalen Methode

Der Compiler generiert nun weiterhin Warnungen, wenn eine der verpflichtenden Methoden nicht implementiert wird. Für den Fall, dass eine optionale Methode nicht implementiert ist, wird jedoch keine Warnung generiert. Betrachten wir nun, wie man herausfindet, ob eine Klasse eine optionale Methode implementiert.

Um zu testen, ob eine optionale Methode implementiert wird, müssen wir die von `NSObject` geerbte Methode `respondsToSelector:` verwenden. Mit dieser Methode können wir für ein Objekt überprüfen, ob es die angegebene Methode implementiert. Die genaue Arbeitsweise dieser Methode wird detailliert in Kapitel 13 beschrieben. Im Moment soll uns genügen, dass wir diese Methode benutzen können, um unser gefordertes Problem zu lösen. Sehen wir uns an einem Beispiel an, wie wir mit dieser Methode testen können, ob eine optionale Methode von einer Klasse implementiert wird. Dazu erweitern wir unsere Klasse `Bank` um die Methode `calculateInterests:`, die zu einem übergebenen Konto die Zinsen berechnet und auf dem Konto gutschreibt:

```
-(void)calculateInterests:(NSObject<Account>*) account {
    if ([account respondsToSelector:@selector(interest)]) {
        float interest = [account interest] * [account balance];
        [account deposit:interest];
    }
}
```

Listing 5.20: Die Methode `calculateInterests:`

Hinweis

Mit der Klassenmethode `instancesRespondToSelector:` kann für ein Klassen-Objekt überprüft werden, ob ein angegebener Selektor implementiert wird. Die genaue Arbeitsweise dieser Methode können Sie in Kapitel 13 nachlesen.

Die Methode `calculateInterests:` überprüft zuerst mit `respondsToSelector:`, ob das übergebene Objekt überhaupt auf die Nachricht `interest` reagieren kann. Wenn dies der Fall ist, wird entsprechend die Zinsberechnung durchgeführt. Wenn wir nun unser `BankAccount`-Objekt benutzen, stellen wir fest, dass das Programm erfolgreich ausgeführt werden kann:

```
Bank *myBank = [Bank new];
NSObject<Account> *account = [myBank createAccount];
NSLog(@"Betrag vorher: %.2f",[account balance]);
[myBank calculateInterests:account];
NSLog(@"Betrag nachher: %.2f",[account balance]);
```

Wie in Abbildung 5.10 zu sehen ist, wird keine Veränderung des Kontostands durchgeführt:

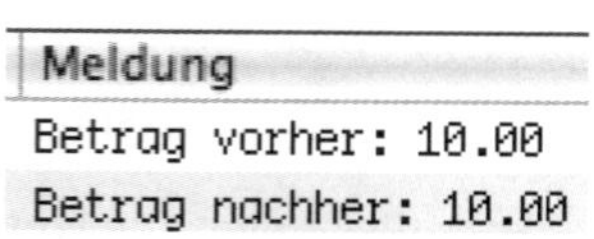

Abb. 5.10: Ausgabe ohne Implementierung der optionalen Methode `interest`

Wenn wir nun die Methode `interest` in der Klasse `BankAccount` wie im Folgenden gezeigt implementieren, liefert der Aufruf von `respondsToSelector:` den Wert YES zurück:

```
-(float)interest {
    return 0.025f;
}
```

Listing 5.21: Implementierung der Methode `interest`

Dadurch wird in der Methode `calculateInterests:` die Berechnung durchgeführt und es findet eine Änderung des Kontostandes statt, wie in der folgenden Abbildung zu sehen ist:

```
Meldung
Betrag vorher: 10.00
Betrag nachher: 10.25
```

Abb. 5.11: Ausgabe nach Implementierung der optionalen Methode `interest`

Bei Verwendung der Methode `respondsToSelector:` gilt es zu beachten, dass sie nicht speziell für optionale Methoden von Protokollen ausgelegt ist. Daher kann es sein, dass ein Objekt eine Methode implementiert, die so heißt wie eine optionale Methode des Protokolls, ohne jedoch für das Protokoll gedacht zu sein. In so einem Fall würde die Methode `respondsToSelector:` ebenfalls `YES` zurückgeben. Wenn Sie sicher sein wollen, dass diese Methode Teil des Protokolls ist, sollten Sie zusätzlich noch mit `conformsToProtocol:` prüfen, ob das Objekt das entsprechende Protokoll überhaupt erfüllt.

5.4 Informelle Protokolle

Abschließend wollen wir noch einen Blick auf eine zweite Möglichkeit werfen, eine Schnittstelle für Klassen zu implementieren. Dieses Konzept nennt sich **informelle Protokolle** (Engl. **informal Protocols**). Ein informelles Protokoll gruppiert ebenso wie ein formelles Protokoll eine Menge von Methoden, die eine Gemeinsamkeit aufweisen. Jedoch wird nicht die Unterstützung von Objective-C für Protokolle benutzt, sondern stattdessen eine Kategorie zu `NSObject` erstellt. Die Besonderheit hierbei ist, dass nur die Definition dieser Kategorie erstellt wird, nicht jedoch die konkrete Implementierung der beschriebenen Methoden. Durch die Erweiterung der Wurzelklasse `NSObject` kann jede Klasse die Methoden implementieren. Ein informelles Protokoll legt also die eigentliche Idee einer Kategorie etwas anders aus, als wir sie in Kapitel 3 erläutert haben.

Dadurch, dass die Methode nicht an eine bestimmte Klasse und eine konkrete Implementierung gebunden wird, ähnelt dieses Verfahren einem Protokoll. Jedoch sind Kategorien eigentlich dafür gedacht, eine bestimmte Klasse um konkrete Implementierungen zu erweitern. Es ist zwar möglich, ein informelles Protokoll durch eine Kategorie auszudrücken, die eine bestimmte Klasse erweitert, um es an einen Teil der Vererbungshierarchie zu binden, es gibt jedoch normalerweise keinen Grund, dies zu tun. Ein informelles Protokoll wird häufig in Verbindung mit dem Konzept der Delegation benutzt, das wir uns in Abschnitt 15.4 genauer ansehen werden. Das folgende Beispiel zeigt eine Implementierung des informellen Protokolls `Logging` als Kategorie zu `NSObject:`

```
@interface NSObject (Logging)
-(void)printMessage;
@end
```

Listing 5.22: Das informelle Protokoll `Logging`

Dieses Protokoll definiert lediglich die Methode `printMessage`. Wichtig ist, dass keine Implementierung definiert wird, da diese später von den Klassen, die dieses informelle Protokoll erfüllen, selbst umgesetzt wird. Durch die Benutzung einer Kategorie erhalten informelle Protokolle keine Unterstützung durch den Compiler bei der Typprüfung, da dieser sie exakt wie jede andere Kategorie behandelt. Dies bedeutet vor allem, dass alle Methoden, die ein informelles Protokoll definiert, optional sind. Der Compiler überprüft nicht, ob tatsächlich eine Implementierung der Methode vorhanden ist. Insbesondere gibt es für den Compiler keine Möglichkeit, zur Übersetzungszeit zu überprüfen, ob ein Objekt das informelle Protokoll erfüllt oder nicht. Auch ist eine Unterstützung, wie wir sie für formelle Protokolle durch die Methode `conformsToProtocol:` kennen, nicht gegeben. Da jedoch alle Methoden eines informellen Protokolls optional sind, stellt dies eine große Einschränkung dar. Apple rät, ein informelles Protokoll höchstens für Einsatzzwecke zu benutzen, bei denen alle Methoden eines Protokolls optional sind, wie dies zum Beispiel bei Delegates der Fall ist. Jedoch sollten ab Mac OS X 10.5 auch für diesen Einsatzzweck formelle Protokolle benutzt werden, deren Methoden als optional definiert sind.

5.5 Übungsaufgaben

1. Aufgabe

Schreiben Sie eine Kategorie zu `NSObject`, die diese Methode hinzufügt: `conformsToOptionalSelector:ofProtocol:`. Der erste Parameter soll ein Selektor sein, der zweite ein Objekt vom Typ `Protocol`. Der Rückgabewert der Methode soll YES sein, wenn das Objekt, an das die Nachricht gesendet wird, die Methode implementiert, die als erster Parameter übergeben wurde, und zusätzlich das Protokoll erfüllt, das als zweiter Parameter übergeben wurde.

2. Aufgabe

Zeichnen Sie die Protokollhierarchie zu den folgenden Protokollen:

```
@protocol Protocol1
-(void)method1;
@optional
-(NSString*)log;
@end
```

```
@protocol Protocol2
-(void)method2;
@end

@protocol Protocol3 <Protocol1, Protocol2>
-(void)method3;
@optional
-(int)oneIntMethod;
@end

@protocol Protocol4
-(void)method4;
-(NSString*)getTheString;
@end

@protocol Protocol5 <Protocol3, Protocol4>
-(void)method5;
@end
```

Geben Sie außerdem an, welche Methoden eine Klasse implementieren muss, um das Protokoll `Protocol5` zu erfüllen.

3. Aufgabe

Gegeben ist das folgende Protokoll:

```
@protocol MyProtocol
    -(void)method1;
    -(void)method2;
@optional
    -(NSString*)method3;
@required
    -(id)method4;
@optional
    -(id)method5;
    -(void)method6;
@end
```

Welche Methoden dieses Protokolls könnten ebenso durch ein informelles Protokoll ausgedrückt werden?

Kapitel 6

Ausnahmebehandlung

In diesem Kapitel wollen wir uns nun des Themas der **Ausnahmebehandlung** (engl. **Exception Handling**) annehmen. Dazu stellt sich prompt die Frage, was genau **Ausnahmen** (**Exceptions**) sind.

Ausnahmen bezeichnen Situationen, die bei der Abarbeitung eines Programms auftreten können und seine Fortführung aufgrund eines schwerwiegenden Fehlers nicht erlauben. Wird zum Beispiel beim Öffnen einer Datei die Datei nicht gefunden, so muss eine Ausnahme ausgelöst werden, um das Programm darüber zu informieren, dass keine Datei geöffnet wurde. Welche Möglichkeiten gibt es jedoch, um dieses Problem zu realisieren?

Sehen wir uns hierzu ein C-Programm für das Öffnen und Lesen einer Datei an:

```
FILE *file = fopen("dontexists.txt", "r");
if (file) {
    // Einlesen der Datei

    fclose(file);
} else {
    // Fehler beim Öffnen der Datei
    printf("Kann Datei nicht lesen.\n");
}
```

Listing 6.1: Öffnen einer Datei mit der Programmiersprache C

In dem Beispiel wird mit der Funktion `fopen` eine Datei geöffnet. Falls die geforderte Datei geöffnet werden kann, liefert die Funktion als Rückgabewert einen Zeiger auf die geöffnete Datei zurück. Es kann allerdings auch sein, dass das Öffnen der Datei fehlschlägt. In diesem Fall kann die Ausführung eines Programms nicht mehr unbeachtet fortgesetzt werden, da von der Funktion `fopen` das Öffnen der Datei erwartet wird. Aus diesem Grund liefert `fopen` als Ergebnis im Fehlerfall den Wert `NULL` zurück. Mit der `if`-Abfrage im Beispiel können wir dann unterscheiden, ob das Öffnen der Datei erfolgreich oder nicht erfolgreich war. Falls wir einen Zeiger auf die geöffnete Datei zurückbekommen, können wir die Datei einlesen und zum Schluss wieder schließen. Beim Einlesen der Dateien können natürlich ebenfalls Fehler auftreten, die wir ähnlich wie bei dem Fehler beim Öffnen als Sonderfall betrachten müssen. Schlägt das Öffnen der Datei allerdings fehl, so geben wir im `else`-Fall der `if`-Abfrage eine Fehlermeldung auf der Konsole aus.

Die Funktion fopen nutzt also den Rückgabewert, um der aufrufenden Funktion mitzuteilen, dass eine Ausnahme aufgetreten ist. Wenn wir allerdings etwas genauer an dem Grund für den Fehler interessiert sind, zum Beispiel ob die Datei nicht existiert oder ob sie gerade exklusiv von einem anderen Prozess geöffnet ist, erhalten wir diese Informationen jedoch nicht aus dem Rückgabewert von fopen. Vielleicht wollen wir ja für den Fall, dass die Datei bereits von einem anderen Prozess geöffnet ist, in zwei Sekunden einen neuen Versuch starten. Hierfür müssten wir als Programmierer eine Möglichkeit schaffen, um irgendwo weitere Werte für die Beschreibung der Fehlermeldung abzuspeichern: zum Beispiel in einer globalen Variablen oder über Argumente der Funktion, mit denen wir per Referenz Werte zurückgeben. Diese Art von Fehlerübergabe findet man auch im Cocoa-Framework mit der Klasse NSError sehr häufig. Wir gehen hierauf in Abschnitt 10.7 ein. Die Funktionen fopen, fclose und fgetc legen eine Fehlernummer zur Beschreibung des Fehlers in einer globalen Variablen errno ab.

Ein weiteres Problem tritt auf, wenn wir den Rückgabewert der Funktion, in der ein Fehler auftreten kann, nicht nutzen können. Hierzu als Beispiel das Zählen der Dollarzeichen ($) in der Datei, falls die Datei geöffnet werden kann:

```
int count = 0;
for (;;) {
    int ch = fgetc(file);
    if (ch == EOF) break;
    if (ch == '$') count++;
}
if (ferror(file)) {
    printf("Datei kann nicht gelesen werden.");
} else {
    printf("In der Datei befinden sich %d $-Zeichen.\n", count);
}
```

Listing 6.2: Suchen von Dollarzeichen in der Datei file

Hierzu wird die Datei file Zeichen für Zeichen mit dem Befehl fgetc eingelesen. Für den Fall, dass dabei ein $-Zeichen auftritt, wird die Variable count um 1 erhöht. Die Datei ist komplett gelesen, wenn die Funktion fgetc als Ergebnis EOF liefert. Jedoch liefert die Funktion ebenfalls EOF für den Fall, dass beim Lesen ein Fehler aufgetreten ist. Um nun hinter der for-Schleife feststellen zu können, ob die Anzahl der gelesenen $-Zeichen oder eine Fehlermeldung ausgegeben wird, reicht der Rückgabewert von fgetc also nicht aus. Aus diesem Grund legt die Funktion fgetc an einer globalen Stelle die Information ab, dass beim letzten Aufruf ein Fehler aufgetreten ist. Diese Information kann dann mit der Funktion ferror abgefragt werden.

Strukturierte Ausnahmebehandlung in Objective-C

Wir sehen, dass hierdurch die Trennung zwischen Fehlerbehandlung und normalem Programmablauf nur noch sehr schwer zu erkennen und auch für den Programmierer komplex zu behandeln ist. Aus diesem Problem ist die Idee zur **strukturierten Ausnahmebehandlung** entstanden. Bei der strukturierten Ausnahmebehandlung wird der normale Anwendungscode vom Code für die eigentliche Fehlerbehandlung getrennt. Im normalen Anwendungscode kann dann davon ausgegangen werden, dass keine Ausnahmen auftreten. Dies führt zu erheblich einfacherem und besser wartbarem Code. Die Fehlerbehandlung selbst geschieht dann getrennt von der normalen Abarbeitung.

Auch Objective-C bietet die Möglichkeit der strukturierten Fehlerbehandlung. Sie ist sehr ähnlich zu den Realisierungen in C++ oder Java. Hierbei kann eine Funktion zu einem beliebigen Zeitpunkt eine Ausnahme auslösen. Diese Ausnahme führt dazu, dass die Abarbeitung der Funktion und aller auf dem Stack befindlichen Funktionen abgebrochen wird, bis eine der Funktionen eine Fehlerbehandlung für diese Ausnahme anbietet. Wie genau dieser Vorgang abläuft, wollen wir uns in den nächsten beiden Abschnitten ansehen. Beginnen wollen wir mit dem Auslösen oder Werfen von Ausnahmen.

6.1 Auslösen von Ausnahmen

Ausnahmen können beliebige Objective-C-Objekte sein. Die Objekte dienen dazu, eine Ausnahme mit Metainformationen anreichern zu können. Im Cocoa-Framework gibt es hierfür speziell die Klasse `NSException`, die für alle Ausnahmen im Framework verwendet wird.

Wir wollen hier in diesem Kapitel jedoch zeigen, dass wirklich jedes Objekt verwendet werden kann, auch wenn Apple nicht zu Unrecht empfiehlt, die Klasse `NSException` oder eine vorhandene oder eigene Unterklasse von `NSException` zu verwenden. Auf die Verwendung der Klasse `NSException` für Ausnahmen gehen wir später in Abschnitt 10.6 ein.

Für unsere Ausnahmen richten wir uns eine Klasse `MyException` mit folgendem Klasseninterface ein:

```
@interface MyException : NSObject {
}
- initWithID: (int) exceptionID andMessage: (NSString*) message;
+ exceptionWithID: (int) exceptionID andMessage: (NSString*) message;

@property (readonly) int exceptionID;
```

```
@property (readonly) NSString* message;
@end
```

Listing 6.3: Klasseninterface von MyException

Die Implementierung erfolgt gemäß den Beschreibungen aus den vorherigen Kapiteln wie folgt:

```
@implementation MyException
- initWithID: (int) aExceptionID andMessage: (NSString*) aMessage {
    self = [super init];
    if (self != nil) {
        _exceptionID = aExceptionID;
        _message = aMessage;
    }
    return self;
}
+ exceptionWithID: (int) exceptionID andMessage: (NSString*) message {
    return [[self alloc] initWithID:exceptionID andMessage:message];
}
@end
```

Listing 6.4: Implementierung der Klasse MyException

Diese Klasse können wir nun verwenden, um eine Ausnahmesituation zu beschreiben. So können wir über das Property `exceptionID` eine eindeutige Nummer und über `message` eine Beschreibung für den aufgetretenen Fehler mitgeben.

Mit dem Schlüsselwort `@throw` kann dann eine Ausnahme ausgelöst werden. Sehen wir uns den Aufruf einer `@throw`-Anweisung an:

```
@throw [MyException exceptionWithID:10
                     andMessage:@"Datei nicht gefunden."];
```

In diesem Beispiel wird ein `MyException`-Objekt erzeugt und auf dessen Basis eine Ausnahme ausgelöst. Hierdurch wird ab diesem Punkt die Ausführung unterbrochen, bis die Ausnahme gefangen wurde. Wie man eine Ausnahme wieder abfängt, behandeln wir im nächsten Abschnitt.

Hinweis

Apple verwendet Exceptions für alle Fehler, die durch eine nicht korrekte Verwendung einer Klasse, also im Prinzip durch einen Programmierfehler, entstehen. Es werden zum Beispiel Exceptions geworfen, wenn bei einem Array der Klasse `NSArray` auf ein nicht existierendes Element zugegriffen wird.

Implementierung der Klasse »MyFileReader«

Wir wollen zunächst unsere Exception verwenden, um eine Klasse MyFileReader zu programmieren, über die wir eine Datei zeichenweise einlesen können. Das Klasseninterface hierzu könnte wie folgt aussehen:

```
@interface MyFileReader : NSObject {
    NSString* filename;
    FILE* file;
}
@property (retain) NSString* filename;

- initWithFilename: (NSString*) filename;
+ readerWithFilename: (NSString*) filename;

- (void) open;
- (void) close;
- (int) nextChar;
@end
```

Listing 6.5: Klasseninterface von MyFileReader

Die Klasse MyFileReader besitzt eine Instanzenvariable file zum Speichern des Zeigers auf die geöffnete Datei und das Property filename zum Speichern des Dateinamens. Erzeugt wird eine neue Instanz der Klasse mit der Initialisierungsmethode initWithFilename: oder dem Convenience-Konstruktor readerWithFilename:. Implementiert werden können diese beiden Methoden wie folgt:

```
- initWithFilename: (NSString*) aFilename {
    if (self = [super init]) {
        _filename = aFilename;
    }
    return self;
}
+ readerWithFilename: (NSString*) filename {
    return [[self alloc] initWithFilename:filename];
}
```

Listing 6.6: Methode zur Erzeugung von MyFileReader-Objekten

Geöffnet und geschlossen wird die Datei über die Methoden open und close. Die Implementierungen dieser beiden Methoden bedienen sich der Funktionen fopen und fclose:

```
- (void) open {
    if (file) [self close];
    file = fopen([self.filename UTF8String], "r");
    if (!file) {
        @throw [MyException exceptionWithID:errno
            andMessage:@"Datei kann nicht geöffnet werden."];
    }
}
- (void) close {
    if (file) fclose(file);
    file = NULL;
}
```

Listing 6.7: Implementierung der Methoden open und `close`

Für das Öffnen der Datei muss zuerst geprüft werden, ob bereits eine Datei geöffnet ist. Wenn dies der Fall ist, wird sie durch Aufruf der Methode `close` geschlossen. Daraufhin wird die Datei `filename` mit `fopen` geöffnet. Wenn die Datei nicht geöffnet werden kann, wird eine Ausnahme vom Typ `MyException` ausgelöst. Dabei wird die von der Funktion `fopen` gesetzte Variable `errno` als ID der Exception gesetzt.

In der Methode `close` wird, falls eine Datei geöffnet ist, die Datei mit `fclose` geschlossen. Daraufhin wird die Instanzenvariable `file` auf `NULL` gesetzt.

Das zeichenweise Einlesen geschieht mit der Methode `nextChar`. Die Methode ist wie folgt implementiert:

```
- (int) nextChar {
    if (!file)
        @throw [MyException exceptionWithID:-1
                    andMessage:@"Datei ist nicht geöffnet."];
    int ch = fgetc(file);
    if (ferror(file))
        @throw [MyException exceptionWithID:errno
                    andMessage:@"Fehler beim Lesen der Datei."];
    return ch;
}
```

Listing 6.8: Implementierung der Methode `nextChar`

Diese prüft als Erstes, ob eine Datei geöffnet ist. Falls dies nicht der Fall ist, wird eine Ausnahme auf Basis der Klasse `MyException` ausgelöst. Ist eine Datei geöffnet, wird mit der Funktion `fgetc` ein Zeichen eingelesen. Dieses Zeichen wird am Ende der Methode zurückgegeben. Nach dem Lesen des Zeichens wird mit `ferror` geprüft, ob ein Fehler aufgetreten ist, und gegebenenfalls eine

MyException-Ausnahme ausgelöst. Die Fehlernummer des aufgetretenen Fehlers wird als ID der Exception benutzt.

Wir können die Klasse MyFileReader nun nutzen, um in einer Datei eine Zählung der Dollarzeichen äquivalent zu Listing 6.2 durchzuführen. Wir wollen jedoch zuerst einmal missachten, dass dabei ein Fehler auftreten könnte:

```
MyFileReader* reader;
reader = [MyFileReader readerWithFilename:@"dontexists.txt"];

[reader open];
int count = 0;
for(;;) {
    int ch = [reader nextChar];
    if (ch == EOF) break;
    if (ch == '$') count++;
}
NSLog(@"In der Datei befinden sich %d $-Zeichen.\n", count);
[reader close];
```

Listing 6.9: Zählen von Dollarzeichen mit MyFileReader

Zu Beginn wird ein MyFileReader-Objekt für die Datei dontexists.txt erzeugt und mit open geöffnet. In der darauffolgenden for-Schleife wird die Datei Zeichen für Zeichen mit der Methode nextChar durchlesen. Handelt es sich um das Ende der Datei, so wird ein Aufruf der Methode nextChar den Wert EOF zurückgeben und die Schleife wird beendet. Für jedes Dollarzeichen, das gelesen wird, wird die Variable count um 1 erhöht. Nach der Schleife wird eine Meldung auf der Konsole ausgegeben und die Datei mit close wieder geschlossen. Alle Ausnahmen, die während der Abarbeitung auftreten können, werden komplett ignoriert. Am Ende des nächsten Abschnitts schauen wir uns das Beispiel dann inklusive der Ausnahmebehandlungen an. Führen wir das Programm in dieser Form aus, ohne dass die zu öffnende Datei dontexists.txt existiert, so wird eine MyException-Ausnahme ausgelöst und das Programm, wie in Abbildung 6.1 zu sehen, mit einem Fehler abgebrochen.

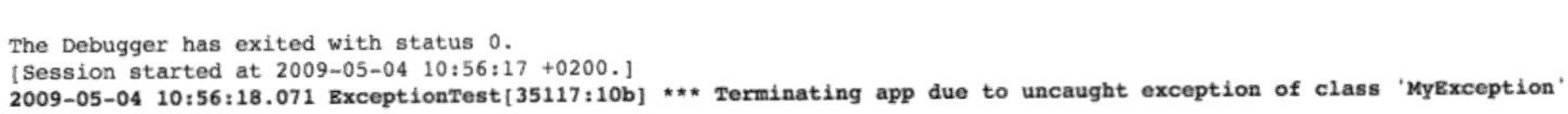

Abb. 6.1: Abbruch der Anwendung aufgrund einer Ausnahme

6.2 Fangen von Ausnahmen

Nachdem wir uns im letzten Abschnitt angeguckt haben, wie in Objective-C eine Ausnahme dargestellt wird und wie man sie auslöst, wollen wir uns in diesem Beispiel ansehen, wie wir eine Ausnahme fangen können, damit es nicht zu einem Abbruch der gesamten Anwendung kommt. Hierfür brauchen wir die Anweisungen `@try`, `@catch` und `@finally`. An folgendem Beispiel können Sie sehen, wie eine `@try`-Anweisung eingesetzt wird:

```
@try {
    // ...
    [obj methodRaiseException];
    // ...
}
@catch (NSException* e) {
    // Ausnahmebehandlung
}
@finally {
    [obj clean];
}
```

Listing 6.10: Aufbau einer `@try`-Anweisung

Dazu kommen die Programmzeilen, bei denen eventuell eine Ausnahme ausgelöst wird, in einen Block, der mit einem `@try` eingeleitet wird. Im Beispiel tritt darin beispielsweise eine Methode `methodRaiseException` auf, bei der in gewissen Situationen eine Exception ausgelöst wird. Diese können wir dann in einem darauffolgenden `@catch`-Block fangen. Dazu folgt auf das `@catch` in Klammern die Angabe der Ausnahme, die wir fangen, und welche lokale Variable wir zur Speicherung der Ausnahme verwenden wollen. Im Beispiel soll also eine Ausnahme vom Typ `NSException*` gefangen werden, die dann in der Variablen `e` im Block hinter dem `@catch` zur Verfügung steht.

Tritt nun eine Ausnahme bei der Ausführung von `methodRaiseException` auf, so wird die Ausführung des Programmcodes im `@try`-Block abgebrochen. Handelt es sich dann um eine Ausnahme vom Typ `NSException*`, so wird der Programmcode im Block hinter dem `@catch` ausgeführt. In diesem Block kann dann die Ausnahmebehandlung durchgeführt werden. Auf einen `@catch`-Block können noch beliebig viele weitere `@catch`-Blöcke folgen. Hierzu jedoch später mehr.

Nach den `@catch`-Blöcken kann zum Abschluss einer `@try`-Anweisung ein `@finally`-Block folgen. Ein `@finally`-Block ist für Aufräumarbeiten gedacht. Hierin können zum Beispiel externe Ressourcen geschlossen werden. Er wird immer ausgeführt, unabhängig davon, ob eine Ausnahme auftritt oder nicht. Für den Fall, dass in den Anweisungen im `@try`-Block eine Ausnahme ausgelöst wird, ist es nicht von Bedeutung, ob die Exception durch einen `@catch`-Block behandelt wird, der `@finally`-Block wird abschließend auf jeden Fall ausgeführt.

Ablauf einer Ausnahmebehandlung

Kommen wir noch einmal auf die Anweisungen im `@try`-Block zurück. Alle Ausnahmen, die innerhalb dieses Blocks auftreten, können durch einen nachfolgenden `@catch`-Block gefangen werden. Hierbei ist egal, wie viele Anweisungen sich in diesem Block befinden. Es können auch Befehle aufgenommen werden, die garantiert nie eine Exception werfen. Allerdings sollte man darauf achten, dass man die Blöcke nicht zu groß macht, da sonst leicht eine Exception übersehen oder falsch behandelt wird, da eventuell ein Befehl eine Ausnahme auslöst, bei dem man nie mit der Ausnahme gerechnet hat.

Wir wollen uns nun noch einmal damit beschäftigen, in welcher Methode eine ausgelöste Exception genau gefangen wird, wenn mehrere mögliche `@catch`-Blöcke zur Verfügung stehen. Hierzu müssen wir uns überlegen, in welchem Zustand sich ein Programm befinden kann, wenn eine Exception ausgelöst wird. Im Prinzip besteht die Abarbeitung eines Programms aus rekursiven Funktionsaufrufen, die jeweils darauf warten, dass eine aufgerufene Funktion beendet wird. Jede aufgerufene Funktion kommt dazu auf den Laufzeitstack. Es wird vermerkt, an welcher Stelle sich die aufrufende Funktion gerade befindet. Wenn nun in einer Methode eine Exception ausgelöst wird, wird dieser Stack so lange abgeräumt, bis sich das Programm dadurch innerhalb eines `@try`-Blocks befindet. Wenn zu diesem `@try`-Block dann ein passender `@catch`-Block für die ausgelöste Exception existiert, so wird dieser ausgeführt und damit das Programm an dieser Stelle wieder fortgesetzt. Gibt es keinen passenden `@catch`-Block, so werden die Funktionsaufrufe weiter rekursiv abgeräumt. Wir wollen uns hierzu ein Beispiel anschauen. Beginnen wir mit der Hilfsfunktion `function2`:

```
void function2(int depth) {
    NSLog(@"Start: function2(%d)", depth);
    if (depth == 3)
        @throw [MyException exceptionWithID:0 andMessage:@"Ausnahme"];
    function2(depth + 1);
    NSLog(@"Ende: function2(%d)", depth);
}
```

Listing 6.11: Implementierung von `function2`

Die Funktion besitzt ein Argument `depth`. Der Start und das Ende der Funktion werden mit `NSLog` protokolliert. Die Funktion ruft sich dann so lange rekursiv mit `depth + 1` als Argument wieder auf, bis `depth` gleich 3 ist. Ist dies der Fall, wird eine Exception auf Basis der Klasse `MyException` ausgelöst.

Aufgerufen wird die Funktion `function2` von der Methode `function1` mit dem Argument 1:

```
void function1() {
    NSLog(@"Start: function1()");
    @try {
        function2(1);
    } @catch (NSException* e) {
        NSLog(@"Catch: function1()");
    } @finally {
        NSLog(@"Finally: function1()");
    }
    NSLog(@"Ende: function1()");
}
```

Listing 6.12: Implementierung von `function1`

Dieser Aufruf wird durch eine `@try`-Anweisung überwacht. Mit der `@try`-Anweisung ist ein `@catch`-Block für `NSException`-Ausnahmen definiert, sowie ein `@finally`-Block. Falls einer der beiden ausgeführt wird, wird eine Meldung auf der Konsole ausgegeben. Auch der Start und das Ende der Funktion `function1` werden protokolliert.

In der `main`-Funktion der Anwendung wird dann die Funktion `function1` aufgerufen und ebenfalls mit einer `@try`-Anweisung gesichert:

```
int main (int argc, const char * argv[]) {
    NSLog(@"Start: main()");
    @try {
        function1();
    } @catch (MyException* e) {
        NSLog(@"Catch: main()");
    } @finally {
        NSLog(@"Finally: main()");
    }
    NSLog(@"Ende: main()");
    return 0;
}
```

Listing 6.13: Implementierung von `main` für die Verwendung von `function1`

Durch diese `@try`-Anweisung werden Ausnahmen auf Basis von `MyException` gefangen. Auch hier führt das Ausführen des `@catch`- oder `@finally`-Blocks zu einer Ausgabe auf der Konsole. Für die `main`-Funktion findet ebenfalls zu Beginn und Ende eine Protokollierung statt.

Wenn wir dieses Beispiel nun ausführen, ergibt sich die Ausgabe in Abbildung 6.2. Hieran sieht man, wie die Funktion `function1` und dreimal die Funktion `functi-`

on2 rekursiv aufgerufen werden. Beim dritten Aufruf von `function2` kommt es dann zu der Exception. Hierdurch werden die drei Aufrufe von `function2` nach und nach beendet; da sich in dieser Methode kein aktiver `@try`-Block befindet, wird die Ausnahme auch nicht gefangen. Wir sehen dies auch daran, dass für die drei Funktionsaufrufe kein Funktionsende protokolliert wird.

```
Meldung
Start: main()
Start: function1()
Start: function2(1)
Start: function2(2)
Start: function2(3)
Finally: function1()
Catch: main()
Finally: main()
Ende: main()
```

Abb. 6.2: Abfangen der Ausnahme auf Basis der Klasse `MyException`

Beim Abräumen von `function1` trifft das Laufzeitsystem dann auf einen `@try`-Block, es existiert allerdings kein passender `@catch`-Block. Jedoch existiert ein `@finally`-Block, der in jedem Fall ausgeführt wird. Daraufhin wird die restliche Ausführung von `function1` ebenfalls abgebrochen und vom Laufzeitstack entfernt.

In der `main`-Funktion existiert dann eine `@try`-Anweisung mit einem `@catch`-Block für die Klasse `MyException`. Hierdurch wird die Exception gefangen und das Programm arbeitet den `@catch`-Block korrekt ab. Auch der `@finally`-Block der `main`-Funktion wird korrekt ausgeführt. Da die Exception abgefangen wurde, wird das Programm hinter der `@try`-Anweisung ordnungsgemäß fortgesetzt.

Aber wie wäre die Ausnahmebehandlung abgelaufen, wenn anstelle der Klasse `MyException` die Klasse `NSException` für die Ausnahme verwendet worden wäre? Dies könnte wie folgt aussehen:

```
void function2(int depth) {
    NSLog(@"Start: function2(%d)", depth);
    if (depth == 3) @throw [NSException exceptionWithName:@""
                                 reason:@"Ausnahme" userInfo:nil];
    function2(depth + 1);
    NSLog(@"Ende: function2(%d)", depth);
}
```

Listing 6.14: Variante der Funktion `function2` mit Verwendung von `NSException`

Meldung
Start: main()
Start: function1()
Start: function2(1)
Start: function2(2)
Start: function2(3)
Catch: function1()
Finally: function1()
Ende: function1()
Finally: main()
Ende: main()

Abb. 6.3: Abfangen der Ausnahme auf Basis der Klasse `NSException`

Auch hier wird die Ausnahme mit dem dritten Aufruf von `function2` ausgelöst. Allerdings wird diese Ausnahme auf Basis von `NSException` bereits in der Funktion `function1` anstelle der `main`-Funktion abgefangen. Wir sehen dies an der Ausgabe von `Catch` für die Funktion `function1`. Nach der Ausführung des `@finally`-Blocks in `function1` wird die Funktion dann ordnungsgemäß beendet. Für die `main`-Funktion ist nie eine Exception aufgetreten, da diese ja bereits in der Funktion `function1` behandelt wurde. Der `@finally`-Block wird allerdings trotzdem ausgeführt und daraufhin auch die `main`-Funktion korrekt beendet.

Fangen von verschiedenen Exceptions

Wie wir zuvor bereits ausgeführt haben, kann für jede `@try`-Anweisung auch eine beliebige Anzahl an `@catch`-Blöcken angegeben werden. Wir wollen uns nun überlegen, wie diese abgearbeitet werden.

Ein Sonderfall ergibt sich noch, wenn gar kein `@catch`-Block angegeben ist. In diesem Fall kann natürlich auch keine Ausnahme abgefangen werden. Allerdings ist in diesem Fall ein `@finally`-Block erforderlich, damit es zu keinem Compilerfehler kommt. In diesem Block kann dann Aufräumarbeit geleistet werden, die auf jeden Fall ausgeführt werden muss, egal ob eine Exception auftritt oder nicht.

Was geschieht aber, wenn mehr als ein `@catch`-Block angegeben wird? In diesem Fall werden beim Auftreten einer Exception alle `@catch`-Blöcke von oben nach unten auf eine passende Klasse für die Exception geprüft. Passt ein `@catch`-Block zu der ausgelösten Ausnahme, so wird diese `@catch`-Anweisung ausgeführt. Alle weiteren `@catch`-Blöcke werden daraufhin ignoriert. Soll also eine Unterklasse einer Exception anders behandelt werden als ihre Superklasse, so muss die `@catch`-Klausel für die Unterklasse vor der Oberklasse auftauchen. Soll allerdings zum Beispiel eine immer gültige Behandlung für den Typ `id` definiert werden, so muss dieser `@catch`-Block als Letztes stehen, da alle auf diesen Block folgenden `@catch`-Klauseln niemals ausgeführt werden würden:

```
@try {
    //...
} @catch (SubclassException * e) {
    //...
} @catch (SuperclassException * e) {
    //...
} @catch (id e) {
    //...
}
```

Listing 6.15: Struktur einer `@try`-Anweisung mit mehreren `@catch`-Blöcken

Fortsetzen von Exceptions

Für den Fall, dass wir mit einem `@catch`-Block eine Exception gefangen haben, so können wir diese Exception durch das Schlüsselwort `@throw` auch wieder fortsetzen:

```
@try {
    //...
} @catch (NSException * e) {
    //...
    @throw;
}
```

Listing 6.16: Fortsetzen von Ausnahmen mit `@throw`

Auf diese Weise kann eine Exception gefangen werden. Stellt man bei der Ausnahmebehandlung fest, dass man zum Beispiel eine eventuell notwendige Korrekturarbeit nicht durchführen kann, so kann man die Exception wieder fortsetzen und damit einem weiteren `@catch`-Block die Chance geben, die Ausnahme zu behandeln.

Suchen von Dollarzeichen mit Exception-Handling

Mit einer `@try`-Anweisung können wir unser Beispiel mit der Klasse `MyFileReader` aus Listing 6.9 nun um eine Ausnahmebehandlung erweitern:

```
MyFileReader* reader;
@try {
    reader = [MyFileReader readerWithFilename:@"dontexists.txt"];
    [reader open];

    int count = 0;
    for(;;) {
        int ch = [reader nextChar];
```

```
            if (ch == EOF) break;
            if (ch == '$') count++;
        }
        NSLog(@"In der Datei befinden sich %d $-Zeichen.\n", count);
    }
    @catch (MyException *e) {
        NSLog(@"FEHLER: %@", e.message);
    }
    @finally {
        [reader close];
    }
```

Listing 6.17: Zählen von Dollarzeichen mit Ausnahmebehandlung

Hierzu wird eigentlich das gesamte Programm aus Listing 6.9 in einen `@try`-Block geschrieben. Einzig das Schließen der Datei wird in den `@finally`-Block verschoben, um zu garantieren, dass die Datei in jedem Fall geschlossen wird.

Mit einer `@catch`-Anweisung für die Klasse `MyException` werden alle eventuell auftretenden Ausnahmen gefangen und die passende Fehlermeldung auf der Konsole ausgegeben.

6.3 Übungsaufgaben

1. Aufgabe

Schreiben Sie eine Klassenmethode `ratioWithStart:andEnd:andValue:` als Erweiterung von `NSObject` mit drei Argumenten vom Typ `float`. Als Ergebnis soll die Funktion ebenfalls einen `float`-Wert liefern. Dieser soll sich durch folgende Formel ergeben:

- `(value - start) / (end - start)`

Hierfür müssen allerdings einige Bedingungen erfüllt sein:

- `end > start`
- `value >= start`
- `value <= end`

Prüfen Sie in der Methode diese drei Bedingungen vor der Berechnung ab. Sollte eine der Bedingungen nicht erfüllt sein, werfen Sie eine Exception auf Basis der Klasse `MyException` aus diesem Kapitel mit einer passenden Beschreibung.

2. Aufgabe

Gegeben sei folgendes Programm:

```
MyCriticalObject *obj = [MyCriticalObject new];
[obj doSomeCritical];
[obj clean];
```

Erweitern Sie das Programm so, dass eventuell auftretende Ausnahmen bei der Ausführung der Methode `doSomeCritical` abgefangen werden. Die Ausführung der Methode `clean` soll in jedem Fall ausgeführt werden, egal ob eine Ausnahme auftritt oder nicht.

Bei Auftreten einer Ausnahme soll mit `NSLog` eine Ausgabe auf der Konsole ausgegeben werden. Diese Ausgabe soll abhängig von der Klasse der Exception sein. Handelt es sich um eine Exception auf Basis der Klasse `NSException`, soll `@"Irgendein Cocoa-Fehler"` ausgegeben werden. Handelt es sich um eine `MyException`-Ausnahme, soll `@"Eigener Fehler"` und für alle anderen Typen `@"Unbekannter Fehler"` ausgegeben werden.

Blöcke

In diesem Kapitel wollen wir uns mit den Blöcken, einem für Objective-C sehr neuen Feature, beschäftigen. Blöcke sind seit Mac OS X 10.6 und iOS 4.0 Bestandteil der Compiler. Eigentlich stellen die Blöcke eher eine Erweiterung der Programmiersprache C statt Objective-C dar. Wie Sie sehen werden, sind die Blöcke jedoch so gut in das Objektmodell von Objective-C integriert, dass sie für den Entwickler transparent zu nutzen sind.

Was aber sind Blöcke? Blöcke sind Bestandteil vieler moderner, häufig dynamischer Programmiersprachen. Eigentlich sind sie jedoch eher ein Konstrukt, das aus der funktionalen Programmierung stammt. Bei den funktionalen Programmiersprachen würde man Blöcke am einfachsten als anonyme Funktionen beschreiben. Und genau so kann man Blöcke auch erst einmal verstehen, auch wenn diese Bezeichnung im Zusammenhang mit C-Funktionen nicht ganz korrekt ist. Dazu aber später. Sehen wir uns zuerst ein einfaches Beispiel an:

```
void (^myBlock)(int) = ^void(int value) {
    NSLog(@"Block: value = %d", value);
};
myBlock(10);
```

Listing 7.1: Deklaration und Verwendung eines einfachen Blocks

In diesem Beispiel wird eine Variable `myBlock` definiert, die einen Blocktyp besitzt. Für die Beschreibung von Blocktypen dient der neue Typoperator `^`. Die Formulierung eines Typs ist dann identisch mit Typen für Funktionspointer, bei denen der Operator * verwendet wird (siehe Abschnitt B.5.1). So steht bei der Deklaration `void (^myBlock)(int)` von `myBlock` das `void` für den Rückgabewert des Blocks und `(int)` für die Parameter. Der Block liefert also keinen Wert zurück und erwartet einen `int`-Wert als Argument. Für den Fall, dass der Block keine Argumente besitzen soll, steht in den Spezifikationen, dass `(void)` als Typ für die Parameter angegeben werden muss. In der getesteten Implementierung akzeptiert der Compiler auch einfach `()`.

Durch den Ausdruck `^void(int value) { ... }` wird dann der Block erzeugt. Der `^`-Operator dient also auch für die Erzeugung eines Blocks. Auf das `^` folgt der Rückgabewert des Blocks, in diesem Beispiel `void`. Die Angabe des Rückgabetyps kann auch entfallen. Der Blockausdruck würde dann `^(int value) { ... }` lauten. In diesem Fall versucht der Compiler, anhand der `return`-Anweisungen auf den Rückgabetyp zu schließen. Wichtig ist dann, dass alle `return`-Anweisungen einen Wert vom gleichen Typ zurückliefern. Hier kann bei Bedarf auch mit Casts nachgeholfen werden.

Auf den Rückgabetyp folgt die Liste der Parameter, in diesem Fall `(int value)`, wodurch der Wert des Arguments über die Variable `value` gelesen werden kann. Für den Fall, dass der Rückgabetyp nicht angegeben wurde und der Block keine Parameter besitzt, kann auch `(void)` entfallen.

Auf die Argumente folgt dann in geschweiften Klammern der Rumpf, der das auszuführende Programm des Blocks beschreibt. Ausgeführt wird ein Block dann wie eine einfache C-Funktion, in diesem Fall durch `myBlock(10)`, wodurch die Zeichenkette `"value = 10"` ausgegeben wird. Auf die gleiche Weise könnte man das Beispiel auch mit Funktionspointern realisieren.

Um den Nutzen von Blöcken zu verdeutlichen, wollen wir uns ein zweites Beispiel ansehen. Dazu definieren wir zuerst eine C-Funktion `map`, die auf die Elemente in einem `int`-Array einen Block anwendet, um sie zu transformieren:

```
void map(int* data, int offset, int length, int (^f) (int)) {
    for (int* ptr = &data[offset]; length > 0; ptr++, length--) {
        *ptr = f(*ptr);
    }
}
```

Listing 7.2: Allgemeine Arraytransformation mit Blöcken

Wie diese Transformation genau aussieht, ist für die Funktion egal und wird erst bei Aufruf der Funktion spezifiziert. Übergeben werden muss der Block als viertes Argument und er kann über die lokale Variable `f` verwendet werden.

Ausgeführt wird `map` dann z. B. wie folgt:

```
int data[] = {1, 2, 3, 4, 5};
map(data, 0, 5, ^int(int value) { return value * value; });
```

In diesem Fall werden alle Elemente des Arrays `data` quadriert. Dass die Elemente quadriert werden sollen, beschreibt der Block, der als viertes Argument der Funktion `map` übergeben wird. Dieser besitzt ein Argument `value` vom Typ `int` und einen Rückgabewert ebenfalls vom Typ `int`. Innerhalb des Rumpfes wird das Argument `value` quadriert zurückgegeben. Alternativ könnte aber auch jede andere Transformation verwendet werden.

Etwas Ähnliches hätte man in C auch mit Funktionspointern realisieren können. In diesem Fall würde die Implementierung von `map` wie folgt aussehen:

```
void map_ptr(int* data, int offset, int length, int (*f) (int)) {
    for (int* ptr = &data[offset]; length > 0; ptr++, length--) {
        *ptr = (*f)(*ptr);
    }
}
```

Listing 7.3: Realisierung von map mit Hilfe von Funktionspointern

Um nun das Beispiel über Funktionspointer zu formulieren, brauchen wir eine Funktion, die der Arbeitsweise des Blocks entspricht:

```
int square(int value) {
    return value * value;
}
```

Listing 7.4: Hilfsfunktion square

Dann lässt sich das obige Beispiel wie folgt schreiben:

```
int data[] = {1, 2, 3, 4, 5};
map_ptr(data, 0, 5, square);
```

Dieses Beispiel führt insgesamt zu dem gleichen Ergebnis wie die Version mit den Blöcken. Man sieht an diesem Beispiel auch sehr gut, dass das Einzige, was uns noch verrät, dass die Zahlen in dem Array quadriert werden, der Name der Funktion `square` ist. Wenn nun allerdings eine komplizierte Transformation durchgeführt wird, ist es mit sprechenden Namen für die Funktion schon schwieriger. Weiterhin ist das Problem, dass die übergebene Funktion an einer ganz anderen Stelle im Programm steht, auch wenn die Berechnung nur an dieser Stelle benötigt wird. Dies verzerrt die Programmbeschreibung unnötig. Dies ist bei der Blockvariante, bei der die Implementierung des Blocks direkt an der Stelle der Parameterübergabe steht, nicht der Fall, wodurch sich an vielen Stellen viel verständlichere Programme ergeben.

Zugriff auf umliegende lokale Variablen

Das vorherige Beispiel zeigt sehr gut, dass die Beschreibung von Blöcken als anonyme Funktionen eine gute Annäherung an deren Funktionsweise ist. Jedoch kann ein Block noch viel mehr als eine anonyme Art der Funktionsbeschreibung. Aber was unterscheidet Blöcke dann doch von einfachen C-Funktionen, deren Quelltext nur lokal eingelagert ist? Hierzu folgendes Beispiel für eine Arraytransformation mit `map`:

```
int increase = 10;
int data[] = {1, 2, 3, 4, 5};
map(data, 0, 5, ^int(int value) { return value + increase; });
```

In diesem Beispiel werden die Zahlen 1 bis 5 im Array `data` durch den Aufruf von `map` um den Wert 10 erhöht. Die Erhöhung ergibt sich nicht als fester Wert, sondern wird der Variablen `increase` entnommen. Allerdings ist `increase` außerhalb des Blocks definiert und könnte sich dort z.B. auch durch eine Parameterübergabe oder eine Berechnung ergeben, so dass der Wert als Konstante zur Übersetzung nicht bekannt ist.

Will man nun dieses Beispiel über Funktionspointer realisieren, ergibt sich das Problem, wie man innerhalb der externen Funktion Zugriff auf die Variable `increase` erhält. Eine Möglichkeit ist es, der neuen Funktion den Wert als zweites Argument mitzugeben. Die Funktion ist dann jedoch nicht mehr für `map_ptr` geeignet. Alternativ könnte auch eine globale Variable verwendet werden. Wenn sich allerdings durch mehrere Aufrufe immer unterschiedliche Werte von `increase` ergeben, so würde immer nur der letzte Wert in dieser globalen Variablen stehen.

Der Vorteil bei Blöcken ist also, dass man innerhalb eines Blocks Zugriff auf die lokalen Variablen des gesamten aktuellen Gültigkeitsbereiches hat, auch wenn diese außerhalb des Blocks liegen. Blöcke können auch direkt auf globaler Ebene definiert werden. In diesem Fall ergeben sich nicht wirklich Unterschiede zu Funktionspointern, weshalb wir im weiteren Verlauf davon ausgehen wollen, dass alle Blöcke innerhalb einer Funktion erzeugt werden.

Diese Tatsache, dass ein Block innerhalb einer Funktion auf ihre lokale Variablen Zugriff hat, eröffnet ganz neue Möglichkeiten der Programmierung, birgt aber auch einige Probleme, mit denen wir uns in diesem Kapitel noch etwas genauer beschäftigen wollen. Dazu soll im folgenden Abschnitt 7.1 zuerst einmal auf einige Probleme beim Zugriff auf Variablen außerhalb eines Blocks eingegangen und verschiedene Varianten des Zugriffs aufgezeigt werden.

Blöcke können jedoch nicht nur erzeugt und einer Funktion übergeben, sondern auch global gespeichert oder als Rückgabewert zurückgegeben werden. Hierbei ergibt sich das Problem, dass die Ausführung der Funktion, durch die ein Block erzeugt wurde, vielleicht bereits beendet ist und eventuell verwendete lokale Variablen gar nicht mehr existieren. Mit diesem Problem beschäftigt sich Abschnitt 7.2.

In Abschnitt 7.3 wollen wir zeigen, wie sich die Blöcke nicht nur im Zusammenhang mit C-Quelltext verhalten, sondern sich auch in das objektorientierte Modell von Objective-C eingliedern.

Für alle Interessierten wollen wir in Abschnitt 7.4 noch etwas genauer darauf eingehen, wie Blöcke in C realisiert sind, damit Sie die Arbeitsweise der Blöcke komplett verstehen können.

Auf die Situationen, in denen sich Blöcke gut einsetzen lassen, werden wir in den entsprechenden Kapiteln dieses Buches eingehen.

7.1 Zugriff auf Variablen

Wie Sie bereits gesehen haben, ist das Besondere an Blöcken die Möglichkeit, innerhalb eines Blocks auf die lokalen Variablen der umgebenden Funktion oder auch umgebener Blöcke zuzugreifen. Aber wie genau kann man sich diesen Zugriff vorstellen? Und welche Probleme ergeben sich dabei?

Hierzu folgendes Beispiel:

```
int addend = 11;
int (^adder)(int) = ^int(int value) {
    return value + addend;
};

NSLog(@"value = %d", adder(13));
```

Listing 7.5: Zugriff auf eine lokale Variable außerhalb eines Blocks

In diesem Beispiel hat der Block Zugriff auf die lokale Variable `addend`, die außerhalb des Blocks definiert ist. Auf diese Weise ergibt sich für den Aufruf von `adder(13)` der Wert `24`. Alle Variablen, die außerhalb eines Blocks stehen, sind für den Block sichtbar. Hierzu gehören nicht nur lokale Variablen, sondern auch die Parameter der umgebenden Funktion oder die globalen Variablen des Programms. Der Zugriff auf globale Variablen ist komplett unkritisch und verhält sich wie bei normalen C-Funktionen, weshalb er hier auch nicht weiter betrachtet wird.

Anders sieht es bei lokalen Variablen sowie den Parametern aus. Hierbei ist es wichtig zu wissen, dass innerhalb des Blocks alle Typen der lokalen Variablen von außerhalb des Blocks als `const` definiert sind. Die Variable `addend` ist für den Block also vom Typ `const int`. Dies hat zur Folge, dass eine lokale Variable, die außerhalb eines Blocks definiert ist, innerhalb dieses Blocks nicht geändert werden kann. Das folgende Listing zeigt eine Neuzuweisung der externen Variablen `addend` innerhalb des Blocks:

```
int addend = 11;
int (^adder)(int) = ^int(int value) {
    addend = 12;     // (1)
    return value + addend;
};

NSLog(@"value = %d", adder(13));
```

Listing 7.6: Neuzuweisung einer externen Variablen in einem Block

Diese Zuweisung im obigen Listing an der Stelle (1) führt dann erwartungsgemäß zu der folgenden Fehlermeldung beim Kompilieren des Programms:

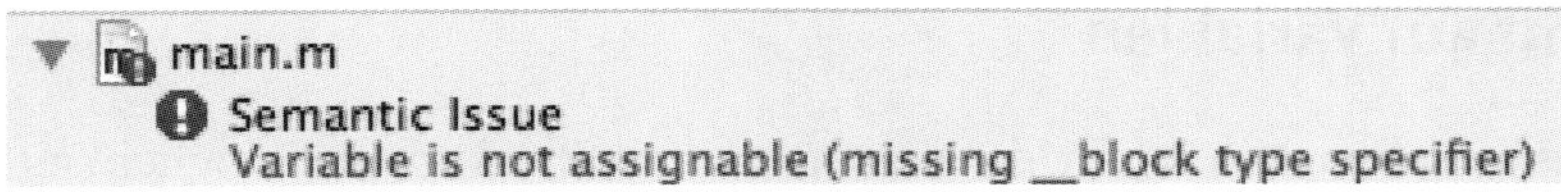

Abb. 7.1: Fehler bei Änderung einer lokalen Variablen

Der Grund für diese Art des Verhaltens ist, dass eigentlich nicht wirklich auf die Variable addend zugegriffen, sondern innerhalb des Blocks eine neue Variable eingeführt wird, die anstelle von addend verwendet wird. Bei der Erzeugung der Funktion wird der Wert der Variablen dann in den Block hineinkopiert. So ergibt auch die Ausführung des folgenden Beispiels den Wert 24 für adder(13):

```
int addend = 11;
int (^adder)(int) = ^int(int value) {
    return value + addend;
};
addend = 13;
NSLog(@"value = %d", adder(13));
```

Listing 7.7: Änderung einer durch einen Block verwendeten lokalen Variablen

Der Grund hierfür ist, dass der Block nicht wirklich auf addend zugreift, sondern auf eine lokale Kopie. Diese beinhaltet den Wert von addend zu dem Zeitpunkt, als der Block erzeugt wurde. Zu diesem Zeitpunkt hatte addend den Wert 11 und nicht 13. Aus diesem Grund liefert adder(13) weiterhin 24.

Schreibender Zugriff auf lokale Variablen

Es besteht aber auch die Möglichkeit, den Zugriff auf die echte Variable addend zu erzwingen. Dies geschieht durch das Attribut __block. Dieses wird einfach dem Typ der Variablen, auf die zugegriffen werden soll, vorangestellt:

```
__block int addend = 11;
int (^adder)(int) = ^int(int value) {
    return value + addend;
};
addend = 13;
NSLog(@"value = %d", adder(13));
```

Listing 7.8: Verwendung des Attributs __block

In diesem Fall wird wirklich die Variable addend innerhalb des Blocks verwendet, wodurch sich für adder(13) der Wert 26 ergibt.

Aus diesem Grund hat die Variable auch innerhalb des Blocks weiterhin den Typ int und kann auch verändert werden:

```
__block int addend = 11;
int (^adder)(int) = ^int(int value) {
    addend = 12;
    return value + addend;
};
addend = 13;
NSLog(@"value = %d", adder(13));
```

Listing 7.9: Änderung lokaler Variablen mit Attribut `__block`

Auf diese Weise führt das Beispiel nicht zu einem Übersetzungsfehler. Bei Ausführung des Beispiels wird vor der Berechnung `value + addend` der Wert von `addend` auf `12` gesetzt, wodurch `adder(13)` den Wert `25` liefert. Eine solche Änderung einer lokalen Variablen funktioniert auch über mehrere Aufrufe oder Blöcke hinweg. Hierzu ein Beispiel mit `map` aus dem vorherigen Abschnitt (siehe Listing 7.2), bei dem jeder Wert, mit dem der Block aufgerufen wird, in einer lokalen Variablen aufaddiert wird:

```
__block int sum = 0;
int data[] = {1, 2, 3, 4, 5};
map(data, 0, 5, ^int(int value) { sum += value; return sum; });
```

Listing 7.10: Aufsummieren mit Hilfe von `map`

In der lokalen Variablen `sum` wird also die Summe alle `value`-Werte der bisherigen Blockaufrufe gespeichert. Durch einen Aufruf des Blocks innerhalb von `map` wird der neue Wert von `value` zu `sum` hinzuaddiert und die Summe zurückgegeben. Auf diese Weise enthält das Array `map` nach der Ausführung die Präfixsummen `{1, 3, 6, 10, 15}`.

Probleme beim Variablenzugriff

Allerdings funktioniert diese Art des Zugriffs auf umliegende lokale Variablen bei Verwendung von manuellem Reference Counting nicht immer. Das Problem ergibt sich, da die lokalen Variablen sich auf dem Laufzeitstack befinden (siehe Kapitel 9). Diese Variablen werden von diesem Stack nach Beendigung der aktuellen Funktion entfernt. Wenn also auf eine lokale Variable durch einen Block zugegriffen werden muss, auch wenn die zugehörige Funktion beendet ist, dann führt dies zu einem Fehler:

```
void (^global_counter)();
void create_counter() {
    __block int count = 0;
    global_counter = ^ { NSLog(@"count = %d, ", ++count); };
}
```

Listing 7.11: Zuweisung eines Blocks einer globalen Variablen

Mit dieser Funktion müsste man also eigentlich einen Block der globalen Variablen `global_counter` zuweisen können, der bei jedem Aufruf die lokale Variable `count` erhöht und ausgibt. Dazu ein Beispiel, in dem der Zähler wie folgt verwendet wird:

```
create_counter();
global_counter();
```

Listing 7.12: Fehlerhafter Zugriff auf eine Variable auf dem Stack

Durch `create_counter()` wird der Block erzeugt, der dann mit `global_counter()` ausgeführt werden kann. Zu diesem Zeitpunkt ist die Funktion `create_counter` bereits beendet und die Variable `count` nicht mehr auf dem Stack. Dies führt in diesem Fall zu einem Speicherfehler. Um diese Arbeitsweise trotzdem zu erlauben, hätte der Block inklusive der lokalen Variablen vom Laufzeitstack in den Heap kopiert werden müssen, wo er auch nach der Beendigung der Funktion weiterlebt.

Hinweis

Bei Verwendung von automatischem Reference Counting ergibt sich dieses Problem nicht (siehe Kapitel 9). Denn durch starke Referenzen auf einen Block wird der Block automatisch in den Heap kopiert.

7.2 Blöcke in den Heap kopieren

Immer dann, wenn ein Block sich auf lokale Variablen einer Funktion bezieht, die sich zur Ausführungszeit des Blocks nicht mehr auf dem Laufzeitstack befinden, und als Memory Management manuelles Reference Counting oder Garbage Collecting verwendet wird (siehe Kapitel 9), muss der Block inklusive dieser lokalen Variablen in den Heap kopiert werden. Im Heap, außerhalb des Laufzeitstacks, bleibt der Block auch nach Beendigung der Methode erhalten. Dieser Kopiervorgang muss auch dann durchgeführt werden, wenn auf gar keine externen lokalen Variablen zugegriffen wird. Der Grund hierfür ist, dass aus Optimierungsgründen die interne Struktur eines erzeugten Blocks in vielen Fällen ebenfalls auf dem Laufzeitstack abgelegt wird. Es gibt auch Fälle, in denen ein solcher Block in einen global definierten Block umgewandelt wird. Da bei einem globalen Block das Kopieren in den Heap ignoriert wird, schadet ein Kopieren aber in diesem Fall auch nicht.

Nehmen wir für die folgenden Beispiele an, dass als Memory Management manuelles Reference Counting verwendet wird. Auch bei der Verwendung von automatischem Reference Counting sind die Beispiele sehr interessant, da durch starke Referenzen automatisch eine Kopie eines Blocks mit `Block_copy` angelegt wird. Um nun einen solchen Kopiervorgang durchzuführen, gibt es die Funktion `Block_copy`. Für den Fall, dass ein Block mehrfach mit `Block_copy` kopiert wird,

wird intern nur ein Zähler erhöht, der sich merkt, wie oft ein Block benötigt wird. Mit der Methode Block_release kann der Block dann wieder freigegeben werden, da er andernfalls bis zum Programmende im Speicher verbleiben würde. Für den Fall, dass ein Block mehrfach kopiert wurde, muss er natürlich auch genauso häufig wieder freigegeben werden. Hierzu ein Beispiel unter Verwendung der Funktion map aus Listing 7.2. Wir definieren dazu eine zusätzliche Funktion adder, die einen Transformationsblock erzeugt, der einen festen Wert addend addiert:

```
int (^adder(int addend))(int) {
    return Block_copy(^int(int value) {
        return value + addend;
    });
}
```

Listing 7.13: Erzeugung eines Addierers

Innerhalb des Rumpfes der adder-Funktion wird der Block erzeugt, der auf den Wert value den Wert von addend addiert. Da dieser Block als Rückgabewert der Funktion zurückgegeben werden soll und damit auch nach Beendigung der Funktion weiterexistieren muss, wird er mit Block_copy kopiert. Ohne diesen Kopiervorgang würde der Compiler einen Fehler erzeugen, da ein Stackwert zurückgegeben wird. Allerdings weist der Compiler nicht in allen Fällen auf einen Fehler hin, wie man am Beispiel aus Listing 7.11 sehen kann.

Einen durch adder erzeugten Addierer kann man nun verwenden, um mit map alle Werte eines Arrays um eine bestimmte Zahl zu erhöhen:

```
int (^my_adder)(int) = adder(12);
int data[] = {1, 2, 3, 4, 5};
map(data, 0, 5, my_adder);
Block_release(my_adder);
```

Dazu wird zuerst ein Addierer durch adder(12) erzeugt und der Variablen my_adder zugewiesen. Dieser Block kann dann map mitgegeben werden. Nach der Ausführung von map wird der Block nicht mehr benötigt, weshalb er mit Block_release freigegeben werden muss.

In diesem Beispiel wäre es also nicht möglich gewesen, den Aufruf von adder(12) direkt im Aufruf von map zu verwenden, da dann keine Referenz auf den erzeugten Block mehr vorhanden bleibt, um diesen mit Block_release wieder freizugeben. In Abschnitt 7.3 und Kapitel 9 werden Sie noch weitere Vorgehensweisen kennenlernen, um auch dieses Problem durch einfache Regeln in den Griff zu bekommen.

An dem vorherigen Beispiel sieht man noch ein weiteres Problem sehr gut. Aufgrund der Tatsache, dass Typbeschreibungen sowohl links als auch rechts von einem Namen fortgesetzt werden, ist es nur schwer möglich, den Typ der Funktion `adder` aus Listing 7.13 sofort zu erfassen. Aus diesem Grund ist es in vielen Fällen sinnvoll, den Typ eines Blocks zuvor mit einem `typedef` festzuhalten und diesen neuen Namen anstelle des Blocktyps zu verwenden. Diese Maßnahme erhöht die Lesbarkeit erheblich, wie die alternative Formulierung für `adder` zeigt:

```
typedef int(^transform_t)(int);

transform_t adder(int addend) {
    return Block_copy(^int(int value) {
        return value + addend;
    });
}
```

Listing 7.14: Formulierung von adder mit einer Typdeklaration

Die Typdeklaration `tranform_t` kann nun natürlich auch an allen anderen Stellen verwendet werden, z. B. bei der Deklaration von `map` oder der Variablen `my_adder`.

Die Optimierung, dass Blöcke zuerst auf dem Laufzeitstack erzeugt werden, führt nicht nur bei Beendigung einer Funktion zu einem Fehler, sondern macht bereits bei Anwendungen innerhalb von z. B. `for`-Schleifen Schwierigkeiten. Der Grund hierfür ist, dass die Position auf dem Laufzeitstack, an der ein Block-Ausdruck `^{ ...}` abgelegt wird, zur Übersetzungszeit eindeutig festgelegt wird und weiterhin dem Gültigkeitsbereich der umliegenden Anweisung zugeordnet ist. Hierzu ein Beispiel:

```
void (^test_block[4])(void);
for (int i = 0; i < 4; i++) {
    test_block[i] = ^{ NSLog(@"Ein Block: %d", i); };
}
for (int i = 0; i < 4; i++) {
    test_block[i]();
}
```

Listing 7.15: Erzeugung von Blöcken innerhalb einer Schleife

Erwarten würde man in diesem Fall die Ausgabe der vier Blöcke mit den Indexen von 0 bis 3. Allerdings erhält man viermal die Ausgabe der Zeichenkette `"Ein Block: 3"`. Der Grund hierfür ist, dass dem Ausdruck `^{ NSLog(@"Ein Block: %d", i); }` eine Speicheradresse auf dem Laufzeitstack zugeordnet ist, an dem er seine interne Datenstruktur ablegen darf. Bei jedem Ausführen dieses Ausdrucks werden die internen Daten wieder überschrieben. Ersichtlich wird dies, wenn man sich von allen Blöcken die Speicheradressen ausgeben lässt. Diese zeigen für alle vier Blöcke auf die gleiche Adresse. Hierzu folgendes erweitertes Beispiel:

```
void (^test_block[4])(void);
for (int i = 0; i < 4; i++) {
    if (i % 2 == 0) {
        test_block[i] = ^{ NSLog(@"Ein Block: %d", i); };
    } else {
        test_block[i] = ^{ NSLog(@"Ein anderer Block: %d", i); };
    }
}
for (int i = 0; i < 4; i++) {
    NSLog(@"Block[%i] an Adresse %d", i, test_block[i]);
    test_block[i]();
}
```

Listing 7.16: Speicheradressen von Blockausdrücken

In diesem Beispiel werden abhängig davon, ob der Index `i` gerade oder ungerade ist, unterschiedliche Blockausdrücke zur Konstruktion verwendet. Außerdem wird zusätzlich für jeden Block die Speicheradresse seiner internen Datenstruktur mit ausgegeben. Bei Ausführung ergibt sich für dieses Beispiel die Ausgabe aus Abbildung 7.2.

```
BlockTest[972]          Block[0] an Adresse 1606415920
BlockTest[972]          Ein Block: 2
BlockTest[972]          Block[1] an Adresse 1606415872
BlockTest[972]          Ein anderer Block: 3
BlockTest[972]          Block[2] an Adresse 1606415920
BlockTest[972]          Ein Block: 2
BlockTest[972]          Block[3] an Adresse 1606415872
BlockTest[972]          Ein anderer Block: 3
```

Abb. 7.2: Ausgabe von Listing 7.1

Sie sehen, dass die Blöcke mit geradem Index 0 und 2 identisch sind und die Blöcke mit ungeradem Index 1 und 3. Den beiden Blockausdrücken sind also durchaus zwei verschiedene Speicherbereiche auf dem Stack zugeordnet, die ebenfalls bei mehrfacher Ausführung überschrieben werden. Auch in diesem Fall kann man das Problem nur durch das Kopieren der Blöcke in den Heap beheben.

7.3 Blöcke und Objective-C

Bisher brauchte man zur Betrachtung der Blöcke nur reines C und mit dem objektorientierten Kern der Programmiersprache Objective-C haben die Blöcke direkt nichts zu tun. Aber wie fügt sich dann die Idee der Blöcke in das Konzept der objektorientierten Programmierung von Objective-C ein?

Vor allem ist diese Frage interessant unter Berücksichtigung der Tatsache, dass man den Ursprung der Blöcke eher in der funktionalen als der objektorientierten Programmierung findet, auch wenn man sie dort eher als anonyme Prozeduren oder Closures bezeichnet.

Aber auch in der Programmiersprache Smalltalk, auf der die Ideen von Objective-C beruhen, gab es Blöcke. In dieser Sprache bildeten sie sogar ein sehr zentrales Element, auf das sich die Sprache stützte. Die Idee in Smalltalk war es, dass jeder Block von Programmcode ebenfalls ein Objekt war. Dieses Objekt konnte dann ausgeführt, gespeichert oder mit Nachrichten versendet oder zurückgegeben werden.

Durch den C-Unterbau von Objective-C stellt, wie bereits zu sehen war, natürlich nicht jeder Programmcode sofort einen Block dar, sondern nur ausgewählte Teile. Diese Teile können, wie bereits gesehen, ebenfalls gespeichert oder in Funktionen als Parameter oder Rückgabewert verwendet werden. Natürlich können die Blöcke auf gleiche Weise einer Nachricht mitgegeben oder als Rückgabewert einer Nachricht verwendet werden. Allerdings ergibt sich hierbei das Problem, dass in Nachrichten-Signaturen der Typ unabhängig von Namen in Klammern geschrieben wird. Aus diesem Grund wird der Typ eines Blocks in Nachrichten etwas anders formuliert. Hierzu ein Beispiel, in dem die Klasse `MyFileReader` aus Kapitel 6, Listing 6.5 um eine zusätzliche Methode `forEachChar:` erweitert wurde:

```
- (void) forEachChar: (void (^) (int)) block {
    for(;;) {
        int ch = [self nextChar];
        if (ch == EOF) break;
        block(ch);
    }
}
```

Listing 7.17: Implementierung der Methode `forEachChar:`

Die Methode erwartet also einen Block für den Parameter `block`. Der Block muss ein `int`-Argument übernehmen und darf keinen Rückgabewert liefern. Der Name hinter dem ^ entfällt in diesem Fall, da der Typ des Parameters `block` isoliert in Klammern vor dem Namen stehen muss. Ansonsten gelten im Objective-C-Umfeld die gleichen Bedingungen für Blocktypen. Alternativ hätte man an dieser Stelle natürlich auch auf einen benannten Blocktyp mit `typdef` zurückgreifen können.

Die neue Methode `forEachChar:` kann dann z. B. verwendet werden, um genauso wie im Beispiel aus Listing 6.9 alle Dollarzeichen in einer Datei zu zählen:

```
MyFileReader* reader;
reader = [MyFileReader readerWithFilename:@"dontexists.txt"];
[reader open];
```

```
__block int count = 0;
[reader forEachChar:^(int ch) { if (ch == '$') count++; }];
NSLog(@"In der Datei befinden sich %d $-Zeichen.\n", count);
[reader close];
```

Listing 7.18: Zählen von Dollarzeichen mit Hilfe von Blöcken

Durch die Implementierung von `forEachChar:` wird der Block aus dem Beispiel für jedes Zeichen in der Datei ausgeführt. In jedem Fall, in dem das Zeichen dann ein Dollarzeichen ist, wird die lokale Variable `count` um 1 erhöht. Am Ende enthält die Variable wie in der alten Version die korrekte Anzahl aller Dollarzeichen. Auf die gleiche Weise hätte eine Nachricht natürlich auch einen Block zurückgeben können. Ähnliche Beispiele für die Verwendung von Blöcken gibt es sehr viele, wie z. B. das Filtern von Listen, die Wahl eines Sortierkriteriums. In der Cocoa-Bibliothek von Mac OS X ist eine Vielzahl solcher Funktionen bereits integriert, auf die wir im zweiten Teil dieses Buches eingehen wollen.

Blöcke sind selbst Objekte

Die Möglichkeit, Blöcke als Argumente von Nachrichten zu übergeben oder als Rückgabewerte zu verwenden, ist jedoch nicht die einzige Verzahnung zwischen Objective-C und Blöcken. Viel wichtiger ist noch, dass Blöcke ähnlich wie in Smalltalk selbst auch Objekte sind. Dies hat zur Folge, dass man einem Block ebenfalls Nachrichten schicken kann. Die Klasse, der ein Block in jedem Fall angehört, ist die Klasse `NSBlock`, die von `NSObject` erbt. Abhängig davon, ob sich der Block auf globaler Ebene, auf dem Stack oder auf dem Heap befindet, gibt es dann noch spezielle interne Unterklassen, die jedoch nicht weiter wichtig sind. Außerdem bildet jeder Block selbst eine eigene Unterklasse dieser Klassen.

Da die Klasse `NSBlock` als Name zur Übersetzungszeit nicht zur Verfügung steht, kann die Klasse leider nicht über Erweiterungen um Methoden angereichert werden. Ein paar Methoden sind durch die Basisimplementierung jedoch bereits vorhanden. Für das Memory Management sind es `retain`, `release`, `copy` und `copyWithZone:`. Diese Methoden werden durch die Klasse `NSBlock` auf die Funktionen `Block_copy` und `Block_release` übersetzt. Dies hat zur Folge, dass man Blöcke, was die Speicherverwaltung betrifft, fast äquivalent zu anderen Klassen behandeln kann (siehe Kapitel 9). So führen die Methoden `copy`, `copyWithZone:` zu einem Aufruf von `Block_copy` und `release` zu einem Aufruf von `Block_release`. Die Nachricht `retain` wird nur bei Blöcken auf dem Heap beachtet und führt ebenfalls zu `Block_copy`. Für alle anderen Blöcke wird der Aufruf ignoriert. Die für das Memory Management mit Reference Counting wichtige Methode `autorelease` erbt die Klasse von `NSObject`. Zusätzlich zum Memory Management bietet die Klasse `NSBlock` noch die Methoden `invoke` und `performAfterDelay:` zur Ausführung von Blöcken ohne Argumente.

Ähnlich wie bei den Convenience-Konstruktoren bietet es sich für Methoden, die einen Block zurückgeben, an, einen Block nicht nur zu kopieren, sondern auch mit autorelease verzögert wieder freizugeben. In diesem Fall ist ein späterer Aufruf von Block_release nicht mehr notwendig. Auf diese Weise lässt sich die Methode adder aus Listing 7.14 so schreiben, dass der Rückgabewert ohne weitere Betrachtung verwendet werden kann. Ähnlich kann dann auch eine Implementierung für die Compose-Funktion geschrieben werden, die häufig als ein besonderes Merkmal von Closures in funktionalen Programmiersprachen angesehen wird:

```
transform_t adder(int addend) {
    return [[^int(int value) {
        return value + addend;
    } copy] autorelease];
}
transform_t compose(transform_t f1, transform_t f2) {
    return [[^int(int value) {
        return f1(f2(value));
    } copy] autorelease];
}
```

Listing 7.19: Implementierung eines Addierers und der Compose-Funktion

Die durch adder und compose erzeugten Blöcke werden mit der Nachricht copy kopiert und mit autorelease verzögert wieder freigegeben. Die Methoden können dann direkt als Argumente von map verwendet werden, ohne dass die erzeugten Blöcke ewig im Speicher verbleiben:

```
int data[] = {1, 2, 3, 4, 5};
map(data, 0, 5, compose(^(int value) {return value*value;}, adder(10)));
```

Als Ergebnis liefert dieser Aufruf das Array, in dem die Werte 1 bis 5 zuerst um 10 erhöht und dann quadriert werden, also {121, 144, 169, 196, 225}.

Für den Fall, dass Garbage Collecting für das Memory Management verwendet wird, wird die Speicherverwaltung von Blöcken nach dem ersten Kopieren in den Heap sogar komplett automatisch unternommen. Dazu aber später in Kapitel 9.

7.4 Wie werden Blöcke realisiert?

Wie bisher aus den Beschreibungen von Blöcken in diesem Kapitel zu erkennen war, sind Blöcke Funktionspointern sehr ähnlich, aber doch irgendwie mehr. Außerdem wissen Sie, dass sie aus Optimierungsgründen auf dem Laufzeitstack erzeugt werden, aber auch in den Heap kopiert werden können. Außerdem können durch einen Block auf Variablen des gesamten aktuellen Gültigkeitsbereichs inklusive der umliegenden Blöcke und Funktionen zugegriffen werden. Aber wie wird dieses Verhalten realisiert? Wie sind Blöcke intern umgesetzt?

Die folgenden Erklärungen sind sicherlich nicht immer einfach zu verstehen, fördern aber in einigen Fällen das Verständnis für Blöcke. Eine Verwendung der Blöcke ist auch ohne diese Interna gut möglich. All diejenigen, die sich fragen, warum Blöcke genau auf die zuvor beschriebene Art und Weise zu verwenden sind, sollten diesen folgenden Teil genauer lesen.

Interne Darstellung

Die Blöcke werden direkt als Erweiterung des Compilers realisiert. Diese Erweiterung fügt in den C-Compiler die Syntax für Blocktypen und Blockausdrücke hinzu. Diese werden dann von der Erweiterung in interne Datenstrukturen umgesetzt. Wir wollen uns in diesem Abschnitt ansehen, wie diese internen Datenstrukturen aussehen und wie sie intern verwendet werden.

Ein Block ist nichts anderes als ein Zeiger auf eine Struktur, die immer etwa wie folgt aufgebaut ist:

```
struct Block_layout {
    void *isa;
    int flags;
    int reserved; // immer 0
    void (*invoke)(void *, ...);
    struct Block_descriptor {
        unsigned long int reserved; // immer 0
        unsigned long int size;
        // optionale Funktionspointer
        void (*copy)(void *dst, void *src);
        void (*dispose)(void *src);
    } *descriptor;
    // weitere importierte lokale Variablen
};
```

Listing 7.20: Interner Aufbau eines Blocks

Für jeden Blockausdruck, der in einem Programm auftaucht, wird eine solche Struktur erzeugt. Bei jedem Ausführen des Ausdrucks wird die Struktur mit passenden Werten initialisiert. Der `isa`-Zeiger dient dazu, dass ein Block auch als Objekt verwendet werden kann (siehe Kapitel 1). Er stellt die Instanzenvariable `isa` dar, die auf die Klasse des Objekts zeigt. Im Fall eines Blocks, der auf dem Laufzeitstack liegt, also innerhalb einer Funktion definiert ist, verwendet der Compiler die Klasse `__NSStackBlock__`. Wird der Block mit `Block_copy` in den Heap kopiert, handelt es sich um die Klasse `__NSMallocBlock__`. Für Blöcke auf globaler Ebene wird die Klasse `__NSGlobalBlock__` verwendet. Durch diese Klassen ist geregelt, wie die Verarbeitung von Nachrichten an diese Blöcke in Objective-C gehandhabt werden soll. Diese Klassen stehen als Symbole den eigenen Programmen jedoch nicht zur Verfügung. Aus diesem Grund nehmen wir für die folgenden Beispiele nachstehende Definitionen an:

```
#define __NSStackBlock__ objc_getClass("__NSStackBlock__")
#define __NSMallocBlock__ objc_getClass("__NSMallocBlock__")
#define __NSGlobalBlock__ objc_getClass("__NSGlobalBlock__")
```

Listing 7.21: Suche der Klassen im Laufzeitsystem über die Zeichenketten

Auf den `isa`-Zeiger folgt das Feld `flags`. Die Bits in diesem Feld spezifizieren genauer, um welche Art Block es sich handelt:

```
enum {
    BLOCK_REFCOUNT_MASK =      (0xffff), // 16-Bit-Referenzzähler

    BLOCK_NEEDS_FREE =         (1 << 24),
    BLOCK_HAS_COPY_DISPOSE =   (1 << 25),
    BLOCK_HAS_CTOR =           (1 << 26),
    BLOCK_IS_GC =              (1 << 27),
    BLOCK_IS_GLOBAL =          (1 << 28),
    BLOCK_HAS_DESCRIPTOR =     (1 << 29),
};
```

Listing 7.22: Flag-Bits zur Spezifikation eines Blocks

So ist z. B. das Bit `BLOCK_IS_GLOBAL` notwendig, falls der Block global definiert ist. Für einen nicht globalen Block werden die unteren 16 Bits (`BLOCK_REFCOUNT_MASK`) von `flags` zusätzlich verwendet, um zu speichern, wie häufig ein Block mit `Block_copy` kopiert und noch nicht mit `Block_release` wieder freigegeben wurde. Falls sich der Block durch Kopieren auf dem Heap befindet und er später dort wieder entfernt werden muss, so ist das Bit `BLOCK_NEEDS_FREE` gesetzt. Um anzuzeigen, dass die Freigabe des Blocks durch den Garbage Collector erledigt wird, existiert das Bit `BLOCK_IS_GC`. Für die Erklärungen in diesem Abschnitt wollen wir jedoch von einem System ohne Garbage Collector ausgehen. Auch das Bit `BLOCK_HAS_CTOR` wollen wir im Weiteren ignorieren, da es nur beim Zugriff auf Variablen für C++-Klassen notwendig ist.

Das Feld `invoke` speichert den eigentlichen Funktionspointer, der sich hinter dem Block verbirgt. Eine Blockfunktion besitzt immer mindestens ein Argument. Über dieses Argument wird der Funktion ein Zeiger auf die interne Struktur des Blocks beim Aufruf mitgegeben. Dieses erste Argument entspricht genau der internen Realisierung von Nachrichten. Den C-Funktionen, die zur Realisierung von Nachrichten dienen, wird ebenfalls der Zeiger auf die Objektstruktur mitgegeben (siehe Kapitel 2).

Auf das Feld `invoke` folgt ein Zeiger auf eine Beschreibung des Blocks `descriptor`, die bereits zur Übersetzung bekannt ist. Dazu gehören die Größe der Blockstruktur und optional zwei Methoden, die bei `Block_copy` und beim letzten `Block_release` mit aufgerufen werden müssen, um den Block zu kopieren oder freizugeben. Für den Fall, dass solche Methoden zur Freigabe des Blocks notwendig und angegeben sind, wird in `flags` das Bit `BLOCK_HAS_COPY_DISPOSE` gesetzt. Wann die Funktionen notwendig sind, werden wir im weiteren Verlauf noch genauer betrachten.

Auf die Beschreibung folgen alle lokalen Variablen, die aus dem umgebenen Gültigkeitsbereich in den Block kopiert wurden.

Gucken wir uns zuerst ein sehr einfaches Beispiel an, wie Blöcke übersetzt werden. Verwenden wir dazu folgendes Beispiel als Grundlage:

```
int main (int argc, const char * argv[]) {
    void (^my_block1)(void) = ^{ NSLog(@"Hello World"); };
    my_block1();
    return 0;
}
```

Listing 7.23: Einfacher Block ohne die Verwendung von externen lokalen Variablen

Gehen wir davon aus, dass der Compiler diesen Block auf dem Laufzeitstack ablegt. In diesem Fall werden für den Blockausdruck eine passende interne Struktur, die Blockbeschreibung und die auszuführende Funktion angelegt. Dies sieht in etwa wie folgt aus:

```
struct __block_literal_1 {
    void* isa;
    int flags;
    int reserved;
    void (*invoke)(struct __block_literal_1* _block);
    struct __block_literal_descriptor_1 *descriptor;
};
void __block_invoke_1(struct __block_literal_1 *_block) {
    NSLog(@"Hello World");
}
static struct __block_literal_descriptor_1 {
    unsigned long int reserved;
    unsigned long int size;
} __block_descriptor_1 = {0, sizeof(struct __block_literal_1)};
```

Listing 7.24: Interne Struktur des Blocks aus Listing 7.23

Bei Ausführung der Blockanweisung in der `main`-Methode wird dann auf dem Laufzeitstack eine Struktur vom Typ `__block_literal_1` abgelegt und mit passenden Werten gefüllt. Ein Zeiger auf diese Struktur wird dann der Variablen `my_block1` zugewiesen:

```
int main (int argc, const char * argv[]) {
    struct __block_literal_1 _block_literal_1 = {
        __NSStackBlock__,
        0, 0,
        __block_invoke_1,
        &__block_descriptor_1
    };
    void (^my_block1)(void) = (void (^)(void)) (void*) &_block_literal_1;
    my_block1();
    return 0;
}
```

Listing 7.25: Erzeugung der internen Block-Datenstruktur

Natürlich wird eigentlich auch der Blockaufruf übersetzt. Dies sieht dann wie folgt aus:

```
struct Block_layout *my_block1 = (struct Block_layout *)&_block_literal_1;
my_block1->invoke(my_block1);
```

An diesem Beispiel sieht man auch, wie die Block-Datenstruktur zum einen dazu dient, die Funktion über `invoke` zu erhalten, und zweitens, sie der Funktion als erstes Argument mitzugeben. In diesem Beispiel ist der Zugriff auf den Block selbst innerhalb der Funktion noch nicht notwendig gewesen.

Zugriff auf umliegende lokale Variablen

Sobald der Block Zugriff auf umliegende lokale Variablen nimmt, wird dies notwendig. Hierzu folgendes Beispiel, das wir übersetzen wollen:

```
int main (int argc, const char * argv[]) {
    void (^my_block1)(void) = ^{ NSLog(@"Hello World"); };
    int x = 10;
    NSString* text = @"x = %d, y = %d";
    void (^my_block2)(int) = ^(int y) { NSLog(text, x, y); my_block1(); };
    my_block2(12);
    return 0;
}
```

Listing 7.26: Block greift auf umliegende lokale Variablen zu

In diesem Fall wird der erste Block in der Variablen `my_block1` nicht direkt verwendet, sondern genauso wie die lokalen Variablen `text` und `x` innerhalb eines zweiten Blocks über die Variable `my_block2` angewendet. Dieser Block besitzt zusätzlich noch ein Argument y.

Für diesen zweiten Block wird eine ähnliche Struktur wie für den ersten Block definiert:

```
struct __block_literal_2 {
    void* isa;
    int flags;
    int reserved;
    void (*invoke)(struct __block_literal_2* _block, int y);
    struct __block_literal_descriptor_2 *descriptor;
    struct Block_layout* my_block1;
    int x;
    NSString* text;
};
```

Listing 7.27: Struktur für den zweiten Block aus Listing 7.26

Im Vergleich zu der Struktur des ersten Blocks sieht man in diesem Fall, dass zusätzlich die verwendeten lokalen Variablen `my_block1`, `x`, `text` in der Struktur enthalten sind. Außerdem besitzt die `invoke`-Funktion zusätzlich den Parameter y.

Auch in der Beschreibung des Blocks ergeben sich einige Unterschiede. Durch die lokalen Variablen `text` und `my_block1` werden die Hilfsfunktionen für das Kopieren und Löschen eines Blockes benötigt. Diese Methoden werden ebenfalls von der Compilererweiterung mitgeneriert:

```
void __block_copy_2(struct __block_literal_2 *dst,
                    struct __block_literal_2 *src) {
    dst->my_block1 = Block_copy(src->my_block1);
    dst->text = [src->text retain];
}
void __block_dispose_2(struct __block_literal_2 *src) {
    Block_release(src->my_block1);
    [src->text release];
}
static struct  __block_literal_descriptor_2 {
    unsigned long int reserved;
    unsigned long int size;
    void (*copy)(struct __block_literal_2 *dst,
                 struct __block_literal_2 *src);
```

```
    void (*dispose)(struct __block_literal_2 *src);
} __block_descriptor_2 = {0, sizeof(struct __block_literal_2),
                          __block_copy_2, __block_dispose_2};
```

Listing 7.28: Beschreibung für den zweiten Block aus Listing 7.26

In der Methode für das Kopieren des Blocks `__block_copy_2` sehen Sie, dass der referenzierte Block `my_block1` mit `Block_copy` kopiert und an das Objekt `text` die Nachricht `retain` gesendet wird. In der Methode für das Freigeben des Blocks `__block_dispose_2` wird der Block mit `Block_release` und das Objekt über die Nachricht `release` freigegeben. Die unterschiedlichen Arten des Kopierens werden vom Compiler anhand des Datentyps der lokalen Variablen vorgenommen. Die lokale Variable x kann durch einfaches Übertragen kopiert werden. Aus diesem Grund taucht sie auch nicht in `__block_copy_2` und `__block_dispose_2` auf. Falls dies für alle verwendeten lokalen Variablen gelten würde, können die Methoden auch entfallen. Ob die Methoden vorhanden sind, wird später über das Bit `BLOCK_HAS_COPY_DISPOSE` angegeben.

Die Implementierung der Blockfunktion erhält über die Struktur dann Zugriff auf die Variablen `my_block1`, `x` und `text`:

```
void __block_invoke_2(struct __block_literal_2 *_block, int y) {
    NSLog(_block->text, _block->x, y);
    _block->my_block1->invoke(_block->my_block1);
}
```

Listing 7.29: Blockfunktion für den zweiten Block aus Listing 7.26

So kann intern auf die externen Variablen zugegriffen und der Blockmethodenaufruf auf die `invoke`-Methode übersetzt werden.

Der Block innerhalb der `main`-Funktion selbst kann dann äquivalent zu dem ersten Block initialisiert und ausgeführt werden. Mit dem Unterschied, dass die lokalen Variablen in die Struktur kopiert werden und über `flags` das Bit für die Kopier- und Freigabemethode gesetzt werden muss:

```
int x = 10;
NSString* text = @"x = %d, y = %d";
struct __block_literal_2 _block_literal_2 = {
    __NSStackBlock__,
    BLOCK_HAS_COPY_DISPOSE, 0,
    __block_invoke_2,
    &__block_descriptor_2,
    (struct Block_layout*) my_block1, x, text
};
```

```
struct Block_layout *my_block2 = (struct Block_layout *)&_block_literal_2;
my_block2->invoke(my_block2, 12);
```

Listing 7.30: Initialisieren und Ausführen des zweiten Blocks aus Listing 7.26

Kopieren und Freigeben von Blöcken

Verändern wir das Beispiel nun so, dass der Block `my_block2` vor der Ausführung durch `Block_copy` in den Heap kopiert wird:

```
...
void (^my_block2)(int) = ^(int y) { NSLog(text, x, y); my_block1(); };
my_block2 = Block_copy(my_block2);
my_block2(12);
Block_release(my_block2);
```

In diesem Fall wird durch `Block_copy` die Struktur `block_literal_2`, die durch `my_block2` referenziert wird, in den Heap kopiert. Dazu müssen zusätzlich die `flags` und der `isa`-Zeiger auf die Klasse `__NSMallocBlock__` korrigiert werden. Eine vereinfachte Implementierung für die `Block_copy`-Funktion könnte dann z. B. wie folgt aussehen:

```
static void* my_Block_copy(const void* arg) {
    if (arg == NULL) return NULL;
    struct Block_layout* block = (struct Block_layout*) arg;

    // Block ist bereits im Heap: Referenzcount erhöhen
    if (block->flags & BLOCK_NEEDS_FREE) {
        if ((block->flags & BLOCK_REFCOUNT_MASK) !=
                BLOCK_REFCOUNT_MASK) {
            block->flags++;
        }
        return block;
    }
    // Block ist im globalen Speicher abgelegt
    if (block->flags & BLOCK_IS_GLOBAL) {
        return block;
    }
    // Block befindet sich auf dem Stack und muss kopiert werden
    struct  Block_layout* result = malloc(block->descriptor->size);
    if (!result) return NULL;
    memcpy(result, block, block->descriptor->size);
    result->flags |= BLOCK_NEEDS_FREE | 1;
    result->isa = __NSMallocBlock__;
```

```
    if (result->flags & BLOCK_HAS_COPY_DISPOSE) {
        (*block->descriptor->copy)(result, block);
    }
    return result;
}
```

Listing 7.31: Mögliche Implementierung der Funktion Block_copy

Für den Fall, dass der zu kopierende Block nicht NULL ist, werden drei Fälle behandelt. Der erste Fall ist, dass der Block bereits in den Heap kopiert wurde. Dies wird durch das Bit BLOCK_NEEDS_FREE erkannt. In diesem Fall wird nur der Referenzzähler in flags erhöht und der ursprüngliche Block zurückgegeben. Hier ist etwas verwirrend, wofür die Abfrage vor dem Erhöhen von flags notwendig ist. Sie dient dazu, dass der Referenzzähler nicht andere Bits überschreibt, wenn er zu groß wird. Dadurch kann der Referenzzähler nur einen maximalen Wert von 65535 annehmen. Für Beispiele in der Praxis sollte dieser Wert aber sicherlich immer ausreichen.

Im zweiten Fall, wenn der Block sich auf globaler Ebene befindet, ist ebenfalls der ursprüngliche Block das Funktionsergebnis. Im letzten Fall, also wenn der Block weder bereits auf dem Heap noch auf globaler Ebene ist, muss er sich auf jeden Fall auf dem Laufzeitstack befinden. Aus diesem Grund muss Speicher für den Block auf dem Heap mit malloc angefordert und der Block mit memcpy kopiert werden. Die Anzahl Bytes, die kopiert werden müssen, kann man aus der Beschreibung des Blocks entnehmen. Darauf müssen das Feld flags um einen Referenzzähler von 1 und das Bit BLOCK_NEEDS_FREE ergänzt sowie die Klasse auf __NSMallocBlock__ korrigiert werden. Für den Fall, dass eine spezielle Kopierfunktion für den Block angegeben wurde, muss diese noch ausgeführt und der Blockkopie zurückgegeben werden.

Wenn das Objekt jetzt wieder durch Block_release freigegeben wird, muss die Methode prüfen, ob sich der Block auf dem Heap befindet und der Referenzzähler nach dem Reduzieren 0 ist. In diesem Fall wird die durch Block_copy kopierte Struktur wieder freigegeben:

```
static void my_Block_release(const void* arg) {
    if (arg == NULL) return;

    struct Block_layout *block = (struct Block_layout *)arg;
    if (block->flags & BLOCK_IS_GLOBAL) return;

    if (block->flags & BLOCK_NEEDS_FREE) {
        block->flags--;
        if ((block->flags & BLOCK_REFCOUNT_MASK) == 0) {
            if (block->flags & BLOCK_HAS_COPY_DISPOSE) {
```

```
                (*block->descriptor->dispose)(block);
            }
            free(block);
        }
    }
}
```

Listing 7.32: Mögliche Implementierung der Funktion `Block_release`

Zugriff auf __block-Variablen

Insgesamt ist nun geklärt, wie ein Block dargestellt wird, wie der Block Zugriff auf umliegende lokale Variablen erhält und wie ein Block kopiert wird. Damit ist bezüglich des Blocks bereits alles geklärt. Stellt sich nur die Frage, wie der schreibende Zugriff auf die durch `__block` markierten Variablen realisiert wird?

Diese Variablen benötigen keine weiteren Änderungen an den Blöcken, sondern die Variablen selbst werden in eine interne Struktur mit dem folgenden Aufbau umformuliert:

```
struct Block_byref {
    void *isa;
    struct Block_byref *forwarding;
    int flags;
    int size;
    void (*copy)(struct Block_byref *dst,
                 struct Block_byref *src);
    void (*dispose)(struct Block_byref *);
};
```

Listing 7.33: Allgemeine Struktur einer durch `__block` referenzierten Variable

Der Zeiger `isa` deutet auch in diesem Fall auf ein Objekt hin, wird bisher allerdings immer mit `NULL` initialisiert. Der Zeiger `forwarding` zeigt bei der Initialisierung auf die Struktur selbst. Dem Zweck dieses Zeigers werden wir uns später annehmen. Das Feld `flags` verhält sich ähnlich zu der Struktur von Blöcken und `size` speichert die Größe der Struktur. Darauf folgen ähnliche Funktionen für das Kopieren und die Freigabe des internen Wertes wie bei Blöcken. Auch in diesem Fall sind sie optional. In den exakten Ausprägungen dieser Struktur folgt dann noch die eigentliche Variable.

Betrachten wir dazu als Grundlage das Beispiel aus Listing 7.10:

```
__block int sum = 0;
int data[] = {1, 2, 3, 4, 5};
map(data, 0, 5, ^int(int value) { sum += value; return sum; });
```

In diesem Beispiel wird die Variable `sum` durch `__block` attributiert. Durch diese Attributierung wird die Variable in die folgende Struktur `__block_byref_sum` übersetzt:

```
struct __block_byref_sum {
    void *isa;
    struct __block_byref_sum *forwarding;
    int flags;   //Referenzzähler;
    int size;
    int captured;
};
```

Listing 7.34: Übersetzung der Struktur für die Variable sum

Die Kopier- und Freigabemethoden werden für einen `int`-Wert nicht benötigt. Der eigentliche Wert der Variablen `sum` wird durch `captured` dargestellt.

Soll dann auf die Variable zugegriffen werden, geschieht dies über diese Struktur. Dazu wird jedoch einmal der `forwarding`-Zeiger verfolgt. Für einen einfachen Zugriff auf die Variable `sum` ergibt sich der Ausdruck `sum.forwarding->captured`. Wenn dann innerhalb eines Blocks auf diese Variable zugegriffen wird, so wird durch einen Zeiger auf die Struktur referenziert. Der Block in dem Beispiel wird dann in folgende Struktur übersetzt:

```
struct __block_literal_3 {
    void* isa;
    int flags;
    int reserved;
    int (*invoke)(struct __block_literal_3* _block, int value);
    struct __block_literal_descriptor_3 *descriptor;
    struct __block_byref_sum* sum;
};
int __block_invoke_3(struct __block_literal_3 * _block, int value) {
    _block->sum->forwarding->captured += value;
    return _block->sum->forwarding->captured;
}
void __block_copy_3(struct __block_literal_3 *dst,
                    struct __block_literal_3 *src) {
    dst->sum = Block_byref_copy(src->sum);
}
void __block_dispose_3(struct __block_literal_3 *src) {
    Block_byref_release(src->sum);
}
static struct  __block_literal_descriptor_3 {
    unsigned long int reserved;
```

```
    unsigned long int size;
    void (*copy)(struct __block_literal_3 *dst,
                 struct __block_literal_3 *src);
    void (*dispose)(struct __block_literal_3 *src);
} __block_descriptor_3 = {0, sizeof(struct __block_literal_3),
                          __block_copy_3, __block_dispose_3};
```

Listing 7.35: Übersetzung der internen Struktur des Blocks aus Listing 7.10

Innerhalb der Methoden `__block_copy_3` und `__block_dispose_3` wird die referenzierte Variable `sum` kopiert und wieder freigegeben. Hierzu werden zuerst die Platzhalter `Block_byref_copy` und `Block_byref_release` verwendet.

Die eigentliche Initialisierung des Blocks und der Variablen `sum` ergibt sich dann zu folgendem Programm:

```
struct __block_byref_sum sum = {
    NULL, &sum, 0,
    sizeof(struct __block_byref_sum), 0
};
int data[] = {1, 2, 3, 4, 5};
struct __block_literal_3 _block_literal_3 = {
    __NSStackBlock__,
    BLOCK_HAS_COPY_DISPOSE, 0,
    __block_invoke_3,
    &__block_descriptor_3,
    &sum
};
map(data, 0, 5, (int (^) (int))(void*) &_block_literal_3);
```

Listing 7.36: Initialisierung des Blocks aus Listing 7.10

Wie Sie zuvor bereits gesehen haben, werden auch referenzierte Variablen kopiert und wieder freigegeben. Deren Struktur wird dabei sehr ähnlich kopiert und freigegeben wie die Blockstruktur selbst. Eine besondere Aufgabe spielt in diesem Fall der Zeiger `forwarding`. Hierzu eine sehr vereinfachte Implementierung der Funktionen `Block_byref_copy` und `Block_byref_release`:

```
static void* Block_byref_copy(void* arg) {
    if (arg == NULL) return NULL;
    struct Block_byref* src = (struct Block_byref *)arg;

    // Referenz befindet sich bereits im Heap
    if (src->forwarding->flags & BLOCK_NEEDS_FREE) {
        if ((src->forwarding->flags & BLOCK_REFCOUNT_MASK) ==
```

```
                BLOCK_REFCOUNT_MASK) {
                src->forwarding->flags++;
            }
        // Referenz befindet sich noch auf dem Laufzeitstack
        } else {
            struct Block_byref* copy = malloc(src->size);
            memcpy(copy, src, src->size);
            copy->flags |= BLOCK_NEEDS_FREE | 1;
            copy->forwarding = copy;
            src->forwarding = copy;
            if (src->flags & BLOCK_HAS_COPY_DISPOSE) {
                (*src->copy)(copy, src)
            }
        }
        return src->forwarding;
}
static void Block_byref_release(void* arg) {
    struct Block_byref* src = (struct Block_byref *)arg;
    if (src == NULL || (src->flags & BLOCK_NEEDS_FREE) == 0) return;
    src = src->forwarding;

    int refcount = src->flags & BLOCK_REFCOUNT_MASK;
    if (refcount > 0) {
        src->flags--;
        if (src->flags == 0) {
            if (src->flags & BLOCK_HAS_COPY_DISPOSE)(*src->dispose)(src);
            free(src);
        }
    }
}
```

Listing 7.37: Beispielimplementierung für `Block_byref_copy` und `Block_byref_release`

Wie bereits zuvor zu sehen war, wird bei jedem Zugriff zuerst einmal dem Zeiger `forwarding` gefolgt. Direkt nach der Initialisierung zeigt der Zeiger auf die Struktur selbst, wodurch die Verfolgung überflüssig ist. Für den Fall, dass die Variable bereits in den Heap kopiert wurde, wird auch der Zeiger der Struktur des Laufzeitstacks auf die neue kopierte Struktur umgeändert. Hierdurch wird bei jedem weiteren Zugriff auf den Laufzeitstack ebenfalls die Struktur im Heap verwendet. Dies sorgt dafür, dass auch dann, wenn unterschiedliche Blöcke auf die gleiche referenzierte Variable zugreifen, nur einmal eine Kopie angelegt wird.

Falls mehr als eine Variable in einem Gültigkeitsbereich mit `__block` attributiert ist, wird für jede der einzelnen Variablen eine solche Übersetzung durchgeführt.

Die Variablen werden also nicht gruppiert und gemeinsam in eine solche Struktur geschrieben.

Damit wollen wir die Erklärungen zu der Realisierung von Blöcken auch abschließen. In der Realität gibt es sicherlich noch einige Sonderfälle in Zusammenhang mit Threadsynchronisation, C++, `__weak`-Variablen und dem Garbage Collector zu beachten. Allerdings sollten die Erklärungen ausreichen, um zu verstehen, was intern passiert, sobald Blöcke verwendet werden.

7.5 Übungsaufgaben

1. Aufgabe

Schreiben Sie eine Prozedur `threetimes`, die einen Block als Parameter übergeben bekommt und diesen 3 Mal ausführt. Der Block selbst soll keine Argumente besitzen und auch keinen Wert zurückgeben. Erzeugen Sie dann in der `main`-Funktion des Programms einen Block, der die Zeichenkette `"Dies wird 3 Mal ausgegeben ..."` ausgibt. Führen Sie diesen Block unter Verwendung von `threetimes` aus.

2. Aufgabe

Korrigieren Sie das Beispiel aus Listing 7.16 durch Kopieren der Blöcke so, dass jeder Block genau die erwartete Ausgabe erzeugt.

3. Aufgabe

Schreiben Sie die Funktion `threetimes` aus Aufgabe 1 so um, dass sie ebenfalls einen Block zurückgibt. Achten Sie darauf, dass sich der an `threetimes` übergebene Block auf dem Stack befinden könnte und dass sich der von `threetimes` zurückgegebene Block hinterher auf dem Heap befinden muss.

Wie genau lässt sich dann die Deklaration des Blocks innerhalb von `threetimes` in reinen C-Code übersetzen?

Teil II

Objective-C-Programmierung für Mac OS X und iPhone OS

In diesem Teil:

Die Cocoa-Umgebung

Für die Programmierung mit Objective-C unter Mac OS X stellt Apple die Cocoa-Anwendungs-Umgebung zur Verfügung. Sie besteht aus einem auf Objective-C basierenden objektorientierten Framework und einer Laufzeitumgebung für die Ausführung der Programme, die fest ins System integriert ist. Dies verleiht den eigenen Cocoa-Anwendungen zum Beispiel den Aqua-Look oder zeigt sie im Dock. Entstanden ist Cocoa aus NeXTSTEP. Die erste Version von NeXTSTEP ist bei NeXT Computer im Jahre 1989 entstanden und durch die Übernahme von NeXT Computer durch Apple im Jahre 1996 in das Betriebssystem Mac OS X übergegangen. Unter Mac OS X soll die Cocoa-Umgebung nach und nach die aus Mac OS 9 geerbte und rein auf C basierende Carbon-Umgebung ersetzen. So sind zum Beispiel iPhoto, Safari und Mail Anwendungen, die in Objective-C basierend auf dem Cocoa-Framework implementiert wurden, und sie zeigen sehr gut die Möglichkeiten, die Cocoa einem Entwickler bietet. Die Verwandtschaft zu NeXTSTEP zeigt sich im Cocoa-Framework auch an der Namensgebung vieler Klassen, so beginnt ein Großteil der Klassen mit den Buchstaben NS für **N**eXT**S**TEP.

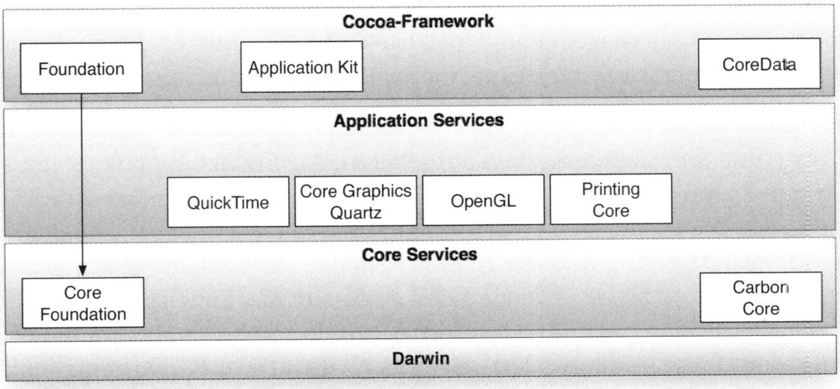

Abb. 8.1: Schichtenarchitektur von Mac OS X

Bevor wir uns allerdings weiter mit dem Aufbau des Cocoa-Frameworks beschäftigen, wollen wir zuerst die Integration des Cocoa-Frameworks in Mac OS X betrachten. Bezogen auf das Anwendungs-Framework **Cocoa** lässt sich Mac OS X, wie in Abbildung 8.1 zu sehen, in vier Schichten aufteilen. Die unterste Schicht bildet Darwin. Sie ist eine FreeBSD-UNIX-Variante und stellt das Herz von Mac OS X dar. Durch **Darwin** werden Funktionalitäten wie der Kernel, Gerätetreiber und Sicherheitsmechanismen bereitgestellt.

Darüber folgen zwei in ANSI-C geschriebene Layer, die **Core Services** und **Application Services**. Sie dienen zur Abstraktion aller in Mac OS X enthaltenen Technologien gegenüber den Anwendungs-Frameworks wie Cocoa und stellen damit eine Art Fassade für die Programmierung von Mac-OS-X-Applikationen in Bezug auf Apple-eigene Technologien und den Kernel dar. Hierbei stellt **Core Services** eher eine Hülle für Datentypen und Algorithmen dar. Hierzu gehören nach Apple die Collection-API, Memory Management, String Manipulation, Prozess-Management, XML Parsing, Stream-basierte Ein- und Ausgaben sowie die Low-Level Netzwerk-Kommunikation. Hingegen handelt es sich bei den **Application Services** hauptsächlich um die Kapselung von multimedialen Technologien wie QuickTime, Core Graphics, OpenGL, Core Audio usw.

Auf der obersten Schicht liegen die Anwendungs-Frameworks, wie Carbon, Java oder in unserem Fall **Cocoa**. Insgesamt stellt Cocoa damit eine objektorientierte und auf Objective-C basierte Abstraktionsschicht zu Mac OS X dar. Da es sich bei Objective-C aber um eine echte Erweiterung von ANSI-C handelt, besteht jederzeit die Möglichkeit, auf die unterliegenden Schichten zuzugreifen. So kann zum Beispiel durch Verwendung von CoreGraphics oder OpenGL die grafische Darstellung von eigenen Anwendungen bis ins kleinste Detail beeinflusst werden. Cocoa ist allerdings nicht nur eine einfache objektorientierte Fassade für die unterliegenden Schichten, sondern stellt dem Objektive-C-Programmierer einige sehr nützliche Features bereit, wie wir im Laufe dieses Buchabschnitts sehen werden.

Das SDK der Cocoa-Umgebung ist ein Bestandteil von Mac OS X und wird direkt von Apple mit dem Betriebssystem ausgeliefert. Als Ergänzung gibt es von Apple Xcode zur Entwicklung von Objective-C unter Mac OS X auf Basis des Cocoa-Frameworks. Die wichtigsten beiden Programme in diesem Paket sind die Xcode-Entwicklungsumgebung und der InterfaceBuilder zur Gestaltung von grafischen Benutzerinterfaces. Sie sind beide sehr stark auf die Entwicklung von Cocoa-Objective-C-Anwendungen, die das Cocoa-Framework verwenden, optimiert und nehmen dem Programmierer damit sehr viel Arbeit beim Programmieren ab. So verbindet die Xcode-IDE Projektverwaltung, Source Editor, Build System und Debugger (siehe Abbildung 8.2). Es gehören aber noch eine ganze Menge anderer Programme zu diesem Softwarepaket, wie Instrumente zum Analysieren der eigenen Anwendungen, zum Beispiel zum Messen des Speicherverbrauchs und der Performance. Weitere Informationen über Xcode und das SDK für Mac OS X und iOS sowie jeweils die aktuellsten Versionen findet man auf der Apple Developer Connection unter `http://developer.apple.com`.

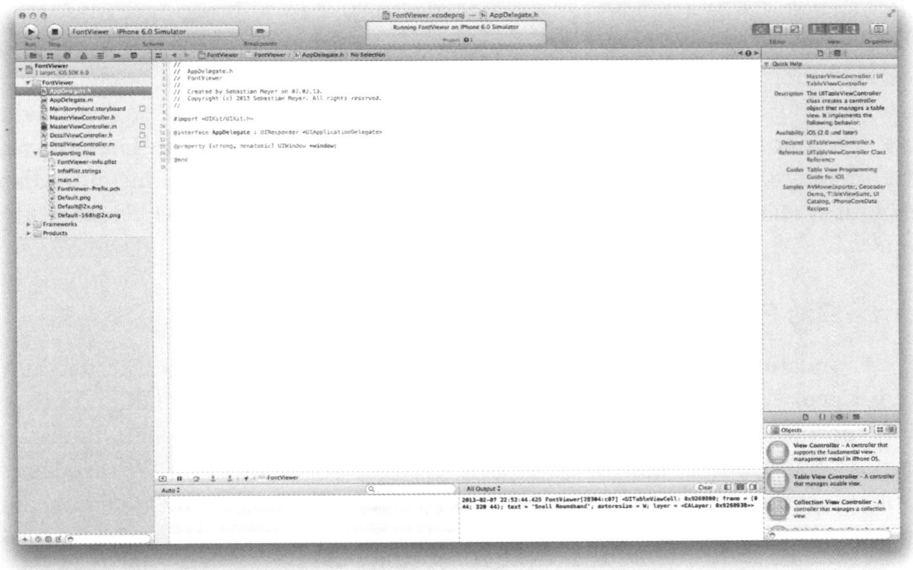

Abb. 8.2: Entwicklungsumgebung Xcode

8.1 Das Cocoa-Framework

Das Cocoa-Framework ist also ein auf Objektive-C basierendes Framework, das es dem Programmierer ermöglicht, unter Mac OS X auf einfache und elegante Weise Zugriff auf Funktionen des Betriebssystems zu erlangen und Apple-eigene Technologien wie die Ausgabe von Sound oder Animation mit **CoreAnimation** zu nutzen. Dies heißt allerdings nicht, dass sich Cocoa-Anwendungen nur mit Objective-C programmieren lassen. Alternativ kann eine Cocoa-Anwendung zum Beispiel auch in Python mit Hilfe von **PyObjC**, eine Python-Objective-C Scripting-Bridge, oder in Ruby mit Nutzung von **RubyCocoa** entwickelt werden. Dies soll uns in diesem Buch aber nicht weiter interessieren.

Das Cocoa-Framework besteht aus einer Vielzahl von einzelnen Teil-Frameworks für spezielle Aufgaben. Die zentrale Rolle übernehmen hierbei zwei Frameworks: das **Foundation Framework** und **Application Kit**, in der die zur Verfügung gestellten Klassen in solche Klassen aufgeteilt werden, die im Zusammenhang mit der grafischen Benutzerschnittstelle stehen (**Application Kit**), und solche, die davon unabhängig sind (**Foundation Framework**). Es ist nicht möglich, eine Anwendung, die auf Cocoa basiert, zu entwickeln, die nicht mindestens eines der beiden Frameworks verwendet.

Innerhalb eines eigenen Programms bekommen Sie Zugriff auf einen beliebigen Teil des Cocoa-Frameworks durch folgende Importanweisung:

```
#import <Cocoa/Cocoa.h>
```

Zusammen mit dem Cocoa-Framework werden auch noch weitere Frameworks, wie zum Beispiel **CoreData**, ausgeliefert. Durch den Import der `Cocoa.h` wird unter Mac OS X CoreData auch direkt mit eingebunden. Für weitere Informationen zum Cocoa-Framework bietet Apple eine ganze Sammlung an Literatur und Dokumentationen im Internet und als Bestandteil von Xcode an. Eine gute Übersicht über das Cocoa-Framework bietet zum Beispiel der *Cocoa Fundamentals Guide*.

8.1.1 Das Foundation Framework

Das **Foundation Framework** ist das wichtigste Framework bei der Entwicklung einer Cocoa-Anwendung. Es enthält alle grundlegenden Klassen, die nicht speziell für die Entwicklung einer Anwendung mit einer grafischen Benutzerschnittstelle benötigt werden. Unter anderem befinden sich die Wurzelklassen `NSObject` im Foundation Framework, von der fast alle Cocoa-Objekte erben. Aus diesem Grund benötigen alle Cocoa-Anwendungen das Foundation Framework. Es ist allerdings möglich, Cocoa-Programme zu schreiben, die kein grafisches Benutzerinterface besitzen und damit eventuell nur auf dem Foundation Framework basieren. Das Framework lässt sich in ein eigenes Projekt durch folgenden Import einbinden:

```
#import <Foundation/Foundation.h>
```

Wir wollen uns nun ein bisschen genauer anschauen, welche Aufgaben das Foundation Framework übernimmt. Laut Apple sind die Hauptziele und Aufgaben folgende:

- **Festlegung des Grundverhaltens eines Cocoa-Objekts**

  Generell leiten sich alle Objekte in einer Cocoa-Anwendung von `NSObject` ab. Mit der Wurzelklasse `NSObject` wird somit das Grundverhalten eines Cocoa-Objekts zum Beispiel im Bezug auf Speichermanagement oder Notifications festgelegt.

- **Grunddatentypen und wichtige Datenstrukturen**

  Auf Basis des Foundation Frameworks wird die Verwendung von vielen Standard-Datentypen vereinheitlicht. So wurden vom C-Kern unabhängige Datentypen für numerische Werte wie `NSInteger` und `NSUInteger` definiert. Zusätzlich gibt es Klassen zur Darstellung von Strings (`NSString`), von einfachen Byte-basierten Daten (`NSData`), von Datumsinformationen (`NSDate`) und vielen mehr. Mit diesen Grundklassen wollen wir uns später in Kapitel 10 genauer beschäftigen.

Weiterhin existiert ein ganzes Paket an Klassen, das häufig unter dem Namen **Collections-API** zusammengefasst wird. Es beinhaltet Klassen zur Darstellung von Mengen, Listen, Hash-Tabellen und einiges mehr. Auf dieses Paket wollen wir in Kapitel 11 genauer eingehen.

- **Memory Management**

  Durch das Foundation Framework werden dem Programmierer zwei Möglichkeiten des Speichermanagements an die Hand gegeben. **Garbage Collection** ist seit Objective-C 2.0 unter Mac OS X die erste und einfachste Möglichkeit. Hierbei wird die Lebenszeit eines Objekts automatisch im Hintergrund bestimmt und ein Objekt ohne eigenes Zutun gelöscht, sobald es nicht mehr gebraucht wird. Weiterhin steht als zweite Möglichkeit das **Reference Counting** zur Verfügung, bei dem durch Zählen von Referenzen, die an ein Objekt verweisen, die Berechnung für das Lebensende eines Objekts durchgeführt wird. Geht diese Anzahl im Verlauf eines Programms für ein Objekt auf null, wird es aus dem Speicher entfernt. Für das Reference Counting stehen die beiden Methoden `retain` und `release` zum Erhöhen und Reduzieren des Referenzzählers bereit, die direkt in `NSObject` implementiert sind. Weiterhin wird durch die Klasse `NSAutoreleasePool` eine Möglichkeit der verzögerten Reduzierung von Referenzen in Foundation implementiert. Wofür dies alles gebraucht wird und wie das Memory Management genau funktioniert, wird später in Kapitel 9 genau erklärt.

- **Notifications**

  Generell handelt es sich bei Notifications mehr um ein Design Pattern. Die Idee von Notifications ist es, die Möglichkeit zu schaffen, sich als Objekt A darüber informieren zu lassen, ob sich der Zustand eines anderen Objekts B ändert, ohne dass dieses eine spezielle Beziehung zu A besitzen muss. In Cocoa ist dieses Design Pattern allerdings direkt durch das Foundation Framework vorgesehen. Implementiert ist der Mechanismus durch die Klassen `NSNotification`, `NSNotificationCenter`, `NSNotificationQueue` und `NSDistributedNotificationCenter`. Beschrieben werden diese Design Patterns und die Umsetzung im Cocoa-Framework in Abschnitt 14.3.

- **Lokalisierung und Internationalisierung**

  Da viele Programme immer mehr auch in verschiedenen Ländern eingesetzt werden und die Unterschiede eines Programms für verschiedene Länder und Sprachen sich nicht nur auf die Übersetzung von Zeichenketten beschränken, sondern eventuell auch der Aufbau des Benutzerinterface, Bilder oder Formatierung von Werten variieren können, wurde für Cocoa-Anwendungen direkt eine weitreichende Möglichkeit geschaffen, sich an verschiedene Länder und Sprachen anzupassen. Hierfür wurde das Konzept der **Bundles** integriert, wodurch beliebige einer Anwendung beiliegende Ressourcen lokalisiert werden können. Weiterhin basieren alle Zeichenketten (repräsentiert durch die Klasse `NSString`) auf der Unicode-Kodierung, wodurch auch die Darstellung von nicht romanischen Sprachen ermöglicht wird. Hierzu später mehr in Kapitel 16.

- **Abstraktionsbarriere gegenüber dem Betriebssystem und der Hardware**

  Um geschriebene Programme möglichst unabhängig von Betriebssystem und Hardware zu machen, sind in Foundation die wichtigsten unterliegenden System-Eintritte und Services durch Klassen gekapselt. So erhält man über die Klasse `NSProcessInfo` Informationen über den aktuellen Prozess und durch `NSHost` über den Rechner, auf dem das Programm läuft.

  Der Zugriff auf das Dateisystem und das Laden von Dateien per URL wird für Cocoa-Anwendungen durch Klassen wie `NSFileManager`, `NSFileHandle` oder `NSURL` sehr einfach. Der genaue Umgang mit diesen Klassen wird in Kapitel 12 beschrieben.

  Eigene weitere Prozesse können mit der Klasse `NSTask` erzeugt werden. Um einzelne Teilaufgaben innerhalb eines Programms parallel auf mehrere Threads verteilen zu können, stehen Klassen wie `NSThread`, `NSOperation` und `NSOperationQueue` zur Verfügung. Sehr ausführlich beschäftigen wir uns mit diesem Thema in Kapitel 15.

- **Toll-free bridged**

  Unter »toll-free bridged« versteht man den Mechanismus, dass man als Programmierer gewisse Klassen aus dem Cocoa-Framework transparent zu Pointern auf Datenstrukturen aus dem unterliegenden CoreFoundation Framework verwenden kann. So kann zum Beispiel eine Zeichenkette, die in Cocoa durch die Klasse `NSString` repräsentiert wird, direkt in den Pointer `CFStringRef` oder andersrum umgewandelt werden:

```
CFStringRef str = (__bridge CFStringRef)[NSString
   stringWithFormat:@"%f", 3.141];
NSLog (@"l=%ld, v= %@", CFStringGetLength(str),
   (__brdige NSString*) str);
```

  Es sind allerdings bei Weitem nicht alle Klassen im Cocoa-Framework, für die es ein Äquivalent in CoreFoundation gibt, toll-free bridged. So ist zum Beispiel die Klasse `NSRunLoop` nicht transparent zu `CFRunLoopRef` verwendbar. Klassen wie `NSDictionary`, `NSArray`, `NSData` und viele andere sind allerdings toll-free bridged. Welche Klassen genau toll-free bridged sind, kann man in den Apple-Dokumentationen über die entsprechende Klasse des Cocoa-Frameworks nachlesen. So steht in der `NSString`-Class-Reference, wie in Abbildung 8.3 zu sehen, dass die Klasse toll-free bridged zu `CFStringRef` ist.

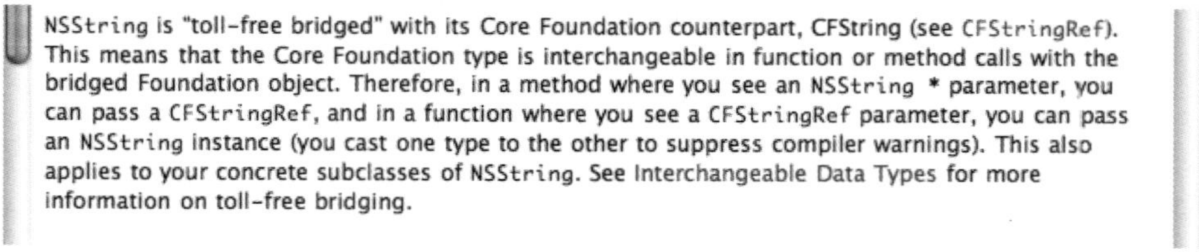

`NSString` is "toll-free bridged" with its Core Foundation counterpart, CFString (see `CFStringRef`). This means that the Core Foundation type is interchangeable in function or method calls with the bridged Foundation object. Therefore, in a method where you see an `NSString *` parameter, you can pass a `CFStringRef`, and in a function where you see a `CFStringRef` parameter, you can pass an `NSString` instance (you cast one type to the other to suppress compiler warnings). This also applies to your concrete subclasses of `NSString`. See Interchangeable Data Types for more information on toll-free bridging.

Abb. 8.3: *Toll-free Bridging* der Klasse `NSString`

8.1.2 Application Kit

Application Kit (oder kurz **AppKit**) enthält im Gegensatz zu Foundation alle die Klassen, die benötigt werden, um ein Programm mit grafischem Benutzerinterface zu schreiben. Insgesamt besteht Application Kit aus mehr als 125 Klassen. Dazu gehören Klassen zur Darstellung von Fenstern, Dialogen, Menüs, Steuerelemente wie Textfelder usw.

Das Framework kann eigenen Anwendungen durch folgenden Import zugänglich gemacht werden:

```
#import <AppKit/AppKit.h>
```

Da Application Kit selbst auf das Framework Foundation zurückgreift, steht diese Klasse dadurch ebenfalls zur Verfügung. Im Gegensatz zu dem Import des gesamten Cocoa-Frameworks (`Cocoa.h`) fehlt in diesem Fall nur das Framework `CoreData`.

Eins der grundlegenden Konzepte im Application Kit ist die Benutzung des **Model-View-Controller**-Patterns, kurz **MVC.** Das MVC-Pattern ist ein typisches Entwurfsmuster in GUI-basierten Applikationen. Die Idee dieses Entwurfsmusters ist es, die einzelnen Teile einer Applikation so weit wie möglich zu entkoppeln.

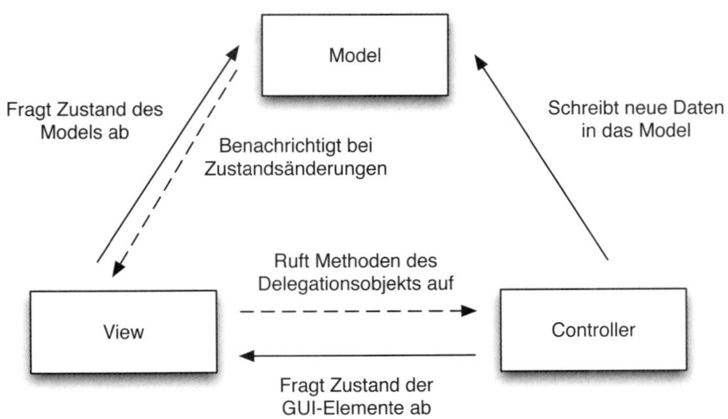

Abb. 8.4: Struktur des Model-View-Controller-Patterns

Als Beispiel wollen wir uns Abbildung 8.5 einmal eine Maske eines typischen GUI-Programms ansehen.

Abb. 8.5: Maske einer GUI-Anwendung

Das **Model** speichert die Daten der Anwendung. In Abbildung 8.5 wären dies der Vor- und Nachname und die Adresse einer Person. Das Model selbst enthält keine Funktionalität, um die Daten anzuzeigen. Es sendet lediglich eine Benachrichtigung an die View, dass die enthaltenen Daten sich geändert haben.

Die **View** ist die eigentliche Anzeige des Programms. Im Beispiel aus Abbildung 8.5 werden die Inhalte der Textfelder aus dem Model gelesen. Wenn das Model anzeigt, dass es sich geändert hat, werden die Daten neu aus dem Model geladen und die Anzeige entsprechend aktualisiert. Wie in Abbildung 8.4 wird die View zwar über Änderungen informiert, schreibt jedoch selbst keine Daten zurück.

Die Verarbeitung der eingegebenen Daten passiert im **Controller**. Dieser verbindet die Benutzereingaben mit den entsprechenden Feldern im Model. Im Beispiel in Abbildung 8.5 würde zum Beispiel ein Klick auf den Button SPEICHERN dazu führen, dass die in die Textfelder eingegebenen Daten in das Model geschrieben werden. Das Model würde entsprechend eine Nachricht an die View schicken, um anzuzeigen, dass es sich geändert hat, usw.

Die Implementierung des MVC-Patterns in Cocoa basiert auf zwei Konzepten. Zum einen ist dies ein Benachrichtigungsmechanismus für Veränderungen (siehe Abschnitt 14.3). Dieser wird benutzt, um die Veränderungen des Models an die View zu melden.

Die Reaktion des Controllers auf Benutzerereignisse in der View, zum Beispiel das Anklicken eines Buttons, wird über Delegation gelöst. Hierzu gibt man an, welcher Selektor in welcher Klasse aufgerufen wird. Die Mechanismen des Benachrichtigens und der Delegation beleuchten wir genauer in Abschnitt 13.4.

Da sich dieses Buch aber nicht weitergehend mit diesem Framework beschäftigt, wollen wir auch nicht weiter darauf eingehen. Um sich über dieses Framework näher zu informieren, stellt Apple sehr gute Dokumentationen wie *Apple Fundamentals Guide* und weitere bereit. Als sehr gutes Buch, das den Umgang mit Application Kit an sehr vielen Beispielen erklärt, kann das Buch mit dem Titel *Cocoa-Programmierung für Mac OS X* von Aaron Hillegass empfohlen werden.

8.2 Ein erstes Beispielprogramm mit dem Cocoa-Framework

Betrachten wir nun ein erstes kleines Cocoa-Beispielprogramm (siehe Listing 8.1). Es handelt sich um das Standard-Hello-World-Beispiel. Da es sich nur um eine Konsolenanwendung handelt, die kein grafisches Interface besitzt, greift das Programm nur auf das Foundation Framework zurück.

```
#import <Foundation/Foundation.h>

int main (int argc, const char* argv[]) {
  @autoreleasepool {
    NSLog(@"Hello, World!");
  }
    return 0;
}
```

Listing 8.1: Hello World mit dem Cocoa-Framework

Auch Cocoa-Anwendungen beginnen wie jedes C-Programm mit dem Aufruf der `main`-Methode. Der Inhalt dieser `main`-Funktion wird im Beispiel durch einen Autorelease Pool (`@autoreleasepool`) eingeschlossen. Der Autorelease Pool wird für das Memory Management mit Reference Counting benötigt. Für den Fall, dass Gargabe Collection verwendet wird, wird ein Autorelease Pool nicht benötigt. Er schadet allerdings nicht, da er in diesem Fall prinzipiell keine Funktion mehr verrichtet. Man findet ihn eigentlich in jedem Cocoa-Projekt, da er in den Projekt-Templates von Apple in Xcode direkt mit erstellt wird. Die genaue Funktionsweise erklären wir später in Kapitel 9.

Nach dem Autorelease Pool folgt die eigentliche Ausgabe von `"Hello World!"`. Hier fällt das @-Zeichen vor der Zeichenkette auf. Hierdurch wird ein `NSString`-Objekt erzeugt. Die Klasse `NSString` dient im Cocoa-Framework, im Gegensatz zu einem `char`-Array in C, zur Implementierung von Zeichenketten.

Die Ausgabe selbst geschieht dann mit der Methode `NSLog`, die ebenfalls Bestandteil des Cocoa-Frameworks ist. `NSLog` dient zur Formatierung und Ausgabe von Zeichenketten ähnlich zu `printf` in C-Programmen. Die Zeichenketten werden, wie in Abbildung 8.6 zu sehen, zusammen mit einem Timestamp und dem Namen der Anwendungen über `stderr` auf der Konsole ausgegeben.

Zeit	Sender[PID]	Meldung
01.04.09 16:32:59	MyFirstProject[65774]	Hello, World!

Abb. 8.6: Ausgabe auf der Konsole mit Hilfe von NSLog

8.2.1 Ein neues Projekt in Xcode

Wir wollen uns nun einmal anschauen, wie wir eine neue Anwendung wie die obige in Xcode erzeugen können. Hierzu müssen wir zuerst einmal ein neues Projekt anlegen. Rufen Sie den Menübefehl FILE|NEW PROJECT... auf, wodurch sich der Assistent zum Erstellen eines neuen Projekts öffnet (siehe Abbildung 8.7).

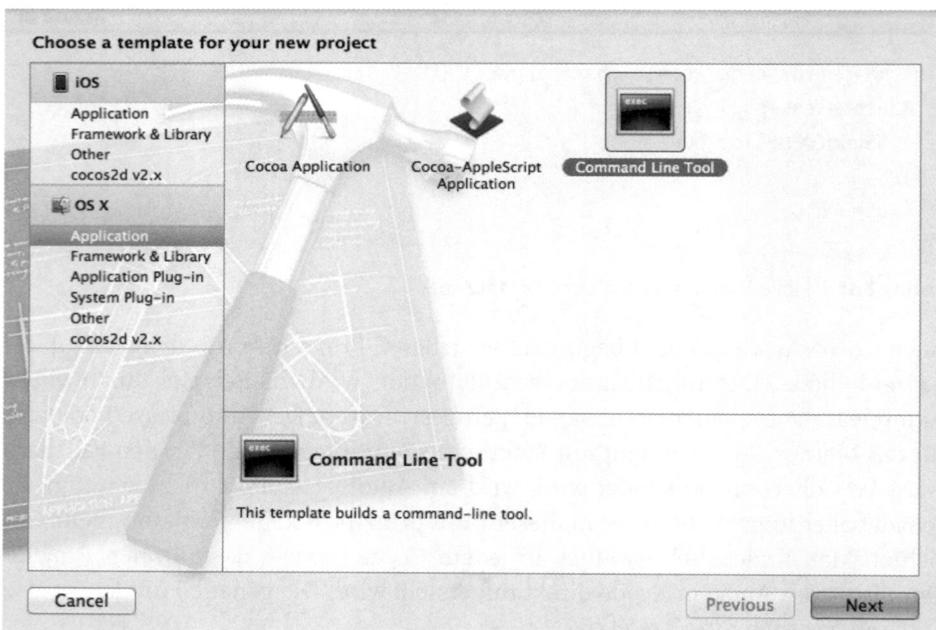

Abb. 8.7: Neues Projekt in Xcode

Um eine einfache Konsolenanwendung zu erstellen, können wir hier ein *Command Line Tool* aus der Kategorie APPLICATION für Mac OS X anlegen. Es gibt allerdings noch eine ganze Menge mehr Programm-Templates, auf denen man aufbauen kann, wie zum Beispiel die Standard-*Cocoa Application*, ebenfalls in der Kategorie APPLICATION, mit grafischer Oberfläche, die wir uns später noch ansehen werden.

Wenn wir nun den Typ unserer neuen Anwendung ausgewählt haben, werden wir nach ihrem Namen (zum Beispiel `MyFirstProject`) und weiteren Eigenschaften gefragt (siehe Abbildung 8.8).

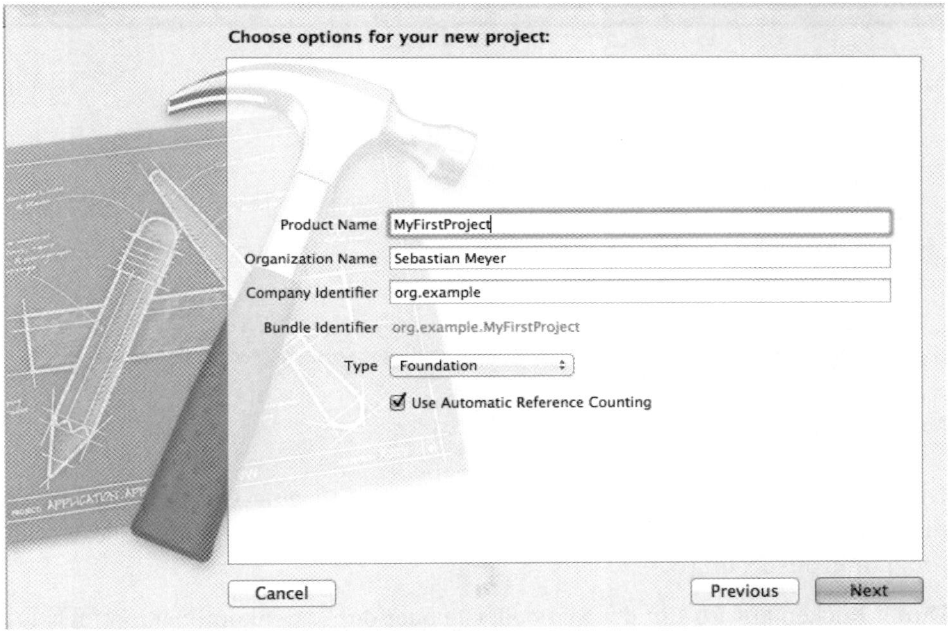

Abb. 8.8: Eigenschaften des neuen Projekts

Ein Klick auf NEXT bringt uns schließlich in den Dateiauswahldialog, in dem wir den Speicherort des Projekts angeben können. Durch Klicken auf SAVE wird das neue Projekt erstellt. Dazu werden, basierend auf dem ausgewählten Template, die benötigten Frameworks eingebunden, das Projekt inklusive der Standard-Build-Vorgänge vorkonfiguriert und bereits vorgefertigter Quellcode angelegt. Alle Elemente des neuen Projekts findet man in Xcode dann in einer Gliederungsansicht im linken Bereich unter dem Projektnamen (`MyFirstProject`) (siehe Abbildung 8.9). Hier findet man sowohl alle Quelldateien, auf denen das Projekt basiert, als auch die eingebundenen Frameworks, die erzeugten ausführbaren Dateien oder die Compiler-Fehlermeldungen.

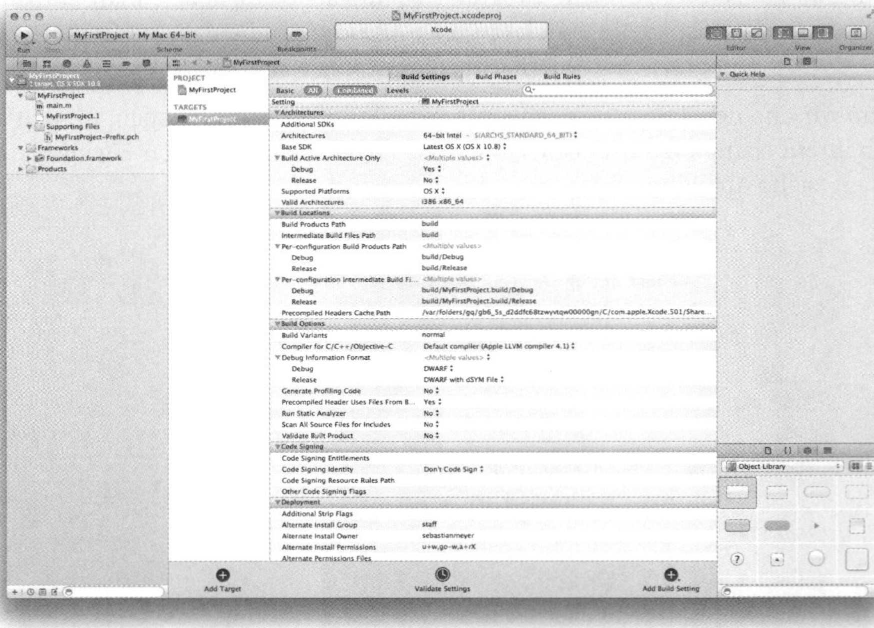

Abb. 8.9: Xcode mit neuem Projekt `MyFirstProject`

Durch das Template einer Konsolenanwendung wird eine Quelldatei (`main.m`) miterstellt. Das Programm in dieser Quelldatei entspricht dem Hello-World-Programm aus Listing 8.1.

Durch Klicken auf RUN in der Symbolleiste oder der Tastenkombination [⌘]+[R] kann unsere Anwendung nun bereits kompiliert und gestartet werden. Die Ausgaben des Programms landen in der Konsole (siehe Abbildung 8.10). Die Konsole findet man unter dem Menüpunkt VIEW|DEBUG AREA|ACTIVATE CONSOLE oder durch die Tastenkombination [⌘]+[⇧]+[C].

Abb. 8.10: Konsole-Ausgabe des Hello-World-Beispiels

Das Programm anpassen können wir nun, indem wir seine `main`-Funktion ändern. Diese finden wir in der Datei `main.m` direkt unterhalb des Ordners MYFIRSTPROJECT der Gliederungsansicht (siehe Abbildung 8.11).

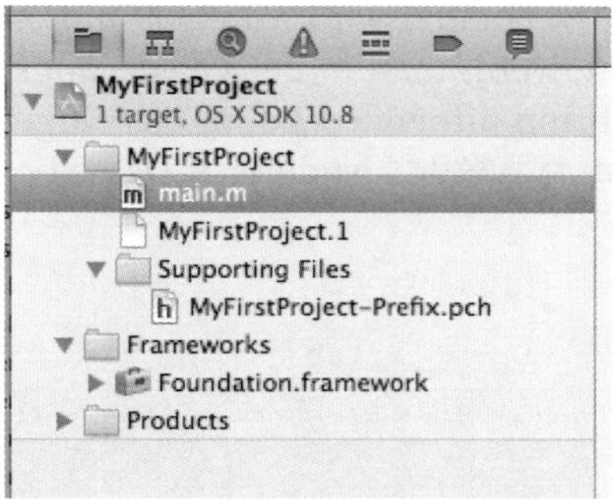

Abb. 8.11: Datei `main.m` in der Gliederungsansicht

8.2.2 Eine Anwendung mit grafischer Oberfläche

Nun wollen wir uns noch einmal ansehen, wie eine einfache grafische Anwendung mit dem Interface Builder erstellt wird. Dazu wählen wir als neuen Projekttyp COCOA APPLICATION und als Namen `GUIExample`.

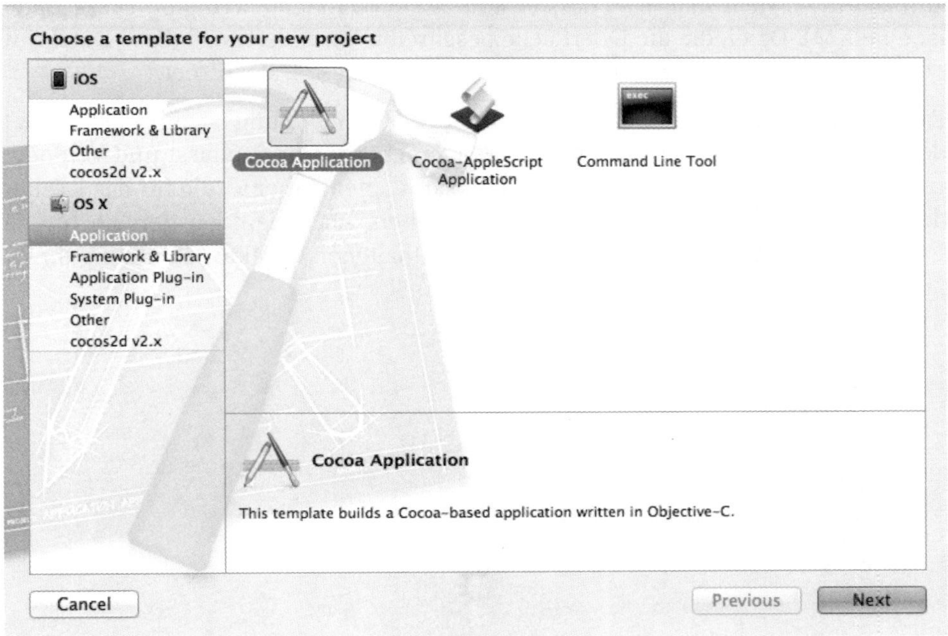

Abb. 8.12: Neue grafische Anwendung in Xcode

Die neu erstellte Anwendung besitzt ebenfalls eine `main`-Funktion, die nur aus einem Aufruf von `NSApplicationMain` besteht. Diese erzeugt die komplette Anwendung und lädt die Oberfläche aus einer Ressourcendatei.

Welche Ressourcendatei von `NSApplicationMain` benutzt wird, ist dabei in den Projekteinstellungen definiert. Diese erscheinen, wenn man in der Gliederungsansicht auf das Projekt klickt und im sich daraufhin öffnenden Editor das Target GUIEXAMPLE auswählt. Unter dem Eintrag MAIN INTERFACE ist die XIB-Datei eingetragen, die das Hauptfenster beschreibt.

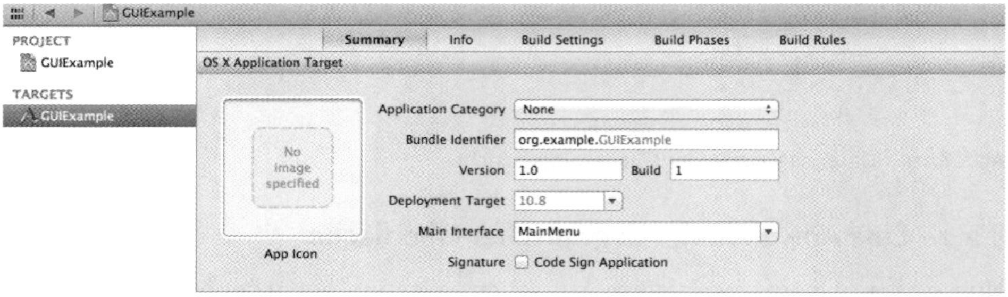

Abb. 8.13: Eigenschaften des neuen Projekts

Wenn man in der Gliederungsansicht von Xcode die Gruppe SUPPORTING FILES aufblättert, so stellt man fest, dass es eine Datei `MainMenu.xib` gibt. Diese Datei ist eine XML-Datei, die die Oberfläche beschreibt. Verändert wird diese Datei mit dem *Interface Builder*, der sich bei einem Klick auf diese Datei öffnet.

Der Interface Builder besteht aus mehreren Fenstern. Wichtig ist zunächst einmal der *Inspector*, der die Eigenschaften eines Elements zusammenfasst und Veränderungen ermöglicht. Die Bibliothek enthält sämtliche Elemente, die für das Design der grafischen Oberfläche zur Verfügung stehen. Außerdem existiert noch eine Übersicht über alle in der Ressourcendatei enthaltenen Objekte (Abbildung 8.14).

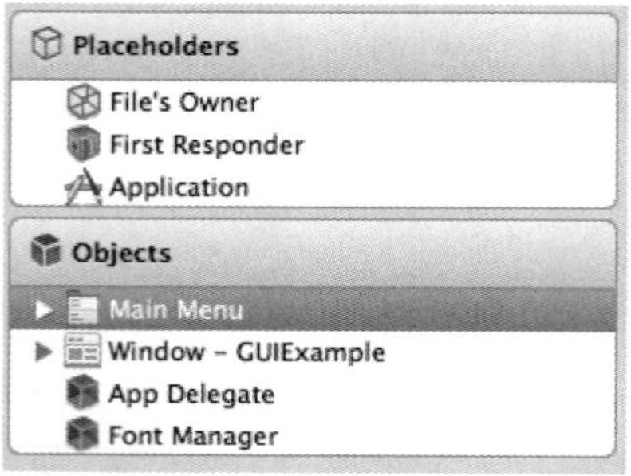

Abb. 8.14: Überblick über alle in der Ressourcendatei enthaltenen Objekte

Ein Klick auf den Eintrag WINDOW – GUIEXAMPLE öffnet das hierdurch beschriebene Fenster zum Bearbeiten. Dieses ist zu Beginn natürlich noch leer.

Wir beginnen nun, indem wir aus der Bibliothek ein *Text Field* in das Fenster ziehen. Dabei blendet der Interface Builder automatisch Hilfslinien ein, an denen das

Objekt einrastet. Dies ermöglicht uns auf einfache Weise die Einhaltung der von Apple definierten *Human Interface Guidelines*.

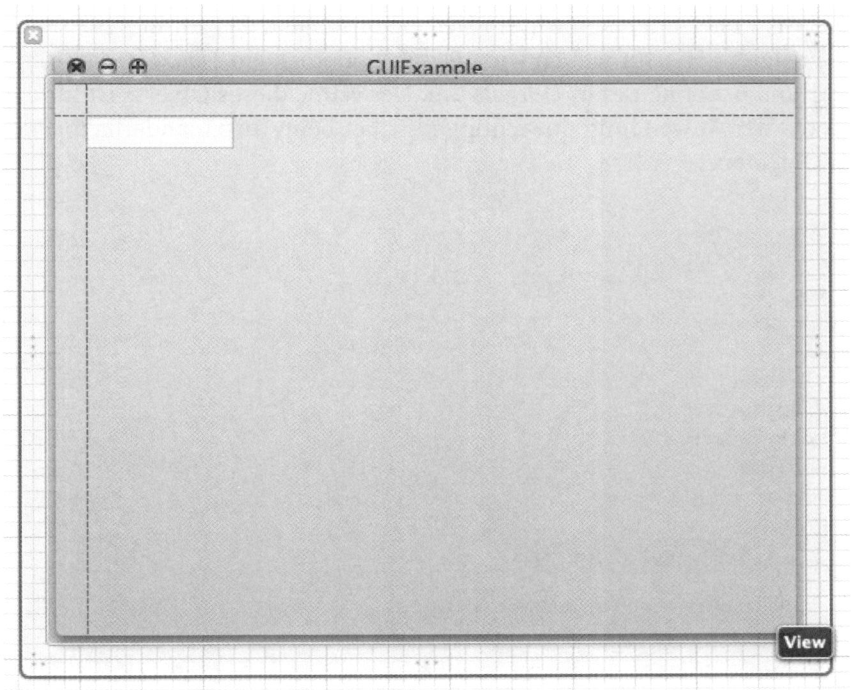

Abb. 8.15: Einfügen eines Textfeldes

Wir richten das Textfeld in der oberen rechten Ecke aus. Als Nächstes fügen wir einen *Horizontal Slider* ein und positionieren ihn – durch den Interface Builder unterstützt – rechtsbündig zum Textfeld und in optimalem Abstand unterhalb. Anschließend passen wir die Größe des Fensters so an, dass in alle Richtungen der gleiche Abstand zum Rand herrscht.

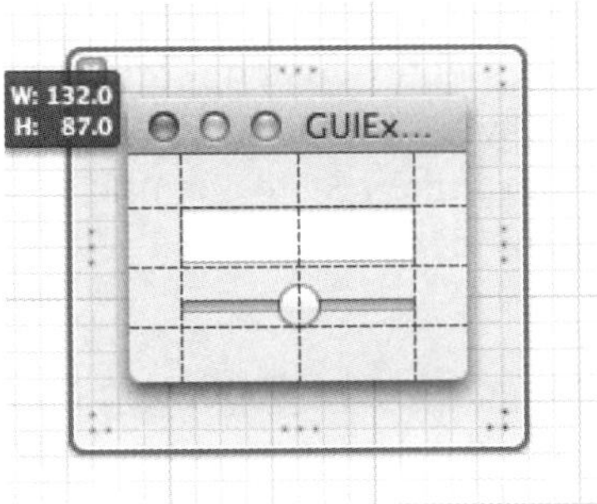

Abb. 8.16: Größenanpassung des Fensters

Nun haben wir die grafische Oberfläche fertig erstellt. Zeit, dass wir uns um die Programmlogik kümmern.

Im Cocoa-Framework funktioniert viel mit Delegation. So auch in der grafischen Oberfläche. Als Erstes brauchen wir ein Delegationsobjekt, das auf Ereignisse der Oberfläche reagiert. Hierfür ziehen wir aus der Bibliothek ein *Objekt* in das Übersichtfenster und benennen es in *Delegate* um. Der Name dieses Objekts ist für das Funktionieren der Anwendung unwichtig, hilft aber beim Auseinanderhalten von mehreren Objekten.

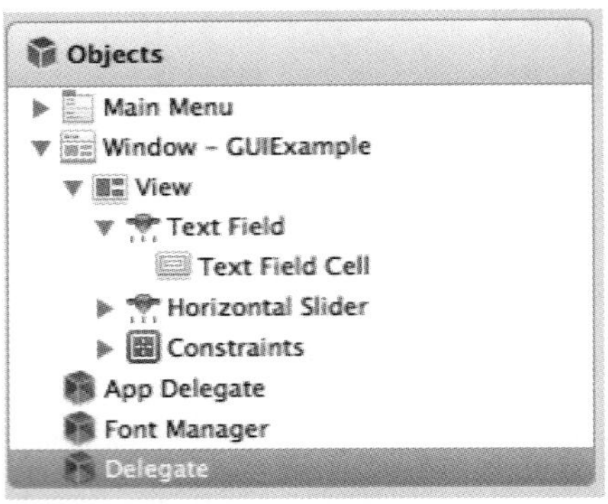

Abb. 8.17: Erstellen einer neuen Instanz von `NSObject`

Diese neu erzeugte Instanz von `NSObject` klicken wir nun an und wählen im Inspektor die Seite IDENTITY aus, indem wir das dritte Icon von rechts anklicken.

Hier geben wir zunächst als Klasse der Instanz den Klassennamen ein, von dem das Objekt sein soll. Wir wählen `MyDelegate`. Anschließend erstellen wir die Klasse `MyDelegate` als Unterklasse von `NSObject`.

Wir fügen nun eine Action hinzu, die aufgerufen werden soll, wenn sich der Wert des Sliders verändert. Diese nennen wir `sliderHasChanged:`. Eine Action ist nichts anderes als eine Objective-C-Methode, die einen Parameter hat und `IBAction` als Rückgabetyp. Dabei ist `IBAction` eine Neudefinition von `void`.

Hierzu aktivieren wir im Bereich EDITOR die Zwei-Quelltextansicht (mittlerer Button) und wählen für den rechten Teil die Klasse `MyDelegate` aus. Um nun eine Action zu erstellen, wählen wir den Slider auf der linken Seite aus und ziehen bei gedrückter `Ctrl`-Taste eine Verbindung in den Quellcode-Teil von `MyDelegate`.

Im aufgehenden Dialogfeld wählen wir die Einstellungen wie in Abbildung 8.18 zu sehen. Ein Klick auf CONNECT erstellt die Definition der `IBAction` sowie eine leere Implementierung und verbindet den Slider damit.

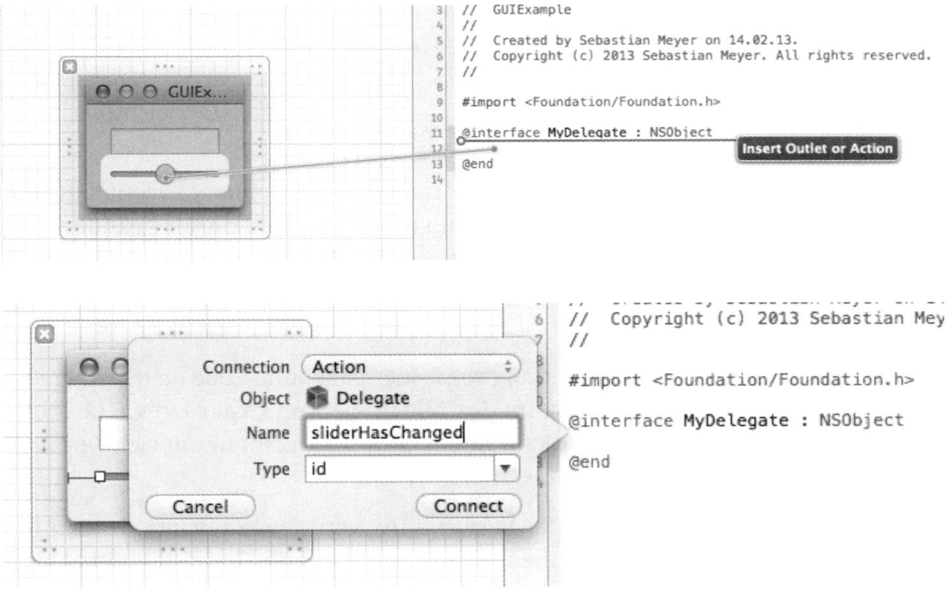

Abb. 8.18: Anlegen einer Action im Delegationsobjekt

Anschließend fügen wir der Klasse noch zwei Outlets hinzu. Outlets sind Instanzvariablen einer Klasse, die die Instanzen der grafischen Komponenten speichern, um später aus dem Code heraus darauf zugreifen zu können. Wir benötigen ein Outlet `slider` vom Typ `NSSlider` und ein Outlet `textfield` vom Typ `NSTextField`. Diese erstellen wir ebenso wie die Action, wir konfigurieren lediglich den Dialog anders.

Die Definition der Klasse `MyDelegate` sollte somit wie folgt aussehen:

```
#import <Foundation/Foundation.h>

@interface MyDelegate : NSObject
@property (weak) IBOutlet NSTextField *textfield;
@property (weak) IBOutlet NSSlider *slider;
- (IBAction)sliderHasChanged:(id)sender;
@end
```

Listing 8.2: `MyDelegate.h`

Damit kann das Programm kompiliert werden. Damit es jedoch die gewünschte Funktionalität erhält, muss die Methode `sliderHasChanged:` wie folgt implementiert werden:

```
- (IBAction)sliderHasChanged:(id)sender {
    [_textfield setIntValue:[_slider intValue]];
}
```

Listing 8.3: Implementation der Methode `sliderHasChanged:`

Mit diesen wenigen Zeilen Code haben wir nun eine Anwendung erzeugt, die ein Textfeld mit dem Wert eines Sliders aktualisiert, wenn sich dieser geändert hat. Die grafische Oberfläche haben wir komplett mit dem Interface Builder erstellt und uns dabei der komfortablen Layout-Unterstützung und des Verbindungssystems bedient.

Wir könnten diese einfache Anwendung sogar komplett ohne Code erstellen, indem wir eine Verbindung vom Slider zum Textfeld ziehen und `takeIntValueFrom:` aus der Kategorie RECEIVED ACTIONS wählen. Dieses Konzept nennt sich *(method) Binding* und soll hier nicht weiter behandelt werden.

Das soll nun allerdings auch zu der Verwendung von Xcode reichen. In den folgenden Kapiteln dieses Buches wollen wir uns mehr auf die Cocoa-Bibliothek und ihre Verwendung selbst stützen.

8.3 Cocoa Touch unter iOS

Nachdem wir nun ein wenig gezeigt haben, wie die Infrastruktur unter Mac OS X für die Programmierung mit Objective-C aussieht, wollen wir nun betrachten, wie Cocoa auf iOS portiert wurde. Prinzipiell ist das, was unter Mac OS X Cocoa ist, unter iOS Cocoa Touch. Wie in Abbildung 8.19 zu sehen, ähnelt der Aufbau von iOS sehr stark dem Aufbau von Mac OS X.

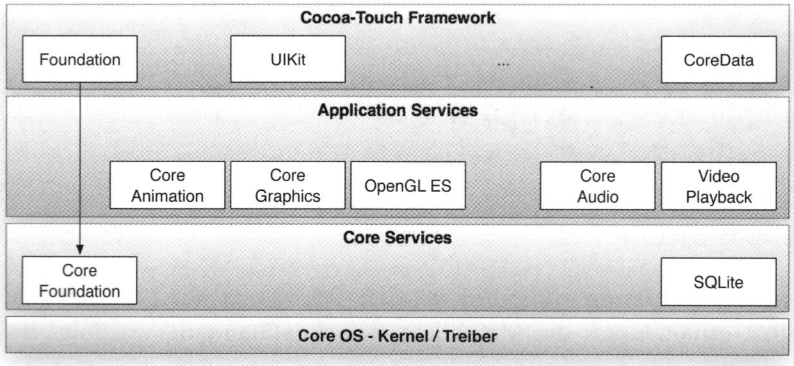

Abb. 8.19: Aufbau von iOS

So teilt sich iOS auch in vier Schichten. Ganz unten ist der eigentliche Betriebssystem-Kernel incl. der Treiber. Darüber folgen äquivalent zu Mac OS X die Core Services mit der reinen C-Bibliothek CoreFoundation und Bibliotheken wie zum Beispiel SQLite. Die dritte Schicht Application Services kapselt die gesamten Multimedia-Fähigkeiten von z. B. iPhone oder iPad mit zum Beispiel OpenGL ES, der »abgespeckten« mobilen Version von OpenGL. Auf der obersten Schicht folgt wie unter Mac OS X die eigentliche Objective-C-Schicht mit den Cocoa-Touch-Bibliotheken. Weitere Application Frameworks wie Java unter Mac OS X gibt es für iOS zurzeit nicht.

Es gibt jedoch auch einige signifikante Unterschiede. Die größten Unterschiede zwischen Mac OS X und iOS basieren auf der anderen Benutzungsweise. So besitzt iOS zum Beispiel keine Unterstützung für Konsolenanwendungen. Dafür besitzen z. B. iPhone und iPad einen Touchscreen, der mehrere gleichzeitige Berührungen (**Multi-Touch**) erlaubt. Zwar bieten auch aktuelle MacBooks und das Magic Trackpad diese Optionen, jedoch reagieren die iOS-Geräte nur direkt auf Touches. Damit sind Effekte, die einen Mauszeiger benötigen – etwa Tooltips, die beim Überfahren eines Controls angezeigt werden – nicht möglich. Auch bedingt durch die Größe und die Auflösung der Displays unterscheidet sich zum Beispiel die Usability. So besitzen iPhone und iPad standardmäßig keine externe Tastatur und eine Anwendung muss somit komplett mit den Fingern bedienbar sein. Durch die geringe Auslösung machen mehrere hintereinanderliegende Fenster keinen Sinn und es gibt auch keine Menüs. Insgesamt gibt es nur Anwendungen mit grafischer Oberfläche.

Aus welchen Bestandteilen besteht nun Cocoa Touch selbst? Cocoa Touch unterteilt sich ähnlich wie Cocoa in das Foundation Framework mit allen Klassen und Datenstrukturen, die nicht direkt mit der grafischen Oberfläche zu tun haben, und dem Framework UIKit. UIKit beinhaltet alle Klassen für eine grafische Oberfläche und ist im Prinzip das Pendant zu Application Kit unter Mac OS X. Dazu kommen viele weitere private und öffentliche Frameworks wie zum Beispiel zum Zugriff auf Hardware wie den Beschleunigungssensor, den GPS-Empfänger oder auf andere Softwareelemente wie das Adressbuch oder aufgenommene Fotos. Als Programmierer dürfen wir nur auf öffentliche Frameworks zurückgreifen. Um auf die Klassen aus UIKit zugreifen zu können, benötigen wir folgenden Import:

```
#import <UIKit/UIKit.h>
```

Seit iPhone OS 3.0 sind regelmäßig neue für den Programmierer sehr interessante Frameworks dazugekommen. So ist mit iPhone OS 3.0 das Framework für den Zugriff auf Google-Maps-Karten öffentlich gemacht worden. Man hat nun Zugriff auf externe Hardware über Bluetooth, den Dock Connector oder kann CoreData auch auf dem iPhone verwenden. Mit der Umbenennung in iOS und Version 4.0 sind weitere Funktionalitäten wie Multitasking hinzugekommen, um sich einem vollständigen Betriebssystem wie Mac OS X immer mehr anzunähern. Durch iOS 4.1 stehen vor allem Spieleentwicklern mit dem GameCenter eine gute

Möglichkeit für die zentrale Speicherung von Highscore-Listen oder Multiplayerspiele zur Verfügung, um iOS-Geräte auch als hervorragende Spieleplattform zu stärken. Seit der Version 4.2 von iOS und dem AppleTV zeigen die Neuerungen bei den Frameworks, dass in weiterer Zukunft verschiedene Apple-Produkte immer mehr zusammenarbeiten werden. So können mit AirPlay Videos und Ton zwischen den Geräten verteilt werden und mit AirPrint auf Druckern z.B. vom iPhone aus gedruckt werden.

8.3.1 Die erste iOS-Anwendung

Versuchen wir nun, unsere erste Anwendung für das iPhone mit Xcode zu entwickeln. Dazu benötigen wir allerdings zuerst noch das iOS-SDK. Dieses bekommen wir ausschließlich für Mac OS X auf der Internetseite `http://developer.apple.com/ios/`. Um dort das SDK herunterladen zu dürfen, muss man sich kostenlos als iOS-Entwickler registrieren. Mit dieser kostenlosen Anmeldung ist allerdings noch keine Möglichkeit gegeben, eine Anwendung auf dem iPhone oder dem iPad zu testen. Jedoch ist im SDK ein Simulator enthalten, auf dem man seine Anwendungen testen kann.

Beginnen wir nun mit unserer ersten iPhone-Anwendung. Dafür erstellen wir ein neues iOS-Projekt in XCode und wählen dafür als Projekttyp, wie in Abbildung 8.20 zu sehen, eine *Master-Detail Application* für iOS und geben der neuen Applikation den Namen `FontList`.

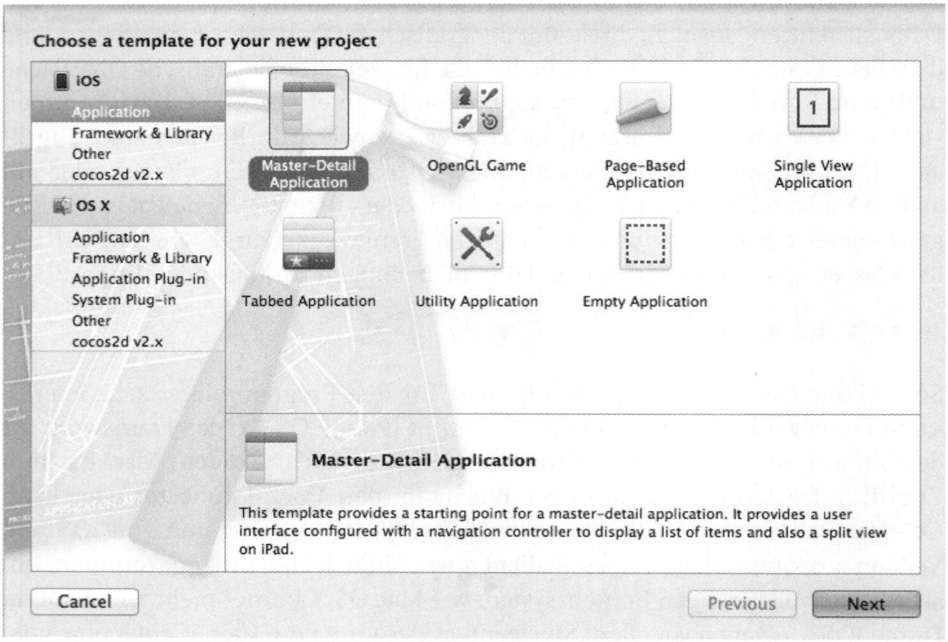

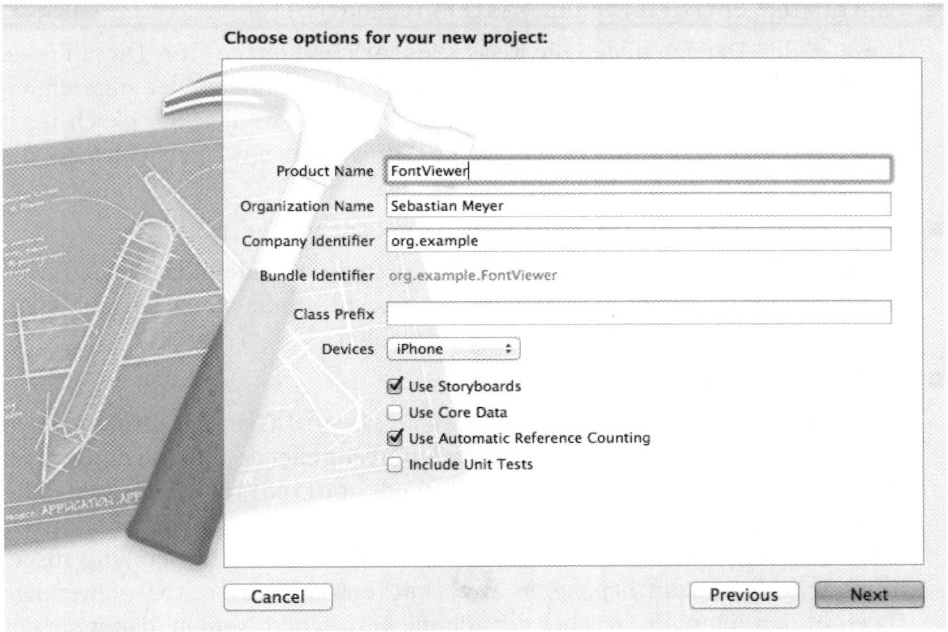

Abb. 8.20: Neues iPhone-Projekt in Xcode

Auf der zweiten Seite des Assistenten können wir auswählen, welches Zielgerät wir für die Applikation benötigen. Ebenso geben wir an, dass wir Storyboards und ARC benutzen wollen. Storyboards sind eine neue Technologie für die Gestaltung von Oberflächen, die mit iOS 5.0 eingeführt wurden. Hierbei legt man nicht mehr für jede Oberfläche eine eigene NIB- oder XIB-Datei an, sondern erstellt alle Oberflächen in einem Storyboard und legt die Verbindungen zwischen diesen fest. Hierdurch lässt sich eine Menge wiederkehrender Code einsparen, indem man die Funktionalitäten des Frameworks benutzt.

Das neue Projekt ist ähnlich wie ein Projekt für Mac OS X sofort ausführbar. In Abbildung 8.21 sehen wir den laufenden Simulator. Man erkennt bereits das Standardinterface des verwendeten Templates. Es besteht aus einer Liste, die die Daten der App anzeigt und je einen Button zum Hinzufügen neuer und Editieren der enthaltenen Daten enthält. Fügen wir über den Plus-Button einen neuen Eintrag hinzu, so erscheint er in der Liste. Durch einen Druck auf den neuen Eintrag kommen wir in die Detailansicht dieses Eintrags.

Als Erstes wollen wir uns ansehen, wie das von Xcode erstellte Projekt strukturiert ist. Zum Ersten finden wir dort unter SUPPORTING FILES eine Quelldatei `main.m`. In dieser Datei befindet sich die `main`-Funktion, an die wir als Programmierer im Normalfall nicht heranmüssen. Um den Ablauf unseres Programms zu beeinflussen, finden wir unter FONTVIEWER noch weitere bereits erzeugte Quelldateien:

- `MasterViewController.h` und `MasterViewController.m`

  Diese beiden Dateien bilden die Klasse `MasterViewController`. Diese Klasse ist ein Delegate (siehe Abschnitt 14.4), wodurch das Verhalten der angezeigten Liste gesteuert werden kann. Wie dies funktioniert, werden Sie gleich noch genauer sehen. Der `MasterViewController` steuert die Übersichtsliste, die wir sehen, wenn wir die App starten.

- `DetailViewController.h` und `DetailViewController.m`

  Die Klasse `DetailViewController` wird durch diese beiden Klassen definiert. Der `DetailViewController` steuert die Ansicht, in die wir gelangen, wenn wir in der Hauptansicht einen Eintrag auswählen.

- `AppDelegate.h` und `AppDelegate.m`

  Die Klasse `AppDelegate` ist auch ein Delegate. Diesmal allerdings nicht für einen Teil der Anwendung, sondern für programmübergreifende Entscheidungen. So kann in dieser Klasse zum Beispiel die Methode `applicationDidFinishLaunchingWithOptions:` oder `applicationWillTerminate:` implementiert werden. Diese Methoden werden zum Start oder zum Ende der Anwendung ausgeführt. So können zum Beispiel in `applicationWillTerminate:` notwendige Daten in den internen Speicher des iPhone gespeichert werden, damit sie der Anwendung bei der nächsten Ausführung wieder zur Verfügung stehen.

Abb. 8.21: Simulation der neu erstellten Anwendung

Unser Ziel ist es nun, innerhalb der Liste alle auf dem iPhone zur Verfügung stehenden Schriftfamilien anzeigen zu lassen. Beim Tippen auf eine Familie gelangen wir in einen weiteren Dialog, der alle Schrifttypen dieser Schriftfamilie anzeigt.

Hierzu verändern wir zunächst das Storyboard, das den Ablauf der Applikation steuert. Wir löschen den Controller, der den `DetailViewController` darstellt. Dieser ist in Abbildung 8.22 ganz rechts zu sehen.

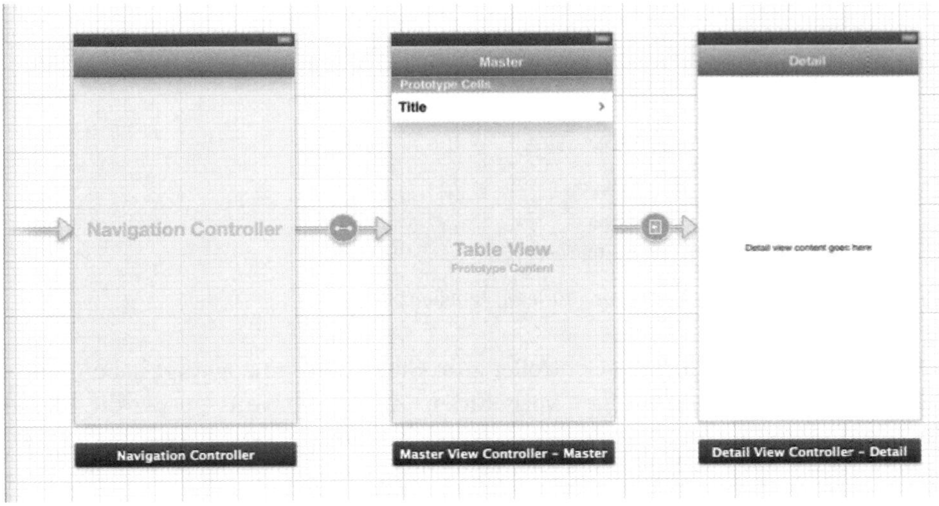

Abb. 8.22: Storyboard der generierten Applikation

Aus der Palette im Interface Builder (siehe Abbildung 8.24) ziehen wir einen Table-View-Controller in das Storyboard. Ein Table-View-Controller wird im Code durch die Klasse `UITableViewController` realisiert. Für die Klasse `MasterViewController` ist dies bereits konfiguriert.

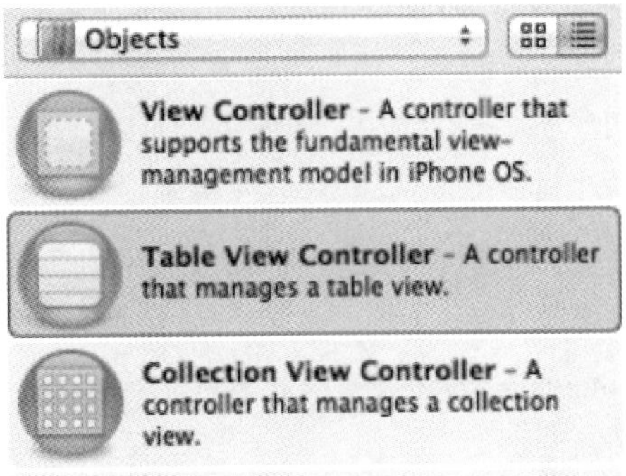

Abb. 8.23: Palette des Interface Builders

In der Tabellenzelle des erstellen Table-View-Controllers stellen wir den Stil auf `Basic` und den Identifier auf `default`. Dies geschieht im Inspektor-Bereich auf der rechten Seite. Abbildung 8.24 zeigt den entsprechenden Ausschnitt.

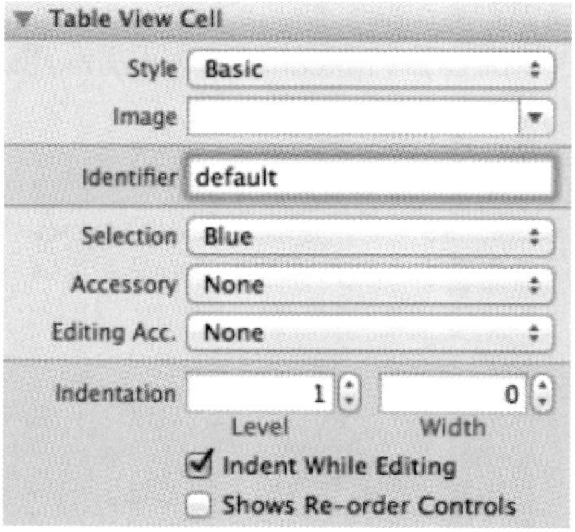

Abb. 8.24: Festlegen der Einstellung für eine Tabellenzelle

Nachdem wir den Table-View-Controller zum Storyboard hinzugefügt haben, müssen wir noch zwei Anpassungen vornehmen. Zum einen müssen wir die Klasse des Controllers auf eine geeignete Unterklasse von `UITableViewController` setzen, damit wir das Verhalten selbst beeinflussen können, und zum anderen müssen wir noch die Beziehung zwischen den Controllern festlegen.

Den Controller wollen wir durch die bereits existierende Klasse `DetailViewController` implementieren. Diese muss dazu von der Klasse `UITableViewController` erben und nicht mehr wie bisher von `UIViewController`. Bei der Gelegenheit entfernen wir auch gleich alle bisherigen Inhalte aus den Klassen `DetailViewController` und `MasterViewController`.

Nun können wir im Interface Builder für den hinzugefügten Table-View-Controller eine eigene Klasse setzen. In Abbildung 8.25 ist der entsprechende Ausschnitt des Inspektors dargestellt.

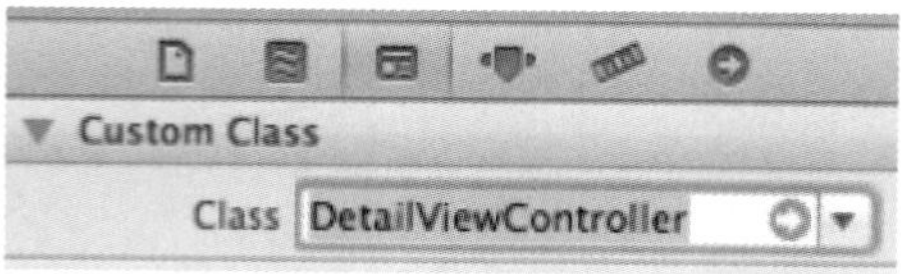

Abb. 8.25: Setzen der Klasse eines Controllers im Interface Builder

Nun müssen wir noch die Verknüpfung zwischen dem Master-View-Controller und unserem neuen Detail-View-Controller festlegen. Wir wollen definieren, dass das Auswählen einer Tabellenzeile im Master zum Aufruf des Detail-View-Controllers führt. Dazu wählen wir im Master-View-Controller die einzige Zelle des `UITableViews` aus und ziehen bei gedrückter `Ctrl`-Taste eine Verbindung zum Detail-View-Controller (siehe Abbildung 8.26).

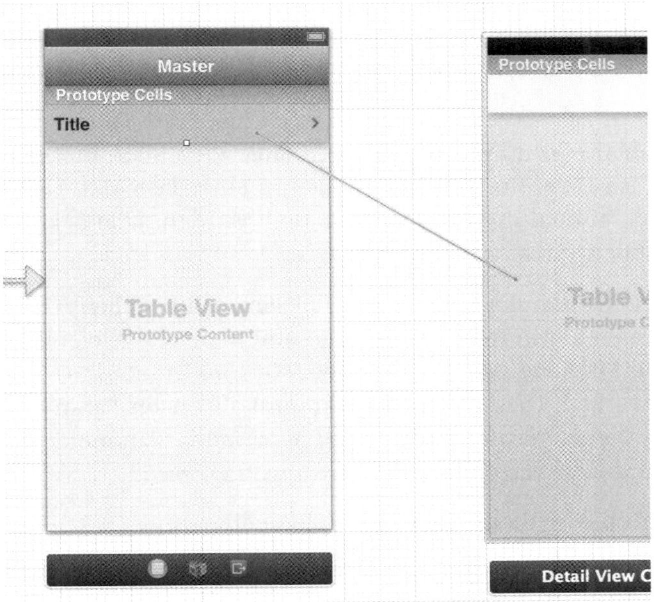

Abb. 8.26: Herstellen einer Verbindung im InterfaceBuilder

Hierdurch wird eine sogenannte *Segue* (sprich: *Segway*) erstellt, der einen Übergang von einem Zustand der GUI in einen anderen beschreibt. Für unseren Zweck wählen wir `push` aus. Anschließend weisen wir der Segue den Identifier `showFontFamily` zu.

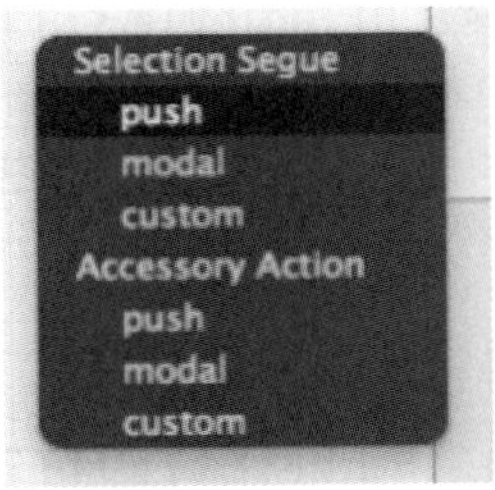

Abb. 8.27: Festlegen eines Segue-Typs

Nachdem nun alle Vorbereitungen im Interface Builder abgeschlossen sind, können wir uns um die eigentliche Implementierung der Anwendungslogik kümmern.

Dazu müssen wir die Klasse `MasterViewController` anpassen. Die Klasse `MasterViewController` erbt von `UITableViewController`, wodurch das Standardverhalten für die Verwaltung einer *Table View* (Liste) beschrieben ist. Im Prinzip vereint die Klasse dazu zwei Protokolle. Zum einen `UITableViewDataSource`, wodurch die angezeigten Daten beeinflusst werden, und `UITableViewDelegate`, das dem Programmierer Einfluss auf die Bedienung der Table View bietet. Für uns ist zunächst das erste Protokoll interessant. Auf Basis dessen müssen wir nun nur noch beschreiben, wie unsere Daten (die Schriftarten) in der Liste angezeigt werden sollen.

Dazu müssen wir erst einmal wissen, was wir in einer Table View alles anzeigen können. Im Prinzip stellt sie Daten in Form von Zeilen in einer Liste dar. Diese Zeilen können jedoch noch einmal in Sektionen unterteilt werden. Jede Sektion kann wiederum eine gesonderte Überschrift erhalten.

Wir wollen nun für jede Schriftfamilie eine eigene Tabellenzeile erstellen. Dazu müssen wir zunächst definieren, wie viele Zellen insgesamt in der Tabelle enthalten sind. Hierzu muss die Methode `tableView:numberOfRowsInSection:` des Delegates implementiert werden. Diese Methode bekommt als ersten Parameter das `UITableView`, für das sie aufgerufen wurde, und als zweiten Parameter die Sektion der Table View, für die die Anzahl der Einträge abgefragt wird.

In unserem Fall können wir die Methode wie folgt implementieren:

```
- (NSInteger)tableView:(UITableView *)tableView
      numberOfRowsInSection:(NSInteger)section {

    return [[UIFont familyNames] count];
}
```

Listing 8.4: Implementierung der Methode `tableView:numberOfRowsInSection:`

Nun müssen wir für jeden Eintrag in der Tabelle noch einen entsprechenden Eintrag zurückliefern. Hierfür ruft das `UITableView` die Methode `tableView:cellForRowAtIndexPath:` auf. Diese muss eine Instanz der Klasse `UITableViewCell` oder einer Unterklasse zurückgeben. Wir haben im Storyboard bereits einen Prototyp für eine solche Zelle erstellt, der den Identifier `Cell` besitzt. Diesen können wir nun verwenden, um die konkrete Zelle zu erstellen. Betrachten wir dafür zuerst den Quelltext:

```
- (UITableViewCell *)tableView:(UITableView *)tableView
        cellForRowAtIndexPath:(NSIndexPath *)indexPath {

    UITableViewCell *cell = [tableView
                              dequeueReusableCellWithIdentifier:@"default"];

    NSString* family = [UIFont familyNames][indexPath.row];
```

```
    cell.textLabel.text = family;

    return cell;
}
```

Listing 8.5: Implementierung der Methode `tableView:cellForRowAtIndexPath:`

Die Aufgabe dieser Funktion ist eigentlich nichts anderes, als ein `UITableViewCell`-Objekt zu erzeugen, das einen Listeneintrag repräsentiert. Die Methode teilt sich dafür in zwei Teile. Über den Identifier können wir dann mit der Methode `dequeueReusableCellWithIdentifier:` ein passendes Listenobjekt von der Table View bekommen. Hierbei ist zu beachten, dass Zellen, die nicht im Sichtfeld sind, durch diese Methode wiederverwendet werden. Daher kann nicht vorhergesehen werden, wie die Zelle exakt konfiguriert ist. Aus diesem Grund sollte man immer alle Attribute der Tabellenzelle setzen, auch wenn sie vermeintlich nicht gebraucht werden.

Unsere Anwendung ist damit fast fertig. Wenn wir unser Projekt neu kompilieren und starten, erhalten wir, wie in Abbildung 8.28 zu sehen, eine Liste aller auf dem iPhone installierten Schriftfamilien.

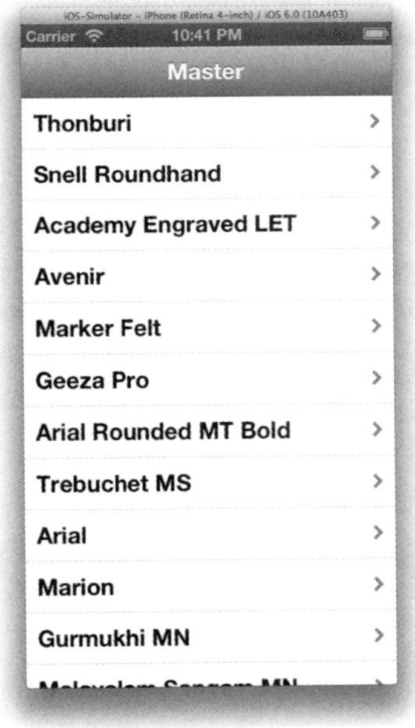

Abb. 8.28: Fertige erste Ansicht im Simulator

Wenn wir nun einen Eintrag auswählen, kommen wir in den Detail-View-Controller. Dieser ist jedoch leer, da wir nicht konfiguriert haben, welche Schriftfamilie wir anzeigen wollen.

Wir wissen, dass eine Segue ausgelöst wird, wenn wir eine Tabellenzelle antippen. Um hierauf zu reagieren, wird die Methode `prepareForSegue:sender:` aufgerufen. Der erste Parameter ist die Segue, die ausgelöst wurde. Der zweite Parameter das Objekt, das sie ausgelöst hat (hier also die `UITableViewCell`).

Das `UIStoryboardSegue`-Objekt verfügt über das Property `identifier`, das den Identifier der Segue beinhaltet, so wie wir ihn im Interface Builder konfiguriert haben. Zusätzlich stehen noch die Properties `destinationViewController` und `sourceViewController` zur Verfügung, die den Ziel- oder den Quell-View-Controller angeben. Diese Controller sind instanziiert und geladen. In unserem Fall sind dies eine Instanz der Klasse `DetailViewController` für das Property `destinationViewController` und `MasterViewController` für das Property `sourceViewController`.

Um nun unserer Detail View mitzuteilen, welche Schriftart sie anzeigen soll, fügen wir zunächst das Property `familyName` vom Typ `NSString` (`strong`) hinzu. Dann können wir die Methode `prepareForSegue:` wie folgt definieren:

```
-(void)prepareForSegue:(UIStoryboardSegue *)segue sender:(id)sender {
    NSIndexPath *indexPath = [self.tableView indexPathForSelectedRow];
    DetailViewController *detail = segue.destinationViewController;
    detail.familyName = [UIFont familyNames][indexPath.row];
}
```

Listing 8.6: Implementierung der Methode `prepareForSegue:` der Klasse `MasterViewController`

Hierzu ermitteln wir zunächst den Indexpfad der aktuell ausgewählten Tabellenzelle. Dieser hat einen Wert `section` für die Sektion, in der die Zelle sich befindet, und einen Wert `row` für die Reihe in der entsprechenden Sektion. Da wir in unserem Beispiel nur eine Sektion haben und die einzelnen Zeilen in der Reihenfolge exakt dem Rückgabewert der Methode `[UIFont familyNames]` entspricht, können wir einfach auf dieses Array zugreifen.

Die eigentliche Implementierung des fehlenden Verhaltens überlassen wir der Aufgabe 3 in diesem Kapitel.

Hinweis

Um sich über die weiteren Möglichkeiten, die eine Table View bietet, zu informieren, ist es sehr hilfreich, sich die Dokumentation für die beiden Protokolle `UITableDataSource` und `UITableViewDelegate` anzuschauen.

8.3.2 Ausführung auf dem iPhone

Nachdem wir nun unsere erste Anwendung im Simulator zum Laufen gebracht haben, wollen wir uns noch ein bisschen damit beschäftigen, was notwendig ist, um unsere Anwendung auch auf dem iPhone zu testen. Dies ist deswegen sehr wichtig, da auf dem Simulator nicht alle Funktionen des Geräts (wie GPS oder die Kamera) zur Verfügung stehen. Ein anderer Aspekt ist, dass auf dem Gerät weniger Speicher zur Verfügung steht, so dass manche Problem nur dann auffallen, wenn man die Applikation direkt auf dem Gerät ausführt. Im Simulator hingegen steht der Speicher des Wirt-Systems zur Verfügung. Weiterhin kann es sein, dass ein Programm für den Simulator kompiliert, wohingegen die Version für das iPhone selbst nicht kompilierbar ist. Dies liegt daran, dass Funktionen existieren, die unter Mac OS X erlaubt, aber auf dem iPhone nicht zugelassen sind. Aus diesem Grund sollte man als Entwickler seine Anwendung in regelmäßigen Abständen auf dem iPhone testen.

Was ist aber nun notwendig, damit man auf dem iPhone testen kann? Hierfür muss man am Apple Developer Program teilnehmen. Die Teilnahme an diesem Developer Program kostet eine jährliche Gebühr. Anmelden kann man sich unter der Internetadresse `http://developer.apple.com/programs/ios/`. Durch die Anmeldung bekommt man Zugang zum *iOS Developer Program Portal*. Hierüber kann man als Entwickler dann die Endgeräte wie z.B. iPhones oder iPads, auf denen man testen will, sowie die Anwendungen verwalten.

Zuallererst wollen wir uns von Apple ein Entwickler-Zertifikat erstellen lassen. Dazu müssen wir im Schlüsselbund die Anforderung für ein Zertifikat erstellen. Dies geschieht über den in Abbildung 8.29 zu sehenden Assistenten, den wir über den Menüpunkt SCHLÜSSELBUNDVERWALTUNG|ZERTIFIKATSASSISTENT|ZERTIFIKAT EINER ZERTIFIZIERUNGSINSTANZ ANFORDERN ... starten können.

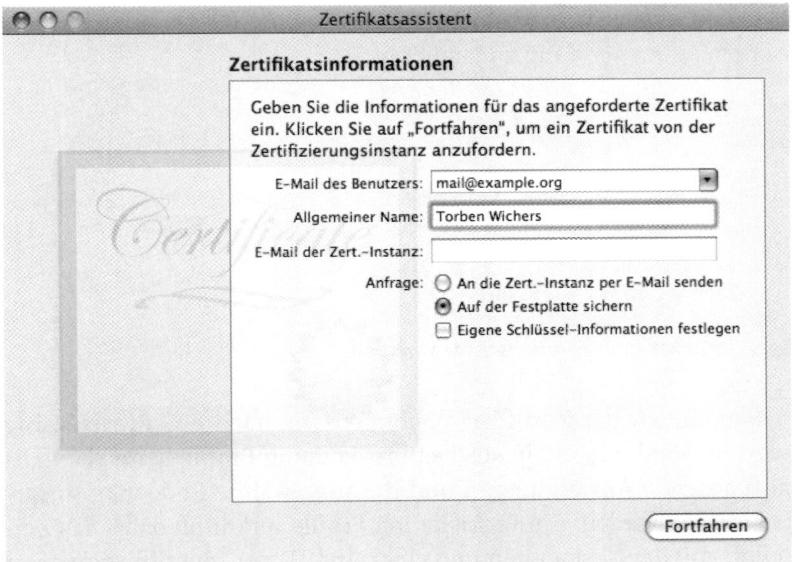

Abb. 8.29: Anfordern eines Zertifikats

Dort geben wir einfach unsere E-Mail-Adresse an, mit der wir uns beim iOS Developer Program angemeldet haben und lassen die Anforderung auf der Festplatte sichern. Diese Anforderungsdatei können wir nun zum iOS-Developer-Program-Portal hochladen. Unter dem Punkt CERTIFICATES in der rechten Liste im Portal (siehe Abbildung 8.30) lässt sich über den Button REQUEST CERTIFICATE der Assistent zum Hochladen der Anforderungsdatei starten.

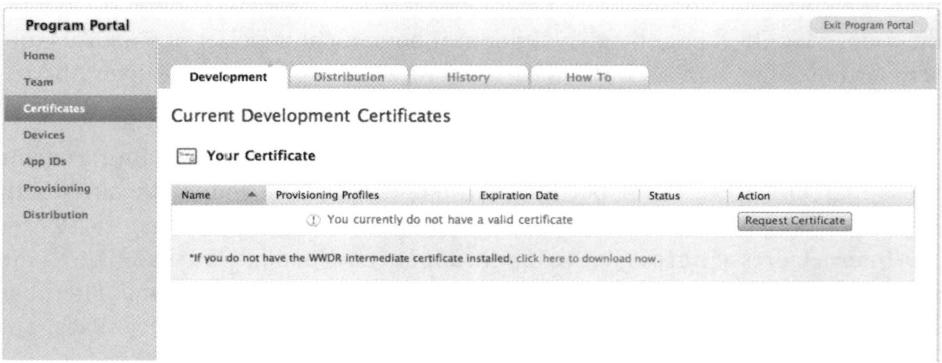

Abb. 8.30: Erstellen eines neuen Entwickler-Zertifikats

Das Erstellen des eigentlichen Zertifikats kann dann einen Moment dauern, einfach nach ein paar Minuten den Browser die Internetseite erneut laden lassen. Wenn das Zertifikat wie in Abbildung 8.31 fertig erstellt wurde, kann es über den Button DOWNLOAD heruntergeladen werden und in den Schlüsselbund importiert werden. Hierdurch steht nun ein neues Zertifikat mit dem Namen `iPhone-Developer:` plus den angegebenen Namen zur Verfügung. Dieses brauchen wir später, um unsere neue Anwendung zu signieren.

Abb. 8.31: Fertiges Zertifikat kann heruntergeladen werden.

Zusätzlich zu dem Entwickler-Zertifikat benötigen wir noch ein **Provisioning Profile** für unsere Anwendungen. Ein solches Provisioning Profile kann ebenfalls über das Portal für eigene Anwendungen und für ausgewählte Endgeräte (insgesamt bis zu 100) erstellt werden. Ein Provisioning Profile verknüpft dabei das Zertifikat des Erstellers mit den Testgeräten und einer App-ID zur Identifikation einer Anwendung. Wie genau das Ganze funktioniert, wollen wir uns hier allerdings nicht weiter ansehen. Hierfür gibt es sehr gute Hinweise auf den entsprechenden Seiten im Portal. Außerdem gibt es einen Assistenten, wie in Abbildung 8.32 zu sehen, mit dem man sehr leicht die erste Grundkonfiguration eines solchen Provisioning Profile erstellen kann.

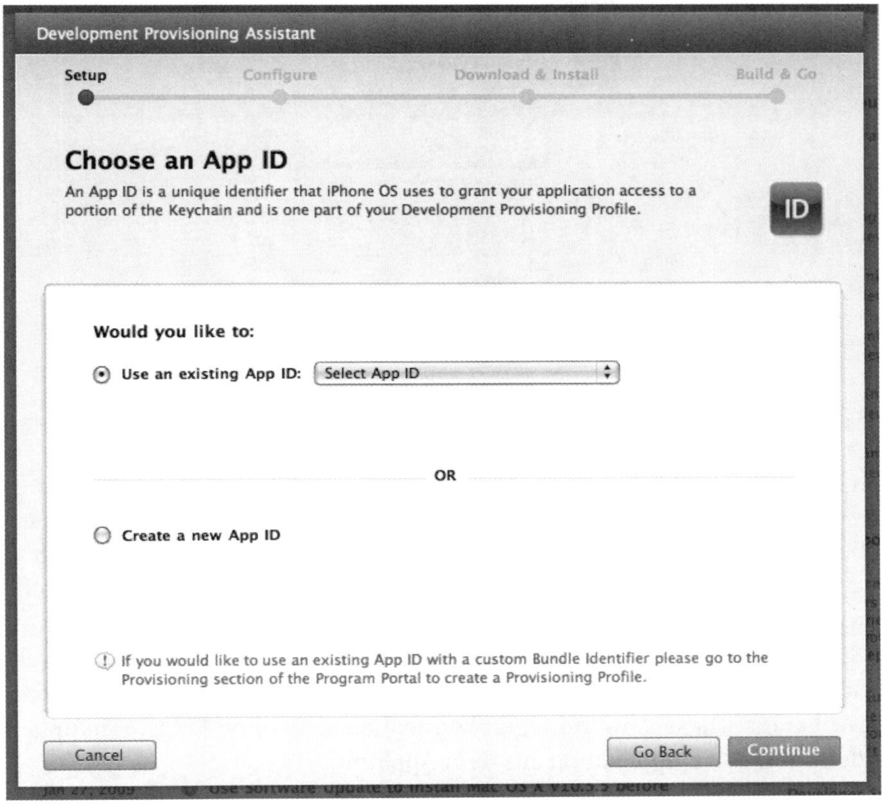

Abb. 8.32: Erstellen des Provisioning Profile

Hierzu braucht man auch die Device-IDs aller Endgeräte, auf denen die eigene Anwendung ausgeführt werden soll. Diese Device-ID erhält man am einfachsten über iTunes. Dazu wählt man dort sein z.B. iPhone aus. Unter dem Reiter ÜBERSICHT kann man dann auf das Label SERIENNUMMER: klicken. Hierdurch verschwindet die Seriennummer und es erscheint die Device-ID. Diese kann dann mit [⌘]+[C] in die Zwischenablage kopiert werden.

Ein fertiges Provisioning Profile kann man sich dann auf dem Portal als Datei herunterladen und per iTunes oder Xcode auf dem Telefon installieren. Unter Xcode steht dafür der Organizer im Menüpunkt WINDOW oder durch die Tastenkombination [⌘]+[Strg]+[O] bereit (siehe Abbildung 8.33).

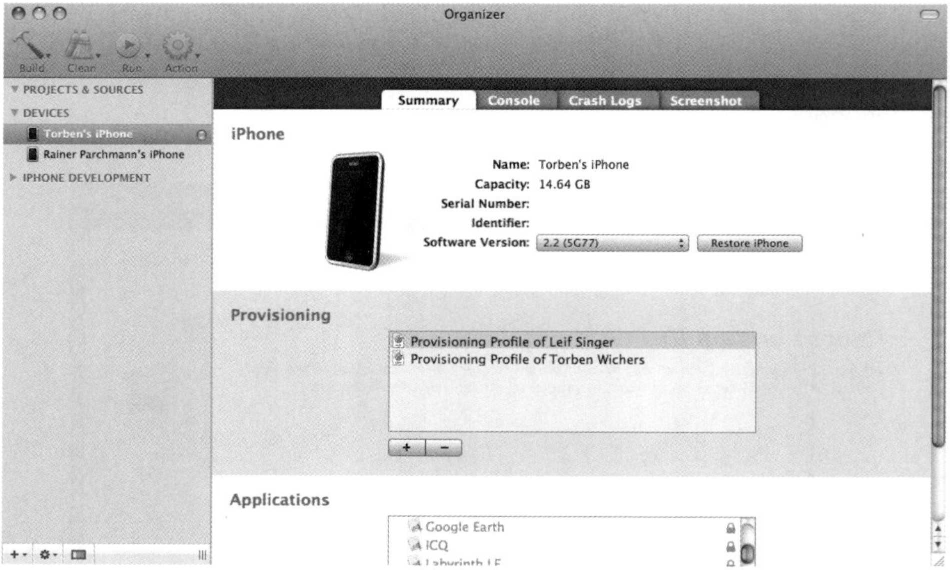

Abb. 8.33: Organizer mit installierten Provisioning Profiles

Wenn man in der rechten Liste im Organizer sein Gerät auswählt, während es angeschlossen ist, kann man auf der rechten Seite des Fensters im grau hinterlegten Bereich die installierten Provisioning Profiles erkennen. In Abbildung 8.33 sieht man hier zwei Profile. Anwendungen, die auf Basis dieser beiden Profile kompiliert wurden, können dadurch auf dem Handy installiert werden, wenn es für die Profiles eingetragen ist. Installiert werden können Anwendungen direkt von Xcode aus nach dem Kompilieren oder zum Beispiel auch manuell aus dem Organizer heraus. Diese Anwendungen können genauso ohne Einschränkungen verwendet werden wie Applikation aus dem AppStore.

Nun müssen wir in den Projekteinstellungen unserer Anwendungen nur noch die Codesignierung auf das neu hinzugefügte Provisioning Profile einstellen. Dafür muss auf jeden Fall das Entwickler-Zertifikat, das wir im iOS-Developer-Program-Portal erstellt haben, im Schlüsselbund installiert sein. Ist dies der Fall, können wir unter dem Menüpunkt PROJECT|EDIT PROJECT SETTINGS im Reiter BUILD die Eigenschaften für die Codesignierung setzen. Am einfachsten geht das, wenn wir wie in Abbildung 8.34. die Build Settings einfach nach `Code Signing` filtern. Unter dem Punkt CODE SIGNING IDENTITY|ANY IOS DEVICE können wir dann unser Zertifikat auswählen.

Hiernach können wir durch Klick auf BUILD AND GO oder durch [⌘]+[↵] unsere Anwendung neu kompilieren, signieren und auf dem iPhone starten.

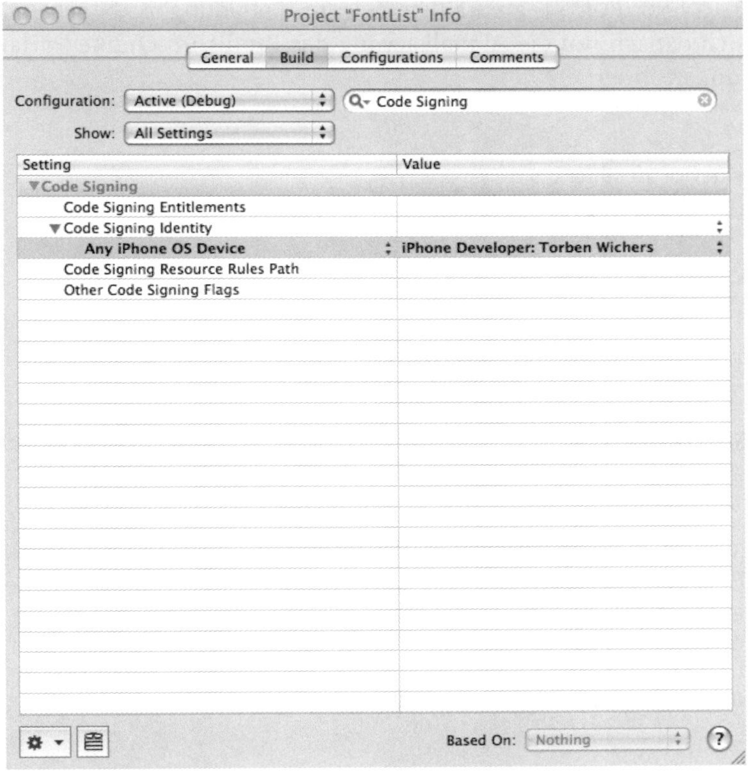

Abb. 8.34: Codesignierung in den Projekteinstellungen

Automatisches Profil-Management durch Xcode

Um die normale Entwicklung einfacher zu machen, erstellt Xcode automatisch ein Profil für alle Entwicklungsgeräte. Damit entfällt der oben beschriebene Aufwand jedes Mal ein manuelles Profil zu erstellen oder zu bearbeiten, wenn man ein neues Entwicklungsgerät benutzen möchte. Dennoch ist der obige Weg weiterhin zu beschreiten, wenn man die Applikation an etwa Beta-Tester oder den App-Store schicken will.

Dieses von Xcode verwaltete Profil trägt den Namen iOS Team Provisioning Profile: * und kann auch nicht manuell verändert werden.

Abb. 8.35: Das von Xcode verwaltete Profil

Um ein an den Entwicklungsrechner angeschlossenes Gerät hinzuzufügen, kann man es einfach in der Seitenleiste des Organizers mit rechts anwählen und Add

DEVICE TO PROVISIONING PORTAL auswählen, wie in Abbildung 8.36 gezeigt. Xcode kümmert sich danach um die Aktualisierung des Profils im Online Portal auf dem Entwicklungsrechner.

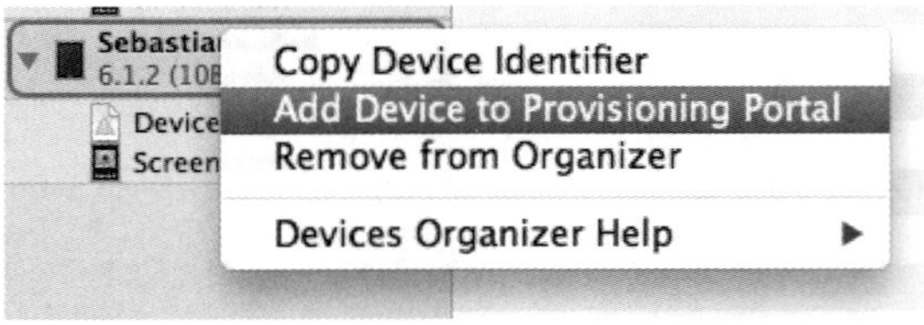

Abb. 8.36: Hinzufügen eines neuen Entwicklergeräts

8.4 Übungsaufgaben

1. Aufgabe

Schreiben Sie ein einfaches Kommandozeilen-Programm, dass die n-te Fibonacci-Zahl berechnet. Erstellen Sie dazu eine Klasse `Fibonacci` mit einer Methode `calcFibonacciNumber:`. Dieser soll ein `int`-Wert übergeben werden, der angibt, welche Fibonacci-Zahl berechnet werden soll.

Die Reihe der Fibonacci-Zahlen ist rekursiv definiert:

$$\begin{aligned} f_0 &= 0 \\ f_1 &= 1 \\ f_n &= f_{n-1} + f_{n-2} \text{ für } n \geq 2 \end{aligned}$$

Außerdem soll eine Methode `printFibonacciNumbersTo:` erstellt werden, die alle Fibonacci-Zahlen bis zum übergebenen Wert ausgibt. Die Übergabe des Werts 5 soll also die Fibonacci-Zahlen von f_0 bis f_5 ausgeben. Diese soll die Methode `calcFibonacciNumber:` benutzen. Zum Ausgeben einer Integer-Zahl in der Konsole können Sie die Anweisung `NSLog(@"%i", intVar)` benutzen.

Testen Sie Ihre Methoden, indem Sie in der `main`-Funktion die Methode `printFibonacciNumbersTo:` mit dem Wert `10` aufrufen. Die Zahlen sollten wie folgt sein:

```
0,1,1,2,3,5,8,13,21,34,55
```

2. Aufgabe

Erweitern Sie das Beispiel aus Abschnitt 7.2.2 um ein zusätzliches Label (ein Control vom Typ `NSTextField`), das ebenso wie das schon vorhandene Textfeld automatisch den Wert des Schiebereglers anzeigt. Das Dialogfenster soll in etwa so aussehen wie Abbildung 8.37.

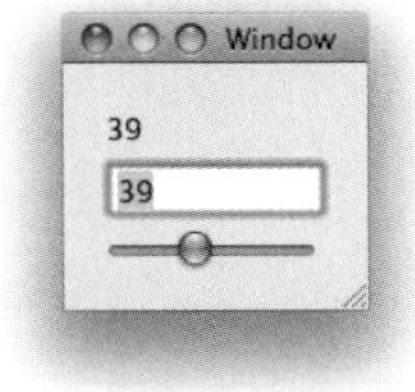

Abb. 8.37: Dialogfenster für die 2. Aufgabe

3. Aufgabe

Verändern Sie das in Abschnitt 8.3.1 vorgestellte Beispiel für das iPhone so, dass der Detaildialog alle Schrifttypen einer ausgewählten Schriftfamilie anzeigt. Das Ergebnis sollte etwa wie in Abbildung 8.38 aussehen. Überschreiben Sie die Methode `viewWillAppear:animated:`, um mittels `[self.tableView reloadData]` den Inhalt der Table View neu zu laden, kurz bevor die Detail View erscheint.

Abb. 8.38: Dialogfenster für die 3. Aufgabe

Hinweis

Eventuell kann es für diese Aufgabe nützlich sein, sich zuerst mit den Klassen für Arrays und Dictionaries vertraut zu machen, die in Kapitel 10 erklärt werden.

Kapitel 9

Memory Management

In den Dokumentationen von Apple über Objective-C wird Memory Management deutlich als wichtige Thematik herausgestellt, mit der sich jeder Programmierer ausführlich beschäftigen sollte. Tatsächlich lassen sich viele Abstürze und Fehler von Programmen auf Fehler in der Behandlung des Memory Managements zurückführen. Aber was ist Memory Management? Was genau wird gemanagt? Warum muss ich mich um Memory Management kümmern? Und worin besteht hierbei die Aufgabe des Programmierers? Genau diesen Fragen wollen wir in diesem Kapitel nachgehen und zeigen, welche Hilfsmittel in Cocoa zur Verfügung stehen, um das Memory Management in den Griff zu bekommen.

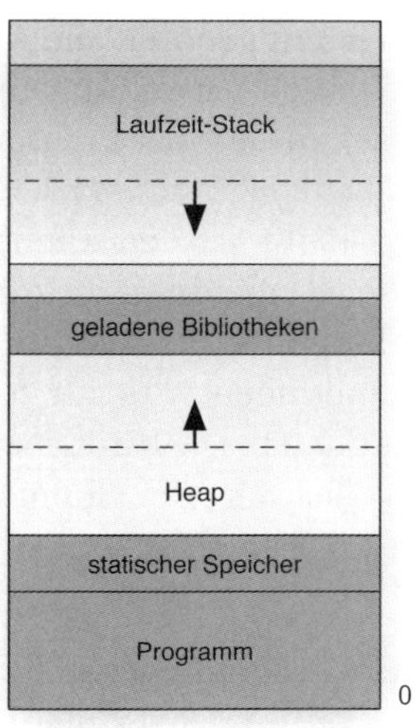

Abb. 9.1: Virtueller Adressraum eines Objective-C-Programms

Betrachten wir zunächst, wie der Hauptspeicher aus Sicht eines Objective-C-Programms organisiert ist. Einem Programm steht ein virtueller Adressraum, abhängig von der Rechnerarchitektur prinzipiell Speicher von der Adresse 0 bis 2^{32}-1 bzw. 2^{64}-1, zur Verfügung, in den einzelne 8-Bit-Werte abgespeichert werden können. Diese einzelnen Adressen werden abschnittsweise vom Betriebssystem auf real vorhandenen Speicher abgebildet oder können auf der Festplatte ausgelagert sein. Diese Arbeit erledigt das Betriebssystem für uns. Als Programmierer können wir immer davon ausgehen, dass uns der durch unsere Architektur maximal adressierbare Speicher komplett zur Verfügung steht. Dieser Speicher ist allerdings noch für verschiedene Aufgaben aufgeteilt (siehe Abbildung 9.1)

- **Programm:**

  Ab Adresse 0 befindet sich zuerst der ausführbare und üblicherweise schreibgeschützte Programmcode in Maschinensprache im virtuellen Speicher.

- **statischer Speicher:**

  Darüber befinden sich alle statisch definierten Datenobjekte, deren Lebensdauer sich vom Start des Programms bis zum Ende erstreckt. Diese Speicherzuweisung kann bereits direkt zur Übersetzung des Programms erfolgen.

- **geladene Bibliotheken:**

  In einem weiteren Speicherbereich befinden sich alle vom Programm benötigten nachgeladenen Bibliotheken, die nicht direkt bei der Übersetzungsphase fest mit in das Programm gelinkt wurden.

- **Laufzeit-Stack:**

  Der Laufzeit-Stack enthält den Speicher für alle Datenobjekte, deren Lebensdauer an den Aufruf einer Prozedur gebunden ist. Hierzu gehören alle Argumente und lokalen Variablen einer Funktion sowie einige Verwaltungsinformationen wie zum Beispiel die Rücksprungadresse, an der das Programm nach Verlassen der Prozedur fortgesetzt wird. Der Laufzeit-Stack wächst bei jedem Funktionsaufruf von oben nach unten, das heißt zu den kleineren Adressen hin. Die Größe des Stacks ist in der Regel allerdings begrenzt. Unter Mac OS X werden standardmäßig für den Hauptthread 8 MB für den Laufzeit-Stack reserviert. Bei Multithreading-Anwendungen wird für jeden weiteren Thread ein weiterer Laufzeit-Stack eingerichtet. Die Größe eines solchen Stacks kann durch den Programmierer bei der Erstellung des Threads beeinflusst werden. Hierzu aber Genaueres in Kapitel 15.

- **Heap:**

  Alle restlichen nicht genutzten Speicherbereiche eines Programms werden als dynamischer Speicherbereich (auch Heap genannt) verwendet. Er dient zur Speicherung aller Datenobjekte, deren Lebensdauer nicht durch die Ablaufstruktur vorhersagbar ist: also alle Datenobjekte, die durch den Programmierer selbst erzeugt werden. Diese Datenobjekte müssen dann vom Programmierer auch explizit wieder freigegeben werden. Durch den C-Unterbau von Objective-C stehen hierfür die Funktionen `malloc` zur Reservierung und `free` zur Freigabe von Speicher zur Verfügung. Auch neue Cocoa-Objekte werden in diesen Speicherbereichen durch Aufruf der Methode `alloc` erzeugt. Die Vergabe von Adressen im Heap wächst mit Bedarf an Speicher im Gegensatz zum Laufzeit-Stack nach oben, das heißt zu den größeren Adressen hin.

Das folgende Objective-C-Programm (Listing 9.1) zeigt sehr gut das Wachstum des Laufzeit-Stacks und die Reservierung von Speicher auf dem Heap:

```
#import <Foundation/Foundation.h>
#define SIZE_1MB 0x100000

void test(int count) {
    char stackBuffer[SIZE_1MB];
    if (count == 0) return;

    void* heapBuffer = malloc(SIZE_1MB);
    NSLog(@"%d: Stack-Adresse:%x - Heap-Adresse:%x\n",
          count, &count, heapBuffer);

    test(count - 1);
    free(heapBuffer);
}

int main (int argc, const char * argv[]) {
    test(3);
    test(3);
    return 0;
}
```

Listing 9.1: Stack und Heap-Wachstum

Bei Ausführung des Programms wird zweimal die Prozedur `test` aufgerufen. Diese Prozedur ruft sich selbst rekursiv so lange auf, bis das Argument `count` 0 ist. In jedem rekursiven Aufruf wird das Argument `count` dabei um 1 reduziert. In diesem Beispiel führt dies also zu einer Rekursionstiefe von 3. Innerhalb der Prozedur `test` werden bei jedem Aufruf sowohl Speicherplatz auf dem Laufzeit-Stack für den Prozeduraufruf incl. der Prozedurargumente und der lokalen Variablen allokiert als auch Speicher auf dem Heap für den angefragten Speicher, dessen Adresse in der Variablen `heapBuffer` gespeichert wird. Durch Ausführen des Programms ergibt sich eine Ausgabe ähnlich der in Abbildung 9.2.

```
Meldung
3: Stack-Adresse: bffff4f0 - Heap-Adresse: 200000
2: Stack-Adresse: bfeff4c0 - Heap-Adresse: 300000
1: Stack-Adresse: bfdff490 - Heap-Adresse: 400000
3: Stack-Adresse: bffff4f0 - Heap-Adresse: 200000
2: Stack-Adresse: bfeff4c0 - Heap-Adresse: 300000
1: Stack-Adresse: bfdff490 - Heap-Adresse: 400000
```

Abb. 9.2: Ausgabe der Stack- und Heap-Adressen

An der Ausgabe sieht man sehr schön, dass die Adressen, die vom Laufzeitsystem für den angeforderten Speicherbereich auf dem Heap zugeteilt werden, nach oben zu den größeren Adressen hin wachsen und dass ein Speicherbereich nach der Freigabe durch `free` sofort wieder verwendet wird. Der reservierte Speicher wird also möglichst kompakt gehalten.

Für die Stack-Adressen zeigt sich genau das gegenteilige Bild. Hier wachsen die Adressen nach unten, also zu den kleineren Adressen hin. Bei jedem Funktionsaufruf werden 1 MB und 48 Byte auf dem Stack abgelegt. Dieser Speicher setzt sich zusammen aus dem 1 MB für das Array `stackBuffer`, dem Speicher für den Pointer `heapBuffer`, das Funktionsargument `count` und weiterem Speicher für die Verwaltung eines Funktionsaufrufs.

Diese gesamte Organisation des Speichers incl. der Bereitstellung der virtuellen Speicheradressen durch das Betriebssystem bezeichnet man als **Memory Management**. Zum Glück wird einem als Programmierer die meiste Arbeit bereits vom Betriebssystem und dem Compiler abgenommen. So müssen wir uns nicht darum kümmern, dass der zur Verfügung stehende Speicher von Rechner zu Rechner unterschiedlich ist und dass der Speicher, den wir nutzen dürfen, davon abhängt, welche Prozesse neben dem eigenen Programm noch laufen. Auch um die Übergabe von Parametern an eine Prozedur und die Organisation der Rücksprungadresse eines Prozeduraufrufs sowie der Speicherfreigabe nach Prozedurende müssen wir uns nicht kümmern.

Damit beschränkt sich das Memory Management nur auf die Objekte, die wir dynamisch auf dem Heap erzeugt haben und die wir wieder freigeben müssen, falls sie vom Programm im weiteren Ablauf nicht mehr benötigt werden. Festzustellen, wann ein neues Objekt benötigt wird, ist meist sehr einfach. Die Lebensdauer abzuschätzen bzw. den Zeitpunkt festzustellen, ab dem ein Objekt im Speicher nicht mehr benötigt wird, ist allerdings häufig sehr schwer. Dazu müsste man wissen, welche anderen Teile oder Objekte eines Programms an einem Objekt aktuell oder in der Zukunft interessiert sind. Häufig ist es in einem Programm aber so, dass einzelne Komponenten unabhängig voneinander sind und sich so nicht gegenseitig kennen. Aus diesem Grund muss ein zusätzlicher Mechanismus geschaffen werden, der genutzt werden kann, um diese Abhängigkeiten zu berechnen. Hierfür sind in der Cocoa-Bibliothek zwei Arten des Memory Managements implementiert worden.

Als erste Variante ist das Reference Counting anzuführen, bei der für die Berechnung der Lebensdauer eines Objekts nur die Anzahl der Abhängigkeiten berücksichtigt wird. Die Pflege der korrekten Berechnung der Anzahl obliegt dem Programmierer. Dieses Reference Counting kann vom Programmierer manuell und seit Xcode 4.2 auch automatisch durch den Compiler ausgeführt werden. Dieses automatische Reference Counting wird von Apple auch kurz ARC genannt.

Als zweite Variante existiert das Garbage Collecting, bei dem in unregelmäßigen Abständen die Abhängigkeiten aus den Objekten im Speicher selbst berechnet werden. Die Berechnung der Lebenszeit eines Objekts geschieht so ohne weiteres Zutun des Programmierers automatisch im Hintergrund. Obwohl das Garbage Collecting sehr komfortabel ist, hat Apple es aus Performance-Gründen als deprecated markiert. Es wird in einer der folgenden Versionen von Mac OS X entfernt werden.

Wie die Verfahren genau funktionieren und was man als Programmierer beachten muss, wird in den nächsten Abschnitten genau beschrieben.

Lebenszeit von Objekten

Betrachten wir zuerst ein Beispiel, das sich mit dem Problem der Lebenszeit eines Objekts befasst. Für diesen Abschnitt nehmen wir an, dass die Beispiele mit manuellem Reference Counting übersetzt werden. Andernfalls kommt es zu Compiler-Warnungen, die nichts mit den folgenden Erläuterungen zu tun haben. Definieren wir zuerst einmal eine kleine Hilfsklasse `MyClass` mit zwei Properties `field1` und `field2`:

```
#import <Foundation/Foundation.h>

@interface MyClass : NSObject {}

@property (assign) MyClass* field1;
@property (assign) MyClass* field2;

@end
```

Listing 9.2: `MyClass.h`

Von dieser Klasse wollen wir uns nun drei Instanzen (**A**, **B**, **C**) erzeugen, die ineinander verlinkt sind und auf die wir über die Variable `obj` zugreifen können (siehe Listing 9.3). Die Lebenszeit eines Objective-C-Objekts beginnt immer mit dem Aufruf der Methode `alloc`, die in der Klasse `NSObject` implementiert ist. Innerhalb dieser Implementierung wird für die Instanz der entsprechenden Klasse Speicher auf dem Heap, wie durch den Aufruf von `malloc` in Listing 9.1, angefordert. Der Aufruf kann allerdings auch indirekt durch die Verwendung eines Convenience-Konstruktors geschehen.

```
MyClass* obj = [[MyClass alloc] init]; // A
obj.field1 = [[MyClass alloc] init];   // B
obj.field2 = [[MyClass alloc] init];   // C
obj.field2.field1 = obj.field1;
obj.field2.field2 = obj.field1;
```

Listing 9.3: Beispiel für die Lebensdauer von Objekten

Hierdurch ergibt sich der folgende Abhängigkeitsgraph und man sieht, dass alle drei Instanzen benötigt werden und somit keine der Instanzen aus dem Speicher entfernt werden kann. Denn die Lebensdauer eines Objekts endet genau dann, wenn ein Objekt im Speicher vom Programm nicht mehr erreicht werden kann.

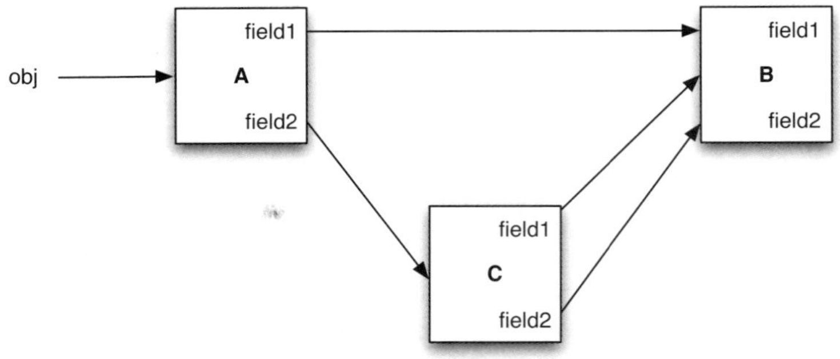

Abb. 9.3: Abhängigkeitsgraph nach Ausführung von Listing 9.3

Gleiches gilt auch nach Ausführung der folgenden beiden Zeilen:

```
obj.field1 = nil;
obj.field2.field2 = nil;
```

Hierdurch wird zwar die Abhängigkeit zwischen **A** und **C** über das Property `field1` und zwischen **B** und **C** über `field2` aufgelöst, es lassen sich über die Variable `obj` jedoch immer noch alle drei Instanzen von `MyClass` erreichen:

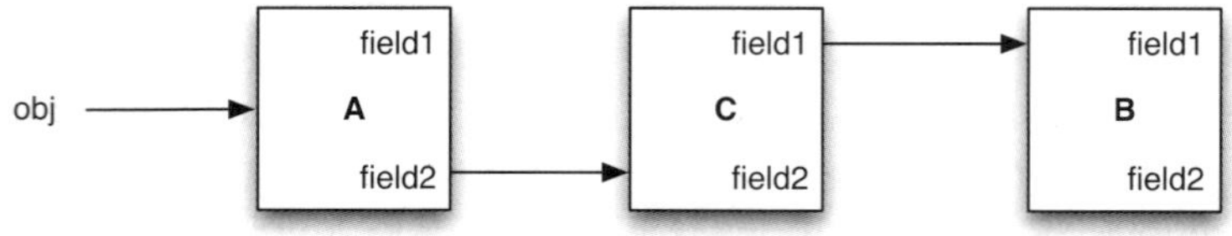

Abb. 9.4: Entfernung der Verbindungen von **A** nach **B** und **C** nach **B**

Jede weitere Entfernung einer Abhängigkeit führt nun allerdings dazu, dass nicht mehr alle Instanzen erreicht werden können. So führt zum Beispiel die Entfernung der Abhängigkeit zwischen **C** und **B** dazu, dass **B** nicht mehr erreicht werden kann und dass **B** aus dem Speicher entfernt werden müsste:

```
obj.field2.field1 = nil;
```

Das Objekt **B** ist damit überflüssig und müsste aus dem Speicher entfernt werden.

Ein anderes Beispiel wäre, wenn man die Verbindung von **A** über `field2` zu **C** auf `nil` setzt:

```
obj.field2 = nil;
```

Wodurch sich die Abhängigkeit wie in Abbildung 9.5 ergeben würde:

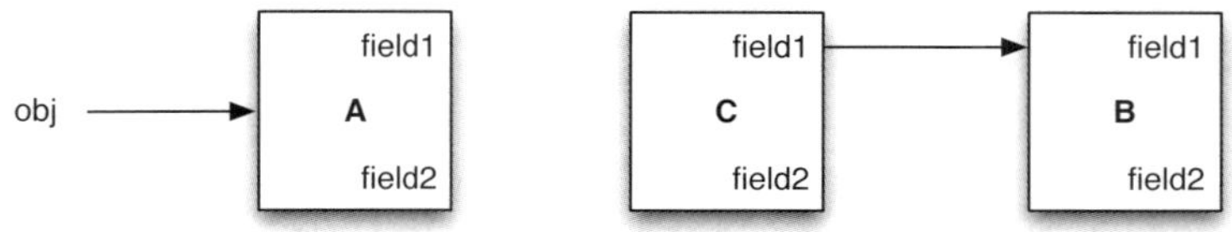

Abb. 9.5: Lebensende für die beiden Objekte **C** und **B**

An dem Abhängigkeitsgraphen sieht man nun, dass **B** und **C** zwar noch verbunden sind, allerdings über den Zeiger `obj` nicht mehr erreicht werden können. Aus diesem Grund müssen sie auch aus dem Speicher entfernt werden. Es stellt sich allerdings die Frage, wie man Objekte aus dem Speicher entfernt, und vor allem, wie man den Zeitpunkt bestimmt, zu dem die Lebenszeit eines Objekts endet. Hierfür stehen in der Cocoa-Bibliothek zwei Varianten des Memory Managements bereit: das **Reference Counting (manuell und automatisch)** und das **Garbage Collecting**. Mit beiden Varianten wollen wir uns in den nächsten Abschnitten etwas genauer beschäftigen, nachdem wir erläutert haben, wie ein neues Objekt erzeugt werden kann.

9.1 Erzeugen von neuen Objekten

Wie wir bereits gezeigt haben, kann ein Cocoa-Objekt mit der Methode `alloc` erzeugt werden. Diese Methode ist als Klassenmethode in `NSObject` implementiert und wird damit an alle Unterklassen weitervererbt. Innerhalb dieser Methode wird der Speicherplatz für ein Objekt auf dem Heap angefordert und das Objekt vorinitialisiert. So muss zum Beispiel jedes Objekt als erste Instanzenvariable einen `isa`-Zeiger auf die zugehörige Klasse besitzen (siehe hierzu auch Abschnitt 9.3.6). Während der Laufzeit kann ein Objekt über das Klassen-Objekt, das es über den `isa`-Zeiger erhält, jegliche Informationen der Klasse abrufen, wie zum Beispiel die Größe einer Instanz, welche Instanzenvariablen oder Methoden definiert sind und wo sich die Implementierungen dieser Methoden im Speicher befinden. Der `isa`-Pointer ist ebenfalls bereits in `NSObject` definiert und wird von der `alloc`-Methode gesetzt. Die `alloc`-Methode sollte nur im Notfall überschrieben werden. Sollen weitere Initialisierungen des Objekts durchgeführt werden, steht hierfür die `init`-Methode zur Verfügung. Wenn ein neues Objekt erzeugt werden soll, wird aus diesem Grund immer zuerst `alloc` und dann `init` aufgerufen (siehe Abschnitt 1.5):

```
MyObject* obj  = [[MyObject alloc] init];
```

Speicherzonen

Für die Bereitstellung von Speicher für ein neues Objekt wird prinzipiell der gesamte zur Verfügung stehende Heap genutzt. Bei manuellem Reference Counting in einer 32-Bit-Mac-OS-X-Anwendung gibt es allerdings auch die Möglichkeit, den Heap in einzelne Zonen zu partitionieren und ein Objekt in einer ausgewählten Partition zu erzeugen. Hierzu gibt es in `NSObject` die Klassenmethode `allocWithZone:`, die als Alternative zu `alloc` verwendet werden kann. Die Nutzung einer eigenen Speicherzone im Gegensatz zu dem gesamten Heap sollte allerdings eine Ausnahme darstellen und nur angewandt werden, wenn die bessere Effizienz des Speichermanagements den Overhead der Erzeugung und Verwaltung der Speicherzone aufwiegt.

Hinweis

Die Aufteilung des Heaps in Speicherzonen funktioniert nur bei Verwendung des manuellen Reference Counting bei 32-Bit-Mac-OS-X-Anwendungen. Bei der Nutzung eines Garbage Collectors oder mit ARC hat die Angabe einer Speicherzone keine Wirkung und es wird immer der gesamte Heap zum Allokieren verwendet.

Eine solche neue Speicherzone kann mit dem Befehl `NSCreateZone` erzeugt werden.

```
NSZone* myZone = NSCreateZone(8192, 4096, YES);
```

Durch dieses Beispiel wird eine Speicherzone mit einer Größe von 8 KB erzeugt, die bei Bedarf um jeweils 4 KB vergrößert wird. Alle Objekte, die nun innerhalb einer solchen Zone erzeugt werden, befinden sich auch in einem zusammenhängenden Bereich im virtuellen Speicher. Dies kann bei Programmen, die auf diese Speicheranordnung optimiert sind, zu einem Performance- oder Speichervorteil führen. Es besteht zum Beispiel die Möglichkeit, mit Speicherzonen der Defragmentierung des virtuellen Speichers, die durch viele Objekte mit sehr kurzen Lebenszeiten entstehen könnte, entgegenzuwirken. Ein anderes Beispiel ist, dass durch die Nähe der Objekte untereinander im Hauptspeicher Cachingvorteile ausgenutzt werden können.

Die Erzeugung eines neuen Objekts in dieser neuen Zone sieht wie folgt aus:

```
MyObject* myObj = [[MyObject allocWithZone: myZone] init];
```

Manchmal kann es für ein Objekt sinnvoll sein, ein Subobjekt in der gleichen Zone zu erzeugen. Dies erreicht man wie folgt:

```
MyObject* myObj = [[MyObject allocWithZone: [self zone]] init];
```

Zur Steuerung und Verwaltung von verschiedenen Speicherzonen gibt es in der Cocoa-Bibliothek eine Vielzahl von Methoden. So kann zum Beispiel einer Speicherzone mit der Methode `NSZoneSetName` ein Name zugewiesen und mit `NSZoneName` dieser wieder ausgelesen werden:

```
NSZoneSetName(myZone, @"Eine neue Speicherzone");
NSLog(@"name = %@", NSZoneName(myZone));
```

Eine weitere sehr wichtige Methode ist `NSZoneFromPointer`. Mit dieser Methode kann man sich für einen Pointer auf einen Speicherbereich ausgeben lassen, in welcher Speicherzone er erzeugt wurde. Handelt es sich um ein Cocoa-Objekt, kann diesem auch einfach die Nachricht `zone` geschickt werden:

```
NSZone* zone1 = NSZoneFromPointer(myObj);
NSZone* zone2 = [myObj zone];
```

Wird eine Zone nicht mehr länger benötigt, kann sie mit dem Befehl `malloc_-destroy_zone` zerstört werden. Hierbei sollte allerdings darauf geachtet werden, dass die Zone keine weiteren Elemente beinhaltet, da deren Speicherbereich hiernach für neue Objekte zur Verfügung steht, was zu unvorhersehbaren Fehlern im Programm führen kann.

Wir wollen nun noch einmal auf den Unterschied zwischen `alloc` und `allocWithZone:` zurückkommen. Bei `allocWithZone:` wird ein Objekt in einer ausgewählten Speicherzone erzeugt, wohingegen mit `alloc` der gesamte freie Heap zur Verfügung steht. Dieser gesamte Heap entspricht allerdings einfach nur der Default-Speicherzone, die wir mit dem Funktionsaufruf `NSDefaultMallocZone()` erhalten. Der Methode `allocWithZone:` können wir als Zone auch `nil` übergeben, um diese Default-Speicherzone auszuwählen. Die Implementierung der Methode `alloc` ist damit nichts anderes als:

```
- (id) alloc {
    return [self allocWithZone: nil];
}
```

Listing 9.4: Implementierung der Klassenmethode `alloc` aus `NSObject`

9.2 Kopieren von Objekten

Eine weitere Möglichkeit, ein neues Objekt zu erzeugen, ist, ein vorhandenes zu kopieren. Ein Objekt, das durch einen Kopiervorgang dupliziert werden kann, muss das `NSCopying`-Protokoll erfüllen. Dies fordert, dass die Methode `copyWithZone:` implementiert sein muss. Durch Aufruf dieser Methode soll ein neues Objekt im Speicher erzeugt werden, das eine äquivalente Kopie des Ursprungsobjekts darstellen soll. Um dies zu erreichen, gibt es prinzipiell zwei verschiedene Varianten: die Shallow Copy und die Deep Copy.

Shallow Copy

Die Idee bei der Shallow Copy (zu Deutsch: flache Kopie) ist es, dass einfach eine Kopie des Objekts erzeugt wird, bei der alle Instanzenvariablen den gleichen Wert besitzen. Für unsere Klasse `MyClass` aus Listing 9.2 könnte die Implementierung von `copyWithZone:`, um eine Shallow Copy zu erzeugen, wie folgt aussehen:

```
- (id) copyWithZone: (NSZone*) zone {
    MyClass* newObject = [[MyClass allocWithZone: zone] init];
    newObject.field1 = field1;
    newObject.field2 = field2;
}
```

Listing 9.5: Implementierung von `copyWithZone:`

Damit auch eine Klasse, die von `MyClass` erbt, die beiden Attribute `field1` und `field2` korrekt kopiert, könnte man anstelle der festen Klasse `MyClass` auch direkt die Klasse des zu kopierenden Objekts verwenden (`[self class]`), um für diese `allocWithZone:` auszuführen:

```
MyClass* newObject = [[[self class] allocWithZone: zone] init];
```

Dann könnte man zum Beispiel für eine Klasse `MyClassEx`, die von `MyClass` erbt, jedoch ein zusätzliches Property `field3` besitzt, die `copyWithZone:`-Methode wie folgt überschreiben:

```
- (id) copyWithZone: (NSZone*) zone {
    MyClassEx* newObject = [super copyWithZone: zone];
    newObject.field3 = field3;
}
```

Listing 9.6: Überschreiben der Methode `copyWithZone:`

Die beiden Attribute `field1` und `field2` werden dann von der Implementierung aus `MyClass` kopiert. Nur das Attribut `field3` wird in der überschriebenen Implementierung nachgepflegt.

Insgesamt wirkt diese Vorgehensweise jedoch viel zu kompliziert, wenn man sich vergegenwärtigt, dass einfach der gesamte Speicherinhalt des Objekts dupliziert wird. Es gibt aber auch eine einfachere Variante. Hierfür müsste man nur von der Klasse `NSCopyObject` erben, in der die `copyWithZone:` wie folgt implementiert ist:

```
- (id) copyWithZone: (NSZone*) zone {
    return NSCopyObject(self, 0, zone);
}
```

Listing 9.7: Shallow Copy mit `NSCopyObject`

Hier wird einfach die Methode `NSCopyObject` verwendet, um den Speicherinhalt des Ausgangsobjekts in einen neuen Speicherbereich zu duplizieren und dieses als das neue Objekt zurückzugeben. Eine solche Implementierung kann natürlich auch für eigene `copyWithZone:`-Methoden verwendet werden, ohne dass die eigene Klasse von `NSCopyObject` erbt.

Deep Copy

Der Unterschied einer Deep Copy (zu Deutsch: tiefe Kopie) zu einer Shallow Copy besteht nun darin, wie beim Kopieren mit Pointern umgegangen wird. So wird bei einer Deep Copy nicht nur der eigene Speicherinhalt dupliziert, sondern auch der Speicherinhalt aller referenzierten Objekte, das heißt, bei einer Deep Copy wird die gesamte am Objekt hängende Struktur kopiert. Hierzu müssen rekursiv all jene Objekte, auf die referenziert wird, ebenfalls kopiert werden. Die Implementierung für eine Deep Copy von `MyClass` sieht wie folgt aus:

```
- (id) copyWithZone: (NSZone*) zone {
    MyClass* newObject = [[MyClass allocWithZone: zone] init];
    newObject.field1 = [field1 copyWithZone: zone];
    newObject.field2 = [field2 copyWithZone: zone];
}
```

Listing 9.8: Deep-Copy-Implementierung von `copyWithZone:`

Ein Problem gibt es bei dieser Variante allerdings mit zyklisch referenzierten Objekten. In diesem Fall müsste man sich zentral für den gesamten Kopiervorgang merken, welche Objekte bereits kopiert wurden, damit jedes Objekt nur einmal kopiert wird. Sollte ein Objekt dann bereits kopiert worden sein, wird einfach die alte Kopie wiederverwendet. Aber überlegen Sie selbst einmal, wie eine solche Implementierung für `MyClass` realisiert werden könnte.

In der Praxis jedoch benötigt man häufig eine Kopie, die weder Shallow noch Deep Copy ist, sondern sich dazwischen bewegt. Hierfür ist es häufig sinnvoll, zuerst eine Shallow Copy mit `NSCopyObject` anzulegen und dann wie gewünscht die referenzierten Objekte rekursiv zu kopieren. Zum Beispiel könnte man eine Kopie der `MyClass`-Objekte anlegen, bei denen nur das Attribut `field1` wie bei einer Deep Copy realisiert ist:

```
- (id) copyWithZone: (NSZone*) zone {
    MyClass* newObject = NSCopyObject(self, 0, zone);
```

```
    newObject.field1 = [field1 copyWithZone: zone];
    return newObject;
}
```

Listing 9.9: Realisierung einer Mischung aus Shallow und Deep Copy

Äquivalent zu `alloc` und `allocWithZone:` gibt es auch eine `copy`-Methode in `NSObject`, die wie folgt implementiert ist:

```
- (id) copy {
    return [self copyWithZone: nil];
}
```

Listing 9.10: Implementierung der Methode copy in `NSObject`

9.3 Manuelles Reference Counting

Die erste Möglichkeit, die Lebenszeit eines Objekts im Speicher zu berechnen, die von Apple durch das Cocoa-Framework unterstützt wird, ist das **Manuelle Reference Counting**. Das **Reference Counting** war vor Mac OS X 10.5 und ist bis jetzt unter iOS die einzige Variante des Memory Managements, die von Apple vorgesehen ist. Es ist eine sehr effiziente Möglichkeit, die Lebenszeit eines Objekts zu berechnen, besitzt allerdings auch einige Nachteile, wie Sie im Weiteren noch sehen werden.

Die Idee beim **Reference Counting**, sowohl manuell als auch automatisch, ist, dass jedes Objekt die Anzahl an Objekten zählt, die von ihm abhängig sind, also die Anzahl der Pfeile im Abhängigkeitsgraphen, die auf das Objekt zeigen. Diese Anzahl wird in einem Extrafeld des Objekts gespeichert und wird Reference Count genannt. Der gesamte Abhängigkeitsgraph wird also auf die Anzahl an Abhängigkeits-Kanten je Objekt reduziert. Dazu stehen in der Klasse `NSObject` die Methoden `retain` zum Erhöhen des Reference Counts und `release` zum Reduzieren bereit. Falls mit zum Beispiel `alloc` oder mit `copy` ein neues Objekt erzeugt wird, besitzt dieses zu Anfang einen Reference Count von 1. Im Laufe eines Programms kann der aktuelle Reference Count eines Objekts mit der Methode `retainCount` abgefragt werden. Reduziert sich der Reference Count durch einen Aufruf der Funktion `release` auf 0, gilt die Lebensdauer eines Objekts als beendet und die Funktion `dealloc` wird von `release` aufgerufen. Eine mögliche Implementierung einer Wurzelklasse, die Reference Counting umsetzt, wird in Abschnitt 9.3.6 gezeigt.

Zunächst wollen wir allerdings verstehen, wie das Reference Counting eingesetzt werden kann. Betrachten wir hierzu ein äquivalentes Beispiel aus dem vorherigen Abschnitt auf der Basis von Listing 9.3:

```
MyClass* obj = [[MyClass alloc] init];     // A: A.rc = 1
obj.field1 = [[MyClass alloc] init];       // B: B.rc = 1
obj.field2 = [[MyClass alloc] init];       // C: C.rc = 1
obj.field2.field1 = [obj.field1 retain]; // B.rc = 2
obj.field2.field2 = [obj.field1 retain]; // B.rc = 3
```

Listing 9.11: Lebenszeit von Objekten mit Reference Counting

Hiernach besitzen die Objekte **A** und **C** einen Reference Count von 1, den sie direkt durch den Aufruf von `alloc` erhalten haben. Das Objekt **B** besitzt einen Reference Count von 3 – einen durch den Aufruf von `alloc` und zwei durch die beiden `retain`-Aufrufe. Diese Werte entsprechen genau der Anzahl an Abhängigkeiten im Abhängigkeitsgraphen, die auf die Objekte verweisen (siehe Abbildung 9.6).

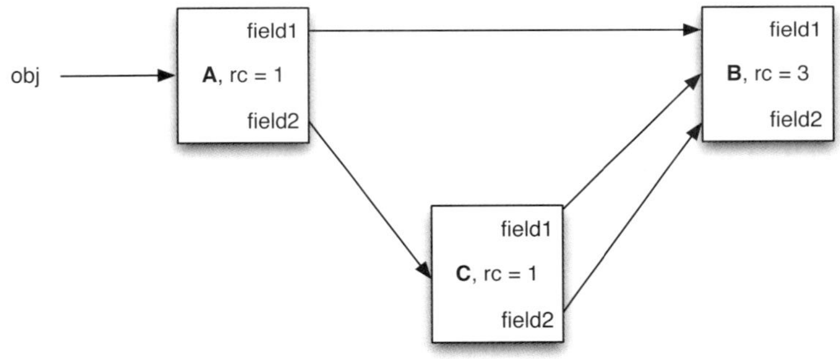

Abb. 9.6: Reference Count nach dem Ausführen von Listing 9.11

Wird nun zum Beispiel die Verbindung zwischen **A** und **B** auf `nil` gesetzt, muss der Reference Count von **B** mit `release` ebenfalls um 1 reduziert werden.

```
[obj.field1 release];  // B.rc = 2
obj.field1 = nil;
```

Damit besitzt **B** also noch einen Reference Count von 2. Werden nun nacheinander für die Properties `field1` und `field2` von **C** `release` aufgerufen, reduziert sich der Reference Count von **B** auf 0 und **B** wird mit dem letzten Aufruf von `release` aus dem Speicher entfernt:

```
[obj.field2.field2 release]; // B.rc = 1
obj.field2.field2 = nil;
[obj.field2.field1 release]; // B.rc = 0, B wird aus dem Speicher entfernt
obj.field2.field1 = nil;
```

Am Abhängigkeitsgraphen sieht man sehr schön, dass das Objekt **B** nicht mehr verwendet wird (siehe Abbildung 9.7).

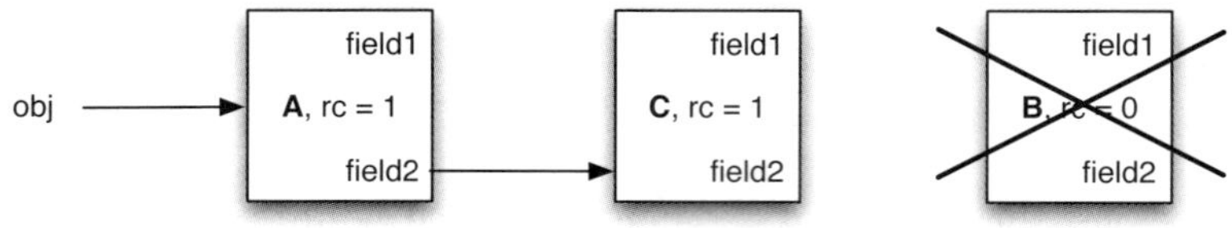

Abb. 9.7: Freigabe von Objekt **C** aufgrund eines Reference Counts von 0

Damit ist eigentlich bereits alles erwähnt, was nötig ist, um das Prinzip von Reference Counting zu verstehen. Allerdings zeigt es sich, dass in größeren Programmen irgendwann doch sehr viel schwieriger zu erkennen ist, wie die Abhängigkeiten zwischen den Objekten sich entwickeln und wie man als Programmierer zu agieren hat. Außerdem besitzt das Reference Counting natürlich auch Nachteile und Probleme. All diesem wollen wir in den nächsten Abschnitten nachgehen.

9.3.1 Besitz und Freigabe von Objekten

An dem Beispiel aus Listing 9.11 sieht man, dass es das Ziel des Reference Counting ist, den Abhängigkeitsgraphen auf die Anzahl der Abhängigkeiten zu reduzieren. Da die Pflege der korrekten Anzahl an Abhängigkeiten Aufgabe des Programmierers ist, stellt sich irgendwann, vor allem im Zusammenhang mit Klassen, die man nicht selbst implementiert hat, die Frage: Wann muss ich `retain` aufrufen und wann muss ein Objekt mit `release` wieder freigegeben werden, ohne dass ein Objekt unnötig im Speicher verweilt? Um diese Frage klären zu können, prägt Apple den Begriff des Besitzers eines Objekts. Hierfür werden wir später einige einfache Verhaltensregeln festlegen, um zu erkennen: Wann ist man Besitzer eines Objekts? Warum möchte man es eventuell sein? Und welche Aufgabe hat ein Besitzer? Es wird sich zeigen, dass genau der Besitzer eines Objekts am Ende die Aufgabe hat, seinen Besitz an einem Objekt mit `release` wieder freizugeben. Dabei kann ein Objekt durchaus auch mehrere Besitzer haben.

Damit entsprechen die Besitzer eigentlich genau den Abhängigkeiten im Abhängigkeitsgraphen. Die andere Begriffswahl und die Verhaltensregeln sollen jedoch helfen, sich von der Vorstellung des gesamten zusammenhängenden Abhängigkeitsgraphen zu lösen und das Problem nur aus Sicht eines Besitzers zu betrachten.

Wird zum Beispiel ein Objekt **A** von einem Objekt **B** erzeugt, nur privat verwendet und nie nach außen gereicht, ist der Besitzer einfach festzulegen: In diesem Fall hat Objekt **B** dafür zu sorgen, dass das Objekt **A** am Ende der Verwendung wieder freigegeben wird. Wird ein Objekt allerdings zum Beispiel mit einer Nachricht als

Rückgabewert an ein anderes Objekt weitergereicht, verwischen die Grenzen, wer der Besitzer des Rückgabewertes ist. Nehmen wir eine Klasse `Building`, über die wir ein Gebäude im Rechner darstellen. Ein Gebäude besitzt nun eine unbekannte Anzahl an Räumen, dargestellt durch die Klasse `Room`. Nehmen wir an, wir hätten hierfür eine Methode `rooms`, die uns ein Array von Räumen zurückgibt:

```
@interface Building : NSObject {
    Room* livingRoom;
    Room* dishingRoom;
    //...
}

- (id) initWithName: (NSString*) name;
- (NSArray*) rooms;
//...

@end
```

Listing 9.12: Klasseninterface der Klasse `Building`

Wenn wir die Methode `rooms` nun in einer eigenen Methode aufrufen, stellt sich die Frage, ob wir das zurückerhaltene Array nach der Verwendung aufräumen müssen oder ob dies die Klasse `Building` für uns erledigt. Aus der reinen Definition der Funktion können wir diese Frage nicht direkt beantworten. Hierfür müssten wir wissen, wer Besitzer des Rückgabewertes ist, wir oder `Building`.

Um zu klären, ob man Besitzer eines Objekts ist und welche Verpflichtungen man gegenüber einem Objekt eingeht, sind zusammen mit der Implementierung des Reference Countings einige einfache Verhaltensregeln festgelegt worden:

- Man ist Besitzer eines Objekts, das man »selbst erzeugt« hat.
- Es gelten alle Objekte als »selbst erzeugt«, die durch einen Methodenaufruf entstanden sind, dessen Name mit `alloc` oder `new` beginnt oder das Wort `copy` beinhaltet. All diese »selbst erzeugten« Objekte haben nach der Erzeugung genau einen Besitzer und damit einen Reference Count von 1.
- Wenn man nicht möchte, dass ein Objekt aus dem Speicher entfernt wird, muss man Besitzer des Objekts werden. Was zum Beispiel notwendig ist, wenn ein Objekt während der Verarbeitung durch einen anderen Thread freigegeben werden könnte oder man das Objekt auch über die Ausführung der aktuellen Funktion hinweg benötigt. Erreichen kann man dies, indem man `retain` an dieses Objekt sendet.
- Für alle Objekte, die man besitzt, hat man auch die Verantwortung, sie mit `release` wieder freizugeben, falls man sie nicht weiter benötigt. Diese Freigabe sollte auch immer so früh wie möglich geschehen, um nicht unnötig Speicher zu verschwenden.

- Alle Objekte, die man hingegen nicht besitzt, muss man auch nicht wieder freigeben.

Vorsicht

War man bereits Besitzer eines Objekts, wird man durch einen erneuten Aufruf von `retain` zweimaliger Besitzer des Objekts, was dazu führt, dass man auch zweimal die Verantwortung besitzt, dieses Objekt mit `release` wieder freizugeben.

Aus diesen Regeln ergibt sich, dass man ein `retain` oder `release` nicht einfach ohne zu überlegen anwenden darf. Man kann also zum Beispiel nicht in einer ungewissen Situation einfach ein `release` ausführen.

Betrachten wir nun ein paar Beispiele, um etwas Licht hinter diese Regeln zu bringen. Ein Beispiel mit der Klasse `Building`, das alle Räume auf der Konsole ausgibt, könnte wie folgt aussehen:

```
Building* building = [[Building alloc] initWithName:@"Haus 1"];

NSArray* rooms = [building rooms];
for (int i = 0; i < [rooms count]; i++) {
    NSLog([[rooms objectAtIndex:i] description]);
}

[building release];
```

Listing 9.13: Iteration über alle Räume eines Gebäudes

In dem Beispiel erzeugen wir eine Instanz der Klasse `Building` mit der Methode `alloc`. Also sind wir Besitzer des Objekts und damit auch verantwortlich für die Freigabe dieser Instanz. Aus diesem Grund rufen wir am Ende auch `release` für die Instanz `building` auf. Die Liste der Räume, die wir uns über die lokale Variable `rooms` merken, erhalten wir durch den Aufruf der Methode `rooms`. Diese beginnt allerdings nicht mit `alloc` oder `new` und beinhaltet auch nicht das Wort `copy`. Aus diesem Grund sind wir auch nicht Besitzer des Objekts und müssen uns auch nicht um die Freigabe des Arrays kümmern. Die Verantwortung für die korrekte Freigabe des Arrays obliegt somit komplett der Klasse `Building`.

Wichtig

Bei den hier beschriebenen Verhaltensregeln bzgl. `alloc`, `new` usw. handelt es sich lediglich um Konventionen von Apple, an die wir uns als Entwickler halten müssen, um eine korrekte Funktionsweise des eigenen Programms zu garantieren. Diese Vorgehensweise ist in der Cocoa-Bibliothek festgelegt, könnte jedoch durch die Verwendung einer anderen Bibliothek für Objektive-C komplett anders aussehen.

Objektrückgabe per Referenz

Äquivalentes gilt für den Fall, dass ein Objekt nicht als Rückgabewert übergeben wird, sondern als Referenz über ein Funktionsargument. In der Cocoa-Bibliothek wird diese Variante der Übergabe zum Beispiel gerne für die Rückgabe von möglichen Fehlern über ein NSError-Objekt in Ausnahmefällen genutzt. Ein Beispiel hierfür ist der Konstruktor initWithContentsOfFile:options:error: der Klasse NSString:

```
- (id)initWithContentsOfFile:(NSString *) path
                    encoding:(NSStringEncoding) enc
                       error:(NSError **) errorPtr;
```

Durch diese Methoden wird ein Datenobjekt mit dem Inhalt einer Datei initialisiert. Kommt es bei diesem Ladevorgang zu einem Fehler, wird nicht eine Exception geworfen, stattdessen wird über das Argument errorPtr eine Referenz auf ein NSError-Objekt zurückgegeben, in dem der aufgetretene Fehler genauer beschrieben ist. Auch für alle Objekte, die so per Referenz zurückgegeben werden, gilt, dass sie nicht selbst erzeugt wurden und man damit nicht der Besitzer dieses Objekts ist. Damit muss auch in diesem Fall das NSError-Objekt von der Klasse NSString wieder freigegeben werden.

Genau dies wollen wir uns nun in folgendem Beispiel ansehen, bei dem eine Datei fileName nach einem Pattern pattern durchsucht wird und dementsprechend YES zurückliefert, falls es gefunden wird, oder NO, falls nicht. Tritt während des Einlesens der Datei ein Fehler auf, wird dieser ausgegeben und ebenfalls NO als Ergebnis zurückgegeben:

```
+ (BOOL) existsPattern: (NSString*) pattern inFile: (NSString*) fileName {
    NSError* error = nil;
    NSString* text = [[NSString alloc] initWithContentsOfFile:fileName
                                  encoding:NSUTF8StringEncoding error:&error];

    if (error != nil) {
        NSLog([error localizedFailureReason]);
        return NO;
    }

    NSRange range = [text rangeOfString:pattern];
    [text release];

    return range.location != NSNotFound;
}
```

Listing 9.14: Suchen von Pattern in einer Datei

Das Objekt `error`, das wir bei einem Fehler per Referenz zurückbekommen, müssen wir also nicht freigeben. Aus diesem Grund finden wir auch keinen Aufruf von `release` für dieses Objekt im Beispiel. Die Instanz von `NSString` in der Variablen `text` müssen wir allerdings selbst wieder freigeben, da sie mit `alloc` erzeugt wurde.

Convenience-Konstruktoren

Betrachten wir nun noch einmal ein Beispiel auf Basis der Klasse `NSString`. Wir wollen uns ein `NSString`-Objekt erzeugen und es mit `NSLog` auf der Konsole ausgeben. Danach wird das Objekt nicht weiter benötigt.

Im ersten Fall wollen wir eine Instanz von `NSString` mit der Methode `alloc` erzeugen und mit `initWithString:` initialisieren:

```
NSString *string = [[NSString alloc] initWithString:@"Hello World"];
NSLog(string);
[string release];
```

In diesem Fall sind wir Besitzer der Instanz und müssen sie aus diesem Grund auch nach der Ausgabe mit `release` wieder freigeben.

Anders sieht es aus, wenn wir für das Erzeugen der Instanz den Convenience-Konstruktor `stringWithFormat:` verwenden:

```
NSString *string = [NSString stringWithFormat:@"Hello World"];
NSLog(string);
```

In der Implementierung des Konstruktors wird sicherlich auch die `alloc`-Methode verwendet. Allerdings beginnt `stringWithFormat:` nicht mit `alloc` oder `new` und beinhaltet auch nicht `copy`. Aus diesem Grund sind wir nicht Besitzer der Funktion und müssen das Objekt auch nicht wieder freigeben. Würde man es allerdings trotzdem versuchen, würde dies zum Zeitpunkt des `release`-Aufrufs nicht zu einem Fehler führen. Der Fehler würde später auftreten, wenn die eigene Funktion vermutlich gar nicht mehr aktiv ist. Die Fehlermeldung dann allerdings diesem fehlerhaften `release` zuzuordnen, ist üblicherweise sehr schwer.

Es stellt sich auch die Frage, warum es überhaupt zu diesem Effekt kommt und wie so ein Convenience-Konstruktor implementiert werden könnte. Denn der Konstruktor ist selbst für die Freigabe des gerade erzeugten Objekts verantwortlich, kann die Freigabe jedoch nicht während seiner Ausführung machen, da er der Funktion, die den Konstruktor aufruft, noch die Chance geben muss, sich als Besitzer am neuen Objekt anzumelden. Versuchen wir also eine korrekte Implementierung für einen Convenience-Konstruktor `buildingWithName:` für unsere Klasse `Building` aus Listing 9.12 zu finden. In jedem Fall muss das neue Objekt erzeugt und initialisiert werden. Damit könnte die Implementierung wie folgt aussehen:

```
+ (id) buildingWithName: (NSString*) name {
    id newBuilding = [[Building alloc] initWithName: name];
    return newBuilding;
}
```

Listing 9.15: Implementierung des Konstruktors `buildingWithName:` ohne Freigabe

Durch diese Implementierung wird das neu erzeugte Objekt allerdings nicht freigegeben. Damit wird es nie aus dem Speicher entfernt, da nach dem Funktionsende für die Klasse auch die Referenz auf das neue Objekt verloren geht und damit eine Freigabe zu einem späteren Zeitpunkt nicht möglich wäre. Also muss das Objekt irgendwie vor der Rückgabe noch freigegeben werden:

```
+ (id) buildingWithName: (NSString*) name {
    id newBuilding = [[Building alloc] initWithName: name];
    return [newBuilding release];
}
```

Listing 9.16: Implementierung von `buildingWithName:` mit Freigabe durch `release`

Aber auch diese Variante ist nicht korrekt, da in diesem Fall durch den Aufruf von `release` keine Besitzer übrig bleiben, also der Reference Count von `newBuilding` gleich 0 ist und somit das Objekt aus dem Speicher entfernt wird. Die Funktion, die den Konstruktor `buildingWithName:` aufgerufen hat, bekommt also nur noch eine Speicheradresse zurück, die nicht mehr für die Instanz von `Building` reserviert ist. Entweder ist sie bei der nächsten Verwendung der Referenz dann immer noch nicht reserviert, was zu einem Fehler führen würde, oder die Speicherstelle wird bereits durch ein anderes Objekt wieder verwendet. Die Daten an der Stelle im Speicher werden dann als eine Instanz von `Building` interpretiert. Auch diese Variante wird irgendwann zu einem Fehler führen. Wie sich dieser Fehler äußert, ist aber nur sehr schwer vorherzusagen. Korrekt funktioniert die Freigabe des neuen Objekts wie folgt:

```
+ (id) buildingWithName: (NSString*) name {
    id newBuilding = [[Building alloc] initWithName: name];
    return [newBuilding autorelease];
}
```

Listing 9.17: Implementierung von `buildingWithName:` mit Freigabe durch `autorelease`

In dieser Variante wird anstelle von `release` die Funktion `autorelease` der Klasse `NSObject` verwendet. Durch den Aufruf von `autorelease` wird das Objekt für einen noch fehlenden `release`-Aufruf markiert. Dieser Aufruf wird dann später zu einem »geeigneten« Zeitpunkt nachgeholt. Man stellt sich allerdings die Frage: Wann ist dieser »geeignete« Zeitpunkt? Und wie funktioniert der autorelease-Mechanismus genau? Um diese Fragen zu beantworten, muss man sich zuvor noch mit Autorelease Pools beschäftigen. Was Autorelease Pools sind und wie sie funktionieren, wird in Abschnitt 9.3.2 erklärt.

Zu beachten ist beim Umgang mit autorelease allerdings, dass ein autorelease genau ein release ersetzt. Dieses release wird lediglich später ausgeführt und nicht sofort. Mit der Methode autorelease lassen sich jegliche Arten von Objektrückgaben implementieren, bei denen die Aufgabe der Objektfreigabe bei der Funktion selbst liegt. Hierbei ist es egal, ob ein Objekt mit einer normalen Funktionsrückgabe oder zum Beispiel per Referenz über ein Funktionsargument zurückgegeben wird.

Ein anderes Beispiel für die Verwendung von autorelease wäre die folgende Implementierung von rooms der Klasse Building:

```
- (NSArray*) rooms {
    NSArray* roomArray;
    roomArray = [[NSArray alloc] initWithObjects:
                    livingsRoom, diningRoom, nil];
    return [roomArray autorelease];
}
```

Listing 9.18: Implementierung der Methode rooms mit autorelease

In diesem Fall wird ein NSArray-Objekt erzeugt, um eine Menge von Räumen zurückgeben zu können. Das Array dient also nur als Container zur Rückgabe. Falls die aufrufende Funktion an diesem Array nicht interessiert ist, muss es trotzdem zuverlässig freigegeben werden. Aus diesem Grund liegt die Verantwortung der Freigabe bei der Funktion rooms und es wird vor der Rückgabe ein autorelease auf dem roomArray aufgerufen. Es gibt aber auch die Möglichkeit, die Methode wie folgt zu implementieren:

```
- (NSArray*) rooms {
    NSArray* roomArray;
    roomArray = [NSArray arrayWithObjects: livingsRoom, diningRoom, nil];
    return roomArray;
}
```

Listing 9.19: Implementierung von rooms auf Basis von arrayWithObjects:

In diesem Fall ist ein Aufruf von release bzw. autorelease gar nicht notwendig, denn die Funktion rooms war nie Besitzer des Arrays. Allerdings versteckt sich auch bei dieser Implementierung ein Aufruf der Funktion autorelease, jedoch steckt er in der Implementierung von arrayWithObjects: der Klasse NSArray.

Besitz von Objekten

In allen bisherigen Beispielen waren die Besitzansprüche an ein Objekt immer nur auf die Ausführung der aktuellen Funktion begrenzt. Es gibt aber viele Situationen, in denen es wichtig ist, dass ein Objekt länger erhalten bleibt – zum Beispiel wenn wir uns Objekte in Instanzenvariablen merken.

Dies ist zum Beispiel der Fall, falls wir mit einer Methode `setLivingRoom:` für die Klasse `Building` eine Möglichkeit schaffen, die Instanzenvariable `livingRoom` zu ändern (siehe Listing 9.12). In diesem Fall müssen wir sichergehen, dass ein Objekt, das in `livingRoom` gespeichert ist, so lange erhalten bleibt, bis es mit `setLivingRoom:` durch ein anderes Objekt ersetzt wird. Um dies zu erfüllen, melden wir uns mit `retain` als Mitbesitzer bei dem neuen Objekt `newRoom` an und geben das alte Objekt frei:

```
- (void) setLivingRoom: (Room*) newRoom {
    [newRoom retain];
    [livingRoom release];
    livingRoom = newRoom;
}
```

Listing 9.20: Implementierung der Methode `setLivingRoom:`

Dieses Beispiel stellt nur eine Möglichkeit dar, wie man einen solchen Setter implementieren könnte. Es gibt eine Vielzahl von Varianten, die abhängig vom Anwendungsfall mehr oder weniger Sinn machen. Verschiedene Implementierungsvarianten für Getter und Setter wollen wir im Abschnitt 9.3.4 genauer diskutieren. In diesem Fall soll uns einfach erstmal reichen, dass es für eine Klasse durchaus interessant sein kann, mit `retain` den Besitz eines Objekts zu übernehmen und damit zu sichern, dass ein Objekt nicht aus dem Speicher entfernt wird, bis man selbst wieder `release` ausführt.

Wichtig

Wird ein Objekt durch das Laden einer NIB- oder XIB-Datei erzeugt und an ein `IBOutlet` gebunden, so wird für dieses Objekt die Methode `retain` aufgerufen, selbst dann, wenn ein zu dem Outlet gehörendes Property anders implementiert ist. Der Besitz eines solchen Objekts muss also vom Programmierer spätestens in der `dealloc`-Methode mit `release` freigegeben werden.

Die Vorgehensweise in der Methode `setLivingRoom:` ist der Standardfall. Dies gilt auch für Klassen der Cocoa-Bibliothek, wie zum Beispiel die Collection-Klassen (siehe hierzu Kapitel 10). Auch diese sichern sich die meisten Objekte, die sie in einer Klasseninstanz speichern, mit `retain`. Es gibt aber auch Ausnahmen, wie zum Beispiel das `delegate`-Attribut (dazu mehr im Abschnitt 9.3.5). Auf diese Ausnahmen wird in der Dokumentation noch genauer hingewiesen.

Sehen wir uns nun als Beispiel die Collection-Klasse `NSMutableArray` an. Für alle Elemente, die in ein Array der Klasse `NSMutableArray` eingefügt sind, wird intern zur Absicherung `retain` aufgerufen. Betrachten wir hierzu das folgende Beispiel:

```
NSMutableArray* array = [[NSMutableArray alloc] init];
NSNumber *number;

number = [[NSNumber alloc] initWithInt: 5];
[array addObject: number];
[number release];
number = [[NSNumber alloc] initWithFloat:3.14];
[array addObject: number];
[number release];
number = [[NSNumber alloc] initWithDouble:55.33];
[array addObject: number];
[number release];

NSObject* item = [array objectAtIndex:2];
NSLog(@"Eintrag an Position 2: %@", [item description]);

[array release];
```

Listing 9.21: Reference Counting bei Verwendung der Klasse `NSMutableArray`

In diesem Beispiel erzeugen wir uns eine neue Instanz von `NSMutableArray`, die wir zum Ende des Programms ordnungsgemäß wieder freigeben. In dieses Array fügen wir nun mit der Funktion `addObject:` nach und nach drei Instanzen der Klasse `NSNumber` ein. Auch diese Objekte geben wir, da wir sie mit `alloc` erzeugt haben, direkt wieder frei. Durch den Aufruf von `addObject:` ist aber auch das Array Besitzer der drei Instanzen von `NSNumber` und die Objekte werden durch den jeweiligen Aufruf von `release` nicht aus dem Speicher gelöscht. Aus diesem Grund kann auch das zweite Element aus dem Array ausgelesen und auf der Konsole ausgegeben werden.

Anders sieht es aus, wenn wir stattdessen folgenden Programmausschnitt verwenden würden:

```
NSObject* item = [array objectAtIndex:2];
[array removeObjectAtIndex: 2];
NSLog(@"Eintrag an Position 2: %@", [item description]);
```

In diesem Fall rufen wir zuerst das zweite Element aus dem Array ab. Dann löschen wir dieses Objekt aus dem Array, wodurch das Array kein Interesse mehr an dem Objekt hat. Aus diesem Grund wird beim Entfernen `release` aufgerufen. Da das Array allerdings der einzige Besitzer des Elements war, wird damit das Element aus dem Speicher entfernt und die Ausgabe des Elements führt zu einem Speicherfehler.

Das gleiche Problem würde sich ergeben, falls man das komplette Array freigibt, bevor man die Ausgabe macht:

```
NSObject* item = [array objectAtIndex:2];
[array release];
NSLog(@"Eintrag an Position 2: %@", [item description]);
```

Auch in diesem Fall würden durch die Freigabe und Löschung des gesamten Arrays seine einzelnen Elemente freigegeben und damit aus dem Speicher entfernt werden.

Um dies zu verhindern, hätte man beim Auslesen des Objekts `retain` aufrufen müssen; woraufhin man nach der Ausgabe das Objekt mit `release` wieder hätte freigeben müssen:

```
NSObject* item = [[array objectAtIndex:2] retain];
[array removeLastObject];
NSLog(@"Eintrag an Position 2: %@", [item description]);
[item release];
```

In diesem Beispiel erkennt man den Seiteneffekt noch relativ gut. Bei einem komplexeren Programm ist es aber nicht immer so einfach zu verstehen, ob ein Objekt während der Verwendung auch wirklich erhalten bleibt. Im Zweifelsfall hilft es aber, sich auch innerhalb einer Funktion ein Objekt über `retain` zu sichern und es am Ende der Verarbeitung mit `release` wieder freizugeben.

Allerdings soll mit diesem Beispiel keineswegs der Eindruck erweckt werden, dass sich dieses Phänomen nur auf Collections beschränkt. Auch mit unserer Klasse `Building` hätten wir ein entsprechendes Beispiel für die Instanzenvariable `livingRoom` konstruieren können. Überlegen Sie einmal selbst: Wie könnte ein Beispiel für diesen Fall aussehen?

9.3.2 Autorelease Pools

Mit Autorelease Pools (`@autoreleasepool` und die Klasse `NSAutoreleasePool`) wird die Funktionsweise des Befehls `autorelease`, der in `NSObject` implementiert ist, ermöglicht (siehe Listing 9.17). Dazu wird in einem Autorelease Pool für alle Objekte eine Referenz gespeichert, an die `autorelease` gesendet wurde. Wenn für ein Objekt zweimal `autorelease` aufgerufen wurde, befindet sich das Objekt auch zweimal im Autorelease Pool. Mit einem Autorelease Pool wird also eine Liste von noch fehlenden `release`-Aufrufen gespeichert. Diese gespeicherten `release`-Aufrufe werden dann ausgeführt, wenn der Autorelease Pool von allen Besitzern freigegeben und aus dem Speicher entfernt wird. Hierzu folgendes Beispiel:

```
@autoreleasepool {
    NSString* string1 = [[[NSString alloc] initWithString: @"Hello"] retain]
;
    NSString* string2 = [[NSString alloc] initWithString: @"World"];
    NSString* string3 = [NSString stringWithString: @"Today"];

    [string1 autorelease];

    NSLog(@"%@", string1);
    NSLog(@"%@", string2);
    NSLog(@"%@", string3);

    [string2 release];
    [string1 autorelease];
}
```

Listing 9.22: Verwendung von Autorelease Pools

In diesem Beispiel wird zu Beginn des Programms als Erstes ein Autorelease Pool durch `@autoreleasepool` gefolgt von einem Block erzeugt. Am Ende dieses Blocks wird dieser Autorelease Pool wieder freigegeben. Innerhalb des Blocks werden drei Strings erzeugt. Der erste String `string1` wird mit `alloc` erzeugt und es wird zusätzlich `retain` aufgerufen. Damit besitzt der String einen Reference Count von 2. Der zweite String wird ebenfalls mit `alloc` erzeugt, jedoch ohne den zusätzlichen `retain`-Aufruf und besitzt damit einen Reference Count von 1. Der letzte String `string3` wird mit einem Convenience-Konstruktor erzeugt, also muss man sich nicht um die Freigabe kümmern. Wenn man sich nach der Erzeugung den Reference Count ausgeben lässt, besitzt auch dieses Objekt einen Reference Count von 1, da die Verantwortung für die Freigabe des Objekts bei der Klasse `NSString` liegt. Wie wir aus Listing 9.17 wissen, resultiert dieses Verhalten aus der Tatsache, dass die Freigabe durch einen Aufruf von `autorelease` verzögert wurde. So eine verzögerte Freigabe findet danach durch den Aufruf von `autorelease` auch für `string1` statt. Hiernach werden die drei Strings ausgegeben. Zu diesem Zeitpunkt besitzen alle drei Strings einen Reference Count größer als 0 und befinden sich aus diesem Grund auch noch im Hauptspeicher und die Ausgabe mit `NSLog` führt zu dem erwarteten Ergebnis (siehe Abbildung 9.8).

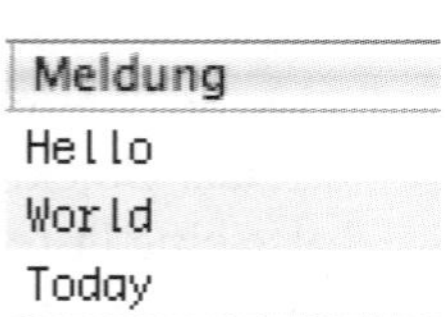

Abb. 9.8: Ausgabe von Hello World Today

Nach den Ausgaben folgt die Freigabe der Objekte. Zuerst wird `string2` mit `release` freigegeben. Dadurch wird der Reference Count von `string2` zu 0 und wird damit aus dem Speicher entfernt. Hiernach folgt ein zweiter Aufruf von `autorelease` für `string1`. Durch die anschließende Freigabe des Pools werden nun alle verzögerten Freigaben ausgeführt. Begonnen wird mit der Freigabe für `string3`, indem der Pool die erforderliche `release`-Nachricht sendet, wodurch `string3` aus dem Speicher entfernt wird. Durch die beiden darauffolgenden noch ausstehenden `release`-Aufrufe für `string1` wird auch dessen Speicherbereich wieder freigegeben. Zuletzt wird der Autorelease Pool aus dem Speicher entfernt.

Hinter einem solchen Autorelease Pool steckt nichts Kompliziertes. Ein Autorelease Pool ist durch die Klasse `NSAutoreleasePool` implementiert. So kann ein Autorelease Pool mit `alloc` und `init` erzeugt und ebenfalls mit `release` freigegeben werden. Ausprogrammiert würde das obige Beispiel dann wie folgt aussehen:

```
NSAutoreleasePool* pool = [[NSAutoreleasePool alloc] init];

NSString* string1 = [[[NSString alloc] initWithString: @"Hello"] retain];
NSString* string2 = [[NSString alloc] initWithString: @"World"];
NSString* string3 = [NSString stringWithString: @"Today"];

[string1 autorelease];

NSLog(@"%@", string1);
NSLog(@"%@", string2);
NSLog(@"%@", string3);

[string2 release];
[string1 autorelease];

[pool release];
```

Listing 9.23: Autorelease Pools mit `NSAutoreleasePool`

Allerdings hat die Syntax mit `@autoreleasepool` den Vorteil der größeren Übersicht, und das Erzeugen und Freigeben eines Pools kann nur zusammen in einem definierten Bereich geschehen und auf keinen Fall z. B. über ein Methodenende hinausgeschoben werden. Dies hilft natürlich der Lesbarkeit eines Programms, ist aber vor allem für den Compiler sehr hilfreich, um Optimierungen vornehmen zu können. Beim automatischen Reference Counting ist deshalb z. B. die Erzeugung eines Pools direkt über die Klasse nicht erlaubt.

Durch dieses Beispiel konnte gezeigt werden, wie genau die Verzögerung durch `autorelease` funktioniert. Allerdings stellt sich nun die Frage, was passiert, wenn kein Pool existiert, oder wie es sich verhält, wenn zwei oder mehr Pools erzeugt wurden. Die erste Frage ist leicht zu beantworten: Die Cocoa-Bibliothek geht immer davon aus, dass mindestens ein Pool existiert. Dafür hat der Programmierer zu garantieren. In Anwendungen mit grafischer Oberfläche wird dies in den meisten Fällen direkt vom Framework garantiert, indem für jede Verarbeitung eines Events, zum Beispiel wenn die Taste der Maus gedrückt wird, ein Autorelease Pool erzeugt und hinterher wieder freigegeben wird (hierzu Genaueres in Kapitel 15). Handelt es sich hingegen nicht um eine AppKit-Anwendung, gibt es einen solchen Mechanismus nicht. Wenn man allerdings in Xcode für eine neue Anwendung auf Basis des Foundation Templates beginnt, erzeugt Xcode direkt in der `main`-Funktion einen Pool, der zum Ende der `main`-Funktion wieder freigegeben wird:

```
#import <Foundation/Foundation.h>

int main (int argc, const char * argv[]) {
    @autoreleasepool {
        // insert code here...
        NSLog(@"Hello, World!");
    }
    return 0;
}
```

Listing 9.24: Leeres Foundation-Programm

Hierdurch wird sichergestellt, dass auch in einem Foundation-Programm immer ein Autorelease Pool existiert. Jedoch sollte in diesem Fall darauf geachtet werden, dass dies nicht der einzige Autorelease Pool bleibt, da alle verzögerten Objekte sonst nur zum Ende des Programms wieder freigegeben würden.

Was geschieht aber nun, wenn man mehr als einen Autorelease Pool erzeugt hat? Das Cocoa-Framework legt die erzeugten Pools auf einen Stack, wobei immer nur der oberste, zuletzt erzeugte Pool aktiv ist. In diesem Pool werden die verzögerten Freigaben durch `autorelease` gesammelt. Wird ein Autorelease Pool auf diesem Stack wieder freigegeben, wird er vom Stack entfernt und der darunter liegende Pool wird wieder aktiv. Dazu folgende Abwandlung des Beispiels aus Listing 9.22:

```
NSAutoreleasePool* pool1 = [[NSAutoreleasePool alloc] init];

NSString* string1 = [[[NSString alloc] initWithString: @"Hello"] retain];
NSString* string2 = [[NSString alloc] initWithString: @"World"];
NSString* string3 = [NSString stringWithString: @"Today"];

NSAutoreleasePool* pool2 = [[NSAutoreleasePool alloc] init];
```

```
[string1 autorelease];
[string2 autorelease];

NSLog(@"%@", string1);
NSLog(@"%@", string2);
NSLog(@"%@", string3);

[pool2 release];
[string1 autorelease];
[pool1 release];
```

Listing 9.25: Geschachtelte Autorelease Pools

Auch in diesem Beispiel wird direkt zu Beginn ein Autorelease Pool erzeugt gefolgt von den Initialisierungen der drei `NSString`-Objekte. Danach wird allerdings zuerst ein zweiter Pool erzeugt. Darauf folgen zwei `autorelease`-Aufrufe für `string1` und `string2`. Diese verzögerten Freigaben landen im `pool2`, da dieser der zuletzt erzeugte und damit aktive Pool ist. Der verstecke Aufruf von `autorelease` in `stringWithString:` ist jedoch vor der Erzeugung von `pool2` aufgerufen worden, wodurch die Verzögerung noch in `pool1` vermerkt wurde. Da für keinen der Strings bisher eine Freigabe erfolgt ist, ergibt sich die gleiche Ausgabe wie aus Listing 9.22 (siehe Abbildung 9.8). Nach der Ausgabe wird der aktive Pool `pool2` freigegeben. Hierdurch werden die verzögerten Aufrufe von `release` für `string1` und `string2` ausgeführt und damit das Objekt `string2` freigegeben, da es vor dem Aufruf einen Reference Count von 1 hatte. Das Objekt zu `string1` bleibt zwar noch erhalten, besitzt nach der Freigabe aber nur noch einen Reference Count von 1. Nun folgt ein weiterer Aufruf von `autorelease` für `string1`, der nun wieder im `pool1` abgelegt wird. Dieser verzögerte `release`-Aufruf und jener für `string3` werden zum Schluss durch die Freigabe von `pool1` ausgeführt, wodurch auch der Reference Count von `string1` und `string3` zu 0 wird.

Dieses Beispiel verdeutlicht die Stapelung der Autorelease Pools. Die in einem Programm erzeugten Pools sollten möglichst in entgegengesetzter Reihenfolge wieder freigegeben werden, das heißt, immer der aktive Pool wird freigegeben. Sollte dies einmal nicht möglich sein, zum Beispiel durch das Auftreten einer Exception, kann auch ein Autorelease Pool weiter unten im Stack freigegeben werden, was allerdings zu der Freigabe aller Pools führt, die über dem Pool auf dem Stack liegen. Wäre zum Beispiel in Listing 9.25 die Freigabe von `pool2` ausgeblieben, hätte die Cocoa-Bibliothek diese Freigabe durch die Freigabe von `pool1` nachgeholt.

Dieses geschachtelte Verhalten passt auch zu der geschachtelten Syntax über `@autoreleasepool`. In diesem Fall sieht das obige Beispiel wie folgt aus:

```
@autoreleasepool {
    NSString* string1 = [[[NSString alloc] initWithString: @"Hello"] retain];
    NSString* string2 = [[NSString alloc] initWithString: @"World"];
    NSString* string3 = [NSString stringWithString: @"Today"];

    @autoreleasepool {
        [string1 autorelease];
        [string2 autorelease];

        NSLog(@"%@", string1);
        NSLog(@"%@", string2);
        NSLog(@"%@", string3);
    }

    [string1 autorelease];
}
```

Listing 9.26: Geschachtelte Autorelease Pools mit `@autoreleasepool`

Durch diese Syntax erfolgt die Freigabe der Pools immer in umgekehrter Reihenfolge zur Erzeugung. Eine Abweichung von diesem Vorgehen ist mit `@autoreleasepool` nicht mehr möglich.

Damit ist nun klar, wie Autorelease Pools funktionieren, und es ist leicht einzusehen, dass durch das Schachteln von Autorelease Pools Wirkungsbereich und Verzögerungszeit von Freigaben so kurz wie möglich gehalten werden können. Hierdurch kann der Speicherverbrauch des Programms stark beeinflusst werden, da die verzögerte Freigabe auch in der Cocoa-Bibliothek sehr häufig eingesetzt wird.

So kann zum Beispiel eine aufwendige Berechnung im Programm, die sehr speicherintensiv ist und in der sehr häufig Freigaben von Objekten durch `autorelease` verzögert werden, durch einen lokalen Autorelease Pool eingekapselt werden. Hierzu wollen wir als Beispiel eine Erweiterung von `NSString` betrachten, in dem dieser Sachverhalt verdeutlicht werden soll:

```
@interface NSString(FindPattern)

// Sucht die Zeichenketten patterns in der Datei fileName.
+ (NSDictionary*) existsSomePattern: (NSArray*) patterns
                             inFile: (NSString*) fileName;

// Sucht die Zeichenketten patterns in den Dateien files.
+ (NSDictionary*) existsSomePattern: (NSArray*) patterns
```

```
                                  inFiles: (NSArray*) files;

@end
```

Listing 9.27: Erweiterung `FindPattern` von `NSString`

Zuerst wollen wir uns hierfür die Implementierung von `existsSomePattern:inFile:` ansehen:

```
+ (NSDictionary*) existsSomePattern: (NSArray*) patterns
                              inFile: (NSString*) fileName {
    NSString* text = [NSString stringWithContentsOfFile: fileName];

    NSInteger countOfPattern = [patterns count];
    for (int index = 0; index < countOfPattern; index ++) {

        NSString* pattern = [patterns objectAtIndex: index];
        NSRange range = [text rangeOfString: pattern];
        if (range.location != NSNotFound) {

            NSArray* keys = [NSArray arrayWithObjects:
              @"filename", @"pattern", @"location", nil];
            NSArray* values = [NSArray arrayWithObjects:
              fileName, pattern,
              @(range.location), nil];

            return [NSDictionary dictionaryWithObjects:values
                       forKeys:keys];
        }
    }
    return nil;
}
```

Listing 9.28: Implementierung von `existsSomePattern:inFile:`

In dieser Methode wird die Datei `fileName` nach dem Auftreten eines Patterns aus der Liste `patterns` durchsucht. Falls ein Pattern gefunden wird, wird ein Dictionary mit Dateinamen, Pattern und Position konstruiert und als Ergebnis zurückgegeben. Die Funktion `existsSomePattern:inFile:` nutzt an einigen Stellen die Möglichkeit der verzögerten Freigabe. So bleiben zum Beispiel nach dem Beenden der Funktion der Inhalt der Datei sowie die beiden Arrays `keys` und `values` überflüssigerweise im Speicher. Wird diese Funktion für die Implementierung der Funktion `existsSomePattern:inFiles:` verwendet, ist es sinnvoll, um jeden Aufruf von existsSomePattern:inFile: einen Autorelease Pool zu konstruieren:

```
+ (NSDictionary*) existsSomePattern: (NSArray*) patterns
                            inFiles: (NSArray*) files {
    NSDictionary* ret = nil;

    NSInteger countOfFiles = [files count];
    for (int fileIndex = 0; fileIndex < countOfFiles; fileIndex++) {
        @autoreleasepool {

            NSString* file = [files objectAtIndex:fileIndex];
            ret = [[NSString existsSomePattern:patterns inFile: file] retain
];

        }
        if (ret != nil) break;
    }
    return [ret autorelease];
}
```

Listing 9.29: Einsatz von lokalen Autorelease Pools

Weitere Schwierigkeiten ergeben sich dadurch, dass der Rückgabewert der Funktion existsSomePattern:inFile: auch der Rückgabewert dieser Funktion sein soll. Das Problem hierbei ist allerdings, dass für den Inhalt von ret bereits ein autorelease aufgerufen wurde, das im Pool loopPool festgehalten wurde. Mit der Freigabe des Pools würde auch ret aus dem Speicher entfernt werden. Aus diesem Grund wird ret mit retain vor der Freigabe des Autorelease Pools gesichert. Am Ende der Prozedur wird es dann mit autorelease in den dann aktiven Pool wieder eingefügt.

Für eventuell nach wie vor bestehende Fragen zum Thema Autorelease Pools findet sich in Abschnitt 9.3.6 eine Beispielimplementierung eines Autorelease Pools.

9.3.3 Die dealloc-Methode

Wie wir zuvor bereits in Listing 9.20 bei der Implementierung der Methode setLivingRoom: der Klasse Building gezeigt haben, kann es für ein Objekt interessant sein, sich ein Objekt über eine Instanzenvariable zu speichern und sich aus diesem Grund über retain als Besitzer einzutragen. Dieser Besitz wird im Beispiel immer dann freigegeben, wenn das Objekt in der Instanzenvariablen livingRoom über die Methode setLivingRoom: geändert wird. Interessant ist aber auch, was passiert, wenn die Instanz der Klasse Building selbst aufgelöst wird. In diesem Fall ist das Objekt, das in der Instanzenvariablen livingRoom gespeichert ist, auch nicht mehr notwendig. Um in einer solchen Situation das Objekt auch freigeben zu können, besteht die Möglichkeit, die `dealloc`-Methode zu überschreiben. Die `dealloc`-Methode ist in der Klasse `NSObject` implementiert und ist für die Freigabe des Speicherbereichs, der durch eine Instanz verbraucht wird, verantwortlich. Wenn wir diese Methode überschreiben, müssen wir also darauf achten, dass die Implementierung in `NSObject` weiterhin aufgerufen wird, sobald wir unsere Aufräumvorgänge durchgeführt haben. Eine Implementierung der `dealloc`-Methode für die Klasse `Building`, die beide Instanzenvariablen `livingRoom` und `dishingRoom` wieder freigibt, würde dann wie folgt aussehen:

```
- (void) dealloc {
    [livingRoom release];
    [dishingRoom release];
    [super dealloc];
}
```

Listing 9.30: Implementierung der `dealloc`-Methode für die Klasse `Building`

Wie man im Quelltext sieht, werden also zuerst die Instanzenvariablen über `release` freigegeben. Sollte die Instanz von `Building` zu dem Zeitpunkt der einzige Besitzer eines der Objekte sein, die über die Instanzenvariablen referenziert werden, werden sie entsprechend aus dem Speicher entfernt. Wie bereits erwähnt, folgt zuletzt der Aufruf der `dealloc`-Methode der Superklasse. Dieser Aufruf sollte immer der letzte Befehl in einer `dealloc`-Methode sein, da nach dem Aufruf das Objekt im Speicher bereits freigegeben ist.

Es sei jedoch bemerkt, dass die Verwendung der `dealloc`-Methode zur Freigabe von Ressourcen wie geöffnete Dateien mit Vorsicht zu genießen ist. Das Problem ist, dass die Methode nicht aufgerufen wird, wenn ein Objekt bei Beendigung des Programms noch im Speicher war. Dies liegt daran, dass die Methode immer nur dann aufgerufen wird, wenn für ein Objekt `release` aufgerufen und dadurch der Reference Count zu 0 wird. Im Fall eines Programmendes wird nicht mehr versucht, den verbrauchten Speicher programmatisch aufzuräumen, sondern der Prozess wird einfach beendet und der gesamte durch virtuellen Speicher verbrauchte Speicher wird vom Betriebssystem als freigegeben angesehen. Für das Beispiel mit den geöffneten Dateien wäre zu empfehlen, zusätzlich eine Methode `close` anzubieten und durch den Programmablauf dafür zu sorgen, dass vor dem Ende eines Programms die Methode `close` garantiert ausgeführt wurde. Um die Ausführung auch bei Freigabe eines Objekts sicherzustellen, sollte man die `close`-Methode auch in der `dealloc`-Methode ausführen. Durch die `close`-Methode wird es für den Programmierer aber ersichtlicher, dass er die zusätzliche Aufgabe für die Freigabe der Ressourcen hat. Wie könnte eine solche Implementierung aussehen? Wir werden diesen Fall später beim Gargabe Collecting noch einmal aufgreifen.

Vorsicht

Die dealloc-Methode sollte niemals direkt vom Programmierer aufgerufen werden. Dies würde dazu führen, dass ein Objekt mit dem Aufruf aus dem Speicher entfernt wird, ohne dass sichergestellt wurde, ob es noch gebraucht wird. Ein solches noch referenziertes Objekt, das sich nicht mehr im Speicher befindet, führt im besten Fall zu einem Speicherfehler. Es kann aber auch einfach nur zu einem unerwarteten Verhalten des Programms führen und somit eventuell gar nicht auf den dealloc-Aufruf hindeuten. Und auch im Zusammenhang mit Garbage Collecting wäre eine manuelle Ausführung der dealloc-Methode riskant, wie wir später noch zeigen werden.

9.3.4 Properties, Getter und Setter

Weiter oben haben wir bereits gezeigt, dass es innerhalb eines Setters sinnvoll ist, ein Objekt mit retain zu sichern. Wie genau ein solcher Setter und ein zugehöriger Getter im Zusammenhang mit Reference Counting implementiert werden können, wollen wir nun etwas genauer betrachten. Sehen wir uns die erste Variante an:

```
- (NSString*) name {
    return [[name retain] autorelease];
}
- (void) setName: (NSString*) newName {
    if (name != newName) {
        [name release];
        name = [newName retain];
    }
}
```

Listing 9.31: Getter und Setter – Variante 1

In dieser Variante wird im Setter eine Änderung nur dann durchgeführt, wenn der Wert auch wirklich geändert wird. Ist dies der Fall, wird das alte Objekt mit release freigegeben und das neue Objekt mit retain gesichert und in der Instanzenvariablen gespeichert. Etwas merkwürdig wirkt die Implementierung des Getters, hierfür folgendes Beispiel:

```
NSString* name = [obj name];
[obj setName: @"Neuer Name"];
NSLog(@"alter Name: %@", name);
```

Dieses Beispiel funktioniert aufgrund der etwas komplizierten Getter-Variante, denn der Name, der über den Getter zurückgegeben wird, wird durch einen Aufruf von retain und autorelease vor der Änderung des Namens gesichert, bis der aktuelle Autorelease Pool aufgelöst wird. Alternativ wäre auch eine sehr einfache Variante des Getters denkbar:

```
- (NSString*) name {
    return name;
}
```

Listing 9.32: Getter und Setter – Variante 2

Mit dieser Implementierung könnte das obige Beispiel zu einem Speicherfehler führen, da das String-Objekt in der lokalen Variablen `name` durch den Aufruf von `setName:` aus dem Speicher entfernt wird, falls es nicht anderweitig verwendet wird. Dafür ist diese Variante des Getters und Setters aber sehr effizient und damit durchaus eine sinnvolle Implementierungsvariante. Allerdings sollte diese Vorgehensweise gut dokumentiert werden, um Fehler bei der Verwendung auszuschließen.

Es gibt aber noch eine dritte gut denkbare Variante, bei der die Effizienz des Getters erhalten bleibt:

```
- (NSString*) name {
    return name;
}
- (void) setName: (NSString*) newName {
    if (name != newName) {
        [name autorelease];
        name = [newName retain];
    }
}
```

Listing 9.33: Getter und Setter – Variante 3

In diesem Fall wird der Aufruf von `autorelease` auf den Setter verschoben. Hierdurch kann der Getter weiterhin sehr einfach gehalten werden.

Die vorgestellten Implementierungsvarianten sind auch die, die vom Compiler für ein Property generiert werden. Wird ein Property als `(atomic, strong)` definiert, entspricht das der ersten Variante (Listing 9.31), mit zusätzlichen Synchronisationsanweisungen (siehe Abschnitt 14.3):

```
- (NSString*) name {
    @synchronized(self) {
        return [[name retain] autorelease];
    }
}
- (void) setName: (NSString*) newName {
    @synchronized(self) {
```

```
        if (name != newName) {
            [name release];
            name = [newName retain];
        }
    }
}
```

Listing 9.34: Getter und Setter mit zusätzlicher Synchronisation

Die zweite Variante (Listing 9.32) erhält man durch die Definition eines Propertys mit den Optionen `(nonatomic, strong)`. Die Implementierungen für Properties, die mit der Option `copy` anstelle von `strong` definiert werden, sind äquivalent zu den `strong`-Implementierungen. Mit dem Unterschied, dass das zu setzende Objekt nicht mit `retain` gesichert, sondern mit `copy` kopiert wird.

Alternativ kann ein Property aber auch ohne `strong` definiert werden, also einfach als `(assign)` . Hierdurch ergibt sich folgende Variante:

```
- (NSString*) name {
    return name;
}
- (void) setName: (NSString*) newName {
    name = newName;
}
```

Listing 9.35: Getter und Setter für das Attribut `assign`

Die dritte Variante (Listing 9.33) wird vom Compiler nie verwendet, um ein Property zu implementieren. Bei manuellen Implementierungen kann sie aber durchaus eine Alternative zu der ersten Variante sein.

9.3.5 Zyklische Abhängigkeiten

Das größte Problem am Reference Counting ist, dass durch die Zählung der Abhängigkeiten nicht der vollständige Abhängigkeitsgraph abgebildet wird. So kann es zu Situationen kommen, in denen Objekte im Speicher vom Programm nicht mehr erreichbar sind, jedoch noch immer einen Reference Count haben, der ungleich 0 ist. Dieser Fall tritt immer dann auf, wenn über eine Folge von Abhängigkeiten ein Zyklus entsteht.

Hierzu wollen wir ein Beispiel betrachten und definieren zuerst eine Hilfsklasse `CycleClass` mit einem Property `next`. Außerdem ist die `dealloc`-Methode überschrieben, so dass `next` korrekt freigegeben wird:

```
@interface CycleClass : NSObject {
}
@property (strong) CycleClass* next;
```

```
- (void) dealloc;
@end
```

Listing 9.36: Definition der Klasse `CycleClass`

Diese Klasse nutzen wir nun, um ein Beispiel zu konstruieren, in dem die Objekte nicht korrekt aus dem Speicher entfernt werden:

```
CycleClass* obj1 = [[CycleClass alloc] init]; // obj1.rc = 1
CycleClass* obj2 = [[CycleClass alloc] init]; // obj2.rc = 1
CycleClass* obj3 = [[CycleClass alloc] init]; // obj3.rc = 1

obj1.next = obj2; // obj2.rc = 2
obj2.next = obj3; // obj3.rc = 2
obj3.next = obj1; // obj1.rc = 2

[obj3 release]; obj3 = nil; // obj3.rc = 1
[obj2 release]; obj2 = nil; // obj2.rc = 1
[obj1 release]; obj1 = nil; // obj1.rc = 1
```

Listing 9.37: Beispiel mit zyklischen Abhängigkeiten

In diesem Beispiel werden drei Instanzen der Klasse `CycleClass` erzeugt. Diese besitzen zuerst alle einen Reference Count von 1. Wir sind also Besitzer der drei Objekte und haben Zugriff über die drei Variablen `obj1`, `obj2`, `obj3`. Anschließend werden die Objekte zyklisch über das Property `next` miteinander verknüpft (siehe Abbildung 9.9). Da das Property mit der Option `strong` definiert wurde, erhöht sich der Reference Count für alle Objekte auf 2. Danach werden alle Variablen wieder auf `nil` gesetzt, wodurch wir nach den Aufrufen keinen Zugriff mehr auf die Objekte haben. Wir sind also keine Besitzer der Objekte mehr. Aus diesem Grund muss vor dem Setzen auf `nil` jedes der drei Objekte mit `release` freigegeben werden. Ihr Speicherplatz wird trotzdem nicht wieder freigegeben, da der Reference Count für alle immer noch auf 1 steht, da die Objekte sich durch den Zyklus am Leben erhalten.

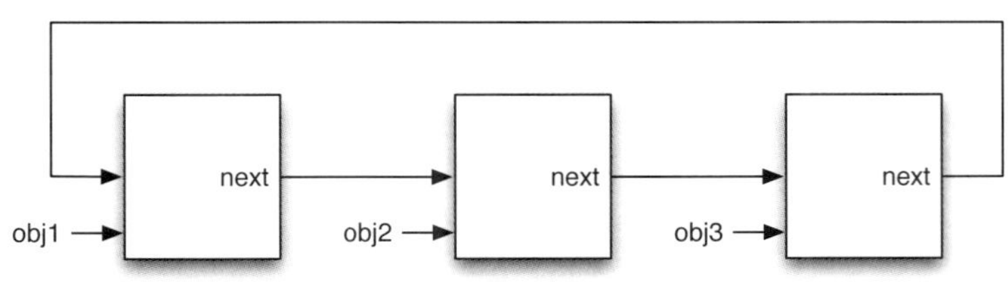

Abb. 9.9: Zyklische Abhängigkeiten

Dieser beschriebene Fall ist natürlich denkbar ungünstig, da somit die Objekte im Hauptspeicher nie wieder freigegeben würden. Leider ist es für den Programmierer häufig auch nicht sehr einfach, eine solche Situation zu erkennen. Eine programmatische Erkennung dieser Schleifen ist jedoch leider auch nur mit sehr viel Aufwand möglich. Aus diesem Grund liegt die Verantwortung, Zyklen entgegenzuwirken, alleine beim Programmierer. In diesem Beispiel müsste man vor der Freigabe der Struktur nur den Zyklus aufbrechen und die Objekte würden sauber aus dem Speicher entfernt werden:

```
obj3.next = nil; // obj1.rc = 1
[obj3 release];  // obj3.rc = 1
[obj2 release];  // obj2.rc = 1
[obj1 release];  // obj1.rc = 0
```

Bei der Freigabe wird zuerst der Zyklus zwischen `obj3` und `obj1` aufgetrennt. Da das Property `next` mit der Option `retain` definiert wurde, wird der Reference Count von `obj1` auf 1 reduziert. Die Freigabe der Instanzen führt nun dazu, dass `obj1` einen Reference Count von 0 erhält und dadurch aus dem Speicher entfernt wird. Die Ausführung der `dealloc`-Methode von `obj1` führt dann dazu, dass der Reference Count von `obj2` zu 0 wird und damit schließlich auch der von `obj3`.

Freigabegründe von Objekten

In diesem Beispiel sieht es ein bisschen so aus, als ob das Senden von `release` und das Setzen auf `nil` immer im Zusammenhang auftreten müssen. Dies ist natürlich nicht so. Das Setzen auf `nil` verändert nur den Inhalt der Variablen `obj1`, `obj2`, `obj3`. Einen Einfluss auf den Referenzzähler hat dies natürlich nicht. Es ist nur ein Beispiel für eine Situation, in der später der Zugriff auf das Objekt verloren geht. Wenn z.B. die Variablen `obj2` und `obj3` auf den Wert von `obj1` gesetzt wird, dann geht auch der Zugriff auf die Objekte, die durch `obj2` und `obj3` referenziert werden, verloren. Auch in diesem Fall ist ein Aufruf von `release` notwendig um den Besitz an den Objekten aufzuheben:

```
[obj3 release]; obj3 = obj1; // obj3.rc = 1
[obj2 release]; obj2 = obj1; // obj2.rc = 1
```

Ein anderes Beispiel könnte zum Beispiel das Ende einer Methode sein. Wenn wir innerhalb einer Methode Zugriff auf das Objekt haben, verlieren wir diesen Zugriff natürlich spätestens am Ende der Funktion. Aus diesem Grund müssen wir diesen Besitz vor dem Ende natürlich wieder freigeben:

```
-(void) test {
    CycleClass* obj = [[CycleClass alloc] init]; // obj.rc = 1
    //...
    [obj release]; // obj.rc = 0
}
```

Listing 9.38: Freigabe mit `release` am Ende einer Methode

In diesem Beispiel ist die Methode Besitzer des neu erzeugten Objekts, auf das sie über die Variable obj Zugriff hat. Gehen wir davon aus, dass das Objekt innerhalb der Funktion nicht anderweitig gespeichert und nur kurzzeitig verwendet wird. In diesem Fall wird das Objekt am Ende der Funktion nicht weiter benötigt. Durch das Ende der Methode verliert man dann auch den Zugriff auf die Variable obj und damit den Zugriff auf das Objekt. Damit das Objekt allerdings aus dem Speicher entfernt wird, muss zuvor der Besitz durch release freigegeben werden.

Allerdings wird man trotzdem sehr häufig in einem Programm das Senden der Nachricht release zusammen mit dem Setzen auf nil finden. Der Grund ist einfach Vermeidung von Fehlern, da so keine Zeiger auf eventuell bereits aus dem Speicher entfernte Objekte mehr existieren. Hierzu ein Beispiel:

```
NSString* obj1 = [[NSString alloc] initWithFormat:@"Wert = %d", 10];
NSLog(@"Sinnvolle Verwendung: %@", obj1);
 [obj1 release];

NSNumber* obj2 = [[NSString alloc] initWithFormat:@"Wert = %d", 20];
NSLog(@"Sinnvolle Verwendung: %d", [obj2 intValue]);
 [obj2 release]; obj2 = nil;

NSLog(@"Fehlerhafte Verwendung: %@", obj2);
NSLog(@"Fehlerhafte Verwendung: %@", obj1);
```

Listing 9.39: Fehlerhafte Verwendung von Objektzeigern

In diesem Beispiel wurden zwei Objekte obj1 und obj2 verwendet. Nachdem die Objekte nicht mehr benötigt wurden, wurden sie mit release freigegeben. Der Zeiger obj2 auf das zweite Objekt wurde jedoch zusätzlich noch auf nil gesetzt. Die letzten beiden Zeilen sollen dann Programmierfehler andeuten, in denen fehlerhafterweise die eigentlich freigegebenen Objekte verwendet werden. In diesem Fall führt die Ausgabe von obj2 nur zu der Ausgabe von (null), da ebenfalls der Zeiger aufgehoben wurde. Die Ausgabe von obj1 führt allerdings zu einem Speicherfehler, da in diesem Fall auf eine nicht mehr verwendete Speicheradresse verwiesen wird.

Schwache Referenzen

Leider ist es meist sehr schwer zu wissen, wo sich so ein Zyklus entwickelt und wo man ihn am besten auftrennt. Es gibt allerdings auch Datenstrukturen, bei denen man die Zyklen schon vorher kennt. Häufig sind es hierarchische Datenmodelle, in denen es Rückzeiger auf vorherige Hierarchien gibt, oder aber Datenstrukturen wie zweifach verkettete Listen. Betrachten wir zur Verdeutlichung ein einfaches hierarchisches Datenmodell: Eine Klasse AccessPoint modelliert einen WLAN-Access-Point. An einem solchen Access Point können Clients (Client) angemeldet sein. Da ein Client nur genau an einem Access Point angemeldet sein kann und um einen Zyklus zu erhalten, soll jeder Client auch wissen, an welchem Access Point er angemeldet ist:

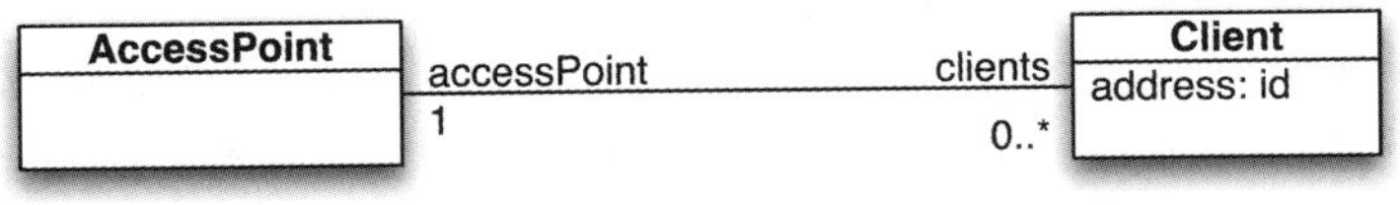

Abb. 9.10: Modell eines WLAN-Netzes

Hierdurch ist der Zyklus durchs Modell bereits vorbestimmt. Aus diesem Grund wird eine der beiden Referenzen zwischen den beiden Klassen als schwache Referenz (*weak reference*) aufgefasst. Eine schwache Referenz ist eine Beziehung, die keine Besitzansprüche vermerkt. Ein Objekt, das über eine schwache Referenz verknüpft ist, wird also nicht mit `retain` gesichert. Somit kann leider auch nicht mehr sichergestellt werden, dass die Speicheradresse, auf die in solch einem Fall gezeigt wird, in allen Situationen noch von dem gewünschten Objekt reserviert ist. Hierfür muss der Programmierer garantieren.

In diesem Fall würde man die Verbindung von einem Client zu seinem Access Point als schwache Referenz ausführen. Dies funktioniert in diesem Fall, da ein Access Point, bevor er aus dem Speicher entfernt wird, zuvor alle seine Clients freigeben würde. Damit kann es nie einen Client geben, dessen Access Point nicht mehr existiert. Die Modellierung der Klasse `Client` sieht dann wie folgt aus:

```
@class AccessPoint;

@interface Client : NSObject {
}
@property (strong) NSString* address;
@property (assign) AccessPoint* accessPoint;

+ (id) clientWithAddress: (NSString*) address;
- (id) initWithAddress: (NSString*) address;
@end
```

Listing 9.40: Klasseninterface der Klasse `Client`

Die Implementierung dieser Klasse ist wenig spektakulär. Die einzige Besonderheit ist, dass das Property `accessPoint` im Gegensatz zu `address` nicht mit der Option `strong`, sondern mit `assign` definiert ist. Sehen wir uns nun die Modellierung von `AccessPoint` an:

```
#import "Client.h"
```

```
@interface AccessPoint : NSObject {
    NSMutableArray* clients;
    //...
}
+ (id) accessPoint;

- (bool) addClient: (Client*) client;
- (bool) removeClient: (Client*) client;
//...
@end
```

Listing 9.41: Klasseninterface der Klasse AccessPoint

Bei der Klasse `AccessPoint` ist die Implementierung schon etwas spannender. Aus diesem Grund wollen wir hier auch noch etwas genauer hinschauen. Zuerst einmal die Konstruktion eines Access Points:

```
- (id) init {
    self = [super init];
    if (self != nil) {
        clients = [[NSMutableArray alloc] init];
    }
    return self;
}
```

Listing 9.42: Implementierung der Initialisierungsmethode `init` der Klasse AccessPoint

An der Implementierung der Methode `init` sehen wir, dass mit der Erzeugung einer Instanz von `AccessPoint` unmittelbar ein Array erzeugt wird, das in der Instanzenvariablen `clients` gespeichert wird. Der Convenience-Konstruktor `accessPoint` ist dann nichts anderes als:

```
+ (id) accessPoint {
    return [[[self alloc] init] autorelease];
}
```

Listing 9.43: Implementierung des Convenience-Konstruktors `accessPoint`

Interessanter ist die Implementierung der Methode `addClient:`:

```
- (bool) addClient: (Client*) client {
    if (client.accessPoint != nil) return NO;
    [clients addObject:client];
    client.accessPoint = self;
    return YES;
}
```

Listing 9.44: Implementierung der Methode `addClient:`

Hier wird zuerst überprüft, dass ein Client noch nicht an einem anderen Access Point angemeldet ist. Andernfalls gibt die Funktion `NO` zurück. Daraufhin wird der Client in das Array `clients` eingefügt und damit der Reference Count um 1 erhöht und das Objekt für die Klasse `AccessPoint` gesichert. Zuletzt wird die Verbindung von einem Client zu seinem Access Point eingetragen.

Äquivalent sieht die Methode `removeClient:` aus:

```
- (bool) removeClient: (Client*) client {
    if (client.accessPoint != self) return NO;
    [clients removeObject:client];
    client.accessPoint = nil;
    return YES;
}
```

Listing 9.45: Implementierung der Methode `removeClient:`

In diesem Fall wird zuerst geprüft, ob der Client wirklich an diesem Access Point angemeldet ist. Danach wird der Client aus dem Array `clients` entfernt und damit der Reference Count wieder um 1 reduziert. Zum Schluss wird auch wieder im Client der Access Point über das Property `accessPoint` ausgetragen. Damit fehlt nur noch die Implementierung der `dealloc`-Methode:

```
- (void) dealloc {
    for (NSUInteger i = 0; i < [clients count]; i++) {
        Client* client = [clients objectAtIndex:i];
        client.accessPoint = nil;
    }
    [clients release];
    [super dealloc];
}
```

Listing 9.46: Implementierung der `dealloc`-Methode für `AccessPoint`

Wie erwartet werden hier sowohl das Array `clients` freigegeben und auch die `dealloc`-Methode der Superklasse aufgerufen. Es werden aber auch in allen angemeldeten Clients die Verbindungen zu diesem Access Point über das Property `accessPoint` entfernt. Denn falls ein Client noch einen weiteren Besitzer als den Access Point hätte, würde es nach der Ausführung der `dealloc`-Methode weiter existieren. Damit würde der Client aber auf einen nicht mehr existierenden Access Point zeigen, was bei Verwendung dieses Access Points zu einem Speicherfehler führen würde.

Dieses Beispiel sollte zeigen, wie man als Programmierer die meisten zyklischen Abhängigkeiten in den Griff bekommen kann. Es ist nur notwendig, dass man sich dieser Zyklen bereits bei der Modellierung bewusst wird. Es gibt aber auch Situationen, in denen die Anwendung von schwachen Referenzen nicht so einfach ist. Würde man zum Beispiel alle Access Points untereinander vernetzen, das heißt, ein Access Point kann benachbarte Access Points kennen, mit denen er kommunizieren kann, dann gibt es im Modell einen Zyklus direkt von Access Point zu Access Point. Dieser Zyklus kann dann aber nicht mit einer schwachen Referenz aufgelöst werden, da dann nicht mehr sichergestellt werden könnte, dass referenzierte Access Points noch existieren. Eine mögliche Lösung wäre zum Beispiel, zusätzlich eine Klasse `Network` anzulegen. In dieser Klasse `Network` pflegt man eine Liste aller Access Points. Diese Liste sichert die Access Points mit `retain` und gibt sie mit `release` wieder frei. Die Verbindungen zwischen den Access Points untereinander können dann als weak-reference ausgeführt werden. Es sind sicherlich noch einige Verwaltungsaufgaben zu erledigen, damit ein Access Point nicht zu früh aufgelöst wird. Versuchen Sie vielleicht einmal, dieses Problem so zu modellieren, ohne dass es zu Schwierigkeiten mit zyklischen Referenzen kommt.

9.3.6 Implementierung von Reference Counting

Nachdem wir das Reference Counting in den letzten Abschnitten so ausführlich behandelt haben, wollen wir uns in diesem Abschnitt eine mögliche Implementierung des Reference Countings ansehen. Dazu implementieren wir eine eigene Wurzelklasse `MyObject`, die wir das Memory Management betreffend äquivalent zu `NSObject` verwenden können. Die Interfacebeschreibung dieser Klasse sieht dann wie folgt aus:

```
@interface MyObject {
    Class isa;
    NSUInteger referenceCount;
}

+ (void) initialize;

+ (id) alloc;
+ (id) allocWithZone: (NSZone*) zone;
- (void) dealloc;
- (id) init;

- (NSUInteger) referenceCount;
- (id) retain;
- (void) release;
- (id) autorelease;

@end
```

Listing 9.47: Klasseninterface der Klasse `MyObject`

Als Instanzenvariablen benötigen wir zum einen den isa-Zeiger auf die zugehörige Klasse. Dies ist in Objective-C eine Mindestanforderung an eine Klasse und ergibt sich sonst durch die Vererbung zu NSObject, in der diese Instanzenvariable auch vorhanden ist. Die zweite Instanzenvariable referenceCount dient dann zum Speichern der Anzahl an Abhängigkeiten, die bezüglich einer Instanz dieser Klasse existieren. Um ein Objekt erzeugen zu können, haben wir die beiden Methoden alloc und allocWithZone: und initialisiert wird eine Instanz mit init. Das Entfernen einer Instanz geschieht mit der Methode dealloc. Insgesamt ist die Funktionsweise also äquivalent zu der Verwendung von NSObject. Dies setzt sich auch für die Methoden fort, die wir zusätzlich für das Reference Counting brauchen. So existieren auch in MyObject die Methoden referenceCount, retain, release und autorelease. Eine Klassenmethode benötigen wir noch zusätzlich: initialize. Diese Methode wird von der Laufzeitumgebung aufgerufen, sobald in einem Programm das erste Mal die Klasse MyObject verwendet wird. In unserem Fall muss die Methode nur existieren, sie tut allerdings nichts:

```
+ (void) initialize {}
```

Betrachten wir zuerst, wie man eine neue Instanz erzeugt:

```
+ (id) alloc {
    return [self allocWithZone: NSDefaultMallocZone()];
}

+ (id) allocWithZone: (NSZone*) zone {
    MyObject* ret = NSAllocateObject(self, 0, zone);
    ret->referenceCount = 1;
    NSLog(@"%s[0x%x]: alloc, rc = 1", NAMEOF(ret), ret);
    return ret;
}
```

Listing 9.48: Implementierung der Allokationsmethoden

Um ein Objekt durch alloc zu erzeugen, bedienen wir uns der Methode allocWithZone:. Als Speicherzone wählen wir in diesem Fall den gesamten Heap mit NSDefaultMallocZone. In der Implementierung von allocWithZone: nutzen wir die durch Cocoa zur Verfügung gestellte Funktion NSAllocateObject, um eine neue Instanz einer Klasse zu erzeugen. Da wir in diesem Fall die exakte Klasse noch nicht kennen, verwenden wir self, denn dieses entspricht, auch wenn wir später von MyObject erben, exakt der Klasse, die in diesem Fall erzeugt werden soll. Hiernach setzen wir den Reference Count auf 1, was ja genau der Vorgehensweise von NSObject entspricht. Um in einem späteren Beispiel den Ablauf eines Programms genauer untersuchen zu können, fügen wir in alle Funktionen zusätzlich eine kleine Statusausgabe auf der Konsole ein.

Da die Initialisierung des `isa`-Pointers von `NSAllocateObject` erledigt wird und wir `referenceCount` bereits in `allocWithZone:` erledigt haben, ist die Implementierung von `init` sehr kurz:

```
- (id) init {
    NSLog(@"%s[0x%x]: init", NAMEOF(self), self);
    return self;
}
```

Listing 9.49: Implementierung der `init`-Methode

Auch die Implementierung von `dealloc` ist nicht sehr viel komplizierter, da für das Freigeben von Objekten aus dem Speicher in der Cocoa-Bibliothek die Funktion `NSDeallocateObject` zur Verfügung steht:

```
- (void) dealloc {
    NSLog(@"%s[0x%x]: dealloc", NAMEOF(self), self);
    NSDeallocateObject(self);
}
```

Listing 9.50: Implementierung der `dealloc`-Methode mit `NSDeallocateObject`

Nun fehlen nur noch die Funktionen für die Änderung und Ausgabe des Reference Counts, aber auch diese sind nicht besonders kompliziert:

```
- (NSUInteger) referenceCount {
    return referenceCount;
}
- (id) retain {
    referenceCount++;
    NSLog(@"%s[0x%x]: retain, rc = %d",
        NAMEOF(self), self, referenceCount);
    return self;
}
- (void) release {
    referenceCount--;
    NSLog(@"%s[0x%x]: release, rc = %d",
        NAMEOF(self), self, referenceCount);
    if (referenceCount <= 0) [self dealloc];
}
```

Listing 9.51: Implementierung der Methoden `referenceCount`, `retain`, `release`

Interessant ist vielleicht, dass auch hinter dem Auflösen eines Objekts, falls ein Objekt durch den Aufruf von `release` zu 0 wird, nichts anderes steckt als eine `if`-Abfrage, die für den Fall, dass der Reference Count zu 0 wird, einfach die `dealloc`-Methode aufruft.

Hiermit fehlt nur noch die Implementierung von `autorelease`:

```
- (id) autorelease {
    NSLog(@"%s[0x%x]: autorelease", NAMEOF(self), self);
    [MyAutoreleasePool addObject:self];
    return self;
}
```

Listing 9.52: Implementierung der Methode `autorelease`

Im Fall eines `autorelease` wird also einfach die Methode `addObject:` an die Klasse `MyAutoreleasePool` gesendet. Es wäre auch möglich, die Klasse `NSAutoreleasePool` zu verwenden, jedoch wollen wir stattdessen betrachten, wie ein Autorelease Pool implementiert werden könnte. Die Interfacebeschreibung sieht in unserer Implementierung wie folgt aus:

```
@interface MyAutoreleasePool : MyObject {
    MyAutoreleasePool* previousPool;
    MyAutoreleasePool* nextPool;
    int count;
    int size;
    id* pool;
}

+ (void)addObject:(id)object;
- (void)addObject:(id)object;

@end
```

Listing 9.53: Klasseninterface der Klasse `MyAutoreleasePool`

Wir sehen hier, dass der Zugriff auf den Autorelease Pool nur über die Methode `addObject:` geschieht (siehe Abschnitt 9.3.2). Als Instanzenvariablen gibt es zum einen `previousPool` und `nextPool`. Sie dienen zur Realisierung des Stacks bei mehreren Pools. Hierzu steht zusätzlich noch eine statische Klassenvariable `currentPool` zur Verfügung, die auf den aktuellen Autorelease Pool zeigt. Weiterhin sind die Variablen `count`, `size` und `pool` definiert, die für die Speicherung der Objektreferenzen für die noch fehlenden `release`-Aufrufe dienen.

Sehen wir uns nun zuerst einmal die Initialisierung eines neuen Autorelease Pools an:

```
- (id) init {
    self = [super init];
    if (self != nil) {
        previousPool = currentPool;
```

```
        if (currentPool != nil) currentPool->nextPool = self;
        currentPool = self;

        size = 32;
        count = 0;
        pool = malloc(size * sizeof(id));
    }
    return self;
}
```

Listing 9.54: Implementierung der Initialisierungsmethode `init`

Zuerst wird der neue Pool auf dem Stack gespeichert und die Zeiger zum und vom vorherigen Pool auf dem Stack korrekt gesetzt. Darauf wird ein C-Array für 32 Objektreferenzen erzeugt. In diesem Array speichern wir dann die Referenzen, für die `release` aufgerufen werden soll. Nach der Initialisierung enthält das Array noch keine Referenzen. Aus diesem Grund wird `count` auf 0 gesetzt. Zum Speichern der maximalen Anzahl an Elementen in `pool` dient die Variable `size`.

Das Einfügen eines neuen Elements in den obersten Pool mit der Klassenmethode `addObject:` wird einfach an den aktuellen Pool weitergegeben. Existiert noch kein Pool, wird eine Fehlermeldung äquivalent zur Cocoa-Version `NSAutoreleasePool` ausgegeben:

```
+ (void)addObject:(id)object {
    if (currentPool == nil) {
        NSLog(@"No autorelease pool: Object 0x%x of class %s autoreleased",
            object, NAMEOF(object));
    } else {
        [currentPool addObject:object];
    }
}
```

Listing 9.55: Implementierung der Klassenmethode `addObject:`

Das Einfügen in das C-Array `pool` geschieht wie folgt:

```
- (void)addObject:(id)object {
    if (count >= size) {
        size = size * 2;
        pool = realloc(pool, size * sizeof(id));
    }
    pool[count++] = object;
}
```

Listing 9.56: Implementierung der Instanzenmethode `addObject:`

Hierbei wird zuerst überprüft, ob das C-Array `pool` bereits komplett gefüllt ist. Ist dies der Fall, wird das C-Array in seiner Größe verdoppelt. Danach wird das Element in das Array `pool` eingefügt.

Zum Schluss wollen wir betrachten, was beim Auflösen eines Autorelease Pools genau passiert:

```
- (void) dealloc {
    [nextPool release];
    NSLog(@"%s[0x%x]: release autoreleased objects", NAMEOF(self), self);
    for (int i = 0; i < count; i++) [pool[i] release];
    free(pool);
    currentPool = previousPool;
    [super dealloc];
}
```

Listing 9.57: Implementierung der Methode `dealloc`

Zuerst werden alle Pools, die oberhalb auf dem Stack liegen, rekursiv durch Aufruf von `[nextPool release]` aus dem Speicher entfernt. Dies entspricht dem gleichen Vorgehen von `NSAutoreleasePool`, falls ein Pool aufgelöst wird, der nicht der oberste auf dem Stack ist. Nach der Statusausgabe werden die ausstehenden `release`-Nachrichten an die Objekte, die über das Array `pool` referenziert sind, gesendet und der Speicher des Arrays wieder freigegeben. Zum Schluss wird der Pool vom Pool-Stack entfernt und der Pool ebenfalls aus dem Speicher entfernt.

Beispiel auf Basis der neuen Wurzelklasse MyObject

Mit dieser Implementierung können wir zum Beispiel eine Wrapper-Klasse für `NSString` schreiben:

```
@interface MyString : MyObject {
    NSString* string;
}

+ (id) stringWithString: (NSString*) string;
- (id) initWithString: (NSString*) string;
- (NSString*) description;

@end
```

Listing 9.58: Klasseninterface zu `MyString` mit der neuen Wurzelklasse `MyObject`

Die Verwendung dieser Klassen funktioniert äquivalent zu den Klassen, die durch Cocoa mitgeliefert werden, wie man in folgendem Beispiel sieht:

```
MyAutoreleasePool* pool = [[MyAutoreleasePool alloc] init];

MyString* string1 = [[MyString alloc] initWithString:@"Hello"];
MyString* string2 = [MyString stringWithString:@"World"];

NSLog([string1 description]);
NSLog([string2 description]);

[string1 release];
[pool release];
```

Listing 9.59: Verwendung der Klasse `MyString`

Durch die zusätzlichen Statusausgaben sieht man nun allerdings sehr schön, wie die Allokation, Initialisierung und Freigabe von Objekten genau abläuft (siehe Abbildung 9.11).

```
Meldung
MyAutoreleasePool[0x104aa0]: alloc, rc = 1
MyAutoreleasePool[0x104aa0]: init
MyString[0x104c10]: alloc, rc = 1
MyString[0x104c10]: init
MyString[0x104c40]: alloc, rc = 1
MyString[0x104c40]: init
MyString[0x104c40]: autorelease
Hello
World
MyString[0x104c10]: release, rc = 0
MyString[0x104c10]: dealloc
MyAutoreleasePool[0x104aa0]: release, rc = 0
MyAutoreleasePool[0x104aa0]: release autoreleased objects
MyString[0x104c40]: release, rc = 0
MyString[0x104c40]: dealloc
MyAutoreleasePool[0x104aa0]: dealloc
```

Abb. 9.11: Beispiel mit eigenem Reference Counting

9.4 Automatisches Reference Counting

Im Abschnitt über Reference Counting konnte man gut sehen, dass es sich um eine sehr einfache, aber effiziente Methode handelt, um sich um das Memory Management seiner Objekte zu kümmern. Allerdings ist es doch sehr mühsam, immer die korrekten Aufrufe von `retain`, `release` und `autorelease` zu setzen. Um diesen Schritt zu vereinfachen, hat Apple die Grundregeln des Besitzes eines

Objekts und die Namenskonventionen für Methoden definiert. Wenn man sich an diese Grundregeln hält, ist der `retain`-, `release`- und `autorelease`-Code eigentlich immer der gleiche. Aus diesem Grund gibt es seit Xcode 4.2 das automatische Reference Counting (kurz ARC). Bei diesem Memory-Management-Verfahren beschreibt man als Programmierer lediglich ob eine Variable den Besitz eines Objekts sichern will (starke Referenz) oder nicht (schwache Referenz). Die notwendigen `retain`-, `release`- und `autorelease`-Aufrufe setzt der Compiler automatisch in den Code ein.

Hinweis

Alle Beispiele dieses Buches, bei denen nicht extra dazugeschrieben wurde, welche Art des Memory Managements zugrunde liegt, basieren auf automatischem Reference Counting, um den Quellcode so einfach wie möglich zu halten.

Insgesamt bleibt automatisches Reference Counting damit, wie der Name schon sagt, ein Reference Counting mit all seinen Vor- und Nachteilen. Allerdings ist die Verwendung für den Programmierer stark vereinfacht und der Quellcode wird nicht mehr von Memory-Management-Code überflutet.

Aktivieren von ARC

Um ein Projekt mit ARC zu erzeugen, kann direkt ein Assistent von Xcode zur Erstellung von Projekten genutzt werden. Hier findet sich bei jedem Projekttyp die Möglichkeit, ARC auszuwählen. Aber auch bei einem bestehenden Projekt kann ARC nachträglich aktiviert oder auch deaktiviert werden. Dies geschieht in den Buildeinstellungen des Projekts. Dort findet sich die Option `Objective-C Automatic Reference Counting`, wie in Abbildung 9.12 zu sehen. Diese kann entweder auf `Yes` für ARC oder `No` für manuelles Reference Counting gestellt werden.

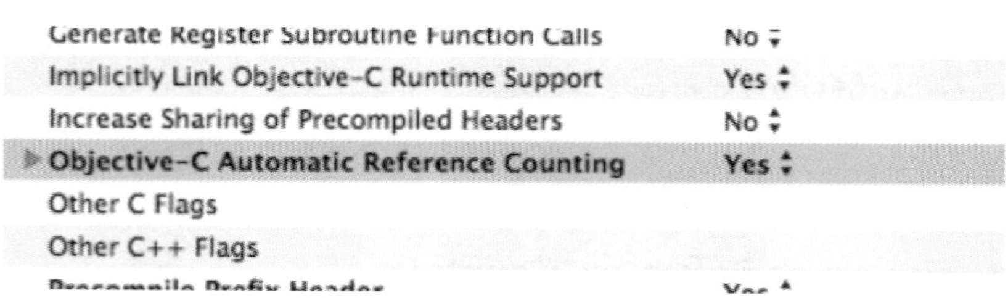

Abb. 9.12: Aktivieren von Automatic Reference Counting

Aber es besteht auch die Möglichkeit, ARC pro kompilierter Datei zu aktivieren oder zu deaktivieren. Dies ist z.B. sinnvoll, wenn Sie von anderen Personen entwickelte Quellen in Ihr eigenes Projekt integrieren und diese nicht auf der gleichen Art von Reference Counting basieren. Um dies zu erreichen, müssen Sie für die abweichenden Dateien entsprechende Compilerflags konfigurieren. Dies geschieht, indem Sie für das kompilierte Target in den BUILD PHASES die COMPILE SOURCES anpassen. In dieser Liste finden Sie jede Objective-C-Datei, die kompiliert wird. Durch einen Doppelklick auf die entsprechende Datei können Sie spezielle Compilerflags festlegen (siehe Abbildung 9.13). Durch das Flag `-fobjc-arc` können Sie ARC nachträglich für einzelne Dateien aktivieren und mit `-fno-objc-arc` deaktivieren.

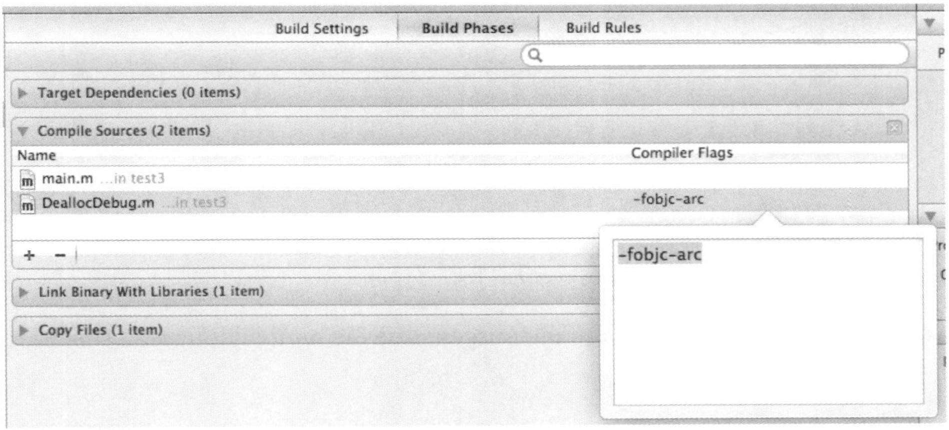

Abb. 9.13: Setzen von Compilerflags je kompilierter Datei

9.4.1 Klassifizierung von Variablen

Die Hauptidee beim ARC ist es, an jeder Variablen, egal ob global, lokal, Instanzenvariable oder Argument, zu notieren, welches Memory-Management-Verhalten sie hat. Der Compiler wird dann bei jeder Wertzuweisung und zu Ende der Lebenszeit der Variablen den richtigen Code einfügen, um das erwartete Verhalten zu erreichen. Hierzu gibt es folgende vier Möglichkeiten, die hinter den Typ in der Variablendefinition gestellt werden.

__strong

Die erste Variante ist `__strong`, wodurch für jedes Objekt, das dieser Variable zugewiesen wird, bis zum Ende ihrer Lebenszeit der Besitz an diesem Objekt angemeldet wird. Gucken wir uns hierzu ein Beispiel an:

```
{
    DeallocDebug* __strong value = [[DeallocDebug alloc] init];
    NSLog(@"value = %@", value);
    NSLog(@"Ausgabe innerhalb");
}
NSLog(@"Ausgabe außerhalb");
```

Listing 9.60: Definition einer `__strong`-Variablen

In diesem Beispiel wird eine Variable `value` als `__strong` definiert. An der neuen Instanz von `DeallocDebug` werden also Besitzansprüche vermerkt. Anschließend wird der Wert von `value` ausgegeben. Darauf folgen noch zwei Ausgaben, von denen sich eine innerhalb des gleichen Blocks wie `value` befindet und die andere nicht. Die Klasse `DebugDealloc` besitzt keine eigenen Methoden und ist wie folgt implementiert:

```
@implementation DeallocDebug
-(void)dealloc {
    NSLog(@"dealloc");
}
- (NSString *)description {
    return @"Test";
}
@end
```

Listing 9.61: Implementation von `DebugDealloc`

Für das Beispiel ergibt sich dann die Ausgabe, die Sie in Abbildung 9.14 sehen.

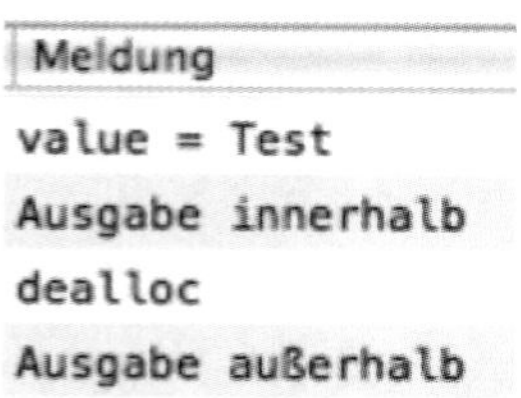

Abb. 9.14: Ausgabe von Listing 9.60

An den Ausgaben sieht man, dass das Objekt `value` ausgegeben wird. Darauf folgt die erste zusätzliche Ausgabe und danach direkt das `dealloc` des `DeallocDebug`-Objekts. Erst dann folgt die letzte Ausgabe. Der Compiler hat also zum Ende des inneren Blocks die Freigabe der Variablen `value` veranlasst. Die Lebenszeit von lokalen Variablen ist also immer durch die umschließenden Blöcke begrenzt. Schauen wir uns die folgende Erweiterung in dem Beispiel an:

```
{
    DeallocDebug* __strong value = [[DeallocDebug alloc] init];
    NSLog(@"value1 = %@", value);
    value = [[DeallocDebug alloc] init];
    NSLog(@"value2 = %@", value);
    NSLog(@"Ausgabe innerhalb");
}
NSLog(@"Ausgabe außerhalb");
```

Listing 9.62: Erweiterung von Listing 9.60

Dieses Beispiel führt zu der Ausgabe in Abbildung 9.15.

```
Meldung
value1 = Test
dealloc
value2 = Test
Ausgabe innerhalb
dealloc
Ausgabe außerhalb
```

Abb. 9.15: Ausgabe von Listing 9.62

In diesem Beispiel wird nach der ersten Ausgabe der Variable `value` dieser ein neuer Wert zugewiesen und erneut ausgegeben. Das Verhalten am Ende des Blocks mit der zweiten Instanz ist komplett identisch mit dem ersten Beispiel. Zusätzlich sieht man, dass die erste Instanz direkt zu dem Zeitpunkt freigegeben wird, an dem der Variablen `value` ein neuer Wert zugewiesen wird.

Aus den Beispielen kann man festhalten, dass der Compiler zum Ende der Lebenszeit und bei jeder Wertzuweisung ein Objekt, das bisher an eine `__strong`-Variable gebunden ist, freigibt. Genauso wird der Compiler für jedes Objekt, das er einer solchen Variablen zuweist, den Besitz anmelden, falls dies notwendig ist. In dem Beispiel verwenden wir eine Kombination von `alloc` und `init`. Hierdurch besitzen die Objekte bereits einen `retainCount` von +1, wodurch weder eine zusätzliche Freigabe noch Besitzanmeldung notwendig ist. Ändern wir das Beispiel aus diesem Grund auf `NSString`-Objekte um und verwenden verschiedene Varianten der Initialisierung:

```
{
    NSString* __strong value = [[NSString alloc] initWithFormat:@"Wert %d", 1];
    NSLog(@"value1 = %@", value);
    value = [NSString stringWithFormat:@"Wert %d", 2];
    NSLog(@"value2 = %@", value);
    NSLog(@"Ausgabe innerhalb");
}
NSLog(@"Ausgabe außerhalb");
```

Listing 9.63: Verwendung von verschiedenen Konstruktoren

In diesem Beispiel wird die erste Instanz von `value` durch eine Kombination von `alloc` und `init` erzeugt und besitzt also einen `retainCount` von +1. Die zweite Instanz wird durch den Convenience-Konstruktor `stringWithFormat:` erzeugt. Durch das zusätzliche `autorelease` innerhalb dieses Konstruktors besitzt diese Instanz einen realen `retainCount` von +0.

Vorstellen kann man sich das Ergebnis, das der Compiler dann erzeugt, wie folgt:

```
{
    NSString* value = [[NSString alloc] initWithFormat:@"Wert %d", 1];
    NSLog(@"value1 = %@", value);
    [value release];
    value = [[NSString stringWithFormat:@"Wert %d", 2] retain];
    NSLog(@"value2 = %@", value);
    NSLog(@"Ausgabe innerhalb");
    [value release];
}
NSLog(@"Ausgabe außerhalb");
```

Listing 9.64: Umwandlung von Listing 9.63

Sie sehen, dass zu jeder Wertzuweisung und zum Ende des Blocks der Inhalt von `value` mit `release` freigegeben wird. Außerdem sehen Sie, dass das Ergebnis von `stringWithFormat:` einmal mit `retain` gesichert werden muss. Aus den beschriebenen Gründen ist das bei `alloc` und `init` nicht notwendig. Zu den Kriterien, nach denen der Compiler die unterschiedlichen Rückgaben von +0 und +1 im `retainCount` erkennt, kommen wir später.

__autoreleasing

Die zweite Variante, eine Variable zu klassifizieren, ist `__autoreleasing`. Auch bei dieser Variante werden Besitzansprüche an zugewiesene Objekte angemeldet. Allerdings werden nicht mehr benötigte Objekte nicht mit `release` freigegeben, sondern mit `autorelease`. Nehmen wir das Beispiel von `__strong` und definieren wir die Variable als `__autoreleasing`:

```
@autoreleasepool {
    {
        DeallocDebug* __autoreleasing value = [[DeallocDebug alloc] init];
        NSLog(@"value1 = %@", value);
        value = [[DeallocDebug alloc] init];
        NSLog(@"value2 = %@", value);
        NSLog(@"Ausgabe innerhalb");
    }
    NSLog(@"Ausgabe außerhalb");
}
```

Listing 9.65: Verwendung einer `__autoreleasing`-Variablen

Das Beispiel entspricht dem zu `_strong`, am Ende wird jedoch nicht `release` verwendet, sondern `autorelease`. Es ergibt sich damit die Freigabe der Objekte erst zum Ende des Autoreleasepools (Abbildung 9.16).

Meldung
value1 = Test
value2 = Test
Ausgabe innerhalb
Ausgabe außerhalb
dealloc
dealloc

Abb. 9.16: Ausgabe von Listing 9.65

Die Übersetzung kann man sich wie folgt vorstellen:

```
@autoreleasepool {
    {
        DeallocDebug* value = [[DeallocDebug alloc] init];
        NSLog(@"value1 = %@", value);
        [value autorelease];
        value = [[DeallocDebug alloc] init];
        NSLog(@"value2 = %@", value);
        NSLog(@"Ausgabe innerhalb");
        [value autorelease];
    }
    NSLog(@"Ausgabe außerhalb");
}
```

Listing 9.66: Übersetzung von Listing 9.65

Hinweis

Autorelease Pools dürfen nur über die Syntax mit `@autoreleasepool` erzeugt und freigegeben werden und nicht direkt über die Klasse `NSAutoreleasePool`. Nur durch die saubere Begrenzung des Wirkungsbereichs eines Autorelease Pools auf Basis von `@autoreleasepool` sind die in diesem Kapitel beschriebenen Übersetzungen korrekt. Andernfalls wäre ein automatisches Reference Counting nicht möglich.

__unsafe_unretained

Nachdem die letzten beiden Klassifizierungen der Variablen zu einer Besitzanmeldung führen, handelt es sich bei der dritten Variante `__unsafe_unretained` um eine Variante, bei der der `retainCount` nicht zusätzlich erhöht wird. Schauen wir uns das vorherige Beispiel mit `__unsafe_unretained` an, auch wenn eine solche Verwendung grob fahrlässig ist:

```
{
    DeallocDebug* __unsafe_unretained value = [[DeallocDebug alloc] init];
    NSLog(@"value1 = %@", value);
    value = [[DeallocDebug alloc] init];
    NSLog(@"value2 = %@", value);
    NSLog(@"Ausgabe innerhalb");
}
NSLog(@"Ausgabe außerhalb");
```

Listing 9.67: Verwendung einer `__unsafe_unretained`-Variablen

In diesem Beispiel wird die Variable `value` also keine Besitzansprüche an den gebundenen Objekten anmelden. Da in diesem Fall die Initialisierung mit `alloc` und `init` erfolgt und damit ein `retainCount` von +1 existiert, wird dieser direkt nach der Initialisierung reduziert. Am Ende der Lebenszeit der Variablen muss deshalb keine weitere Anpassung erfolgen. Übersetzt sieht das Beispiel damit wie folgt aus:

```
{
    DeallocDebug* value = [[DeallocDebug alloc] init];
    [value release];
    NSLog(@"value1 = %@", value);
    value = [[DeallocDebug alloc] init];
    [value release];
    NSLog(@"value2 = %@", value);
    NSLog(@"Ausgabe innerhalb");
}
NSLog(@"Ausgabe außerhalb");
```

Listing 9.68: Übersetzung von Listing 9.67

Auf diese Weise wird das Objekt also direkt nach der Initialisierung wieder freigegeben. Es wird sofort aus dem Speicher entfernt. Da in diesem Fall jedoch der Speicherbereich noch nicht anderweitig verwendet wird, kommt es nicht zu einem Memory-Fehler und es ergibt sich die Ausgabe in Abbildung 9.17, in der Sie sehen, dass die Objekte sofort freigegeben werden.

Meldung
dealloc
value1 = Test
dealloc
value2 = Test
Ausgabe innerhalb
Ausgabe außerhalb

Abb. 9.17: Ausgabe von Listing 9.67

Verwenden kann man eine so definierte Variable aber, um zyklische Abhängigkeiten, wie in Abschnitt 9.3.5 beschrieben, aufzulösen. Allerdings sieht man an der Ausgabe auch, dass es auf diese Weise zu einem Dangling Pointer führen kann, also eine Referenz auf ein Objekt im Speicher, das gar nicht mehr existiert. Dies ist natürlich sehr gefährlich.

__weak

Aus diesem Grund gibt es die letzte Variante `__weak` zur Klassifizierung von Variablen. Diese entspricht der Funktionsweise von `__unsafe_unretained`, allerdings wird eine Variable, an die ein Objekt gebunden ist, das aus dem Speicher entfernt wird, auf `nil` gesetzt. Dieses Verhalten funktioniert jedoch erst ab iOS 5 und Mac OS X 10.7. In den Versionen davor verhält sich `__weak` identisch zu `__unsafe_unretained`.

Schauen wir uns dazu das bekannte Beispiel an:

```
{
    DeallocDebug* __weak value = [[DeallocDebug alloc] init];
    NSLog(@"value1 = %@", value);
    value = [[DeallocDebug alloc] init];
    NSLog(@"value2 = %@", value);
    NSLog(@"Ausgabe innerhalb");
}
NSLog(@"Ausgabe außerhalb");
```

Listing 9.69: Verwendung einer __weak-Variablen

Vorstellen können wir uns die Übersetzung wie in Listing 9.68. Allerdings geschieht in Wirklichkeit noch etwas mehr, was man am besten an der Ausgabe in Abbildung 9.18 erkennt.

```
Meldung
dealloc
value1 = (null)
dealloc
value2 = (null)
Ausgabe innerhalb
Ausgabe außerhalb
```

Abb. 9.18: Ausgabe von Listing 9.69

Wir sehen, dass die Objekte ebenfalls sofort wieder freigegeben werden. Außerdem sind aber auch die Verweise in der Variablen `value` entfernt worden. Aus diesem Grund kann es bei __weak-Variablen nicht mehr zu Dangling Pointers kommen.

Hinweis

Damit es auch an anderen Stellen nicht zu ungültigen Verweisen kommt, sind bei ARC alle lokalen Variablen, deren Typ ein Zeiger auf ein Objekt ist, auf dem Stack mit `nil` initialisiert.

Automatische Festlegung der Klassifizierung

Wenn nun jedoch bei jeder Variablen notwendig ist, die zuvor beschriebene Klassifizierung anzugeben, wäre die Erleichterung durch ARC gar nicht so groß. Allerdings sind an den meisten Stellen starke Referenzen notwendig. Aus diesem Grund sind alle Objekt-Variablen, die nicht manuell klassifiziert sind, automatisch erst einmal `__strong`. Dies gilt sowohl für globale, lokale, Instanzenvariablen und Argumente. Wenn man aber z. B. eine schwache Referenz zur Auflösung einer zyklischen Abhängigkeit benötigt, muss diese an der Variablen vermerkt werden. In den meisten Fällen ist eine starke Referenz jedoch nicht verkehrt, auch wenn in vielen Fällen eventuell zu oft ein Besitz angemeldet und wieder freigegeben wird. Hierzu folgendes Beispiel:

```
- (void) someMessage {
    NSMutableArray* array = [NSMutableArray array];
    // Anlegen des Arrays ...
    [self modify: array];
    // Weitere Verwendung des Arrays ...
}
- (void) modify: (NSMutableArray*) innerArray {
    // Anpassung des Arrays
}
```

Listing 9.70: Beispiel zur automatischen Klassifizierung von `__strong`

In diesem Beispiel ist sowohl die lokale Variable `array` in der Methode `someMethod` als auch das Argument `innerArray` in `modify:` automatisch als `__strong` klassifiziert. Den Block innerhalb von `modify:` ignorieren wir. Aus diesem Grund ergibt sich folgende Übersetzung:

```
- (void) someMessage {
    NSMutableArray* array = [[NSMutableArray array] retain];
    // Anlegen des Arrays ...
    [self modify: [array retain]];
    // Weitere Verwendung des Arrays ...
    [array release];
}
- (void) modify: (NSMutableArray*) innerArray {
```

```
    // Anpassung des Arrays
    [innerArray release];
}
```

Listing 9.71: Übersetzung von Listing 9.70

Wir sehen an dem Beispiel, dass ein `retain` nach dem Erstellen eingefügt wird. Die Freigabe zu diesem `retain` findet sich ganz am Ende der Methode `someMessage`. Aber auch für den `__strong`-Parameter `innerArray` ist ein `retain` und `release` notwendig. Die Lebenszeit des Parameters beginnt beim Methodenaufruf. Aus diesem Grund wird direkt beim Methodenaufruf ein `retain` eingefügt. Das zugehörige `release` findet sich am Ende der Methode `modify:`, wo die Lebenszeit von `innerArray` endet.

Etwas anders sieht die Klassifizierung bei den Rückgabewerten aus. Diese sind bei Methoden, deren Name nicht mit `new`, `init`, `copy` oder `mutableCopy` beginnt, automatisch als `__autoreleasing` klassifiziert. Auf diese Weise werden Rückgabewerte am Ende der Methode automatisch freigegeben. Allerdings nicht mit `release`, wodurch sie sofort aus dem Speicher entfernt würden, sondern mit `autorelease`. Auf diese Weise ist der `retainCount` nach dem Methodenaufruf ausgeglichen (+0). Beginnt eine Methode jedoch mit dem Präfix `new`, `init`, `copy` oder `mutableCopy`, wird nicht versucht, einen ausgeglichenen `retainCount` zu erreichen. In diesem Fall ergibt sich immer ein `retainCount` von +1 durch den Methodenaufruf. Dieser wird vom Compiler dann beim Methodenaufruf korrigiert bzw. beachtet werden.

Hinweis

Ob der `retainCount` des Rückgabewerts ausgeglichen ist oder er einen `retainCount` von +1 besitzt, wird nicht nur über den Namen gesteuert. Alternativ können auch zwei Konstanten an die Methodensignatur angehängt werden. `NS_RETURNS_NOT_RETAINED` steht dann für die ausgeglichene Variante mit `autorelease` am Ende der Methode und `NS_RETURNS_RETAINED` steht für die Variante mit einem `retainCount` +1, bei der die Freigabe am Ende der Methode komplett entfällt.

Die Klassifizierung `__autoreleasing` ergibt sich auch automatisch für Referenzen auf Objekte als Parameter, die z. B. als Out-Parameter verwendet werden. Hierzu folgendes Beispiel:

```
- (void) someMessage {
    NSError* error;
    [self error:&error];
    NSLog(@"error = %@", error);
}
```

```
- (void) error: (NSError**) innerError {
    *innerError = [NSError errorWithDomain:@"Domain" code:1 userInfo:nil];
}
```

Listing 9.72: Beispiel mit Referenzparameter

In diesem Beispiel werden die lokale Variable `error` automatisch als `__strong` und der Parameter `innerError` als `__autoreleasing` klassifiziert. Hierdurch ergibt sich folgende Übersetzung:

```
- (void) someMessage {
    NSError* error;
    [error retain]; // Beginn des Lebenszyklus von innerError
    [self error:&error];
    [error retain]; // Beginn der neuen Zuweisung aus dem error:
    NSLog(@"error = %@", error);
    [error release]; // Ende der Lebenszeit von error
}
- (void) error: (NSError**) innerError {
    [*innerError release]; // Freigabe vor der Wertzuweisung
    *innerError = [[NSError errorWithDomain:@"Domain" code:1 userInfo:nil]
                  retain];    // Neue Besitzanmeldung
    [*innerError autorelease]; // Ende des Lebenszyklus von innerError
}
```

Listing 9.73: Übersetzung von Listing 9.72

Allerdings ist die Übergabe einer Referenz an `__autoreleasing` klassifizierte Variablen nur aus lokalen Variablen heraus erlaubt. Um jedoch auch andere Variablen ansprechen zu können, muss das Writeback-Verfahren mit einer temporären lokalen Variablen angewendet werden. Nehmen wir in diesem Beispiel an, `_error` ist eine Instanzenvariable:

```
NSError* error = _error;
[self error:&temp];
_error = temp;
```

Listing 9.74: Zugriff mit dem Writeback-Verfahren

Alternativ kann man einen solchen Referenz-Parameter auch als `__strong` definieren. In diesem Fall funktioniert die Übergabe direkt. Allerdings handeln wir uns dann bei Übergabe von `__weak` Referenzen wieder Fehler ein. Ist die übergebene Referenz jedoch selbst auch `__strong`, können wir auch den Referenz-Parameter als `__strong` definieren:

```
- (void) someMessage {
    [self error:&_error];
```

```
    NSLog(@"error = %@", error);
}
- (void) error: (NSError* __strong *) innerError {
    *innerError = [NSError errorWithDomain:@"Domain" code:1 userInfo:nil];
}
```

Listing 9.75: Verwendung von `__strong` als Referenz-Parameter

In diesem Fall wird innerhalb der Methode `error:` die Variable `innerError` nur vor der Wertzuweisung freigegeben. Die eigentliche Freigabe geschieht erst durch die Freigabe der Variablen `_error` selbst.

Hinweis

Auf diese Weise kann man auch C-Arrays mit `__strong`-Elementen erzeugen. Hierzu muss einfach ein C-Array als `MeineKlasse* __strong *` erzeugt werden. Bei jeder Wertzuweisung an dieses Array werden automatisch `retain` und `release` korrekt aufgerufen. Da jedoch die Lebenszeit jedes Elements nicht automatisch bestimmt werden kann, müssen am Ende alle Elemente im Array durch `nil` ersetzt werden.

Einschränkungen durch ARC

An den Übersetzungen aus den Beispielen aus diesem Kapitel könnte man auf die Idee kommen, dass ARC aufgrund der vielen `retain`-, `release`- und `autorelease`-Aufrufe nicht besonders effizient ist. Allerdings optimiert der Compiler die notwendigen Aufrufe, solange es die Ausführung nicht beeinflusst. Außerdem sind die eigentlichen Implementierungen der entsprechenden Funktionen mit ARC stark optimiert worden. So werden die Nachrichten `retain`, `release` und `autorelease` nicht mehr direkt ausgeführt, sondern alle Variablenzuweisungen, Methodenaufrufe und Freigaben gegen spezielle C-Methoden ausgetauscht. Aus diesem Grund kann man mit ARC die Methoden `retain`, `release` und `autorelease` nicht mehr direkt aufrufen oder in den eigenen Klassen überschreiben.

Es gibt jedoch auch noch weitere Einschränkungen durch ARC. So darf durch ARC eine Objektvariable nicht mehr innerhalb von C-Strukturen verwendet werden, solange diese nicht als `__unsafe_unretained` klassifiziert ist.

9.4.2 Die dealloc-Methode

Wie beim manuellen Reference Counting (siehe Abschnitt 9.3.3) ist es auch beim ARC möglich, eine `dealloc`-Methode in eigenen Klassen zu implementieren. Auch beim ARC wird diese Methode immer dann ausgeführt, sobald das Objekt aus dem Speicher entfernt wird.

Allerdings gibt es auch einige Unterschiede zum manuellen Reference Counting. So müssen z.B. innerhalb einer `dealloc`-Methode nicht mehr die Instanzenvariablen freigegeben oder auf `nil` gesetzt werden. Denn mit dem Lebenszeitende eines Objekts werden automatisch alle Instanzenvariablen freigegeben. Aber wozu dient dann noch eine `dealloc`-Methode? Über die `dealloc`-Methode können alle die Elemente freigegeben werden, die nicht durch ARC verwaltet werden. Dies können z.B. C++-Objekte, Core-Foundation-Objekte, externe Ressourcen wie geöffnete Dateien oder einfach selbst allokierte Speicherbereiche sein. Schauen wir uns hierzu ein Beispiel für eine mögliche Implementierung eines Pufferspeichers mit maximaler Größe an:

```
@interface Buffer : NSObject {
    id __strong* _buffer;
    NSUInteger _maxIndex;
    NSUInteger _currentIndex;
}

+ (Buffer*) bufferWithSize: (NSUInteger) size;
- (Buffer*) initWithSize: (NSUInteger) size;

@property () NSUInteger size;

- (void) add: (id) value;
- (id) remove;

@end
```

Listing 9.76: Interface der Klasse `Buffer`

Die Implementierung zu der Interfacebeschreibung der Klasse sieht wie folgt aus:

```
@implementation Buffer

+ (Buffer*) bufferWithSize: (NSUInteger) size {
    return [[self alloc] initWithSize:size];
}
- (Buffer*) initWithSize: (NSUInteger) size {
    self = [super init];
    if (self != nil) {
        _size = size;
        _buffer = (id __strong *)calloc(sizeof(id), size);
    }
    return self;
}
```

```
- (void)dealloc {
    while (_currentIndex != _maxIndex) {
        _buffer[_currentIndex] = nil;
        _currentIndex = (_currentIndex + 1) % _size;
    }
    free(_buffer);
}

- (void) add: (id) value {
    _buffer[_maxIndex] = value;
    _maxIndex = (_maxIndex + 1) % _size;
}

- (id) remove {
    if (_currentIndex == _maxIndex) return nil;
    id value = _buffer[_currentIndex];
    _buffer[_currentIndex]  = nil;
    _currentIndex = (_currentIndex + 1) % _size;
    return value;
}
@end
```

Listing 9.77: Implementation der Klasse `Buffer`

An der `initWithSize:`-Methode in diesem Beispiel sehen wir, dass die gepufferten Elemente in der Instanzenvariablen `_buffer` gespeichert werden. Dieses C-Array hält die gespeicherten Elemente als starke Referenzen. In der `dealloc`-Methode wird das Array wieder freigegeben. Dies ist notwendig, da es nicht von ARC verwaltet wird. Die Instanzen innerhalb des Arrays werden hingegen mit ARC verwaltet. Allerdings müssen auch diese Instanzen auf `nil` gesetzt werden, um das Ende der Lebenszeit der enthaltenen Objekte anzuzeigen.

Hinweis

Das Array `_buffer` wird mit `calloc` erzeugt, damit es mit `nil` vorgefüllt ist. Dies ist für ARC sehr wichtig. Wenn man nicht mit `calloc` allokiert, sollte man vor dem Cast zu einem Array mit starken Referenzen dafür sorgen, dass alle Werte mit `nil` gefüllt wurden.

9.4.3 Properties

Da die Speicherverwaltung auf Basis von Reference Counting beim ARC bereits direkt an den Instanzenvariablen erledigt wird, muss bei der Implementierung der Getter und Setter kein zusätzlicher Memory-Management-Code eingefügt werden. Allerdings hat die Definition eines Propertys über seine Memory-Management-Optionen direkte Auswirkungen auf die zugehörigen Instanzenvariablen. Schauen wir uns hierzu die folgenden Abhängigkeiten an:

- `assign` benötigt eine `__unsafe_unretained`-Instanzenvariable.
- `copy` benötigt eine `__strong`-Instanzenvariable. Allerdings wird der Besitz eines gesetzten Objekts nicht mit `retain`, sondern mit `copy` gesichert.
- `retain` benötigt eine `__strong`-Instanzenvariable.
- `strong` benötigt eine `__strong`-Instanzenvariable.
- `unsafe_unretained` benötigt eine `__unsafe_unretained`-Instanzenvariable.
- `weak` benötigt eine `__weak`-Instanzenvariable.

Von dieser Zuordnung kann auch nicht abgewichen werden. Wenn man eine Instanzenvariable nicht angibt oder nur die Klassifizierung weglässt, wählt der Compiler automatisch die passende Klassifizierung für ein definiertes Property. Definiert man allerdings Property und die Klassifizierung der Instanzenvariablen nicht passend, führt dies zu einem Compilerfehler der Art, die in Abbildung 9.19 zu sehen ist.

Abb. 9.19: Fehler bei nicht passender Klassifizierung

> **Hinweis**
>
> Outlets, die von NIBs oder Storyboards aus genutzt werden, sollten nach Möglichkeit als `weak` definiert sein. Nur Elemente innerhalb der Interfacebeschreibung, die nicht durch andere Referenzen gehalten werden und somit bei `weak` sofort wieder freigegeben werden würden, müssen als `strong` definiert sein.

Beim Kompilieren mit ARC wird angenommen, dass jeder Getter Objekte mit einem ausgeglichenen `retainCount` zurückliefert, in dem die letzte Freigabe ein `autorelease` ist. Dies steht allerdings eventuell in Konflikt mit der Namenskonvention, denn dies stimmt nicht für Methoden, die mit `new`, `init`, `copy` oder `mutableCopy` beginnen. Schauen wir uns dazu die folgende Property-Definition an:

```
@property (strong) NSString* newName;
```

Listing 9.78: Ungültige Definition des Propertys newName

Durch diese Definition des Propertys `newName` ergibt sich automatisch der Getter `newName`. Von dieser Methode wird erwartet, dass der Rückgabewert einen ausgeglichenen `retainCount` besitzt. Durch das Präfix `new` geht der Compiler aber auch vom Gegenteil aus. Dieser Konflikt führt zu der Fehlermeldung in Abbildung 9.20.

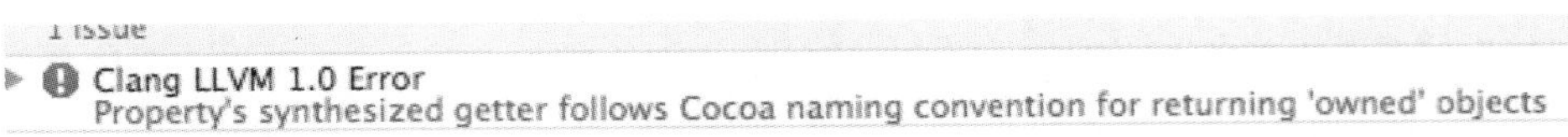

Abb. 9.20: Fehler beim Namenskonflikt eines Getters

Um dieses Problem zu umgehen, gibt es zwei Möglichkeiten. Zum einen kann einfach der Getter umbenannt werden. Dies sieht dann z. B. wie folgt aus:

```
@property (strong, getter=getNewName) NSString* newName;
```

Listing 9.79: Korrektur durch Umbenennung des Getters

Oder man unterstützt den Compiler durch die genauere Beschreibung des Rückgabewertes mit `NS_RETURNS_NOT_RETAINED`:

```
@property (strong) NSString* newName NS_RETURNS_NOT_RETAINED;
```

Listing 9.80: Korrektur durch NS_RETURNS_NOT_RETAINED

9.4.4 Toll Free Bridging

Wie im bisherigen Kapitel zu sehen war, funktioniert ARC sehr gut, um für Objekte ein vereinfachtes Memory Management zu erhalten. Allerdings funktioniert ARC nur für Objective-C-Klassen. Oft benötigt man jedoch auf Basis von Toll Free Bridging die unterliegenden C-Typen des Systems, wie beispielsweise `CFArrayRef`, `CGColorSpaceRef`. Für solche Core-Foundation-Objekte wird jedoch nicht automatisch die Lebenszeit verwaltet. Allerdings basieren auch diese Objekte auf Reference Counting. Um den Referenzzähler zu verwalten, gibt es die beiden C-Methoden `CFRetain` und `CFRelease`.

Wenn man nun ein entsprechendes Objective-C-Objekt (z. B. `NSArray`) in das Core-Foundation-Objekt (in dem Fall `CFArrayRef`) castet, muss man mit angeben, wie sich das automatische Reference Counting verhalten soll. Hierzu gibt es drei verschiedene Möglichkeiten:

__bridge

Die erste Variante, den Cast zu klassifizieren, ist `__bridge`. Mit einem solchen Cast erhält man nur eine Übersetzung des Typs. Die Besitzverwaltung geschieht weiterhin über die zugrunde liegende Variable auf Basis des Objective-C-Objekts. Man muss sich als Programmierer also nicht weiter um die Freigabe des Objekts über `CFRelease` kümmern. Hierzu ein Beispiel:

```
NSArray* array = [NSArray arrayWithObject:@"example"];
CFArrayRef cfArray = (__bridge CFArrayRef) array;
if (CFArrayContainsValue(cfArray, CFRangeMake(0, 1), @"example")) {
    NSLog(@"example enthalten");
}
```

Listing 9.81: Verwendung von `__bridge`

In diesem Beispiel wird das `NSArray`-Objekt in den Core-Foundation-Pointer `CFArrayRef` gecastet. Durch `__bridge` bleibt die Besitzverwaltung weiterhin bei ARC. Das Objekt wird also zusammen mit dem Lebenszeitende der Variablen `array` freigegeben. Eine weitere Freigabe der Variablen `cfArray` ist nicht notwendig.

Hinweis

Die Klassifizierung `__bridge` kann auch dazu verwendet werden, einen Core-Foundation-Pointer in ein Objective-C-Objekt zu casten. Auch diese Richtung verhält sich identisch zu dem eben beschriebenen Verhalten. Die Besitzverantwortung bleibt in der Core-Foundation-Welt und das entsprechende Objekt muss am Ende mit `CFRelease` freigegeben werden.

__bridge_retained

Allerdings geschieht die Freigabe durch ARC dann auch, wenn die Lebenszeit für alle Variablen endet, die ein entsprechendes Objekt referenziert. Soll hingegen ein Objekt komplett in der Core-Foundation-Welt verweilen, so kann man den Cast mit `__bridge_retained` durchführen. In diesem Fall wird für das Objekt vor der Übergabe einmal zusätzlich `retain` aufgerufen. Wenn man ein solches Objekt also nicht mehr weiter benötigt, muss man es mit `CFRelease` freigeben. Hierzu eine Anpassung des vorherigen Beispiels:

```
NSArray* array = [NSArray arrayWithObject:@"example"];
CFArrayRef cfArray = (__bridge_retained CFArrayRef) array;
array = nil;
if (CFArrayContainsValue(cfArray, CFRangeMake(0, 1), @"example")) {
    NSLog(@"example enthalten");
}
CFRelease(cfArray);
```

Listing 9.82: Verwendung von `__bridge_retained`

In diesem Fall wird durch den Cast ein zusätzliches `retain` ausgeführt. Durch dieses `retain` bleibt das Objekt auch nach der `nil`-Zuweisung erhalten. Allerdings ist zum Ende eine Freigabe der Variablen `cfArray` notwendig.

__bridge_transfer

Aber auch andersherum ist ein solcher Transfer der Verantwortung möglich. So kann mit `__bridge_transfer` ein Core-Foundation-Objekt in ein Objective-C-Objekt gecastet und dabei die Verantwortung des Memory Managements an ARC übergeben werden. In diesem Fall geht der Compiler davon aus, dass ein `CFRelease` aussteht. Dieses wird dann später durch einen Aufruf von `release` durch ARC ausgelöst. Das geschilderte Verhalten kann man in folgendem Beispiel sehen:

```
const void* example = @"example";
CFArrayRef cfArray = CFArrayCreate(kCFAllocatorDefault, &example, 1, NULL);
NSArray* array = (__bridge_transfer NSArray*) cfArray;

if ([array containsObject:@"example"]) {
    NSLog(@"example enthalten");
}
```

Listing 9.83: Verwendung von `__bridge_transfer`

9.5 Garbage Collection

Eine weitere Variante des Memory Managements, das im Cocoa-Framework implementiert ist, ist das Garbage Collecting. Es wurde mit Mac OS X 10.5 und Objective-C 2.0 eingeführt und sollte dem Programmierer die oft doch recht komplizierte Arbeit, die beim manuellen Reference Counting zu erledigen ist, komplett abnehmen. Unter iOS steht dem Programmierer aufgrund der stark begrenzten Ressourcen (Rechenleistung und Hauptspeicher) bis jetzt kein Garbage Collecting als Alternative zum Reference Counting bereit. Und auch unter Mac OS X ist der Ressourcenverbrauch nach Meinung von Apple zu groß. Aus diesem Grund ist das Verfahren seit Mac OS X 10.8 als deprecated, also überholt, markiert und es wird empfohlen, stattdessen ARC zu verwenden.

Bevor wir der Funktionsweise des Garbage Collecting auf den Grund gehen, wenden wir uns zuerst der Frage zu, wie man den Garbage Collector für sein Programm aktiviert.

Wahl des Memory Managements

Da der Garbage Collector erst in Mac OS X ab Version 10.5 vorhanden ist und unter iOS und vermutlich in Zukunft auch unter Mac OS X gar nicht zur Verfügung steht, ist er ein Feature und nicht die Form des Memory Managements, die standardmäßig ausgewählt ist.

Um ab Xcode 4.2 dem LLVM-Compiler mitzuteilen, dass wir Garbage Collections als Art des Memory Managements verwenden wollen, müssen wir ein neues User-

Defined Property in den Build-Settings des jeweiligen Xcode-Targets einstellen. Das Property muss den Namen `GCC_ENABLE_OBJC_GC` haben und sein Wert muss auf `required` stehen. Dies ist in Abbildung 9.21 zu sehen.

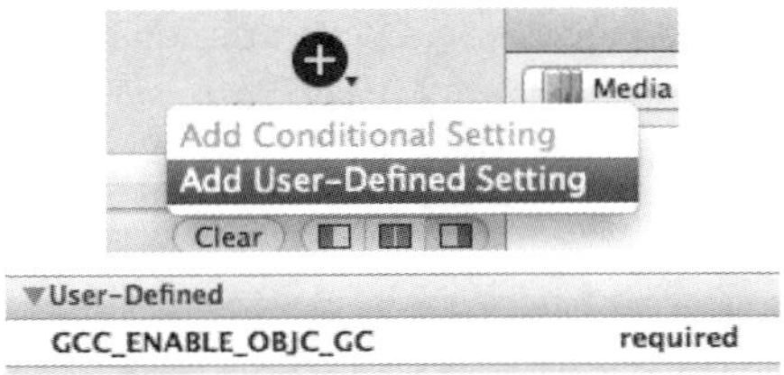

Abb. 9.21: Aktivieren von Garbage Collection in Xcode

Intern und für Xcode vor der Version 4.2 gibt es folgende drei Compiler-Optionen, um das Memory Management zu konfigurieren:

- Kein Flag:

  In diesem Fall wird der Garbage Collector nicht aktiviert und das Memory Management muss mit Reference Counting durchgeführt werden.

- `-fobjc-gc`:

  Diese Option kann verwendet werden, wenn das Programm sowohl mit Reference Counting als auch mit Garbage Collecting funktioniert. In diesem Fall muss der Programmierer sein Programm aber für beide Varianten des Memory Managements auslegen: Zum Beispiel müssen weiterhin `retain` und `release` korrekt eingesetzt oder eine `dealloc`- und eine `finalize`-Methode implementiert werden (siehe Abschnitt 9.5.2). Für ein so kompiliertes Programm wird vermerkt, dass es einen Garbage Collector unterstützt. Ausführbar ist ein solches Programm auch auf älteren Systemen. Der Garbage Collector wird jedoch favorisiert.

- `-fobjc-gc-only`:

  Durch dieses Flag wird ein Memory Management nur auf Basis eines Garbage Collectors unterstützt. Aus diesem Grund wird für ein solches Programm vermerkt, dass zwingend ein Garbage Collector vorhanden sein muss. Damit ist das Programm in einer Umgebung ohne Garbage Collector nicht mehr ausführbar.

Hinweis

Bei der Programmierung von Frameworks muss beachtet werden, dass die Wahl des Memory Managements von dem Programm getroffen wird, in dem das Framework eingesetzt werden soll. Ist also nicht bekannt, mit welchem Memory Management das Programm laufen soll, muss ein Framework für beide Varianten, also sowohl Reference Counting als auch Garbage Collecting ausgelegt sein, um in allen Situationen korrekt zu funktionieren.

Was ist Garbage Collecting?

Beim Garbage Collecting handelt es sich um eine Variante des Memory Managements, bei der in einem parallelen Thread alle Objekte im Speicher gesucht werden, die nicht mehr »benötigt« werden, indem der komplette Abhängigkeitsgraph zwischen den einzelnen Objekten im Speicher untersucht wird. Hierfür ist keine Extra-Arbeit des Programmierers notwendig. Die Lebenszeit eines jeden Objekts wird automatisch im Hintergrund berechnet und gegebenenfalls freigegeben.

Um dies zu bewerkstelligen, ist das Ziel des Garbage Collectors, in einem Durchlauf für jedes Objekt im Abhängigkeitsgraphen festzustellen, ob ein Objekt vom Programm im Speicher noch erreicht werden kann. Ist dies nicht mehr der Fall, wird das betreffende Objekt oder auch die betreffenden Objekte aus dem Speicher entfernt. Hierbei ist es unerheblich, ob ein Objekt alleine nicht mehr erreichbar ist oder ob eine ganze Ansammlung von Objekten, die sich eventuell auch zyklisch referenzieren, nicht mehr erreicht werden. Diese Erreichbarkeitssuche durch den Graphen beginnt bei einer Menge von Wurzelobjekten und verfolgt von diesen Objekten aus rekursiv alle anderen, die über die bisher bekannten Objekte erreicht werden können. Am Ende des Prozesses werden alle Objekte, die nicht von einem Wurzelobjekt aus erreichbar sind, zu »Garbage« (Müll) erklärt. Für all diese Objekte wird die Methode `finalize` aufgerufen und ihr Speicherbereich für die weitere Verwendung wieder freigegeben. In welcher Reihenfolge die als »Garbage« markierten Objekte abgearbeitet werden, ist nicht definiert. Die `finalize`-Methode ist damit konzeptionell ähnlich zu der `dealloc`-Methode beim Reference Counting. Auf die genauen Unterschiede gehen wir in Abschnitt 9.5.2 genauer ein.

Hinweis

Objekte, die in einer NIB-Interface-Beschreibung definiert sind und über diese erzeugt werden, müssen irgendwie referenzierbar sein. Andernfalls sind sie für den Garbage Collector nicht erreichbar und werden aus dem Speicher entfernt. Dies passiert zum Beispiel schnell bei der Definition von unabhängigen Controllern. Die Referenzierbarkeit erreicht man jedoch sehr einfach mit einem Outlet im File's Owner, das auf ein solches Objekt zeigt.

Um zu verstehen, welche Objekte vom Garbage Collector als nicht erreichbar angesehen werden, ist es von elementarer Bedeutung zu verstehen, welche Objekte die Wurzelobjekte bei der Graphensuche sind. Denn diese Objekte werden nie zu Müll erklärt und bei ihnen beginnt der Suchprozess. Es sind genau die Objekte, auf die wir als Programmierer direkten Zugriff hätten: alle global (statisch) definierten Variablen und alle Variablen, die auf dem Laufzeit-Stack abgelegt sind, also Funktionsargumente und lokale Variablen einer Funktion. Außerdem gelten als Wurzelobjekte alle Objekte mit externen Referenzen zum Beispiel aus anderen Prozessen.

Aber auch beliebige andere Objekte können mit der Methode `disableCollectorForPointer:` der Klasse `NSGarbageCollector` zu Wurzelobjekten erklärt werden. Das folgende Beispiel markiert ein Objekt, das über die Variable `var` referenziert wird, als Wurzelobjekt:

```
[[NSGarbageCollector defaultCollector] disableCollectorForPointer: var];
```

Mit der Methode `enableCollectorForPointer:` kann dieser Vorgang dann später wieder rückgängig gemacht werden:

```
[[NSGarbageCollector defaultCollector] enableCollectorForPointer: var];
```

Wichtig

Ein Garbage Collector berechnet die Abhängigkeiten zwischen Objekten zwar korrekt, so dass selbst zyklische Referenzen kein Problem darstellen. Allerdings spricht das den Programmierer nicht davon frei, sich um die Freigabe von Objekten zu kümmern. Denn solange eine Referenz auf ein unnützes Objekt bestehen bleibt, bleibt dieses auch im Speicher. Aus diesem Grund sollten Referenzen auf Objekte so früh wie möglich auf `nil` gesetzt werden.

Der Suchprozess selbst läuft in einem parallelen Thread und wird in unregelmäßigen Abständen ausgeführt. Dieser Thread wird direkt mit dem Start einer Anwendung von der Cocoa-Bibliothek gestartet. Er führt dabei nicht immer eine Suche über den gesamten Graphen durch, sondern versucht nur, auf die Änderungen zu einem vorherigen Durchlauf einzugehen. Wie genau diese aktualisierende Suche funktioniert, untersuchen wir in Abschnitt 9.5.1.

Über den Zeitpunkt, wann ein Durchlauf ausgeführt wird, entscheidet normalerweise die Cocoa-Bibliothek. Für normale Anwendungen reicht dies meist aus. Verbraucht eine Anwendung zum Beispiel innerhalb einer Schleife sehr viel Speicher, der später nicht mehr benötigt wird, kann es sinnvoll sein, den Garbage Collector selbst auszulösen. Hierfür steht in der Klasse `NSGarbageCollector` die Methode `collectIfNeeded` zur Verfügung, wie folgendes Beispiel zeigt:

```
// ... sehr speicherintensive Operation ...
NSGarbageCollector* collector = [NSGarbageCollector defaultCollector];
[collector collectIfNeeded];
```

Listing 9.84: Manuelles Starten des Garbage Collectors

Die Begründung für das manuelle Auslösen des Gargabe Collectors entspricht in etwa der Motivation, die hinter lokal eingesetzten Autorelease Pools steckt (siehe

Listing 9.1). Dies ist auch die Begründung für die Methode `drain` eines Autorelease Pools. Wie wir bereits erläutert haben, macht diese Methode nichts anderes als die Methode `release`. Wird ein Autorelease Pool nun in einer Umgebung mit Garbage Collector ausgeführt, wird die Funktion des Autorelease Pools nicht mehr benötigt. Aus diesem Grund ist er nur eine leere Hülle ohne Funktion mit dem Unterschied, dass die Methode `drain` anstelle der Freigabe des Pools, wie oben gezeigt, einen Durchlauf des Garbage Collectors auslöst. Soll ein Programm also sowohl für Reference Counting als auch für Garbage Collecting ausgelegt werden, kann anstelle von `release` auch `drain` verwendet werden, um alternativ zu einem lokalen Autorelease Pool den Gargabe Collector manuell zu starten, um den Speicherverbrauch zu begrenzen:

```
NSAutoreleasePool* localPool = [[NSAutoreleasePool alloc] init];
// ... sehr speicherintensive Operation ...
[localPool drain];
```

Listing 9.85: Auslösen des Garbage Collectors mit einem lokalen Autorelease Pool

Unterschiede zum Reference Counting

Durch die Verwendung eines Garbage Collectors verändert sich aber nicht nur das Verhalten der Autorelease Pools. Um Wechselwirkungen zwischen Reference Counting und Garbage Collecting auszuschließen, sind außerdem die Funktionen `retain`, `release`, `autorelease` und `retainCount` der Klasse `NSObject` ohne Funktion, das heißt, die Anzahl der Besitzer wird nicht mehr mitgezählt. Die Berechnung der Lebenszeit basiert nur noch auf dem Garbage Collecting. Dies hat zur Folge, dass die implementierten `dealloc`-Methoden zum Ende der Lebenszeit eines Objekts nicht mehr ausgeführt werden. Diese Aufgabe übernimmt beim Garbage Collecting die `finalize`-Methode. Diese Unterscheidung ist sehr wichtig, wie wir später zeigen werden.

Eine weitere Folge des Garbage Collectors ist es, dass ein Programmierer nicht mehr die Möglichkeit besitzt, den Speicher auf dem Heap in verschiedene Zonen einzuteilen. Alle Objekte müssen in einem allein stehend verwalteten Heap bereitgestellt werden. Aus diesem Grund wird das Speicherzonen-Argument der Klassenmethode `allocWithZone:` einfach ignoriert.

Dies hat sicherlich Auswirkungen auf die maximale Performance einer Anwendung. In den meisten Anwendungen wird jedoch sowieso kein Gebrauch von Speicherzonen gemacht. Eine Anwendung, die ihr Memory Management mit einem Garbage Collector erledigt, wird mit großer Wahrscheinlichkeit nie so effizient sein wie ein handoptimiertes Programm mit Reference Counting. Auch der Speicherverbrauch wird durch die verzögerte Freigabe zu unregelmäßigen Zeitpunkten erhöht sein.

Insgesamt wiegen die Vorteile des Garbage Collectors die Nachteile jedoch auf. Durch den Garbage Collector schrumpft die Aufgabe des Programmierers, sich Gedanken um Memory Management zu machen, nahezu auf null. Hierdurch werden die Programme häufig sehr viel kürzer und verständlicher und damit einfacher wartbar, was zu weniger Fehlern führt. Dies liegt vor allem daran, dass in Programmen, die mit Reference Counting arbeiten, schwer zu lokalisierende Fehler sich häufig auf ein nicht korrektes Memory Management zurückführen lassen.

In Multithreading-Anwendungen ergeben sich durch die Verwendung eines Garbage Collectors häufig sogar Performance-Vorteile. So können Getter und Setter durch das Fehlen von `retain`, `release` und `autorelease` häufig ohne Synchronisierung programmiert werden. In einer Umgebung mit Garbage Collector könnte man also alle Properties als `(assign)` definieren, also ohne Memory Management oder Synchronisation (siehe Abschnitt 9.3.4).

9.5.1 Barrieren und Generationen

Durch den großen Aufwand, die Lebenszeit eines Objekts auf Basis eines kompletten Durchlaufes durch alle miteinander verknüpften Objekte auf dem Heap zu berechnen, ist das Ziel bei der Entwicklung eines Garbage Collectors, jeden einzelnen Durchgang so effizient wie möglich zu gestalten. Um dies zu erreichen, setzt Apple auf einen Generational Garbage Collector. Dieser basiert auf der Beobachtung, dass in einer objektorientierten Sprache typischerweise sehr viele kleine Objekte erzeugt werden, die nur eine sehr kurze Lebensdauer besitzen, und ältere Objekte seltener neue Objekte referenzieren als andersherum. Aus diesem Grund wird die Menge aller erzeugten Objekte in »ältere« und »neuere« Generationen eingeteilt. Der Suchvorgang des Gargabe Collectors basiert dann nur auf den neuesten Generationen und ist damit sehr effizient und ein Großteil des nicht mehr benötigten Speichers wird nach sehr kurzer Zeit freigegeben. Jedoch werden nicht immer alle unnötigen Objekte entdeckt und es kann passieren, dass der Garbage Collector zu entfernende Objekte übersieht, die zu »älteren« Generationen gehören. Aus diesem Grund werden in unregelmäßigen Abständen vollständige Suchen über alle Generationen hinweg durchgeführt. Diese Suchvorgänge werden aber bei Bedarf abgebrochen, damit die Performance des Programms nicht zu stark darunter leidet.

Wie ergeben sich nun die Generationen? Die neueste Generation von Objekten entspricht immer genau den Objekten, die seit dem letzten Lauf des Garbage Collectors erzeugt wurden. Nach jedem Durchlauf des Garbage Collectors werden alle Objekte einer Generation herabgestuft. Direkt nach der Ausführung ist die neueste Generation also leer. Hierdurch würden sich aber sehr viele Generationen bilden. Aus diesem Grund ist die Anzahl nach oben begrenzt. Wenn ein Objekt durch Abstufen in der »ältesten« Generation angekommen ist, wird es nicht mehr älter. Beim Cocoa Collector liegt die maximale Anzahl typischerweise zwischen zwei bis acht Generationen.

Um eine effiziente Suche auf nur den neuesten Generationen zu ermöglichen, wird davon ausgegangen, dass alle älteren Objekte von einem Wurzelobjekt aus erreichbar sind. Nun könnte man zusätzlich alle älteren Objekte als Wurzelobjekte ansehen und mit dieser Annahme die Suche starten. Verfolgt werden müssten dann nur Referenzen, die auf Objekte aus neueren Generationen zeigen. Durch die dann allerdings sehr große Zahl an Wurzelobjekten würde sich die Laufzeit der Suche nicht verbessern. Aus diesem Grund werden nur die älteren Objekte als Wurzelobjekte verwendet, in denen seit dem letzten Garbage-Collector-Durchgang ein neueres Objekt als Referenz eingetragen wurde. Diese Menge ist natürlich sehr viel kleiner. Allerdings stellt sich die Frage, wie man diese geänderten Objekte markiert bzw. erkennt.

Dazu wird eine sogenannte Schreibbarriere implementiert. Hierbei wird vom Compiler jede eventuell interessante Wertzuweisung durch einen Methodenaufruf ersetzt:

```
instanceVar = newValue1;
globalVar = newValue2;
```

Nehmen wir bei diesem Beispiel an, dass die Variable `instanceVar` eine Instanzenvariable und `globalVar` eine globale statische Variable sei. Das umgeschriebene Programm sieht dann wie folgt aus:

```
objc_assignIvar(newValue1, self, offsetof(instanceVar));
objc_assignGlobal(newValue2, &globalVar);
```

In diese Methoden ist zusätzlich zu der eigentlichen Wertzuweisung die Prüfung eingebaut, ob eine Referenz in einem »älteren« Objekt auf ein »neueres« Objekt geändert wird. Ist dies der Fall, wird ein solches »älteres« Objekt für die nächste Garbage-Collector-Ausführung als Wurzelobjekt markiert.

9.5.2 Die finalize-Methode

Die `finalize`-Methode dient zum Aufräumen und Schließen von externen Referenzen, wenn die Lebenszeit eines Objekts beendet ist. Sie wird für alle Objekte, die vom Garbage Collector als nicht mehr erreichbar markiert wurden, aufgerufen, bevor die Objekte zerstört werden. Wir wollen uns zuerst einmal ein einfaches Beispiel für eine `finalize`-Methode anschauen:

```
- (void) finalize {
    NSLog(@"Objekt wird gelöscht");
    if (buffer) free(buffer);
```

```
    [super finalize];
}
```

Listing 9.86: Implementierung einer `finalize`-Methode zur Freigabe eines Puffers

In diesem Beispiel wird in der `finalize`-Methode ein Pufferbereich, der über eine Instanzenvariable `buffer` referenziert wird, freigegeben. Danach wird das Aufräumen an die Implementierung von `finalize` einer Superklasse abgegeben. Man sieht an diesem Beispiel, dass die `finalize`-Methode im Grunde äquivalent zu der `dealloc`-Methode beim Reference Counting ist. Es stellt sich nur die Frage, worin der Unterschied besteht.

In der `dealloc`-Methode ist die Hauptaufgabe, Subobjekte freizugeben, damit, falls komplette hierarchische Strukturen nicht mehr benötigt werden, nicht nur die Wurzel aufgelöst wird. So sieht man zum Beispiel in Abbildung 9.1, dass, wenn wir die Verbindung zwischen **A** und **B** trennen, der Reference Count von **B** zu 0 geht. In der `dealloc`-Methode von **B** muss dann die Verbindung zu **C** und **D** getrennt werden, damit auch diese beiden Objekte aufgelöst werden. Dieses manuelle Auflösen ganzer Strukturen fällt durch den Garbage Collector weg. Ein Garbage Collector hätte festgestellt, dass sowohl **B**, **C** und **D** nicht mehr von einem Wurzelobjekt (**A**) erreicht werden können und damit aus dem Speicher entfernt werden müssen. Aus diesem Grund dient die `finalize`-Methode nur noch für Aufräumarbeiten, die nicht vom Garbage Collector selbst durchgeführt werden, wie im obigen Beispiel dem Freigeben von Speicher, der mit `malloc` auf dem Heap angefordert wurde, dem Schließen von Dateien oder der Freigabe von `CoreFoundation`-Objekten.

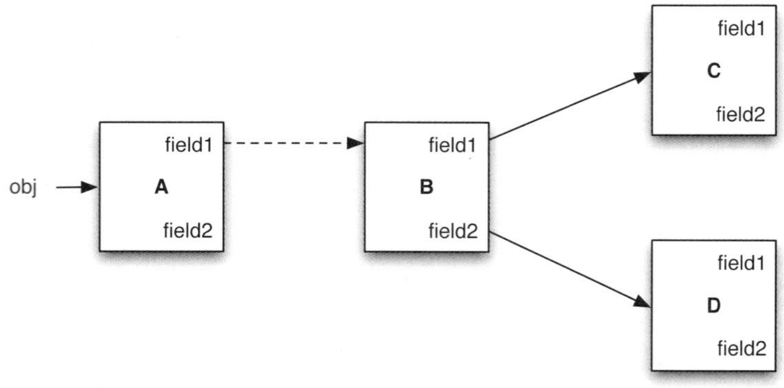

Abb. 9.22: Abhängigkeitsgraph

Ein weiterer Unterschied zur `dealloc`-Methode besteht darin, dass die `finalize`-Methode nicht selbst für die endgültige Freigabe des zugehörigen Speicherbereichs verantwortlich ist. Dies erledigt der Garbage Collector selbst, nachdem für alle als Müll markierten Objekte die finalize-Methode ausgeführt wurde. Aus diesem Grund würde ein Objekt auch dann entfernt werden, wenn in der finalize-Methode der rekursive Aufruf für die Superklasse entfallen würde. Dies wäre bei der dealloc-Methode anders. In ihr würde die Möglichkeit bestehen, ein Objekt wieder zum Leben zu erwecken.

Versuchen wir hierzu einmal folgendes Beispiel:

```
static NSMutableArray* store = nil;
- (void) finalize {
    if (store == nil) store = [NSMutableArray array];
    [store addObject: self];
}
```

Listing 9.87: Erzeugung von Zombies in der finalize-Methode

Dieses Beispiel stellt den Versuch dar, ein Objekt wieder zum Leben zu erwecken. Aus diesem Grund werden alle Objekte, die durch diese finalize-Methode aufgelöst werden sollen, in einem Array gespeichert. Dieses Array wird über eine statische Variable referenziert und ist für den Garbage Collector damit ein Wurzelobjekt. Damit dürfte ein Objekt, für das diese finalize-Methode aufgerufen wurde, nach der Ausführung nicht mehr aus dem Speicher entfernt werden, da es noch erreichbar ist. Wenn man ein solches Beispiel nun ausführt, stellt auch der Garbage Collector diesen Sachverhalt fest und entfernt die Objekte nicht aus dem Speicher, sondern tauscht sie gegen sogenannte Zombies aus. Ein Zombie ist ein Objekt, das alle Nachrichten versteht, diese einfach auf der Konsole protokolliert und darauf antwortet, als hätte man die Nachricht an nil gesendet. Sie erfüllen dabei keinen höheren Zweck, sondern dienen mit der Konsolenausgabe nur dem Programmierer bei der Fehlerfindung. Diese Zombies können natürlich bei einer späteren Ausführung des Garbage Collectors auch wieder aus dem Speicher entfernt werden. Ein Objekt, das aus dem Speicher entfernt werden soll, wird immer dann zu einem Zombie, wenn seine Referenz in einem anderen Objekt eingetragen wird, das nicht gerade auch vom Garbage Collector eingesammelt wird.

Noch problematischer zeigt sich das folgende Beispiel:

```
static id store = nil;
- (void) finalize {
    store = self;
}
```

Listing 9.88: Erzeugung einer ungültigen Referenz über eine statische Variable

Dieser Fall stellt eigentlich den gleichen Sachverhalt dar wie das letzte Beispiel. Das Objekt, das aufgelöst werden soll, wird während der Ausführung wieder für ein Wurzelobjekt (store) zugänglich gemacht. In diesem Fall wird es allerdings nicht zu einem Zombie, da die Referenz nicht in einem anderen Objekt, sondern in einer statischen Variablen gespeichert wird. Auch dieser Sachverhalt wird während der Ausführung bemerkt, es wird jedoch lediglich eine Warnung auf der Konsole ausgegeben und dann trotzdem der Speicherbereich freigegeben. Ein späteres Senden einer Nachricht an dieses Objekt würde also zu einem Speicherfehler führen.

Was geschieht aber bei Zugriff auf oder der Veränderung von Objekten, die ebenfalls im gleichen Durchlauf des Garbage Collectors als »Müll« erkannt wurden? Die Veränderung eines solchen Objekts ist eher nicht kritisch, da alle Objekte erst nach der Ausführung aller `finalize`-Aufrufe aus dem Speicher entfernt werden und die genauen Daten in diesem Objekt, nachdem sie entfernt wurden, für das Programm nicht mehr wichtig sind. Vorsicht ist allerdings geboten, da die Reihenfolge, in der die `finalize`-Aufrufe durchgeführt werden, nicht definiert ist. Hierzu ein Beispiel für eine mögliche, wenn auch sinnlose, `finalize`-Methode für den Sachverhalt aus Abbildung 9.22:

```
- (void) finalize {
    if (field1.field2 != nil) NSLog(@"Ausgabe");
    field1 = nil;
    field2 = nil;
}
```

Listing 9.89: Zugriff auf Instanzenvariablen in der `finalize`-Methode

In diesem Beispiel soll immer dann eine Ausgabe gemacht werden, wenn `field2` des Objekts, das über `field1` erreicht wird, gesetzt ist. Allerdings lässt sich nicht vorhersagen, ob diese Ausgabe korrekte Ergebnisse liefert. Denn es könnte sein, dass für das Objekt, das über `field1` referenziert wird, zuerst die `finalize`-Methode ausgeführt wurde. In diesem Fall wären seine Instanzenvariablen bereits auf `nil` gesetzt. Die Ausführungsreihenfolge der `finalize`-Methoden wäre allerdings auch anders möglich. An diesem doch sehr einfachen Beispiel wird verdeutlicht, dass man, wenn man in der `finalize`-Methode auf andere Objekte zugreifen möchte, immer darauf achten muss, dass die Möglichkeit besteht, dass für diese auch bereits die `finalize`-Methode ausgeführt wurde.

Weiterhin sollte man bei der Programmierung einer `finalize`-Methode beachten, dass man nicht vorhersagen kann, welche anderen Objekte eventuell noch Interesse an einem zugehörigen Objekt haben. Bei der Implementierung sollte deshalb darauf geachtet werden, dass eine Mindestfunktionalität des Objekts auch nach dem Aufruf von `finalize` noch gewährleistet ist und nicht eine weitere Verwendung zu unvorhersehbaren Ergebnissen führt.

Als letztes Beispiel für eine korrekte Verwendung der `finalize`-Methoden wollen wir noch zeigen, wie zum Beispiel mit geöffneten Dateien oder anderen externen Referenzen umgegangen werden sollte. Diese sollten äquivalent zu der Begründung bei `dealloc`-Methoden am besten in einer `close`-Methode geschlossen werden. Für die korrekte Ausführung dieser Methode ist dann der Programmierer verantwortlich. In der `finalize`-Methode wird diese `close`-Methode dann als Notanker auch aufgerufen. Dieser Fall sollte allerdings wirklich eine Ausnahme darstellen. Der Grund für dieses Vorgehen ist, dass der Zeitpunkt für die Ausführung der `finalize`-Methode nicht zuverlässig beeinflusst werden kann. Zum Problem wird dies dann, wenn das Programm beendet wird. Bei Beendigung des Programms wird nicht zuerst der Speicher aufgeräumt. Aus diesem Grund kann es passieren, dass die `finalize`-Methode für ein Objekt, das nicht mehr benötigt wird, nicht mehr ausgeführt wird. Damit werden die externen Referenzen allerdings nicht ordnungsgemäß geschlossen. Die Begründung ist damit im Prinzip äquivalent zu der beim Reference Counting. Das Problem wird bei der Verwendung eines Garbage Collectors durch die Unvorhersehbarkeit allerdings noch verstärkt. Schauen wir uns nun einmal beispielhaft an, wie eine solche Implementierung aussehen kann. Dazu definieren wir eine Klasse `OpenedFile` mit einer Instanzenvariablen `file`:

```
@interface OpenedFile : NSObject {
    FILE* file;
    //...
}
// ...
@end
```

Listing 9.90: Klasse `OpenedFile` mit der Instanzenvariablen `file`

Für diese Klasse definieren wir nun eine `close`-Methode, in der die Datei, falls sie geöffnet ist, geschlossen wird:

```
- (void) close {
    if (file) fclose(file);
    file = NULL;
}
```

Listing 9.91: Implementierung einer `close`-Methode

Die Aufgabe des Programmierers ist es nun, bei Verwendung dieser Klasse die `close`-Methode an geeigneter Stelle aufzurufen, um die Datei zuverlässig zu schließen.

Damit dieses Schließen im Notfall auch beim Aufräumen des Speichers durchgeführt wird, wird diese Methode auch bei `finalize` aufgerufen:

```
- (void) finalize {
   [self close];
   [super finalize];
}
```

Listing 9.92: Aufruf der `close`-Methode spätestens bei Auflösung des Objekts

Insgesamt lässt sich zusammenfassen, dass die Implementierung einer finalize-Methode mit sehr viel Vorsicht zu genießen ist. Aus diesem Grund ist die wichtigste Empfehlung von Apple, die finalize-Methode, wenn es nicht unbedingt notwendig ist, gar nicht erst zu verwenden.

Dies hat neben den erwähnten Problemen aber auch Effizienzgründe. Denn die Performance des Garbage Collectors wird durch die Qualität der finalize-Implementierungen entscheidend beeinflusst. Aus diesem Grund sollte darauf geachtet werden, die finalize-Methode so effizient wie möglich zu gestalten. Es macht zum Beispiel keinen Sinn, wie im obigen Beispiel noch die Instanzenvariablen auf nil zu setzen, da der Speicherbereich des Objekts nach der Ausführung sowieso freigegeben wird. Auch ein Entfernen von self als ein Observer bei einem anderen Objekt ist überflüssig, denn Observer werden bei Verwendung eines Garbage Collectors mit schwachen Referenzen automatisch entfernt.

9.5.3 Schwache Referenzen

Bisher haben wir erläutert, dass der Garbage Collector alle Referenzen zwischen Objekten verfolgt, um auf dieser Basis zu entscheiden, für welche Objekte das Ende ihrer Lebenszeit erreicht ist. In Wirklichkeit verfolgt der Garbage Collector nur die starken Referenzen (strong-references), was standardmäßig erst mal alle sind. Es gibt aber auch schwache Referenzen (weak-references), die vom Garbage Collector wie nicht vorhanden betrachtet werden. Also ähnlich zu den weak-references beim Reference Counting handelt es sich um Referenzen, die ein Objekt nicht vor dem Ende seiner Lebenszeit bewahren. Um eine Variablendefinition als schwache Referenz zu markieren, dient das Schlüsselwort __weak, wie in folgendem Beispiel zu sehen:

```
@interface CachedObject : NSObject {
    __weak id data;
}
+ (id) cachedInstance;
- (id) data;
//...
@end
```

Listing 9.93: Klasseninterface der Klasse CachedObject

Eine Instanz von CachedObject kann also eine Referenz über die Instanzenvariable data speichern. Diese Referenz sichert allerdings nicht ab, dass das referenzierte Objekt nicht aus dem Speicher befreit wird. Die Methode data kann wie folgt definiert werden:

```
- (id) data {
    if (data == nil) data = [self createData];
```

```
    return data;
}
```

Listing 9.94: Implementierung der Methode `data`

Für den Fall, dass über die Instanzenvariable `data` noch kein Objekt referenziert wird, wird dieses mit der Methode `createData` erzeugt. Darauf wird das neue oder bereits referenzierte Objekt zurückgegeben. Innerhalb des Programms bleibt die neue erzeugte Instanz so lange bestehen, solange sie vom Garbage Collector nicht als überflüssig angesehen wird. Sollte das allerdings der Fall sein, wird das Objekt aus dem Speicher entfernt und alle schwachen Referenzen (auch `data`) auf `nil` gesetzt. Diese Realisierung dient also als eine Art Caching, so dass im ganzen Programm nur eine Instanz des Datenobjekts existiert. Dieses wird jedoch trotzdem aus dem Speicher entfernt, falls es nicht weiter notwendig ist.

Äquivalent zu den Instanzenvariablen kann man auch globale Variablen als schwache Referenzen definieren. Somit könnte man das gleiche Vorgehen auch für die Klassenmethode `cachedInstance` realisieren:

```
static __weak cache = nil;

+ (id) cachedInstance {
    if (cache == nil) cache = [[self alloc] init];
    return cache;
}
```

Listing 9.95: Implementierung von `cachedInstance` mit Hilfe von schwachen Referenzen

Etwas komplizierter wird es, falls man nicht nur eine Instanz zwischenspeichern möchte, sondern mehrere. So etwas passiert zum Beispiel beim Cachen von Bildern in der Cocoa-Bibliothek. Ein Bild wird immer nur einmal geladen und bleibt so lange erhalten, bis es vom Programm nicht mehr benötigt wird. Um einen solchen Sachverhalt realisieren zu können, gibt es in der Cocoa-Bibliothek extra Collection-Klassen, bei denen die Möglichkeit besteht, die enthaltenen Elemente als weak-references zu speichern: `NSPointerArray` für Arrays, `NSHashTable` für Mengen und `NSMapTable` für Dictionaries.

Ein Konstruktor für das gecachte Laden von Bildern könnte damit wie folgt implementiert werden:

```
static NSMapTable* cache = nil;

+ (id) imageFromFile: (NSString*) file {
    if (cache == nil) {
        cache = [NSMapTable mapTableWithWeakToStrongObjects];
    }
```

```
    id ret = [cache objectForKey: file];
    if (ret == nil) {
        ret = [[self alloc] initWithFile: file];
        [cache setObject: ret forKey: file];
    }
}
```

Listing 9.96: Implementierung der Methode `imageFromFile:`

Mit der Methode `disableCollectorForPointer:` der Klasse `NSGarbageCollector` können dann einige der Einträge in einer solchen Cachetabelle für die gesamte Laufzeit des Programms gesichert werden. Zum Beispiel könnte man auf diese Weise auch das Cachen von Farbobjekten realisieren und mit der Methode `disableCollectorForPointer:` Systemfarben vor dem Garbage Collector sichern.

9.6 Blöcke und Memory Management

Das Thema Blöcke und Memory Management ist eigentlich gar nicht so kompliziert und unterscheidet sich, da Blöcke ebenfalls Objekte sind, auch nicht wirklich von dem bisher beschriebenen. Um im Umgang mit Blöcken etwas Sicherheit zu schaffen, soll noch einmal gesondert darauf eingegangen werden.

Blöcke und Reference Counting

Beginnen wir die Betrachtung für die Verarbeitung von Blöcken mit Reference Counting. Wie bereits in Abschnitt 7.2 zu lesen war, betreiben Blöcke intern über die Funktionen `Block_copy` und `Block_release` ebenfalls ein Reference Counting. Außerdem sind diese Funktionen durch die Klasse `NSBlock` auf die Nachrichten `copy`, `retain` und `release` gemapt. Aus diesem Grund verhalten sich Blöcke beim Reference Counting im Prinzip wie Objekte. Denn die Methode `Block_copy` wird verwendet, sobald die Nachricht `copy` gesendet wird und `Block_release` für den Fall, dass man einem Block die Nachricht `release` sendet. Die Nachricht `retain` wirkt sich erst aus, wenn der Block bereits im Heap ist. In diesem Fall wird ebenfalls `Block_copy` ausgeführt. Intern zählt ein Block dann ebenfalls die Differenz zwischen den `Block_copy`- und `Block_release`-Aufrufen. Dies enstpricht insgesamt genau dem Verhalten von Reference Counting. In einem Objective-C Umfeld sind die Nachrichten den Funktionen auch vorzuziehen, da sich so insgesamt für das Memory-Management ein einheitliches Bild zeigt.

Allerdings verhalten sich Blöcke nicht ganz identisch. So wird beim Reference Counting auf Objekten immer nur der Zustand eines Objekts geändert (Referenzzähler), das Objekt aber bleibt das gleiche. Bei Blöcken, die sich auf dem Laufzeitstack befinden, wird im Gegensatz dazu durch den Aufruf von `Block_copy` eine Kopie des Blocks angelegt. Durch das Mapping gilt natürlich das gleiche für die Nachrichten copy. Nachdem ein Block jedoch erst einmal in den Heap kopiert wurde, ist auch dieser Unterschied verschwunden und sowohl copy als auch retain erhalten immer die gleiche Instanz. Durch den ersten Kopiervorgang sind jedoch erstmal zwei Blöcke vorhanden und wichtig ist mit dem richtigen Block weiterzumachen. Hierzu insgesamt ein Beispiel:

```
int var1 = 0;
void (^stack_block)() = ^{ NSLog(@"var1 = %d", var1); };
void (^heap_block)() = [stack_block copy];
void (^heap_block2)() = [heap_block copy];

NSLog(@"stack_block = %u", stack_block);
NSLog(@"heap_block = %u", heap_block);
NSLog(@"heap_block2 = %u", heap_block2);
```

Listing 9.97: Existenz von zwei Blöcken nach dem ersten Kopieren

In diesem Beispiel zeigt die Variable stack_block auf eine Speicheradresse im Laufzeitstack, die Variable heap_block durch das Kopieren auf eine Speicheradresse im Heap. Es ist also wichtig, dann auch wirklich diesen Block zu verwenden. Wird der Block allerdings dann noch einmal kopiert, wie im Beispiel in die Variable heap_block2, dann verändert sich die Speicheradresse nicht mehr und es handelt sich weiterhin um die gleiche Instanz:

```
BlockTest[17115]          stack_block = 3221223240
BlockTest[17115]          heap_block = 1060352
BlockTest[17115]          heap_block2 = 1060352
```

Abb. 9.23: Ausgabe der Speicheradressen der Blöcke

Für den Fall, dass ein Block, der direkt auf globaler Ebene definiert wurde, ergibt sich das Problem nicht. Für einen solchen Block ist gar kein Memory-Management notwendig, da kein dynamischer Speicher verwendet wird. Alle Blöcke, die also die Ausführungszeit einer Methode überleben sollen, sollten also zuvor mit copy kopiert werden. Wenn der Block dann z.B. von einer Methode zurückgegeben wird, gilt das gleiche wie für andere Objekte, dass ein damit notwendiges release durch autorelease vorher erledigt werden sollte:

```
- (void (^)(void)) callSelectorAsBlock: (SEL) selector {
    return [[^{
        [self performSelector:selector];
    } copy] autorelease];
}
```

Listing 9.98: Rückgabe von Blöcken mit copy und autorelease

Der Besitz an dem Block, der von der Methode zurückgegeben wird, kann dann durch `retain` angemeldet und später durch `release` wieder freigegeben werden. Er kann also ab diesem Zeitpunkt komplett identisch zu anderen Objekten verwendet werden. Auch für den Fall, dass einer Methode ein Block mitgegeben wird, sollte diese Methode davon ausgehen, dass dieser Block ein Block auf dem Laufzeitstack ist. Wenn der Block innerhalb der Methode also gespeichert wird, so muss der Block durch `copy` und nicht durch `retain` gesichert werden. Hierzu eine Beispielimplementierung eines Setters für ein Property `block`:

```
- (void) setBlock: (void (^) ()) aBlock {
    if (aBlock != block) {
        [block autorelease];
        block = [aBlock copy];
    }
}
```

Listing 9.99: Speicherung von Blöcken mit `copy` anstelle von `retain`

Falls der Block nicht auf dem Laufzeitstack war, sondern bereits auf dem Heap oder global definiert ist, hat die Wahl von `copy` auch keine negativen Auswirkungen. Insgesamt lässt sich festhalten, dass ein bereits kopierter Block sich durch `retain` und `release` identisch zu einem Objekt verhält und eine Verwendung von `copy` und `release` zu keinen weiteren Schwierigkeiten führt, weshalb diese beiden Nachrichten bei Blöcken sicherlich zu bevorzugen sind. Allerdings ist dann zu beachten, dass z.B. bei den Collections alle Objekte, die beispielsweise in einem `NSArray` eingefügt sind, automatisch mit `retain` gesichert werden und nicht mit `copy`. Hier muss dementsprechend vorher Sorge getragen werden, sollten Blöcke in einer Collections gespeichert werden müssen.

Hinweis

Äquivalent zu dem eben beschriebenen Verhalten müssen Properties, die Blöcke halten, bei der Verwendung von ARC ebenfalls mit der Option `copy` definiert sein. Die komplette Speicherverwaltung der Blöcke wird dann von ARC übernommen.

Blöcke und Garbage Collection

Da es sich bei Blöcken um Objekte handelt, gilt auch für Blöcke, dass sie vom Garbage Collector betrachtet und falls notwendig korrekt aus dem Speicher entfernt werden. Allerdings gilt dies natürlich erst, wenn sich ein Block im Heap befindet. Aus diesem Grund muss ein Block auch bei Verwendung von Garbage Collecting durch die Nachricht `copy` vom Laufzeitstack in den Heap kopiert werden, falls der Block das Ende einer Methode überleben soll. Nachdem der Block in den Heap kopiert wurde, wird er jedoch korrekt vom Garbage Collector verwaltet. Insgesamt gelten für das erste Kopieren also die gleichen Regeln wie bei Reference Counting.

9.7 Übungsaufgaben

1. Aufgabe

Gegeben sei folgendes Programm auf Basis der Klasse `MyClass` aus Listing 9.2:

```
MyClass* obj1 = [[MyClass alloc] init];
MyClass* obj2 = [[MyClass alloc] init];
MyClass* obj3 = [[MyClass alloc] init];
MyClass* obj4 = [[MyClass alloc] init];

obj1.field2 = obj4;
obj2.field1 = obj3;
obj4.field2 = obj2;
obj1.field1 = obj3;

obj2 = obj3 = obj4 = nil;
// 1. Abhängigkeitsgraph?

obj1.field2.field2 = nil;
obj1.field1 = nil;
// 2. Abhängigkeitsgraph?

obj1 = nil;
```

Listing 9.100: Abhängigkeiten zwischen Instanzen der Klasse `MyClass`

Geben Sie für die beiden durch einen Kommentar gekennzeichneten Stellen im Programm den Abhängigkeitsgraphen zwischen den Instanzen von `MyClass` an. Für welche Instanzen der Klasse `MyClass` ist die Lebenszeit zum Zeitpunkt der Abhängigkeitsgraphen und zum Ende des Programmfragments zu Ende?

2. Aufgabe

Schreiben Sie das Programm aus Aufgabe 1 so um, dass es für die Verwendung von Reference Counting kompatibel ist. Erweitern Sie dafür das Programm mit `retain`- und `release`-Anweisungen und geben Sie an, wie die Properties `field1` und `field2` am sinnvollsten definiert sein müssten. Welchen Reference Count besitzen die einzelnen Objekte dann zu den Zeitpunkten der Abhängigkeitsgraphen aus Aufgabe 1?

3. Aufgabe

Wie müssen die Methoden `setField1:`, `setField2:` und `dealloc` der Klasse `MyClass` implementiert sein, damit das Programm aus Aufgabe 2 bei Verwendung von Reference Counting das Ende der Lebenszeiten für `obj1` bis `obj4` korrekt bestimmt?

4. Aufgabe

Ändern Sie das Programm aus Aufgabe 1 durch eine weitere Abhängigkeit so ab, dass es mit Reference Counting das Lebensende der Objekte nicht mehr korrekt berechnet. Warum funktioniert das Programm dann mit Garbage Collecting immer noch korrekt?

5. Aufgabe

Gegeben sei das folgende Programm:

```
NSObject* global = nil;

NSObject* func1(NSObject* arg1) {
    global = arg1;
    return [NSObject new]; // Objekt 1
}
NSObject* func2(NSObject** arg2) {
    *arg2 = nil;
    NSObject* local2 = [NSObject new]; // Objekt 2
    return local2;
}
void func3(NSObject* arg3) {
    NSObject* local3 = [NSObject new]; // Objekt 3
    // Welche Variablen zeigen auf Wurzelobjekte?
}
int main (int argc, const char * argv[]) {
    NSObject* ret = func1([NSObject new]); // Objekt 4
    func3(func2(&ret));
    return 0;
}
```

Listing 9.101: Welche Variablen zeigen auf Wurzelobjekte?

Welche Variablen zeigen bei der Ausführung des Programms an der gekennzeichneten Stelle auf Wurzelobjekte? Welche Objekte können bis zu diesem Punkt als Garbage markiert werden?

Grundlegende Klassen

Das Cocoa-Framework ist eine Zusammenstellung von vielen verschiedenen Klassen, von denen Sie in einem normalen Programm niemals alle gleichzeitig gebrauchen werden. Es gibt jedoch ein paar grundlegende Klassen, die in den meisten Programmen verwendet werden. Diese Klassen dienen wiederum dazu, komplexere Klassen zu erstellen, die sich dieser grundlegenden Klassen bedienen, um einen spezialisierten Zweck zu erfüllen.

Mittels Objective-C ist es heutzutage möglich, für eine breite Palette an Zielarchitekturen zu entwickeln. Auch wenn die meisten Desktop-Anwendungen mittlerweile auf einer 64-Bit-Architektur laufen, kann man dennoch in die Situation kommen, eine 32-Bit-Architektur bedienen zu müssen. Ebenso benutzen iPads und iPhones nicht die Intel-Architektur als Basis. Da primitive Datentypen in Objective-C jedoch abhängig von der tatsächlichen Zielarchitektur sind (wie etwa der Wertebereich des Datentyps `int`), muss man sich hiermit bei der Entwicklung beschäftigen.

Die Lösung hierfür liefert Apple in Form von Typdefinitionen gleich mit. So existieren die Typen `NSInteger` und `NSUInteger`, die einen vorzeichenbehafteten oder vorzeichenlosen Integer-Wert darstellen. Was macht diese Typen nun so besonders? Abhängig davon, ob wir für eine 32-Bit- oder eine 64-Bit-Architektur kompilieren, werden diese auf Typen der entsprechenden Länge gemappt, also zum Beispiel auf `int` bei einer 32-Bit-Architektur und auf `long` bei einer 64-Bit-Architektur. Es ist also zu empfehlen, diese Typen durchgängig zu benutzen. Zusätzlich zu den Integertypen ist der Typ `CGFloat` definiert, der dieses architekturabhängige Mapping für Fließkommazahlen durchführt. Wie das Präfix `CG` andeutet, kommt dieser Datentyp ursprünglich aus dem CoreGraphics-Framework.

Ein Datentyp, der uns in vielen Frameworks begegnet, ist `NSRange`. Hierbei handelt es sich um eine C-Struktur, die zwei `NSUInteger`-Werte beinhaltet. Diese wird benutzt, um einen Bereich anzugeben. Das erste Strukturelement hat den Namen `location` und bezeichnet den Startpunkt des Bereichs. Das zweite Element namens `length` gibt die Länge des Bereichs an. Der gesamte Bereich geht also von `location` bis `location+length`. Um eine `NSRange`-Struktur komfortabel zu erstellen, gibt es das Makro `NSMakeRange(NSUInteger, NSUInteger)`. Dieses erstellt eine neue `NSSRange`-Struktur und setzt den ersten Parameter als `location` und den zweiten als `length`.

10.1 Byteorientierte Daten

Die wohl grundlegendste aller Klassen im Cocoa-Framework ist die Klasse `NSData`. Eine Instanz der Klasse `NSData` kapselt einen Block binärer Daten und macht ihn so auf eine objektorientierte Art und Weise benutzbar. Diese binären Daten sind unveränderlich, so dass auf sie nur lesend zugegriffen werden kann. Auch ist eine Vergrößerung oder eine Verkleinerung des durch die Instanz gekapselten Speicherbereichs nicht möglich. Diese Möglichkeiten bietet `NSMutableData`, eine Unterklasse, die einen Speicherbereich kapselt, dessen Inhalt veränderbar ist.

Die Klasse NSData

Um eine Instanz von `NSData` zu erstellen, bieten sich prinzipiell zwei Möglichkeiten an. Die erste ist, eine Instanz mit dem Inhalt einer Datei zu erstellen. Diese Möglichkeit sehen wir uns in Kapitel 11 an. Die zweite Möglichkeit ist es, ein `NSData`-Objekt aus einem Speicherbereich erstellen zu lassen, der zum Beispiel von einer C-Funktion zurückgegeben wurde. Wenn man dies tun möchte, so muss man sich entscheiden, ob die Bytes in das `NSData`-Objekt kopiert werden sollen oder ob der angegebene Speicherbereich direkt durch das `NSData`-Objekt verwaltet werden soll. Sehen wir uns zuerst das Erstellen mittels Kopieren an. Dies geschieht durch den Convenience-Konstruktor `dataWithBytes:length:` oder der entsprechenden `init`-Methode `initWithBytes:length:`. Der erste Parameter ist ein Zeiger auf einen Speicherbereich, der die zu kopierenden Daten enthält, während der zweite Parameter angibt, wie viele Bytes aus diesem Speicherbereich kopiert werden sollen. Dabei ist zu beachten, dass dieser Wert nicht größer sein darf als die Größe des Speicherbereichs selbst. Da das Kopieren nur lesenden Zugriff auf den Speicherbereich benötigt, ist der Typ des ersten Parameters `const void*`. Das folgende Beispiel zeigt die Erstellung eines `NSData`-Objekts auf diese Weise:

```
char buffer[] = "Ein C-String";
NSData *bufferData = [NSData dataWithBytes:buffer length:strlen(buffer)];
NSLog(@"buffer: %s", buffer);
NSLog(@"bufferData: %@", bufferData);

buffer[0] = 'e';
NSLog(@"buffer: %s", buffer);
NSLog(@"bufferData: %@", bufferData);
```

Listing 10.1: Erstellung eines NSData-Objekts durch Kopieren

```
Meldung
buffer: Ein C-String
bufferData: <45696e20 432d5374 72696e67>
buffer: ein C-String
bufferData: <45696e20 432d5374 72696e67>
```

Abb. 10.1: Ausgabe von Listing 10.1

Der Vorteil der Erstellung durch Kopieren ist es, dass der ursprüngliche Speicherbereich deallokiert werden kann, jedoch trotzdem noch auf die Daten zugegriffen werden kann. Außerdem ist durch das Kopieren der Inhalt des `NSData`-Objekts unabhängig vom ursprünglichen Speicherbereich, wie in Abbildung 10.1 zu sehen ist. Es gibt jedoch auch Fälle, in denen man diese Sicherheit nicht braucht oder der Vorteil gegenüber der direkten Verwendung des Zeigers durch den vergleichsweise langsamen Kopierprozess zunichtegemacht wird. Für diese Fälle gibt es die Möglichkeit, ein `NSData`-Objekt zu erstellen, das direkt den durch den Zeiger bezeichneten Speicherbereich kapselt. Hierzu gibt es den Convenience-Konstruktor `dataWithBytesNoCopy:length:freeWhenDone:` sowie die entsprechende `init`-Methode. Dieser wird als erster Parameter wiederum ein Zeiger auf einen Speicherbereich übergeben, der vom `NSData`-Objekt gekapselt werden soll. Der zweite Parameter gibt die Länge des Bereichs an. Der dritte Parameter ist ein `BOOL`-Wert, der angibt, ob der angegebene Speicherbereich freigegeben werden soll, wenn das `NSData`-Objekt deallokiert wird. Wenn hier `YES` übergeben wird, muss der Speicher zuvor mit `malloc` allokiert worden sein, damit ein `free` auf diesem Speicherbereich aufgerufen werden kann. Der Zeiger auf den Speicherbereich ist vom Typ `void*`, um mit dieser Methode auch veränderbare Unterklassen wie `NSMutableData` erstellen zu können. Der Zugriff auf den Speicherbereich ist über die Klasse `NSData` dennoch nur-lesend. Wenn der Speicherbereich nach der Deallokation des `NSData`-Objekts freigegeben werden soll, kann auch die Kurzform `dataWithBytesNoCopy:length:` benutzt werden. Im Unterschied zum Erstellen durch Kopieren wirken sich Änderungen des zur Erstellung benutzten Speicherbereichs auch auf den Inhalt des `NSData`-Objekts aus, da beide Speicherbereiche identisch sind. Das folgende Beispiel zeigt den Einsatz der Methode und die Veränderung des Speicherbereichs:

```
char buffer[] = "Ein C-String";
NSData *bufferData = [NSData dataWithBytesNoCopy:buffer
                                          length:strlen(buffer)
                                    freeWhenDone:NO];
NSLog(@"buffer: %s", buffer);
NSLog(@"bufferData: %@", bufferData);

buffer[0] = 'e';
NSLog(@"buffer: %s", buffer);
NSLog(@"bufferData: %@", bufferData);
```

Listing 10.2: Direkte Kapselung eines Speicherbereichs

```
Meldung
buffer: Ein C-String
bufferData: <45696e20 432d5374 72696e67>
buffer: ein C-String
bufferData: <65696e20 432d5374 72696e67>
```

Abb. 10.2: Ausgabe von Listing 10.2

Um auf den Inhalt eines `NSData`-Objekts zuzugreifen, gibt es wiederum zwei Möglichkeiten. Die erste ist, direkt einen Zeiger auf den Speicherbereich zu erlangen. Dies macht die Funktion `bytes`. Sie liefert einen schreibgeschützten Zeiger vom Typ `const void*` auf den Speicherbereich, den das `NSData`-Objekt kapselt. Alternativ existiert die Funktion `getBytes:`, die als Parameter einen Zeiger auf einen Speicherbereich übergeben bekommt, in den der Inhalt des durch das `NSData`-Objekt gekapselten Speicherbereichs kopiert wird. Der Speicherbereich, in den die Daten kopiert werden sollen, muss mindestens so groß wie das `NSData`-Objekt sein. Will man nur einen Teil des `NSData`-Objekts kopieren, so benutzt man die Funktion `getBytes:length:`, die angibt, wie viele Bytes ab dem Start kopiert werden sollen. Für einen Bereich innerhalb des `NSData`-Objekts, der nicht am Anfang liegt, benutzt man die Methode `getBytes:range:`, die eine `NSRange`-Struktur übernimmt, die den Bereich, der kopiert werden soll, beschreibt. Wenn Sie einen Teilbereich des `NSData`-Objekts nicht als Zeiger, sondern als `NSData`-Objekt erhalten wollen, benutzen Sie die Methode `subdataWithRange:`. Hierbei werden die Bytes aus dem ursprünglichen `NSData`-Objekt kopiert. Beachten Sie, dass die Werte jeweils innerhalb der Grenzen des `NSData`-Objekts liegen müssen, da sonst das Verhalten undefiniert ist.

Um `NSData`-Objekte miteinander zu vergleichen, verwendet man die Methode `isEqualWithData:`, die entsprechend `YES` oder `NO` zurückgibt, abhängig davon, ob beide `NSData`-Objekte gleich sind. Zwei `NSData`-Objekte gelten als gleich, wenn sie die gleiche Länge haben und die Bytes an der gleichen Stelle in beiden `NSData`-Objekten gleich sind.

Um die Länge eines `NSData`-Objekts zu erhalten, senden Sie ihm die Nachricht `length`. Die Länge des `NSData`-Objekts ist gleich der Anzahl der enthaltenen Bytes.

Die Klasse NSMutableData

Die Klasse `NSMutableData` ist als Unterklasse von `NSData` dafür zuständig, einen Speicherbereich zu kapseln, der verändert werden kann. Dazu führt sie zwei neue primitive Operationen ein, die die Basis für alle anderen Methoden bilden. Die erste Methode ist `setLength:`, die die Größe der `NSMutableData`-Instanz auf den neuen Wert setzt. Wenn die Instanz dadurch vergrößert wird, werden die neuen Bytes mit Nullen gefüllt. Die zweite primitive Methode ist `mutableBytes`. Wie die Methode `bytes` liefert sie einen Zeiger auf die gekapselten Daten. Jedoch ist dieser vom Typ `void*`, so dass auch ein schreibender Zugriff hierauf möglich ist. Das folgende Beispiel zeigt diese beiden Methoden in Aktion:

```
char buffer[] = "Ein C-String";
NSMutableData *data = [NSMutableData dataWithBytes:buffer
                                            length:strlen(buffer)];
NSLog(@"Länge: %li", [data length]);
```

```
NSLog(@"Inhalt %@", data);

char *bytes = (char *)[data mutableBytes];
memcpy(bytes, "e", 1);
NSLog(@"Länge: %li", [data length]);
NSLog(@"Inhalt %@", data);

[data setLength:4];
NSLog(@"Länge: %li", [data length]);
NSLog(@"Inhalt %@", data);
```

Listing 10.3: Primitive Operationen von NSMutableData

Meldung
Länge: 12
Inhalt <45696e20 432d5374 72696e67>
Länge: 12
Länge: 12
Inhalt <65696e20 432d5374 72696e67>
Länge: 4
Inhalt <65696e20>

Abb. 10.3: Ausgabe von Listing 10.3

Um eine Instanz von `NSMutableData` zu erstellen, gibt es neben den aus `NSData` geerbten Methoden zwei weitere. Die entsprechenden Convenience-Konstruktoren sind `dataWithCapacity:` und `dataWithLength:`. Der Unterschied ist, dass `dataWithCapacity:` lediglich ein `NSMutableData`-Objekt erstellt, das, wenn es Speicher anfordert, so viel anfordert, wie als Wert übergeben wurde. Es ist aber nicht garantiert, dass dieser Speicher sofort angefordert wird. Die Länge eines so erstellten `NSMutableData`-Objekts wird auf 0 gesetzt. Im Gegensatz dazu fordert eine mit `dataWithLength:` erstellte Instanz sofort so viel Speicher an wie gewünscht, der mit Nullen vorinitialisiert wird. Die Länge dieses Objekts ist die angeforderte Größe. Das folgende Beispiel macht diesen Unterschied deutlich:

```
NSMutableData *data1 = [NSMutableData dataWithCapacity:12];
NSLog(@"Länge: %li", [data1 length]);
NSLog(@"Inhalt %@", data1);

NSMutableData *data2 = [NSMutableData dataWithLength:12];
NSLog(@"Länge: %li", [data2 length]);
NSLog(@"Inhalt %@", data2);
```

Listing 10.4: Unterschiedliche Methoden, ein NSMutableData-Objekt zu erstellen

```
Meldung
Länge: 0
Inhalt <>
Länge: 12
Inhalt <00000000 00000000 00000000>
```

Abb. 10.4: Ausgabe von Listing 10.4

Um weitere Daten an ein `NSMutableData`-Objekt anzuhängen, benutzt man die Methode `appendBytes:length:`, wenn man Daten über einen Zeiger übergeben möchte. `length` gibt an, wie viele Daten ab der Speicherposition, auf die der Zeiger weist, angehängt werden sollen. Wenn Daten aus einem anderen `NSData`-Objekt angehängt werden sollen, kann die Methode `appendData:` verwendet werden, die ein `NSData`-Objekt als Parameterwert übergeben bekommt. Das folgende Beispiel zeigt diese beiden Methoden:

```
NSMutableData *data = [NSMutableData data];
NSLog(@"Länge: %li", [data length]);
NSLog(@"Inhalt %@", data);

[data appendBytes:"Ein" length:3];
NSLog(@"Länge: %li", [data length]);
NSLog(@"Inhalt %@", data);

NSData *data2 = [NSData dataWithBytes:"zwei" length:4];
[data appendData:data2];
NSLog(@"Länge: %li", [data length]);
NSLog(@"Inhalt %@", data);
```

Listing 10.5: Anhängen von weiteren Daten an ein `NSMutableData`-Objekt

```
Meldung
Länge: 0
Inhalt <>
Länge: 3
Inhalt <45696e>
Länge: 7
Inhalt <45696e7a 776569>
```

Abb. 10.5: Ausgabe von Listing 10.5

Eine letzte Eigenschaft der Klasse `NSMutableData` ist das Ersetzen von Bytes in einer Instanz. Die Methode `replaceBytesInRange:withBytes:` ersetzt alle Bytes im `NSMutableData`-Objekt in dem angegebenen Bereich durch Bytes aus dem Speicherbereich, der durch das Argument `withBytes` übergeben wird. Dabei muss dieser Speicherbereich mindestens so lang sein wie die Länge des zu ersetzenden Bereichs. Wenn nur ein Teil des Speicherbereichs für die Ersetzung benutzt werden soll, kann die Methode `replaceBytesInRange:withBytes:length:` verwendet werden. Das Argument `length` gibt an, wie viele Bytes aus dem für `withBytes` übergebenen Speicherbereich eingefügt werden sollen. Wenn `length` nicht identisch mit der Länge des Bereichs ist, so wird das `NSMutableData`-Objekt in der Länge angepasst, indem es entsprechend vergrößert oder verkleinert wird. Mit der Methode `resetBytesInRange:` werden alle Bytes im angegebenen Bereich durch 0 ersetzt. Das folgende Beispiel zeigt die Anwendung dieser drei Methoden:

```
char *string = "Ich bin ein String";
NSMutableData *data = [NSMutableData dataWithLength:strlen(string)];
NSRange range = NSMakeRange(0, [data length]);

NSLog(@"Inhalt: %@", data);

[data replaceBytesInRange:range withBytes:string];
NSLog(@"Inhalt: %@", data);

[data resetBytesInRange:range];
NSLog(@"Inhalt: %@", data);

[data replaceBytesInRange:range withBytes:string length:8];
NSLog(@"Inhalt: %@", data);
```

Listing 10.6: Ersetzungsmethoden für ein `NSMutableData`-Objekt

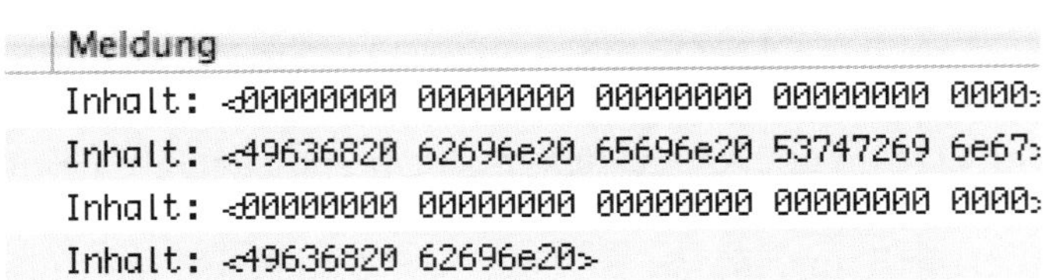

```
Meldung
Inhalt: <00000000 00000000 00000000 00000000 0000>
Inhalt: <49636820 62696e20 65696e20 53747269 6e67>
Inhalt: <00000000 00000000 00000000 00000000 0000>
Inhalt: <49636820 62696e20>
```

Abb. 10.6: Ausgabe von Listing 10.6

10.2 Die Klasse NSCoder

Bevor wir uns nun den strukturierten Daten wie Strings zuwenden, wollen wir noch einen Blick auf die Klasse `NSCoder` werfen. Diese Klasse ermöglicht die Persistierung von Objekten und ganzen Objektgraphen. Ein Objektgraph ist das Beziehungsgeflecht der einzelnen Objekte in einer Anwendung untereinander.

Ein persistierter Objektgraph wird **Archiv** genannt. Die bekannteste Anwendung von Archiven sind Oberflächenbeschreibungen (.nib oder .xib). In diesen Dateien ist die gesamte Oberflächenbeschreibung inklusive der Verbindungen der Elemente untereinander gespeichert und kann bei Bedarf wieder in eine Menge von verknüpften Objekten zurückgewandelt werden.

Ein Problem bei der Speicherung von Objektgraphen sind zirkuläre Referenzen, wie in Abbildung 10.7 zu sehen. Ein Mechanismus, der einfach blindlings versucht, Schritt für Schritt jede Referenz, auf die man trifft, zu speichern, gerät bei einer solchen Konstellation in eine Endlosschleife. Dazu können Klassen, die einen Objektgraphen persistieren, mit einem **Wurzelobjekt** (**Root Object**) die Persistierung beginnen. Dazu werden alle auftretenden Referenzen von diesem Wurzelobjekt aus markiert. Wird einer Referenz gefolgt, die zu einem bereits markierten Objekt zeigt, so wird das Objekt nicht erneut gespeichert, sondern lediglich eine Verknüpfung zu diesem Objekt erweitert.

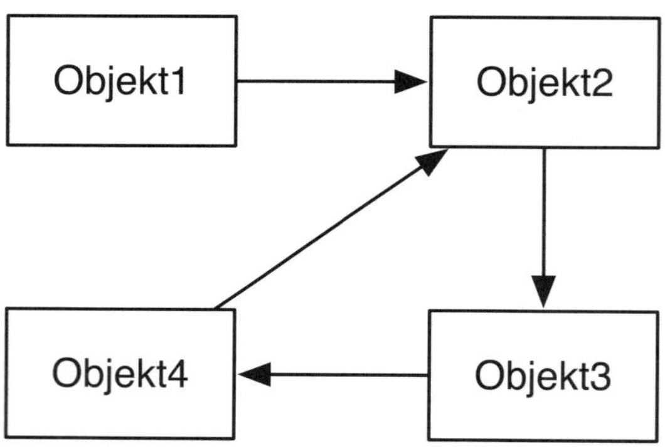

Abb. 10.7: Zirkuläre Referenz in einem Objektgraphen

Wie speichert man nun aber einen Objektgraphen ab? Sehen wir uns dazu die Klasse `NSKeyedArchiver`, eine konkrete Implementierung der Klasse `NSCoder`, an. Ein `NSKeyedArchiver` erzeugt ein Archiv, indem jedem enthaltenen Objekt ein Name zugewiesen wird. Beim Einlesen solch eines Archivs können die enthaltenen Objekte über den Namen angefordert werden, was dazu führt, dass die Objekte in beliebiger Reihenfolge oder auch gar nicht eingelesen werden. Dies ermöglicht dem Programmierer eine größere Flexibilität, um Klassen abwärtskompatibel zu machen.

Um einen Objektgraphen zu speichern, wird entweder die Klassenmethode `archiveRootObject:toFile:` oder `archivedDataWithRootObject:` der Klasse `NSKeyedArchiver` aufgerufen, die ein Root Object in ein Archiv speichern, das entweder auf die Festplatte geschrieben oder in einem `NSData`-Objekt zurückgegeben wird. Um ein persistentes Objekt wieder zu laden, wird entweder die Klassenmethode `unarchiveObjectWithData:` oder `unarchiveObjectWithFile:` der

Klasse `NSKeyedUnarchiver` aufgerufen. Beachten Sie hierbei, dass die Funktionen zum Persistieren in der Klasse `NSKeyedArchiver` implementiert sind, die Funktionen zum Wiederladen hingegen in der Klasse `NSKeyedUnarchiver`. Alle Objekte, die in diesem Objektgraphen vorhanden sind, müssen das Protokoll `NSCoding` unterstützen. Alle Werteklassen des Foundation Frameworks (zum Beispiel `NSString`, `NSArray`, `NSNumber`, ...) implementieren dieses Protokoll, ebenso die meisten Interface-Elemente aus dem Application Kit.

Sehen wir uns nun einmal an, was nötig ist, um eigene Objekte mit einem `NSCoder` persistieren zu lassen. Zunächst wollen wir eine Klasse `CodingObject` erstellen, die einen String und einen Verweis auf ein anderes `CodingObject` speichert. Diese Klasse muss das Protokoll `NSCoding` implementieren:

```
@interface CodingObject : NSObject<NSCoding> {
}
@property (nonatomic, retain) CodingObject *next;
@property (nonatomic, retain) NSString *name;
```

Diese Klassen benutzen wir, um einen Objektgraphen aufzubauen:

```
CodingObject *object1 = [CodingObject new];
CodingObject *object2 = [CodingObject new];
CodingObject *object3 = [CodingObject new];

object1.name = @"Objekt 1";
object2.name = @"Objekt 2";
object3.name = @"Objekt 3";

object1.next = object2;
object2.next = object3;
object3.next = nil;
```

Um diese Struktur nun mit einem `NSKeyedArchiver` persistieren zu können, müssen wir das Protokoll `NSCoding` erfüllen. Dieses Protokoll implementiert die Methoden `encodeWithCoder:`, um eine Klasse in ein `NSCoder`-Objekt zu schreiben, und `initWithCoder:`, um ein persistentes Objekt aus einem `NSCoder`-Objekt wiederherzustellen. Implementieren wir zunächst die Methode `encodeWithCoder:`:

```
-(void)encodeWithCoder:(NSCoder *)coder{
    [coder encodeInt:1 forKey:@"COVersion"];
    [coder encodeObject:self.name forKey:@"COName"];
    [coder encodeObject:self.next forKey:@"CONext"];
}
```

Das Einzige, was wir machen müssen, ist, die Instanzenvariablen unseres Objekts vom `NSCoder` kodieren zu lassen. Wir übergeben einen Schlüssel für jeden Wert. Dieser Schlüssel wird vom `NSKeyedArchiver` benutzt, um die Daten strukturiert zu speichern. Da diese Methode in der Klasse `NSCoder` implementiert ist, wird sie auch von anderen Implementierungen verstanden. Zusätzlich speichern wir noch eine Versionsnummer unter dem Schlüssel `COVersion`. Dieser ist zwar nicht nötig, vereinfacht aber eventuelle spätere Erweiterungen der Klasse, da man anhand der persistierten Versionsnummer erkennen kann, welche Eigenschaften des Objekts in der Persistierung zur Verfügung stehen.

Die Versionsnummer ist ein skalarer Wert (`int`). Wir können entweder diesen als `NSNumber`-Objekt dem `NSCoder` übergeben oder eine der spezialisierten Methoden für skalare Datentypen benutzen. Im obigen Beispiel ist dies die Methode `encodeInt:forKey:`.

Wenn die Oberklasse, von der wir erben, auch das Protokoll `NSCoding` erfüllt, so hätten wir dieser noch mit einem Aufruf von `[super encodeWithCoder:coder]` die Nachricht senden müssen, dass sie sich ebenfalls persistiert, damit das Objekt vollständig gespeichert werden kann.

Als Nächstes sehen wir uns die Implementierung der Methode `initWithCoder:` an, die aus einem `NSCoder` die nötigen Werte liest, um eine neue Instanz der Klasse zu erstellen:

```
-(id)initWithCoder:(NSCoder *)coder {
    self = [CodingObject new];
    self.name = [coder decodeObjectForKey:@"COName"];
    self.next = [coder decodeObjectForKey:@"CONext"];
    return self;
}
```

Wenn wir von einer Oberklasse erben, die ebenfalls das Protokoll `NSCoding` implementiert, müssten wir in der ersten Zeile `self = [super initWithCoder:coder]` schreiben, um die Oberklasse initialisieren zu lassen. Die Reihenfolge der Ausleseoperationen sollte die gleiche sein wie beim Speichern, um auch kompatibel mit `NSCoder`-Objekten zu bleiben, die keine Schlüssel unterstützen.

Hinweis

Vor der Version 10.2 von Mac OS X gab es nur Archive ohne Schlüssel. Diese wurden mit der Klasse `NSArchiver` geschrieben und mit der Klasse `NSUnarchiver` geladen. Da die Daten in solchen Archiven nicht durch Schlüssel strukturiert sind, werden sie sequenziell nacheinander abgelegt. Diese Art von Archiven gilt aber seit der Einführung der durch Schlüssel strukturierten Archive in Mac OS X 10.2 als veraltet und sollte nicht mehr verwendet werden.

Unser oben erstellter Objektgraph kann nun persistiert und wieder neu eingelesen werden. Das folgende Beispiel zeigt die Persistierung durch die Funktion `archivedDataWithRootObject:` der Klasse `NSKeyedArchiver`, die die Daten in ein `NSData`-Objekt schreibt. Daraus werden sie danach mit Hilfe der Methode `unarchiveObjectWithData:` der Klasse `NSKeyedUnarchiver` wieder hergestellt. Das `NSData`-Objekt könnte zum Beispiel auch über eine Netzwerkverbindung auf ein anderes System übertragen werden:

```
NSData *data = [NSKeyedArchiver archivedDataWithRootObject:object1];
CodingObject *decoded = [NSKeyedUnarchiver unarchiveObjectWithData:data];
```

Die Objekte `object1` und `decoded` enthalten nun beide die gleichen Objekte inkl. dem zugehörigen Objektgraphen.

Tipp

Sie können das Persistieren von Objektgraphen auch benutzen, um Benutzerdaten in Ihrem Programm zu speichern. So müssen Sie kein eigenes Datenformat bereitstellen, sondern überlassen das Laden und Speichern einfach direkt dem System.

Neben der beschriebenen automatischen Persistierung eines ganzen Objektgraphen besteht auch die Möglichkeit, die Steuerung über den Persistierungsprozess selbst zu übernehmen. Dies ist im folgenden Listing gezeigt:

```
NSMutableData *data = [NSMutableData data];
NSKeyedArchiver *archiver =
            [[NSKeyedArchiver alloc]
              initForWritingWithMutableData:data];
[archiver encodeObject:object1 forKey:@"root"];
[archiver finishEncoding];

NSKeyedUnarchiver *unarchiver =
              [[NSKeyedUnarchiver alloc]
                initForReadingWithData:data];
CodingObject *decoded = [unarchiver
                    decodeObjectForKey:@"root"];
```

Man erstellt zunächst eine Instanz der Klasse `NSMutableData`, in der die Daten persistiert werden. Danach wird der `NSKeyedArchiver` erstellt, dem dieser Datenbereich dann zugewiesen wird. Hierzu existiert die `init`-Methode `initForWritingWithMutableData:`. Nun werden dem Coder alle Objekte hinzugefügt, die persistiert werden sollen. Hierzu benutzen wir die schon bekannten Methoden encode...:forKey:. Um anzuzeigen, dass die Persistierung abgeschlossen ist, rufen wir auf der NSKeyedArchiver-Instanz finishEncoding auf. Die persistierten Daten liegen danach in dem durch data beschriebenen Speicherbereich vor.

Für das Einlesen der persistierten Daten muss eine NSKeyedArchiver-Instanz erstellt werden, die an den entsprechenden Speicherbereich gebunden wird. Hierzu wird die Methode initForReadingWithData: verwendet. Das eigentliche Einlesen erfolgt dann durch Aufruf der bereits bekannten Methode decodeObjectForKey:. Hier ist natürlich darauf zu achten, dass der gleiche Schlüssel verwendet wird, den man bei der Persistierung angegeben hat.

10.3 Zeichenketten

Zeichenketten werden im Cocoa-Framework durch die Klasse NSString abgebildet. Die Objekte dieser Klasse sind unveränderlich. Wenn einem NSString-Objekt einmal eine Zeichenkette zugewiesen wurde, kann sie nicht mehr verändert werden. Jede Operation, die diese Zeichenkette ändern würde, erzeugt stattdessen ein neues NSString-Objekt und gibt es zurück. Eine Unterklasse von NSString ist die Klasse NSMutableString, die veränderliche Strings speichert. Für diese Klasse existieren Funktionen, die den in einer Instanz gespeicherten String verändern, ohne einen neuen zu erzeugen.

Da NSString die grundlegendste Klasse für alle Zeichenketten ist und Zeichenketten häufig auch direkt im Quellcode benutzt werden, gibt es in Objective-C eine einfache Möglichkeit, ein NSString-Objekt zu erzeugen. Hierzu stellt man einer Zeichenkette einfach ein @ voran. Der Compiler behandelt diese Zeichenkette dann wie ein NSString-Objekt, im Gegensatz zu einer Zeichenkette ohne vorangestelltes @, die weiterhin als normaler C-String vom Typ char* behandelt wird. NSString-Objekte sind intern als ein Array von Unicode-Zeichen implementiert. Mit der Methode length kann festgestellt werden, wie lang dieses Array und damit der String selbst ist. Mit der Methode characterAtIndex: kann ein Zeichen des Strings an einer angegebenen Position ermittelt werden. Wenn der Index außerhalb des Strings liegt, wird eine Ausnahme vom Typ NSRangeException ausgelöst. Das folgende Beispiel zeigt diese beiden Methoden in Aktion:

```
NSString *string = @"Ein String";
NSUInteger length = [string length];
NSLog(@"Länge des Strings: %li", length);
for (NSUInteger i=0; i<length; i++) {
    NSLog(@"%C", [string characterAtIndex:i]);
}
```

Listing 10.7: Grundlegende Methoden von NSString

```
Meldung
Länge des Strings: 10
E
i
n

S
t
r
i
n
g
```

Abb. 10.8: Ausgabe von Listing 10.7

Die Methoden `length` und `characterAtIndex:` sind die Basisoperationen, auf denen alle anderen Methoden von `NSString` aufbauen. Jedoch wird man mit der Methode `characterAtIndex:` selten in Berührung kommen, da man üblicherweise auf höherer Ebene mit Strings arbeitet.

Erstellen von Strings

Die einfachste Möglichkeit, ein `NSString`-Objekt zu erstellen, ist es, ein sogenanntes *String-Literal* zu erzeugen. Hierzu stellt man einer Zeichenkette ein `@` voran. Für diese Literale werden bereits zur Kompilierzeit `NSString`-Instanzen erstellt, die dem Programm zur Laufzeit als Konstante zur Verfügung stehen. Dies hat zur Folge, dass auf diese Art erstellte Konstanten niemals deallokiert werden. Der Compiler garantiert ebenfalls, dass diese Konstanten auf Modulebene einzigartig sind. Es wird also unabhängig davon, wie oft diese Konstante im Quelltext vorkommt, nur ein Objekt erstellt, das wiederbenutzt wird. Es ist jedoch möglich, Nachrichten an diese String-Konstanten zu senden wie an jedes andere String-Objekt auch, wie das folgende Beispiel zeigt:

```
NSString *string = @"Ein String";
NSLog(@"Länge des Strings: %li", [string length]);
```

Listing 10.8: Erstellung eines Strings mittels @-Direktive

```
Meldung
Länge des Strings: 10
```

Abb. 10.9: Ausgabe von Listing 10.8

Eine andere Situation, die zur Erstellung von Strings führt, ist die Interaktion mit C-Code. Hier müssen beide Richtungen, also die Umwandlung eines `NSString`-Objekts in einen C-String und umgekehrt, beachtet werden. Um einen C-String in ein NSString-Objekt umzuwandeln, gibt es den Convenience-Konstruktor stringWithCString:encoding: und als Spezialform stringWithUTF8String:, sowie die entsprechenden init-Methoden. Diese Methoden bekommen als ersten Parameter zunächst einen C-String übergeben. Der Convenience-Konstruktor stringWithCString:encoding: bekommt zusätzlich noch die für den C-String verwendete Kodierung übergeben. stringWithUTF8String: nimmt hingegen an, dass die verwendete Kodierung UTF8 ist. Für den Umgang mit C-Strings, die UTF8 als Zeichenkodierung verwenden, kann auch das manuelle Boxing, also das »Verpacken« als Objekt verwendet werden. Dieses wird durch die Anweisung @(...) vorgenommen. Die Kodierung wird als eine NSStringEncoding-Konstante übergeben. Wenn der C-String nicht in der angegebenen Kodierung vorliegt, ist das Ergebnis der Umwandlung undefiniert. Anstatt aus einem C-String kann ein NSString auch aus einem NSData-Objekt (siehe Abschnitt 10.1) erstellt werden. Hierzu gibt es die Methode initWithData:encoding:, jedoch keinen Convenience-Konstruktor. Da die verschiedenen Zeichenkodierungen in einem Buch nicht wiederzugeben sind, arbeitet das folgende Beispiel mit Annahmen, zeigt aber dennoch die prinzipielle Vorgehensweise bei der Umwandlung von C-Strings und NSData-Objekten in NSString-Objekte:

```
NSString *string = [NSString new];

char *utf8String = /* String in UTF8-Kodierung */
string = [NSString stringWithUTF8String:utf8String];
// oder mit Boxing:
string = @(utf8String);

char *macRomanEncodedString = /* String in MacRoman-Kodierung */
string = [NSString stringWithCString:macRomanEncodedString
                            encoding:NSMacOSRomanStringEncoding];

NSData *shiftJISData = /* Inhalt in Shift-JIS-Kodierung */
string = [[NSString alloc] initWithData:shiftJISData
                               encoding:NSShiftJISStringEncoding];
```

Listing 10.9: Prinzipielle Umwandlung von C-Strings und NSData-Objekten in NSString-Objekte

Vorsicht

Es gibt noch Varianten von initWithCString:, die keinen Parameter für die Zeichenkodierung übergeben bekommen. Diese Methoden arbeiten mit einer Standardkodierung, die im Einzelfall jedoch verlustbehaftet ist. Da diese Methoden seit Mac OS X 10.4 zusätzlich als veraltet gekennzeichnet sind, sollten Sie diese Methoden nicht verwenden und evtl. alten Code auf die Benutzung von initWithCString:encoding: umstellen.

Wollen wir uns nun noch die Umwandlung von NSString-Objekten in C-Strings oder NSData-Objekten ansehen: Die einfachste Möglichkeit, einen C-String zu erhalten, ist die Verwendung der Methode UTF8String. Diese gibt einen C-String zurück, der nullterminiert ist und UTF8 als Zeichenkodierung verwendet. Soll hingegen ein C-String erstellt werden, der nicht UTF8 als Zeichenkodierung verwendet, so kann die Methode cStringUsingEncoding: benutzt werden, der wiederum eine NSStringEncoding-Konstante übergeben wird. Diese Methode liefert NULL zurück, wenn der String mit der angegebenen Kodierung nicht verlustfrei konvertiert werden kann. Beide Methoden liefern jeweils einen C-String zurück, für den es sich empfiehlt, den zurückgegebenen String in einen entsprechenden Speicherbereich zu kopieren oder den String mittels der Methode getCString:maxLength:encoding: erzeugen zu lassen, der als erster Parameter ein Zeiger auf einen Speicherbereich übergeben wird, in dem der C-String zusammen mit dem terminierenden NULL-Byte kopiert werden soll. Der zweite Parameter gibt die maximale Länge des Puffers an. Die Funktion gibt YES oder NO zurück, abhängig davon, ob das NSString-Objekt mittels der übergebenen Kodierung verlustfrei umgewandelt werden konnte oder nicht. Ob die Umwandlung eines NSString-Objekts mit einer bestimmten Kodierung möglich ist, kann mit der Methode canBeConvertedToEncoding: überprüft werden. Falls eine verlustbehaftete Umwandlung unter Verwendung einer bestimmten Zeichenkodierung in Kauf genommen werden kann, so kann die Methode dataUsingEncoding: allowLossyConversion: benutzt werden. Diese Methode gibt ein NSData-Objekt zurück, das den umgewandelten C-String ohne abschließendes NULL-Byte enthält. Für den zweiten Parameter muss YES übergeben werden, wenn eine verlustbehaftete Konvertierung erfolgen darf. Wenn hier NO übergeben wird und die Konvertierung nicht verlustfrei erfolgen kann, wird nil zurückgegeben. Die Methode dataUsingEncoding: ist eine Kurzform, die NO für allowLossyConversion übergibt. Das folgende Beispiel zeigt die Umwandlung von NSString-Objekten in C-Strings und NSData-Objekte:

```
const char *string1 = [@"UTF8-String" UTF8String];
const char *string2 = [@"ASCII-String"
        cStringUsingEncoding:NSASCIIStringEncoding];

char string3[20];
[@"MacRoman-String" getCString:string3
                    maxLength:20
               encoding:NSMacOSRomanStringEncoding];

NSData *data = [@"String mit Text"
             dataUsingEncoding:NSUTF8StringEncoding
             allowLossyConversion:NO];
```

Listing 10.10: Umwandlung von NSString-Objekten in C-Strings und NSData-Objekte

Formatstrings

Formatstrings sind Strings, die Platzhalter enthalten, die wiederum mit entsprechenden Daten gefüllt werden können, um einen kompletten String zu erstellen. Dabei wird ein Platzhalter durch das Zeichen % eingeleitet, dem ein oder mehrere Zeichen folgen, die den Typ des erwarteten Werts sowie dessen Formatierung beim Ersetzen des Platzhalters beschreiben. So steht zum Beispiel das Zeichen `i` für einen vorzeichenbehafteten 32-Bit-Integer-Wert. Entsprechend würde ein Formatstring der Form `"Index %i"` einen Integer-Wert für den Ausdruck `%i` erwarten, um diesen Ausdruck mit dem entsprechenden Wert zu ersetzen.

> **Vorsicht**
>
> Der Platzhalter `%i` ist ein gutes Beispiel für die Abhängigkeit primitiver Datentypen von der Zielarchitektur. Wenn Sie mit `NSInteger` statt `int` arbeiten, wird bei einer 32-Bit-Plattform, wie etwa dem iPhone, der Platzhalter `%i` genügen. Kompilieren Sie den gleichen Code aber für eine 64-Bit-CPU, so erzeugt der Compiler die Warnung, dass Sie `%li` benutzen sollen, da `NSInteger` hier auf `long` gemappt ist.

Formatstrings in Objective-C können alle Formatierungszeichen der *IEEE printf specification*[1] enthalten, sowie das Zeichen `@`, das für ein beliebiges Objekt steht. Wenn das Objekt, das für einen solchen Platzhalter eingesetzt werden soll, die Nachricht `descriptionWithLocale:` verarbeiten kann, wird diese Nachricht gesendet, um die Textrepräsentation dieses Objekts zu erhalten. Wenn es diese Nachricht nicht versteht, wird stattdessen die Nachricht `description` gesendet.

> **Risiko**
>
> Seien Sie sich bewusst, dass die Verwendung von `@` in eine Formatstring zum Senden einer Nachricht an das entsprechende Objekt führt.

Wenn man einen Formatstring auswertet, so entsteht ein neuer String, in dem alle Platzhalter durch die übergebenen Werte, die entsprechend formatiert wurden, ersetzt sind. Um dies durchzuführen, eignet sich die Klassenmethode `stringWithFormat:` der Klasse `NSString` oder deren Methode `initWithFormat:`. Diesen Methoden wird als Parameter eine kommaseparierte Liste übergeben, deren erster Eintrag der Formatstring selbst ist. Danach folgen die Werte, die für die Platzhalter eingesetzt werden sollen. Beide Methoden lösen eine Ausnahme vom Typ `NSInvalidArgumentException` aus, wenn `nil` übergeben wird. Das folgende Beispiel zeigt die Anwendung dieser beiden Methoden:

1 `http://www.opengroup.org/onlinepubs/009695399/functions/printf.html`

```
NSString *string1 = [NSString stringWithFormat:@"Index %i", 1];
NSLog(@"%@", string1);

NSDate *date = [NSDate dateWithTimeIntervalSinceReferenceDate:0];
NSString *string2 = [[NSString alloc] initWithFormat:@"%@", date];
NSLog(@"%@", string2);
```

Listing 10.11: Auswerten von Formatstrings

Meldung
Index 1
2001-01-01 01:00:00 +0100

Abb. 10.10: Ausgabe von Listing 10.11

Wie Sie in Abbildung 10.10 sehen können, wird ein `NSDate`-Objekt zwar formatiert, jedoch nicht nach den Systemeinstellungen, die in diesem Fall auf die Standardwerte für Deutschland eingestellt sind. Dies liegt daran, dass die Methoden `stringWithFormat:` und `initWithFormat:` eine Standardformatierung für sprachabhängige Werte wie zum Beispiel ein Datum benutzen, die auf allen Systemen gleich ist. Möchte man aber die Ausgabe für eine bestimmte Lokalisierung vornehmen, so sendet man stattdessen die Nachricht `initWithFormat:locale:`. Dieser wird zusätzlich zum Formatstring noch ein `id`-Objekt übergeben, das die Formatierung der Ausgabe vornimmt. Die Klassenmethode `localizedStringWithFormat:` verwendet diese Methode und übergibt ihr ein Objekt, das mit den Benutzereinstellungen übereinstimmt. Dieses erhält man über `[[NSUserDefaults standardUserDefaults] dictionaryRepresentation]`. Das folgende Beispiel zeigt die Auswertung von Formatstrings unter Berücksichtigung der Benutzereinstellungen (in diesem Fall die Standardeinstellungen für Deutschland):

```
NSDate *date = [NSDate dateWithTimeIntervalSinceReferenceDate:0];
NSString *string1 = [NSString localizedStringWithFormat:@"%@", date];
NSLog(@"%@", string1);

id userLocale = [[NSUserDefaults standardUserDefaults]
                 dictionaryRepresentation];
NSString *string2 = [[NSString alloc] initWithFormat:@"%@"
                                          locale:userLocale, date];
NSLog(@"%@", string2);
```

Listing 10.12: Formatierung der in einen Formatstring eingesetzten Werte

Meldung
Montag, 1. Januar 2001 1:00 Uhr MEZ
Montag, 1. Januar 2001 1:00 Uhr MEZ

Abb. 10.11: Ausgabe von Listing 10.12

Mit Formatstrings kann man auf sichere Weise Zeichen in einen String einfügen, die nicht dem ASCII-Standard entsprechen (insbesondere Unicode-Zeichen). Wenn man diese direkt in den Quelltext schreibt, kann es passieren, dass sie durch eine falsche Zeichenkodierung der Datei verloren gehen. Wenn man sie jedoch in ihrem hexadezimalen Code schreibt und in einen Formatstring einfügen lässt, stellt sich dieses Problem nicht. Der Platzhalter für ein Unicode-Zeichen ist ein C (großes C). Alternativ kann man auch direkt im String die Unicode-Kodierung des Zeichens schreiben. Das folgende Beispiel fügt das Zeichen ä ein, dessen hexadezimaler Wert in Unicode 00E4 ist. Der 2-Byte-UTF8-String ist entsprechend \xC3\xA4:

```
NSString *string = [NSString stringWithFormat:@"%Csthetisch", 0x00e4];
NSLog(@"%@", string);
NSLog(@"%@", @"\xC3\xA4sthetisch");
```

Listing 10.13: Sicheres Einfügen von Unicode-Zeichen in einen String

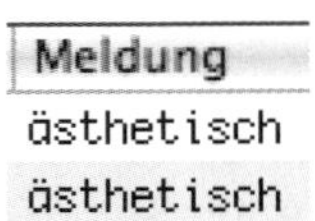

Abb. 10.12: Ausgabe von Listing 10.13

Bislang haben wir die Funktion NSLog() immer benutzt, um Ausgaben in die Konsole zu schreiben. Mit dem Wissen über Formatstrings können wir nun verstehen, dass auch NSLog() einen Formatstring und die einzufügenden Werte übergeben bekommt und den Formatstring vor dem Schreiben in die Konsole auswertet, wobei die Standardlokalisierung verwendet wird. Mit dem Wissen, dass der erste Parameter von NSLog() immer ein Formatstring ist, kann man sich bewusst machen, dass ein String nie direkt ausgegeben werden sollte. Das nachfolgende Codefragment zeigt die Problematik:

```
NSString *string = @"Ein String mit %@";
NSLog(string);
```

Listing 10.14: Falsche Benutzung von NSLog

Der an NSLog übergebene String wird als Formatstring interpretiert. Der Platzhalter %@ würde durch ein Objekt ersetzt werden, das wir jedoch nicht übergeben. Das Verhalten in diesem Fall ist undefiniert und kann zu einem Absturz des Programms führen. Es kann auch passieren, dass Platzhalter mit einem Wert im Speicher ersetzt werden, was auch nicht zur Ausgabe des korrekten Strings führt. Um dieses Problem zu umgehen, wird als Formatstring ein String übergeben, der nur den Platzhalter %@ enthält, sowie der eigentliche String als Wert für diesen Platzhalter. Dies ist im folgenden Beispiel dargestellt:

```
NSString *string = @"Ein String mit %@";
NSLog(@"%@",string);
```

Listing 10.15: Korrekte Benutzung von NSLog

Arbeiten mit Strings

Das Arbeiten mit Strings berührt sowohl das Verändern von Strings als auch die Überprüfung, ob Strings gleich sind, ob ein String in einem anderen enthalten ist, und die Extraktion von Teilstrings aus größeren Strings. Sehen wir uns zunächst die Methoden an, die das Vorkommen eines Strings in einem anderen überprüfen:

Die Methode `rangeOfString:options:range:` bekommt als ersten Parameter ein `NSString`-Objekt übergeben, nach dem gesucht werden soll. Der zweite Parameter ist eine Oder-Verknüpfung von `NSStringCompareOptions`-Konstanten. Jede dieser Konstanten schränkt das Suchverhalten weiter ein. Die Bedeutung der Konstanten wollen wir uns weiter unten ansehen. Der dritte Parameter ist eine `NSRange`-Struktur, die angibt, in welchem Bereich des Strings gesucht werden soll. Wenn diese Struktur einen Bereich außerhalb des Strings angibt, wird eine Ausnahme vom Typ `NSRangeException` ausgelöst. Die Rückgabe der Methode ist eine `NSRange`-Struktur, in der die Position und die Länge des ersten Auftretens des Strings gespeichert sind. Wenn der Suchstring `nil` ist, so wird eine Ausnahme vom Typ `NSInvalidArgumentException` ausgelöst. Wenn der Suchstring nicht gefunden oder ein leerer String übergeben wurde, so enthält die zurückgegebene Struktur `NSNotFound` für die Position und `0` für die Länge. Wenn der gesamte String durchsucht werden soll, kann die Methode `rangeOfString:options:` benutzt werden, die den Parameter `range` entsprechend setzt. Sind auch die Suchoptionen vernachlässigbar, so kann die Methode `rangeOfString:` benutzt werden. Das folgende Beispiel zeigt die Anwendung dieser Funktion:

```
NSString *string = @"Ich bin ein Beispiel-String";
NSRange range = [string rangeOfString:@"ei"];
NSLog(@"Start: %li, Länge: %li", range.location,
                                 range.length);
```

Listing 10.16: Anwendung der Funktion `rangeOfString:`

Abb. 10.13: Ausgabe von Listing 10.16

Um zwei Strings zu vergleichen, gibt es die Methode `compare:options:range:`. Die Parameter sind wie bei `rangeOfString:options:range:` zu setzen. Der Parameter `range` gibt an, welcher Teil des Empfängerstrings für den Vergleich beachtet werden soll. Wiederum gilt, dass die Methode `compare:options:`

benutzt werden kann, wenn der ganze String verglichen werden soll, und die Methode `compare:`, wenn keine speziellen Optionen gesetzt werden sollen. Das Ergebnis ist ein `NSComparisonResult`, das eine Neudefinition von `NSInteger` ist. Es ist `NSOrderedAscending (-1)`, wenn der Empfänger vor dem Vergleichsstring liegt, `NSOrderedSame (0)`, wenn beide Strings gleich sind, und `NSOrderedDescending (1)`, wenn der Empfänger nach dem Vergleichsstring kommt. Das folgende Beispiel zeigt die Benutzung der Funktion `compare:`

```
NSLog(@"%li", [@"ab" compare:@"bc"]);
NSLog(@"%li", [@"bb" compare:@"bb"]);
NSLog(@"%li", [@"cd" compare:@"bc"]);
```

Listing 10.17: Benutzung der Funktion `compare:`

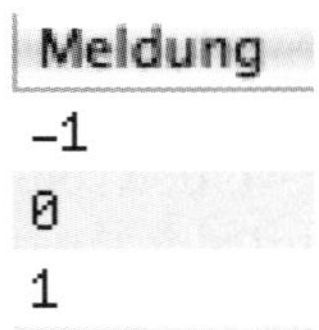

Abb. 10.14: Ausgabe von Listing 10.17

Sehen wir uns nun die möglichen Werte für `NSStringCompareOptions` an: Der Wert `NSCaseInsensitiveSearch` gibt an, dass die Groß- und Kleinschreibung beim Vergleichen oder Suchen nicht beachtet wird. Die Strings `"StrING"` und `"string"` würden mit dieser Option als gleich betrachtet. Der Wert `NSLiteralSearch` erzwingt einen byteweisen Vergleich. Dies kann dazu führen, dass manche zusammengesetzten Zeichen des Unicodes nicht mehr als gleich gelten. Die Option `NSBackwardSearch` gibt an, dass die Suche rückwärts vom Ende des Bereichs arbeiten soll. Die Option `NSAnchoredSearch` sorgt dafür, dass nur Übereinstimmungen gefunden werden, die entweder ganz am Anfang oder ganz am Ende stehen. Übereinstimmungen im String, die nicht an einem der beiden Enden stehen, werden nicht berücksichtigt. Die Option `NSNumericSearch` vergleicht Gruppen von Zahlen als Zahlenwerte. Dies führt dazu, dass gilt `"string2"` < `"string10"`.

Für den Vergleich können die Werte `NSCaseInsensitiveSearch`, `NSLiteralSearch` und `NSNumericSearch` verwendet werden. Für die Suche können die Werte `NSCaseInsensitiveSearch`, `NSLiteralSearch`, `NSBackwardSearch` und `NSAnchoredSearch` verwendet werden. Die folgenden Beispiele zeigen die Benutzung der Optionen für die Suche sowie für den Vergleich:

```
NSRange range;
NSString *string = @"aabbccbbaa";
range = [string rangeOfString:@"aa" options:NSBackwardsSearch];
```

```
NSLog(@"Position: %li, Länge %li", range.location, range.length);

range = [string rangeOfString:@"cc" options:NSCaseInsensitiveSearch];
NSLog(@"Position: %li, Länge %li", range.location, range.length);

range = [string rangeOfString:@"bb" options:NSAnchoredSearch];
NSLog(@"Position: %li, Länge %li", range.location, range.length);
```

Listing 10.18: Benutzung der Funktion `rangeOfString:options:`

Meldung
Position: 8, Länge 2
Position: 4, Länge 2
Position: 2147483647, Länge 0

Abb. 10.15: Ausgabe von Listing 10.18

Der Wert `2147483647` entspricht der Konstanten `NSNotFound`.

```
NSLog(@"%li", [@"string2" compare:@"String10"
                 options:NSNumericSearch]);
NSLog(@"%li", [@"string2" compare:@"String10"
  options:NSNumericSearch|NSCaseInsensitiveSearch]);
```

Listing 10.19: Benutzung der Funktion `compare:options:`

Meldung
1
-1

Abb. 10.16: Ausgabe von Listing 10.19

Benötigt man nur einen Teil eines Strings, zum Beispiel ab dem Zeichen, an dem eine Übereinstimmung festgestellt wurde, so kann man mit den Methoden `substringFromIndex:`, `substringToIndex:` und `substringWithRange:` einen Teilstring erzeugen. Die Methoden `substringFromIndex:` und `substringToIndex:` bekommen jeweils einen Indexwert übergeben. Der zurückgegebene Teilstring enthält dann entsprechend den Teil vom Index zum Ende oder vom Anfang bis zum Index des Strings. Der Methode `substringWithRange:` wird eine `NSRange`-Struktur übergeben, die den Bereich des Strings definiert, der zurückgegeben werden soll. Wenn der Index oder der durch die `NSRange`-Struktur angegebene Bereich außerhalb des Strings liegt, wird eine Ausnahme vom Typ `NSRangeException` ausgelöst. Das folgende Beispiel zeigt die Extraktion von Teilstrings aus einem String:

```
NSString *string = @"Ich bin ein String";
NSLog(@"%@", [string substringToIndex:5]);
NSLog(@"%@", [string substringFromIndex:5]);
NSRange range = NSMakeRange(5, 7);
NSLog(@"%@", [string substringWithRange:range]);
```

Listing 10.20: Extraktion von Teilstrings aus einem NSString-Objekt

```
Meldung
Ich b
in ein String
in ein
```

Abb. 10.17: Ausgabe von Listing 10.20

Auch wenn Instanzen der Klasse `NSString` unveränderlich sind, so kann man den enthaltenen String dennoch verändern, indem für den veränderten String eine neue Instanz erzeugt wird. Arbeitet man gar mit Instanzen der Klasse `NSMutableString`, so müssen keine neuen Instanzen erzeugt werden. Stattdessen kann deren Inhalt direkt verändert werden. Als Nächstes wollen wir uns daher die Methoden ansehen, die einen String tatsächlich verändern. Die erste Operation mit zwei Strings ist das Zusammenhängen (oder die *Konkatenation*) dieser beiden. Die Klasse `NSString` bietet hierzu die Methoden `stringByAppendingString:` und `stringByAppendingFormat:` an, die eine neue `NSString`-Instanz erzeugen und an den bestehenden String entweder einen zweiten String oder einen ausgewerteten Formatstring anhängen. Für die Klasse `NSMutableString` gibt es zusätzlich die Methoden `appendString:` und `appendFormat:`, die den zweiten String oder den ausgewerteten Formatstring direkt an den in der Instanz von `NSMutableString` gespeicherten String anhängen und somit keine neue Instanz erstellen. Das folgende Beispiel zeigt die Konkatenation von Strings:

```
NSString *string = @"Ich bin ";
NSLog(@"%@", [string stringByAppendingString:@"ein String"]);
NSLog(@"%@", [string stringByAppendingFormat:@"%i %@", 1, @"String"]);
```

Listing 10.21: Konkatenation von Strings

```
Meldung
Ich bin ein String
Ich bin 1 String
```

Abb. 10.18: Ausgabe von Listing 10.21

Sowohl `NSString` als auch `NSMutableString` bieten die Möglichkeit des Ersetzens von Zeichen in einem String durch einen anderen. Beide Klassen implementieren die Methode `stringByReplacingCharactersInRange:withString:`, die alle Zeichen in dem durch die übergebene `NSRange`-Struktur angegebenen Bereich durch den String ersetzt, der als zweiter Parameter übergeben wird. Außerdem wird die Methode `stringByReplacingOccurrencesOfString:withString:options:range:` implementiert. Diese Methode sucht innerhalb des String-Objekts, an das sie gesendet wurde, nach Vorkommen des Strings, der als erster Parameter übergeben wurde. Die Vorkommen werden durch den als zweiten Parameter übergebenen String ersetzt. Welcher Teil des Empfängers durchsucht wird, wird durch `range` angegeben. Für diese Methode kann eine Kombination der Optionen `NSBackwardsSearch`, `NSAnchoredSearch`, `NSLiteralSearch` und `NSCaseInsensitiveSearch` benutzt werden. Wenn der ganze String nach Vorkommen durchsucht werden soll und keine Optionen übergeben werden sollen, kann auch die Methode `stringByReplacingOccurrencesOfString:withString:` verwendet werden. Die Rückgabe ist in beiden Fällen ein neuer String, in dem die Ersetzung durchgeführt wurde. Das folgende Beispiel zeigt die Anwendung dieser beiden Methoden:

```
NSString *string = @"Ich bin ein Beispiel";
NSRange range = NSMakeRange(4, 3);
NSLog(@"%@", [string stringByReplacingCharactersInRange:range
                                             withString:@"werde"]);
NSLog(@"%@", [string stringByReplacingOccurrencesOfString:@"ei"
                                               withString:@"xx"]);
```

Listing 10.22: Ersetzungsfunktionen für `NSString`-Objekte

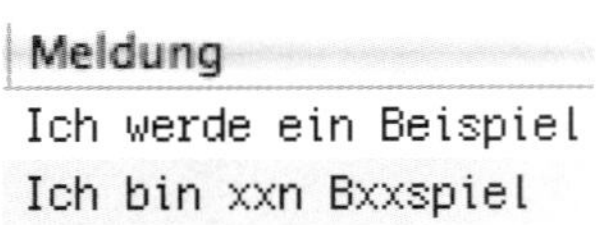

Abb. 10.19: Ausgabe von Listing 10.22

Die Klasse `NSMutableString` besitzt zusätzlich noch die Funktionen `replaceCharactersInRange:withString:`, die einen Bereich durch einen String ersetzt, und `replaceOccurrencesOfString:withString:options:range:`, die alle Vorkommen eines Strings durch einen anderen ersetzt. Der Aufruf dieser Methoden ist identisch mit den oben vorgestellten Methoden aus `NSString`. Anstatt ein neues String-Objekt zu erstellen, ändern diese Methoden direkt den String, an den sie geschickt wurden.

Die Klasse `NSMutableString` besitzt zusätzlich noch die Methoden `insertString:atIndex:`, die einen String in einen anderen an einem angegebenen Index einfügt, und `deleteCharactersInRange:`, die einen durch eine `NSRange`-Struktur angegebenen Bereich aus einem String löscht. Beide Methoden lösen eine Ausnahme vom Typ `NSRangeException` aus, wenn der Index oder der angegebene Bereich außerhalb des Strings liegt. Das folgende Beispiel zeigt die Benutzung dieser Methoden:

```
NSMutableString *string = [NSMutableString stringWithString:
                              @"Ich Beispiel"];
[string insertString:@"bin kein " atIndex:4];
NSLog(@"%@", string);
[string deleteCharactersInRange:NSMakeRange(8, 1)];
NSLog(@"%@", string);
```

Listing 10.23: Einfügen und Löschen in einen NSMutableString

Meldung
Ich bin kein Beispiel
Ich bin ein Beispiel

Abb. 10.20: Ausgabe von Listing 10.23

10.4 Zeit- und Datumswerte

Zeit- und Datumswerte sind eine besondere Art von Daten. Durch die vielen unterschiedlichen Varianten wie zum Beispiel unterschiedliche Zeitzonen oder verschiedene Kalendersysteme ist es nicht immer leicht, korrekte Berechnungen mit Zeit- und Datumswerten durchzuführen. Hierbei hilft das Cocoa-Framework dem Benutzer mit einer gut ausgebauten Bibliothek, die die Komplexität dieses Themas so weit wie möglich verbirgt und einen einfachen und objektorientierten Zugriff auf Zeit- und Datumswerte ermöglicht.

10.4.1 Zeitpunkte und -intervalle

Beginnen wir mit der einfachsten Art von Zeit- und Datumswerten. Dies sind Werte, die nur einen Zeitpunkt angeben, ohne eine Verbindung zu einem Kalendersystem herzustellen. Zeitpunkte werden in Cocoa durch die Klasse `NSDate` dargestellt. `NSDate` definiert einen Zeitpunkt, indem es die Sekunden in Bezug auf einen Referenzwert speichert. Dieser Referenzwert ist der 1. Januar 2001, 0:00 Uhr Greenwich Mean Time (GMT). Zeitpunkte vor diesem Referenzpunkt sind als negative Werte abgespeichert, Zeitpunkte nach dem Referenzpunkt entsprechend als positive Werte. Die in Cocoa benutzte Einheit für Zeit ist `NSTimeInterval`, was wiederum nichts anderes als `double` ist. Ein `NSTimeInterval` ist damit Millisekunden-genau für Zeitwerte, die in einem Bereich von ca. 10.000 Jahren um den Referenzzeitpunkt liegen. Ein `NSDate`-Objekt konvertiert den gespeicherten Zeitpunkt in ein `NSTimeInterval`, das relativ zum Referenzzeitpunkt ist.

`NSDate` besitzt eine primitive Methode, `timeIntervalSinceReferenceDate`, die die Basis für alle zusätzlichen Methoden bildet. Diese Methode existiert einmal als

Klassenmethode und einmal als Instanzenmethode. Sendet man sie an ein existierendes NSDate-Objekt, liefert sie ein NSTimeInterval zurück, das der Distanz zwischen dem NSDate-Objekt und dem Referenzzeitpunkt entspricht. Sendet man sie hingegen an die Klasse NSDate, so wird ein NSTimeInterval zurückgegeben, das die Distanz zwischen dem aktuellen Datum und dem Referenzzeitpunkt angibt.

Um ein NSDate-Objekt zu erstellen, das die aktuelle Zeit enthält, ruft man die init-Methode auf oder benutzt den Convenience-Konstruktor date. Zusätzlich existieren noch drei weitere Convenience-Konstruktoren und ihre entsprechenden init-Äquivalente. Diese agieren wie folgt: dateWithTimeIntervalSinceNow: erzeugt eine NSDate-Instanz, die einen Zeitpunkt angibt, der durch das übergebene NSTimeInterval vom aktuellen Zeitpunkt entfernt ist. Die Methode dateWithTimeIntervalSinceReferenceDate: erstellt ein NSDate-Objekt, das das übergebene NSTimeInterval zum Referenzdatum in Beziehung setzt. Die Methode dateWithTimeIntervalSince1970: erzeugt schließlich ein NSDate-Objekt, das um die durch das übergebene NSTimeInterval Anzahl an Sekunden vom 1. Januar 1970 GMT entfernt ist. Diese Methode eignet sich, um einen time_t-Wert, wie man ihn in C verwendet, in ein NSDate-Objekt zu konvertieren.

Das folgende Beispiel zeigt, wie man diese verschiedenen Methoden benutzt, um ein NSDate-Objekt zu konstruieren:

```
//Beinhaltet das aktuelle Datum
NSDate *now = [NSDate date];

//24 Stunden = 24*60*60 Sekunden
NSTimeInterval secondsPerDay = 24*60*60;

//Morgen = Jetzt + 24 Stunden
NSDate *tomorrow = [NSDate dateWithTimeIntervalSinceNow:secondsPerDay];

//Gestern = Jetzt - 24 Stunden
NSDate *yesterday = [NSDate dateWithTimeIntervalSinceNow:-secondsPerDay];

//2. Januar 2001
NSDate *secondOfJanuary = [NSDate dateWithTimeIntervalSinceReferenceDate:
                                  secondsPerDay];
```

Listing 10.24: Unterschiedliche Methoden zur NSDate-Konstruktion

Instanzen von NSDate sind unveränderlich. Um den Zeitpunkt zu verschieben, den ein NSDate-Objekt repräsentiert, benutzt man die Methode addTimeInterval:. Diese Methode verschiebt den Zeitpunkt des NSDate-Objekts um das übergebene NSTimeInterval und gibt ein neues NSDate-Objekt für den neuen Zeitpunkt zurück. Dies ist im nachfolgenden Beispiel zu sehen:

```
NSDate *now = [NSDate date];
NSTimeInterval secondsPerDay = 24*60*60;
NSDate *tomorrow  = [now addTimeInterval:secondsPerDay];
NSDate *yesterday = [now addTimeInterval:-secondsPerDay];
```

Listing 10.25: Benutzung von `addTimeInterval:`

Um zwei `NSDate`-Objekte miteinander zu vergleichen, gibt es die Methoden `isEqualToDate:`, die `YES` oder `NO` als Ergebnis liefert, abhängig davon, ob beide `NSDate`-Objekte gleich sind, und `compare:`, die ein `NSComparisonResult` zurückgibt. Die Methoden `laterDate:` und `earlierDate:` bestimmen das frühere oder das spätere von zwei `NSDate`-Objekten. Dabei ist zu beachten, dass diese Methoden auf Bruchteile von Sekunden genau arbeiten. Oftmals möchte man diese Genauigkeit aber nicht. Wenn man die Granularität für die Gleichheit selbst festlegen möchte, kann man das `NSTimeInterval` zwischen zwei `NSDate`-Objekten bilden und prüfen, ob es einen Grenzwert übersteigt. Das folgende Beispiel zeigt diese Überprüfung:

```
-(BOOL)isDateEqual:(NSDate *)date1
            toDate:(NSDate *)date2
    withinInterval:(NSTimeInterval)interval
{
    return (fabs([date1 timeIntervalSinceDate:date2] <= interval));
}
```

Listing 10.26: Vergleich zweier `NSDate`-Objekte mit Toleranz

Hinweis

Die Klasse `NSDate` bietet noch die beiden Methoden `distantFuture` und `distantPast` an. Mit diesen beiden Funktionen kann man sich ein Datum in ferner Vergangenheit oder eines in ferner Zukunft generieren lassen. Fern bezeichnet hierbei eine zeitliche Distanz, die in Jahrhunderten bemessen ist. Diese beiden Daten bieten sich an, um gültige zeitliche Schranken zu setzen. Benötigt werden diese zum Beispiel bei Methoden, die auf ein Ereignis eine definierte Zeit warten. Wird hier `[NSDate distantFuture]` übergeben, so warten sie quasi endlos.

10.4.2 Kalender

Die Zeitpunkte, die ein `NSDate`-Objekt speichert, haben als einzigen Bezugspunkt den Referenzzeitpunkt 1. Januar 2001, 0:00 Uhr GMT. Wie wir im vorangegangenen Abschnitt gezeigt haben, eignet sich ein `NSDate`-Objekt zwar gut, um Zeitpunkte und -intervalle zu speichern und zu berechnen, es bietet jedoch keine Möglichkeiten, weitere Informationen aus diesem Zeitpunkt, wie zum Beispiel Wochentag oder Jahr, zu extrahieren.

Um diese Operationen durchführen zu können, gibt es in Cocoa das Konzept der **Kalender**. Ein Kalender kapselt Informationen über ein Zeitsystem, in dem der Beginn, die Länge und die Einteilung in Jahre definiert sind. Im Cocoa-Framework werden Kalender durch die Klasse `NSCalendar` implementiert.

Um dem Prinzip verschiedener Kalendersysteme wie zum Beispiel dem gregorianischen oder dem japanischen Kalender Rechnung zu tragen, wird der Methode `initWithCalendarIdentifier:` ein String übergeben, der den zu erstellenden Kalender identifiziert. Diese Konstanten sind in `NSLocale.h` definiert. Das folgende Beispiel erstellt einen gregorianischen und einen japanischen Kalender:

```
NSCalendar *gregorian = [[NSCalendar alloc]
                          initWithCalendarIdentifier: NSGregorianCalendar];
NSCalendar *japanese = [[NSCalendar alloc]
                         initWithCalendarIdentifier:NSJapaneseCalendar];
```

Listing 10.27: Erstellung eines Kalenders

Um einen Kalender zu erstellen, der die Einstellungen des aktuellen Benutzers berücksichtigt, sendet man die Nachricht `currentCalendar` an die Klasse `NSCalendar`. Der so erhaltene Kalender reflektiert die Benutzereinstellungen zum Zeitpunkt des Erstellens. Wenn diese danach geändert werden, wird das erstellte Objekt nicht angepasst. Ist dies gewünscht, so kann der Kalender mit der Klassenmethode `autoupdatingCurrentCalendar` erstellt werden.

Durch die Kombination von `NSCalendar` und `NSDate` ist es möglich, ein `NSDate`-Objekt in Bezug zu einem Kalendersystem zu setzen. Hierdurch kann ein `NSDate`-Objekt in Komponenten wie Tag und Monat zerlegt oder aus einem durch einen Kalender definierten Datum ein `NSDate`-Objekt erzeugt werden. Datumskomponenten werden durch die Klasse `NSDateComponents` ausgedrückt. Diese Klasse speichert ein Datum und gibt über Methoden Zugriff auf die einzelnen Teile wie zum Beispiel Tag und Monat. Die Werte für Tag, Woche, Tag der Woche, Monat und Jahr beginnen normalerweise bei 1.

Um ein `NSDate`-Objekt in ein `NSDateComponents`-Objekt umwandeln zu lassen, sendet man einem Kalender die Nachricht `components:fromDate:`. Der erste Parameter gibt die Komponenten an, die in das zurückgegebene `NSDateComponents`-Objekt eingetragen werden sollen. Dieser Wert ergibt sich aus einer Oder-Verknüpfung von `NSCalendarUnit`-Konstanten. Der zweite Parameter ist das `NSDate`-Objekt, zu dem die Komponenten gebildet werden sollen. Das folgende Beispiel zeigt das Umwandeln eines `NSDate`-Objekts in ein `NSDateComponents`-Objekt basierend auf dem gregorianischen Kalender. Das Datum ist das Referenzdatum 1. Januar 2001, GMT. Wie man in der Ausgabe in Abbildung 10.21 sieht, ist der Wert für die Stunde 1, obwohl die Uhrzeit korrekt 00:00:00 ist. Dies liegt daran, dass der Kalender in einer Zeitzone erzeugt wurde, die GMT+1 entspricht (zum Beispiel Deutschland). Dies wurde bei der Berechnung korrekt berücksichtigt.

```
NSCalendar *gregorian = [[NSCalendar alloc]
                          initWithCalendarIdentifier: NSGregorianCalendar];

NSDate *date = [NSDate dateWithTimeIntervalSinceReferenceDate:0];

NSUInteger mask = NSYearCalendarUnit   | NSMonthCalendarUnit |
                  NSDayCalendarUnit    | NSHourCalendarUnit  |
                  NSMinuteCalendarUnit | NSSecondCalendarUnit;

NSDateComponents *components = [gregorian components:mask fromDate:date];

NSLog(@"%li.%li.%li %.2li:%.2li:%.2li",
      [components day], [components month],
      [components year], [components hour],
      [components minute], [components second]);
```

Listing 10.28: Zerlegung eines NSDate-Objekts in seine Komponenten

Meldung
1.1.2001 01:00:00

Abb. 10.21: Ausgabe von Listing 10.28

Um aus einem `NSDateComponents`-Objekt ein `NSDate`-Objekt zu erstellen, gibt es die Methode `dateFromComponents:` der Klasse `NSCalendar`, die die Komponenten des übergebenen `NSDateComponents`-Objekts unter Berücksichtigung der Kalendereinstellungen in ein `NSDate`-Objekt wandelt. Das folgende Beispiel wandelt die Instanz `components` aus dem vorherigen Beispiel wieder in ein `NSDate`-Objekt um:

```
NSDate *newDate = [gregorian dateFromComponents:components];
```

Ein `NSDateComponents`-Objekt kann nicht nur absolute Werte enthalten, wie wir sie oben benutzt haben, um ein tatsächliches Datum darzustellen, sondern es kann auch dazu dienen, eine Zeitdifferenz darzustellen. Die Methode `components:fromDate:toDate:options:` liefert ein `NSDateComponents`-Objekt, das die Differenz zwischen den beiden übergebenen Datumswerten berechnet. Diese Berechnung kann fehlerhaft sein, wenn die Differenz zu groß ist, um in den Feldern eines `NSDateComponents`-Objekts gespeichert zu werden. Um diesem Problem entgegenzuwirken, werden die größeren Komponenten vor den kleineren Komponenten berechnet. So berechnet ein `NSCalendar`-Objekt mit einem gregorianischen Kalender zum Beispiel eine Differenz von einem Monat und 5 Tagen statt 35 Tagen. Das folgende Beispiel berechnet die Distanz zwischen zwei NSDate-Objekten mit einem gregorianischen Kalender:

```
NSCalendar *gregorian = [[NSCalendar alloc]
                          initWithCalendarIdentifier: NSGregorianCalendar];

NSTimeInterval secondsPerDay = 24*60*60;
NSDate *date = [NSDate dateWithTimeIntervalSinceReferenceDate:0];
NSDate *date2 = [NSDate dateWithTimeIntervalSinceReferenceDate:
                  2*secondsPerDay];

NSDateComponents *components = [gregorian components:NSDayCalendarUnit
                                            fromDate:date
                                            toDate:date2 options:0];
NSLog(@"%li Tage", [components day]);
```

Listing 10.29: Berechnung der Differenz zwischen zwei NSDate-Objekten

Abb. 10.22: Ausgabe von Listing 10.29

Auch die Methode dateByAddingComponents:toDate:options: benutzt NSDateComponent-Objekte, die einen relativen Zeitwert angeben. Diese Methode liefert ein NSDate-Objekt zurück, indem die Werte des übergebenen NSDate-Component-Objekts auf den Zeitpunkt des NSDate-Objekts addiert werden, das als zweiter Parameter übergeben wird. Der letzte Parameter ist der gleiche wie bei der vorherigen Funktion. Das folgende Beispiel zeigt die Funktionsweise von dateByAddingComponents:toDate:options::

```
NSCalendar *gregorian = [[NSCalendar alloc]
                        initWithCalendarIdentifier: NSGregorianCalendar];
NSDate *date = [NSDate dateWithTimeIntervalSinceReferenceDate:0];

NSDateComponents *components = [NSDateComponents new];
[components setDay:1];

NSDate *newDate = [gregorian dateByAddingComponents:components
                                             toDate:date options:0];
NSLog(@"date: %@", date);
NSLog(@"newDate: %@", newDate);
```

Listing 10.30: Benutzung von dateByAddingComponents:toDate:options:

```
Meldung
date: 2001-01-01 01:00:00 +0100
newDate: 2001-01-02 01:00:00 +0100
```

Abb. 10.23: Ausgabe von Listing 10.30

Hinweis

In einigen Beispielen und Dokumentationen werden Sie evtl. auf die Klasse `NSCalendarDate` treffen, die Datumsarithmetik in einem gregorianischen Kalender betreibt. Obwohl nicht als veraltet gekennzeichnet, weist Apple ausdrücklich darauf hin, diese Klasse nicht mehr zu benutzen, da sie möglicherweise nach Mac OS X 10.5 aus dem Cocoa-Framework entfernt wird. Als Alternative soll man eine Kombination aus `NSDate`, `NSCalendar` und `NSDateComponents` verwenden, wie oben beschrieben. Unter iOS steht die Klasse `NSCalendarDate` ohnehin nicht zur Verfügung.

10.4.3 Zeitzonen

Eine weitere Komponente bei der Arbeit mit Zeitwerten sind die unterschiedlichen Zeitzonen. Wie wir wissen, ist der Referenzzeitpunkt der 1. Januar 2001 um 00:00 Uhr, GMT. Das Kürzel GMT, das für Greenwich Mean Time steht, gibt an, wo auf der Welt es 00:00 Uhr am 1. Januar 2001 war. Zu dieser Zeit war es in der Zeitzone, in der Deutschland liegt, die Mitteleuropäische Zeit (MEZ), bereits 01:00 Uhr am selben Tag. Um nun einen Zeitpunkt in verschiedenen Zeitzonen zu berechnen, bietet das Cocoa-Framework mit der Klasse `NSTimeZone` Unterstützung an.

Um eine Instanz der Klasse `NSTimeZone` zu erstellen, gibt es die Convenience-Konstruktoren `timeZoneWithName:` und `timeZoneWithAbbreviation:` sowie die Methode `initWithName:`, die entweder den Namen oder die Abkürzung der Zeitzone als String übergeben bekommen. Der Convenience-Konstruktor `timeZoneWithName:` oder die Methode `initWithName:` nehmen den Namen einer Zeitzone entgegen, den das System verstehen kann. Dies kann zum Beispiel »Europe/Berlin«, »America/Argentina/Buenos_Aires« oder eine allgemeine Form wie »Etc/GMT-2« sein. Der Convenience-Konstruktor `timeZoneWithAbbreviation:` nimmt hingegen nur erlaubte Abkürzungen für eine Zeitzone wie zum Beispiel »PST« oder »GMT« an. Das folgende Beispiel zeigt die Erstellung von `NSTimeZone`-Objekten:

```
NSLog(@"%@", [NSTimeZone timeZoneWithName:@"Europe/Berlin"]);
NSLog(@"%@", [NSTimeZone timeZoneWithName:@"America/Argentina/Cordoba"]);
NSLog(@"%@", [NSTimeZone timeZoneWithName:@"Etc/GMT+2"]);
```

```
NSLog(@"%@", [NSTimeZone timeZoneWithAbbreviation:@"PST"]);
NSLog(@"%@", [NSTimeZone timeZoneWithAbbreviation:@"GMT"]);
```

Listing 10.31: Erstellung von Instanzen der Klasse NSTimeZone

Meldung
Europe/Berlin (CEST) offset 7200 (Daylight)
America/Argentina/Cordoba (ART) offset -10800
Etc/GMT+2 (GMT+2) offset -7200
America/Los_Angeles (PDT) offset -25200 (Daylight)
GMT (GMT) offset 0

Abb. 10.24: Ausgabe von Listing 10.31

Hinweis

Um zu erfahren, welche Namen für eine Zeitzone erlaubt sind, benutzen Sie die Klassenmethode `knownTimeZoneNames` der Klasse `NSTimeZone`. Diese liefert ein `NSArray` mit den Namen der bekannten Zeitzonen zurück. Um die erlaubten Abkürzungen zu erfahren, liefert die Klassenmethode `abbreviationDictionary` ein `NSDictionary` zurück, dessen Schlüssel die Abkürzungen und die den Schlüsseln zugeordneten Werte der entsprechenden Zeitzonen enthalten.

Wie wir gezeigt haben, eignen sich `NSCalendar`-Objekte dafür, um zu einem `NSDate`-Objekt in Bezug auf einen Kalender das tatsächliche Datum festzustellen. Um ein Datum in einer bestimmten Zeitzone berechnen zu lassen, erstellen wir zuerst diese Zeitzone und rufen die Methode `setTimeZone:` auf. Diese `NSCalendar`-Instanz benutzt die eingestellte Zeitzone, um das Datum des `NSDate`-Objekts zu berechnen. Das folgende Beispiel zeigt die Berechnung des Referenzdatums in verschiedenen Zeitzonen:

```
NSCalendar *gregorian = [[NSCalendar alloc]
                          initWithCalendarIdentifier: NSGregorianCalendar];

NSDate *date = [NSDate dateWithTimeIntervalSinceReferenceDate:0];
NSUInteger mask = NSYearCalendarUnit   |
                  NSMonthCalendarUnit  |
                  NSDayCalendarUnit    |
                  NSHourCalendarUnit   |
                  NSMinuteCalendarUnit |
                  NSSecondCalendarUnit;

[gregorian setTimeZone:[NSTimeZone timeZoneWithAbbreviation:@"GMT"]];
NSDateComponents *components = [gregorian components:mask fromDate:date];
```

```
NSLog(@"%li.%li.%li %.2li:%.2li:%.2li",
        [components day], [components month],
        [components year], [components hour],
        [components minute], [components second]);

[gregorian setTimeZone:[NSTimeZone timeZoneWithName:@"Europe/Berlin"]];
components = [gregorian components:mask fromDate:date];
NSLog(@"%li.%li.%li %.2li:%.2li:%.2li",
        [components day], [components month],
        [components year], [components hour],
        [components minute], [components second]);

[gregorian setTimeZone:[NSTimeZone timeZoneWithAbbreviation:@"PST"]];
components = [gregorian components:mask fromDate:date];
NSLog(@"%li.%li.%li %.2li:%.2li:%.2li",
        [components day], [components month],
        [components year], [components hour],
        [components minute], [components second]);
```

Listing 10.32: Berechnung des Referenzdatums in verschiedenen Zeitzonen

Meldung
1.1.2001 00:00:00
1.1.2001 01:00:00
31.12.2000 16:00:00

Abb. 10.25: Ausgabe von Listing 10.32

10.4.4 Ausgabe und Erkennung von Zeitwerten

Nachdem wir uns nun ausführlich mit der Repräsentation von Zeit sowie mit Datumsarithmetik in Cocoa auseinandergesetzt haben, bleibt noch ein Thema zur Datumsbehandlung: die Ausgabe in für Menschen lesbarer Form. Zwar kann man auch die Abweichung vom Referenzzeitpunkt ausgeben, was jedoch für einen Betrachter nicht aussagekräftig ist. Wir wollen uns zwei Methoden ansehen, die die Ausgabe von `NSDate`-Objekten in von Menschen lesbarer Form erlauben: Zum einen bringt die Klasse `NSDate` selbst diese Möglichkeit mit, zum anderen kann man sich eines `NSDateFormatters` bedienen.

Ausgabe mittels description

Sehen wir uns zunächst die Funktionalität der Klasse `NSDate` an: Die einfachste Art, ein `NSDate`-Objekt lesbar auszugeben, ist die Methode `description`. Diese gibt den Zeitpunkt in der Form `YYYY-MM-DD HH:MM:SS ±HHMM`, also in amerikanischer Notation an. Der Teil ±HHMM gibt die Abweichung in Stunden und Minuten von GMT an. Will man eine andere, möglicherweise lokalisierte Darstellung der Zeit, kann man die Methode `descriptionWithLocale:` benutzen, die ab Mac OS X 10.5 als Parameter ein `id`-Objekt erwartet, in dem die Informationen über die Formatierung abgespeichert sind. Wenn hier `nil` übergeben wird, ist die Ausgabe die gleiche wie bei Verwendung der Methode `description`. Das folgende Beispiel zeigt die Benutzung der `description...`-Funktionen:

```
NSDate *date = [NSDate dateWithTimeIntervalSinceReferenceDate:0];
NSLog(@"%@", [date description]);
NSLog(@"%@", [date descriptionWithLocale:[NSLocale currentLocale]]);
```

Listing 10.33: Ausgabe eines NSDate-Objekts mittels `description...`

Abb. 10.26: Ausgabe von Listing 10.33

> **Hinweis**
>
> Die Methode `descriptionWithLocale:` benutzt intern ein `NSCalendarDate`, das laut Apple nicht mehr benutzt werden sollte (siehe oben). Unter iOS ist diese Methode daher nicht verfügbar.

Ausgabe mit einem NSDateFormatter

Um ein `NSDate`-Objekt in lesbarer Form darzustellen, kann (und sollte) auch die Klasse `NSDateFormatter` benutzt werden. Dies ist auch die von Apple favorisierte Art. Das Verhalten der Klasse `NSDateFormatter` hat sich mit Mac OS X 10.4 verändert. Wir sehen uns hier nur das Verhalten ab 10.4 an, es wird unter iOS standardmäßig aktiviert, da hier das alte Verhalten nicht implementiert ist. Auf dem Mac ist dieses Verhalten ab Mac OS X 10.5 ebenfalls standardmäßig aktiviert.

Ein `NSDateFormatter` lässt zu, dass jede Eigenschaft, die die Ausgabe betrifft, einzeln gesetzt wird. Jedoch sollte bei der Ausgabe für einen Benutzer immer die Ausgabe gewählt werden, die der Benutzer selbst bevorzugt. Der Punkt »Landeseinstellungen« in den Systemeinstellungen lässt den Benutzer unter anderem einstellen, wie ein Datum formatiert werden soll. Wenn der Benutzer hier keine eigenen Einstellungen vornimmt, setzt Mac OS X diese Werte auf übliche Formatierungen. Bei einem `NSDateFormatter`-Objekt kann mit den Methoden `setDateStyle:` und `setTimeStyle:` ein benutzerdefiniertes Format eingestellt werden. Diesen beiden Funktionen wird jeweils eine Konstante der Aufzählung `NSDateFormatterStyle` zugewiesen, die angibt, welche Einstellung gelten soll. Zur Auswahl stehen die Konstanten `NSDateFormatterNoStyle`, um die Ausgabe zu unterdrücken, sowie die Konstanten `NSDateFormatterShortStyle`, `NSDateFormatterMediumStyle`, `NSDateFormatterLongStyle` und `NSDateFormatterFullStyle`, die den Systemstilen »kurz«, »mittel«, »lang« und »vollständig« entsprechen. Formatiert wird ein `NSDate`-Objekt durch die Methode `stringFromDate:`, die als Rückgabewert ein `NSString`-Objekt mit dem formatierten Datum liefert. Das folgende Beispiel zeigt die Benutzung dieser Methode sowie die Konfiguration des `NSDateFormatter`-Objekts:

```
NSDateFormatter *formatter = [[NSDateFormatter alloc] init];
NSDate *date = [NSDate dateWithTimeIntervalSinceReferenceDate:0];

[formatter setDateStyle:NSDateFormatterShortStyle];
[formatter setTimeStyle:NSDateFormatterShortStyle];
NSLog(@"%@", [formatter stringFromDate:date]);

[formatter setDateStyle:NSDateFormatterLongStyle];
[formatter setTimeStyle:NSDateFormatterNoStyle];
NSLog(@"%@", [formatter stringFromDate:date]);
```

Listing 10.34: Benutzung und Konfiguration eines `NSDateFormatter`-Objekts

Meldung
01.01.01 01:00
1. Januar 2001

Abb. 10.27: Ausgabe von Listing 10.34

Wie erwähnt hängt die Ausgabe von den Einstellungen des Benutzers ab. Die Ausgabe in Abbildung 10.27 wurde mit den Standardeinstellungen für Deutschland erstellt. Wenn es Ihnen darauf ankommt, eine fest definierte Ausgabe zu erzeugen, die sich unabhängig von den Einstellungen des Benutzers verhält, so können Sie diese Ausgabe mit der Funktion `setDateFormat:` einstellen, die einen Formatierungsstring übergeben bekommt. Die Formatierungszeichen dieses Strings sind dem Unicode-Standard[2] angepasst, auf den an dieser Stelle verwiesen werden soll. Das folgende Beispiel zeigt die Anwendung der Funktion `setDateFormat:`:

```
NSDateFormatter *formatter = [[NSDateFormatter alloc] init];
NSDate *date = [NSDate dateWithTimeIntervalSinceReferenceDate:0];
[formatter setDateFormat:@"HH:mm 'Uhr am' EEEE, d. MMMM "];
NSLog(@"%@", [formatter stringFromDate:date]);
```

Listing 10.35: Konfiguration mittels `setDateFormat:`

2 `http://unicode.org/reports/tr35/tr35-6.html#Date_Format_Patterns`

Meldung

```
01:00 Uhr am Montag, 1. Januar
```

Abb. 10.28: Ausgabe von Listing 10.35

Umwandeln von Zeichenketten in Datumswerte

Ein `NSDateFormatter` bietet außer der Möglichkeit, ein `NSDate`-Objekt in einen lesbaren String umzuwandeln, auch die Funktionalität, einen String, der ein Datum enthält, in ein `NSDate`-Objekt zurückzuwandeln. Hierzu bedient man sich der Methode `dateFromString:`, die aus dem übergebenen String ein `NSDate`-Objekt erzeugt und zurückliefert. Wie der String verarbeitet wird, wird durch die aktuelle Einstellung des Formatters definiert. Das folgende Beispiel zeigt den Einsatz der Funktion `dateFromString:`

```
NSDateFormatter *formatter = [[NSDateFormatter alloc] init];
[formatter setDateStyle:NSDateFormatterShortStyle];
[formatter setTimeStyle:NSDateFormatterShortStyle];

NSDate *parsedDate = [formatter dateFromString:@"23.11.1982 12:00"];
NSLog(@"%@", parsedDate);
```

Listing 10.36: Anwendung der Funktion `dateFromString:`

Meldung

```
1982-11-23 12:00:00 +0100
```

Abb. 10.29: Ausgabe von Listing 10.36

Eine zweite Möglichkeit, einen String in ein `NSDate`-Objekt umzuwandeln, ist die Funktion `getObjectValue:forString:range:error:`. Dieser wird als erster Parameter ein Zeiger auf ein `NSDate`-Objekt übergeben, in das das erkannte Datum geschrieben werden soll. Der zweite Parameter ist der String, aus dem das Datum extrahiert werden soll. Als dritter Parameter wird ein Zeiger auf eine `NSRange`-Struktur übergeben. Hierdurch wird vor der Übergabe der Bereich definiert, in dem nach einem Datum gesucht werden soll. Nach der erfolgreichen Ausführung geben die Werte den Bereich an, in dem das Datum gefunden wurde. Wichtig ist, dass der Beginn des Bereichs auch mit dem Beginn des Datums übereinstimmt, da nicht zum Muster passender Text nicht etwa ignoriert wird, sondern zu einem Fehler führt. Der letzte Parameter `error` ist ein Zeiger auf ein `NSError`-Objekt, in das im Fehlerfall Details zum aufgetretenen Fehler geschrieben werden. Die Rückgabe ist `YES` oder `NO`, abhängig davon, ob ein `NSDate`-Objekt erkannt werden konnte oder nicht. Auch diese Methode benutzt das für den Formatter eingestellte Format, um ein Datum zu erkennen. Das folgende Beispiel zeigt die Benutzung der Methoden `getObjectValue:forString:range:error:`, die Ausgabe ist in Abbildung 10.30 zu sehen:

```
NSDateFormatter *formatter = [NSDateFormatter new];
[formatter setDateStyle:NSDateFormatterShortStyle];
[formatter setTimeStyle:NSDateFormatterShortStyle];

NSDate *dateValue = [NSDate new];
NSError *error = [NSError new];
NSString *dateString = @"Das Datum ist der 23.11.1982 12:00 Uhr mittags";
NSRange range = NSMakeRange(17,[dateString length]-17);

if ([formatter getObjectValue:&dateValue forString:dateString
               range:&range error:&error])
{
    NSLog(@" %@", dateValue);
    NSLog(@" %li - %li", range.location, range.length);
} else {
    NSLog(@"Error: %@", error);
}
```

Listing 10.37: Benutzung der Methode `getObjectValue:forString:range:error:`

Meldung
1982-11-23 12:00:00 +0100
17 - 17

Abb. 10.30: Ausgabe von Listing 10.37

10.5 Kapselung primitiver Datentypen

Durch die Möglichkeit, normalen C-Code in Objective-C-Programme zu integrieren, und dadurch bedingt, dass einige Teile der Mac-OS-Bibliothek noch auf C-Code basieren, ist es manchmal nötig, primitive C-Typen wie `int` oder `long` zu benutzen. Diese primitiven Datentypen können jedoch von einigen Objective-C-Klassen wie zum Beispiel Collections (siehe Kapitel 11) nicht verarbeitet werden, da diese nur mit Objekten arbeiten können.

Um dennoch eine Kompatibilität zwischen primitiven Datentypen und Methoden, die nur mit Objekten arbeiten, zu ermöglichen, gibt es die Klasse `NSValue`. Diese Klasse dient als einfacher Container für primitive Datentypen, Zeiger, Strukturen und `id`-Typen. Eine `NSValue`-Instanz kann dann zum Beispiel einer Collection hinzugefügt werden, da es sich bei `NSValue` um eine Klasse handelt. Instanzen von `NSValue` sind unveränderlich. Einmal erstellt, behalten sie immer die gekapselte Variable.

Um ein NSValue-Objekt zu erstellen, bedient man sich des Convenience-Konstruktors valueWithBytes:objCType: oder der entsprechenden init-Methode initWithBytes:objCType:. Der erste Parameter ist ein Zeiger auf das zu kapselnde Element. Der zweite Parameter ist ein C-String, der den Typ des Elements angibt. Dieser String wird mit der Compilerdirektive @encode() erstellt, die zu einem angegebenen Datentyp die plattformspezifische Kodierung erzeugt. Genauer beschäftigen wir uns mit dieser Direktive in Kapitel 12. Für diesen Abschnitt soll es ausreichen, zu wissen, dass es sie gibt und dass wir sie benutzen können.

Das folgende Beispiel zeigt die Kapselung eines primitiven Datentyps und einer Struktur durch ein NSValue-Objekt:

```
int intVar = 0;
NSValue *intValue = [NSValue valueWithBytes:&intVar
                                   objCType:@encode(int)];

// nehmen wir an, dass die Struktur ExampleStruct wie folgt definiert ist
typedef struct {
    NSInteger number;
    CGFloat anotherNumber;
} ExampleStruct;

ExampleStruct structVar;
structVar.number = 1;
structVar.anotherNumber = 2.14;

NSValue *structValue = [NSValue valueWithBytes:&structVar
                                      objCType:@encode(ExampleStruct)];
```

Listing 10.38: Kapselung primitiver Datentypen und Strukturen durch ein NSValue-Objekt

Die Klasse NSValue kapselt außer primitiven Datentypen und Strukturen auch noch Zeiger und id-Elemente. Hierfür stehen die Methoden valueWithPointer: und valueWithNonretainedObject: zur Verfügung. Diese Methoden rufen jedoch wiederum die Methode valueWithBytes:objCType: auf. Dabei wird ein Zeiger auf den übergebenen Zeiger oder das übergebene id-Element als erster Parameter und @encode(void *) als zweiter Parameter übergeben.

Das folgende Beispiel zeigt die Kapselung eines Zeigers und eines id-Elements durch ein NSValue-Objekt:

```
char *charPointer = "Ich bin ein C-String";
NSValue *pointerValue = [NSValue valueWithPointer:charPointer];
```

```
id string = @"Ich bin ein Objective-C String";
NSValue *idValue = [NSValue valueWithNonretainedObject:string];
```

Listing 10.39: Kapselung eines Zeigers und eines `id`-Elements

Wichtig

Die Kapselung eines `id`-Elements, also jeder Objective-C-Klasse, durch ein `NSValue`-Objekt hat den Effekt, dass bei Benutzung von Reference Counting verhindert wird, dass das eigentliche Objekt die Nachricht `retain` erhält, wenn man es zum Beispiel einer Collection hinzufügt. Diese Nachricht wird an das `NSValue`-Objekt geschickt, das sie nicht an das gekapselte Objekt weiterleitet.

Außer für Zeiger und `id`-Elemente gibt es noch Kurzschreibweisen für die vier häufig verwendeten Strukturen `NSPoint`, `NSRect`, `NSRange` und `NSSize`. Die entsprechenden Methoden sind dann `valueWithPoint:`, `valueWithRect:`, `valueWithRange:` und `valueWithSize:`. Das folgende Beispiel zeigt exemplarisch die Kapselung einer `NSRange`-Struktur:

```
NSRange range = NSMakeRange(0, 10);
NSValue *rangeValue = [NSValue valueWithRange:range];
```

Listing 10.40: Kapselung einer NSRange-Struktur

Durch ein `NSValue`-Objekt können nur Typen fester Länge gekapselt werden. So ist es zum Beispiel nicht möglich, einen C-String wie folgt durch ein `NSValue`-Objekt kapseln zu lassen:

```
char *string = "Ich bin ein C-String";
NSValue *stringValue = [NSValue valueWithBytes:&string
                                       objCType:@encode(char *)];
```

Listing 10.41: Inkorrekte Kapselung eines C-Strings

Hierbei würde der übergebene C-String als ein Zeiger auf ein `char`-Element interpretiert. Dadurch würden abhängig von der Architektur die ersten Bytes als ein Zeiger interpretiert, der auf einen nicht gewünschten Wert im Speicher weist. Um einen C-String durch ein Objekt zu speichern, benutzt man korrekterweise die oben beschriebene Klasse `NSString`. Wenn aber ein `NSValue`-Objekt benutzt werden soll, um einen C-String zu kapseln, so muss man den C-String als Zeiger auf einen Zeiger auf ein `char`-Element kodieren, wie im folgenden Beispiel gezeigt:

```
char *string = "Ich bin ein C-String";
NSValue *stringValue = [NSValue valueWithBytes:&string
                                       objCType:@encode(char **)];
```

Listing 10.42: Korrekte Kapselung eines C-Strings

Um das in einem NSValue-Objekt gekapselte Element wieder auszulesen, wird die Methode getValue: benutzt. Dieser wird ein Zeiger auf void übergeben, in dessen Speicherbereich das gekapselte Element kopiert wird. Es ist hierbei Aufgabe des Programmierers sicherzustellen, dass der entsprechende Speicherbereich groß genug ist, um das Element aufzunehmen. Das folgende Beispiel zeigt das Auslesen eines gekapselten Wertes. Die NSValue-Objekte haben wir bereits in Listing 10.38 erstellt. Die Ausgabe ist in Abbildung 10.31 zu sehen.

```
int theInt;
ExampleStruct theStruct;

[intValue getValue:&theInt];
[structValue getValue:&theStruct];

NSLog(@"int-Wert: %i", theInt);
NSLog(@"Struct-Wert: %li, %f", theStruct.number, theStruct.anotherNumber);
```

Listing 10.43: Auslesen eines gekapselten Wertes aus einem NSValue-Objekt

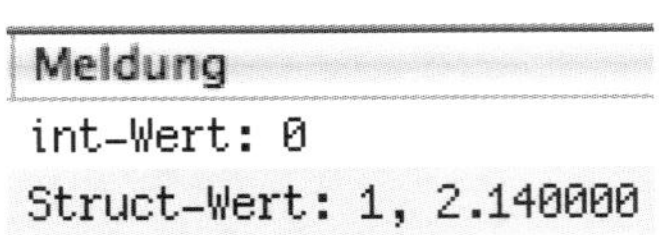

Abb. 10.31: Ausgabe von Listing 10.43

Die Methode getValue: erlaubt den generischen Zugriff auf den von einem NSValue-Objekt gekapselten Wert. Über die Methode objCType erhält man den kodierten Objective-C-Typ des Inhalts als C-String zurück. Wie wir gezeigt haben, besitzt die Klasse NSValue jedoch noch spezialisierte Methoden zur Speicherung von Zeigern, id-Werten und häufig verwendeten Strukturen. Für diese Typen gibt es auch für die Wertermittlung spezielle Methoden. Die Methoden pointerValue, nonretainedObjectValue, pointValue, rectValue, rangeValue und sizeValue liefern den Wert direkt als Rückgabe. Das folgende Beispiel zeigt die Benutzung der spezialisierten Methoden, die Ausgabe ist in Abbildung 10.32 zu sehen:

```
NSValue *valueObject = [NSValue valueWithRange:NSMakeRange(0, 10)];
NSRange range = [valueObject rangeValue];
NSLog(@"NSRange: %li, %li", range.location, range.length);
```

Listing 10.44: Auslesen eines NSValue-Objekts mit spezialisierten Methoden

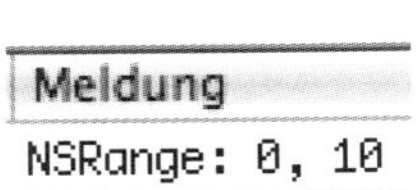

Abb. 10.32: Ausgabe von Listing 10.44

> **Vorsicht**
>
> Wenn an ein `NSValue`-Objekt eine spezialisierte Methode zur Wertermittlung geschickt wird, das `NSValue`-Objekt jedoch nicht den entsprechenden Wert kapselt, ist die Rückgabe undefiniert.

Kapselung von Zahlwerten

Eine spezialisierte Unterklasse von `NSValue` ist die Klasse `NSNumber`. Diese dient dazu, einen numerischen C-Wert (auch Skalarwert genannt) zu kapseln und in einen anderen umzuwandeln. Zusätzlich zu den aus `NSValue` geerbten Methoden besitzt die Klasse `NSNumber` eine Vielzahl von Methoden, die den Wert eines `NSNumber`-Objekts als vorzeichenbehafteten oder vorzeichenlosen Zahlenwert setzen oder ihn auslesen. Das folgende Beispiel zeigt den exemplarischen Einsatz der Klasse `NSNumber`, um Zahlenwerte zu speichern und wieder auszulesen, die Ausgabe ist in Abbildung 10.33 zu sehen:

```
NSNumber *number1 = [NSNumber numberWithInt:10];
NSNumber *number2 = [NSNumber numberWithFloat:2.137];

NSLog(@"number1: %i", [number1 intValue]);
NSLog(@"number2: %f", [number2 floatValue]);
NSLog(@"number2 als int: %i", [number2 intValue]);
```

Listing 10.45: Speichern und Auslesen von Zahlenwerten

Meldung
number1: 10
number2: 2.137000
number2 als int: 2

Abb. 10.33: Ausgabe von Listing 10.45

> **Vorsicht**
>
> Wenn Sie ein `NSNumber`-Objekt nach einem Wert eines bestimmten Typs fragen und der im `NSNumber`-Objekt gespeicherte Wert liegt außerhalb des gültigen Wertebereichs des angeforderten Typs, so ist die Rückgabe fehlerhaft.

Zusätzlich zur direkten Verwendung von `NSNumber`-Objekten kennt der Objective-C-Compiler seit XCode 4.4 (LLVM Compiler 4.0) **Literale für Zahlen**. Diese verhalten sich ähnlich zu den schon bekannten String-Literalen. Hierbei setzt man den jeweiligen Zahlen ein @ voran, um vom Compiler automatisch passende `NSNumber`-Objekte erzeugen zu lassen. Das Beispiel aus Listing 10.45 könnte damit auch wie folgt geschrieben werden:

```
NSNumber *number1 = @10;
NSNumber *number2 = @2.137;

NSLog(@"number1: %i", [number1 intValue]);
NSLog(@"number2: %f", [number2 floatValue]);
NSLog(@"number2 als int: %i", [number2 intValue]);
```

Listing 10.46: Speichern und Auslesen von Zahlenwerten mit Literalen

Eine weitere neue Funktion in Objective-C seit XCode 4.4 ist das sog. **Boxing**, also das Verpacken von primitiven Datentypen in Objekte. Dies muss in Objective-C immer manuell vom Programmierer angestoßen werden. Hierzu genügt es, eine Variable, die einen primitiven Datentyp enthält, in das Konstrukt `@(...)` einzubetten. Der Rückgabewert dieses Konstrukts ist dann wiederum ein `NSNumber`-Objekt. Diese Variante ist im folgenden Listing gezeigt:

```
NSInteger ten = 10;
CGFloat fraction = 2.137;
NSNumber *number1 = @(ten);
NSNumber *number2 = @(fraction);

NSLog(@"number1: %i", [number1 intValue]);
NSLog(@"number2: %f", [number2 floatValue]);
NSLog(@"number2 als int: %i", [number2 intValue]);
```

Listing 10.47: Speichern und Auslesen von Zahlenwerten mittels Boxing

Die Klasse `NSNumber` definiert außerdem die Methode `compare:`, die zwei `NSNumber`-Objekte miteinander vergleicht. Falls die beiden Objekte unterschiedliche Datentypen speichern, findet die standardmäßige Typkonvertierung von C Anwendung. Wenn Sie zum Beispiel ein `NSNumber`-Objekt mit einem `int` und ein `NSNumber`-Objekt mit einem `float` miteinander vergleichen, so wird der `int`-Wert zuerst in einen `float`-Wert konvertiert, bevor tatsächlich verglichen wird. Die Rückgabe dieser Methode ist `NSOrderedAscending`, wenn der Wert des Parameters größer ist, `NSOrderedSame`, wenn beide Werte gleich sind, und `NSOrderedDescending`, wenn der Wert des Parameters kleiner ist. Wenn der Parameter `nil` ist, so ist das Verhalten undefiniert. Es ist nicht einmal garantiert, dass es sich in allen Versionen von Mac OS X gleicht. Das Vergleichen zweier `NSNumber`-Objekte ist im folgenden Beispiel zu sehen:

```
NSNumber *number1 = [NSNumber numberWithFloat:2.137];
NSNumber *number2 = [NSNumber numberWithInt:2];
NSNumber *number3 = [NSNumber numberWithFloat:2.0];

//gibt NSOrderedDescending zurück
```

```
[number1 compare:number2];

//gibt NSOrderedAscending zurück
[number3 compare:number1];

//gibt NSOrderedSame zurück
[number2 compare:number3];
```

Listing 10.48: Vergleich zweier NSNumber-Objekte

Darstellung von nil als Objekt

Eine Besonderheit im Vergleich zu NSValue und NSNumber ist die Klasse NSNull. Diese dient dazu, nil als Objekt zu repräsentieren. Wenn Sie zum Beispiel einer Collection nil hinzufügen wollen, müssen Sie NSNull benutzen, da eine Collection nil als Eintrag nicht unterstützt.

NSNull funktioniert aufgrund der besonderen Stellung von nil im Typsystem jedoch etwas anders als NSValue und NSNumber. Die Klasse NSNull ist ein Singleton, es existiert also zu jeder Zeit nur exakt eine Instanz dieser Klasse. Um diese Instanz zu bekommen, sendet man die Nachricht null an die Klasse, wie im folgenden Beispiel zu sehen:

```
NSNull *null = [NSNull null];
```

Die so erhaltene Instanz von NSNull kann dann zum Beispiel einer Collection hinzugefügt werden, um nil zu repräsentieren.

Es ist wichtig zu verstehen, dass NSNull zwar semantisch äquivalent zu nil, jedoch nicht mit diesem identisch ist. Wenn nicht klar ist, ob die Rückgabe einer Methode nil oder NSNull ist, so muss auf beides geprüft werden. Dies ist im folgenden Beispiel gezeigt:

```
NSArray *array = [NSArray arrayWithObject:[NSNull null]];
id value = [array objectAtIndex:0];
if (value == nil) {
    NSLog(@"Element ist nil");
} else if (value == [NSNull null]) {
    NSLog(@"Element ist NSNull");
}
```

Listing 10.49: Überprüfung auf nil und NSNull

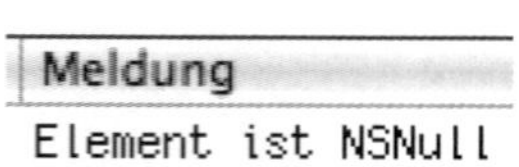

Abb. 10.34: Ausgabe von Listing 10.49

10.6 Ausnahmen mit NSException

Für die Ausnahmebehandlung wichtig ist die Klasse `NSException`. Diese kapselt Informationen über eine Ausnahmesituation. Was genau in einem Programm als Ausnahme ausgelegt wird, liegt letztendlich am Programmierer. Bei den Funktionen des Cocoa-Frameworks sind die Ausnahmesituationen mit dem konkreten Ausnahmetyp in der Dokumentation angegeben. Es empfiehlt sich, dies bei eigenem Code ebenso zu machen.

Um eine Ausnahme auszulösen, gibt es zwei unterschiedliche Wege. Zum einen kann zuerst ein `NSException`-Objekt erstellt werden, das dann über den Ausnahmemechanismus von Objective-C ausgelöst wird. Zum anderen kann direkt über Klassenfunktionen von `NSException` eine Ausnahme ausgelöst werden, ohne vorher eine Instanz von `NSException` zu erzeugen.

Um ein `NSException`-Objekt zu erstellen, gibt es den Convenience-Konstruktor `exceptionWithName:reason:userInfo:` und die entsprechende `init`-Funktion. Der erste Parameter gibt den Namen der Ausnahme an, anhand derer sie im Verlauf der Ausnahmebehandlung identifiziert werden kann. Der zweite Parameter gibt den Grund an, warum diese Ausnahme ausgelöst wurde. Dieser String soll von Menschen verstanden werden können, da er in den meisten Fällen dem Benutzer präsentiert wird. Als dritter Parameter wird ein `NSDictionary`-Objekt übergeben, das zusätzliche Informationen zur Ausnahme aufnimmt. Um die Ausnahme schließlich auslösen zu lassen, wird ihr die Nachricht `raise` gesendet. Diese Methode bricht den normalen Programmfluss ab und setzt die Ausnahmebehandlung in Gang.

Das folgende Beispiel zeigt, wie eine Ausnahme erzeugt und ausgelöst wird. Das Dictionary mit zusätzlichen Informationen bleibt leer.

```
NSException *exception = [NSException exceptionWithName:@"MyException"
                                       reason:@"Irgendein Grund"
                                       userInfo:[NSDictionary dictionary]];
[exception raise];
```

Listing 10.50: Erstellen und Auslösen einer Ausnahme

Um eine Ausnahme auszulösen, ohne vorher eine Instanz von `NSException` zu erzeugen, gibt es die Klassenfunktion `raise:format:`. Der Funktion wird als erster Parameter der Name der Ausnahme übergeben. Danach folgt der Grund für die Ausnahme als Formatstring. Darauf folgen, durch Kommata getrennt, die Werte, die in den Formatstring eingesetzt werden. Das Dictionary mit den zusätzlichen Informationen ist in den meisten Fällen leer. Das folgende Beispiel zeigt, wie die gleiche Ausnahme aus Listing 10.50 mit der beschriebenen Funktion ausgelöst wird:

```
[NSException raise:@"MyException" format:@"%@ %@", @"Irgendein", @"Grund"];
```

10.7 Fehler mit NSError

Während Ausnahmen benutzt werden, um das Eintreten eines Programmierfehlers wie zum Beispiel den Zugriff auf ein nicht vorhandenes Array-Element zu signalisieren, sind **Fehler** (im Englischen **Errors**) dazu da, einen Laufzeitfehler anzuzeigen. Ein Fehler wird durch die Klasse `NSError` repräsentiert. Der Vorteil, eine Klasse anstatt eines einfachen numerischen Fehlerwerts oder eines Fehlerstrings zu benutzen, ist es, dass weitere Informationen über den aufgetretenen Fehler mitgeliefert werden können. Ein `NSError`-Objekt besteht im Kern aus drei wesentlichen Attributen: einer Fehlerdomäne (Error Domain), einem domänenspezifischen Fehlercode (Domain Specific Error Code) und einem `NSDictionary`-Objekt, das benutzerspezifische Einträge enthält (User Info Dictionary).

Ein `NSError`-Objekt lässt sich durch den Convenience-Konstruktor `errorWithDomain:code:userInfo:` oder die entsprechende `init`-Methode `initWithDomain:code:userInfo:` erstellen und konfigurieren. Der erste Parameter gibt die Domäne an, in der das Fehlerobjekt liegt. Der zweite Parameter ist der numerische Fehlercode des Fehlerobjekts und der dritte Parameter ein `NSDictionary` mit benutzerdefiniertem Inhalt. Was Domäne, Fehlercode und benutzerdefiniertes Dictionary im Einzelnen sind, erklären wir im weiteren Verlauf des Abschnitts. Das folgende Beispiel zeigt die Erzeugung eines `NSError`-Objekts:

```
NSError *error = [NSError errorWithDomain:NSCocoaErrorDomain
                                     code:514
                                 userInfo:[NSDictionary dictionary]];
NSLog(@"%@", error);
```

Listing 10.51: Erstellung eines `NSError`-Objekts

Meldung

```
Error Domain=NSCocoaErrorDomain Code=514 UserInfo=0x104b80 "The item could not be
saved because the file name is invalid."
```

Abb. 10.35: Ausgabe von Listing 10.51

Fehlerdomänen und Fehlercodes

Fehler in Mac OS sind, vor allem aus historischen Gründen, in Fehlerdomänen eingeteilt. Eine Fehlerdomäne ist nichts anderes als ein String. Wie in Abbildung 10.36 zu sehen ist, gibt es im Foundation Framework bereits vier vordefinierte Fehlerdomänen. Die Reihenfolge entspricht der Abstraktion vom Betriebssystemkern. Die Domäne `NSMachErrorDomain` ist die grundlegendste Fehlerdomäne. Diese Domäne umfasst alle Fehler, die direkt aus dem Mach-Kern von Mac OS entspringen. Die Domäne `NSPOSIXErrorDomain` umfasst alle Fehler, die in einer Funktion des POSIX-Standards entstanden sind. `NSOSStatusErrorDomain` ist die Domäne all der Fehler, die ihren Ursprung im Carbon-Framework haben, also in einem Framework vor der Einführung von Cocoa. Die Domäne `NSCocoaError-`

`Domain` umfasst alle Fehler, die im Cocoa-Framework aufgetreten sind, mit Ausnahme der Klassen und Frameworks, die ihre eigenen Fehlerdomänen definieren, wie zum Beispiel die Klasse `NSURL`, die ihre `NSError`-Objekte in der Domäne `NSURLErrorDomain` erstellt. Die Domäne eines `NSError`-Objekts kann durch die Nachricht `domain` ermittelt werden.

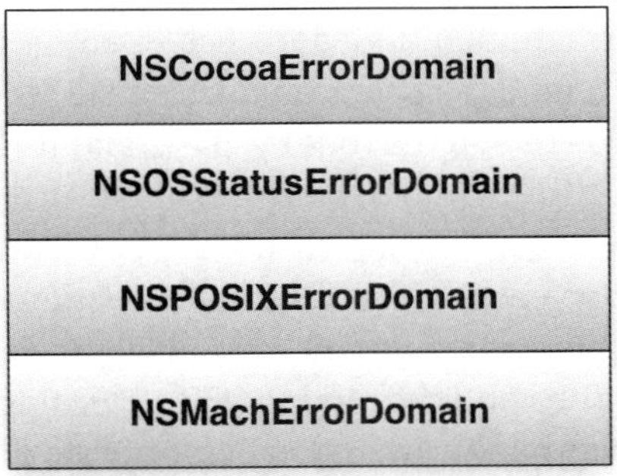

Abb. 10.36: Vordefinierte Fehlerdomänen

Domänen dienen außerdem dazu, einen Fehlercode und gleiche Fehlercodes unterschiedlicher Subsysteme auseinanderzuhalten. Ein Fehlercode ist ein vorzeichenbehafteter Integer-Wert, der einen konkreten Fehler angibt. Den Fehlercode zu einem `NSError`-Objekt kann man sich mit der Nachricht `code` geben lassen

Um eine eigene Fehlerdomäne zu erstellen, genügt es, einen eigenen String für die Domäne anzugeben. Dabei sollten Domänen in der Form `com.Firma.framework_oder_application.ErrorDomain` benannt werden. Innerhalb einer eigenen Fehlerdomäne können Sie die Fehlercodes frei vergeben. Unter keinen Umständen sollten Sie neue Fehlercodes zu bereits existierenden Domänen hinzufügen, da sie von anderem Programmcode möglicherweise falsch interpretiert werden können. Das folgende Beispiel zeigt die Erzeugung eines `NSError`-Objekts mit einer eigenen Fehlerdomäne:

```
NSError *error = [NSError
                errorWithDomain:@" MyDomain"
                code:1
                userInfo:[NSDictionary dictionary]];
NSLog(@"%@", error);
```

Listing 10.52: Erstellung eines `NSError`-Objekts mit eigener Fehlerdomäne

Meldung

```
Error Domain=MyDomain Code=1 UserInfo=0x104b80 "Operation could not be completed.
(MyDomain error 1.)"
```

Abb. 10.37: Ausgabe von Listing 10.52

Wie man sieht, existiert zu dem Fehler bereits eine lesbare Fehlererklärung, die jedoch höchstwahrscheinlich nicht dem tatsächlichen Fehler entspricht, den wir ja neu in unserer eigenen Domäne definiert haben. Wie wir diese Beschreibung selbst setzen, ist Thema des nächsten Abschnitts.

Das User Info Dictionary

Wie oben beschrieben ist einer der Vorteile davon, ein Objekt anstelle eines Fehlercodes zu benutzen, dass zusätzliche Informationen zu jedem Fehler mitgegeben werden können. Neben dem Fehlercode und der Fehlerdomäne enthält jedes `NSError`-Objekt ein User Info Dictionary, also ein `NSDictionary`, das Detailinformationen zu einem Fehler enthält (siehe Abschnitt 11.3). Dessen Inhalt ist vorrangig dafür gedacht, dass er dem Benutzer zum Beispiel durch ein Alert-Dialogfenster präsentiert werden kann. Daher enthält ein User Info Dictionary Einträge für die Fehlerbeschreibung, den Fehlergrund, einen Vorschlag zur Fehlerbehebung und eine Menge von Optionen zur Fehlerbehebung. Diese Einträge, insbesondere die zur Fehlerbehebung, müssen nicht vorhanden sein, für sie gibt es aber direkte Unterstützung durch das Framework. Die Einträge in einem User Info Dictionary sollen in einer lokalisierten Form vorliegen. Das Dictionary selbst ist jedoch nur als eine Art Backup zu sehen. So kann das `NSError`-Objekt zum Beispiel den lokalisierten Fehler auch selbst erzeugen, ohne ihn in das Dictionary zu schreiben. Daher sollten die Strings nicht direkt aus dem Dictionary gelesen werden, sondern über Funktionen von `NSError`. Sehen wir uns im Folgenden die einzelnen Einträge an. Abbildung 10.38 zeigt die Anordnung der einzelnen Strings in einem Alert-Dialogfenster.

- Unter dem Schlüssel `NSLocalizedDescriptionKey` wird die eigentliche Fehlerbeschreibung gespeichert. Wenn diese nicht vorhanden ist, konstruiert das `NSError`-Objekt entweder eine aus der Domäne und dem Fehlercode oder versucht bei einer bekannten Domäne, wie zum Beispiel `NSCocoaErrorDomain`, eine Fehlerbeschreibung vom System zu bekommen. Um diese Beschreibung auszulesen, wird die Methode `localizedDescription` benutzt.
- Der Schlüssel `NSLocalizedFailureReasonErrorKey` enthält den Grund, warum der Fehler aufgetreten ist. Dieser Grund sollte auch aus der Fehlerbeschreibung hervorgehen und wird daher meistens nicht mit angezeigt. Der Fehlergrund kann mit der Methode `localizedFailureReason` ausgelesen werden.

  Für die Fehlermeldung »Die Datei konnte nicht geladen werden, da keine Rechte zur Verfügung stehen« wäre der Fehlergrund zum Beispiel »Es stehen keine Rechte zur Verfügung«.
- Falls es einen Vorschlag zur Fehlerbehebung gibt, so ist dieser unter dem Schlüssel `NSLocalizedRecoverySuggestionErrorKey` gespeichert und kann mit der Methode `localizedRecoverySuggestion` ausgelesen werden.

- Schließlich können noch Optionen für die Fehlerbehandlung angeboten werden. Der Schlüssel `NSLocalizedRecoveryOptionsErrorKey` speichert dafür ein Array mit den möglichen Optionen, das mit der Funktion `localizedRecoveryOptions` ausgelesen werden kann. Wenn das `NSError`-Objekt in einem Alert-Dialogfenster gezeigt wird, wird zu jeder Option ein Button erzeugt. Die Option, die als erster Eintrag im Array steht, wird der Default-Button. Wenn die Methode `localizedRecoveryOptions` den Wert `nil` zurückgibt, wird nur ein Button mit der Aufschrift »Ok« erzeugt.

Um ein `NSError`-Objekt dem Benutzer zu präsentieren, erstellt man üblicherweise ein Alert-Dialogfenster, in dem die einzelnen Strings entsprechend Abbildung 10.38 angeordnet sind. Seit Mac OS X 10.5 gibt es hierfür die Klassenmethode `alertWithError:` der Klasse `NSError`, die genau dies macht. Das folgende Beispiel zeigt den Code, der das in Abbildung 10.38 zu sehende Alert-Dialogfenster erstellt:

```
NSMutableDictionary *dict = [NSMutableDictionary dictionary];

[dict setObject: @"Die Datei konnte nicht geladen werden, da keine Rechte
zur Verfügung stehen."
        forKey:NSLocalizedDescriptionKey];
[dict setObject:@"Es stehen keine Rechte zur Verfügung."
        forKey:NSLocalizedFailureReasonErrorKey];
[dict setObject:@"Versuchen Sie, sich als Administrator anzumelden."
        forKey:NSLocalizedRecoverySuggestionErrorKey];
NSArray *options = [NSArray arrayWithObjects:
                  @"Als Administrator anmelden",@"Abbrechen",nil];
[dict setObject:options forKey:NSLocalizedRecoveryOptionsErrorKey];
NSError *error = [NSError errorWithDomain:@"MyDomain"
                                     code:1 userInfo:dict];
NSAlert *alert = [NSAlert alertWithError:error];
[alert runModal];
```

Listing 10.53: Anzeigen eines NSError-Objekts

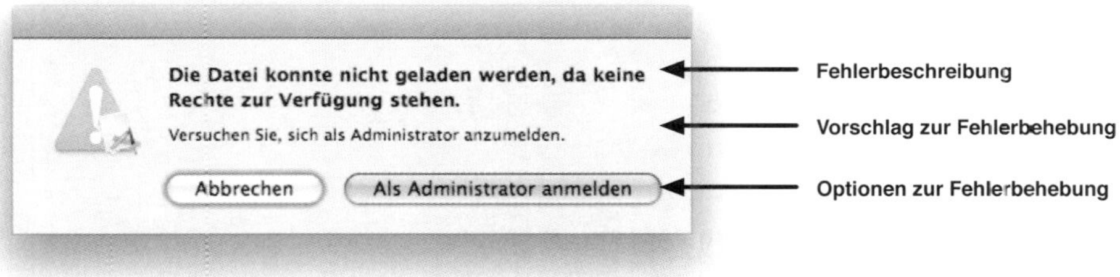

Abb. 10.38: Lokalisierte Strings in einem NSError-Objekt

10.8 Übungsaufgaben

1. Aufgabe

Die Klasse Person ist wie folgt definiert:

```
@interface Person : NSObject <NSCoding> {
    NSString *firstName;
    NSString *lastName;
    Person *mother;
    Person *father;
    int age;
}
@end
```

Erstellen Sie eine Implementierung der Funktion initWithCoder: sowie der Funktion encodeWithCoder:. Gehen Sie dabei davon aus, dass ein Keyed Archiver benutzt wird und dass keine zyklischen Referenzen auftreten. Geben Sie außerdem Beispielcode an, der die Archivierung und Unarchivierung eines Objektgraphen von Person-Objekten durchführt.

2. Aufgabe

Implementieren Sie die Methode dateToHumanTime:, die ein NSDate-Objekt in der für Menschen besser lesbaren Form "Stunde:Minute am Tag.Monat.Jahr" ausgibt. Also zum Beispiel "16:20 am 23.12.2006".

Implementieren Sie außerdem die Methode humanTimeToDate:, die einen von der Methode dateToHumanTime: formatierten String wieder in ein NSDate-Objekt zurückkonvertiert.

3. Aufgabe

Schreiben Sie das folgende Programmstück so um, dass statt der init-Methoden von NSNumber Literale und Boxing verwendet werden.

```
NSInteger integer = 12;
CGFloat pi = 3.14159265;

NSNumber *numberZero = [[NSNumber alloc]
                        initWithInt:0];
NSNumber *numberPi = [[NSNumber alloc]
                        initWithFloat:pi];
NSNumber *twelve = [[NSNumber alloc]
                        initWithInteger:integer];
```

Kapitel 11

Collections

Collections, im Deutschen auch Sammlungen, sind Container für Daten. Das Cocoa-Framework bietet eine breite Unterstützung in Form der *Collection-API*. Die Collections des Cocoa-Frameworks nehmen nur Objekte und keine primitiven Datentypen wie zum Beispiel `int` oder `long` für die Datentypen auf. Das Cocoa-Framework bietet hierfür die Klasse `NSNumber` an, um primitive Datentypen in einem Objekt zu kapseln. Ebenfalls ist es nicht möglich, `nil` zu einem Array hinzuzufügen. Hierfür gibt es das Objekt `NSNull`, das `nil`-Werte als Objekt darstellt.

In der Collection-API des Cocoa-Frameworks sind Datenstrukturen für geordnete Sammlungen (**Arrays**), für ungeordnete Sammlungen (**Sets**) und für Assoziationsmengen von Schlüssel-Wert-Paaren (**Dictionaries**) enthalten.

Eine Besonderheit bietet das Cocoa-Framework im Gegensatz zu den Collection-APIs aus anderen Programmiersprachen: Hier wird dediziert zwischen unveränderlichen (**immutable**) und veränderbaren (**mutable**) Datentypen unterschieden. Dabei sind die veränderlichen Datentypen stets als Unterklasse der unveränderlichen Datentypen implementiert. Dieser Besonderheit muss man sich bewusst sein, um beispielsweise Rückgabewerte von Methoden korrekt behandeln zu können. Jedoch bietet jeder Datentyp eine Möglichkeit, unveränderliche Instanzen in veränderliche zu überführen und umgekehrt.

Hinweis

Eine Collection pflegt eine starke Referenz (siehe Kapitel 9) zu den enthaltenen Objekten. An jedes Objekt, das der Collection hinzugefügt werden soll, wird zuerst die Nachricht `retain` gesendet. Danach wird es der Collection hinzugefügt. Wenn ein Objekt aus einer Collection entfernt wird, wird an dieses Objekt die Nachricht `release` gesendet, um die Erhöhung des Reference Counts beim Hinzufügen wieder aufzuheben. Ebenso wird, wenn die Collection komplett aus dem Speicher entfernt wird, an jedes enthaltene Objekt die Nachricht `release` gesendet, da die Collection als Besitzer der Objekte nicht mehr existiert.

Bei Verwendung eines Garbage Collectors bleiben diese Nachrichten ohne Wirkung. Wenn Sie jedoch in einer Umgebung ohne Garbage Collector arbeiten (zum Beispiel unter iOS) und ein Element aus einer Collection auslesen, das Sie auch dann weiterverwenden wollen, wenn es aus der Collection entfernt wurde, müssen Sie `retain` an das Element senden, um der Besitzer des Elements zu werden.

11.1 Arrays

Arrays sind eine geordnete Sammlung von Objekten. Dabei kann ein Array jede Art von Objekten in beliebiger Kombination beinhalten. Der Inhalt eines Arrays muss also nicht homogen sein. Jedoch ist zu beachten, dass ein Array keine primitiven Datentypen wie `int` oder `long` direkt enthalten kann, da diese keine Objekte sind.

11.1.1 Unveränderliche Arrays

Ein Array vom Typ `NSArray` ist unveränderlich. Sobald es erzeugt wurde, können keine weiteren Objekte hinzugefügt oder bereits enthaltene Elemente daraus entfernt werden. Dies betrifft nur die durch das Array abgebildete Sammlung. Die Zustände der enthaltenen Elemente können selbstverständlich weiterhin verändert werden.

Eine Instanz von `NSArray` kann man zum einen mit dem normalen Konstrukt `[[NSArray alloc] init]` oder dem Convenience-Konstruktor `[NSArray array]` erzeugen. Ein so erzeugtes Array ist leer und unveränderlich, so dass auch keine Elemente mehr hinzugefügt werden können. Diese beiden Methoden sind vor allem deswegen vorhanden, um von veränderbaren Unterklassen implementiert zu werden.

Wenn man eine Instanz von `NSArray` erzeugt, muss schon beim Erstellen festgelegt werden, welche Elemente in diesem Array enthalten sind. Daher gibt es eine Menge von spezialisierten `init`-Methoden und entsprechenden Convenience-Konstruktoren, um dies zu ermöglichen.

Um ein Array mit lediglich einem Eintrag zu erstellen, gibt es die Methode `arrayWithObject:`.

An das durch den Parameter beschriebene Objekt wird zunächst die Nachricht `retain` gesendet. Anschließend wird es dem Array hinzugefügt.

Das folgende Beispiel erzeugt eine Instanz von `NSArray` mit der Länge 1 und dem `NSString`-Element `"Eintrag"` an Position 0:

```
NSArray *array = [NSArray arrayWithObject:@"Eintrag"];
```

Um ein Array mit mehreren Einträgen zu erstellen, gibt es die Funktion `arrayWithObjects:`.

Diese Funktion erwartet eine Liste von Objekten, die durch ein abschließendes `nil` terminiert wird.

Im nachfolgenden Beispiel erzeugen wir ein Array der Länge 4 mit den Einträgen `"Eintrag 1"` bis `"Eintrag 4"` an den Positionen 0 bis 3. Wichtig ist hierbei die Terminierung der Liste mittels `nil`.

```
NSArray *array = [NSArray arrayWithObjects:
                  @"Eintrag 1", @"Eintrag 2",
                  @"Eintrag 3", @"Eintrag 4",
                  nil];
```

Für die obigen Beispiele funktioniert natürlich die Kombination aus `alloc` mit den entsprechenden `init`-Methoden ebenso.

Eine weitere Möglichkeit seit Xcode 4.4 ist die Verwendung von Literalen für die Erstellung von `NSArray`-Instanzen, wie Sie sie schon von `NSString` und `NSNumber` kennen. Ein Literal zur Erzeugung einer `NSArray`-Instanz hat die Form `@[...]`. Innerhalb der eckigen Klammern stehen die Einträge, die den Inhalt des Arrays bilden sollen. Im Gegensatz zu den Methoden `initWithObjects:` und `arrayWithObjects:` muss diese Liste nicht durch `nil` beendet werden. Die obigen beiden Beispiele lassen sich äquivalent durch Literale wie folgt umsetzen:

```
NSArray *array = @[@"Eintrag"];
```

oder

```
NSArray *array = @[@"Eintrag 1", @"Eintrag 2",
                 @"Eintrag 3", @"Eintrag 4"];
```

Ein unveränderliches `NSArray` basiert auf zwei grundlegenden Methoden:

- `count` ermittelt die Größe des Arrays. Die Größe eines Arrays ist definiert als die Anzahl der enthaltenen Einträge.
- Die Methode `objectAtIndex:` gibt für einen gegebenen nullbasierten Index das im Array gespeicherte Element zurück. Ist der Index außerhalb des für dieses Array gültigen Bereichs, wird eine Ausnahme vom Typ `NSRangeException` ausgelöst.

  Alternativ lässt sich auf einen Eintrag an einer Index-Position auch mittels der des aus C bekannten Subscripting-Operators `[]` auslesen. Die Benutzung des Subscripting-Operators wird vom Compiler in einen Aufruf der Methode `objectAtIndexedSubscript:` umgesetzt. Diese wiederum ist funktional äquivalent zu `objectAtIndex:`.

Mit diesen Methoden lassen sich alle Operationen ausführen, die für ein unveränderliches Array von Bedeutung sind, wie die folgenden Beispiele zeigen:

```
NSArray *array = @[@"Eintrag 1", @"Eintrag 2",
                 @"Eintrag 3", @"Eintrag 4"];

NSLog(@"Länge des Arrays: %li", [array count]);
for(NSInteger i = 0; i<[array count]; i++) {
```

```
    NSLog(@"Eintrag an Position %li: %@", i,
             [array objectAtIndex:i]);
}
```

Listing 11.1: Grundlegende Array-Operationen für ein unveränderliches Array

```
NSArray *array = @[@"Eintrag 1", @"Eintrag 2",
                   @"Eintrag 3", @"Eintrag 4"];

NSLog(@"Länge des Arrays: %li", [array count]);
for(NSInteger i = 0; i<[array count]; i++) {
    NSLog(@"Eintrag an Position %li: %@", i,
             array[i]);
}
```

Listing 11.2: Grundlegende Array-Operationen für ein unveränderliches Array mit Subscripting

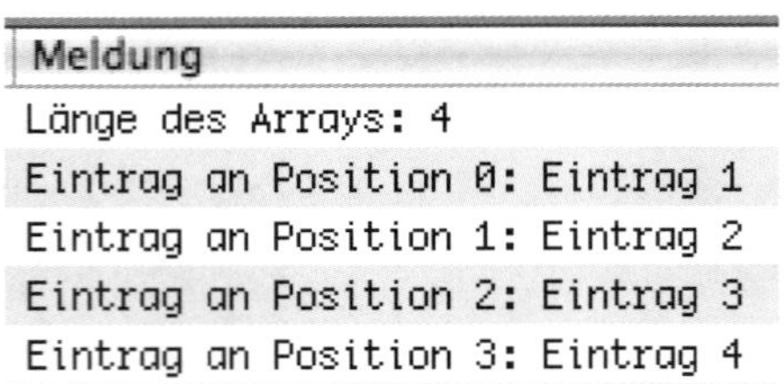

Abb. 11.1: Ausgabe der Listings

Wenn geprüft werden soll, ob ein Objekt in einem Array enthalten ist, muss man sich zunächst Gedanken darüber machen, wie Gleichheit geprüft werden kann. Hierfür gibt es zwei unterschiedliche Möglichkeiten.

Zum einen können zwei Objekte mit der Methode `isEqual:` miteinander verglichen werden. Gibt diese Methode YES zurück, gelten die beiden Objekte als gleich. Zum anderen können die Speicheradressen miteinander verglichen werden. Wenn beide Objektreferenzen auf die gleiche Speicheradresse verweisen, gelten sie als gleich.

Um zu überprüfen, ob eine Objektreferenz in einem Array vorhanden ist, können beide Möglichkeiten verwendet werden.

Mit der Methode `indexOfObject:` wird überprüft, ob das übergebene Objekt im Array vorhanden ist. Dafür wird an jedes Element in dem Array die Nachricht `isEqual:` mit dem gesuchten Element als Parameter gesendet, um die Gleichheit zu überprüfen.

Wenn der Vergleich durch Überprüfung der Speicheradressen stattfinden soll, muss die Methode `indexOfObjectIdenticalTo:` benutzt werden.

Beide Methoden geben jeweils den Index des ersten Elements zurück, das dem Parameterobjekt entspricht. Wenn keine Übereinstimmung gefunden wurde, wird die Konstante `NSNotFound` zurückgegeben.

Als Varianten der beiden Methoden existieren noch `indexOfObject:inRange:` und `indexOfObjectIdenticalTo:inRange:`, die als zweiten Parameter eine `NSRange`-Struktur übergeben bekommt, um die Suche auf einen bestimmten Bereich des Arrays einzugrenzen.

Eine Sonderrolle nimmt die Funktion `containsObject:` ein, die mit `isEqual:` überprüft, ob ein Objekt im Array vorhanden ist. Diese Methode gibt im Unterschied zu den oben beschriebenen Methoden nicht den Index zurück, sondern lediglich `YES`, wenn ein passendes Objekt im Array vorhanden ist, und `NO`, wenn kein passendes Objekt vorhanden ist.

Das folgende Beispiel veranschaulicht den Unterschied zwischen Gleichheit durch `isEqual:` und Gleichheit durch die identische Speicheradresse. Die Ausgabe ist in Abbildung 11.2 zu sehen.

```
NSString *string1= @"STRING";
NSString *string2 = [NSString stringWithFormat:@"%@", string1];

NSArray *array = @[string1, string2];

NSLog(@"Index mittels isEqual: %li", [array indexOfObject:string2]);
NSLog(@"Index mittels identischer Speicheradresse: %li",
      [array indexOfObjectIdenticalTo:string2]);
```

Listing 11.3: Unterschiedliche Gleichheitsbegriffe bei der Array-Durchsuchung

Sowohl in `string1` als auch in `string2` ist die Zeichenkette `"STRING"` enthalten. Der erste Vergleich mit `isEqual:` überprüft den Inhalt der Zeichenkette. Dabei wird festgestellt, dass der Eintrag des Arrays an Position 0 (der durch `string1` bezeichnete Speicherbereich) den gleichen Inhalt hat wie der Speicherbereich, der durch die Variable `string2` bezeichnet wird. Der gefundene Index ist also 0.

Beim Vergleich auf die identische Speicheradresse ist der gefundene Index korrekterweise 1, da der Eintrag im Array an Position 0 zwar die gleiche Zeichenkette speichert, jedoch nicht die identische Speicheradresse zur übergebenen Variablen `string2`. Diese wurde bei der Konstruktion des Arrays an Position 1 eingefügt.

```
Meldung
Index mittels isEqual: 0
Index mittels identischer Speicheradresse: 1
```

Abb. 11.2: Ausgabe von Listing 11.3

Hinweis

Ein NSArray-Objekt besitzt eine direkte Verbindung mit dem CoreFoundation-Datentyp CFArrayRef (oder wie Apple sagt: *»is toll-free bridged...«*). Das bedeutet, dass ein NSArray-Objekt direkt in ein CFArrayRef gecastet werden kann und umgekehrt. Überall dort, wo Ihnen ein CFArrayRef als Parameter begegnet, können Sie also bedenkenlos ein NSArray * einsetzen. Hierbei sind natürlich die Regeln des ARC zu beachten.

11.1.2 Veränderliche Arrays

Wie von allen Datenstrukturen der Collection-API gibt es auch von NSArray eine veränderliche Unterklasse. Diese heißt NSMutableArray und bietet zusätzlich zu den aus NSArray geerbten Methoden noch Methoden zum Verändern des Array-Inhalts nach der Erstellung des Arrays an.

Ein NSMutableArray reserviert intern Speicher für eine definierte Menge von Elementen. Wenn ein neues Element zum Array hinzugefügt werden soll, der reservierte Speicher jedoch bereits vollständig belegt ist, wird ein neuer Speicherbereich reserviert, der mehr Platz bietet. Dann werden die bereits im Array gespeicherten Elemente in den neuen Speicherplatz verschoben und das neue Element hinzugefügt. Schließlich kann der alte zu klein gewordene Speicherbereich freigegeben werden.

Um die Neuanforderungen von Speicherbereich bei einem neu erstellten, leeren Array möglichst gering zu halten, gibt es die Funktionen initWithCapacity: und arrayWithCapacity:. Diese bekommen als Parameter einen NSUInteger-Wert, der die initiale Größe des NSMutableArray-Objekts angibt. Hierzu das folgende Beispiel:

```
NSMutableArray *array = [NSMutableArray arrayWithCapacity:4];
[array addObject:@"Eintrag 1"];
[array addObject:@"Eintrag 2"];
[array addObject:@"Eintrag 3"];
[array addObject:@"Eintrag 4"];

NSLog(@"Länge des Arrays: %li", [array count]);
for(NSInteger i = 0; i<[array count]; i++) {
    NSLog(@"Eintrag an Position %li: %@", i, [array objectAtIndex:i]);
}
```

Listing 11.4: Erstellen und Befüllen eines NSMutableArray

Die Ausgabe ist identisch mit der in Abbildung 11.1 gezeigten Ausgabe.

Vorsicht

Das Literal für Arrays erzeugt immer ein `NSArray`. Es ist nicht möglich, dieses Literal zu verwenden, um direkt ein `NSMutableArray` zu erstellen.

Hinzufügen von Elementen

Die erste grundlegende Operation auf einem `NSMutableArray`-Objekt haben wir im vorherigen Beispiel gezeigt: Die Funktion `addObject:` fügt einem `NSMutableArray` ein neues Element hinzu. Dieses wird dann ans Ende des bestehenden Arrays angehängt. Da ein Array nicht den Wert `nil` enthalten darf, führt ein Aufruf von `addObject:` mit dem Parameter `nil` zu einer Ausnahme vom Typ `NSInvalidArgumentException`.

Um ein Element an eine bestimmte Stelle des Arrays einzufügen, existiert die Funktion `insertObject:atIndex:`. Der erste Parameter ist wiederum das Element, das hinzugefügt werden soll, der zweite Parameter ist die Position im Array, an der das Element eingefügt werden soll. Falls das Element `nil` ist, wird ebenfalls eine Ausnahme vom Typ `NSInvalidArgumentException` ausgelöst. Wenn der Index außerhalb des gültigen Bereichs des Arrays liegt, zum Beispiel wenn er größer ist als die Anzahl der im Array enthaltenen Elemente, wird eine Ausnahme vom Typ `NSRangeException` ausgelöst. Bezeichnet der Index nicht das letzte Element des Arrays, so wird das Element an der angegebenen Stelle eingefügt und alle Einträge ab diesem Index eine Position weiter nach hinten geschoben. Das folgende Beispiel zeigt dieses Verhalten:

```
NSMutableArray *array = [NSMutableArray arrayWithObjects:@"Eintrag 1",
                                        @"Eintrag 2", @"Eintrag 3", nil];

NSLog(@"Index von Eintrag 1: %li", [array indexOfObject:@"Eintrag 1"]);
NSLog(@"Index von Eintrag 2: %li", [array indexOfObject:@"Eintrag 2"]);
NSLog(@"Index von Eintrag 3: %li", [array indexOfObject:@"Eintrag 3"]);

[array insertObject:@"Eintrag 4" atIndex:1];

NSLog(@"Index von Eintrag 1: %li", [array indexOfObject:@"Eintrag 1"]);
NSLog(@"Index von Eintrag 2: %li", [array indexOfObject:@"Eintrag 2"]);
NSLog(@"Index von Eintrag 3: %li", [array indexOfObject:@"Eintrag 3"]);
NSLog(@"Index von Eintrag 4: %li", [array indexOfObject:@"Eintrag 4"]);
```

Listing 11.5: Benutzung von `insertObjectAtIndex:`

Meldung
Index von Eintrag 1: 0
Index von Eintrag 2: 1
Index von Eintrag 3: 2
Index von Eintrag 1: 0
Index von Eintrag 2: 2
Index von Eintrag 3: 3
Index von Eintrag 4: 1

Abb. 11.3: Ausgabe von Listing 11.5

Entfernen von Elementen

Natürlich kann man einem `NSMutableArray` nicht nur Einträge hinzufügen, sondern auch wieder bereits enthaltene Einträge entfernen. Hierzu gibt es die Funktion `removeObjectAtIndex:`, die ein Element aus dem Array an einer angegebenen Position entfernt. Liegt der Index nicht innerhalb des Arrays, wird eine Ausnahme vom Typ `NSRangeException` ausgelöst. Wenn der Index nicht am Ende des Arrays liegt, werden alle nachfolgenden Elemente eine Position nach vorne verschoben.

```
NSMutableArray *array = [NSMutableArray arrayWithObjects:@"Eintrag 1",
                          @"Eintrag 2", @"Eintrag 3", @"Eintrag 4", nil];

NSLog(@"Index von Eintrag 1: %li", [array indexOfObject:@"Eintrag 1"]);
NSLog(@"Index von Eintrag 2: %li", [array indexOfObject:@"Eintrag 2"]);
NSLog(@"Index von Eintrag 3: %li", [array indexOfObject:@"Eintrag 3"]);
NSLog(@"Index von Eintrag 4: %li", [array indexOfObject:@"Eintrag 4"]);

[array removeObjectAtIndex:1];

NSLog(@"Index von Eintrag 1: %li", [array indexOfObject:@"Eintrag 1"]);
NSLog(@"Index von Eintrag 3: %li", [array indexOfObject:@"Eintrag 3"]);
NSLog(@"Index von Eintrag 4: %li", [array indexOfObject:@"Eintrag 4"]);
```

Listing 11.6: Benutzung von `removeObjectAtIndex:`

Meldung
Index von Eintrag 1: 0
Index von Eintrag 2: 1
Index von Eintrag 3: 2
Index von Eintrag 4: 3
Index von Eintrag 1: 0
Index von Eintrag 3: 1
Index von Eintrag 4: 2

Abb. 11.4: Ausgabe von Listing 11.6

Will man ein Element aus einem `NSMutableArray` entfernen und hat nur das Element selbst zur Hand, jedoch nicht seinen Index, so bietet sich die Funktion `removeObject:` an. Ihr übergibt man das zu löschende Element. `removeObject:` ruft zunächst `indexOfObject:` auf, um den Index des zu löschenden Elements zu ermitteln. Danach wird das Element mit `removeObjectAtIndex:` entfernt. Dieser Vorgang wird so lange wiederholt, bis alle Vorkommen des zu löschenden Elements aus dem Array entfernt wurden. Schauen wir uns hierzu das folgende Beispiel an, dessen Ausgabe in Abbildung 11.5 zu sehen ist:

```
NSMutableArray *array = [NSMutableArray arrayWithObjects:@"Eintrag 1",
                         @"Entfernen", @"Entfernen", @"Eintrag 4", nil];

NSLog(@"Größe des Arrays: %li", [array count]);
NSLog(@"Index von Eintrag 1: %li", [array indexOfObject:@"Eintrag 1"]);
NSLog(@"Index von Eintrag 4: %li", [array indexOfObject:@"Eintrag 4"]);

[array removeObject:@"Entfernen"];

NSLog(@"Größe des Arrays: %li", [array count]);
NSLog(@"Index von Eintrag 1: %li", [array indexOfObject:@"Eintrag 1"]);
NSLog(@"Index von Eintrag 4: %li", [array indexOfObject:@"Eintrag 4"]);
```

Listing 11.7: Benutzung von `removeObject:`

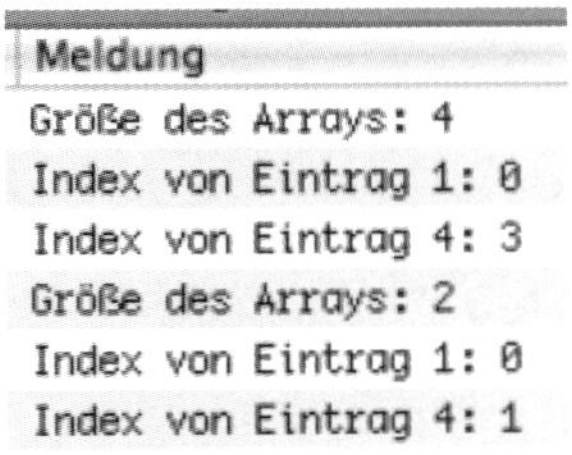

Abb. 11.5: Ausgabe von Listing 11.7

> **Hinweis**
>
> Da die Ermittlung des Index unter Benutzung von `indexOfObject:` durchgeführt wird, wird die Gleichheit mit dem zu löschenden Objekt mit `isEqual:` überprüft. Möchte man die Gleichheit jedoch aufgrund gleicher Speicheradresse feststellen, so muss man selbst die Methode `indexOfObjectIdenticalTo:` aufrufen und den so ermittelten Index an `removeObjectAtIndex:` übergeben.

Zwei Spezialformen des Löschens sollen noch kurz erwähnt werden:

- `removeLastObject` entfernt das letzte Objekt des Arrays. Wenn das Array leer ist, wird eine Ausnahme vom Typ `NSRangeException` ausgelöst.
- `removeAllObjects` löscht sämtliche Einträge aus dem Array. Das Array selbst bleibt hierbei im Speicher erhalten.

Ersetzen von Elementen

Die letzte primitive Operation ist `replaceObjectAtIndex:withObject:`, um ein Element eines Arrays an einem angegebenen Index durch ein anderes zu ersetzen.

Der erste Parameter ist ein `NSUInteger`-Wert, der den Index des zu ersetzenden Elements angibt. Wie immer bei Methoden, die einen Index übergeben bekommen, wird eine Ausnahme vom Typ `NSRangeException` ausgelöst, wenn der angegebene Index nicht innerhalb der Grenzen des Arrays liegt.

Der zweite Parameter gibt das Objekt an, mit dem das entsprechende Element des Arrays ersetzt werden soll. Da ein Array nicht `nil` enthalten darf, wird eine Ausnahme vom Typ `NSInvalidArgumentException` ausgelöst, wenn der hier übergebene Wert `nil` ist. Das Ersetzen eines Objekts in einem Array ist im folgenden Beispiel dargestellt, die Ausgabe hierzu sieht man in Abbildung 11.6.

```
NSMutableArray *array = [NSMutableArray arrayWithObjects:@"Eintrag 1",
                 @"Eintrag 2", @"Eintrag 3", nil];

for (NSInteger i=0; i<[array count]; i++) {
 NSLog(@"Eintrag an Position %li: %@", i, array[i]); }

array[1] = @"Eintrag 4";

for (NSInteger i=0; i<[array count]; i++) {
 NSLog(@"Eintrag an Position %li: %@", i, array[i]); }
```

Listing 11.8: Benutzung von `replaceObjectAtIndex:withObject:`

Meldung
Eintrag an Position 0: Eintrag 1
Eintrag an Position 1: Eintrag 2
Eintrag an Position 2: Eintrag 3
Eintrag an Position 0: Eintrag 1
Eintrag an Position 1: Eintrag 4
Eintrag an Position 2: Eintrag 3

Abb. 11.6: Ausgabe von Listing 11.8

Auch das Ersetzen von Einträgen in einem Array lässt sich durch Subscripting erreichen. Die Syntax hierfür ist wie folgt:

```
array[index] = value
```

Die Benutzung des Subscripting-Operators zur Zuweisung wird in einen Aufruf der Methode `setObject:atIndexedSubscript:` umgesetzt.

Das Beispiel aus Listing 11.8 lässt sich damit wie folgt schreiben:

```
NSMutableArray *array = [NSMutableArray arrayWithObjects:@"Eintrag 1",
                @"Eintrag 2", @"Eintrag 3", nil];

for (NSInteger i=0; i<[array count]; i++) {
 NSLog(@"Eintrag an Position %li: %@", i, array[i]); }

array[1] = @"Eintrag 4";

for (NSInteger i=0; i<[array count]; i++) {
 NSLog(@"Eintrag an Position %li: %@", i, array[i]); }
```

Listing 11.9: Ändern von Array-Einträgen mittels Subscripting

Weitere Methoden

Mit dem Wissen über die oben beschriebenen Methoden können sämtliche Operationen auf einem veränderlichen Array durchgeführt werden. Das Cocca-Framework bietet noch weitere Methoden an, um solche Operationen für den Entwickler schnell und einfach benutzbar zu machen. Diese Methoden sind jedoch (wie zum Beispiel auch `removeObject:`) nur »syntaktischer Zucker«, der von den primitiven Operationen Gebrauch macht. Der interessierte Leser wird hier auf die Dokumentation von `NSMutableArray` verwiesen.

Umwandeln zwischen Array-Typen

Hin und wieder kommt es vor, dass eine Funktion ein unveränderliches Array zurückliefert, man aber eigentlich ein veränderliches braucht, um sinnvoll weiterarbeiten zu können.

Auf der anderen Seite möchte man evtl. ein unveränderliches Array zurückgeben, aber die Methoden eines veränderlichen Arrays benutzen, um es bequem dynamisch zu erstellen.

Zu diesem Zweck gibt es die Methoden `arrayWithArray:` bzw. `initWithArray:`, die ein Array übergeben bekommen und daraus ein neues Array des eigenen Typs erzeugen. Der Code, um aus einem unveränderlichen Array ein veränderliches Array zu erstellen, ist in Listing 11.10 vorgestellt. Auf die gleiche Art kann man auch aus einem veränderlichen Array ein unveränderliches erstellen.

```
NSArray *array = @[@"Eintrag 1", @"Eintrag 2"];
NSMutableArray *array2 = [NSMutableArray arrayWithArray:array];
[array2 addObject:@"Eintrag 3"];
```

Listing 11.10: Umwandlung eines unveränderlichen in ein veränderliches Array

Noch häufiger kommt der Fall vor, dass man ein Array mittels des Array-Literals erstellen will, jedoch ein veränderliches Array benötigt. Hierfür bietet sich die Funktion `mutableCopy` an, die zu einem `NSArray` eine veränderliche Kopie, also ein `NSMutableArray`, liefert. Diese Kopie enthält alle Einträge des ursprünglichen Arrays, ist aber veränderlich. Um also ein leeres `NSMutableArray` zu erstellen, kann man wie folgt vorgehen:

```
NSMutableArray *array = [@[] mutableCopy];
```

Hinweis

`NSArray` und `NSMutableArray` sind Teil eines sogenannten *class clusters*, also einer Sammlung von (privaten) Klassen. Wenn man eine der beiden Klassen instanziiert, bekommt man keine Instanz von `NSArray` oder `NSMutableArray` zurück, sondern eine Instanz einer privaten Unterklasse. Da aber die Schnittstelle durch die beiden Klassen `NSArray` und `NSMutableArray` öffentlich definiert ist, ist dieser Umstand für den Entwickler ohne größere Bedeutung.

11.1.3 Sortieren von Arrays

Oftmals ist es nötig, die in einem Array gespeicherten Elemente zu sortieren. Hierzu bietet das Cocoa-Framework einige Nachrichten an, die, an das Array gesendet, ein sortiertes Array zurückgeben. Für ein veränderliches Array steht eine Untermenge dieser Sortierungsfunktionen in einer Form zur Verfügung, die die Sortierung direkt im Array vornimmt. Im Folgenden betrachten wir nur die Funktionen, die ein neues Array zurückliefern.

Sortierung mittels Selektoren

Die einfachste Methode, um ein Array zu sortieren, ist `sortedArrayUsingSelector:`.

Dieser Methode wird als Parameter ein Selektor übergeben. Dieser Selektor wird von der Sortierfunktion zum Vergleich zweier Objekte herangezogen.

Die Rückgabe des Selektors ist `NSOrderedAscending`, wenn der Empfänger kleiner ist als das per Parameter übergebene Argument, und `NSOrderedDescending`, wenn der Empfänger größer ist. Der Rückgabewert ist `NSOrderedSame`, wenn Empfänger und Argument gleich groß sind.

Ein Beispiel hierfür ist in Listing 11.11 zu sehen. Hierbei wird zunächst ein Array mit `NSString`-Elementen erstellt. Anschließend wird das Array mit Hilfe des Selektors `caseInsensitiveCompare:` sortiert.

Die Methode `caseInsensitiveCompare:` ist in `NSString` definiert und führt einen Zeichenkettenvergleich durch, ohne dabei die Groß- und Kleinschreibung zu beachten. Da das Array nur `NSString`-Elemente enthält, kann an jedes Objekt die Nachricht `caseInsensitiveCompare:` mit einem `NSString` als Parameter gesendet werden.

Das Sortieren eines Arrays kann dann wie folgt aussehen:

```
NSMutableArray *array = [NSMutableArray
                arrayWithObjects:@"a", @"c", @"e",
                        @"b", @"f", @"d", nil];
NSArray *sortedArray =
     [array sortedArrayUsingSelector:
        @selector(caseInsensitiveCompare:)];

for (int i = 0; i<[sortedArray count]; i++) {
   NSLog(@"Eintrag an Position %i: %@", i, sortedArray[i]);
}
```

Listing 11.11: Sortierung eines Arrays mittels Selektor

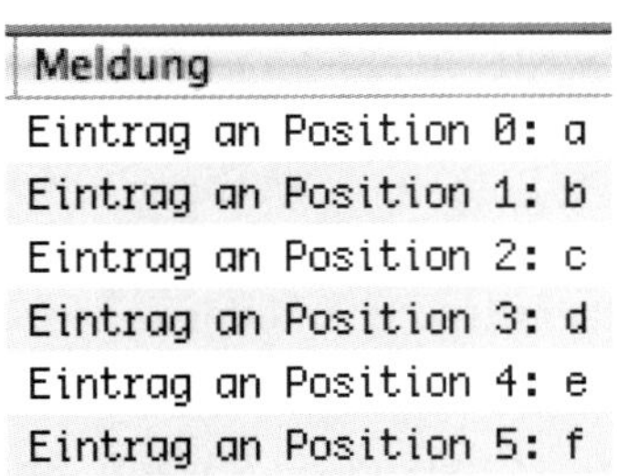

Abb. 11.7: Ausgabe von Listing 11.11 und Listing 11.13

Sortierung mittels Funktionen

Die Sortierung über `sortedArrayUsingSelector:` erlaubt es, beim Erstellen einer Klasse eine Menge von Sortierungsmethoden mit zu implementieren, die später benutzt werden können. Sollen jedoch eigene Kriterien zur Sortierung benutzt werden, die nicht bereits in der Klasse implementiert sind, so müssen diese zum Beispiel über eine Kategorie (Kategorien sind in Kapitel 3 beschrieben) hinzugefügt werden, was nicht immer eine geeignete Lösung ist.

Aus diesem Grund gibt es die Funktion

```
(NSArray *)sortedArrayUsingFunction:
        (NSInteger (*)(id, id, void *))comparator
                       context:(void *)context
```

Dieser Funktion wird als erster Parameter ein Zeiger auf eine Methode übergeben, die als Rückgabewert einen `NSInteger` liefert, der entweder `NSOrderedAscending`, `NSOrderedDescending` oder `NSOrderedSame` sein kann. Außerdem hat die Funktion drei Parameter. Die ersten beiden sind vom Typ `id` und bezeichnen die beiden zu vergleichenden Elemente. Der dritte Parameter ist vom Typ `void*`. Dies ist der Parameter `context` der Funktion `sortedArrayUsingFunction:context:`, der einen beliebigen benutzerdefinierten Wert annehmen kann.

Ein Beispiel für eine Vergleichsfunktion könnte wie folgt aussehen:

```
NSInteger lexicalSort(id string1, id string2, void *context)
{
    BOOL *reverse = (BOOL *)context;
    if (*reverse == YES) {
        return [string2 localizedCaseInsensitiveCompare:string1];
    }
    return [string1 localizedCaseInsensitiveCompare:string2];
}
```

Listing 11.12: Eine Sortierungsfunktion

Die obige Funktion vergleicht zwei String-Objekte entweder in aufsteigender oder in absteigender alphabetischer Reihenfolge miteinander. Der Parameter `context` wird benutzt, um die Reihenfolge festzulegen. Hier wird ein `BOOL`-Wert per Referenz übergeben. Aus diesem Grund muss die Variable `reverse` beim Vergleichen dereferenziert werden. Anschließend werden die Werte entsprechend der angegebenen Reihenfolge miteinander verglichen.

Die Rückgabe einer Sortierfunktion muss `NSOrderedAscending` sein, wenn der erste Parameter kleiner ist als der zweite, `NSOrderedDescending` im umgekehrten Fall und `NSOrderedSame`, wenn beide Werte gleich groß sind.

Die in Listing 11.12 gezeigte Funktion `lexicalSort` kann dann wie folgt zum Sortieren benutzt werden:

```
NSMutableArray *array = [NSMutableArray
                arrayWithObjects:@"a", @"c", @"e",
                        @"b", @"f", @"d", nil];

BOOL reverted = NO;
NSArray *sortedArray = [array sortedArrayUsingFunction:lexicalSort
                                 context:&reverted];
```

```
for (int i = 0; i<[sortedArray count]; i++) {
    NSLog(@"Eintrag an Position %i: %@", i, sortedArray[i]);
}
```

Listing 11.13: Sortierung eines Arrays mittels Sortierungsfunktion

In diesem Beispiel sieht man noch einmal, dass der `BOOL`-Wert, der die Sortierungsreihenfolge steuert, als Referenz übergeben werden muss. Da die Reihenfolge aufsteigend ist, ist die Ausgabe dieses Beispiels identisch mit der in Abbildung 11.7 gezeigten Ausgabe von Listing 11.11.

Sortierung mittels Blöcken

Eine mit Mac OS X 10.6 sowie iOS 4 neu eingeführte Methode der Sortierung ist das Sortieren mit Hilfe von Blöcken (siehe Kapitel 7). Diese ist sehr ähnlich zu der oben beschriebenen Möglichkeit mit Hilfe von Funktionen eine Sortierung durchzuführen.

Hierfür bietet `NSArray` die Methode `sortedArrayUsingComparator:` an. Sehen wir uns zum besseren Verständnis zunächst einmal die vollständige Signatur an:

```
- (NSArray *)
  sortedArrayUsingComparator:(NSComparator)cmptr
```

Der Rückgabewert der Methode ist ein neues Array, das die Inhalte des Arrays, an das sie gesendet wurde, in sortierter Form enthält.

Interessanter ist jedoch der Parameter vom Typ `NSComparator`. Der Datentyp `NSComparator` ist wie folgt definiert:

```
typedef NSComparisonResult
      (^NSComparator)(id obj1, id obj2);
```

Es handelt sich also um einen Block, der eine Rückgabe vom Typ `NSComparisonResult` liefert. Als Parameter bekommt der Block die beiden zu vergleichenden Objekte übergeben.

Wie bei der Sortierung mittels Funktionen ist auch hier die Rückgabe `NSOrderedAscending`, wenn der erste Parameter kleiner ist als der zweite, `NSOrderedDescending` im umgekehrten Fall und `NSOrderedSame`, wenn beide Werte gleich groß sind.

Die Methode `sortedArrayUsingComparator:` ruft nun den Block mit den Elementen des Arrays auf, um sie vergleichen zu lassen. Basierend auf der Rückgabe des Blocks erstellt sie danach das sortierte Array, das zurückgegeben wird.

Sehen wir uns abschließend noch ein Beispiel an, das die Methode `sortedArrayUsingComparator:` verwendet:

```
NSMutableArray *array = [NSMutableArray arrayWithObjects:
           @"a", @"c", @"e", @"b", @"f", @"d", nil];

NSArray *sorted = [array sortedArrayUsingComparator:
  ^(id string1, id string2) {
     return [string1
       localizedCaseInsensitiveCompare:string2];
  }];
NSLog(@"%@", sorted);
```

Listing 11.14: Benutzung der Methode `sortedArrayUsingComparator:`

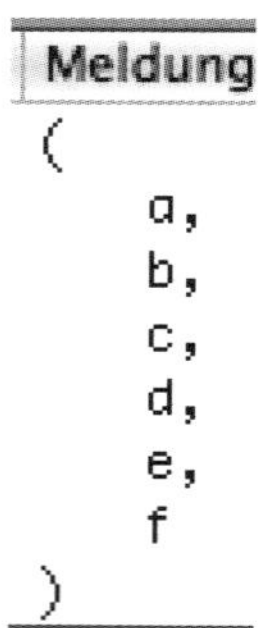

Abb. 11.8: Ausgabe von Listing 11.14

Sortierung mittels Beschreibungen

Eine weitere Methode, ein Array zu sortieren, bietet die Möglichkeit der Sortierung mittels Beschreibungen. Eine Sortierungsbeschreibung (im Englischen *sort descriptor*) bietet eine einfache und abstrakte Möglichkeit, um eine Sortierungsreihenfolge zu definieren.

Eine Beschreibung für ein Objekt legt die Eigenschaft fest, nach der sortiert werden soll, dazu die Sortierreihenfolge (aufsteigend oder absteigend) und evtl. einen Selektor, der den Vergleich von zwei Werten durchführt.

In Cocoa ist eine Beschreibung durch die Klasse `NSSortDescriptor` implementiert. Um eine Sortierungsbeschreibung zu erzeugen, gibt es die Funktionen `initWithKey:ascending:` und `initWithKey:ascending:selector:`.

Der erste Parameter bezeichnet dabei einen Pfad zur Eigenschaft, die zur Sortierung herangezogen werden soll (eine ausführliche Beschreibung hierzu findet sich in Abschnitt 14.2 beim Key-Value Coding).

Der Parameter `ascending` gibt die Sortierreihenfolge an. Wenn hier `YES` übergeben wird, wird die Sortierung aufsteigend durchgeführt, bei `NO` entsprechend absteigend.

Der Parameter `selector` bezeichnet einen Selektor, der den Vergleich durchführt. Dieser Selektor ist derselbe, der auch der Methode `sortedArrayWithSelector:` übergeben werden kann. Wenn kein Selektor angegeben wurde, wird die Standardimplementierung `compare:` verwendet.

Um die Funktionsweise der Sortierung mittels Beschreibungen klarzumachen, definieren wir zuerst einmal eine Klasse `Person` mit den Eigenschaften `lastName` und `firstName`, die den Nach- bzw. Vornamen einer Person enthalten.

```
@interface Person : NSObject {
}

@property(strong) NSString *firstName;
@property(strong) NSString *lastName;
@end
```

Listing 11.15: `Person.h`

Als Nächstes erstellen wir ein Array mit vier Personen-Objekten:

```
Person *person1 = [[Person alloc] init];
person1.firstName = @"Max";
person1.lastName = @"Mustermann";

Person *person2 = [[Person alloc] init];
person2.firstName = @"Rupert";
person2.lastName = @"Doe";

Person *person3 = [[Person alloc] init];
person3.firstName = @"Aaron";
person3.lastName = @"Whistler";

Person *person4 = [[Person alloc] init];
person4.firstName = @"Aaron";
person4.lastName = @"Mustermann";

NSArray *array = @[person1, person2,
                   person3, person4];
```

Dieses Array ist natürlich ungeordnet. Wir wollen es nun zuerst nach dem Nachnamen und danach nach dem Vornamen der Personen jeweils in aufsteigender

Reihenfolge sortieren. Hierzu erstellen wir uns zunächst eine Sortierungsbeschreibung für die Nachnamen:

```
NSSortDescriptor *lastNameDescriptor =
    [[NSSortDescriptor alloc]
       initWithKey:@"lastName"
       ascending:YES
       selector:@selector(caseInsensitiveCompare:)];
```

Als Selektor dient wieder `caseInsensitiveCompare:` aus `NSString`. Als Zweites brauchen wir noch eine Beschreibung für die Vornamen:

```
NSSortDescriptor *firstNameDescriptor =
    [[NSSortDescriptor alloc]
       initWithKey:@"firstName"
       ascending:YES
       selector:@selector(caseInsensitiveCompare:)];
```

Nun können wir das Array über die Funktion `sortedArrayUsingDescriptors:` sortieren lassen. Der einzige Parameter ist ein Array mit `NSSortDescriptor`-Objekten. Hierbei ist die Reihenfolge der Einträge in dem Array entscheidend. Zuerst wird mit der Beschreibung an Position 0 sortiert. Sind zwei Einträge gleich, wird die nächste Beschreibung zurate gezogen. So lange, bis eine Reihenfolge definiert ist oder keine Beschreibungen mehr zur Verfügung stehen.

Um unser obiges Array zu sortieren, erzeugen wir zuerst das Array der Beschreibungen:

```
NSArray *descriptors = @[lastNameDescriptor,
                         firstNameDescriptor];
```

Danach rufen wir die Sortierungsmethode auf:

```
NSArray *sortedArray = [array sortedArrayUsingDescriptors:descriptors];
```

Das sortierte Array können wir nun einfach wie folgt ausgeben lassen:

```
for (int i=0; i<[sortedArray count]; i++)
{
    Person *p = sortedArray[i];
    NSLog(@"Eintrag an Position %i: %@ %@", i, p.firstName, p.lastName);
}
```

Wir erhalten dabei die in Abbildung 11.9 gezeigte Ausgabe.

Meldung
Eintrag an Position 0: Rupert Doe
Eintrag an Position 1: Aaron Mustermann
Eintrag an Position 2: Max Mustermann
Eintrag an Position 3: Aaron Whistler

Abb. 11.9: Ausgabe nach der Sortierung. Zuerst Nachname, dann Vorname.

Der Vorteil der Sortierung mittels Beschreibungen ist die große Flexibilität. Um die Sortierkriterien zu ändern, muss nur das Array mit den Beschreibungen entsprechend verändert werden. Wenn wir nun zuerst nach dem Vornamen und danach nach dem Nachnamen sortieren wollen, reicht es, das Array wie folgt zu erstellen:

```
NSArray *descriptors = @[firstNameDescriptor,
                         lastNameDescriptor];
```

Wie man in Abbildung 11.10 sehen kann, ist die Sortierung nun zuerst nach Vorname, dann nach Nachname durchgeführt worden.

Meldung
Eintrag an Position 0: Aaron Mustermann
Eintrag an Position 1: Aaron Whistler
Eintrag an Position 2: Max Mustermann
Eintrag an Position 3: Rupert Doe

Abb. 11.10: Ausgabe nach der Sortierung. Zuerst Vorname, dann Nachname.

Hinweis

Diese Art der Sortierung lässt sich gut verwenden, wenn man die Sortierungskriterien aus einer Benutzereingabe ableiten will.

11.1.4 Filtern von Arrays

Zusätzlich zum Sortieren bieten Arrays noch die Möglichkeit der Filterung. Diese Filterung kann direkt erfolgen, indem ein neues Array erstellt wird, das nur die Elemente enthält, die dem Filterkriterium entsprechen. Eine Filterung kann aber auch indirekt durchgeführt werden. In diesem Fall erhält man eine Menge von Array-Indexen, die angeben, welche Einträge im originalen Array dem Filterkriterium entsprechen.

Direktes Filtern mittels Prädikaten

Prädikate werden durch die Klasse `NSPredicate` implementiert.

Im Folgenden werden wir zunächst ein kurzes Beispiel ansehen, wie die Filterung mittels Prädikaten prinzipiell vonstattengeht. Anschließend werden wir uns noch kurz mit Möglichkeiten zur Erstellung von Prädikaten beschäftigen.

Für detaillierte Erklärungen zur Verwendung von Prädikaten sei auf den *Predicate Programming Guide* verwiesen.

Anwenden von Prädikaten zur Filterung

Die Nachricht `filteredArrayUsingPredicate:` erstellt ein Array, das nur die Elemente des Empfänger-Arrays enthält, die dem übergebenen Prädikat genügen. Für ein `NSMutableArray` gibt es zusätzlich noch die Methode `filterUsingPredicate:`, die aus dem Empfänger-Array alle diejenigen Elemente entfernt, die nicht dem übergebenen Prädikat genügen. Diese Nachricht verändert also direkt das Array, an das sie gesendet wurde.

```
NSMutableArray *array = [NSMutableArray arrayWithObjects:@"Aaron", @"Max",
                 @"John", @"Melissa", nil];

NSPredicate *bPredicate =
    [NSPredicate predicateWithFormat:@"SELF beginswith[c] 'm'"];

NSArray *filtered =  [array filteredArrayUsingPredicate:bPredicate];
for (int i = 0; i<[filtered count]; i++) {
    NSLog(@"Position %i: %@", i, filtered[i]);
}

NSPredicate *sPredicate =
    [NSPredicate predicateWithFormat:@"SELF contains[c] 'n'"];

[array filterUsingPredicate:sPredicate];
for (int i = 0; i<[array count]; i++) {
    NSLog(@"Position %i: %@", i, array[i]);
}
```

Listing 11.16: Filtern eines Arrays

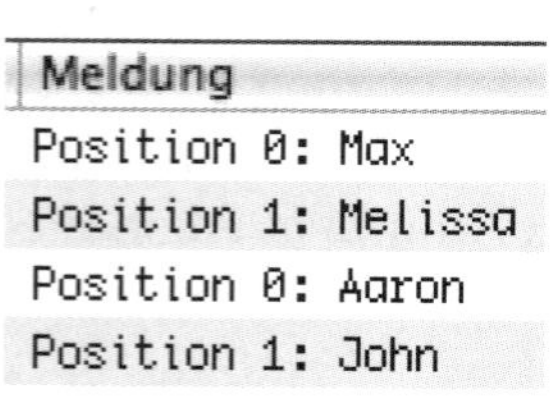

Abb. 11.11: Ausgabe von Listing 11.16

Erstellen von Prädikaten

Wie Sie oben gesehen haben, dient ein Prädikat also dazu, ein Filterkriterium zu beschreiben. Prinzipiell überprüft ein Prädikat also, ob ein gegebenes Objekt mit dem vom Prädikat beschriebenen Filterkriterium übereinstimmt.

Die einfachste Möglichkeit, ein Prädikat zu erstellen, ist die Klassenmethode `predicateWithValue:` der Klasse `NSPredicate`. Diese Methode bekommt einen Wert vom Typ `BOOL` übergeben. Anschließend erstellt sie ein Prädikat, welches immer den übergebenen Wert zurückliefert.

Normalerweise möchte man jedoch kein Prädikat erstellen, das nur einen konstanten Wert zurückliefert. Eine Möglichkeit, ein komplexeres Prädikat mit einer echten Filterung zu erstellen, ist die Klassenmethode `predicateWithFormat:` der Klasse `NSPredicate`.

Dieser Klasse werden ein oder mehrere durch Komma getrennte Strings übergeben, die die Filterkriterien des Prädikats beschreiben. Ein einfaches Beispiel für Prädikate mit Filterstrings haben Sie oben bereits gesehen. Für weitere Informationen hierzu sei auf den Abschnitt zur Syntax im *Predicate Programming Guide* verwiesen.

Abschließend wollen wir noch die Möglichkeit betrachten, ein Prädikat unter Verwendung eines Blocks zu erstellen. Hierfür benutzen wir die Klassenmethode `predicateWithBlock:` der Klasse `NSPredicate`.

Der Vorteil eines Prädikats, das einen Block verwendet, ist, dass wir keine Einschränkungen bei der Formulierung des Filters haben. Solch ein Prädikat bietet sich also an, wenn die Möglichkeiten der Prädikatensprache nicht ausreichen, der Filterausdruck aber zu klein ist, um ihn in eine eigene Funktion auszulagern.

Sehen wir uns zunächst die komplette Signatur von `predicateWithBlock:` an:

```
+ (NSPredicate *)predicateWithBlock:
    (BOOL (^)(id evaluatedObject,
              NSDictionary *bindings))block
```

Wie Sie erkennen können, bekommt die Methode einen Block übergeben, der einen Wert vom Typ `BOOL` zurückgibt. Diese Rückgabe ist `YES`, wenn das zu prüfende Objekt dem Filterkriterium des Blocks genügt, andernfalls `NO`. Sehen wir uns nun die beiden Parameter des Blocks an:

- Der Parameter `evaluatedObject` ist das zu überprüfende Objekt, das vom Block getestet wird.
- Der Parameter `bindings` ist laut Dokumentation ein Dictionary mit Werten zur Ersetzung von Variablen. Jedoch findet es in der aktuellen Implementierung des Cocoa-Frameworks bislang keine Verwendung, weswegen wir uns nicht weiter mit diesem Parameter beschäftigen werden.

Sehen wir uns nun ein einfaches Beispiel an. Hierzu erstellen wir zunächst ein veränderliches Array mit Strings. Danach filtern wir mittels des Prädikats alle Einträge, die nicht mit `M` beginnen:

```
NSMutableArray *array = [NSMutableArray arrayWithObjects:@"Aaron", @"Max",
                         @"John", @"Melissa", nil];
NSPredicate *predicate =
  [NSPredicate predicateWithBlock:
    ^(id evaluatedObject, NSDictionary *bindings) {
        return [evaluatedObject hasPrefix:@"M"];
    }];
NSLog(@"%@", array);
[array filterUsingPredicate:predicate];
NSLog(@"%@", array);
```

Listing 11.17: Erstellung eines Prädikats unter Verwendung eines Blocks

Abbildung 11.12 zeigt die Ausgabe des obigen Listings.

```
Meldung
(
    Aaron,
    Max,
    John,
    Melissa
)
(
    Max,
    Melissa
)
```

Abb. 11.12: Ausgabe von Listing 11.17

> **Wichtig**
>
> Beachten Sie, dass die Prädikate, die mit Blöcken arbeiten, nicht für Core-Data-`NSManagedObject`-Instanzen funktionieren, die SQLite als Datenspeicher benutzen. Dies liegt daran, dass sich Blöcke nicht eindeutig auf SQL-Abfragen abbilden lassen.

Indirektes Filtern mittels Blöcken

Für das indirekte Filtern, also das Ermitteln passender Indexeinträge zu einem gegebenen Filterkriterium, bedienen wir uns Blöcken, wie sie in Kapitel 7 beschrieben wurden.

Die Klasse `NSArray` bietet zwei Methoden, die sich zunächst einmal darin unterscheiden, dass sie den Index des ersten passenden Elements liefern oder alle Indizes.

Für den Fall, dass nur der erste Index interessant ist, kann die Methode `- (NSUInteger)indexOfObjectPassingTest:(BOOL (^)(id obj, NSUInteger idx, BOOL *stop))predicate` benutzt werden. Diese Methode liefert den Index direkt als `NSUInteger` zurück.

Wird kein Element gefunden, auf das die Filterkriterien passen, so wird `NSNotFound` zurückgegeben.

Für den Fall, dass wir aber an allen Indizes der passenden Elemente interessiert sind, können wir die Methode `- (NSIndexSet *)indexesOfObjectsPassingTest:(BOOL (^)(id obj, NSUInteger idx, BOOL *stop))predicate` verwenden.

Hier ist der Rückgabewert ein `NSIndexSet`, das alle Indizes zu den passenden Elementen enthält.

Wir sehen an der Signatur beider Methoden, dass sie sich nur im Rückgabewert unterscheiden. Sehen wir uns nun also den einzigen Parameter an.

Jede dieser beiden Methoden bekommt als Parameter einen Block übergeben. Dieser Block hat die folgenden drei Parameter:

- Im Parameter `obj` findet sich das aktuelle zu testende Element des zu filternden Arrays,
- der Parameter `idx` gibt den Index im Array an, der gerade getestet wird und
- der Parameter `stop` ist ein Zeiger auf einen `BOOL`-Wert. Wenn wir dieses innerhalb des Blocks auf `YES` setzen, signalisieren wir der Methode, dass das Durchlaufen des Arrays beendet werden soll.

Der Rückgabewert dieses Blocks ist ein `BOOL`-Wert. Falls das zu testende Element mit den Filterkriterien übereinstimmt, so muss der Block `YES` zurückgeben, andernfalls `NO`.

Die passenden Rückgaben, also ein `NSUInteger` oder das `NSIndexSet`, erstellen die Methoden von `NSArray`. Dies hat für uns als Entwickler den Vorteil, dass wir den Block für beide Methoden unverändert lassen können.

Schließen wir nun mit einem Beispiel ab. Dazu erstellen wir ein Array von Zahlen und einen Filterblock, der überprüft, ob eine Zahl gerade ist. Anschließend rufen wir jede der beiden Methoden auf und lassen die Ausgabe in die Konsole schreiben:

Zunächst das Array. Da wir in einem `NSArray` nur Objekte speichern können, erzeugen wir also `NSNumber`-Objekte:

```
NSMutableArray *array = [NSMutableArray array];
for (int i = 1; i<= 10; i++) {
  [array addObject:@(i)];
}
```

Listing 11.18: Erstellung des Arrays

Anschließend definieren wir den Filterblock:

```
BOOL (^filter)(id, NSUInteger, BOOL*) =
  ^(id obj, NSUInteger idx, BOOL *stop) {
      if ([obj intValue] % 2 == 0)
        return YES;
      return NO;
  };
```

Listing 11.19: Der Filterblock

Und schließlich rufen wir die Methoden auf. Die Ausgabe ist in Abbildung 11.13 sehen:

```
NSLog(@"%li",
    [array indexOfObjectPassingTest:filter]);
NSLog(@"%@",
    [array indexesOfObjectsPassingTest:filter]);
```

Listing 11.20: Aufruf der Methoden

```
Meldung
1
<NSIndexSet: 0x100111a90>[number of indexes: 5 (in 5 ranges), indexes: (1 3 5 7 9)]
```

Abb. 11.13: Ausgabe von Listing 11.20

11.2 Sets

Ein **Set** (auch bekannt als **Menge**) ist eine ungeordnete Sammlung von unterschiedlichen Objekten. Jedes Objekt ist nur einmal im Set vorhanden, selbst wenn es mehrfach hinzugefügt wird.

Die Objekte, die zu einem Set hinzugefügt werden sollen, müssen auf die Nachrichten `hash` und `isEqual:` aus `NSObject` reagieren. Ein Set speichert die Objekte intern in einer Hash-Tabelle. Zur Bildung eines Hashs wird die Methode `hash` benutzt. Veränderliche Objekte, die einem Set hinzugefügt wurden, sollten die Methode `hash` nach Möglichkeit so implementieren, dass sie nicht vom Zustand der veränderlichen Eigenschaften des Objekts abhängt. Alternativ darf das Objekt nicht verändert werden, während es sich in einem Set befindet. Dies ist aber sehr schwer festzustellen, so dass eine vom Zustand des Objekts unabhängige Implementierung von `hash` vorzuziehen ist.

Wenn die Reihenfolge der Elemente keine Rolle spielt, kann ein Set anstelle eines Arrays verwendet werden. Dies bringt einen Geschwindigkeitsvorteil mit sich, wenn festgestellt werden soll, ob ein bestimmtes Element in einer Sammlung enthalten ist.

11.2.1 Unveränderliche Sets

Ein unveränderliches Set wird in Cocoa durch die Klasse `NSSet` implementiert. Wie bei einem Array auch liefert die Methode `count` die Anzahl der im Set enthaltenen Elemente zurück.

Da ein Set ungeordnet ist, entfällt die Möglichkeit, direkt über einen Index auf das Element zuzugreifen. Wenn man ein Element aus einem Set erhalten will, gibt es zwei Möglichkeiten.

Zum einen steht die Methode `allObjects` zur Verfügung, die ein `NSArray`-Objekt mit allen Elementen des Sets zurückgibt. Auf dieses Array kann man wie gewohnt mittels Index zugreifen.

Außerdem gibt es die Methode `anyObject`, die ein beliebiges Element des Sets zurückliefert. Welches das ist, wird allein von der Implementierung des Sets entschieden. Es ist außerdem nicht garantiert, dass die Auswahl zufällig erfolgt. Diese Funktion ist zum Beispiel nützlich, wenn man von einer Funktion ein Set zurückgeliefert bekommt, von dem man weiß, dass es nur ein Element enthält.

Eine dritte Möglichkeit, auf die Elemente des Sets zuzugreifen, wenn man an mehr als nur einem Element interessiert ist und nicht den Umweg über ein Array gehen will, ist ein Enumerator. Diese Möglichkeit des Zugriffs wird detailliert in Abschnitt 11.4 beschrieben.

Um zu testen, ob ein Objekt in einem Set enthalten ist, gibt es die Methode `containsObject:`, die testet, ob ein Objekt in einem Set enthalten ist, und entsprechend `YES` oder `NO` zurückgibt.

Eine zweite Methode, um das Enthaltensein zu überprüfen, ist `member:`.

Diese prüft ebenfalls, ob das übergebene Objekt in dem Set enthalten ist. Wenn dies der Fall ist, wird es zurückgegeben. Ist das Objekt nicht in dem Set enthalten, so wird `nil` zurückgegeben.

Bei der Methode `member:` ist zu beachten, dass überprüft wird, ob ein Objekt im Set enthalten ist, das laut der Methode `isEqual:` gleich zu dem übergebenen ist. Um dies genauer zu untersuchen, erweitern wir zunächst unsere Klasse `Person` aus Listing 11.15 um eine Implementierung von `isEqual:` und von `hash`, um eine eigene Definition von Gleichheit zu erzeugen. Das Set wird zunächst mittels der Methode `hash` überprüfen, ob die beiden zu vergleichenden Objekte den gleichen Hashcode besitzen, und nur in diesem Fall mit einem Aufruf der Methode `isEqual:` die endgültige Gleichheit feststellen.

```
-(BOOL)isEqual:(id)anObject
{
    NSComparisonResult result =
      [self.firstName caseInsensitiveCompare:
                        [anObject firstName]];
    return (result == NSOrderedSame);
}

- (NSUInteger)hash {
    return [[self.firstName lowercaseString] hash];
}
```

Listing 11.21: `isEqual:`-Implementierung

Diese Implementierung vergleicht nur die Vornamen unter Vernachlässigung der Groß- und Kleinschreibung miteinander. Wenn wir nun wie in Listing 11.22 gezeigt die Funktion `member:` mit einem Objekt aufrufen, was aus Sicht der `isEqual:`-Methode gleich ist, so liefert der Aufruf, wie in Abbildung 11.14 zu sehen ist, das bereits im Set enthaltene Element zurück.

```
Person *person1 = [[Person alloc] init];
person1.firstName = @"Max";
person1.lastName = @"Mustermann";

NSSet *set = [NSSet setWithObject:person1];

Person *person2 = [[Person alloc] init];
person2.firstName = @"max";
person2.lastName = nil;

NSLog(@"Vorname von Person2: %@", person2.firstName);
NSLog(@"Nachname von Person2: %@", person2.lastName);

Person *member = [set member:person2];
NSLog(@"Vorname von member: %@", member.firstName);
NSLog(@"Nachname von member: %@", member.lastName);
```

Listing 11.22: Nutzung der Funktion `member:` mit eigener `isEqual:`-Implementierung

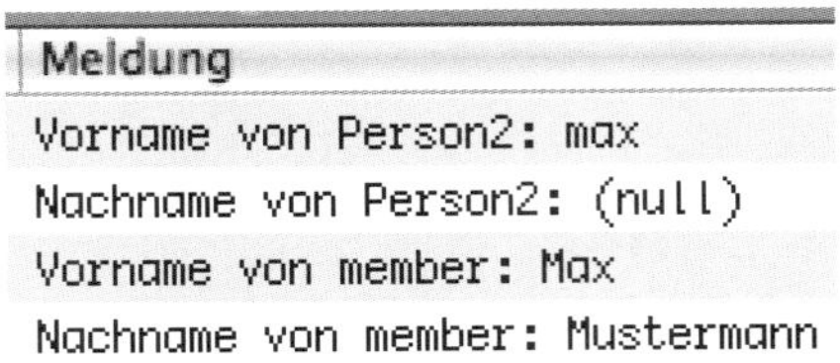

Abb. 11.14: Ausgabe von Listing 11.22

> **Vorsicht**
>
> Natürlich muss man bei der Implementierung eigener `isEqual:`-Methoden zusätzlich beachten, dass auch das Set beim Hinzufügen von Objekten diese Methode benutzt, um zu überprüfen, ob das Element bereits enthalten ist. Die obige Implementierung würde so effektiv verhindern, dass unterschiedliche Personen mit dem gleichen Vornamen im Set enthalten sein können.

11.2.2 Veränderliche Sets

Veränderliche Sets – implementiert durch die Klasse `NSMutableSet` – bieten zusätzlich zu den aus `NSSet` geerbten Methoden noch weitere Funktionalitäten, um Objekte zu einem bestehenden Set hinzuzufügen und wieder daraus zu entfernen. Die Benutzung dieser drei Methoden ist zusammenfassend in Listing 11.23 gezeigt.

Die Methode `addObject:` fügt ein Element dem Set hinzu. Hierbei wird mit `isEqual:` überprüft, ob das übergebene Element bereits im Set enthalten ist. Ist dies der Fall, kehrt die Funktion ohne weiteren Effekt zurück. Ist das Element noch nicht im Set enthalten, erhält es die Nachricht `retain` und wird als Referenz dem Set hinzugefügt.

Um ein Element aus einem `NSMutableSet` zu entfernen, gibt es die Methode `removeObject:`, die das angegebene Objekt aus dem Set entfernt. Falls das Objekt nicht im Set enthalten ist, passiert nichts.

Um das Set komplett zu leeren, gibt es die Methode `removeAllObjects`. Wenn das Set keine Elemente enthält, bleibt ein Aufruf von `removeAllObjects` ohne Funktion.

Wir wollen uns diese Funktionen im folgenden Beispiel einmal ansehen:

```
NSMutableSet *set = [NSMutableSet set];
[set addObject:@"Eintrag 1"];
[set addObject:@"Eintrag 2"];
[set addObject:@"Eintrag 1"];
[set addObject:@"Eintrag 3"];
```

```
NSLog(@"Größe des Sets: %li", [set count]);
for (int i=0; i<[set count]; i++) {
    NSLog(@"%@", [[set allObjects] objectAtIndex:i]);
}

[set removeObject:@"Eintrag 2"];
NSLog(@"Größe des Sets: %li", [set count]);
for (int i=0; i<[set count]; i++) {
    NSLog(@"%@", [[set allObjects] objectAtIndex:i]);
}

[set removeAllObjects];
NSLog(@"Größe des Sets: %li", [set count]);
```

Listing 11.23: Methoden zur Veränderung eines `NSMutableSet`

Meldung
Größe des Sets: 3
Eintrag 1
Eintrag 2
Eintrag 3
Größe des Sets: 2
Eintrag 1
Eintrag 3
Größe des Sets: 0

Abb. 11.15: Ausgabe von Listing 11.23

11.2.3 Beziehungen zwischen Sets

Da es sich bei Sets um Mengen im mathematischen Sinne handelt, gibt es auch Unterstützung für Mengenoperationen wie Schnittmengenbildung, Vereinigung zweier Mengen, Differenzbildung usw.

Die Benutzung der im Folgenden vorgestellten Funktionen ist in Listing 11.24 zusammengefasst.

Schnittmengen

Um zu überprüfen, ob zwei Sets eine gemeinsame Schnittmenge besitzen, ist in `NSSet` die Funktion `intersectsSet:(NSSet *)otherSet` implementiert. Diese Funktion liefert `YES` zurück, wenn beide Sets mindestens ein gleiches Element besitzen, oder `NO`, wenn die Schnittmenge der beiden Sets leer ist.

Um die Schnittmenge zweier Sets bilden zu lassen, bietet `NSMutableSet` die Funktion `intersectSet:(NSSet *)otherSet`. Diese entfernt aus dem Empfänger alle Elemente, die nicht ebenfalls in `otherSet` enthalten sind. Im Empfänger ist danach die Schnittmenge aus seinen ursprünglichen Elementen und den Elementen aus `otherSet` enthalten.

Gleichheit von Sets

Zwei Sets sind gleich, wenn sie die gleiche Größe haben und jedes Element aus dem einen Set auch in dem anderen enthalten ist.

`NSSet` implementiert dazu die Methode `isEqualToSet:(NSSet *)otherSet`, die diese Gleichheitsüberprüfung vornimmt. `isEqualToSet:` gibt `YES` zurück, wenn die beiden Sets gleich sind, ansonsten `NO`.

Vereinigungsmengen

Für die Vereinigung von Mengen bietet `NSMutableSet` die Funktion `unionSet:(NSSet *)otherSet`. Diese Funktion fügt dem Empfänger alle Elemente aus `otherSet` hinzu, die dort bisher nicht enthalten sind. Ist ein Element aus `otherSet` schon im Empfänger enthalten, hat dies keinen weiteren Effekt, weder für das Element im Empfänger noch in `otherSet`.

Der Empfänger enthält danach die Vereinigungsmenge aus seinen ursprünglichen Elementen und den Elementen aus `otherSet`.

Differenzmengen

Die Differenzmenge wird mit der Funktion `(void)minusSet:(NSSet *)otherSet` aus `NSMutableSet` gebildet. Die Differenzmenge ist die Menge der Elemente, die im Empfänger enthalten ist, aber nicht in `otherSet`. Daher entfernt diese Funktion alle Elemente aus dem Empfänger, die in `otherSet` enthalten sind. Der Empfänger enthält hinterher die Differenzmenge seiner ursprünglichen Elemente mit den Elementen von `otherSet`.

Teilmengen

Um festzustellen, ob ein gegebenes Set eine Teilmenge eines anderen Sets ist, implementiert `NSSet` die Funktion `isSubsetOfSet:(NSSet *)otherSet`. Diese Funktion gibt `YES` zurück, wenn alle Elemente des Empfängers in `otherSet` enthalten sind, andernfalls `NO`.

Beispiel

```
NSMutableSet *set1 = [NSMutableSet setWithObjects:@"A", @"B",
                                                   @"C", @"D", nil];
```

```
NSMutableSet *set2 = [NSMutableSet setWithObjects:@"C", @"D",
                                        @"E", @"F", nil];
NSMutableSet *set3 = [NSMutableSet setWithObjects:@"B", @"C", nil];
NSMutableSet *set4 = [NSMutableSet setWithObjects:@"G", @"H", nil];

NSLog(@"Schneiden sich set1  und set2? %i", [set1 intersectsSet:set2]);
NSLog(@"Schneiden sich set3  und set4? %i", [set3 intersectsSet:set4]);

NSLog(@"Ist set2 eine Untermenge von set1? %i", [set2 isSubsetOfSet:set1]);
NSLog(@"Ist set3 eine Untermenge von set1? %i", [set3 isSubsetOfSet:set1]);

NSMutableSet *intersectSet = [NSMutableSet setWithObjects:@"A", @"B", @"C",
                                                @"D", nil];
NSLog(@"Sind set1 und intersectSet gleich? %i",
            [intersectSet isEqualToSet:set1]);
NSLog(@"Sind set1 und set2 gleich? %i", [set2 isEqualToSet:set1]);

[intersectSet intersectSet:set2];
NSLog(@"Größe von intersectSet: %li", [intersectSet count]);
for (int i=0; i<[intersectSet count]; i++) {
    NSLog(@"%@", [[intersectSet allObjects] objectAtIndex:i]);
}

NSMutableSet *unionSet = [NSMutableSet setWithSet:set1];
[unionSet unionSet:set2];

NSLog(@"Größe von unionSet: %li", [unionSet count]);
for (int i=0; i<[unionSet count]; i++) {
    NSLog(@"%@", [[unionSet allObjects] objectAtIndex:i]);
}

NSMutableSet *minusSet = [NSMutableSet setWithSet:set1];
[minusSet minusSet:set2];

NSLog(@"Größe von minusSet: %li", [minusSet count]);
for (int i=0; i<[minusSet count]; i++) {
    NSLog(@"%@", [[minusSet allObjects] objectAtIndex:i]);
}
```

Listing 11.24: Mengenoperationen auf Sets

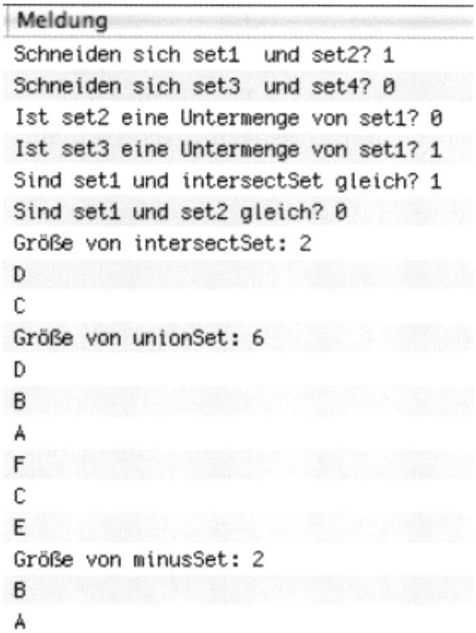

Meldung
Schneiden sich set1 und set2? 1
Schneiden sich set3 und set4? 0
Ist set2 eine Untermenge von set1? 0
Ist set3 eine Untermenge von set1? 1
Sind set1 und intersectSet gleich? 1
Sind set1 und set2 gleich? 0
Größe von intersectSet: 2
D
C
Größe von unionSet: 6
D
B
A
F
C
E
Größe von minusSet: 2
B
A

Abb. 11.16: Ausgabe von Listing 11.24

11.2.4 Filtern von Sets mittels Blöcke

Genauso wie Arrays lassen sich auch Sets mittels Blöcken filtern. Da Sets im Gegensatz zu Arrays nicht geordnet sind, bekommen wir nach dem Filtern keine Index-Positionen, sondern direkt die Objekte zurück, die dem Filterkriterium entsprechen.

Um einen Block als Filterkriterium zu benutzen, bietet `NSSet` die Methode `objectsPassingTest` an. Sehen wir uns hierzu die gesamte Signatur dieser Methode an:

```
-(NSSet *)objectsPassingTest:
     (BOOL (^)(id obj, BOOL *stop))predicate
```

Wie Sie sehen, ist die Rückgabe wiederum ein `NSSet`. Dieses enthält nun alle Objekte, auf die das Filterkriterium des übergebenen Blocks passt.

Der übergebene Block bekommt zwei Parameter. Der erste Parameter (`obj`) enthält den zu prüfenden Eintrag des Sets. Der zweite Parameter (`stop`) ist ein Zeiger auf einen `BOOL`-Wert. Wird dieser innerhalb des Blocks auf `YES` gesetzt, so signalisieren wir der Methode, das weitere Überprüfen des Sets zu beenden. Der Rückgabewert des Blocks ist ein `BOOL`-Wert. Wenn das Filterkriterium auf das zu untersuchende Objekt passt, so muss der Block `YES` zurückgeben, ansonsten `NO`.

Beispiel

Abschließend wollen wir uns diese Methode noch einmal bei der Arbeit ansehen. Wir erstellen zunächst ein Set mit den Zahlen von 1 bis 10. Da wir in einem Set nur Objekte speichern können, kapseln wir die Zahlen wiederum als `NSNumber`-Objekte:

```
NSMutableSet *set = [NSMutableSet new];
for (int i = 1; i<= 10; i++) {
  [set addObject:@(i)];
}
```

Listing 11.25: Erstellung des Sets

Anschließend rufen wir die Methode `objectsPassingTests:` mit einem Block auf, der für jede Zahl überprüft, ob es sich um eine gerade Zahl handelt. Ist dies der Fall, so gibt der Block YES zurück.

```
NSSet *filtered = [set objectsPassingTest:
  ^(id obj, BOOL *stop) {
     if ([obj intValue] % 2 == 0)
        return YES;
    return NO;
  }];
NSLog(@"%@", filtered);
```

Listing 11.26: Anwendung der Methode `objectsPassingTest:`

Die Rückgabe des Aufrufs ist ein Set, das alle die Objekte enthält, die den Test im Block erfüllen:

Wenn wir nun die Methode `objectsPassingTest:` auf das Set anwenden, so bekommen wir als Rückgabe ein Set, welches alle die Objekte enthält, die den Test im Block erfüllen:

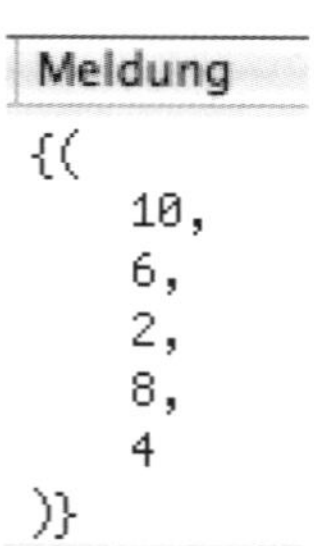

Abb. 11.17: Ausgabe von Listing 11.26

11.2.5 Counted Sets

Eine spezielle Unterklasse von `NSMutableSet` bildet die Klasse `NSCountedSet`. Diese Klasse implementiert genau wie ein `NSMutableSet` eine veränderbare ungeordnete Sammlung von Elementen, jedoch mit dem Unterschied, dass ein Element mehrfach hinzugefügt werden kann.

Dies wird implementiert, indem jedem im `NSCountedSet` enthaltenen Objekt noch eine Zählervariable zugeordnet ist, die angibt, wie oft sich das Element im `NSCountedSet` befindet.

Entsprechend verhalten sich die Methoden `addObject:` und `removeObject:` geringfügig anders als bei den Implementierungen von `NSSet` und `NSMutableSet`.

Beim Hinzufügen eines Objekts über `addObject:` wird unterschieden, ob das Objekt bereits im `NSCountedSet` enthalten ist. Wenn dies nicht der Fall ist, wird wie bei den anderen Implementierungen eines Sets verfahren. Wenn das Objekt bereits enthalten ist, so wird der Zähler für das Objekt um eins erhöht. An das per Parameter übergebene Objekt wird hierbei keine Nachricht gesendet. Insbesondere wird bei der Verwendung des Reference Countings kein `retain` gesendet.

Bei Löschen eines Objekts über `removeObject:` wird zunächst der Zähler dieses Objekts um eins verringert. Wenn er danach 0 ist, so wird das Objekt tatsächlich aus dem `NSCountedSet` entfernt und es wird die Nachricht `release` gesendet.

Zu beachten ist, dass sich ein Aufruf der Methode `count` genauso verhält wie bei den anderen Set-Implementierungen. Dies bedeutet, dass `count` die Anzahl der unterschiedlichen Elemente zurückliefert und die Zählervariable für jedes einzelne Element ignoriert.

Um zu erfahren, wie oft ein Element tatsächlich in einer Instanz von `NSCountedSet` enthalten ist, sendet man die Nachricht `countForObject:`.

Diese liefert den Wert der Zählervariablen für das angefragte Objekt zurück. Enthält der Empfänger das Objekt nicht, so liefert der Aufruf 0 zurück.

Das spezielle Verhalten dieser Methoden ist zusammenfassend im folgenden Beispiel dargestellt.

```
NSCountedSet *set = [NSCountedSet setWithObjects:@"String 1", @"String 4", nil];

NSLog(@"Größe des Sets: %li", [set count]);
NSLog(@"String 1 ist %li Mal enthalten", [set countForObject:@"String 1"]);
NSLog(@"String 2 ist %li Mal enthalten", [set countForObject:@"String 2"]);
NSLog(@"String 3 ist %li Mal enthalten", [set countForObject:@"String 3"]);
NSLog(@"String 4 ist %li Mal enthalten", [set countForObject:@"String 4"]);
```

```
[set addObject:@"String 1"];
[set addObject:@"String 2"];
[set addObject:@"String 3"];

NSLog(@"Größe des Sets: %li", [set count]);
NSLog(@"String 1 ist %li Mal enthalten", [set countForObject:@"String 1"]);
NSLog(@"String 2 ist %li Mal enthalten", [set countForObject:@"String 2"]);
NSLog(@"String 3 ist %li Mal enthalten", [set countForObject:@"String 3"]);
NSLog(@"String 4 ist %li Mal enthalten", [set countForObject:@"String 4"]);

[set removeObject:@"String 1"];
[set removeObject:@"String 3"];

NSLog(@"Größe des Sets: %li", [set count]);
NSLog(@"String 1 ist %li Mal enthalten", [set countForObject:@"String 1"]);
NSLog(@"String 2 ist %li Mal enthalten", [set countForObject:@"String 2"]);
NSLog(@"String 3 ist %li Mal enthalten", [set countForObject:@"String 3"]);
NSLog(@"String 4 ist %li Mal enthalten", [set countForObject:@"String 4"]);
```

Listing 11.27: Spezielles Verhalten eines NSCountedSet

Meldung
Größe des Sets: 2
String 1 ist 1 Mal enthalten
String 2 ist 0 Mal enthalten
String 3 ist 0 Mal enthalten
String 4 ist 1 Mal enthalten
Größe des Sets: 4
String 1 ist 2 Mal enthalten
String 2 ist 1 Mal enthalten
String 3 ist 1 Mal enthalten
String 4 ist 1 Mal enthalten
Größe des Sets: 3
String 1 ist 1 Mal enthalten
String 2 ist 1 Mal enthalten
String 3 ist 0 Mal enthalten
String 4 ist 1 Mal enthalten

Abb. 11.18: Ausgabe von Listing 11.27

11.3 Dictionaries

Ein **Dictionary** (auch bekannt als **Map**) enthält eine Menge von Schlüssel-Wert-Paaren. Ein Schlüssel-Wert-Paar oder Eintrag in einem Dictionary besteht aus einem Objekt, das als Schlüssel fungiert, und einem Objekt, das den dem Schlüssel zugeordneten Wert speichert. Der Zugriff auf ein Dictionary erfolgt üblicherweise durch den Schlüssel.

Wenn ein Eintrag einem Dictionary hinzugefügt wird, wird der Schlüssel dieses Eintrags in das Dictionary kopiert und an den Wert des Schlüssels wird – wie beim Hinzufügen in ein Array – die Nachricht `retain` gesendet, um zu gewährleisten, dass der Wert nicht aus dem Speicher entfernt wird, solange er vom Dictionary benötigt wird.

Die Schlüsselmenge eines Dictionarys muss disjunkt sein. Jeder Schlüssel darf also nur einmal im gesamten Dictionary vorkommen. Die Gleichheit wird mit `isEqual:` festgestellt.

Als Schlüssel kann jedes beliebige Objekt dienen, das das Protokoll `NSCopying` implementiert, da ein Schlüssel hierdurch in den internen Speicher des Dictionarys kopiert wird.

Hinweis

Zwar kann jedes Objekt, das `NSCopying` implementiert, als Schlüssel verwendet werden, jedoch sollte man sich als Entwickler Gedanken darüber machen, welche Klassen als Schlüssel in Frage kommen. So implementiert zum Beispiel auch `NSImage` das Protokoll `NSCopying`, jedoch können durch die mögliche Größe eines Bildes deutliche Performance-Einbrüche entstehen, wenn es als Schlüssel benutzt wird.

Die interne Struktur eines Dictionarys wird durch eine Hash-Tabelle gebildet, um möglichst schnellen Zugriff auf den zu einem Schlüssel gehörigen Wert zu ermöglichen. Als Entwickler muss man sich jedoch nicht mit diesem Verfahren beschäftigen, da die Methoden der Dictionary-Implementierungen die Schlüssel direkt übernehmen und nicht in der gehashten Form.

Wie alle anderen Klassen der Collection-API sind auch die beiden Implementierungen Teil eines *class-clusters.*

11.3.1 Unveränderliche Dictionaries

Wie bei allen Klassen der Collection-API findet auch für Dictionaries eine Unterscheidung in unveränderliche und veränderbare Implementierungen statt. Unveränderliche Dictionaries werden durch die Klasse `NSDictionary` implementiert.

Unveränderlich bedeutet hierbei, dass die Eintragsmenge des Dictionarys unveränderlich ist. Es können keine neuen Einträge hinzugefügt oder bereits enthaltene Einträge aus dem Dictionary entfernt werden. Ebenso kann einem Schlüssel kein neuer Wert zugeordnet werden. Der Zustand eines Objekts, das als Wert dient, kann jedoch weiterhin geändert werden, da das Objekt nur als Referenz in das Dictionary aufgenommen ist.

Um ein Dictionary zu erstellen, gibt es (unter anderem) die Funktionen `dictionaryWithObject:forKey:` und `dictionaryWithObjects:forKeys:`.

Die erste Variante erstellt ein `NSDictionary` mit exakt einem Eintrag.

Die zweite Variante erzeugt ein `NSDictionary` mit mehreren Einträgen. Hierzu werden jeweils ein Array für die Objekte und ein Array für die Schlüssel übergeben. Dabei durchläuft die Methode das Array der Objekte und das Array der Schlüssel schrittweise. Zu jedem Objekt-Paar wird ein Eintrag im Dictionary erzeugt. Wenn die beiden Arrays nicht die gleiche Größe haben, wird eine Ausnahme vom Typ `NSInvalidArgumentException` ausgelöst. Ein Beispiel hierzu ist in Listing 11.28 zu sehen.

In beiden Varianten wird der oder die Schlüssel mit `copyWithZone:` aus dem Protokoll `NSCopying` in das Dictionary kopiert. Die Werte werden als Referenz dem Dictionary hinzugefügt, nachdem an sie jeweils die Nachricht `retain` gesendet wurde.

Eine dritte Methode, um ein Dictionary zu erstellen, ist `dictionaryWithObjectsAndKeys:`.

Hierbei wird eine durch `nil` terminierte Liste von Werten und Schlüsseln übergeben. Zuerst wird ein Wert übergeben, danach ein Schlüssel für diesen Wert. Dann folgt wieder ein Wert und dessen Schlüssel. Dies geht so lange, bis die Liste mit `nil` beendet wird. Diese Methode ist abgesehen von der unterschiedlichen Art der Parameterübergabe identisch mit der Methode `dictionaryWithObjects:forKeys:`.

```
NSArray *keyArray = @[@"Key 1", @"Key 2", @"Key 3"];
NSArray *valueArray = @[@"Wert 1", @"Wert 2",
                        @"Wert 3"];

NSDictionary *dictionary1 = [NSDictionary dictionaryWithObjects:valueArray
                                           forKeys:keyArray];
NSDictionary *dictionary2 = [NSDictionary
                    dictionaryWithObjectsAndKeys:@"Wert 1", @"Key 1",
                                                 @"Wert 2", @"Key 2",
                                                 @"Wert 3", @"Key 3",
                                                 nil];

NSLog(@"Größe der Dictionaries: %li - %li", [dictionary1 count],
                                           [dictionary2 count]);
NSLog(@"Wert für Key 1: %@ - %@", [dictionary1 objectForKey:@"Key 1"],
                                  [dictionary2 objectForKey:@"Key 1"]);
NSLog(@"Wert für Key 2: %@ - %@", [dictionary1 objectForKey:@"Key 2"],
                                  [dictionary2 objectForKey:@"Key 2"]);
```

```
NSLog(@"Wert für Key 3: %@ - %@", [dictionary1 objectForKey:@"Key 3"],
                                  [dictionary2 objectForKey:@"Key 3"]);
```

Listing 11.28: Verschiedene Arten, ein NSDictionary zu erstellen

Meldung
Größe der Dictionaries: 3 - 3
Wert für Key 1: Wert 1 - Wert 1
Wert für Key 2: Wert 2 - Wert 2
Wert für Key 3: Wert 3 - Wert 3

Abb. 11.19: Ausgabe von Listing 11.28

Auch für die Erzeugung und den Zugriff auf NSDictionary-Instanzen existieren seit XCode 4.4 Literale. Das Literal zur Erstellung eines NSDictionarys ist @{...}. Hierbei steht zwischen den geschweiften Klammern eine kommaseparierte Liste der einzelnen Schlüssel-Wert-Paare in der Form Schlüssel : Wert. Die Reihenfolge der Schlüssel und Wertangaben ist demnach genau entgegengesetzt zu der Reihenfolge, den die oben beschriebenen Methoden erwarten. Der Zugriff erfolgt ebenso wie bei einem Array durch den Subscripting-Operator []. Im Gegensatz zu einem Array steht zwischen den eckigen Klammern jedoch nicht der Index, sondern der Schlüssel des gewünschten Eintrags. Damit lässt sich das Beispiel aus Listing 11.28 wie folgt mittels Literalen und Subscripting schreiben:

```
NSDictionary *dictionary1 = @{@"Key 1" : @"Wert 1",
                              @"Key 2" : @"Wert 2",
                              @"Key 3" : @"Wert 3"};

NSLog(@"Größe der Dictionaries: %li",
             [dictionary1 count]);
NSLog(@"Wert für Key 1: %@", dictionary1[@"Key 1"]);
NSLog(@"Wert für Key 2: %@", dictionary1[@"Key 2"]);
NSLog(@"Wert für Key 3: %@", dictionary1[@"Key 3"]);
```

Listing 11.29: Erstellung und Zugriff auf ein NSDictionary mittels Literalen und Subscripting

Ein Dictionary basiert auf drei Grundfunktionen, die von allen anderen Funktionen benutzt werden. Die nicht-primitiven Methoden bieten vor allem Unterstützung für die gleichzeitige Bearbeitung von mehreren Einträgen. Die im Folgenden vorgestellten Methoden sind – mit Ausnahme von keyEnumerator – in Listing 11.28 zu sehen.

Die erste Methode ist die Methode count. Wie bei allen anderen Collection-Klassen gibt diese die Größe zurück. Bei einem NSDictionary wird die Größe des Dictionarys durch die Anzahl der enthaltenen Einträge bestimmt.

Die zweite primitive Methode ist `objectForKey:`. Diese liefert zu einem angegebenen Schlüssel den im Dictionary gespeicherten Wert zurück. Eine Besonderheit ist hier die Behandlung von ungültigen Werten. Falls der Schlüssel nicht im Dictionary gespeichert wird, gibt die Methode `nil` zurück, es wird keine Ausnahme ausgelöst. Dies ist auch der Fall, wenn als Parameter für den Schlüssel `nil` übergeben wird. Aufgrund dieser Besonderheit bietet ein `NSDictionary` keine spezielle Methode, um zu überprüfen, ob ein Schlüssel in einem Dictionary gespeichert ist. Den gleichen Effekt wie `objectForKey:` kann man durch die Verwendung des Subscripting-Operators `@[...]` erreichen. Dieser wird vom Compiler auf die funktional identische Methode `objectForKeyedSubscript:` umgesetzt.

Als letzte primitive Methode für ein `NSDictionary` bleibt noch `keyEnumerator`. Diese Methode gibt einen Enumerator zurück, mit dem die Schlüsselmenge des Dictionarys durchlaufen werden kann. Genauere Informationen, was Enumeratoren sind und wie man sie benutzt, finden sich in Abschnitt 11.4.

11.3.2 Veränderliche Dictionaries

Das Cocoa-Framework implementiert veränderliche Dictionaries durch die Klasse `NSMutableDictionary`. Will man ein Literal verwenden, um ein `NSMutableDictionary` zu erstellen, so muss man `mutableCopy` an das Ergebnis dieses Literals senden, um eine veränderbare Kopie zu erstellen.

Neben den von `NSDictionary` geerbten Methoden führt ein `NSMutableDictionary` zwei weitere primitive Methoden ein, auf denen die anderen Methoden aufbauen.

Ein veränderliches Dictionary erlaubt das Hinzufügen von neuen Einträgen sowie das Verändern bereits im Dictionary enthaltener Einträge. Diese beiden Funktionalitäten werden durch eine einzige Methode ermöglicht: `setObject:forKey:`.

Bei der Benutzung dieser Funktion ist zu unterscheiden, ob der angegebene Schlüssel bereits in dem Dictionary enthalten ist oder nicht.

Ist der Schlüssel nicht im Dictionary enthalten, so wird ein neuer Eintrag im Dictionary erzeugt. Der übergebene Schlüssel wird mit `copyWithZone:` des Protokolls `NSCopying` in das Eintragsobjekt kopiert und dient diesem als Schlüssel. An das übergebene Objekt wird zuerst die Nachricht `retain` gesendet. Danach wird die Referenz auf das Objekt im Eintrag gespeichert.

Ist der Schlüssel bereits im Dictionary enthalten, so wird das übergebene Objekt als neuer Wert für den Schlüssel gesetzt. Dazu wird an den alten, dem Schlüssel zugewiesenen Wert die Nachricht `release` und an das Objekt, das den neuen Wert referenziert, die Nachricht `retain` gesendet. Anschließend wird die Referenz des neuen Werts für den Schlüssel gespeichert.

Da in einem Dictionary nur Objekte gespeichert werden können, wird eine Ausnahme vom Typ `NSInvalidArgumentException` ausgelöst, wenn der übergebene Schlüssel oder der übergebene Wert `nil` ist.

Hinweis

Wenn Sie in einem Dictionary den Wert `nil` speichern möchten, können Sie das Objekt `NSNull` verwenden.

Das folgende Listing zeigt ein Beispiel zur Benutzung von `setObject:forKey:` und der Benutzung eines Literals zur Erzeugung einer `NSMutableDictionary`-Instanz:

```
NSMutableDictionary *dict = [@{} mutableCopy];

NSLog(@"Größe des Dictionarys: %li", [dict count]);
NSLog(@"Wert von Key 1: %@", [dict objectForKey:@"Key 1"]);

[dict setObject:@"Wert" forKey:@"Key 1"];

NSLog(@"Größe des Dictionarys: %li", [dict count]);
NSLog(@"Wert von Key 1: %@", [dict objectForKey:@"Key 1"]);

[dict setObject:@"Neuer Wert" forKey:@"Key 1"];

NSLog(@"Größe des Dictionarys: %li", [dict count]);
NSLog(@"Wert von Key 1: %@", [dict objectForKey:@"Key 1"]);
```

Listing 11.30: Benutzung von `setObject:forKey:`

Meldung
Größe des Dictionarys: 0
Wert von Key 1: (null)
Größe des Dictionarys: 1
Wert von Key 1: Wert
Größe des Dictionarys: 1
Wert von Key 1: Neuer Wert

Abb. 11.20: Ausgabe von Listing 11.30

Auch das Ändern eines Eintrags in einem `NSMutableDictionary` lässt sich durch Subscripting erreichen. Dies hat die Form:

```
object[key] = newValue
```

Der Compiler setzt diesen Ausdruck in einen Aufruf der Methode `setObject:forKeyedSubscript:` um.

Das Beispiel aus Listing 11.30 lässt sich wie folgt mittels Subscripting umschreiben:

```
NSMutableDictionary *dict = [NSMutableDictionary
                             dictionary];

NSLog(@"Größe des Dictionarys: %li", [dict count]);
NSLog(@"Wert von Key 1: %@", dict[@"Key 1"]);

dict[@"Key 1"] = @"Wert";

NSLog(@"Größe des Dictionarys: %li", [dict count]);
NSLog(@"Wert von Key 1: %@", dict[@"Key 1"]);

dict[@"Key 1"] = @"Neuer Wert";

NSLog(@"Größe des Dictionarys: %li", [dict count]);
NSLog(@"Wert von Key 1: %@", dict[@"Key 1"]);
```

Listing 11.31: Benutzung von Subscripting zum Ändern von Einträgen in einer `NSMutableDictionary`-Instanz

Die zweite primitive Methode von veränderlichen Arrays ist `removeObjectForKey:`. Die Nachricht entfernt den durch den Schlüssel beschriebenen Eintrag aus dem Dictionary. Im Gegensatz zur Methode `objectForKey:` wird bei dieser Methode eine Ausnahme vom Typ `NSInvalidArgumentException` ausgelöst, wenn als Schlüssel `nil` übergeben wird.

An den unter diesem Schlüssel gespeicherten Wert wird die Nachricht `release` gesendet. Danach wird der Eintrag aus dem Dictionary entfernt. Falls kein Eintrag für diesen Schlüssel existiert, wird die Funktion ohne Nebeneffekte beendet.

```
NSMutableDictionary *dict = [NSMutableDictionary
                         dictionaryWithObjectsAndKeys:@"Wert 1", @"Key 1",
                                                      @"Wert 2", @"Key 2",
                                                      @"Wert 3", @"Key 3",
                                                      nil];

NSLog(@"Größe des Dictionarys: %li", [dict count]);
NSLog(@"Wert von Key 1: %@", [dict objectForKey:@"Key 1"]);
NSLog(@"Wert von Key 2: %@", [dict objectForKey:@"Key 2"]);
NSLog(@"Wert von Key 3: %@", [dict objectForKey:@"Key 3"]);
```

```
[dict removeObjectForKey:@"Key 2"];

NSLog(@"Größe des Dictionarys: %li", [dict count]);
NSLog(@"Wert von Key 1: %@", [dict objectForKey:@"Key 1"]);
NSLog(@"Wert von Key 2: %@", [dict objectForKey:@"Key 2"]);
NSLog(@"Wert von Key 3: %@", [dict objectForKey:@"Key 3"]);
```

Listing 11.32: Benutzung von `removeObjectForKey:`

```
Meldung
Größe des Dictionarys: 3
Wert von Key 1: Wert 1
Wert von Key 2: Wert 2
Wert von Key 3: Wert 3
Größe des Dictionarys: 2
Wert von Key 1: Wert 1
Wert von Key 2: (null)
Wert von Key 3: Wert 3
```

Abb. 11.21: Ausgabe von Listing 11.32

11.3.3 Sortieren von Dictionaries

Ein Dictionary lässt sich wie jede andere Collection auch sortieren. Jedoch muss man sich bei einem Dictionary zunächst klar darüber sein, was ein sortiertes Dictionary überhaupt bedeutet. Im Gegensatz zu Arrays oder Sets hat ein Dictionary zwei Datendimensionen: die Schlüsselmenge und die Wertemenge, die jeweils den Schlüsseln zugeordnet ist.

Ein Dictionary lässt sich also prinzipiell durch die Schlüssel sortieren oder durch die Werte.

`NSDictionary` und seine Unterklasse `NSMutableDictionary` unterstützen nur die Sortierung der Wertemenge. Hierfür ist die Funktion `keysSortedByValueUsingSelector:` verfügbar.

Da Werte in einem Dictionary immer an einen Schlüssel gebunden sind, liefert diese Methode die Schlüsselmenge in sortierter Reihenfolge zurück. Als Sortierkriterium werden die den Schlüsseln zugeordneten Werte benutzt. Der eigentliche Vergleich wird durch den übergebenen Selektor vorgenommen.

Ein Beispiel soll das Verhalten dieser Methode klar machen:

```
NSDictionary *dict = @{@"Key 1" : @"Eintrag 1",
                       @"Key 2" : @"Eintrag 4",
                       @"Key 3" : @"Eintrag 3",
                       @"Key 4" : @"Eintrag 2"};
```

```
NSArray *sortedKeysArray =
      [dict keysSortedByValueUsingSelector:
              @selector(caseInsensitiveCompare:)];

for (int i=0; i<[sortedKeysArray count]; i++) {
   id key = [sortedKeysArray objectAtIndex:i];
   NSLog(@"Position %i: %@ -> %@", i, key,
        dict[key]);
}
```

Listing 11.33: Sortierung eines `NSDictionarys`

Wenn man die Werte in der Reihenfolge ausliest, wie die Schlüssel in dem zurückgegebenen Array sie vorgeben, erhält man die Werte so sortiert, wie es die durch den Selektor beschriebene Sortierungsvorschrift vorsieht. Dies ist auch in Abbildung 11.22 zu sehen.

Meldung
Position 0: Key 1 -> Eintrag 1
Position 1: Key 4 -> Eintrag 2
Position 2: Key 3 -> Eintrag 3
Position 3: Key 2 -> Eintrag 4

Abb. 11.22: Ausgabe von Listing 11.33

Hinweis

Falls Sie eine Sortierung der Schlüsselmenge eines Dictionarys benötigen, können Sie sich mit der Nachricht `allKeys` ein Array mit allen Schlüsseln geben lassen. Dieses können Sie dann wie in Abschnitt 11.1.3 gezeigt sortieren.

Falls Sie die Werte eines Dictionarys auf diese Weise sortieren wollen, können Sie sich hierfür mit der Nachricht `allValues` ein Array aller Werte geben lassen.

11.3.4 Filtern von Dictionaries mittels Blöcke

Manchmal kommt man als Entwickler in die Situation, dass man von einem Dictionary nur einzelne Einträge braucht, die einem festgelegten Kriterium entsprechen. Dieses Problem lässt sich mit Hilfe von Blöcken sehr elegant in den Griff bekommen.

Die Klasse `NSDictionary` bietet hierzu die Methode `keysOfEntriesPassingTest:` an. Sehen wir uns zunächst die ganze Methodendefinition an:

```
- (NSSet *)keysOfEntriesPassingTest: (BOOL (^)(id key, id obj, BOOL *stop))pre-
dicate
```

Wie wir sehen können, liefert die Methode ein NSSet zurück und bekommt als einzigen Parameter einen Block übergeben.

Das Set, das wir von keysOfEntriesPassingTest: zurückbekommen, enthält alle Schlüssel, für die das im Block implementierte Filterkriterium gilt.

Die Funktionsweise von keysOfEntriesPassingTest: ist wie folgt: Für jeden Eintrag im Dictionary wird der Block aufgerufen. Dieser prüft nun, ob der aktuelle Eintrag dem Filterkriterium genügt. Ist dies der Fall, so wird der Schlüssel des Eintrags in das Set eingefügt, das wir am Ende als Rückgabewert bekommen.

Wie wir an der Signatur des Blocks sehen können, bekommt dieser drei Parameter:

- Den Schlüssel des aktuellen Eintrags als ersten Parameter,
- als zweiten Parameter den Wert des Eintrags und
- einen Zeiger auf einen BOOL-Wert. Wenn wir dieses innerhalb des Blocks auf YES setzen, signalisieren wir der Methode, dass sie das Durchlaufen des Dictionarys beenden soll.

Als Rückgabe des Blocks setzen wir YES, wenn der Eintrag mit dem Filterkriterium übereinstimmt, ansonsten NO. Das Erzeugen eines Sets mit den Schlüsseln übernimmt die Methode für uns.

Beispiel

Im Folgenden wollen wir die Methode einmal in der Anwendung sehen. Dazu definieren wir als Filterkriterium, dass der Wert eines Dictionary-Eintrags eine gerade Zahl sein muss.

Erstellen wir nun zunächst das NSDictionary. Da wir keine primitiven Zahlen als Werte für die Einträge im Dictionary benutzen können, kapseln wir diese durch NSNumber-Objekte:

```
NSDictionary *dict = @{@"Key 1" : @1,
                        @"Key 2" : @2,
                        @"Key 3" : @3,
                        @"Key 4" : @4};
```

Listing 11.34: Erstellen des Dictionarys

Danach rufen wir keysOfEntriesPassingTest: mit einem Filterblock auf. Unser Kriterium ist, ob der Wert eine gerade Zahl ist. Da wir mit NSNumber-Objekten arbeiten, rufen wir auf diesen zunächst intValue auf:

```
NSSet *filtered = [dict keysOfEntriesPassingTest:
  ^(id key, id value, BOOL *stop) {
     if ([value intValue] % 2 == 0)
       return YES;
     return NO;
  }];
NSLog(@"%@", filtered);
```

Listing 11.35: Benutzung der Methode `keysOfEntriesPassingTest:`

```
Meldung
{(
    "Key 2",
    "Key 4"
)}
```

Abb. 11.23: Ausgabe von Listing 11.35

11.4 Durchlaufen von Collections

Neben dem simplen Durchlaufen von Collections mittels `for`-Schleifen bietet uns das Cocoa-Framework noch andere Möglichkeiten.

Im Folgenden stellen wir das Durchlaufen einer Collection mittels `NSEnumerator` und mittels Blöcke dar.

11.4.1 Durchlaufen mittels NSEnumerator

Bislang haben wir immer eine `for`-Schleife benutzt, um durch die Elemente einer Collection zu laufen. Ein anderes Konzept, das uns das Cocoa-Framework anbietet, ist die **Enumeration** (auch **Iteration** oder **Aufzählung** genannt).

Hauptbestandteil einer Enumeration ist die Klasse `NSEnumerator`. Das Konzept funktioniert wie folgt: An eine Collection wird die Nachricht `objectEnumerator` gesendet. Die Rückgabe ist eine Unterklasse von `NSEnumerator`. An diese Rückgabe kann nun die Nachricht `nextObject` gesendet werden. Beim ersten Aufruf gibt sie das erste Element der Collection zurück, beim zweiten Aufruf das zweite Element usw. Wenn keine Elemente mehr vorhanden sind, gibt die Funktion `nil` zurück.

Hierzu das folgende Beispiel:

```
NSArray *array = @[@"Eintrag 1", @"Eintrag 2",
                   @"Eintrag 3"];
NSEnumerator *enumerator = [array objectEnumerator];
```

```
for (id object = [enumerator nextObject];
     object != nil;
     object=[enumerator nextObject])
{
      NSLog(@"%@", object);
}
```

Listing 11.36: Durchlaufen einer Collection mit `objectEnumerator`

Meldung
Eintrag 1
Eintrag 2
Eintrag 3

Abb. 11.24: Ausgabe von Listing 11.36

Die Methode `objectEnumerator` existiert in allen Klassen der Collection-API. Es gibt allerdings kleine Unterschiede, über was iteriert wird.

Bei einem Array und einem Set wird einfach über die enthaltenen Elemente iteriert.

Bei einem `NSCountedSet` wird über jedes Element nur einmal iteriert, unabhängig vom Inhalt der Zählervariablen.

Bei einem Dictionary iteriert die mit `objectEnumerator` zurückgegebene `NSEnumerator`-Instanz über die Werte jedes Eintrags. Dies ist eine Möglichkeit, sich direkt der Werte eines Dictionarys zu bedienen, ohne wie sonst üblich über die Schlüssel zuzugreifen.

Zusätzlich zu `objectEnumerator` bietet `NSArray` noch die Methode `reverseObjectEnumerator` an, die eine Unterklasse von `NSEnumerator` zurückliefert, mit der die im Array enthaltenen Elemente in umgekehrter Reihenfolge durchlaufen werden können:

```
NSArray *array = @[@"Eintrag 1", @"Eintrag 2",
                   @"Eintrag 3"];
NSEnumerator *enumerator = [array reverseObjectEnumerator];

for (id object = [enumerator nextObject];
     object != nil;
     object=[enumerator nextObject])
{
      NSLog(@"%@", object);
}
```

Listing 11.37: Benutzung von `reverseObjectEnumerator`

Meldung
Eintrag 3
Eintrag 2
Eintrag 1

Abb. 11.25: Ausgabe von Listing 11.37

Die Klasse `NSDictionary` bietet zusätzlich noch die Methode `keyEnumerator`. Mit dem von dieser Funktion zurückgegebenen Enumerator wird die Schlüsselmenge des Dictionarys durchlaufen. Die Reihenfolge, in der die Schlüsselmenge durchlaufen wird, ist nicht definiert:

```
NSDictionary *dictionary = @{@"Key 1" : @"Wert 1",
                             @"Key 2" : @"Wert 2",
                             @"Key 3" : @"Wert 3"};

NSEnumerator *enumerator = [dictionary
                             keyEnumerator];
for (id object = [enumerator nextObject];
     object != nil;
    object=[enumerator nextObject])
    {
        NSLog(@"%@", object);
    }
```

Listing 11.38: Benutzung von `keyEnumerator`

Meldung
Key 3
Key 1
Key 2

Abb. 11.26: Ausgabe von Abbildung 11.38

Ein Enumerator kann nur in eine Richtung durchlaufen werden. Wenn der Enumerator am Ende der Collection angekommen ist, also `nil` für einen Aufruf von `nextObject` zurückgeliefert wird, ist er »verbraucht« und kann nicht wieder zurückgesetzt werden. Wenn noch einmal über die Collection iteriert werden soll, muss ein neuer Enumerator erstellt werden.

Hinweis

Seit Objective-C 2.0 gibt es das Konzept der schnellen Iteration. Diese bietet eine bessere Performance als die Benutzung von `NSEnumerator`. Die schnelle Iteration ist ausführlich in Abschnitt 15.1 beschrieben.

11.4.2 Durchlaufen mittels Blöcke

Eine weitere Möglichkeit, Collections zu durchlaufen, bieten Blöcke. Hier überlassen wir das eigentliche Durchlaufen entsprechenden Methoden der jeweiligen Collection. Diese führt dann für jedes Element der Collection einen übergebenen Block aus.

Im Gegensatz zu der Benutzung der im vorherigen Abschnitt beschriebenen Enumeratoren gibt es für jede Collection-Klasse unterschiedliche Methoden, um sie mittels Blöcke zu durchlaufen.

Gleich ist in jedem Fall das Prinzip: Bei Arrays und Sets werden alle Einträge durchlaufen, bei Dictionarys werden alle Schlüssel-Wert-Paare durchlaufen.

Unterschiede zwischen Arrays und Sets finden sich in der Signatur der Blocks. Da Arrays geordnet sind, bekommt der Block für jedes Element noch zusätzlich den Arrayindex mit übergeben. Im Falle von Sets wird nur das Element übergeben.

Arrays und Sets

Das Durchlaufen von Arrays und Sets funktioniert prinzipiell gleich. `NSArray` und `NSSet` bieten hierzu die Methode `enumerateObjectsUsingBlock:` an. Sehen wir uns nun zuerst die vollständige Signatur der Methode bei `NSArray` an:

```
-(void)enumerateObjectsUsingBlock:
 (void (^)(id obj, NSUInteger idx, BOOL *stop))block
```

Listing 11.39: `enumerateObjectsUsingBlock:` für Arrays

Die Methode bekommt also einen Block übergeben, der keine Rückgabe (`void`) liefert. Der Block selbst bekommt drei Parameter übergeben. Diese sind im Einzelnen:

- Der erste Parameter vom Typ `id` enthält das aktuelle Element des Durchlaufs,
- Der zweite Parameter enthält den Index des aktuellen Elements und
- Der letzte Parameter ist ein Zeiger auf einen `BOOL`-Wert. Falls wir das Durchlaufen des Arrays abbrechen wollen, so setzen wir diesen Parameter auf `YES`. Dadurch wird `enumerateObjectsUsingBlock:` nach diesem Element den Durchlauf abbrechen und sich beenden.

Die Anwendung von `enumerateObjectsUsingBlock:` zeigt das folgende Beispiel:

```
NSArray *array = @[@"Eintrag 1", @"Eintrag 2",
                   @"Eintrag 3"];

void (^enumerator)(id, NSUInteger, BOOL*) =
   ^(id obj, NSUInteger idx, BOOL *stop) {
```

```
        NSLog(@"Eintrag an Position %li: %@",
              idx, obj);
    };

[array enumerateObjectsUsingBlock:enumerator];
```

Listing 11.40: Durchlaufen eines Arrays mittels `enumerateObjectsUsingBlock:`

Meldung
Eintrag an Position 0: Eintrag 1
Eintrag an Position 1: Eintrag 2
Eintrag an Position 2: Eintrag 3

Abb. 11.27: Ausgabe von Listing 11.40

Offensichtlich werden die Elemente des Arrays in der Reihenfolge ihres Enthaltenseins im Array durchlaufen. Wenn wir nun wollen, dass das Array in umgekehrter Reihenfolge durchlaufen wird, so können wir uns der Methode `enumerateObjectsWithOptions:usingBlock:` bedienen. Die vollständige Signatur lautet wie folgt:

```
-(void)enumerateObjectsWithOptions:
    (NSEnumerationOptions)opts
    usingBlock:
     (void (^)(id obj, NSUInteger idx, BOOL *stop))block
```

Listing 11.41: Die Methode `enumerateObjectsWithOptions:usingBlock:` für Arrays

Im Vergleich zur Methode `enumerateObjectsUsingBlock:` kommt hier also noch ein Parameter vom Typ `NSEnumeration` hinzu. Der für unseren Fall interessante Wert für diesen Typ ist `NSEnumerationReverse`. Dieser weist die Methode an, das Array vom letzten zum ersten Element zu durchlaufen. Wenn wir nun also die letzte Zeile in Listing 11.40 durch das folgende ersetzen:

```
[array enumerateObjectsWithOptions:NSEnumerationReverse usingBlock:enumerator];
```

So erhalten wir die folgende Ausgabe:

Meldung
Eintrag an Position 2: Eintrag 3
Eintrag an Position 1: Eintrag 2
Eintrag an Position 0: Eintrag 1

Abb. 11.28: Durchlaufen eines Arrays in umgekehrter Reihenfolge

Nachdem wir nun wissen, wie das Durchlaufen mittels Blöcke für Arrays funktioniert, sehen wir uns nun die Signatur von `NSSet` für `enumerateObjectsWithBlock:` an:

```
- (void)enumerateObjectsUsingBlock:
    (void (^)(id obj, BOOL *stop))block
```

Listing 11.42: `enumerateObjectsUsingBlock:` für Sets

Wir sehen also, dass sich die Methode für Sets im Vergleich zu Arrays nur dadurch unterscheidet, dass der Block keinen Parameter für den Index des aktuellen Elements hat. Da wir aber wissen, dass Sets nicht geordnet sind, überrascht uns dies nicht. Das Durchlaufen eines Sets mittels Blöcke funktioniert ansonsten genauso wie bei Arrays.

Dictionaries

So wie Array und Sets können natürlich auch Dictionaries mit Hilfe von Blöcken durchlaufen werden. Die Klasse `NSDictionary` bietet hierzu die Methode `enumerateKeysAndObjectsUsingBlock:` an. Die vollständige Signatur dieser Methode sieht wie folgt aus:

```
-(void)enumerateKeysAndObjectsUsingBlock:
   (void (^)(id key, id obj, BOOL *stop))block
```

Listing 11.43: Signatur der Methode `enumerateKeysAndObjectsUsingBlock:`

Wir sehen direkt die Ähnlichkeit zur schon bekannten Methode `enumerateObjectsUsingBlock:` bei Arrays. Zwar sind Dictionaries nicht geordnet wie Arrays, jedoch ist jeder Eintrag einem Schlüssel zugeordnet. Daher besitzt der Block zwei Parameter vom Typ `id`. Im ersten Parameter ist der Schlüssel, im zweiten Parameter der zugehörige Wert gespeichert. Der dritte Parameter kann wiederum auf `YES` gesetzt werden, wenn wir das Durchlaufen aus dem Block heraus beenden wollen. Dazu das folgende Beispiel:

```
NSDictionary *dict = @{@"Key 1" : @1,
                       @"Key 2" : @2,
                       @"Key 3" : @3,
                       @"Key 4" : @4,};

void (^enumerator)(id, id, BOOL*) =
  ^(id key, id obj, BOOL *stop) {
    NSLog(@"%@ => %@", key, obj);
};

[dict enumerateKeysAndObjectsUsingBlock:enumerator];
```

Listing 11.44: Anwendung von `enumerateKeysAndObjectsUsingBlock:`

Die Ausgabe liefert also alle Einträge mit Schlüssel und Wert:

Meldung
Key 2 => 2
Key 1 => 1
Key 4 => 4
Key 3 => 3

Abb. 11.29: Ausgabe von Listing 11.44

11.4.3 Durchlaufen veränderlicher Collections

Weder Enumeratoren noch die das Durchlaufen mittels Blöcke sind darauf ausgelegt, dass sich die Collection, auf der sie arbeiten, während der Iteration verändert. Wenn dies passiert, wird üblicherweise eine Ausnahme vom Typ `NSGenericException` ausgelöst. Bei einer eigenen Implementierung von `NSEnumerator` sollte dieses Verhalten ebenfalls vorgesehen werden.

Wenn man eine Collection während der Iteration verändern will, gibt es prinzipiell zwei Möglichkeiten.

Die erste Möglichkeit ist, eine Kopie der Collection zu erstellen, über die dann iteriert wird. Dadurch kann man in der eigentlichen Collection Veränderungen vornehmen, ohne die Iteration selbst zu beeinflussen:

```
NSMutableArray *array = [NSMutableArray arrayWithObjects:@"a", @"b", @"c",
                                                          @"d", nil];
NSArray *enumerationArray = [NSArray arrayWithArray:array];

NSEnumerator *enumerator = [enumerationArray objectEnumerator];
NSString *object = [enumerator nextObject];
while (object != nil) {
    if (![object isEqualToString:@"b"])
        [array removeObject:object];
    object = [enumerator nextObject];
}

for (int i=0; i<[array count]; i++) {
    NSLog(@"Eintrag an Position %i: %@", i, [array objectAtIndex:i]);
}
```

Listing 11.45: Veränderung einer Collection während der Iteration

Die zweite Möglichkeit ist es, sich die zu verändernden Elemente zu merken und die Änderungen nach der Iteration durchzuführen:

```
NSMutableArray *array = [NSMutableArray arrayWithObjects:@"a", @"b", @"c",
                                                          @"d", nil];

NSMutableArray *removalArray = [NSMutableArray array];

NSEnumerator *enumerator = [array objectEnumerator];
NSString *object = [enumerator nextObject];
while (object != nil) {
    if (![object isEqualToString:@"b"])
        [removalArray addObject:object];
    object = [enumerator nextObject];
}

[array removeObjectsInArray:removalArray];

for (int i=0; i<[array count]; i++) {
    NSLog(@"Eintrag an Position %i: %@", i, [array objectAtIndex:i]);
}
```

Listing 11.46: Veränderung einer Collection nach der Iteration

```
Meldung
Eintrag an Position 0: b
```

Abb. 11.30: Ausgabe von Listing 11.45 und Listing 11.46

11.5 Übungsaufgaben

Aufgabe 1

Implementieren Sie eine Methode `fullCount:`, die ein `NSCountedSet`-Objekt übergeben bekommt. Die Rückgabe dieser Funktion soll die Anzahl der in dem Counted Set enthaltenen Objekte sein. Dabei sollen Objekte, die mehrfach vorhanden sind, mit ihrer Gesamtzahl zum Ergebnis beitragen. Dadurch unterscheidet sich diese Methode von der in `NSCountedSet` enthaltenen Methode `count`.

Aufgabe 2

Schreiben Sie eine Vergleichsfunktion `lengthAndLexicalCompare` für ein Array mit String-Werten. Dabei sollen die Strings zuerst nach Länge und bei gleicher Länge auch alphabetisch sortiert werden. Die Strings `"a"`, `"ab"`, `"c"`, `"aa"` würden also in der Reihenfolge `"a"`, `"c"`, `"aa"`, `"ab"` sortiert werden.

Schreiben Sie die Funktion einmal als Kategorie zu `NSString`, damit sie zusammen mit der Methode `sortedArrayUsingSelector:` benutzt werden kann.

Implementieren Sie die Funktion zusätzlich so, dass sie mit der Methode `sortedArrayUsingFunction:context:` benutzt werden kann. Der Parameter `context` soll dabei beeinflussen, ob die Sortierung aufsteigend oder absteigend durchgeführt werden soll. Eine absteigende Sortierung der obigen Strings ist `"ab"`, `"aa"`, `"c"`, `"a"`.

Aufgabe 3

Schreiben Sie eine Methode `dictionary:containsKey:`, die überprüft, ob ein angegebener Schlüssel in einem Dictionary enthalten ist. Dieser Methode soll als erster Parameter ein `NSDictionary`-Objekt übergeben werden. Der zweite Parameter ist der gesuchte Schlüssel. Die Rückgabe der Funktion ist ein `YES`, wenn der Schlüssel im Dictionary enthalten ist, und `NO`, wenn der Schlüssel nicht enthalten ist.

Aufgabe 4

Implementieren Sie eine Klasse `JumpyEnumerator`, die von `NSEnumerator` erbt. Diese soll über ein `NSArray` iterieren können. Die Reihenfolge der Enumeration soll dabei wie folgt sein:

- Das erste Element ist das Element an Position 0.
- Danach wird das Element an Position 2 zurückgegeben, dann das Element an Position 4 usw., bis das Array bis zum Ende durchlaufen ist.
- Danach werden die Elemente 1, 3 usw. zurückgegeben.

Um den Iterator zu testen, sehen Sie eine Methode `initWithArray:` vor, die das `NSArray`-Objekt übergeben bekommt, über das iteriert werden soll.

Eingabe und Ausgabe

Programme bilden keine isolierten Inseln. Eine wichtige Funktion ist der Austausch von Daten untereinander und mit dem Benutzer. Dies kann zum Beispiel die Kommunikation von Programmen untereinander über eine Netzwerkverbindung sein. Bei einzelnen Programmen kann dies auch einfach nur der Wunsch sein, die internen Daten eines Programms dauerhaft auf einem Medium wie der Festplatte zu speichern.

12.1 Verzeichnisse und Dateien

Während bei »klassischen« Programmen auf dem Mac Dateien hauptsächlich zur Speicherung von benutzergenerierten Daten eingesetzt werden, so spielt die Persistierung von Daten unter iOS eine ungleich größere Rolle. Hier muss damit gerechnet werden, dass das aktuell ausgeführte Programm jederzeit beendet werden kann. Daher ist es wichtig, möglichst zu jeder Zeit einen persistenten Zustand des aktuellen Programms zur Verfügung zu haben, um nach Beendigung und Neustart wieder dort weiterarbeiten zu können, wo der Benutzer das Programm zuvor verlassen hat.

Unabhängig davon, ob man nun für den »großen« Mac oder für iOS programmiert, ist das Konzept, wie man mit Dateien umgeht, auf beiden Plattformen gleich. Denn auch wenn iOS sich dem Benutzer gegenüber gerne so präsentiert, als wenn es nicht auf Verzeichnissen basiert, so wird man sich als Entwickler durchaus auf der Dateisystemebene wiederfinden.

Pfadstrings

Pfade zu Verzeichnissen und Dateien werden im Cocoa-Framework durch ein `NSString`-Objekt repräsentiert. Ein **Pfadstring** besteht aus einem oder mehreren Komponenten, die zusammengefügt den kompletten Pfad ergeben.

Diese Komponenten sind die einzelnen Teile wie Verzeichnisse oder Dateien. Die **Pfad-Separatoren** (/) sind selbst keine Komponenten des Pfads. Lediglich, wenn ein Pfadstring mit / beginnt, ist dieser erste Slash eine Komponente des Pfads, die anzeigt, dass es sich um einen absoluten Pfad handelt. Die einzelnen Komponenten eines Pfadstrings kann man sich mit der Methode `pathComponents` geben lassen:

```
NSString *path = @"/Developer/Applications";
NSArray *components = [path pathComponents];
for (int i=0; i<[components count]; i++) {
    NSLog(@"%@", [components objectAtIndex:i]);
}
```

Listing 12.1: Benutzung von pathComponents

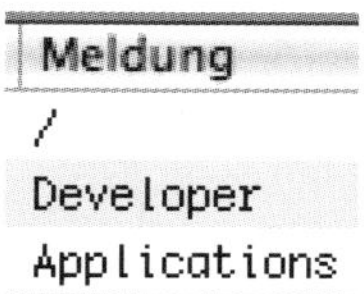

Abb. 12.1: Ausgabe von Listing 12.1

Erstellen von Pfadstrings

Ein Pfadstring ist zunächst einmal nichts anderes als ein normales `NSString`-Objekt, das die einzelnen Bestandteile des Pfads mit / voneinander trennt. Daher ist es selbstverständlich möglich, diesen Pfadstring mit ganz normalen Mitteln der String-Manipulation zu erstellen.

Für die Klasse `NSString` existiert jedoch bereits eine Kategorie, die das Arbeiten mit Pfadstrings vereinfacht. Diese beinhaltet u.a. auch eine Methode, die es einfacher macht, einen Pfadstring aus einzelnen Komponenten zusammenzusetzen.

Die Methode `pathWithComponents:` erstellt aus einem übergebenen Array mit einzelnen Komponenten eines Pfads einen kompletten und syntaktisch korrekten Pfadstring. Dabei werden die einzelnen Elemente des Arrays in der Reihenfolge, in der sie im Array enthalten sind, hintereinander gehängt und mit einem Pfad-Separator (/) voneinander getrennt. Um einen absoluten Pfad zu erstellen, muss der erste Eintrag des Arrays ein Slash (/) sein:

```
NSArray *components = [NSArray arrayWithObjects:@"/",@"Applications",nil];
NSLog(@"%@", [NSString pathWithComponents:components]);

components = [NSArray arrayWithObjects:@"/",@"Users",
                      @"sebastian",@"Documents",nil];
NSLog(@"%@", [NSString pathWithComponents:components]);

components = [NSArray arrayWithObjects:@"~",@"Documents",nil];
NSLog(@"%@", [NSString pathWithComponents:components]);

components = [NSArray arrayWithObjects:@"/",@"Applications",
```

```
                        @"..",@"Applications",nil];
NSLog(@"%@", [NSString pathWithComponents:components]);
```

Listing 12.2: Erstellung von Pfadstrings

Meldung
/Applications
/Users/sebastian/Documents
~/Documents
/Applications/../Applications

Abb. 12.2: Ausgabe von Listing 12.2

Normalisieren von Pfadstrings

Wie in Abbildung 12.2 zu sehen, kann es vorkommen, dass beim Erstellen eines Pfadstrings nicht immer die Normalform eines Pfads erstellt wird. Die Normalform eines Pfadstrings ist ein String, in dem alle symbolischen Links aufgelöst sind und eine eventuell vorhandene Tilde am Anfang durch den vollen Pfad zum Benutzerverzeichnis ersetzt wurde. Um einen Pfadstring zu normalisieren, benutzt man die Funktion `stringByStandardizingPath`.

Diese Funktion entfernt aus einem Pfadstring alle unnötigen Bestandteile und gibt einen neuen, bereinigten String zurück. Diese Funktion benutzt mehrere andere Funktionen, um ihr Ziel zu erreichen:

Zuerst wird `stringByExpandingTildeInPath` aufgerufen. Diese Funktion überprüft, ob der angegebene Pfadstring mit ~ oder `~user` beginnt. Ist dies der Fall, so wird der entsprechende String durch den vollständigen Pfad zum Benutzerverzeichnis ersetzt.

Danach werden leere Einträge (//) und Einträge, die auf das aktuelle Verzeichnis zeigen (`/./`), aus dem Pfadstring entfernt.

Anschließend wird die Methode `stringByResolvingSymlinksInPath` aufgerufen, um alle symbolischen Links, die evtl. in dem String enthalten sind, zu entfernen. Dies betrifft auch Referenzen auf das Oberverzeichnis (`/../`). Wenn es sich bei dem Pfadstring um einen absoluten Pfad handelt, ist garantiert, dass alle symbolischen Links aufgelöst werden. Wenn es sich jedoch um einen relativen Pfad handelt, kann es vorkommen, dass einige symbolische Links nicht aufgelöst werden können. Diese bleiben dann im String enthalten.

Schließlich wird das Präfix `/private` aus dem String entfernt, wenn das Ergebnis nach dieser Operation immer noch auf ein gültiges Verzeichnis oder eine gültige Datei verweist. Dieses wird direkt im Dateisystem überprüft.

Schauen wir uns das folgende Beispiel zur Normalisierung von Pfadstrings an:

```
NSString *path = @"/Applications/../Applications";
NSLog(@"%@", [path stringByResolvingSymlinksInPath]);

path = @"/Applications/../Library";
NSLog(@"%@", [path stringByResolvingSymlinksInPath]);

path = @"~/Documents";
NSLog(@"%@", [path stringByResolvingSymlinksInPath]);

path = @"~/Documents/../Documents";
NSLog(@"%@", [path stringByResolvingSymlinksInPath]);

path = @"../Documents";
NSLog(@"%@", [path stringByResolvingSymlinksInPath]);
```

Listing 12.3: Normalisieren von Pfadstrings

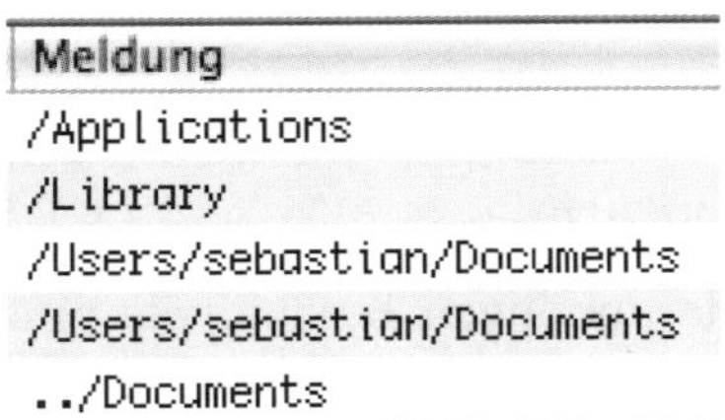

Meldung
/Applications
/Library
/Users/sebastian/Documents
/Users/sebastian/Documents
../Documents

Abb. 12.3: Ausgabe von Listing 12.3

Wie zu sehen ist, konnten im letzten Pfadstring nicht alle Verweise aufgelöst werden. Da der Pfadstring einen relativen Pfad angibt, kann keine Auflösung des Oberverzeichnisses stattfinden, da `stringByStandardizingPath` nicht weiß, von wo aus dies geschehen soll.

Manipulieren von Pfadstrings

Oftmals kommt man in die Situation, solch einen String zu verändern, weil man zum Beispiel an einen ermittelten String noch einen Dateinamen anfügen muss, um den Pfad zur eigentlichen Datei zu erhalten. Hierzu bietet die erweiterte Klasse `NSString` einige Methoden an, die es erlauben, sich auf das Wesentliche zu konzentrieren, nämlich die Komponenten des Pfads, und Bestandteile wie Pfad-Separatoren und Punkte vor Dateiendungen zu vernachlässigen. Diese Funktionen abstrahieren im Wesentlichen vom tatsächlichen Format eines Pfadstrings und erlauben so, durch eine klare Benennung selbstdokumentierenden Code zu schreiben.

Sehen wir uns das folgende Beispiel an, in dem die wichtigsten Methoden zur Manipulation von Pfadstrings zu erkennen sind:

```
NSString *path = @"/Developer";
NSLog(@"Pfad: %@", path);

path = [path stringByAppendingPathComponent:@"Documentation"];
NSLog(@"Pfad: %@", path);

path = [path stringByAppendingPathComponent:@"Acknowledgements.rtf"];
NSLog(@"Pfad: %@", path);

path = [path stringByAppendingPathExtension:@"txt"];
NSLog(@"Pfad: %@", path);

path = [path stringByDeletingPathExtension];
NSLog(@"Pfad: %@", path);

NSLog(@"Verzeichnis: %@", [path stringByDeletingLastPathComponent]);
NSLog(@"Dateiname: %@", [path lastPathComponent]);
NSLog(@"Dateiendung: %@", [path pathExtension]);
```

Listing 12.4: Methoden zur Manipulation von Pfadstrings

Meldung
Pfad: /Developer
Pfad: /Developer/Documentation
Pfad: /Developer/Documentation/Acknowledgements.rtf
Pfad: /Developer/Documentation/Acknowledgements.rtf.txt
Pfad: /Developer/Documentation/Acknowledgements.rtf
Verzeichnis: /Developer/Documentation
Dateiname: Acknowledgements.rtf
Dateiendung: rtf

Abb. 12.4: Ausgabe von Listing 12.4

Die Methode `stringByAppendingPathComponent:` erstellt einen neuen String, indem sie an den Empfängerstring die durch den Parameter bezeichnete Komponente anhängt. Dabei wird, falls nötig, automatisch ein Pfad-Separator zwischen beide Teile eingefügt.

Um einem Pfadstring eine Endung hinzuzufügen, benutzt man die Methode `stringByAppendingPathExtension:`. Diese erstellt einen neuen String, indem sie dem Empfänger die angegebene Endung hinzufügt. Dabei ist zu beachten, dass die anzuhängende Endung selbst keinen Punkt an erster Stelle erhalten darf. Dieser wird in den erstellten String automatisch eingefügt. Wenn die anzuhängende Endung einen Punkt an erster Stelle enthält, wird dieser als Teil der Endung betrachtet, so dass der endgültige Pfadstring zwei aufeinanderfolgende Punkte vor der Endung besitzt.

Wenn mit dieser Methode eine Endung an einen Pfadstring angehängt werden soll, der mit / endet, so wird zuerst dieses / entfernt und dann die Endung angehängt.

Um eine Endung wieder zu entfernen, gibt es die Methode `stringByDeletingPathExtension`. Diese Methode erstellt einen neuen String durch Entfernen der letzten Endung. Falls der Pfadstring mit einem / endet, wird dieses zuerst entfernt, bevor die Endung entfernt wird. Wenn ein Pfadstring mehrere Endungen hat, wird nur die letzte hiervon entfernt.

Im Gegensatz dazu löscht die Funktion `stringByDeletingLastPathComponent` die komplette letzte Komponente des Pfads inklusive eines möglicherweise übrig bleibenden / an der letzten Stelle des neuen Pfads und gibt das Ergebnis als neuen String zurück. Wenn der Pfadstring mit einem Separator endet, wird dieser entfernt und danach die letzte Komponente gelöscht.

Wenn der Pfad die Wurzel des Dateisystems kennzeichnet oder wenn nach Löschen der letzten Komponente nur noch auf die Wurzel verwiesen wird, so wird / zurückgegeben ohne weitere Änderung.

Die Funktion `lastPathComponent` gibt die letzte Komponente als neuen String zurück. Wenn der übergebene Pfadstring mit einem Separator endet, wird dieser zuerst entfernt und dann die letzte Komponente zurückgegeben. Sollte der Pfadstring das Wurzelverzeichnis referenzieren, wird er unverändert zurückgegeben.

Die Methode `pathExtension` gibt die Endung des Pfadstrings als neuen String zurück. Die Endung wird dabei ohne führenden Punkt zurückgegeben, außer natürlich, wenn dieser zur Dateiendung dazugehört. Wenn der Pfadstring keine Endung hat, wird ein leerer String zurückgegeben.

Standardpfade ermitteln

Eine der größten Gefahren, wenn man mit Dateien und Verzeichnissen arbeitet, sind Pfade, die direkt im Quellcode angegeben werden. Solche fest verdrahteten Pfade sind meist ein sicherer Garant dafür, dass das Programm irgendwann nicht mehr läuft, weil eben ein Pfad nicht so heißt, wie er laut Quellcode sollte.

Ein sehr gutes Beispiel ist hier iOS. Das Home-Verzeichnis verändert sich abhängig davon, ob das Programm im Simulator oder auf dem Gerät selbst läuft. Eine Annahme über einen Pfad würde in einer der beiden Situationen sicherlich zu Problemen führen.

Das Cocoa-Framework bietet mit der Funktion `NSSearchPathForDirectoriesInDomains` eine Möglichkeit an, um den Pfad zu bestimmten Verzeichnissen vom System ermitteln zu lassen. Diese Funktion ist wie folgt definiert:

```
NSArray * NSSearchPathForDirectoriesInDomains (
    NSSearchPathDirectory directory,
    NSSearchPathDomainMask domainMask,
    BOOL expandTilde
);
```

NSSearchPathDirectory und NSSearchPathDomainMask sind dabei Typdefinitionen für NSUInteger. Die hier einzusetzenden Werte sind als Aufzählungstypen in NSPathUtilities.h definiert.

Der Parameter directory gibt den Pfad an, der gesucht werden soll. Dies kann zum Beispiel der Pfad zu den Programmen (NSApplicationDirectory) oder der Pfad zu den Dokumenten (NSDocumentDirectory) sein.

Der Parameter domainMask gibt an, in welcher Domäne des Dateisystems gesucht werden soll. Mögliche Domänen sind NSUserDomainMask (~), NSSystemDomainMask (/System), NSLocalDomainMask (/Library) und NSNetworkDomainMask (/Network). Dieser Parameter ist eine Bitmaske, daher kann nicht nur eine Konstante der Aufzählung angegeben werden, sondern auch eine Oder-Verknüpfung von mehreren.

Hinweis

Eine Besonderheit ist die Konstante NSAllDomainsMask. Diese hat den Wert 0x0ffff. Dadurch ist sie nicht nur eine Kombination aller bereits definierten Konstanten, sondern auch aller Konstanten, die evtl. in Zukunft definiert werden.

Mit dem Parameter expandTilde kann eingestellt werden, ob in den zurückgegebenen Pfaden die Tilde (~), die das Home-Verzeichnis des Benutzers abkürzt, durch den vollen Pfad ersetzt wird. Dies geschieht, wenn hier YES übergeben wird.

Die Rückgabe der Funktion ist ein Array, das NSString-Objekte enthält. Abhängig von den Parametern können mehrere Pfade zurückgegeben werden. Dies ist zum Beispiel der Fall, wenn mehrere Masken miteinander verknüpft werden.

Dennoch sollten keine Annahmen über die Anzahl der zurückgelieferten Pfade getroffen werden. Es kann in zukünftigen Versionen zum Beispiel vorkommen, dass neue Domänen eingefügt werden und bisherige entfallen. Dadurch würde sich möglicherweise die Anzahl der zurückgegebenen Pfade ändern, so dass im Code vorhandene Annahmen über die Anzahl der zurückgelieferten Pfade evtl. ein nicht gewolltes Verhalten des Programms nach sich zögen.

12.2 Operationen im Dateisystem

Bevor wir uns mit dem Zugriff auf Dateien und Streams beschäftigen, wollen wir noch einen Blick auf die Verwaltungsfunktionen werfen, mit denen Dateien innerhalb des Dateisystems zum Beispiel verschoben oder kopiert werden können.

Das zentrale Element für diese Operationen ist die Klasse `NSFileManager`. Diese Klasse stellt eine gemeinsame Instanz für das Dateisystem zur Verfügung, die alle Anwendungen benutzen, die Operationen auf dem Dateisystem durchführen wollen. Diese Instanz bekommt man, indem man der Klasse die Nachricht `defaultManager` sendet.

Mit der Methode `setDelegate:` kann dem File Manager ein Delegationsobjekt zugewiesen werden, das über Ereignisse im Zusammenhang mit dem Dateisystem informiert wird. Welche Benachrichtigungen dies genau sind, sehen wir uns bei den entsprechenden Operationen an.

Kopieren von Dateisystem-Einträgen

Das Kopieren von Dateien oder Verzeichnissen ist eine häufig benötigte Funktionalität. Man braucht sie zum Beispiel, wenn man sein Programm mit Ressourcen ausliefert, die zwar benutzt werden sollen, aber, an der Stelle, an der sie im Auslieferungszustand liegen, nicht verändert werden können. Dies ist zum Beispiel bei der iOS-Entwicklung so. Wenn die Anwendung zum Beispiel eine SQLite-Datenbank mitbringt, die zur Laufzeit vom Programm verändert werden soll, müssen diese Dateien erst aus dem Anwendungsverzeichnis heraus in das Dokumentenverzeichnis der Anwendung kopiert werden, in dem das Programm dann Schreibrechte besitzt.

Um eine Datei oder ein Verzeichnis an einen anderen Ort im Dateisystem zu kopieren, gibt es die Funktion `copyItemAtPath:toPath:error:`.

Die ersten beiden Parameter sind jeweils Pfadstrings. Der erste Parameter gibt die Position im Dateisystem an, an der sich die Datei oder das Verzeichnis, das kopiert werden soll, befindet. Der zweite Parameter gibt das Ziel der Kopieroperation an. Der dritte Parameter ist ein Zeiger auf ein `NSError`-Objekt. Wenn ein Fehler beim Kopieren aufgetreten ist, finden sich hierin nähere Informationen zum Fehler. Wenn die genaue Fehlerursache nicht benötigt wird, können Sie hier `nil` übergeben. Die Methode `copyItemAtPath:toPath:error:` gibt entsprechend `YES` oder `NO` zurück, abhängig davon, ob die Operation erfolgreich war oder nicht.

Das folgende Beispiel kopiert die Datei `file.txt` im Home-Verzeichnis des aktuellen Benutzers in die Datei `copy.txt` im gleichen Verzeichnis:

```
NSString *source = [@"~/file.txt" stringByStandardizingPath];
NSString *destination = [@"~/copy.txt" stringByStandardizingPath];
NSError *error = [[NSError alloc] init];
NSFileManager *manager = [NSFileManager defaultManager];

if (![manager copyItemAtPath:source toPath:destination error:&error]) {
    NSLog(@"Fehler beim Kopieren: %@", error);
}
```

Listing 12.5: Kopieren einer Datei

Wichtig

Wenn die Zieldatei oder das Verzeichnis bereits existiert, so schlägt die Kopieraktion fehl.

Bevor der File Manager das Kopieren beginnt, sendet er die Nachricht `fileManager:shouldCopyItemAtPath:toPath:` an das Delegationsobjekt, falls sie dort implementiert ist. Als erster Parameter wird das `NSFileManager`-Objekt mitgegeben. Der zweite Parameter und der dritte Parameter sind die Quelle und das Ziel der Kopieraktion. Die Methode kann über ihren Rückgabewert das Kopieren erlauben, indem sie `YES` zurückgibt, oder es mit der Rückgabe von `NO` verhindern.

Wenn ein Fehler beim Kopieren auftritt, wird die Nachricht `fileManager:shouldProceedAfterError:copyingItemAtPath:toPath:` an das Delegationsobjekt gesendet. Der erste Parameter ist der File Manager, der die Nachricht gesendet hat. Der zweite Parameter ist ein `NSError`-Objekt, das den Fehler beschreibt, der während des Kopierens aufgetreten ist. Der dritte und der vierte Parameter geben die Quelle oder das Ziel der Kopieraktion als Pfadstring an. Mittels der Rückgabe kann entschieden werden, ob die Operation trotz dieses Fehlers fortgesetzt oder abgebrochen werden soll, zum Beispiel wenn eine Datei nicht kopiert werden konnte, aber der Rest des Verzeichnisses trotzdem noch kopiert werden soll. Entsprechend muss `YES` zum Fortsetzen und `NO` zum Abbrechen zurückgegeben werden.

Verschieben von Dateisystem-Einträgen

Das Verschieben von Dateien oder Verzeichnissen erfolgt analog zum Kopieren. Der Unterschied ist natürlich, dass die ursprüngliche Datei bzw. das Verzeichnis nach einer erfolgreichen Verschiebeaktion nicht mehr existiert.

Für das Verschieben zuständig ist die Funktion `moveItemAtPath:toPath:error:`, deren erster und zweiter Parameter Pfadstrings sind, die jeweils die Quelle bzw. das Ziel der Operation angeben. Der letzte Parameter ist ein Zeiger auf ein `NSError`-Objekt, das im Fehlerfall mit näheren Informationen zum Fehler befüllt wird. Wenn diese Informationen nicht benötigt werden, kann hier auch `nil` übergeben werden.

Das folgende Beispiel zeigt den Einsatz der Funktion `moveItemAtPath:toPath:error:`

```
NSString *source = [@"~/file.txt" stringByStandardizingPath];
NSString *destination = [@"~/file2.txt" stringByStandardizingPath];
NSError *error = [[NSError alloc] init];

NSFileManager *manager = [NSFileManager defaultManager];
```

```
if (![manager moveItemAtPath:source toPath:destination error:&error]) {
    NSLog(@"Fehler beim Verschieben: %@", error);
}
```

Listing 12.6: Verschieben einer Datei

Wichtig

Das Verschieben schlägt fehl, wenn das Ziel bereits existiert.

Vor dem Ausführen einer Verschiebeaktion wird die Methode `fileManager:shouldMoveItemAtPath:toPath:` des Delegationsobjekts aufgerufen. Ihr wird als erster Parameter der File Manager mitgegeben, der die Funktion aufruft. Der zweite und dritte Parameter sind Pfadstrings zur Quelle und zum Ziel der Operation. Um das Kopieren zu verbieten, muss die Funktion `NO` zurückgeben. Wenn sie `YES` zurückgibt, wird das Verschieben durchgeführt.

Sollte während der Operation ein Fehler auftreten, wird die Methode `fileManager:shouldProceedAfterError:movingItemAtPath:toPath:` des Delegationsobjekts aufgerufen. Der erste Parameter ist wieder der aufrufende File Manager. Der zweite Parameter ist ein `NSError`-Objekt, das den Fehler beschreibt. Der dritte und der vierte Parameter sind jeweils Pfadstrings, die die Quelle oder das Ziel der Operation angeben. Wenn die Methode `YES` zurückgibt, wird die Verschiebeaktion trotz des Fehlers fortgeführt, wenn noch Dateien oder Verzeichnisse verschoben werden müssen. Wenn `NO` zurückgegeben wird, wird die Aktion abgebrochen.

Löschen von Dateisystem-Einträgen

Das Löschen von Dateien oder Verzeichnissen erfolgt mit der Funktion `removeItemAtPath:error:`.

Die Parameterbelegung ist äquivalent zum Kopieren und Verschieben. Im Unterschied dazu wird jedoch eine Ausnahme vom Typ `NSInvalidArgumentException` ausgelöst, wenn als Pfad `"."` oder `".."` übergeben wird.

```
NSString *source = [@"~/remove.me" stringByStandardizingPath];
NSError *error = [[NSError alloc] init];
NSFileManager *manager = [NSFileManager defaultManager];

if (![manager removeItemAtPath:source error:&error]) {
    NSLog(@"Fehler beim Löschen: %@", error);
}
```

Listing 12.7: Benutzung der Funktion `removeItemAtPath:error:`

Ebenso wie beim Verschieben und Kopieren werden auch beim Löschen Methoden des Delegationsobjekts aufgerufen. Vor dem eigentlichen Löschen wird `fileManager:shouldRemoveItemAtPath:` aufgerufen und bei einem aufgetretenen Fehler wird `fileManager:shouldProceedAfterError:removingItemAtPath:` aufgerufen.

Erstellen von Dateisystem-Einträgen

Das Erstellen von Einträgen im Dateisystem unterscheidet funktional zwischen Dateien und Verzeichnissen.

Um eine Datei zu erstellen, wird die Methode `createFileAtPath:contents:attributes:` benutzt. Der erste Parameter ist ein Pfadstring, der die zu erstellende Datei angibt. Der zweite Parameter ist ein `NSData`-Objekt, das den Inhalt der Datei angibt. Der dritte Parameter ist ein `NSDictionary`-Objekt, das die Attribute für die zu erstellende Datei angibt. Dies können der Besitzer der Datei (`NSFileOwnerAccountName`), die ID der Benutzergruppe (`NSFileGroupOwnerAccountID`), die Zugriffsberechtigungen (`NSFilePosixPermissions`) und das Veränderungsdatum (`NSFileCreationDate`) sein. Eine vollständige Liste der definierten Konstanten und ihrer Bedeutung finden Sie in der Dokumentation zu `NSFileManager` im Abschnitt *File Attribute Keys*. Wenn Sie hier `nil` übergeben, werden Standardwerte für die Datei benutzt.

Die Funktion liefert `YES` zurück, wenn die Datei erstellt wurde, und `NO`, wenn die Datei nicht erstellt werden konnte.

Das folgende Beispiel erstellt die Datei `new.file` im Home-Verzeichnis des aktuellen Benutzers. Dabei wird ein leeres `NSData`-Objekt übergeben, um eine leere Datei zu erstellen.

```
NSString *file = [@"~/new.file" stringByStandardizingPath];
NSFileManager *manager = [NSFileManager defaultManager];
NSData *content = [NSData data];

if (![manager createFileAtPath:file contents:content attributes:nil]) {
    NSLog(@"Fehler beim Erstellen");
}
```

Listing 12.8: Erstellen einer Datei

Wichtig

Wenn die Datei bereits im Dateisystem vorhanden ist und die Benutzerberechtigungen dies zulassen, wird sie überschrieben.

Um ein Verzeichnis zu erstellen, existiert die Funktion createDirectory-AtPath:withIntermediateDirectories:attributes:error:. Der erste und letzte Parameter sind bereits ausführlich erläutert worden.

Der zweite Parameter gibt an, ob eine ganze Verzeichnis-Hierarchie erstellt werden soll. Wenn hier YES übergeben wird, werden alle Verzeichnisse erstellt, die nicht existieren, aber Elternverzeichnisse des endgültigen Verzeichnisses sind. Wenn Sie zum Beispiel als Pfadstring ~/Documents/Verzeichnis1/Verzeichnis2/Verzeichnis3 übergeben und unterhalb des Verzeichnisses ~/Documents existiert kein Verzeichnis namens Verzeichnis1, so wird dieses erzeugt. Darin wird dann das Verzeichnis Verzeichnis2 erstellt und darin schließlich das Verzeichnis Verzeichnis3. Wenn als Wert NO übergeben wird, schlägt die Funktion fehl, wenn das Elternverzeichnis des zu erstellenden Verzeichnisses nicht existiert.

Der dritte Parameter ist ein NSDictionary-Objekt, das die Attribute des Verzeichnisses beschreibt. Wenn hier nil übergeben wird, so wird das Verzeichnis mit den Werten der umask des aufrufenden Prozesses erstellt.

Das folgende Beispiel erzeugt die Struktur Verzeichnis1/Verzeichnis2/Verzeichnis3 unterhalb des Home-Verzeichnisses des aktuellen Benutzers:

```
NSString *path = [@"~/Verzeichnis1/Verzeichnis2/Verzeichnis3"
                  stringByStandardizingPath];
NSError *error = [[NSError alloc] init];
NSFileManager *manager = [NSFileManager defaultManager];

if (![manager createDirectoryAtPath:path
              withIntermediateDirectories:YES
              attributes:nil
              error:&error])
{
    NSLog(@"Fehler beim Erstellen: %@", error);
}
```

Listing 12.9: Erstellen eines Verzeichnisses

Handler für Operationen

Die Klasse NSFileManager bietet neben dem direkten Setzen eines Delegationsobjekts noch die Benutzung eines Handlers an. Ein Handler funktioniert im Prinzip wie ein Delegationsobjekt, indem er zwei Methoden enthält, die aufgerufen werden. Im Unterschied zu einem Delegationsobjekt, das für die gesamte Klasse NSFileManager gesetzt ist, wird ein Handler für jeden Funktionsaufruf gezielt angegeben.

Operationen, die Handler unterstützen, sind das Kopieren, Verschieben und Löschen von Dateisystemeinträgen. Entsprechend gibt es die Methoden `movePath:toPath:handler:`, `copyPath:toPath:handler:` und `removeFileAtPath:handler:`, die jeweils als letzten Parameter ein Handler-Objekt übergeben bekommen.

Bevor jeweils eine Operation ausgeführt wird, wird die Funktion `fileManager:willProcessPath:` des Handlers aufgerufen. Diese bekommt als ersten Parameter den File Manager übergeben, der die Operation ausführt, und als zweiten Parameter den Pfadstring, für den die Operation durchgeführt wird. Es wird keine Information darüber geliefert, welche Operation durchgeführt wird. Außerdem hat die Funktion den Rückgabetyp `void`, kann also im Gegensatz zu den entsprechenden Methoden des Delegationsobjekts nicht verhindern, dass die Operation startet.

Wenn während der Operation ein Fehler auftritt, wird die Methode `fileManager:shouldProceedAfterError:` aufgerufen. Der erste Parameter ist wieder der File Manager, der die Operation durchgeführt hat. Der zweite Parameter ist ein `NSDictionary`-Objekt, das Informationen zum Fehler speichert.

Unter dem Schlüssel `"Error"` ist eine Beschreibung des Fehlers gespeichert. Der Schlüssel `"Path"` gibt den Pfad an, bei dem der Fehler aufgetreten ist. Dies ist normalerweise der Quellpfad. Der Schlüssel `"ToPath"` gibt den Zielpfad an. Dieser Schlüssel ist jedoch nicht bei allen Fehlern belegt.

Die Methode muss `YES` zurückgeben, wenn trotz des Fehlers die Operation weiter durchgeführt werden soll, oder `NO`, wenn die Bearbeitung abgebrochen werden soll.

Sonstige Funktionen

Abschließend sollen noch drei Funktionen vorgestellt werden, die bei der Arbeit mit Dateisystemen besonders nützlich sind.

Die erste Funktion ist `fileExistsAtPath:`, die zu einem übergebenen Pfadstring überprüft, ob die angegebene Datei oder das angegebene Verzeichnis existiert, und entsprechend `YES` oder `NO` zurückgibt.

Wenn der Pfadstring auf einen symbolischen Link zeigt, wird dieser aufgelöst und die Methode gibt entsprechend `YES` oder `NO` zurück, abhängig davon, ob die Datei, auf die der Link verweist, existiert.

> **Hinweis**
>
> Die Methode `fileExistsAtPath:` lässt sich gut zusammen mit den Methoden zum Kopieren und Verschieben verwenden.

In manchen Fällen ist es nützlich zu wissen, welche Dateien und Verzeichnisse in einem Verzeichnis enthalten sind. Hierzu gibt es die Methode `enumeratorAtPath:`, die einen `NSDirectoryEnumerator` für einen Pfadstring erstellt. Ein `NSDirectoryEnumerator` ist eine Unterklasse von `NSEnumerator` und durchläuft das angegebene Verzeichnis rekursiv. Mit der Funktion `skipDescendents` kann die Rekursion für das aktuell im Enumerator aktive Verzeichnis übersprungen werden.

Das folgende Beispiel durchläuft das Home-Verzeichnis des aktuellen Benutzers rekursiv. Wenn es dabei auf ein Programm-Bundle stößt, wird für dieses die Rekursion nicht durchgeführt:

```
NSString *path = [@"~" stringByStandardizingPath];

NSDirectoryEnumerator *direnum = [[NSFileManager defaultManager]
                                  enumeratorAtPath:path];
NSString *entry;
while (entry = [direnum nextObject]) {
    if ([[entry pathExtension] isEqualToString:@"app"])  {
        [direnum skipDescendents];
    } else {
        NSLog(@"Eintrag: %@", entry);
    }
}
```

Listing 12.10: Aufzählen eines Verzeichnisses

Eine letzte nützliche Funktion von `NSFileManager` ist das Vergleichen von zwei Einträgen im Dateisystem auf inhaltliche Übereinstimmung. Hierfür steht die Methode `contentsEqualAtPath:andPath:` zur Verfügung.

Hierbei wird unterschieden, ob es sich bei den beiden angegebenen Pfadstrings um Verzeichnisse oder Dateien handelt. Wenn es sich um Dateien handelt, wird zunächst überprüft, ob beide Dateien die gleiche Größe besitzen. Ist dies der Fall, wird danach überprüft, ob sie den gleichen Inhalt besitzen.

Wenn es sich bei den Pfadstrings um Verzeichnisse handelt, ist der Inhalt die Liste der enthaltenen Dateien und Unterverzeichnisse. Der Inhalt von Unterverzeichnissen wird rekursiv mit verglichen. Symbolische Links werden nicht aufgelöst, sondern direkt verglichen.

Entsprechend wird `YES` oder `NO` zurückgegeben, abhängig davon, ob die beiden Einträge gleich sind.

Diese Methode löst keine symbolischen Links auf. Wenn die Pfadstrings symbolische Links bezeichnen, werden die beiden Links miteinander verglichen.

12.3 Streams

Streams (im Deutschen **Ströme** oder **Flüsse**) sind eine kontinuierliche Sequenz von Daten, die seriell übertragen werden. Ein Stream ist unidirektional, das heißt, aus der Perspektive eines Programms kann aus einem Stream entweder gelesen werden oder es können Daten in den Stream geschrieben werden.

Innerhalb eines Streams fließen die Daten immer von einer Quelle zu einer Senke, wie in Abbildung 12.5 dargestellt.

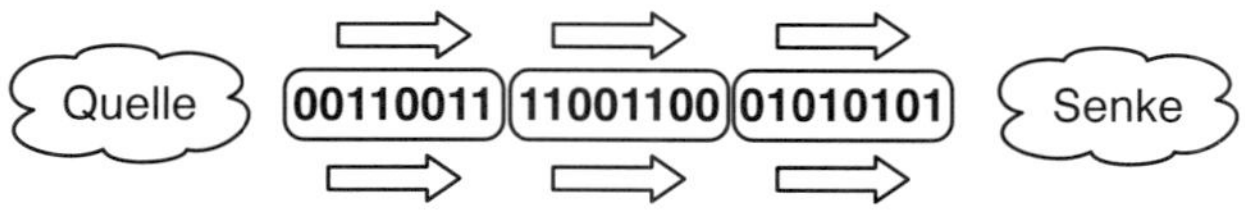

Abb. 12.5: Flussrichtung eines Streams

Sowohl die Quelle als auch die Senke können von verschiedenster Art sein. So kann etwa die Quelle eine Netzwerkverbindung sein und die Senke eine Datei.

Üblicherweise wird man die Daten auf ihrem Weg von einem Speicherort an einen anderen unterwegs bearbeiten wollen. Um dies zu tun, wird der Stream aus der Quelle in ein Programm geleitet und ein anderer Stream mit den bearbeiteten Daten wird aus dem Programm heraus in die Senke geleitet.

Da Streams unidirektional sind, kann aus Sicht des Programms der Stream aus der Quelle nur gelesen werden und in den Stream, der in die Senke fließt, kann nur geschrieben werden.

Der Stream von der Senke in das Programm wird **InputStream** genannt, da hier die Daten in das Programm hereinfließen.

Der Stream vom Programm zur Senke wird **OutputStream** genannt, da hier die Daten wieder aus dem Programm herausfließen.

Diese Beziehung ist in Abbildung 12.6 skizziert. In diesem Beispiel fungiert das Programm sowohl als Senke für den InputStream als auch als Quelle für den OutputStream.

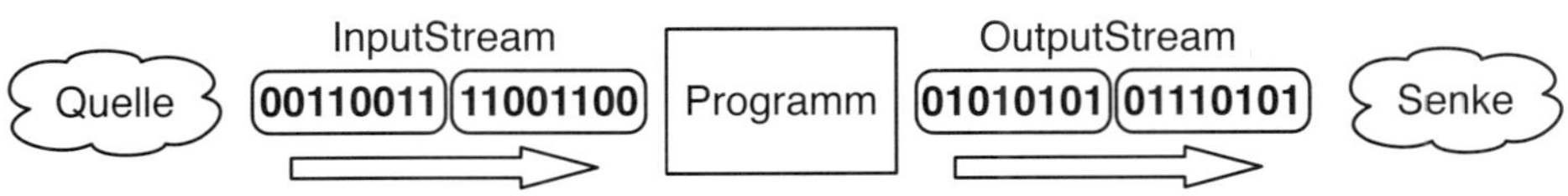

Abb. 12.6: Input- und OutputStream

Ein Stream wird in Cocoa durch die Klasse `NSStream` beschrieben. Diese Klasse definiert eine Schnittstelle, die alle Stream-Klassen implementieren müssen. Sie ist jedoch nicht dafür gedacht, direkt instanziiert und benutzt zu werden.

In der Klasse NSStream sind die Funktionen definiert, die für alle Stream-Arten gleich sind. Dies sind vor allem die Methoden open und close, die einen Stream zum Lesen bzw. Schreiben öffnen und ihn wieder schließen. Wenn ein Stream geschlossen wurde, kann er nicht wieder geöffnet werden.

Die Methode streamStatus gibt einen Wert vom Typ NSStreamStatus zurück. Der Header NSStream.h enthält eine Aufzählung der in Cocoa definierten Status-Konstanten.

Die Methode streamError gibt ein NSError-Objekt zurück, das den aktuellen Fehler des Streams beschreibt. Wenn kein Fehler aufgetreten ist, wird nil zurückgegeben.

Jedem Stream-Objekt sind verschiedene Eigenschaften zugeordnet. Die meisten Eigenschaften konfigurieren die Netzwerkeigenschaften eines Streams wie Sicherheits- und Proxy-Einstellungen.

Die Eigenschaft NSStreamFileCurrentOffsetKey dient dazu, die aktuelle Schreib- oder Leseposition innerhalb eines Streams zu setzen, wenn der Stream dies unterstützt. In den vom Cocoa-Framework bereitgestellten Streams bieten dies nur Streams an, die auf einer Datei arbeiten (entweder als Quelle oder als Senke).

Auf einen Stream kann auf zwei unterschiedliche Arten zugegriffen werden: blockierend (synchron) oder nicht blockierend (asynchron).

Blockierender Zugriff bedeutet, dass der Zugriff auf den Stream innerhalb einer Schleife durchgeführt wird, die erst dann verlassen wird, wenn entweder ein Fehler auftritt oder der Stream nicht weiter benötigt wird.

Innerhalb dieser Schleife fragt das Programm immer wieder den Stream, ob Daten zum Auslesen zur Verfügung stehen bzw. Platz zum Schreiben bereitsteht.

Der Nachteil des blockierenden Zugriffs ist, dass das Programm in der Zeit der Stream-Bearbeitung nichts anderes machen kann. Daher auch der Begriff *blockierender Zugriff*: Das Programm ist in dieser Zeit blockiert.

Als Alternative zum blockierenden Zugriff gibt es den nicht blockierenden Zugriff. Hierbei geschieht die Verarbeitung eines Stream-Objekts innerhalb einer Run Loop. Dem Stream-Objekt wird ein Delegationsobjekt zugewiesen, das von der Run Loop benachrichtigt wird, wenn Daten zum Lesen vorliegen bzw. der Stream Platz zum Schreiben hat.

Im Folgenden werden die Klassen für Input- und OutputStreams des Cocoa-Frameworks erläutert. Dabei wird blockierender Zugriff auf den Stream benutzt. Der nicht-blockierende Zugriff auf einen Stream wird im Detail in Abschnitt 12.3.3 vorgestellt.

12.3.1 InputStreams

Ein InputStream ist im Cocoa-Framework durch die Klasse `NSInputStream` implementiert und bietet zwei zusätzliche Stream-Arten:

Es kann ein InputStream erzeugt werden, der ein `NSData`-Objekt als Quelle benutzt. Außerdem kann ein InputStream erzeugt werden, der aus einer Datei gespeist wird.

Als Beispiel für den folgenden Abschnitt nehmen wir an, dass eine Datei `input.txt` im Verzeichnis des aktuellen Benutzers existiert und den folgenden Inhalt als UTF8-kodiert enthält:

```
Hallo Welt,
dies ist eine Datei.
```

Listing 12.11: Inhalt der Datei `input.txt`

Um einen InputStream zu erstellen, der eine Datei als Quelle hat, gibt es den Convenience-Konstruktor `inputStreamWithFileAtPath:` bzw. die entsprechende `init`-Methode. Übergeben wird ihr ein Pfadstring. Dies sieht für unser Beispiel so aus:

```
NSString *path = [@"~/input.txt" stringByStandardizingPath];
NSInputStream *stream = [NSInputStream inputStreamWithFileAtPath:path];
```

Danach muss der Stream zuerst geöffnet werden, um das Auslesen des Streams zu ermöglichen. Dies geschieht mit der Methode `open`:

```
[stream open];
```

Mit der Methode `hasBytesAvailable` wird überprüft, ob Bytes zum Lesen im Stream zur Verfügung stehen. Diese Methode gibt YES zurück, wenn Daten bereitstehen, und NO, wenn dies nicht der Fall ist. Die Methode gibt jedoch keine Informationen darüber zurück, wie viele Daten zur Verfügung stehen. Üblicherweise wird man in einer Schleife so lange auf den Stream zugreifen, wie Daten zum Lesen zur Verfügung stehen, wie im folgenden Beispiel gezeigt:

```
while ([stream hasBytesAvailable]) {
    /* einlesen */
}
```

Um Daten aus einem InputStream zu lesen, gibt es die Funktion `read:maxLength:`.

Diesem wird als ersten Parameter ein Puffer auf ein C-Array übergeben. Als Wert für `maxLength` muss die maximale Anzahl der Bytes, die in das Array geschrieben werden können, übergeben werden. Beim Aufruf von `read:maxLength:` werden maximal so viele Bytes gelesen und in das Array geschrieben, wie durch `maxLength` angegeben wurde. Wenn im Stream jedoch weniger Daten als angefordert vorliegen, werden nur diese gelesen. Die Anzahl der tatsächlich gelesenen Bytes wird von der Funktion als `NSInteger` zurückgegeben. Im folgenden Beispiel sei durch `buffer` ein C-Array mit ausreichend Speicherplatz beschrieben:

```
NSUInteger len = [stream read:buffer maxLength:1024];
```

Vorsicht

Wenn Sie mit `read:maxLength:` Daten aus einem InputStream in ein C-Array gelesen haben, ist es nur sicher, aus diesem Array so viele Daten zu lesen, wie der Aufruf zurückgegeben hat. Der Zustand der restlichen Einträge ist nicht definiert.

Am Ende muss der Stream noch mit `close` geschlossen werden. Dadurch werden alle Ressourcen, die beim Öffnen des Streams reserviert wurden, wieder freigegeben:

```
[stream close];
```

Der gesamte Code, der den oben beschriebenen Ablauf umsetzt, ist in Listing 12.12 gezeigt. Zusätzlich zu den oben beschriebenen Funktionen wird noch ein `NSData`-Objekt benutzt, um die gelesenen Bytes zu speichern. Dieses wird am Ende in einen `NSString` umgewandelt, um eine lesbare Ausgabe (Abbildung 12.7) erzeugen zu können.

```
NSString *path = [@"~/input.txt" stringByStandardizingPath];

NSMutableData *data = [NSMutableData data];
uint8_t buffer[1024];

NSInputStream *stream = [NSInputStream inputStreamWithFileAtPath:path];
[stream open];
while ([stream hasBytesAvailable]) {
    NSUInteger len = [stream read:buffer maxLength:1024];
    NSLog(@"%li Bytes gelesen", len);
    [data appendBytes:(const void *)buffer length:len];
}

[stream close];
NSString *string = [[NSString alloc] initWithData:data
                                         encoding:NSUTF8StringEncoding];
NSLog(@"%@", string);
```

Listing 12.12: Blockierendes Lesen aus einer Datei

```
Meldung
32 Bytes gelesen
0 Bytes gelesen
Hallo Welt,
dies ist eine Datei.
```

Abb. 12.7: Ausgabe von Listing 12.12

12.3.2 OutputStreams

OutputStreams implementiert das Cocoa-Framework durch die Klasse `NSOutputStream`. Ein OutputStream fließt immer in Richtung einer Senke, wie in Abbildung 12.6 zu sehen ist.

Ein OutputStream erbt ebenso wie ein InputStream von der Klasse `NSStream` und erweitert diese um die Möglichkeit, Pfade und `NSData`-Objekte als Senke zu benutzen.

Unser Ziel für diesen Abschnitt ist es, eine Datei `output.txt` im Verzeichnis des aktuellen Benutzers anzulegen und sie mit dem im folgenden Listing gezeigten Inhalt zu füllen.

```
Hallo Welt,
das ist eine Ausgabe
```

Listing 12.13: Inhalt der Datei `output.txt`

Im Folgenden werden zunächst die einzelnen Schritte beschrieben, die konzeptionell benötigt werden, um mit einem OutputStream in eine Datei zu schreiben. Das komplette Beispiel findet sich dann in Listing 12.14.

Als Erstes müssen wir den Stream erstellen. Da das Ziel dieses OutputStreams eine Datei sein soll, benutzen wir dazu den Convenience-Konstruktor `outputStreamToFileAtPath:append:`.

Diesem wird als erster Parameter ein Pfadstring übergeben, der das Ziel des OutputStreams angibt.

Wenn wir in eine Datei schreiben wollen, kann es natürlich sein, dass sie schon existiert. Daher kann man mit dem Parameter `append` angeben, was in diesem Fall passiert. Wenn man hier `YES` übergibt, so wird die Datei geöffnet und der Positionszeiger auf ihr Ende gesetzt. Jede nachfolgende Schreiboperation würde nun Daten an das Ende der Datei anhängen. Wenn man dies nicht möchte, muss man für `append` den Wert `NO` übergeben. In diesem Fall wird der Inhalt der Datei zuerst gelöscht und anschließend in die leere Datei geschrieben. Der alte Inhalt der Datei geht hierbei verloren.

Das folgende Beispiel zeigt, wie ein OutputStream für eine Datei erstellt wird. Dabei wird die Datei geleert, falls sie schon existiert:

```
NSString *path = [@"~/output.txt" stringByStandardizingPath];
NSOutputStream *stream = [NSOutputStream outputStreamToFileAtPath:path
            append:NO];
```

Im nächsten Schritt muss der Stream geöffnet werden, um das Schreiben in ihn zu ermöglichen. Hierfür wird wieder die Methode `open` aus `NSStream` benutzt:

```
[stream open];
```

In einen OutputStream kann nur geschrieben werden, wenn Platz vorhanden ist. Daher kann mit der Methode `hasSpaceAvailable` überprüft werden, ob dies der Fall ist. Diese Methode gibt entsprechend `YES` zurück, wenn Platz vorhanden ist oder ein Schreibversuch unternommen werden muss, um festzustellen, ob der Stream Platz hat, und `NO`, wenn kein Platz vorhanden ist. Jedoch liefert sie keine Informationen darüber, *wie viel* Platz zum Schreiben vorhanden ist.

Genau wie beim Lesen erfolgt das Schreiben in einen OutputStream im blockierenden Fall in einer Schleife, die abgebrochen wird, wenn alle Daten geschrieben wurden oder ein Fehler aufgetreten ist. Dies ist im folgenden Beispiel skizziert:

```
while ([stream hasSpaceAvailable] && /*Daten zum Schreiben vorhanden*/]) {
    if (/*Fehler beim Schreiben aufgetreten*/)
        break;
}
```

Das eigentliche Schreiben in einen OutputStream übernimmt die Methode `write:maxLength:`.

Hierbei übergibt man als ersten Parameter einen Zeiger auf ein C-Array, das die zu schreibenden Daten enthält. Auf dieses C-Array wird von der Stream-Methode nur lesend zugegriffen. Mit dem Parameter `maxLength` wird angegeben, wie viele Bytes aus dem Stream maximal geschrieben werden sollen.

Die Rückgabe der Methode `write:maxLength:` ist die Anzahl der tatsächlich geschriebenen Bytes. Diese kann – abhängig vom Zustand des Streams – kleiner sein als die durch den Parameter `maxLength` vorgegebene Anzahl an Bytes. Für den Fall, dass ein Fehler aufgetreten ist, wird `-1` zurückgegeben.

Das folgende Beispiel zeigt das Schreiben in einen OutputStream. Dabei ist `readBytes` ein C-Array, das die zu schreibenden Daten enthält, und `len` die Anzahl der maximal zu schreibenden Bytes:

```
NSUInteger len = [stream write:readBytes maxLength:len];
```

Wenn das Schreiben in den Stream abgeschlossen ist, muss dieser wieder mit `close` geschlossen werden:

```
[stream close];
```

Listing 12.14 zeigt den kompletten Code zum blockierenden Schreiben.

Die Methode `write:maxLength:` bekommt einen Zeiger auf ein C-Array übergeben. Daher wird die zu schreibende Zeichenkette zuerst in ein `NSData`-Objekt überführt. Diese gibt mit `bytes` einen Zeiger auf ein konstantes C-Array zurück.

In der Variablen `dataIndex` ist die aktuelle Position im `NSData`-Objekt gespeichert. Es wird mit `0` initialisiert und nach jeder Schreiboperation um die Anzahl der geschriebenen Bytes erhöht. Da wir mit Zeigern auf C-Arrays arbeiten, können wir den in `dataIndex` gespeicherten Wert auf den Zeiger addieren, um so die Position innerhalb des Arrays zu verschieben.

```
NSString *path = [@"~/output.txt" stringByStandardizingPath];
NSString *content = @"Hallo Welt,\ndas ist eine Ausgabe";
NSData *data = [content dataUsingEncoding:NSUTF8StringEncoding];
NSOutputStream *stream = [NSOutputStream outputStreamToFileAtPath:path
                                                           append:NO];
NSUInteger dataIndex = 0;

[stream open];

while ([stream hasSpaceAvailable] && dataIndex < [data length]) {
    uint8_t *readBytes = (uint8_t *)[data bytes];
    readBytes += dataIndex;
    NSUInteger len = [data length] - dataIndex;
    len = [stream write:readBytes maxLength:len];
    dataIndex += len;

    NSLog(@"%li Bytes geschrieben", len);
    if (len == -1)
    {
        NSLog(@"Fehler : %@", [stream streamError]);
        break;
    }
}
[stream close];
```

Listing 12.14: Blockierendes Schreiben in eine Datei

```
Meldung
32 Bytes geschrieben
```

Abb. 12.8: Ausgabe von Listing 12.14

12.3.3 Nicht-blockierender Zugriff auf Streams

Bislang haben wir uns mit dem blockierenden Zugriff auf Streams beschäftigt. Dieser ist zwar einfacher zu benutzen, führt aber in vielen Situationen zu mehr Problemen als Nutzen.

Blockierende Streams halten den aktuellen Thread aus Sicht des Benutzers an. Dies führt zum Beispiel dazu, dass in einer GUI-Applikation die Nachrichten für das Neuzeichnen der GUI nicht mehr verarbeitet werden können, wenn man innerhalb des dafür zuständigen Threads einen blockierenden Stream verwendet. Solange die Stream-Behandlung hier nicht abgeschlossen ist, sieht es für den Anwender so aus, als wenn das Programm abgestürzt ist. Ein Zustand, den man unbedingt vermeiden sollte.

Um die Probleme mit blockierenden Streams zu umgehen, wollen wir uns im Folgenden ansehen, wie man Streams auf eine asynchrone Weise benutzt und einen nicht-blockierenden Zugriff auf sie erhält.

Um einen Stream asynchron zu verwenden, muss die Stream-Behandlung nebenläufig zum Hauptprogramm erfolgen. Für solche Aufgaben können Streams über eine Run Loop verarbeitet werden, die Sie in Kapitel 14 kennenlernen.

Die Klasse `NSStream` bietet als Basisklasse für alle Stream-Arten bereits die Möglichkeit an, einen Stream als Inputquelle einer Run Loop hinzuzufügen.

Hierzu gibt es die Methode `scheduleInRunLoop:forMode:`, die, an ein Stream-Objekt gesendet, dieses in einer Run Loop als Quelle einreiht, um darüber die auftretenden Ereignisse zu verarbeiten. Anzugeben ist hierbei die Run Loop und der Modus, in dem der Stream verarbeitet werden soll.

Entsprechend beendet die Methode `removeFromRunLoop:forMode:` die Verarbeitung des Streams durch die Run Loop für den angegebenen Modus.

Innerhalb der Run Loop kann nun nebenläufig zum Hauptprogramm festgestellt werden, ob in den Stream geschrieben bzw. aus ihm gelesen werden kann, ohne den Rest des Programms zu blockieren.

Bleibt nur noch die Frage zu klären, wie das Hauptprogramm darüber informiert wird, dass der Stream bereit zur Bearbeitung ist. Die Lösung hierfür ist, wie so oft im Cocoa-Framework, Delegation.

Einem Stream kann mit der Funktion `setDelegate:` ein Delegationsobjekt zugewiesen werden. Da diese Methode in `NSStream` definiert ist, gilt sie für jede Art von Stream. In diesem Delegationsobjekt wird die Methode `stream:handleEvent:` aufgerufen, wenn für den Stream ein Ereignis wie zum Beispiel »Platz zum Schreiben oder Daten zum Lesen vorhanden« vorliegt.

Ein gutes Beispiel, um nicht-blockierende Streams zu verwenden, ist der Zugriff auf einen Stream, der auf eine Netzwerkverbindung zugreift. Je nach Art der Verbindung können hier jederzeit Daten von außerhalb gesendet werden. Ein blockierender Zugriff auf den Stream ist hier kaum möglich.

Im Folgenden wollen wir uns ansehen, wie man eine Verbindung über einen Netzwerksocket aufbaut und asynchron benutzt.

Um den Beispielcode einfach zu halten, treffen wir ein paar Annahmen.

Zunächst sollten Sie auf Port 80 auf Ihrem lokalen Rechner einen HTTP-Server aktiviert haben, indem Sie zum Beispiel das »Web-Sharing« von Mac OS aktiviert haben.

Außerdem steht der Beispielcode in einem Programm, das automatisch eine Run Loop zur Verfügung stellt. Dies ist zum Beispiel eine Cocoa-Anwendung mit GUI.

Die Idee für das Beispiel ist die folgende: Zunächst öffnen wir eine Verbindung zu einem Netzwerkhost. Die beiden zurückgegebenen Streams speichern wir in Instanzenvariablen. Danach setzen wir für beide Streams das Delegationsobjekt und sehen sie zur Ausführung in einer Run Loop vor. Als Letztes öffnen wir sie und reagieren auf die gesendeten Ereignisse.

Listing 12.15 zeigt die Header-Datei des Delegationsobjekts. Als Klassenvariablen haben wir die beiden Streams, über die die Kommunikation mit dem Netzwerkhost läuft. Außerdem existiert ein `NSData`-Objekt mit den Daten, die in den OutputStream geschrieben werden sollen, sowie einen Zeiger auf die aktuelle Position innerhalb dieses Datenobjekts. Schließlich speichern wir noch, ob im Stream gerade Platz zum Schreiben bereitsteht.

```
#import <Cocoa/Cocoa.h>

@interface StreamDelegate : NSObject
                    <NSStreamDelegate> {
    NSInputStream *input;
    NSOutputStream *output;
    NSData *dataToWrite;
    NSUInteger dataIndex;
    BOOL hasSpaceAvailable;
}

-(IBAction)openStreams:(id)sender;
-(void)handleInputStream:(NSStreamEvent)event;
-(void)handleOutputStream:(NSStreamEvent)event;
@end
```

Listing 12.15: `StreamDelegate.h`

Der erste Schritt ist es, die Verbindung zum Host aufzubauen. Dies geschieht in der Methode `openStreams:`, die in Listing 12.16 gezeigt ist.

Die Klasse `NSStream` bietet die Funktion `getStreamsToHost:port:inputStream:outputStream:` an, die genau dies ermöglicht. Dazu wird der Methode als erster Parameter ein `NSHost`-Objekt übergeben. Dieses erzeugen wir der Einfachheit halber mit einem Aufruf von `hostWithName:`.

Der zweite Parameter ist der Port, auf dem die Verbindung zum entfernten Host aufgebaut werden soll. Sie wird direkt als `NSInteger` übergeben. Da wir eine einfache HTTP-Verbindung benutzen wollen, nehmen wir hier den Port 80.

Die letzten beiden Parameter sind Zeiger auf Zeiger von Input- bzw. OutputStream. Der Aufruf von `getStreamsToHost:port:inputStream:outputStream:` setzt diese Zeiger bei einem erfolgreichen Aufbau der Verbindung auf gültige Objekte, die dann eine Verbindung mit dem Host ermöglichen. Wenn der Verbindungsaufbau nicht erfolgreich war, zeigen die Stream-Objekte auf `nil`. Das folgende Beispiel zeigt die Benutzung dieser Methode. `host` ist dabei ein `NSHost`-Objekt.

```
[NSStream getStreamsToHost:host port:80
              inputStream:&input
              outputStream:&output];
```

Zu beachten ist, dass sich die zurückgegebenen Streams im Autorelease Pool befinden. Um sie außerhalb der aufrufenden Prozedur weiterzubenutzen, muss an diese zunächst ein `retain` gesendet werden, wenn Reference Counting benutzt wird.

Nachdem nun die beiden Streams zum Host zur Verfügung stehen, setzen wir das Delegationsobjekt. Hier wird `self` übergeben, da `openStream:` eine Methode der Delegationsklasse ist. Nun müssen die Streams noch für die Ausführung innerhalb einer Run Loop vorgesehen werden. Dazu wird `scheduleInRunLoop:forMode:` gesendet.

Damit das Delegationsobjekt überhaupt Benachrichtigungen empfangen kann, müssen die Streams mit `open` erst zum Lesen bzw. Schreiben geöffnet werden.

```
- (IBAction)openStreams:(id)sender {
    NSHost *host = [NSHost hostWithName:@"localhost"];
    NSInputStream *inputStream;
    NSOutputStream *outputStream;
    [NSStream getStreamsToHost:host port:80
              inputStream:&inputStream
              outputStream:&outputStream];

    input = inputStream;
    output = outputStream;
```

```
    [input setDelegate:self];
    [output setDelegate:self];

    [input scheduleInRunLoop:[NSRunLoop currentRunLoop]
           forMode:NSDefaultRunLoopMode];

    [output scheduleInRunLoop:[NSRunLoop currentRunLoop]
           forMode:NSDefaultRunLoopMode];

    [input open];
    [output open];

    dataToWrite = [@"GET / HTTP/1.0\r\n\r\n"
     dataUsingEncoding:NSUTF8StringEncoding];
    dataIndex = 0;
    hasSpaceAvailable = NO;
}
```

Listing 12.16: Die Methode `openStreams:`

Der eigentliche Zugriff auf die Streams findet außerhalb der Methode `openStreams:` statt. Daher werden die zu schreibenden Daten zunächst in ein `NSData`-Objekt gespeichert. Der Positionszeiger `dataIndex`, der angibt, ab welcher Position im Datenobjekt die Daten entnommen werden sollen, wird mit 0 initialisiert.

Nach der Öffnung der Streams wird nun die Methode `stream:handleEvent:` des Delegationsobjekts aufgerufen, sobald ein Ereignis für den Stream vorliegt. Da die beiden Streams das gleiche Delegationsobjekt gesetzt bekommen haben, wird in der Methode `stream:handleEvent:` zunächst überprüft, für welchen Stream der Aufruf gültig ist (Listing 12.17). Dieser wird im Parameter `stream` mitgeliefert. Das Ereignis steht im Parameter `eventCode`.

Die eigentliche Behandlung der Ereignisse findet dann in den Methoden `handleInputStream:` und `handleOutputStream:` statt, die das Stream-Ereignis übergeben bekommen.

```
- (void)stream:(NSStream *)stream handleEvent:(NSStreamEvent)eventCode {
    if (stream == input)
        [self handleInputStream:eventCode];
    else if (stream == output)
        [self handleOutputStream:eventCode];
}
```

Listing 12.17: Die Methode `stream:handleEvent:`

Sehen wir uns zunächst die Behandlung des OutputStreams durch die Methode `handleOuputStream:` an, wie sie in Listing 12.18 gezeigt ist. Um das Beispiel möglichst übersichtlich zu halten, behandelt die Methode nur das Ereignis `NSStreamEventHasSpaceAvailable`. In einem vollständigen Programm würde man natürlich auch die anderen Ereignisse behandeln, wie zum Beispiel `NSStreamEventErrorOccurred`. Eine Auflistung der gültigen Ereigniskonstanten finden Sie in der Datei `NSStream.h`.

Hinweis

Was die optimale Anzahl der zu lesenden oder zu schreibenden Bytes für einen Stream ist, lässt sich pauschal nicht sagen. Dies ist abhängig vom Stream-Typ.

Apple empfiehlt hier, abhängig vom Stream-Typ 512, 1024 oder eine ganze Speicherseite (4096) auf einmal zu lesen oder zu schreiben.

```
- (void)handleOutputStream:(NSStreamEvent)event {
    switch (event) {
        case NSStreamEventHasSpaceAvailable: {
            if ((dataToWrite != nil) && (dataIndex < [dataToWrite length]))
            {
                uint8_t *readBytes = (uint8_t *)[dataToWrite bytes];
                readBytes += dataIndex;
                NSUInteger len = [dataToWrite length] - dataIndex;
                len = [output write:readBytes maxLength:len];
                dataIndex += len;

                NSLog(@"%li Bytes geschrieben", len);
                if (len == -1) {
                    NSLog(@"Fehler : %@", [output streamError]);
                }
                hasSpaceAvailable = NO;
            } else {
                hasSpaceAvailable = YES;
            }
            break;
        }
    }
}
```

Listing 12.18: Die Methode `handleOutputStream:`

Sobald der Stream Platz zum Schreiben hat, wird das Delegationsobjekt mit dem Ereignis `NSStreamEventHasSpaceAvailable` benachrichtigt. Daraufhin kann man mit dem Schreiben in den Stream beginnen. Das eigentliche Schreiben erfolgt genau wie beim blockierenden Zugriff mit `write:maxLength:`.

Beim blockierenden Zugriff hatten wir innerhalb einer `while`-Schleife so lange geschrieben, wie Platz vorhanden und unser Datenobjekt nicht vollständig in den Stream geschrieben war. Beim nicht-blockierenden Zugriff führen wir den Schreibzugriff hingegen jedes Mal durch, wenn Platz vorhanden ist. Wir fragen den Stream also nicht aktiv danach, ob er Platz hat, sondern wir lassen uns vom Stream benachrichtigen, wenn dies der Fall ist.

Der Stream sendet die Benachrichtigung, dass Platz vorhanden ist, einmal. Danach muss in den Stream geschrieben werden, um wieder eine Benachrichtigung zu erhalten. Die Idee dahinter ist, dass man das Programm nicht mit Benachrichtigungen fluten will. Daher merkt sich das Delegationsobjekt in der Instanzenvariablen `hasSpaceAvailable`, wenn Platz zum Schreiben zur Verfügung steht, jedoch nichts geschrieben wurde. Wenn man nun wieder in den Stream schreiben möchte und `hasSpaceAvailable` enthält den Wert `YES`, kann man sofort losschreiben. Nach dem ersten Schreiben erhält man dann auch wieder Ereignis-Benachrichtigungen.

Das Lesen aus dem Stream erfolgt in der Methode `handleInputStream:`, wenn das Ereignis `NSStreamEventHasBytesAvailable` gesendet wird. Immer wenn Daten zur Verfügung stehen, werden sie aus dem Stream gelesen und in die Konsole geschrieben (Listing 12.19). Sinnvollerweise würde man die Daten natürlich verarbeiten.

```
- (void)handleInputStream:(NSStreamEvent)event {
    switch (event) {
        case NSStreamEventHasBytesAvailable: {
            NSMutableData *data = [NSMutableData data];
            uint8_t buffer[1024];

            NSUInteger len = [input read:buffer maxLength:1024];
            [data appendBytes:(const void *)buffer length:len];

            NSString *string = [[NSString alloc] initWithData:data
                                   encoding:NSUTF8StringEncoding];
            NSLog(@"gelesen: %@", string);
            break;
        }
    }
}
```

Listing 12.19: Die Methode `handleInputStream:`

Vorsicht

Der eigentliche Schreib- und Lesezugriff auf den Stream erfolgt wiederum nicht nebenläufig zum Hauptprogramm. Daher sollte die Anwendungslogik hier so schnell wie möglich durchlaufen werden. Nehmen Sie insbesondere Abstand davon, innerhalb der Benachrichtigungsfunktion eine Schleife wie beim blockierenden Zugriff zu benutzen.

Socketstreams und iOS

Auf der iOS-Plattform stehen die Klasse `NSHost` und die Methode `getStreamsToHost:port:inputStream:outputStream:` der Klasse `NSStream` nicht zur Verfügung, so dass das obige Beispiel nicht funktioniert.

Da jedoch die nicht durch Cocoa abstrahierten Klassen der CoreFoundation zur Verfügung stehen, lässt sich eine Methode programmieren, die sich fast identisch verhält.

Hierzu machen wir uns zunutze, dass die Klasse `NSStream` eine »toll-free bridge« zu ihrem Gegenstück aus der CoreFoundation `CFStreamRef` ist. Dadurch sind auch die Klassen `NSOutputStream` und `NSInputStream` mit ihren CoreFoundation-Gegenstücken `CFWriteStreamRef` und `CFReadStreamRef` austauschbar.

Eine Implementierung, die zum Beispiel als Kategorie zu `NSStream` implementiert werden kann und sowohl auf dem Mac als auch unter iOS funktioniert, ist in Listing 12.20 dargestellt. Wir benutzen hier die entsprechenden Methoden der CoreFoundation, um die Streams als CoreFoundation-Objekte zu erzeugen. Diese Objekte werden aufgrund von *toll-free bridging* einfach in die entsprechenden Cocoa-Objekte gecastet.

```
+(void)getStreamsToHostNamed:(NSString *)hostName
                        port:(NSInteger)port
                 inputStream:(NSInputStream **)inputStream
                outputStream:(NSOutputStream **)outputStream
{
    CFHostRef host;

    CFReadStreamRef readStream;
    CFWriteStreamRef writeStream;

    readStream = NULL;
    writeStream = NULL;

    host = CFHostCreateWithName(NULL, (__bridge CFStringRef) hostName);
```

```
    if (host != NULL) {
        (void) CFStreamCreatePairWithSocketToCFHost(NULL,
                                                    host,
                                                    port,
                                                    &readStream,
                                                    &writeStream);
        CFRelease(host);
    }
    if (inputStream == NULL) {
        if (readStream != NULL) {
            CFRelease(readStream);
        }
    } else {
        *inputStream = (__bridge_transfer NSInputStream *)readStream;
    }
    if (outputStream == NULL) {
        if (writeStream != NULL) {
            CFRelease(writeStream);
        }
    } else {
        *outputStream = (__bridge_transfer NSOutputStream *)writeStream;
    }
}
```

Listing 12.20: Implementierung von `getStreamsToHostNamed:port:inputStream:outputStream:`

Fazit

Wie oben beispielhaft gezeigt, funktioniert der asynchrone oder nicht-blockierende Zugriff auf Streams mit einem Benachrichtigungsmechanismus. Um diesen zu benutzen, müssen lediglich zwei Voraussetzungen zutreffen:

- Es muss in mindestens einem Thread eine Run Loop arbeiten und mit `scheduleInRunLoop:forMode:` die Verarbeitung der Streams auf diese Run Loop verlagert werden.
- Es muss ein Delegationsobjekt gesetzt werden, das auf die Nachricht `stream:handleEvent:` reagiert.

Wenn diese beiden Voraussetzungen zutreffen, beginnt das Senden der Benachrichtigungen automatisch, sobald die Streams geöffnet werden.

Außerdem lässt sich die gleiche Funktionalität auch unter iOS nachbilden, wenn man sich der CoreFoundation bedient, wie in Listing 12.20 gezeigt wurde.

Hinweis

Da die Vorteile des nicht-blockierenden Zugriffs auf Streams die Nachteile bei Weitem überwiegen, sollten Sie wann immer möglich den nicht-blockierenden Zugriff vorziehen.

12.4 Höhere Ebenen der Ein- und Ausgabe

Die Verwendung von Streams bietet sich an, wenn man sich auf einer sehr niedrigen Ebene der Ein- und Ausgabe befindet. Dies ist zum Beispiel nützlich, wenn man sein eigenes Netzwerk-Protokoll implementieren will. Die Klassen aus dem Cocoa-Framework bieten jedoch für viele Aufgaben eine komfortablere Möglichkeit an, als Streams zu benutzen.

Tipp

Wenn Sie eine Klasse finden, die die von Ihnen gewünschte Funktionalität auf einem höheren Abstraktionslevel bietet, sollten Sie diese benutzen. Trotzdem werden Sie gelegentlich auf die Ebene der Streams zurückgreifen müssen oder wollen.

Ein- und Ausgabe mit den Datenklassen

Die Datenklassen wie `NSString` und `NSData` besitzen spezielle Methoden, die die Initialisierung der Instanz automatisch aus einer Datei oder einer Netzwerkverbindung vornehmen. Dabei ist die Klasse `NSString` dafür zuständig, Textdaten zu verarbeiten, während sich die Klasse `NSData` um binäre Daten kümmert.

Lokale Daten

So kann man zum Beispiel das Auslesen einer Datei – wie in Listing 12.12 mit Hilfe von blockierenden Streams gezeigt – der Klasse `NSString` überlassen. Hierzu genügt ein Aufruf des Convenience-Konstruktors `stringWithContentsOfFile:encoding:error:` bzw. der entsprechenden `init`-Methode. Als erster Parameter ist ein Pfadstring auf die Datei zu übergeben, die gelesen werden soll. Der Parameter `encoding` gibt an, in welcher Kodierung die Datei gespeichert ist. Er ist vom Typ `NSStringEncoding`.

Als dritter Parameter kann ein Zeiger auf ein `NSError`-Objekt übergeben werden, das im Fehlerfall eine genauere Beschreibung des Fehlers enthält. Wenn Sie nicht an möglichen Fehlern interessiert sind, können Sie hier auch einfach `nil` übergeben.

```
NSString *path = [@"~/input.txt" stringByStandardizingPath];
NSError *error = [[NSError alloc] init];
NSString *content = [NSString stringWithContentsOfFile:path
```

```
                                     encoding:NSUTF8StringEncoding
                                     error:&error];
NSLog(@"%@", content);
```

Listing 12.21: Auslesen der Datei `input.txt` mit Methoden aus `NSString`

Listing 12.21 zeigt das Auslesen einer Datei mit den Methoden aus `NSString`. Die Datei ist wieder die in Listing 12.11 beschriebene Datei `input.txt`.

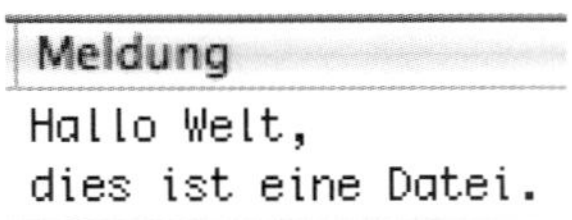

Abb. 12.9: Ausgabe von Listing 12.21

Um einen String in eine Datei zu schreiben, kann auf dem `NSString`-Objekt einfach die Methode `writeToFile:atomically:encoding:error:` aufgerufen werden.

Der erste Parameter enthält wieder einen Pfadstring zur Zieldatei.

Der Parameter `atomically` gibt an, ob der Empfänger zuerst in eine temporäre Datei geschrieben werden soll. Wenn hier `YES` übergeben wird, wird zunächst eine temporäre Datei erstellt, die dann an die angegebene Stelle verschoben wird. Dies garantiert, dass eine Datei, die schon an gleicher Stelle im Dateisystem enthalten ist, nicht zerstört wird, auch wenn das Programm während des Schreibens abstürzt. Wenn `NO` übergeben wird, wird direkt in die Datei geschrieben.

Der Parameter `encoding` gibt an, in welcher Textkodierung die Datei abgespeichert werden soll.

Der letzte Parameter `error` ist ein Zeiger auf ein `NSError`-Objekt, das im Fehlerfall den aufgetretenen Fehler genauer beschreibt. Wenn Sie an Fehlerbeschreibungen nicht interessiert sind, übergeben Sie hier `nil`.

Der Rückgabewert ist entweder `YES`, wenn die Schreiboperation erfolgreich, oder `NO`, wenn die Schreiboperation nicht erfolgreich war. In diesem Fall liefert das für `error` übergebene `NSError`-Objekt nähere Informationen zum Fehler.

Listing 12.22 zeigt beispielhaft, wie eine einfache Textdatei geschrieben wird. Der Inhalt dieser Datei ist nach dem Schreiben der gleiche wie in Listing 12.13 gezeigt.

```
NSString *output = @"Hallo Welt,\ndas ist eine Ausgabe";
NSString *path = [@"~/output.txt" stringByStandardizingPath];
NSError *error;

[output writeToFile:path
```

```
        atomically:NO
          encoding:NSUTF8StringEncoding
             error:&error];
```

Listing 12.22: Schreiben der Datei output.txt mit Methoden aus NSString

Für binäre Dateien ist die Klasse NSData zuständig. Die hierbei verwendeten Methoden unterscheiden sich nur geringfügig. Da es bei binären Daten zu keiner automatischen Umwandlung kommt, entfällt hier der Parameter, der die Kodierung angibt. Stattdessen kann entschieden werden, ob die Daten im Cache des Betriebssystems abgelegt werden sollen oder nicht.

Um ein NSData-Objekt mit dem Inhalt einer Datei zu initialisieren, kann der Convenience-Konstruktor dataWithContentsOfFile:options:error: benutzt werden.

Der erste Parameter sowie der Parameter error verhalten sich genauso wie bei der entsprechenden Methode aus NSString. Der Parameter options gibt an, wie und ob die gelesenen Daten zwischengespeichert werden sollen.

Wenn hier NSMappedRead übergeben wird, weist es das Betriebssystem an, die gelesenen Daten wenn möglich in den virtuellen Speicher zwischenzuspeichern. Wenn das Zwischenspeichern nicht gewünscht wird, kann hier NSUncachedRead übergeben werden. Dies kann bei Daten, die nur einmal gelesen und danach aus dem Speicher entfernt werden, einen Performancevorteil bringen.

Wenn Sie nicht an möglichen Fehlern interessiert sind und die Caching-Strategie dem Cocoa-Framework überlassen wollen, kann die Kurzform der Methode dataWithContentsOfFile: benutzt werden.

Um binäre Daten in einer lokalen Datei zu speichern, gibt es die Methode writeToFile:options:error: bzw. ihre Kurzform writeToFile:atomically:, die sich äquivalent zu der entsprechenden Methode in NSString verhalten.

Daten über eine Netzwerkverbindung laden

Die Klassen NSString und NSData verfügen ebenfalls über Methoden, um Daten über eine Netzwerkverbindung zu lesen.

Für die Klasse NSString erledigt dies die folgende Methode: stringWithContentsOfURL:encoding:error:.

Der einzige Unterschied zu stringWithContentsOfFile:encoding:error: ist, dass als erster Parameter ein NSURL-Objekt anstelle eines Pfadstrings übergeben wird.

Im Gegensatz zu der Lösung mit Streams kümmert sich stringWithContentsOfURL:encoding:error: selbst um das verwendete Protokoll. So liefert das in

Listing 12.23 vorgestellte Beispiel lediglich den Inhalt der HTML-Seite von `http://localhost` zurück, während die Verwendung von Streams die Protokollbehandlung komplett dem Entwickler überlässt und auch die Protokolldaten vom Server bereitstellt.

```
NSURL *url = [NSURL URLWithString:@"http://localhost"];
NSError *error;
NSString *content = [NSString stringWithContentsOfURL:url
                                             encoding:NSUTF8StringEncoding
                                                error:&error];
```

Listing 12.23: Lesen eines `NSString`-Objekts über eine Netzwerkverbindung

Für binäre Daten stehen in der Klasse `NSData` die Methode `dataWithContentsOfURL:options:error:` sowie deren Kurzform `dataWithContentsOfURL:` zur Verfügung.

Property Lists

Eine besondere Rolle sowohl in der Mac- als auch in der iOS-Programmierung spielen die **Property Lists**. Diese speichern Schlüssel-Wert-Paare und Listen von Werten in einer strukturierten Art. Cocoa benutzt diese durchgängig für Programme sowohl unter iOS als auch auf dem Mac, um zum Beispiel Benutzereinstellungen zu speichern. Eine genaue Beschreibung findet sich im *Property List Programming Guide* von Apple.

Eine Property List kann als Wurzelobjekt unter anderem ein Array oder ein Dictionary besitzen.

Um eine Property List zu laden, die als Wurzelobjekt ein `NSDictionary` enthält, benutzt man die Convenience-Konstruktoren `dictionaryWithContentsOfFile:` bzw. `dictionaryWithContentsOfURL:` oder die entsprechenden `init`-Methoden aus `NSDictionary`, die entweder einen Pfadstring oder ein `NSURL`-Objekt übergeben bekommen.

Um eine Property List zu lesen, die ein Array als Wurzelobjekt hat, gibt es die entsprechenden Convenience-Konstruktoren `arrayWithContentsOfFile:` und `arrayWithContentsOfURL:` sowie die äquivalenten `init`-Methoden in `NSArray`.

Damit die Dateien in das Array bzw. das Dictionary gelesen werden können, dürfen in der Quelle nur Property-List-Objekte enthalten sein. Dies sind Instanzen von `NSData`, `NSDate`, `NSNumber`, `NSString`, `NSArray` und `NSDictionary`.

Um ein `NSDictionary` oder ein `NSArray` als Property List zu speichern, wird die schon bekannte Methode `writeToFile:atomically:` benutzt.

Damit das Dictionary oder das Array erfolgreich als Property List gespeichert werden kann, dürfen sie wiederum nur Property-List-Objekte enthalten.

Die Klasse NSFileHandle

Die Klasse `NSFileHandle` kapselt den Zugriff auf offene Dateien oder Kommunikationskanäle auf eine objektorientierte Weise. Der Name **File Handle** impliziert irreführend, dass die Klasse `NSFileHandle` sich nur für den Zugriff auf Dateien eignet. Tatsächlich kann man hiermit aber auch auf Streams und sogar Sockets zugreifen, wie Sie im Folgenden sehen werden.

`NSFileHandle` verfügt über drei Funktionen, die eine Instanz erstellen, die auf einem Pfadstring arbeitet.

Die Methode `fileHandleForReadingAtPath:` erstellt ein Handle für einen angegebenen Pfadstring und lässt nur lesende Operationen zu. Die Methode `fileHandleForWritingAtPath:` öffnet eine Datei für nur schreibenden Zugriff. Das Handle wird also nur auf die Methode `writeData:` reagieren.

Um eine Datei sowohl zum Lesen als auch zum Schreiben zu öffnen, wird die Methode `fileHandleForUpdatingAtPath:` benutzt. Ein so erzeugtes Handle reagiert sowohl auf `read`-Nachrichten als auch auf die Nachricht `writeData:`.

Die Rückgabe der drei Methoden ist jeweils ein Handle für die angegebene Datei oder `nil`, wenn an der durch den Pfadstring angegebenen Position keine Datei existiert. Der Inhalt der Datei bleibt unverändert. Wenn Sie eine Datei zum Schreiben öffnen und Daten in die Datei schreiben, verändert sich nur der Teil, den Sie überschrieben haben. Wenn Sie die Datei erst leeren wollen, müssen Sie sie zum Beispiel über den `NSFileManager` löschen und neu anlegen.

Der Positionszeiger der erstellten Handles wird jeweils an den Anfang der Datei gesetzt.

Um Daten in ein Handle zu schreiben, wird die Methode `writeData:` benutzt. Diese Methode schreibt die als `NSData`-Objekt übergebenen Daten an die aktuelle durch den Positionszeiger markierte Position in der Datei und setzt den Zeiger um so viele Bytes weiter, wie geschrieben wurde. Wenn das Handle ungültig oder geschlossen ist, wird eine Ausnahme ausgelöst.

```
NSString *path = [@"~/output.txt" stringByStandardizingPath];
NSFileHandle *handle = [NSFileHandle fileHandleForWritingAtPath:path];
NSString *content = @"Hallo Welt,\ndas ist eine Ausgabe";
NSData *data = [content dataUsingEncoding:NSUTF8StringEncoding];

[handle writeData:data];
[handle closeFile];
```

Listing 12.24: Schreiben der Datei `output.txt`

Blockierender Zugriff

Zum blockierenden Lesen aus einer Datei existieren zwei Methoden:

Die erste Methode `readDataOfLength:` liest aus der Datei maximal so viele Bytes, wie durch den Parameter angegeben. Wenn das Lesen aus dem Handle fehlschlägt, wird eine Ausnahme vom Typ `NSFileHandleOperationException` ausgelöst.

Die zweite Methode ist `readDataToEndOfFile`. Diese liest die Daten aus einem Handle entweder bis zum Ende, wenn es sich um eine Datei handelt, oder bis zu einer End-of-File-Markierung, wenn es sich um einen Kommunikationskanal handelt. Man sollte allerdings beachten, dass maximal `UINT_MAX` Bytes gelesen werden. Die Konstante `UINT_MAX` gibt den maximalen Wert eines vorzeichenlosen Integers an.

```
NSString *inputPath = [@"~/input.txt" stringByStandardizingPath];
NSFileHandle *handle = [NSFileHandle fileHandleForReadingAtPath:inputPath];
NSData *content = [handle readDataToEndOfFile];
NSString *string = [[NSString alloc] initWithData:content
                                         encoding:NSUTF8StringEncoding];
```

Listing 12.25: Auslesen der Datei `input.txt`

Nicht-blockierender Zugriff

Ein besonders interessanter Aspekt von `NSFileHandle` ist, dass diese Klasse über Sockets kommunizieren kann. Für Sockets, die über Streams kommunizieren, wie dies zum Beispiel beim TCP-Protokoll der Fall ist, bringt die Klasse die Funktionalität mit, im Hintergrund auf Verbindungen zu warten und beim Eintreffen einer neuen Verbindung dies dem Hauptprogramm über Benachrichtigungen mitzuteilen. Dadurch erspart man sich die Arbeit, das Warten auf neue Verbindungen in einen extra Thread auszulagern, wenn man den Rest des Programms nicht blockieren will. Dies funktioniert für den Programmierer unsichtbar durch die Benutzung von Run Loops, wie wir es bereits aus dem Teil über nicht-blockierende Streams kennen. Daher ist für die Benutzung von `NSFileHandle` Voraussetzung, dass eine Run Loop im Programm existiert und läuft.

Als Beispiel für diese Funktionalität bauen wir einen klassischen Echo-Server, der Verbindungen auf dem Port 8080 annimmt, Daten empfängt, diese verändert und wieder zurückschickt und anschließend die Verbindung beendet.

Um überhaupt Verbindungen annehmen zu können, benötigen wir zuerst eine Netzwerkverbindung. Diese müssen wir selbst erstellen und anschließend daraus ein `NSFileHandle`-Objekt erzeugen.

Um einen Port zu öffnen, benutzen wir die Klasse `NSSocketPort`, die einen Socket erstellen kann, der an einen Netzwerkport gebunden ist.

```
NSSocketPort *port = [[NSSocketPort alloc] initWithTCPPort:8080];
```

Die Klasse `NSFileHandle` bietet die Methode `initWithFileDescriptor:closeOnDealloc:` an, um ein Handle aus einem **File Descriptor** zu erstellen. Ein File Descriptor ist eine vom Betriebssystem verwaltete Information über eine Ressource. Dies kann zum Beispiel eine Datei sein, aber auch ein Socket. In unserem Fall erhalten wir den File Descriptor für den erstellten `NSSocketPort`, indem wir der Instanz die Methode `socket` senden. Der Parameter `closeOnDealloc` gibt an, ob der File Descriptor geschlossen werden soll, wenn das Handle aus dem Speicher entfernt wird. Wenn man dies möchte, übergibt man hier `YES`. Wenn man dies nicht möchte, übergibt man `NO`, muss dann aber natürlich selbst dafür Sorge tragen, dass der File Descriptor geschlossen wird.

```
NSFileHandle *handle = [[NSFileHandle alloc]
                         initWithFileDescriptor:[port socket]
                                 closeOnDealloc:YES];
```

Damit haben wir ein Handle erzeugt, das über einen Socket auf dem Port 8080 auf Netzwerkverbindungen horcht. Um dieses Handle nun anzuweisen, im Hintergrund auf eingehende Verbindungen zu warten, senden wir ihm die Nachricht `acceptConnectionInBackgroundAndNotify`.

```
[handle acceptConnectionInBackgroundAndNotify];
```

Wenn das Handle eine Verbindung annimmt, erzeugt es ein neues `NSFileHandle`-Objekt für die neue Verbindung und versendet die Nachricht `NSFileHandleConnectionAcceptedNotification`.

Um diese Benachrichtigung zu empfangen, melden wir das Hauptprogramm am `NSNotificationCenter` für diese Benachrichtigung mit der Methode `newConnection:` an.

```
[[NSNotificationCenter defaultCenter] addObserver:self
    selector:@selector(newConnection:)
    name:NSFileHandleConnectionAcceptedNotification
    object:handle];
```

Hierbei geben wir der Benachrichtigung das Handle mit, damit wir in der Methode, die für die Benachrichtigung aufgerufen wird, hierauf zugreifen können.

Als Nächstes erstellen wir die Methode `newConnection:`, die immer dann aufgerufen wird, wenn eine neue Verbindung angenommen wurde. Die Signatur dieser Methode ist wie folgt:

```
(void)newConnection:(NSNotification *)notification
```

Als Erstes lesen wir aus dem NSNotification-Objekt das ursprüngliche NSFileHandle-Objekt, das die Verbindung angenommen hat, und das NSDictionary-Objekt, das weitere Informationen bereithält.

```
NSFileHandle *handle = [notification object];
NSDictionary *dict = [notification userInfo];
```

In dem Dictionary ist unter dem Schlüssel NSFileHandleNotificationFileHandleItem das neue NSFileHandle-Objekt für die angenommene Verbindung abgelegt. Dieses lesen wir aus und machen uns zum Besitzer, falls Reference Counting benutzt wird.

```
NSFileHandle *remote =
    dict[NSFileHandleNotificationFileHandleItem];
```

Die neue Verbindung soll wiederum im Hintergrund auf Daten warten. Wenn Daten empfangen wurden, wird eine Benachrichtigung vom Typ NSFileHandleReadCompletionNotification versendet, für die die Methode dataReceived: registriert wird. Als Benutzerobjekt übergeben wir wiederum das Handle der Verbindung, damit wir in der Benachrichtigungsmethode darauf zugreifen können.

```
[[NSNotificationCenter defaultCenter] addObserver:self
    selector:@selector(dataReceived:)
    name:NSFileHandleReadCompletionNotification
    object:remote];
```

Anschließend müssen wir der Verbindung mit der Nachricht readInBackgroundAndNotify noch mitteilen, dass sie im Hintergrund Daten empfangen soll und wir eine Benachrichtigung wünschen, wenn diese eingetroffen sind.

```
[remote readInBackgroundAndNotify];
```

Abschließend lassen wir das ursprüngliche Handle weiterhin im Hintergrund auf Verbindungen warten.

```
[handle acceptConnectionInBackgroundAndNotify];
```

Damit haben wir im Prinzip die komplette Verwaltung der Verbindungen in die Cocoa-Bibliothek verlagert, ohne uns selbst mit den Details zu beschäftigen. Bleibt nur noch die Methode dataReceived:, die aufgerufen wird, wenn Daten empfangen wurden.

Diese sieht wie folgt aus:

```
-(void)dataReceived:(NSNotification *)notification {
    NSData *data = [[notification userInfo] objectForKey:
                        NSFileHandleNotificationDataItem];
```

```
    NSFileHandle *handle = [notification object];
    [handle writeData:data];
    [handle closeFile];
}
```

Die aus der Verbindung gelesenen Daten stehen im `NSDictionary`-Objekt der Benachrichtigung unter dem Schlüssel `NSFileHandleNotificationDataItem`. Das Verbindungshandle haben wir als Benutzerobjekt der Benachrichtigung gesetzt.

Die Funktion schreibt die Daten einfach ungefiltert zurück und schließt danach die Verbindung.

Zum besseren Verständnis sind hier noch einmal die vollständigen Methoden `openStreams` und `newConnection:` abgebildet.

```
-(void)openStreams {
    NSSocketPort *port = [[NSSocketPort alloc] initWithTCPPort:8080];
    NSFileHandle *handle = [[NSFileHandle alloc]
                          initWithFileDescriptor:[port socket]
                                  closeOnDealloc:YES];

    [handle acceptConnectionInBackgroundAndNotify];

    [[NSNotificationCenter defaultCenter] addObserver:self
        selector:@selector(newConnection:)
        name:NSFileHandleConnectionAcceptedNotification
        object:handle];
}

-(void)newConnection:(NSNotification *)notification {
    NSFileHandle *handle = [notification object];
    NSDictionary *dict = [notification userInfo];
    NSFileHandle *remote = [dict
            objectForKey:NSFileHandleNotificationFileHandleItem];

    [[NSNotificationCenter defaultCenter] addObserver:self
                selector:@selector(dataReceived:)
                name:NSFileHandleReadCompletionNotification
                object:remote];

    [remote readInBackgroundAndNotify];
    [handle acceptConnectionInBackgroundAndNotify];
}
```

Listing 12.26: Die Methoden `openStreams` und `newConnection:`

Damit wären wir mit der Implementierung unseres Echo-Servers fertig. Probieren Sie es aus, indem Sie sich zum Beispiel im Terminal mit `telnet localhost 8080` zum Server verbinden und Daten senden.

Wie man sieht, bietet `NSFileHandle` eine sehr hohe Abstraktion, die uns von der Komplexität befreit, selbst die Verarbeitung der Verbindungen und Daten im Hintergrund zu implementieren.

Socketverbindungen und iOS

Ein paar Worte noch zu iOS. Hier steht die Klasse `NSSocketPort` leider nicht zur Verfügung. Wir können uns aber dennoch der Bequemlichkeit von `NSFileHandle` bedienen, indem wir einen Socket über die CoreFoundation erstellen. Eine beispielhafte Implementierung ist in Listing 12.27 gezeigt. Für produktiven Code ist dieses Beispiel nicht geeignet, da es zum Beispiel auf Fehlerbehandlung verzichtet. Um das Prinzip zu verstehen, ist es aber dennoch geeignet.

```
- (void)openStreams {
    CFSocketRef socket = CFSocketCreate(kCFAllocatorDefault, PF_INET,
                                        SOCK_STREAM, IPPROTO_TCP, 0, NULL,
                                        NULL);
    int fd = CFSocketGetNative(socket);

    struct sockaddr_in addr;
    memset(&addr, 0, sizeof(addr));
    addr.sin_len = sizeof(addr);
    addr.sin_family = AF_INET;
    addr.sin_port = htons(8080);
    addr.sin_addr.s_addr = htonl(INADDR_ANY);

    NSData *address = [NSData dataWithBytes:&addr length:sizeof(addr)];

    CFSocketSetAddress(socket, (__bridge CFDataRef)address);

    NSFileHandle *handle = [[NSFileHandle alloc]
                            initWithFileDescriptor:fd
                                    closeOnDealloc:YES];

    [handle acceptConnectionInBackgroundAndNotify];
    [[NSNotificationCenter defaultCenter] addObserver:self
        selector:@selector(newConnection:)
        name:NSFileHandleConnectionAcceptedNotification
        object:handle];
}
```

Listing 12.27: Erstellen eines Socket-Handles auf iOS

Diese Implementierung macht regen Gebrauch vom *toll-free bridging*. Dabei wird als Erstes ein Objekt vom Typ `CFSocketRef` erstellt. Dieses verhält sich konform zu BSD-Sockets, so dass wir auf dessen Initialisierung nicht weiter eingehen. Hierzu gibt es bereits viele und gute Tutorials im Internet.

Wichtig ist jedoch, dass die im Beispiel benutzten Konstanten in den beiden Dateien `sys/socket.h` und `netinet/in.h` enthalten sind. Diese müssen Sie zusätzlich importieren.

Den eigentlichen File Descriptor für den Socket bekommen wir mit der Funktion `CFSocketGetNative(CFSocketRef)`. Diese liefert zu einem übergebenen Socket einen File Descriptor zurück. Diesen können wir, nachdem der Socket entsprechend konfiguriert wurde, an `initWithFileDescriptor:closeOnDealloc:` übergeben. Danach kann das so initialisierte `NSFileHandle`-Objekt so genutzt werden, wie oben erläutert.

12.5 Übungsaufgaben

1. Aufgabe

Der folgende Ausschnitt eines Programms liest eine Datei `input.txt` und schreibt sie unverändert in die Datei `output.txt`. Dazu benutzt es den blockierenden Zugriff auf Streams. Verändern Sie das Programm so, dass es stattdessen nicht-blockierenden Zugriff auf Streams benutzt, die Funktionalität aber erhalten bleibt. Nehmen Sie an, dass im restlichen Programm bereits eine Run Loop läuft.

```
- (IBAction)doStreamHandling:(id)sender {
    NSString *inputPath = [@"~/input.txt" stringByStandardizingPath];
    NSString *outputPath = [@"~/output.txt" stringByStandardizingPath];
    NSInputStream *inputStream = [NSInputStream
                                  inputStreamWithFileAtPath:inputPath];
    NSOutputStream *outputStream = [NSOutputStream
                             outputStreamToFileAtPath:outputPath append:NO];
    uint8_t buffer[1024];

    [inputStream open];
    [outputStream open];
    while ([inputStream hasBytesAvailable]) {
        NSUInteger len = [inputStream read:buffer maxLength:1];
        NSData *data = [NSData dataWithBytes:buffer length:len];
        NSUInteger index = 0;
        while ([outputStream hasSpaceAvailable] && index < len)
        {
            uint8_t *toWrite = (uint8_t*)[data bytes];
```

```
            toWrite += index;
            NSUInteger wrote = [outputStream write:toWrite
                                         maxLength:len-index];
            index += wrote;
        }
    }
    [inputStream close];
    [outputStream close];
}
```

2. Aufgabe

Schreiben Sie eine Klasse `DiceServer`, die auf einem Socket-Port lauscht. Diese soll Textkommandos entgegennehmen. Wenn der Text mit `W` beginnt und von einer Zahl `n` gefolgt wird, soll eine Zufallszahl im Bereich `1` bis `n` zurückgesendet werden. Wenn ein ungültiges Kommando gesendet wird, soll der Wert `0` zurückgegeben werden. Benutzen Sie für diese Implementierung die Klasse `NSFileHandle`.

Um Zufallszahlen in einem Bereich `1` bis `n` zu generieren, können Sie die Funktion `rand() % n + 1` benutzen.

Introspektion

Was ist **Introspektion**? Unter Introspektion bei Programmiersprachen verstehen wir die Möglichkeit, dass ein Programm seine eigene Struktur zur Laufzeit kennt. In Objective-C ermöglicht die Introspektion es einem Programm, sich über die Klassen zu informieren, die dem Laufzeitsystem bekannt sind. Hierzu gehört zum einen die Möglichkeit, zu erfragen, welcher Klasse ein Objekt angehört, und über die Vererbungshierarchie, die Instanzenvariablen, die implementierten Protokolle und die bereitgestellten Methoden und Properties zu informieren.

Zur Unterstützung der Introspektion stehen dem Programmierer in Objective-C zwei Möglichkeiten zur Verfügung. Zum einen direkt über die Wurzelklasse `NSObject`, in der von Apple einige Methoden bereitgestellt wurden, um sich über die Struktur einer Klasse oder eines Objekts zu informieren, allerdings mit einem sehr eingeschränkten Funktionsumfang. Welche Möglichkeiten diese Variante bietet, werden wir im Abschnitt 13.1 etwas genauer betrachten. Als zweite Möglichkeit stellt Apple die *Objective-C 2.0 Runtime Library* bereit, die einen fast uneingeschränkten Zugriff auf die interne Struktur des Programms erlaubt. Einen Einblick in den Funktionsumfang dieser Bibliothek werden wir in Abschnitt 13.2 geben. Die Bibliothek ist unabhängig vom verwendeten Framework (zum Beispiel Cocoa) und funktioniert mit jeder Objective-C-Klasse, auch solchen, die nicht von `NSObject` erben.

Um eine Funktionalität wie die Introspektion zu ermöglichen, werden in den Binärcode des Programms die Metainformationen des Quellprogramms vom Compiler mit eingebettet. Häufig wird die Möglichkeit der Introspektion einer Programmiersprache für die Umsetzung von automatischen Persistenzschichten oder Ähnlichem genutzt.

Bei dem bisher beschriebenen Funktionsumfang ist in den meisten Programmiersprachen jetzt bereits Schluss. In Objective-C besitzt der Programmierer mit der Runtime Library neben dem Auslesen der Struktur auch die Möglichkeit der Änderung zur Laufzeit. So können zum Beispiel neue Klassen erzeugt oder die Klassenzugehörigkeit eines Objekts geändert werden. Hierdurch besteht die Möglichkeit der **Metaprogrammierung**, das heißt, ein Programm schreibt sich im laufenden Betrieb um. Wie dies funktioniert, wo die Grenzen sind und was dadurch möglich ist, betrachten wir in Abschnitt 13.3.

13.1 Introspektion über NSObject

Wir wollen uns nun den Möglichkeiten der Introspektion zuwenden, die direkt als Hilfsmethoden in die Wurzelklasse NSObject integriert sind. Sie dienen einem Programmierer als Werkzeug, um sich über die Klassenzugehörigkeit eines Objekts zu informieren oder zu erfragen, welche Protokolle oder Selektoren implementiert sind. Der Funktionsumfang dient damit mehr als eine Art Typprüfung zur Laufzeit. Jedoch entspricht genau dies dem häufigsten Anwendungsfall, für den man als Programmierer Introspektion nutzt. So findet man in sehr vielen Programmen Abfragen wie die folgende:

```
if (/* obj ist eine Instanz der Klasse ClassA */) {
    ClassA* classA = (ClassA*) obj;
    // Benutze classA ...
} else if (/* obj ist eine Instanz der Klasse ClassB */) {
    ClassB* classB  = (ClassB*) obj;
} //...
```

Es wird also für ein unbekanntes Objekt zuerst geprüft, um was für ein Objekt es sich handelt, und dann davon abhängig Programmcode ausgeführt. Alternativ könnten aber auch die implementierten Protokolle oder unterstützten Selektoren eines Objekts interessant sein.

Vererbungshierarchie

Stellen wir zuerst einmal fest, wie wir für ein Objekt die zugehörigen Klassen bzw. Informationen über die Vererbungshierarchie erlangen. Wie Sie bereits wissen, ist eine Klasse ebenfalls ein Objekt vom Typ Class. Zu einem beliebigen Objekt obj erhalten wir mit der Methode class das ihm zugehörige Klassen-Objekt: [obj class]. Sendet man hingegen einem Klassen-Objekt die Nachricht class, so gibt es sich selbst zurück, zum Beispiel [NSString class]. Es besteht allerdings nicht die Möglichkeit, ein Klassen-Objekt direkt als Konstante zu verwenden, da wir einem Klassen-Objekt immer eine Nachricht schicken müssen, falls wir es verwenden wollen. Andernfalls würde der Compiler eine Fehlermeldung auswerfen.

Wollen wir also für ein Objekt strObj prüfen, ob es ein Objekt der Klasse NSString ist, so können wir das wie folgt:

```
if ([strObj class] == [NSString class]) {
    NSLog(@"Das Objekt strObj ist ein Objekt der Klasse NSString.");
}
```

Alternativ könnte man für diesen Vergleich auch die Nachricht isMemberOfClass: direkt an das Objekt senden:

```
if ([strObj isMemberOfClass:[NSString class]]) {
    NSLog(@"Das Objekt strObj ist ein Objekt der Klasse NSString.");
}
```

Allerdings braucht man häufig nicht die Information, ob ein Objekt exakt einer Klasse angehört, sondern ob die Klasse `NSString` eine Superklasse des Objekts `strObj` ist. Erzeugen wir uns zum Beispiel den folgenden String:

```
NSString* strObj = [NSString stringWithFormat:@"Ich %@ ein String", @"bin"];
```

Dann handelt es sich bei der zugehörigen Klasse nicht um `NSString`, sondern um `NSCFString`. Die Klasse `NSCFString` wiederum erbt von der Klasse `NSMutableString` und diese von `NSString`. Welche Superklasse eine Klasse besitzt, erfahren wir, indem wir dem Klassen-Objekt die Nachricht `superclass` senden. Den Namen einer Klasse selbst erhalten wir mit der Nachricht `className` oder der Methode `NSStringFromClass`. Für das Objekt `strObj` könnte eine Ausgabe der Vererbungshierarchie wie folgt aussehen (siehe auch Abbildung 13.1):

```
NSLog(strObj);
NSLog([[strObj class] className]);
NSLog([[[strObj class] superclass] className]);
NSLog(NSStringFromClass([[[strObj class] superclass] superclass]));
```

Listing 13.1: Vererbungshierarchie des Objekts `string`

Meldung
Ich bin ein String
NSCFString
NSMutableString
NSString

Abb. 13.1: Ausgabe von Listing 13.1

Um nun festzustellen, ob ein Objekt der Klasse `NSString` angehört, könnten wir insgesamt also wie folgt vorgehen:

```
Class class = [strObj class];
while (class) {
    if (class == [NSString class]) {
        NSLog(@"Das Objekt strObj ist ein Objekt der Klasse NSString.");
        break;
    }
    class = [class superclass];
}
```

Listing 13.2: Durchsuchen der Vererbungshierarchie

Kürzer geht es, indem man die Methode `isSubclassOfClass:` dem Klassen-Objekt sendet oder `isKindOfClass:` direkt dem Objekt. Beide Methoden machen genau dasselbe wie das zuvor angegebene Programm:

```
if ([strObj isKindOfClass: [NSString class]]) {
    NSLog(@"Es handelt sich um ein NSString-Objekt");
}
if ([[strObj class] isSubclassOfClass:[NSString class]]) {
    NSLog(@"Wie man sieht!");
}
```

Wenn zur Kompilierzeit nicht einmal die Klasse bekannt ist, die abgefragt werden soll, so kann man das entsprechende Klassen-Objekt auch auf Basis des Namens mit der Methode `NSClassFromString` bekommen. Mit dem Aufruf `NSClassFromString(@"NSString")` erhält man also das Klassen-Objekt der Klasse `NSString`. Falls die angefragte Klasse nicht existiert, liefert die Funktion `nil` zurück.

Diese Methode lässt sich verwenden, um Programme zu erstellen, die je nach Verfügbarkeit einer Klasse ein anderes Verhalten zeigen. Das unten stehende Beispiel zeigt dies an der Klasse `TWTweetComposeViewController`, die seit iOS 5 eine Möglichkeit zur Erstellung einer Twitter-Nachricht bietet.

```
Class TweetViewController = NSClassFromString(@"TWTweetComposeViewController
");

if (TweetViewController != nil)
{
    // Verwenden
} else
{
    // Alternative benutzen
}
```

Listing 13.3: Überprüfen des Vorhandenseins einer Klasse mittels `NSClassFromString`

Die Idee hinter dieser Überprüfung ist nun, dass man die vom Betriebssystem bereitgestellte Klasse verwenden kann, wenn sie vorhanden ist oder eine Alternative, wenn die Klasse `TWTweetComposeViewController` nicht zur Verfügung steht. Dies bedeutet, dass das Programm unter einer iOS-Version < 5.0 läuft. Somit kann man abwärtskompatibel bleiben, hält sich jedoch auch die Möglichkeit offen die Features der neueren Versionen zu unterstützen, wenn sie verfügbar sind. Dadurch, dass hier die Mittel der Introspektion genutzt werden, wird die Verfügbarkeit erst zur Laufzeit auf dem System überprüft.

Protokolle

Als Nächstes soll geprüft werden, ob die Klasse eines Objekts ein spezielles Protokoll erfüllt. Alle zur Laufzeit existierenden Protokolle stehen dem Programmierer über die Klasse `Protocol` zur Verfügung. Um ein Protokoll über seinen Namen zur Kompilierzeit zu identifizieren, können wir das Makro `@protocol` verwenden. Alternativ können wir uns ein Protokollobjekt auch auf Basis eines Strings mit der Methode `NSProtocolFromString` zur Laufzeit auflösen lassen. Auf das `NSCopying`-Protokoll kann auf folgende beiden Arten zurückgriffen werden:

```
Protocol* copyingProtocol = @protocol(NSCopying);
Protocol* copyingProtocol = NSProtocolFromString(@"NSCopying");
```

Den Namen als String eines Protokolls erhalten wir umgekehrt mit der Methode `NSStringFromProtocol`:

```
NSLog(@"Name: %@", NSStringFromProtocol(copyingProtocol));
```

Um nun zu überprüfen, ob ein Objekt einer Klasse angehört, das dieses Protokoll implementiert, gibt es in `NSObject` die Methode `conformsToProtocol:`. Eine Prüfung, ob ein Objekt das `NSCopying`-Protokoll erfüllt, sieht dann zum Beispiel wie folgt aus:

```
if ([obj conformsToProtocol:@protocol(NSCopying)]) {
    copiedObj = [(id<NSCopying>)obj copyWithZone: [self zone]];
}
```

Hinweis

Die Klasse `Protocol` gehört nicht zur Cocoa-Bibliothek, sondern ist ein Bestandteil von Objective-C selbst. In Objective-C gibt es ebenfalls eine Wurzelklasse namens `Object`. Dies ist die Oberklasse von `Protocol`. In Abschnitt 13.2 kommen wir noch einmal auf die Zugehörigkeit der Klasse `Protocol` zurück.

Selektoren und Methoden

In Objective-C ist es uns häufig egal, um was für ein Objekt es sich handelt. So reicht beim Target-Action-Mechanismus oder bei vielen Delegations-Implementierungen das Wissen aus, ob ein Objekt eine Nachricht versteht oder nicht, um diese bei Bedarf aufzurufen. Der genaue Typ des Objekts ist dabei egal. Sie wissen ja bereits aus Abschnitt 1.3, dass Nachrichten über Selektoren repräsentiert werden. Ein Selektor, also jede mögliche Nachricht, wird in Objective-C über den Datentyp `SEL` eindeutig abgebildet. `SEL` ist intern nichts anderes als ein Zeiger auf ein `char`-Array, wie Sie später noch sehen werden. Zugriff auf die entsprechenden Selektoren erhält man über das Makro `@selector` oder per String über die Methode `NSSelectorFromString`. Im Quelltext sieht das dann wie folgt aus:

```
SEL message = @selector(substringToIndex:);
SEL message = NSSelectorFromString(@"substringToIndex:");
```

Den zugehörigen Namen eines Selektors bekommen wir sehr einfach mit der Methode `NSStringFromSelector`:

```
NSLog(@"name = %@", NSStringFromSelector(message));
```

Dies ist relativ einfach möglich, da in den aktuellen Implementierungen von Objective-C-Laufzeitumgebungen der Datentyp `SEL` nichts anderes ist als ein Zeiger auf ein `char`-Array, in dem der Name des Selektors gespeichert ist. Diese `char`-Arrays werden von der Laufzeitumgebung verwaltet. Es wird für jede bekannte Nachricht genau ein Array mit dem Namen bereitgehalten, wodurch zum Vergleich zweier Nachrichten auf Gleichheit nicht der ganze String, sondern nur die Speicheradresse, auf die sie zeigen, verglichen werden muss.

```
SEL message = _cmd;
if (message == @selector(substringToIndex:)) {
    NSLog(@"Es ist die Nachricht substringToIndex:");
}
```

Nun müssen wir zum Schluss nur noch prüfen, ob ein Objekt eine Nachricht versteht. Dies geschieht mit der Nachricht `respondsToSelector:`. Alternativ könnte man auch die Nachricht `instancesRespondToSelector:` auf dem Klassen-Objekt verwenden:

```
if ([obj respondsToSelector:message]) {
    NSLog(@"Ergebnis = %@",[obj performSelector:message withObject:5]);
}
if ([[obj class] instancesRespondToSelector:message]) {
    NSLog(@"Auch so hört es auf die Nachricht");
}
```

Der Unterschied zwischen den beiden Varianten liegt darin, dass mit `instancesRespondToSelector:` nur die Nachrichten geprüft werden, die der Klasse oder einer ihrer Oberklassen bekannt sind. Sollte ein Objekt zum Beispiel mit Hilfe der Forward Invocation (siehe Abschnitt 2.4) die Nachricht trotzdem unterstützen, würde `instancesRespondToSelector:` als Antwort `NO` liefern, obwohl das Objekt die Nachricht versteht. Die Methode `respondsToSelector:` würde das Forwarding beachten und aus diesem Grund korrekterweise `YES` liefern. Solange also ein Objekt selbst und nicht nur das zugehörige Klassen-Objekt zur Verfügung steht, sollte die Methode `respondsToSelector:` verwendet werden.

13.2 Introspektion mit der Runtime Library

Im Normalfall kommt man als Programmierer mit den Introspektions-Möglichkeiten aus, die in NSObject implementiert sind. Will man mehr Einfluss haben, so muss man auf die *Objective-C 2.0 Runtime Library* zurückgreifen. Es handelt sich hierbei um eine reine C-Bibliothek. Sie basiert nicht auf dem Cocoa-Framework und funktioniert so mit jedem Objective-C-Objekt und jeder -Klasse, sie ist jedoch nicht betriebssystemunabhängig. Die hier beschriebene Version der Bibliothek basiert auf Mac OS X 10.8. Eine ähnliche Version der Bibliothek existiert für die GNU Compiler Collection.

Um die Bibliothek verwenden zu können, muss die Header-Datei objc-runtime.h importiert werden:

```
#import <objc/objc-runtime.h>
```

Durch diesen Import werden die beiden Dateien runtime.h und message.h importiert. Für iOS kann die Bibliothek auch verwendet werden, allerdings existiert die objc-runtime.h nicht. Aus diesem Grund müssen die beiden Header direkt eingebunden werden:

```
#import <objc/message.h>
#import <objc/runtime.h>
```

Diese Bibliothek bietet dem Programmierer den Zugriff auf sämtliche dynamischen Anteile von Objective-C. Sie beschränkt sich nicht nur auf die Möglichkeit, Informationen auszulesen, sondern mit ihr können die existierenden Klassen und Objekte zur Laufzeit auch verändert werden. Hierzu aber erst im nächsten Abschnitt, zunächst wollen wir einen Teil der Introspektions-Möglichkeiten auf Basis dieser Bibliothek betrachten.

Klassen und Vererbungshierarchie

Beginnen wir mit Klassen und der Vererbungshierarchie. Für ein Objekt bekommt man die zugehörige Klasse mit der Funktion object_getClass:

```
NSString* strObj = [NSString stringWithFormat:
                    @"Ich %@ ein String", @"bin immer noch"];
Class class = object_getClass(strObj);
```

Den Namen der Klasse erhält man mit der Funktion object_getClass oder direkt vom Klassen-Objekt mit der Funktion class_getName:

```
NSLog(@"Klassenname = %s", object_getClassName(strObj));
NSLog(@"Klassenname = %s", class_getName(class));
```

Bei der Verwendung dieser Funktion ist nur zu beachten, dass die Runtime Library eine C-Bibliothek und vom Cocoa-Framework unabhängig ist. Aus diesem Grund geben die Funktionen auch kein `NSString`-Objekt für den Namen zurück, sondern ein einfaches `char`-Array.

Alternativ kann man sich ein Klassen-Objekt auch mit der Funktion `objc_getClass` auf Basis seines Namens zurückgeben lassen. Auch hier muss der Name als `char`-Array übergeben werden:

```
Class stringClass = objc_getClass("NSString");
```

Sollte keine Klasse mit dem angegebenen Namen existieren, liefert die Funktion `nil` zurück. Das Klassen-Objekt `stringClass` und das obige Klassen-Objekt `class` sind dann in diesem Fall nicht identisch, denn bei `stringClass` handelt es sich um die Klasse `NSString` und bei `class` um `NSCFString`. Jedoch ist die Oberklasse von `NSCFString` die Klasse `NSString`. An die Oberklasse einer Klasse kommt man über die Funktion `class_getSuperclass`.

Die Prüfung, ob ein Objekt eine Instanz einer Klasse ist, kann dann wie folgt mit einer Schleife über alle Superklassen realisiert werden:

```
while (class) {
    if (class == stringClass) {
        NSLog(@"strObj ist ein Objekt der Klasse NSString.");
        break;
    }
    class = class_getSuperclass(class);
}
```

Listing 13.4: Durchsuchen der Vererbungshierarchie mit der Runtime-API

Eine andere sehr interessante Möglichkeit, die diese Bibliothek im Zusammenhang mit Klassen bietet, ist, sich alle Klassen, die dem Laufzeitsystem bekannt sind, auflisten zu lassen. Dies geschieht mit der Funktion `objc_getClassList`. Eine Ausgabe aller bekannten Klassen inklusive ihrer Vererbungshierarchie sieht dann wie folgt aus:

```
unsigned int classCount = objc_getClassList(nil, 0);
if (classCount > 0) {
    Class* classes =
        (__unsafe_unretained Class*)malloc(sizeof(Class) * classCount);
    classCount =  objc_getClassList(classes, classCount);

    for (unsigned int i = 0; i < classCount; i++) {
        Class class = classes[i];
        while (class) {
```

```
            printf("%s", class_getName(class));
            class = class_getSuperclass(class);
            if (class) printf(", ");
        }
        printf("\n");
    }

    free(classes);
}
```

Listing 13.5: Ausgabe aller bekannten Klassen mit Superklassen

Protokolle

Für eine Klasse lässt sich äquivalent zu der Methode auf Basis von `NSObject` prüfen, ob sie ein Protokoll erfüllt. Hierfür steht die Methode `class_conformsToProtocol` bereit. So können wir für unser `strObj`-Objekt auf folgende Weise prüfen, ob es das `NSCopying`-Protokoll erfüllt:

```
if (class_conformsToProtocol(class, @protocol(NSCopying))) {
    NSLog(@"Die Klasse von strObj efüllt das NSCopying-Protokoll.");
};
```

Die Liste aller Protokolle, die eine Klasse erfüllt, erhält man mit der Methode `class_copyPropertyList`. Im folgenden Beispiel werden alle Protokolle ausgegeben, die die Klasse `class` und ihre Superklassen erfüllen:

```
while (class) {
    printf("%s -> ", class_getName(class));
    unsigned int count = 0;
    Protocol* const* protocols = class_copyProtocolList(class, &count);
    for (unsigned int i = 0; i < count; i++) {
        if (i > 0) printf(", ");
        printf("%s", protocol_getName(protocols[i]));
    }
    free((void *)protocols);
    printf("\n");
    class = class_getSuperclass(class);
}
```

Listing 13.6: Ausgabe aller implementierten Protokolle einer Klasse

Genau auf die gleiche Weise können wir mit den Funktionen `protocol_conformsToProtocol` und `protocol_copyProtocolList` abfragen, welche Protokolle ein Protokoll selbst wieder unterstützt.

Den Namen eines Protokolls erhalten wir hierbei als `char`-Array über die Prozedur `protocol_getName`. Ein passendes Protokollobjekt auf Basis seines Namens erhalten wir über die Funktion `objc_getProtocol`.

Hinweis

Das Array der Protokolle, das wir von der Funktion `class_copyProtocolList` zurückbekommen, müssen wir mit `free` wieder freigeben, sobald wir es nicht mehr benötigen, um kein Speicherleck zu erzeugen. Die Freigabe mit `free` wird uns in diesem Kapitel häufiger begegnen, da es sich bei der Runtime Library um eine C-Bibliothek handelt. Man kann sich für diese Bibliothek allerdings als Eselsbrücke merken, dass man jedes Element freigeben muss, das man von einer Methode erhält, die `copy` im Namen enthält.

Selektoren und Methoden

Äquivalent zu den Protokollen kann man auch für einen Selektor prüfen lassen, ob er von einer Klasse verstanden wird. Hierzu dient die Methode `class_respondsToSelector`. Die Methode entspricht der Klassenmethode `instancesRespondToSelector` der Klasse `NSObject`. Es wird also die gesamte Klassenhierarchie nach einer passenden Methode durchsucht und äquivalent zu `instancesRespondToSelector` werden natürlich keine Nachrichten erkannt, die von einem Objekt per Forwarding-Mechanismus unterstützt werden. So können wir nun zusammen mit der bereits bekannten Funktion `objc_msgSend` komplett ohne Objective-C-Code prüfen, ob ein Objekt `obj` die Nachricht `copy` unterstützt und falls dies der Fall ist, diese zum Kopieren des Objekts verwenden:

```
SEL message = @selector(copy);
if (class_respondsToSelector(object_getClass(obj), message)) {
    obj = objc_msgSend(obj, message);
}
```

Listing 13.7: Senden von Nachrichten mit der Runtime-API

Den Namen eines Selektors erhält man mit dieser Bibliothek über die Funktion `sel_getName`. Falls der Selektor nicht existiert, liefert diese Funktion `NULL`. Alternativ kann auch die Funktion `sel_registerName` verwendet werden. Für den Fall, dass der Selektor existiert, arbeitet die Funktion äquivalent zu `sel_getName`. Andernfalls wird ein neuer Selektor angelegt und dieser als Ergebnis zurückgegeben.

Alternativ hätte man sich mit der Funktion `class_getInstanceMethod` für einen Selektor auch die komplette Methode geben lassen können. Methoden werden über den Datentyp `Method` repräsentiert und sind im Prinzip nichts anderes als Paare aus Selektor und einem Zeiger auf die Methodenimplementierung (Datentyp `IMP`). Über die Funktion `method_getName` erhält man den Namen der Funktion und über `method_getImplementation` den Zeiger auf die Implementierung. Das obige Beispiel würde dann wie folgt aussehen:

```
SEL message = @selector(copy);
Method method = class_getInstanceMethod(object_getClass(obj), message);
if (method) {
    IMP implementation = method_getImplementation(method);
    string = (*implementation)(obj, message);
}
```

Listing 13.8: Manuelles Ausführen der Implementierung für die Nachricht copy

In dem Beispiel sehen wir also, dass wir, falls die Methode von einem Objekt unterstützt wird, uns den Zeiger auf die Methodenimplementierung `implementation` geben lassen können. Durch Dereferenzierung dieses Zeigers (`(*implementation)`) können wir diese Implementierung ausführen. Wie Sie aus Abschnitt 2.2 wissen, benötigt die Implementierung einer Nachricht zwei Argumente. Als Erstes das Objekt, an das die Nachricht gesendet werden soll, und als Zweites den zugehörigen Selektor. Diese beiden Argumente werden bei der Implementierung einer Objectice-C-Nachricht implizit vom Compiler in der Implementierung eingefügt und entsprechen den lokalen Variablen `self` und `_cmd`. Auf diese beiden Argumente folgen dann die eigentlichen Argumente der Nachricht. In unserem Beispiel gibt es keine weiteren Argumente. Aus diesem Grund übergeben wir nur `obj` und `message`.

Auf diese gleiche Weise wie für Methoden eines Objekts kann mit der Funktion `class_getClassMethod` auch nach Klassenmethoden gesucht werden.

Noch etwas effizienter funktioniert dies mit der Funktion `class_getMethodImplementation`, die nichts anderes als die Kombination aus `class_getInstanceMethod` und `method_getImplementation` ist. Allerdings muss hierfür sichergestellt sein, dass ein Objekt die Nachricht auch versteht. Sollte die Klasse die Nachricht nicht direkt verstehen, wird eine alternative Methodenimplementierung zurückgegeben, die den Forwarding-Mechanismus in Gang setzt:

```
Class class = object_getClass(obj);
IMP copyImp = class_getMethodImplementation(class, message);
string = (*copyImp)(obj, message);
```

Diese Vorgehensweise für die Ausführung einer Nachricht klingt zunächst nicht sehr logisch. Allerdings kann man auf diese Weise die Abarbeitung eines Programms beschleunigen. Wird eine Methode sehr häufig hintereinander ausgeführt, so wird normalerweise die Suche nach der Implementierung auf Basis des Selektors jedes Mal wiederholt, wie im folgenden Beispiel:

```
NSArray* stringArray = /* sehr großes Array erzeugen */
NSMutableArray* newArray = [NSMutableArray arrayWithCapacity:
                             [stringArray count]];

for (NSString* strObj in stringArray) {
    [newArray addObject:[strObj copy]];
}
```

Listing 13.9: Ineffizientes Kopieren eines Arrays

In diesem Beispiel wird eine `NSArray`-Liste, in der `NSString`-Objekte enthalten sind, kopiert, wobei auch jedes `NSString`-Objekt kopiert wird. Dies führt dazu, dass für jedes Element nach der Implementierung für `addObject:` und `copy` gesucht werden muss. Schneller funktioniert der Kopiervorgang mit `class_getMethodImplementation` folgendermaßen:

```
NSArray* stringArray = /* sehr großes Array erzeugen */
NSMutableArray* newArray = [NSMutableArray arrayWithCapacity:
                             [stringArray count]];

IMP addImpl = class_getMethodImplementation(
                [newArray class], @selector(addObject:));
IMP copyImpl = class_getMethodImplementation(
                [NSString class], @selector(copy));

for (NSString* strObj in stringArray) {
    NSString* newString = (*copyImpl)(strObj, @selector(copy));
    (*addImpl)(newArray, @selector(addObject:), newString);
}
```

Listing 13.10: Effizientes Kopieren eines Arrays durch manuelles Ausführen von Implementierungen

Ähnlich zu den Protokollen gibt es bei Methoden auch die Möglichkeit, sich mit der Funktion `class_copyMethodList` eine Liste aller Funktionen geben zu lassen. Anders als bei den bisherigen Funktionen handelt es sich in dem Fall aber nur um die Funktionen, die direkt in der angegebenen Klasse implementiert sind und nicht wie bisher vielleicht auch erst in einer Oberklasse. Wenn wir uns zum Beispiel die Liste aller Methoden, die in `NSString` implementiert sind, ausgeben lassen wollen, funktioniert das wie folgt:

```
unsigned int methodCount = 0;
Method* methods = class_copyMethodList(
                    object_getClass(string), &methodCount);
```

```
for (unsigned int i = 0; i < methodCount; i++) {
    NSLog(@"method = %@\n", NSStringFromSelector(method_getName(methods[i])));
}
free(methods);
```

Listing 13.11: Ausgabe aller implementierten Methoden einer Klasse

Auch hier müssen wir das Array der Methoden `methods` am Ende mit `free` wieder freigeben.

Datentypen

Wir können für eine Methode aber auch noch einiges mehr an Informationen erhalten. So bekommen wir zum Beispiel mit der Methode `method_getNumberOfArguments` die Anzahl der Argumente, mit `method_copyReturnType` erhalten wir den Datentyp des Rückgabewertes oder mit `method_copyArgumentType` den Datentyp eines Arguments jeweils als C-String kodiert. Wenn wir diese Informationen mit ausgeben wollen (siehe Abbildung 13.2), können wir unser obiges Beispiel wie folgt anpassen:

```
unsigned int methodCount = 0;
Method* methods = class_copyMethodList(object_getClass(string), &methodCount);
for (unsigned int i = 0; i < methodCount; i++) {
    Method method = methods[i];
    unsigned int arguments = method_getNumberOfArguments(method);
    char* returnType = method_copyReturnType(method);

    printf("method = %s, type = %s, argumente = %d (",
      [NSStringFromSelector(method_getName(method))
         cStringUsingEncoding:NSUTF8StringEncoding],
      returnType,arguments);

    for (unsigned int j = 0; j < arguments; j++) {
        char* argumentType = method_copyArgumentType(method, j);

        if (j > 0) printf(", ");
        printf("%s", argumentType);
        free(argumentType);
    }
    printf(")\n");
    free(returnType);
}
free(methods);
```

Listing 13.12: Ausgabe aller Methoden mit Typen für Rückgabewert und Argumente

Die Datentypen der Argumente oder des Rückgabewertes werden als Typausdrücke in Form von C-Strings in einem `char`-Array kodiert. Dieses `char`-Array muss mit `free` freigegeben werden, sobald es nicht mehr benötigt wird.

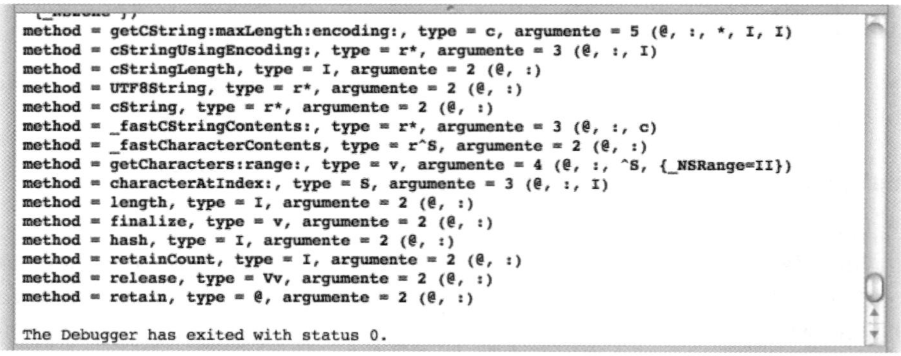

Abb. 13.2: Ausgabe der Methoden von `NSString` aus Listing 13.12

Die Typausdrücke werden vom Compiler erzeugt und mit den Methodenimplementierungen verknüpft, um das Laufzeitsystem zu unterstützen. Diese Kodierung von Typausdrücken kann aber auch in anderen Situationen hilfreich sein. Erzeugen kann man die Zeichenketten für Typausdrücke mit dem `@encode()`-Makro. Diesem übergibt man einen beliebigen Objective-C-Typausdruck, der auch als Argument des `sizeof`-Operators erlaubt ist, und als Ergebnis erhält man die passende Zeichenkette. Hierzu ein paar Beispiele:

```
char *type1 = @encode(int);
char *type2 = @encode(float**);
char *type3 = @encode(struct example {
                    int i; char * t; __unsafe_unretained id obj;});
char *type4 = @encode(id);
char *type5 = @encode(NSString*[10]);
```

Listing 13.13: Beispiele für die Verwendung von @encode

Für die Typausdrücke sind also sowohl einfache Basistypen als auch komplexere zusammengesetzte Datentypen erlaubt. Beschäftigen wir uns nun ein bisschen damit, wie die zugehörigen Zeichenketten aufgebaut sind. In Tabelle 13.1 sieht man alle die Typausdrücke, die durch ein Zeichen kodiert werden können. Die Zeichenkette `type1` ist also nichts anderes als `"i"` und `type4` ist `"@"`.

Kodierung	Typausdruck
`c`	`char`, aber auch `BOOL`
`i`	`int`

Tabelle 13.1: Elementare Kodierungen von Typausdrücken

Kodierung	Typausdruck
`s`	`short`
`l`	`long`
`q`	`long long`
`C`	`unsigned char`
`I`	`unsigned int`
`S`	`unsigned short`
`L`	`unsigned long`
`Q`	`unsigned long long`
`f`	`float`
`d`	`double`, aber auch `long double`
`B`	`bool (C++)` oder `_Bool (C99)`
`v`	`void`
`*`	`char*`
`@`	`Objekte (id, NSString*, NSObject*, ...)`
`#`	`Class`
`:`	`SEL`
`?`	alle restlichen Typen (siehe unten)

Tabelle 13.1: Elementare Kodierungen von Typausdrücken (Forts.)

Vorsicht

An der Kodierungstabelle (Tabelle 13.1) sieht man sehr schön den Unterschied zwischen Objective-C, C++ und C99 in Hinsicht auf die Behandlung von booleschen Werten. So entspricht in Objective-C ein boolescher Wert dem Datentyp `BOOL` mit den Konstanten `YES` und `NO`. Intern entspricht `BOOL` allerdings nichts anderem als einem `typedef` auf den Datentyp `signed char`.

In C++ gibt es dafür den Datentyp `bool` und in C99 `_Bool`. Dies sind im Gegensatz zu `BOOL` in den Compiler fest eingebaute Datentypen, was zur Folge hat, dass man einer Variablen vom Typ `BOOL` auch andere für `signed char` gültige Werte zuweisen kann, wohingegen Variablen vom Typ `bool` oder `_Bool` nur die Werte `true` und `false` annehmen können.

Bei der Programmierung mit diesen Datentypen sollte man dieses Problem immer im Hinterkopf behalten und bei Umwandlungen zwischen `bool`, `_Bool` und `BOOL` immer vorsichtig sein. Eine Variante, die immer funktioniert, ist `b ? YES : N`, falls `b` ein `bool` oder `_Bool` ist und wir ein `BOOL` benötigen, oder `b ? true : false` für den umgekehrten Fall.

Alle weiteren Typausdrücke müssen aus mehreren Zeichen zusammengesetzt werden. So wird für einen Pointer einfach ein ^ vorangestellt. Bei mehrfachen Indirektionen kann das ^ auch mehrfach stehen. Die Zeichenkette `type2` lautet also "`^^f`".

Die Kodierung eines Arrays schreibt man in eckigen Klammern. In den Klammern steht dann als Erstes als Dezimalzahl die Größe des Arrays, gefolgt von der Kodierung des Datentyps der einzelnen Array-Elemente. Damit ist die Zeichenkette `type5` nichts anderes als "`[10@]`". In der Kodierung für `type5` taucht also kein weiteres ^ für das * nach `NSString` auf, da dieses bereits implizit im `@` kodiert ist.

Ähnlich ist es bei Strukturen und Unions. Diese kommen einfach in geschweifte Klammern für Strukturen oder runde Klammern für Unions. Innerhalb der Klammer steht als Erstes der Name gefolgt von einem Gleichheitszeichen (=). Hinter den Gleichheitszeichen folgen dann nacheinander die Kodierungen der einzelnen Elemente. Hinter der Zeichenkette `type3` verbirgt sich also "`{example=i*@}`". Da Klassen im Grunde nichts anderes als Strukturen sind, können auch diese derart kodiert werden. So entspricht `@encode(NSObject)` der Zeichenkette "`{NSObject=#}`". Das Zeichen # steht dabei für den Klassenzeiger `isa`.

Alle anderen Typausdrücke werden einfach mit dem Zeichen ? übersetzt. Hierzu gehören zum Beispiel die Funktionstypen. Damit wird aus `@encode(IMP)` zum Beispiel "^?".

Properties

Anders als mit der Introspektion über `NSObject` kommen wir mit der Runtime Library auch an die Properties einer Klasse. Für den Zugriff auf Properties existiert der Datentyp `objc_property_t`.

Nehmen wir an, wir hätten eine Klasse `Example`, in der folgende Properties definiert sind:

```
@property float floatValue;
@property(readonly) double accountBalance;
@property(getter=isEmpty, setter=setEmpty:) BOOL empty;
```

Synthetisiert wurden die Properties wie folgt:

```
@synthesize floatValue, accountBalance =  balance, empty;
```

Ein Property dieser Klasse erhalten wir dann mit der Funktion `class_getProperty` über seinen Namen. So kommen wir zum Beispiel wie folgt an das Property `floatValue` der Klasse `Example`:

```
objc_property_t floatProperty = class_getProperty(class, "floatValue");
```

Mit der Methode `protocol_getProperty` funktioniert die Abfrage äquivalent auf Basis eines Protokolls anstelle einer Klasse.

Interessant wird es allerdings, wenn man sich mit der Funktion `class_copyPropertyList` wieder die Liste aller definierten Properties geben lässt (`protocol_copyPropertyList` für Protokolle). Mit der Funktion `property_getName` erhält man dann den Namen eines Propertys und mit `property_getAttribute` bekommt man Zeichenketten, in denen die Optionen ded Propertys kodiert sind. Hierzu folgendes Beispiel:

```
unsigned int count = 0;
Class class = [Example class];
objc_property_t* properties = class_copyPropertyList(class, &count);

for (unsigned int i = 0; i < count; i++) {
    objc_property_t property = properties[i];
    NSLog(@"property = %s, attribute = %s",
      property_getName(property), property_getAttributes(property));
}
free(properties);
```

Listing 13.14: Ausgabe aller Properties einer Klasse

Hier werden also alle Properties der Klasse `Example` mit Namen und Attributen ausgegeben. Es ist allerdings zu beachten, dass nicht die Properties der Oberklassen, sondern wirklich nur die von `Example` ausgegeben werden (siehe Abbildung 13.3). Die Liste `properties` muss wie auch in den vorherigen Beispielen mit `free` freigegeben werden. Um die Freigabe des Namens und der Attribute müssen wir uns nicht kümmern.

Meldung

```
property = empty, attribute = Tc,GisEmpty,SsetEmpty:,Vempty
property = accountBalance, attribute = Td,R,Vbalance
property = floatValue, attribute = Tf,VfloatValue
```

Abb. 13.3: Properties der Klasse `Example`

Der Aufbau der Zeichenketten, mit der die Attribute eines Propertys beschrieben werden, ist sehr einfach. Es handelt sich um eine durch Komma separierte Liste. Als erstes Element der durch Komma separierten Liste steht immer ein `T` gefolgt vom Typ des Propertys gemäß der Kodierung mit dem Makro `@encode`. Handelt es sich um ein Property, das als `readonly` definiert ist, folgen darauf der Eintrag `"R"` in der Liste. Darauf folgen die Angaben für das Memory Management. So folgt ein `C` für die Eigenschaft `copy` oder `&` für `retain` als Elemente in der Liste. Für die

Eigenschaft `assign` folgt kein Zeichen. Falls für ein Property alternative Getter oder Setter spezifiziert wurden, folgen diese als einzelne Elemente in der Syntax G*getterName* oder S*setterName*:. Den letzten Eintrag in der Liste bildet ein V plus dem Namen der Instanzenvariablen, die hinter dem Property steckt.

Instanzenvariablen

Sehr interessant ist, dass man als Programmierer mit der Runtime Library Zugriff auf die Instanzenvariablen erhält. Für Instanzenvariablen gibt es dazu den Datentyp `Ivar`. Mit der Funktion `class_getInstanceVariable` erhält man zum Beispiel über den Namen eine solche Instanzenvariable. Hierbei wird nicht die gesamte Vererbungshierarchie beachtet. Betrachten Sie folgende Beispielklasse:

```
@interface Example : NSObject {
    float floatValue;
    double balance;
    BOOL empty;
    id object;
}
// ...
@end
```

Listing 13.15: Klasseninterface der Klasse `Example`

An die Instanzenvariable `balance` kommen wir zum Beispiel über folgenden Aufruf:

```
Class class = [Example class];
Ivar balanceVar = class_getInstanceVariable(class, "balance");
```

Für diese Instanzenvariablen können wir nun verschiedene Informationen erhalten: mit der Funktion `ivar_getName` den Namen als `char`-Array, mit `ivar_getTypeEncoding` den Datentyp in der `@encode`-Kodierung und mit `ivar_getOffset` den Offset in der Struktur, die eine Instanz der Klasse darstellt.

Mit der Funktion `class_copyIvarList` können wir uns auch für Instanzenvariablen wieder die ganze Liste aller Instanzenvariablen in ein Array kopieren lassen. Zusammen mit der Ausgabe der Metainformationen sieht das wie folgt aus:

```
unsigned int ivarCount = 0;
Class class = [Example class];
while (class) {
    Ivar* ivars = class_copyIvarList(class, &ivarCount);
    for (unsigned int i = 0; i < ivarCount; i++) {
        Ivar ivar = ivars[i];
        NSLog(@"%s: ivar = %s, type = %s, offset = %li",
```

```
            class_getName(class), ivar_getName(ivar),
            ivar_getTypeEncoding(ivar), ivar_getOffset(ivar));
    }
    free(ivars);
    class = class_getSuperclass(class);
}
```

Listing 13.16: Ausgabe aller Instanzenvariablen der Klasse `Example`

Die Ausgabe, die das Programm erzeugt, ist in Abbildung 13.4 zu sehen. Hier sieht man zum einen die vier Instanzenvariablen der Klasse `Example`, aber auch den Klassenzeiger `isa`, der in der Oberklasse `NSObject` definiert ist.

```
Meldung
Example: ivar = floatValue, type = f, offset = 8
Example: ivar = balance, type = d, offset = 16
Example: ivar = empty, type = c, offset = 24
Example: ivar = object, type = @, offset = 32
NSObject: ivar = isa, type = #, offset = 0
```

Abb. 13.4: Instanzenvariablen der Klasse `Example`

Instanzenvariablen können aber auch ausgelesen und geändert werden. Hierfür gibt es die Funktion `object_getIvar` zum Lesen oder `object_setIvar` zum Setzen. Hierzu folgendes Beispiel:

```
Example* example = [[Example alloc] init];
Ivar objectVar = class_getInstanceVariable([example class], "object");
if (objectVar) {
    NSLog(@"old = %@", object_getIvar(example, objectVar));
    object_setIvar(example, objectVar, @"Ein geänderter Wert");
    NSLog(@"new = %@", object_getIvar(example, objectVar));
}
```

Listing 13.17: Zugriff auf die Instanzenvariable `object` mit `object_getIvar` und `object_setIvar`

Dieses Beispiel funktioniert aber nur, weil es sich bei dem Datentyp der Instanzenvariablen `object` um `id` handelt. Damit es für die Instanzenvariable `floatValue` ebenso gelingt, bedarf es ein wenig Pointer-Arithmetik:

```
Example* example = [[Example alloc] init];
Ivar objectVar = class_getInstanceVariable([example class], "floatValue");
if (objectVar) {
```

```
    NSInteger offset = ivar_getOffset(objectVar);
    NSLog(@"old = %f", *(float*)((__bridge void*) example + offset));
    *(float*)((__bridge void*) example + offset) = 54.5;
    NSLog(@"new = %f", *(float*)((__bridge void*) example + offset));
}
```

Listing 13.18: Zugriff auf die Instanzenvariable `floatValue` über ihren Offset

Hier wird einfach die Adresse berechnet, an der sich die Instanzenvariable im Speicher befindet. Dazu wird auf die Adresse des Objekts der Offset der Instanzenvariablen addiert. Damit auch wirklich Bytes addiert werden, müssen wir das Objekt zuvor in `char*` konvertieren. Die Ergebnisadresse interpretieren wir dann als Pointer auf den Typ der Instanzenvariablen, in diesem Fall `float*`. Wenn wir nun den Wert dieser Adresse lesen oder ändern, greifen wir in Wirklichkeit auf die Instanzenvariable `floatValue` des Objekts `example` zu.

Mit den Zugriffsmethoden für Properties und Instanzenvariablen kann man sich sehr gut vorstellen, wie Apple in der Lage war, eine Technologie wie Key-Value Coding, die einem Programmierer das Leben häufig sehr viel leichter macht, zu implementieren (siehe Abschnitt 14.2).

13.3 Metaprogrammierung

Nachdem wir bisher gezeigt haben, wie wir mit der *Objective-C 2.0 Runtime Library* Informationen über das laufende Programm einholen können, wollen wir uns in diesem Abschnitt anschauen, dass man das laufende Programm auch abwandeln kann. Es handelt sich also um eine Art Metaprogrammierung, das heißt, das Programm schreibt sich selbst um. Hierfür wollen wir als Beispiel versuchen, zur Laufzeit vorhandene Klassen um Logging-Funktionalitäten für die Methoden `retain` und `release` zu erweitern.

Wichtig

Da das Benutzen von `retain`, `retainCount` und `release` mit ARC nicht erlaubt ist, sind die folgenden Beispiele mit manuellem Reference Counting implementiert.

Zunächst verändern wir hierfür vorhandene Klassen, um damit ein Logging für alle existierenden Objekte dieser Klasse zur Laufzeit zu aktivieren. Danach ist allerdings das Ziel, das Logging nur auf ausgewählten Objekten zu aktivieren. Dazu erzeugen wir eine neue Klasse und ändern den Typ des entsprechenden Objekts. Mit dem Beispiel soll verdeutlicht werden, worin der Unterschied von Objective-C zu anderen statischen Programmiersprachen besteht und welche

Möglichkeiten einem Programmierer diese dynamischen Anteile von Objective-C eröffnen. Auch viele sehr geschätzte Features wie das Key-Value Coding und Key-Value Observing (Abschnitt 14.2 und Abschnitt 14.3.1) werden von Apple mit der Runtime Library implementiert. Wir können in diesem Kapitel zwar nicht den gesamten Funktionsumfang der Runtime Library darstellen, der Funktionsumfang ist von Apple jedoch gut dokumentiert und kann in der *Objective-C 2.0 Runtime Reference* bei Bedarf nachgelesen werden.

Veränderung vorhandener Klassen

Befassen wir uns zuerst damit, wie wir vorhandene Klassen zur Lautzeit verändern können. Im Prinzip können wir alles ändern, was wir uns im vorherigen Abschnitt haben ausgeben lassen. So können wir mit der Methode `class_addIvar` neue Instanzenvariablen ein- oder mit `class_addProtocol` neue Protokolle hinzufügen. Wir wollen für unser Beispiel Methodenimplementierungen austauschen. Hierzu gibt es die beiden Funktionen `class_addMethod` zum Hinzufügen und `class_replaceMethod` zum Austauschen.

Definieren wir uns dafür zunächst zwei globale Variablen zum Speichern der alten `retain`- und `release`-Implementierungen und neue Versionen von `retain` und `release` mit zusätzlichen Logging-Ausgaben:

```
IMP oldRetain;
IMP oldRelease;

id newRetain(id self, SEL _cmd) {
    NSUInteger rc = [self retainCount];
    NSLog(@"%s[0x%x]: retain, rc = %li -> %li",
        class_getName([self class]), (int)self, rc, rc + 1);
    return (*oldRetain)(self, _cmd);
}

void newRelease(id self, SEL _cmd) {
    NSUInteger rc = [self retainCount];
    NSLog(@"%s[0x%x]: release, rc = %li -> %li",
       class_getName ([self class]), (int)self, rc, rc - 1);
    (*oldRelease)(self, _cmd);
}
```

Listing 13.19: Ersatz-Implementierungen für `retain` und `release`

Nun können wir die Implementierungen der Methoden `retain` und `release` in der Klasse `Example` einfügen. Dazu speichern wir uns zuerst die alten Implementierungen und tauschen diese dann über `class_replaceMethod` aus:

```
Class class = [Example class];

oldRetain = class_getMethodImplementation(class, @selector(retain));
class_replaceMethod(class, @selector(retain), (IMP)&newRetain, "@@:");

oldRelease = class_getMethodImplementation(class, @selector(release));
class_replaceMethod(class, @selector(release), (IMP)&newRelease, "v@:");
```

Listing 13.20: Austausch der Implementierungen von `retain` und `release`

Dazu übergeben wir der Funktion die Klasse, in der die Methoden ausgetauscht werden sollen, den dazugehörigen Selektor, die neue Implementierung sowie den Typ der Funktion. Der Typ wird als Zeichenkette, wie im vorherigen Abschnitt beschrieben, kodiert, wobei zuerst der Rückgabedatentyp und dann nacheinander die Argumente kodiert werden. Normalerweise würde die Methode dann die alte Implementierung zurückgeben. In unserem Fall werden die Methoden jedoch gar nicht ausgetauscht, sondern hinzugefügt, da `retain` und `release` in `NSObject` und nicht in `Example` implementiert sind. In diesem Fall liefert `class_replaceMethod` einfach `NULL`. Aus diesem Grund müssen wir die alten Implementierungen auch mit der Funktion `class_getMethodImplementation` suchen.

Nun können wir zum Beispiel folgendes Testprogramm ausführen:

```
IMP oldRetain;
IMP newRelease;

// ... Hier folgen die Implementierungen von retain und release

int main (int argc, const char * argv[]) {

    // ... Austauschen der Methoden retain und release
    // nach obigem Beispiel

    Example* example1 = [[Example alloc] init];
    Example* example2 = [[Example alloc] init];
    [example1 retain];
    [example1 release];
    [example2 release];
    [example1 release];
}
```

Listing 13.21: Verwendung der ausgetauschten `retain`- und `release`-Methoden

Durch das Verändern von `retain` und `release` werden in dem Beispiel alle Aufrufe auf der Konsole geloggt (siehe Abbildung 13.5). Dies gilt nicht für die Aufrufe von `retain` und `release`, die vor der Veränderung ausgeführt werden.

Meldung
Example[0x105a50]: retain, rc = 1 -> 2
Example[0x105a50]: release, rc = 2 -> 1
Example[0x105a70]: release, rc = 1 -> 0
Example[0x105a50]: release, rc = 1 -> 0

Abb. 13.5: Logging-Ausgaben von Listing 13.21

Mit dieser Vorgehensweise können nun ganze Klassen verändert werden. Wir wollten aber für einzelne Objekte das Logging aktivieren können.

Erzeugung neuer Klassen

Dazu erzeugen wir zur Laufzeit für eine uns bis dahin unbekannte Klasse einfach eine neue Unterklasse. In dieser Unterklasse wollen wir die Methoden `retain` und `release` hinzufügen und die entsprechenden Methoden in den Oberklassen wieder aufrufen. Sehen wir uns hierfür beispielhaft die neue Implementierung für `retain` an. Die Implementierung für `release` funktioniert dann äquivalent:

```
id MemoryLogger_retain(id self, SEL _cmd) {
    NSUInteger rc = [self retainCount];
    NSLog(@"%s[0x%x]: retain, rc = %ld -> %ld",
        class_getName([self superclass]), (int)self, rc, rc + 1);

    struct objc_super super = {self, [self superclass]};
    return objc_msgSendSuper(&super, _cmd);
}
```

Listing 13.22: Implementierung der Funktion `MemoryLogger_retain`

Dazu wird zuerst die Logging-Ausgabe mit `NSLog` erzeugt und dann der aufgerufene Selektor `_cmd` (in unserem Fall einfach `@selector(retain)`) mit `objc_msgSendSuper` auf der Superklasse wieder aufgerufen.

Nun können wir mit `objc_allocateClassPair` eine neue Klasse incl. Metaklasse anlegen. Dazu benötigt die Funktion `allocateClassPair` als Argumente die Oberklasse der neuen Klasse und die Angabe, wie viele Bytes zusätzlich für jede Instanz an Speicherplatz reserviert werden sollen:

```
NSString* newClassName = [NSString stringWithFormat:
    @"_MemoryLogger_%s", class_getName(class)];
Class newSubClass = objc_allocateClassPair(
    class, [newClassName UTF8String], 0);
```

In unserem Fall erhält die neue Klasse einfach als Klassennamen das Präfix _MemoryLogger_ vor den ursprünglichen Klassennamen und die Instanzen sollen genau so groß sein, wie die Instanzenvariablen es vorgeben, das heißt, wir brauchen keinen zusätzlichen Speicherplatz.

Dieser neuen Klasse können wir nun die neuen Funktionen hinzufügen:

```
class_addMethod(newSubClass, @selector(retain),
    (IMP) MemoryLogger_retain, "@@:");
class_addMethod(newSubClass, @selector(release),
    (IMP) MemoryLogger_release, "v@:");
```

Um die Klasse später auch verwenden zu können, müssen wir sie nun dem Laufzeitsystem noch zur Verfügung stellen:

```
objc_registerClassPair(newSubClass);
```

Veränderung von Objekten

Von dieser neuen Klasse könnten jetzt natürlich auch Instanzen erzeugt und deren Aufrufe von `retain` und `release` geloggt werden. Allerdings wollten wir ja ursprünglich ausgewählte bereits existierende Objekte loggen. Dazu erstellen wir die neue Unterklasse einfach für die Klasse des Objekts, das wir loggen wollen, und tauschen dann den Typ des Objekts aus. Nehmen wir dazu folgende zwei `Example`-Objekte:

```
Example* example1 = [[Example alloc] init];
Example* example2 = [[Example alloc] init];
Class class = [example1 class];
```

Für die Klasse `class` erzeugen wir nun die neue Unterklasse `newClass` wie oben beschrieben und tauschen mit `object_setClass` die Klasse des Objekts `example1` aus:

```
object_setClass(example1, newSubClass);
```

Hierdurch wird der `isa`-Klassenzeiger des Objekts `example1` auf die neue Klasse geändert und alle `retain`- und `release`-Aufrufe von `example1` geloggt. Die Aufrufe auf dem Objekt `example2` bleiben davon jedoch unberührt (siehe Abbildung 13.6):

```
[example1 retain];
[example1 release];
[example2 release];
[example1 release];
```

Dieses Beispiel zeigt recht deutlich, welche Möglichkeiten diese Bibliothek für die Programmierung mit Objective-C bietet. So basiert zum Beispiel das Key-Value Observing auf ähnlichen Ideen. Allerdings sollte man bei der Verwendung dieser Bibliothek gut abwägen, ob ihr Einsatz wirklich sinnvoll ist.

Meldung
Example[0x104c90]: retain, rc = 1 -> 2
Example[0x104c90]: release, rc = 2 -> 1
Example[0x104c90]: release, rc = 1 -> 0

Abb. 13.6: Memory Logging des Objekts `example1`

Wendet man das gezeigte Beispiel auf ein Objekt einer toll-free bridged Klasse wie `NSCFString` an, so funktioniert es nicht. Der erste Aufruf von `retain` im Beispiel würde dann bereits zu einer Endlosschleife führen. Dies liegt daran, dass die Entscheidung, ob ein *toll-free bridging* vorliegt, über den Klassenzeiger `isa` durchgeführt wird und die Aufrufe der CoreFoundation-Methoden nicht über den Objective-C-Vererbungsmechanismus gelöst werden. Da wir in diesem Beispiel aber genau den `isa`-Zeiger des Objekts `example1` ändern, könnten die ursprünglich auf CoreFoundation-Methoden umgelenkten Aufrufe nicht mehr korrekt ausgeführt werden, was sich in einer Endlosschleife zeigen würde.

Ein MemoryLogger als Erweiterung von NSObject

Für eigene Klassen ist das Logging aber eine interessante Hilfe. Vor allem, wenn man nach diesem Vorbild zum Beispiel eine Erweiterung für die Klasse `NSObject` programmiert:

```
@interface NSObject(MemoryLogger)
- (id) startLogging;
- (id) stopLogging;
@end
```

Listing 13.23: Erweiterung `MemoryLogger` für die Klasse `NSObject`

Durch die Methode `startLogging` wird auf einem Objekt dann das Logging für die Methoden `retain`, `release`, `autorelease` und `dealloc` aktiviert und mit `stopLogging` wieder beendet.

Bevor wir uns allerdings anschauen, wie genau der `MemoryLogger` implementiert wird, wollen wir uns noch einem Problem zuwenden, das bei der bisher beschriebenen Art der Erweiterung von Methoden auftreten kann. Hierfür zunächst das Beispiel der erweiterten `retain`-Methode aus dem vorherigen Abschnitt:

```
id MemoryLogger_retain(id self, SEL _cmd) {
    NSLog(...);
    struct objc_super super = {self, [self superclass]};
    return objc_msgSendSuper(&super, _cmd);
}
```

Listing 13.24: Implementierung der Memory-Management-Funktionen mit objc_msgSendSuper

Verursacht wird das Problem durch den Aufruf, der durch `objc_msgSendSuper` an die Superklasse weitergereicht wird, da wir die Superklasse dynamisch durch `[self superclass]` bestimmen. Hätten wir zum Beispiel in Objective-C manuell eine Unterklasse gebildet und dort die `retain`-Methode wie folgt überschrieben:

```
-(id) retain {
    NSLog(...);
    [super retain];
}
```

dann hätte der Compiler für den Superaufruf die Klasse statisch abgebildet. Wenn wir zum Beispiel für ein Objekt der Klasse `Example` eine Unterklasse gebildet und darin die `retain`-Methode ausgetauscht hätten, sähe die Implementierung wie folgt aus:

```
id retain(id self, SEL _cmd) {
    NSLog(...);
    struct objc_super super = {self, [Example class] };
    return objc_msgSendSuper(&super, _cmd);
}
```

Listing 13.25: Statische Bindung der Klasse bei super-Aufrufen

Aber welcher Unterschied ergibt sich nun aus diesen beiden Varianten? Probleme treten dann auf, wenn wir von der Klasse `_MemoryLogger_Example` ebenfalls eine Unterklasse bilden und von dieser Unterklasse ein Objekt erzeugen. Wenn wir auf diesem Objekt dann die Methode `retain` aufrufen, führt dies zu einer Endlosschleife. Denn der Aufruf `[self superclass]` liefert nun nicht mehr die Klasse `Example`, sondern die Klasse `_MemoryLogger_Example`, wodurch dieselbe Methode direkt wieder ausgeführt wird.

Aus diesem Grund werden wir die alten Implementierungen, die der `MemoryLogger` ersetzt, unter einem zusätzlichen Selektor mit dem Präfix `_MemoryLogger_` in die neuen Klassen einfügen. Dieser Selektor wird dann anstelle des Superaufrufs ausgeführt. Die Ersatzimplementierungen der Methoden `retain`, `release`, `autorelease` und `dealloc` sehen damit wie folgt aus:

```
id MemoryLogger_retain(id self, SEL _cmd) {
    NSUInteger rc = [self retainCount];
    NSLog(@"%@[0x%x]: retain, rc = %li -> %li",
        NSStringFromClass([self superclass]), (int)self, rc, rc + 1);
    return [self _MemoryLogger_retain];
}
void MemoryLogger_release(id self, SEL _cmd) {
    NSUInteger rc = [self retainCount];
    NSLog(@"%@[0x%x]: release, rc = %li -> %li",
        NSStringFromClass([self superclass]), (int)self, rc, rc - 1);
    [self _MemoryLogger_release];
}
id MemoryLogger_autorelease(id self, SEL _cmd) {
    NSUInteger rc = [self retainCount];
    NSLog(@"%@[0x%x]: autorelease, rc = %li",
        NSStringFromClass([self superclass]), (int)self, rc);
    return [self _MemoryLogger_autorelease];
}
void MemoryLogger_dealloc(id self, SEL _cmd) {
    NSLog(@"%@[0x%x]: dealloc",
        NSStringFromClass([self superclass]), (int)self);
    [self _MemoryLogger_dealloc];
}
```

Listing 13.26: Endgültige Implementierung der Memory-Management-Funktionen

Kommen wir nun zur eigentlichen Implementierung der Erweiterung `MemoryLogger` für `NSObject`. Damit wir allerdings die neuen Unterklassen generieren können, brauchen wir noch ein Dictionary, in dem wir uns die bereits umgeschriebenen Unterklassen merken. Dieses legen wir in einer statischen Variablen `loggedClasses` ab:

```
@implementation NSObject(MemoryLogger)
    static NSMutableDictionary* loggedClasses = nil;
    - (id) startLogging { ... }
    - (id) stopLogging  { ... }
@end
```

Listing 13.27: Implementierung der Erweiterung `MemoryLogger`

In der Implementierung von `startLogging` müssen wir für die Klasse, der das Objekt `self` angehört, prüfen, ob bereits eine Unterklasse generiert wurde. Wenn dies der Fall ist, verwenden wir diese Klasse. Andernfalls generieren wir eine neue Unterklasse und speichern uns diese in `loggedClasses`. Zusätzlich wird noch eine Sicherung eingebaut, dass ein Objekt nicht zweimal geloggt werden kann. Insgesamt sieht das wie folgt aus:

```
- (id) startLogging {
    Class class = [self class];
    // Prüfen, ob das Objekt bereits geloggt wird.
    if (class_getMethodImplementation(class, @selector(retain))
        == (IMP) MemoryLogger_retain) return self;

    if (loggedClasses == nil)
        loggedClasses = [[NSMutableDictionary alloc] init];

    // Prüfen, ob bereits eine Unterklasse für class existiert
    Class newSubClass = [loggedClasses objectForKey:class];
    if (newSubClass == nil) {
        NSString* newClassName = [NSString stringWithFormat:
            @"_MemoryLogger_%s", class_getName(class)];

        newSubClass = objc_allocateClassPair(class,
            [newClassName UTF8String],  0);

        // Auslesen der alten Funktionsimplementierungen
        IMP oldRetain = class_getMethodImplementation(class,
            @selector(retain));
        IMP oldRelease = class_getMethodImplementation(class,
            @selector(release));
        IMP oldAutorelease = class_getMethodImplementation(class,
            @selector(autorelease));
        IMP oldDealloc = class_getMethodImplementation(class,
            @selector(dealloc));

        // Sichern der alten Implementierungen
        class_addMethod(newSubClass,
            @selector(_MemoryLogger_retain), oldRetain, "@@:");
        class_addMethod(newSubClass,
            @selector(_MemoryLogger_release), oldRelease, "v@:");
        class_addMethod(newSubClass,
            @selector(_MemoryLogger_autorelease), oldAutorelease, "@@:");
        class_addMethod(newSubClass,
            @selector(_MemoryLogger_dealloc), oldDealloc, "v@:");

        class_addMethod(newSubClass, @selector(retain),
            (IMP) &MemoryLogger_retain, "@@:");
        class_addMethod(newSubClass, @selector(release),
            (IMP) &MemoryLogger_release, "v@:");
        class_addMethod(newSubClass, @selector(autorelease),
```

```
            (IMP) &MemoryLogger_autorelease, "@@:");
        class_addMethod(newSubClass, @selector(dealloc),
            (IMP) &MemoryLogger_dealloc, "v@:");

        objc_registerClassPair(newSubClass);
        [loggedClasses setObject:newSubClass forKey:class];
    }
    object_setClass(self, newSubClass);
    return self;
}
```

Listing 13.28: Implementierung der Methode `startLogging`

Die Methode `stopLogging`, die das Logging wieder ausschaltet, kann dann wie folgt implementiert werden:

```
- (id) stopLogging {
    if (class_getMethodImplementation([self class], @selector(retain))
        != (IMP) MemoryLogger_retain) return self;

    object_setClass(self, [self superclass]);
    return self;
}
```

Listing 13.29: Implementierung der Methode `stopLogging`

Damit wäre die Implementierung des `MemoryLogger` fertig. Der Vorteil an dieser Variante ist, dass man sie nun sehr einfach auf jedes Objekt, das von `NSObject` erbt, anwenden kann. So zum Beispiel auch mit der Klasse `Example` aus dem vorherigen Abschnitt:

```
id object = [[[Example alloc] init] autorelease];
[[object startLogging] startLogging];

NSAutoreleasePool* myPool = [[NSAutoreleasePool alloc] init];

[object retain];
[object retain];
[object autorelease];
[object release];

[myPool release];

[object stopLogging];
```

Listing 13.30: Verwendung der Erweiterung `MemoryLogger`

In Abbildung 13.7 sieht man, dass das erste `autorelease`, das direkt mit der Initialisierung ausgeführt wird, nicht ausgegeben wird. Die Aufrufe von `retain`, `release`, `autorelease` und `dealloc` werden also erst mit dem Aufruf von `startLogging` mitgeloggt und enden mit dem Aufruf von `stopLogging`. Der doppelte Aufruf von `startLogging` hat keine Auswirkung, da in der Implementierung von `startLogging` geprüft wird, ob die Methoden bereits ersetzt wurden. Weiterhin sieht man sehr schön den versteckten `release`-Aufruf durch den Autorelease Pool `myPool`, der in der letzten Zeile in Abbildung 13.7 zu sehen ist.

Meldung
Example[0x104c90]: retain, rc = 1 -> 2
Example[0x104c90]: retain, rc = 2 -> 3
Example[0x104c90]: autorelease, rc = 3
Example[0x104c90]: release, rc = 3 -> 2
Example[0x104c90]: release, rc = 2 -> 1

Abb. 13.7: Ausgabe von Listing 13.30

Ähnlich zu dieser Vorgehensweise mit dem `MemoryLogger` könnte man die Runtime Library auch einsetzen, um zum Beispiel einen eigenen Persistenzmechanismus zu implementieren oder um automatisch Proxy-Objekte zu generieren.

13.4 Übungsaufgaben

1. Aufgabe

Geben Sie für die folgende Erweiterung von `NSObject` eine passende Implementierung an:

```
#import <Cocoa/Cocoa.h>

@interface NSObject(Inspection)
+ (Class) commonSuperclassWitClass:(Class) secondClass;
- (Class) commonSuperclassWithObject:(id) secondObject;
@end
```

Listing 13.31: `NSObject+Inspection.h`

Die Klassenmethode `commonSuperclassWithClass:` soll für die Klasse, auf die sie angewendet wird, und die Klasse `secondClass`, die als Argument übergeben wird, die erste gemeinsame Oberklasse in der Vererbungshierarchie in Richtung Wurzelklasse zurückgeben. Existiert eine solche Klasse nicht, so soll das Ergebnis `nil` sein. Hierzu folgende vier Beispiele:

```
[[NSString commonSuperclassWitClass:[NSMutableString class]] className]
[[NSMutableString commonSuperclassWitClass:[NSString class]] className]
[[NSArray commonSuperclassWitClass:[NSString class]] className]
[[NSString commonSuperclassWitClass:[NSProxy class]] className]
```

Die beiden ersten Aufrufe liefern als Ergebnis das Klassen-Objekt `NSString`, da für beide Klassen `NSString` und `NSMutableString` die Klasse `NSString` eine Oberklasse oder die Klasse selbst ist. Auch die Klasse `NSObject` wäre für beide Klassen eine Oberklasse, die Klasse `NSString` ist jedoch die erste gemeinsame Klasse in der Vererbungshierarchie in Richtung Wurzelklasse. Für das dritte Beispiel ist die erste gemeinsame Oberklasse die Klasse `NSObject`, da zuvor keine weitere gemeinsame Oberklasse existiert. Das vierte Beispiel liefert gar keine Klasse, sondern `nil` zurück, da `NSString` und `NSProxy` keine gemeinsame Oberklasse besitzen.

Die Methode `commonSuperclassWithObject:` kann dann auf Instanzen beliebiger Klassen aufgerufen werden. Als Ergebnis soll die Funktion den Wert liefern, den auch `commonSuperclassWithClass:` für die Klassen der beiden entsprechenden Instanzen liefert.

2. Aufgabe

Schreiben Sie die Methode `setValue:forKey:` in einer Erweiterung für `NSObject`, mit folgender Signatur:

```
- (void) setValue: (id) value forKey:(NSString*) key;
```

Diese Methode soll den internen Zustand eines Objekts über ein Property oder direkt eine Instanzenvariable ändern. Das Property oder die Instanzenvariable wird über das Argument `key` bestimmt. Prüfen Sie dazu für das Objekt, ob ein entsprechender Setter existiert. Für den Fall, dass `key` den Wert `"value"` hat, wäre der entsprechende Setter `setValue:`. Wenn er existiert, rufen sie ihn auf und geben den Wert `value` als Argument mit. Hierzu müssen Sie eine neue Zeichenkette für den Setter aus der Zeichenkette `key` konstruieren. Sehen Sie sich hierzu den Funktionsumfang der Klasse `NSString` in Abschnitt 9.3 an. Zusätzlich ist die Methode `uppercaseString` der Klasse `NSString` hilfreich.

Für den Fall, dass der Setter nicht existiert, prüfen Sie, ob eine passende Instanzenvariable existiert. Wenn ja, setzen Sie diese mit der passenden Runtime-API-Funktion. Gehen Sie einfach davon aus, dass das Property oder die Instanzenvariable vom Typ `id` ist. Sollte auch keine passende Instanzenvariable existieren, soll eine `NSException` mit dem Typ `NSInvalidArgumentException` geworfen werden.

Hiermit sind dann Aufrufe wie der folgende für die Klasse `Example` aus Listing 13.15 möglich:

```
Example* example = [[Example alloc] init];
[example setValue: @"Hallo" forKey:@"object"];
```

Diese Methode entspricht im Prinzip der in `NSObject` bereits existierenden Methode `setValue:forKey:`, die Bestandteil des Key-Value Codings ist (siehe Abschnitt 14.2).

3. Aufgabe

Ein Nachteil an einem Objekt, das mit der Erweiterung `MemoryLogger` aus Listing 13.23 überwacht wird, ist, dass es auf die Methode `class` anders reagiert als das Objekt, bevor die Überwachung gestartet wurde. Dies liegt daran, dass durch Ändern der Instanzenvariable `isa` der Typ des Objekts auf eine zur Laufzeit generierte Klasse ersetzt wurde. Erweitern Sie die Implementierung von `MemoryLogger` insoweit, dass ebenfalls die Methode `class` auf die beschriebene Art überschrieben wird. In dieser Implementierung von `class` soll die alte Version der Methode `class` aufgerufen werden. Der Rückgabewert der Methode `class` soll dann die Superklasse der Klasse sein, die wir von der alten Implementierung von `class` zurückbekommen. Auf diese Weise liefert ein Aufruf von `class` nicht mehr den Wert der Instanzenvariablen `isa`, sondern dessen Superklasse, also die Klasse, der das Objekt zuvor angehört hat.

Design Patterns für Objective-C

Design Patterns, im deutschen Sprachgebrauch auch *Entwurfsmuster* genannt, sind eine Sammlung von Lösungsschablonen für ein definiertes, bekanntes Problem. Beachtenswert bei Design Patterns ist, dass es sich hierbei nicht um synthetische Lösungsvorschläge handelt, sondern um eine Sammlung von bewährten Lösungen.

Hinweis

Im Bereich der Software-Entwicklung wurden Design Patterns vor allem durch die sogenannte »Gang of Four« (kurz GoF) bestehend aus Erich Gamma, Richard Helm, Ralph Johnson und John Vlissides etabliert. In ihrem Buch *Design Patterns – Elements of Reusable Object-Oriented Software* aus dem Jahre 1994 haben sie 23 Entwurfsmuster beschrieben.

Die Dokumentation eines Design Patterns gibt neben dem Pattern-Namen zunächst einmal die Idee an, die hinter dem Pattern steckt. Danach folgt die Motivation für die Verwendung des Patterns. Dies ist üblicherweise ein Szenario, das das Problem und einen Kontext beschreibt, um das Pattern zu implementieren. Außerdem wird die Struktur des Patterns in Diagrammform dargestellt. Das Buch der GoF benutzt hierzu eine grafische Repräsentation, die ähnlich der UML, jedoch nicht absolut mit dieser identisch ist. Weiterhin werden die beteiligten Klassen und Objekte sowie deren Zusammenspiel genauer definiert. Weiterhin wird auf Seiteneffekte oder *trade offs* bei der Benutzung dieses Patterns hingewiesen. Die Lösung für das Problem ist mittels einer Implementierungsbeschreibung und Beispielcode angegeben. Da Design Patterns für den Programmierer gedacht sind, werden sie üblicherweise nicht in Pseudocode beschrieben, sondern in einer »echten« Programmiersprache, im Falle der GoF in C++. Für die meisten verbreiteten Programmiersprachen finden sich jedoch Übertragungen des Beispielcodes. Da es sich bei Design Patterns um erprobte Lösungen handelt, finden sich üblicherweise noch Bemerkungen zu bekannten Benutzungen des Patterns und Hinweise darauf, welche anderen Patterns sich gut mit dem beschriebenen kombinieren lassen.

In diesem Kapitel soll es jedoch weniger um die Design Pattern aus dem Buch der GoF gehen, sondern um die vier häufigsten Muster, die im Cocoa-Framework benutzt werden.

Diese sind:

- Die **schnelle Iteration**, die ab Objective-C 2.0 einen Ersatz für den Einsatz von `NSEnumerator`, der in Abschnitt 11.4 beschrieben ist, zur Verfügung stellt.
- Das **Key-Value Coding**, das einen definierten Zugriff auf die Eigenschaften eines Objekts erlaubt, ohne spezifische Zugriffsmethoden des Objekts benutzen zu müssen.
- Das **Observer-Pattern**, das die Beobachtung von Objekten und Ereignissen zulässt.
- Die **Delegation**, die das Auslagern von Funktionalität in andere Klassen ermöglicht und so die leichtere Austauschbarkeit von Programmteilen fördert.

14.1 Schnelle Iteration

Ein neues Konzept in Objective-C 2.0 ist die Einführung der sogenannten **schnellen Iteration** *(engl. fast iteration)*. Wollte man vorher zum Beispiel ein `NSArray` durchlaufen, so gab es zwei Möglichkeiten. Zum einen eine normale `for`-Schleife, in der einfach der Index hochgezählt wurde, um so auf jedes Element des Arrays zugreifen zu können; zum anderen die Benutzung einer passenden Instanz von `NSEnumerator`. Diese beiden Möglichkeiten sind in Listing 14.1 aufgeführt.

```
NSArray *array = @[@"Eintrag1", @"Eintrag2",
                  @"Eintrag3", @"Eintrag4"];

for (int i = 0; i < [array count]; i++)
{
    NSLog(@"Eintrag an Index %u: %@", i, array[i]);;
}

NSEnumerator *enumerator = [array objectEnumerator];
int index = 0;

for(id object = [enumerator nextObject];
    object != nil;
    object=[enumerator nextObject])
{
    NSLog(@"Eintrag an Index %u: %@", index, object);
    index++;
}
```

Listing 14.1: Iteration über den Inhalt eines `NSArray` mittels `for`-Schleife

Für beide Schleifen ergibt sich jeweils die in Abbildung 14.1 gezeigte Ausgabe.

Meldung
Eintrag an Index 0: Eintrag1
Eintrag an Index 1: Eintrag2
Eintrag an Index 2: Eintrag3
Eintrag an Index 3: Eintrag4

Abb. 14.1: Ausgabe der Iterationen über das Array

Zwar ist die Syntax der `for`-Schleife sehr eingängig, da `for`-Schleifen seit jeher zum Repertoire eines Programmierers gehören, jedoch muss man sich hier selbst darum kümmern, das Objekt aus dem Array zu lesen. Komplizierter wird es mit der `for`-Schleife, wenn man über Objekte iterieren will, die sich nicht mittels Indizes ansprechen lassen (zum Beispiel die Schlüsselmenge eines `NSDictionary`). Hier muss man sich zunächst eine Array-Repräsentation erstellen lassen.

Diese Probleme lassen sich mit dem Einsatz der Klasse `NSEnumerator` umgehen, da hier die Vorschrift, wie ein Objekt durchlaufen wird, im Enumerator selbst steckt. Es muss also keine andere Repräsentation eines Objekts erstellt werden, sondern nur eine `NSEnumerator`-Instanz mit der entsprechenden Vorschrift. Wie in Listing 14.1 zu sehen ist, lässt sich auch ein `NSEnumerator` mittels einer `for`-Schleife durchlaufen. Die Syntax hierfür ist jedoch weder eingängig noch elegant.

Objective-C 2.0 hat nun mit der schnellen Iteration ein Sprachkonstrukt eingeführt, das die Syntax einer `for`-Schleife mit den Vorteilen eines Enumerators verknüpft.

Die Syntax ist dabei wie folgt:

```
for (Type variable in expression) { Anweisungen}
```

oder

```
Type variable
for (variable in expression) { Anweisungen }
```

Wie bei einer normalen `for`-Schleife werden für jeden Durchlauf die Anweisungen im Schleifenrumpf ausgeführt.

Der Wert der angegebenen Variablen wird jeweils auf den aktuellen Eintrag des Objekts, über das iteriert wird, gesetzt. Wenn das letzte Element erreicht wurde, wird die Variable abschließend auf `nil` gesetzt und die Schleife wird beendet. Die angegebene `expression` muss ein Objekt zurückliefern, das das Protokoll `NSFastEnumeration` implementiert (siehe Abschnitt 14.1.2).

```
NSArray *array = @[@"Eintrag1", @"Eintrag2",
                   @"Eintrag3", @"Eintrag4"];
```

```
NSUInteger index = 0;
for (id object in array) {
    NSLog(@"Eintrag an Index %li: %@", index, object);
    index++;
}
```

Listing 14.2: Schnelle Iteration über den Inhalt eines NSArray

Listing 14.2 zeigt die schnelle Iteration an unserem Array-Beispiel. Die Ausgabe ist die gleiche wie bei den in Abbildung 14.1 gezeigten Iterationsvarianten.

Da sich eine schnelle Iteration – abgesehen von der etwas anderen Syntax – wie eine normale `for`-Schleife verhält, kann sie zum Beispiel auch mit `break` abgebrochen werden. Dann enthält die Variable, so sie außerhalb der Schleife zugreifbar ist, den Wert des letzten Iterationsschritts. Listing 14.3 zeigt das Abbrechen einer schnellen Iteration und Abbildung 14.2 die entsprechende Ausgabe. Die Variable für die Schleife muss in diesem Beispiel natürlich außerhalb des Schleifenkopfs definiert werden, damit nach der Schleife noch darauf zugegriffen werden kann.

Eine Anwendung dieses gezielten Abbruchs ist zum Beispiel das Durchsuchen einer Collection. Wenn der gesuchte Eintrag gefunden wurde, wird die Schleife abgebrochen und der gefundene Eintrag steht in der Schleifenvariablen. Wenn die Schleife ordnungsgemäß beendet wurde (das heißt, es wurde kein passender Eintrag gefunden), steht in der Schleifenvariablen `nil`.

```
NSArray *array = @[@"Eintrag1", @"Eintrag2",
                   @"Eintrag3", @"Eintrag4"];

NSString *object;
for (object in array) {
    if ([object isEqualToString:@"Eintrag2"])
        break;
}
NSLog(@"Inhalt von object: %@", object);

for (object in array) {
    if ([object isEqualToString:@"Eintrag5"])
        break;
}
NSLog(@"Inhalt von object: %@", object);
```

Listing 14.3: Abbrechen einer schnellen Iteration mittels `break`

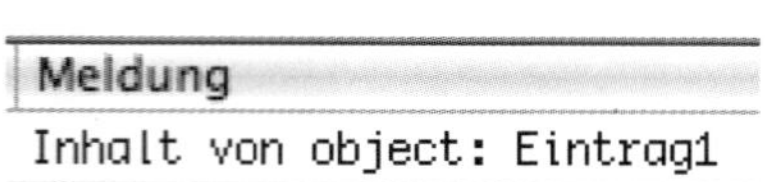

Abb. 14.2: Ausgabe von Listing 14.3

14.1.1 Vorteile der schnellen Iteration

Die schnelle Iteration bietet einige Vorteile gegenüber der normalen Iteration mittels eines `NSEnumerator`.

- Die Syntax ist sofort eingängig, denn diese entspricht größtenteils einer normalen `for`-Schleife. Im Grunde verhält sich die schnelle Iteration wie eben diese, was den Programmierer das Verhalten des Codestücks auf den ersten Blick sehr einfach nachvollziehen lässt.
- Die schnelle Iteration ist in den meisten Fällen deutlich schneller als eine Iteration mittels `NSEnumerator`. Dies liegt daran, dass eine schnelle Iteration vor allem mittels C-Arrays arbeitet und so in jedem Teilschritt der schnellen Iteration mehrere Elemente zurückgeliefert werden. Dies minimiert das Senden von Nachrichten während der Iteration.
- Eine schnelle Iteration wird gegen Veränderungen geschützt. Das Framework stellt Wächtercode zur Verfügung, der die zu iterierende Datenstruktur auf Veränderungen überprüft. Wenn sich ein von der Implementierung angegebener Zustand während der Iteration ändert, wird dieser Wächtercode eine entsprechende Exception auslösen.

Tipp

Da der Zustand der iterierten Objekte während der schnellen Iteration vor Veränderungen geschützt ist, können auch mehrere schnelle Iterationen gleichzeitig durchgeführt werden.

14.1.2 Das Protokoll NSFastEnumeration

Um ein Objekt mittels der schnellen Iteration zu durchlaufen, muss dieses dem Protokoll `NSFastEnumeration` genügen.

Die wichtigsten Collection-Klassen der Core Library implementieren dieses Protokoll bereits. Dazu gehören `NSArray`, `NSDictionary`, `NSSet` und `NSEnumeration`. `NSManagedObjectModel` aus dem CoreData-Framework implementiert ebenfalls das `NSFastEnumeration`-Protokoll.

Solange das Objekt, über das iteriert wird, nur eine Dimension von Daten hat, ist eindeutig definiert, über welche Werte iteriert wird. So ist es bei `NSArray` und `NSSet` so, dass einfach über die enthaltenen Elemente der Collection iteriert wird. Auch ein `NSEnumerator` hat nur eine Dimension von Daten, die zurückgeliefert werden, so dass auch hier klar ist, worüber iteriert wird. Da bei einem `NSArray` zusätzlich eine strenge Ordnung der Objekte vorliegt, kann man sogar eine Zählervariable mitlaufen lassen, die die Position des aktuellen Objekts im Array beschreibt (siehe auch Listing 14.2).

Bei einem NSDictionary-Objekt gibt es zwei Daten-Dimensionen: zum einen die Schlüsselmenge und zum anderen die zu den Schlüsseln gehörenden Werte. Da in der schnellen Iteration aber nur über eine Dimension eines Objekts iteriert werden kann, ist die Designentscheidung der Entwickler hier, über die Schlüsselmenge zu iterieren. Eine schnelle Iteration über ein NSDictionary wird in der Schleifenvariablen also immer den Wert eines Schlüssels zurückliefern. Da aber ein NSEnumerator auch das NSFastEnumeration-Protokoll implementiert, kann man wenn nötig auch über die Wertemenge eines NSDictionary iterieren. Listing 14.4 zeigt diese beiden Möglichkeiten.

```
NSDictionary *dictionary = @{
                            @"Schlüssel1": @"Wert1",
                            @"Schlüssel2": @"Wert2",
                            @"Schlüssel3": @"Wert3",
                            @"Schlüssel4":@"Wert4"};


for (id key in dictionary) {
    NSLog(@"Wert des Schlüssels: %@", key);
}

NSEnumerator *objects = [dictionary objectEnumerator];
for (id value in objects) {
    NSLog(@"Wert des Eintrags: %@", value);
}
```

Listing 14.4: Schnelle Iteration über die beiden Dimensionen eines NSDictionary

Meldung
Wert des Schlüssels: Schlüssel3
Wert des Schlüssels: Schlüssel1
Wert des Schlüssels: Schlüssel4
Wert des Schlüssels: Schlüssel2
Wert des Eintrags: Wert3
Wert des Eintrags: Wert1
Wert des Eintrags: Wert4
Wert des Eintrags: Wert2

Abb. 14.3: Ausgabe von Listing 14.4

Dadurch, dass auch ein NSEnumerator das Protokoll NSFastEnumeration implementiert, kann man also bei einem NSDictionary über beide Dimensionen der Werte schnell iterieren. Dies funktioniert natürlich ebenso bei allen anderen Datentypen, die Enumeratoren zur Verfügung stellen.

Ein NSManagedObjectModel iteriert über die enthaltenen Entitäten.

Implementierung der schnellen Iteration

Wie gesehen muss lediglich das Protokoll NSFastEnumeration adaptiert werden, um ein Objekt mittels der schnellen Iteration durchlaufen zu können. Das Protokoll fordert dabei eine einzige Methode:

```
- (NSUInteger)countByEnumeratingWithState:(NSFastEnumerationState *)state
objects:(id __unsafe_unretained[])stackbuf count:(NSUInteger)len;
```

Hierbei sind die Parameter wie folgt zu verstehen:

- state ist ein Zeiger auf eine NSFastEnumerationState-Struktur, in der die Zustandsinformationen gespeichert werden.
- stackbuf ist ein Zeiger auf ein C-Array, in das der Empfänger schreiben kann.
- len gibt die Größe des von stackbuf beschriebenen Arrays an.

Der Rückgabewert gibt die Anzahl der zurückgegebenen Einträge an. Wenn die Iteration beendet ist, muss 0 zurückgegeben werden.

Die wichtigsten Informationen für die Iteration werden durch die Struktur in state beschrieben. Deren Aufbau ist wie folgt:

```
typedef struct {
    unsigned long state;
    id *itemsPtr;
    unsigned long *mutationsPtr;
    unsigned long extra[5];
} NSFastEnumerationState;
```

Hier sind die Bestandteile der Struktur folgendermaßen zu interpretieren:

- state kann für eine beliebige Zustandsinformation des Iterators genutzt werden. Beim ersten Aufruf ist hier typischerweise 0 eingetragen.
- itemsPtr zeigt auf ein C-Array mit den Objekten, die der Aufruf des Iterationsschritts zurückliefert.
- mutationsPtr ist ein Zeiger auf einen Speicherbereich, in dem Informationen stehen, um zu prüfen, ob die Collection verändert wurde. Die Art dieses Speichers ist beliebig, jedoch soll sichergestellt werden, dass sich der Inhalt dieser Speicheradresse ändert, wenn sich die Collection, über die iteriert wird, verändert.

  Zu beachten ist, dass der Wert von mutationsPtr auch dann nicht 0 sein darf, wenn man keine Wächterbedingung zur Verfügung hat. In diesem Fall sollte man mutationsPtr auf eine Speicheradresse setzen, die sich während der Iteration garantiert nicht verändert, um zu verhindern, dass fälschlicherweise eine Ausnahme ausgelöst wird.

- `extra` ist ein C-Array, das für die Zwischenspeicherung von beliebigen Werten zwischen den Aufrufen des Iterators benutzt werden kann.

Wie man sieht, gibt es hier mit `itemsPtr` einen Zeiger auf ein Array der zurückgelieferten Objekte. Diese *können* in `stackbuf` stehen, müssen aber nicht.

Um zu verstehen, wie die obige Struktur benutzt wird, werden wir uns einmal ansehen, wie die Umsetzung einer schnellen Iteration durch den Compiler aussieht.

Wir nehmen das folgende Array zum Iterieren:

```
NSArray *arrayToIterate = @[@"Objekt1", @"Objekt2",
                            @"Objekt3", @"Objekt4"];
```

Der zugehörige Code für die schnelle Iteration sieht wie folgt aus:

```
for (id object in arrayToIterate) {
    NSLog(@"Inhalt von object: %@", object);
}
```

Dieser Quellcode wird nun in ein Konstrukt umgewandelt, das die Methode der schnellen Iteration aufruft.

Zuerst wird das Objekt, über das iteriert werden soll, gespeichert:

```
NSObject<NSFastEnumeration> *collection = arrayToIterate;
```

Danach wird eine `NSFastEnumerationState`-Struktur erstellt und konfiguriert:

```
NSFastEnumerationState state;
state.state = 0;
state.itemsPtr = nil;
state.mutationsPtr = nil;
for (int i = 0; i<5; i++)
    state.extra[i] = 0;
```

Nun wird noch Speicher für das übergebene Array angefordert:

```
void *stackbuf = calloc(16, sizeof(id));
```

Zuletzt werden noch zwei Variablen definiert. `len` speichert die Rückgabe der Methode und `mtrPtr` speichert den Wert des Veränderungszeigers.

```
NSUInteger len;
unsigned long mtrPtr = 0;
```

Nachdem nun die Vorbereitungen abgeschlossen sind, wird eine äußere `while`-Schleife erzeugt, die so lange `countByEnumeratingWithState` aufruft, bis die Rückgabe 0 ist.

```
while ((len= [collection countByEnumeratingWithState:&state
       objects:(__unsafe_unretained id*)stackbuf
       count:16]) != 0)
```

Wie man sieht, wird ein Zeiger auf die zuvor erstellte Struktur, ein Zeiger auf das C-Array und die Länge dieses Arrays übergeben. Nach dem Aufruf sind die Werte innerhalb der Struktur von der aufgerufenen Implementierung geändert.

Als Erstes speichern wir den Wert des Veränderungszeigers zwischen:

```
if (mtrPtr == 0)
    mtrPtr = *state.mutationsPtr;
```

Nun können wir eine innere `for`-Schleife erzeugen, die das zurückgegebene Array durchläuft und die Variable zuweist.

```
for (int i = 0; i< len; i++) {
    if (mtrPtr != *state.mutationsPtr) {
        [NSException raise:NSGenericException
        format:@"*** Collection <%@: 0x%x> was mutated.",
        [collection class], (int)collection];
    }

    id object = state.itemsPtr[i];
    NSLog(@"Inhalt von object: %@", object);
}
```

In jedem Durchlauf wird zunächst überprüft, ob der Wert des Veränderungszeigers noch mit dem letzten Wert übereinstimmt. Ist dies nicht der Fall, so gilt die Collection als verändert und es wird eine Exception ausgelöst.

Wenn die Collection nicht verändert wurde, wird nun das entsprechende Element aus dem zurückgegebenen Array der Schleifenvariablen zugewiesen. Dabei zeigt wie beschrieben `state->itemsPtr` auf ein C-Array. Dies kann identisch mit dem der Methode übergebenen sein, muss es jedoch nicht. Daher ist unbedingt der Zeiger zu benutzen. Nachdem nun die Schleifenvariable einen Wert zugewiesen bekommen hat, wird der eigentliche Code aus dem Rumpf der schnellen Iteration ausgeführt.

Listing 14.5 zeigt den kompletten Quellcode inklusive des Wiederfreigebens des Array-Speichers.

```
NSArray *arrayToIterate = @[@"Objekt1", @"Objekt2",
                            @"Objekt3", @"Objekt4"];

NSObject<NSFastEnumeration> *collection = arrayToIterate;

NSFastEnumerationState state;
state.state = 0;
state.itemsPtr = nil;
state.mutationsPtr = nil;
for (int i = 0; i<5; i++)
    state.extra[i] = 0;

void *stackbuf = calloc(16, sizeof(id));
NSUInteger len;
unsigned long mtrPtr = 0;

while ((len= [collection countByEnumeratingWithState:&state
       objects:(__unsafe_unretained id*)stackbuf
       count:16]) != 0)
  {
    if (mtrPtr == 0)
        mtrPtr = *state.mutationsPtr;

    for (int i = 0; i< len; i++) {
      if (mtrPtr != *state.mutationsPtr) {
        [NSException raise:NSGenericException
        format:@"*** Collection <%@: 0x%x> was
            mutated.",
            [collection class], (int)collection];
    }

    id object = state.itemsPtr[i];
    NSLog(@"Inhalt von object: %@", object);
  }
}
free(stackbuf);
```

Listing 14.5: Implementierung der schnellen Iteration durch Methodenaufruf

Verwendung der schnellen Iteration

Das folgende Beispiel zeigt die einfachste Variante einer schnellen Iteration:

```
#import <Cocoa/Cocoa.h>
@interface EnumerationExample : NSObject<NSFastEnumeration> {
    NSMutableArray *arrayToIterate;
}
@end
```

Listing 14.6: `EnumerationExample.h`

Wir benutzen hier als Struktur zur Speicherung der Einträge ein normales `NSMutableArray`, da es einen einfachen Zugriff auf die Elemente bietet. Diese Struktur implementiert zwar schon das Protokoll `NSFastEnumeration`, jedoch wollen wir unsere eigene Implementierung schreiben.

```
#import "EnumerationExample.h"
@implementation EnumerationExample

- (id) init {
    self = [super init];
    if (self != nil) {
        arrayToIterate = [NSMutableArray arrayWithObjects:
                          @"Objekt1", @"Objekt2", @"Objekt3",
                          @"Objekt4",nil];
    }
    return self;
}

- (NSUInteger)countByEnumeratingWithState:(NSFastEnumerationState *)state
              objects:(id __unsafe_unretained [])stackbuf count:(NSUInteger)
len
{
    unsigned long index = state->state;
    if (index == [arrayToIterate count])
        return 0;

    __unsafe_unretained id item =
            [arrayToIterate objectAtIndex:index];
    NSInteger cnt = [arrayToIterate count];

    state->state++;
    state->itemsPtr = &item;
    state->mutationsPtr = (unsigned long *)&cnt;
```

```
    return 1;
}
@end
```

Listing 14.7: `EnumerationExample.m`

Die obige Implementierung ist die denkbar einfachste. Zunächst initialisieren wir unser Array mit 4 Einträgen vor, über die dann iteriert werden soll. Die Logik für die schnelle Iteration steckt in der Methode `countByEnumeratingWithState:objects:count:`.

Als ersten Schritt lesen wir aus `state->state` den Zustand der Iteration. Wenn dies der erste Iterationsschritt ist, wird hier 0 stehen. Wir benutzen diese Zustandsinformation gleichzeitig als Index für unser Array. Wenn der Wert dieses Index gleich der Größe des Arrays ist, wir also alle Elemente durchlaufen haben, sind wir mit der Iteration fertig und geben entsprechend 0 zurück, um dies anzuzeigen.

Wenn wir noch innerhalb der Array-Grenzen sind, befüllen wir die Struktur, um einen Iterationsschritt durchzuführen. Dazu speichern wir zunächst den Eintrag des Arrays an der bezeichneten Position zwischen. Als Nächstes merken wir uns die Größe des Arrays. Nun erhöhen wir den in `state->state` gespeicherten Index um eins und übergeben den Zeiger auf unseren Array-Eintrag an `state->itemsPtr`. Schließlich setzen wir noch mit `state->mutationsPtr` den Zeiger für den Veränderungswächter auf die Adresse der Variablen, die die Array-Größe speichert. Wenn sich nun zwischen zwei Iterationsschritten die Größe des Arrays ändert, wird der Wächtercode des Frameworks dies erkennen und eine entsprechende Ausnahme auslösen.

Vorsicht

Natürlich ist die Größe eines Arrays allein nicht der ganze Hinweis darauf, ob das Array geändert wurde. So kann es zum Beispiel sein, dass ein Eintrag gelöscht und ein anderer anstelle dessen eingefügt wurde.

Je nach Implementierung des Objekts, über das iteriert wird, sollte es eine Klassenvariable geben, die sich verändert, wenn die iterierten Daten des Objekts sich verändert haben.

```
EnumerationExample *example = [[EnumerationExample alloc] init];
for (id object in example) {
    NSLog(@"Inhalt von object: %@", object);
}
```

Listing 14.8: Ausführen der schnellen Iteration

Wenn wir nun die schnelle Iteration auf unserem Beispiel wie in Listing 14.8 ausführen, erhalten wir erwartungsgemäß die in Abbildung 14.4 gezeigte Ausgabe.

Meldung
Inhalt von object: Objekt1
Inhalt von object: Objekt2
Inhalt von object: Objekt3
Inhalt von object: Objekt4

Abb. 14.4: Ausgabe des obigen Beispiels

Wir haben durch unsere einfache Implementierung nun zwei der weiter oben beschriebenen Vorteile nutzbar gemacht: Die eingängige Syntax der schnellen Iteration kann benutzt werden, um über unser Objekt zu iterieren, und das Objekt ist – wenn wir annehmen, dass die Größe eines Arrays eine hinreichende Bedingung für dessen Veränderung ist – während der Iteration unveränderlich.

Jedoch ist diese Implementierung der schnellen Iteration nicht unbedingt deutlich schneller als der entsprechende Enumerator von `NSArray`. Da wir hier in jedem Iterationsschritt nur ein Objekt zurückgeben, verhalten wir uns wie ein normaler `NSEnumerator`, bei dem in jedem Schritt `nextObject` aufgerufen wird.

Wie man aus der Definition der Methode `countByEnumeratingWithState:objects:count:` und der entsprechenden Struktur `NSFastEnumerationState` jedoch sehen kann, spielen neben Pointern auch C-Arrays eine große Rolle. Bislang haben wir immer nur den ersten Eintrag des Arrays benutzt. Wirklich effektiv wird die Implementierung aber erst, wenn wir das zurückgegebene Array so groß wie möglich machen.

Zum Zurückgeben eines Arrays gibt es zwei unterschiedliche Strategien. Zum einen kann das `itemsPtr`-Feld in der Struktur `state` auf das zurückgegebene Array gesetzt werden, zum anderen kann das übergebene Array in `stackbuf` benutzt werden. Der Unterschied besteht darin, dass für das durch `stackbuf` beschriebene Array schon Speicher reserviert ist, während dies für `state->itemsPtr` nicht der Fall ist. Wenn man intern mit einem C-Array arbeitet, kann man in `state->itemsPtr` den Zeiger auf dieses Array zurückliefern und als Rückgabewert seine Größe. So reduziert man die Anzahl der Aufrufe auf zwei, da im zweiten Schritt erkannt wird, dass das Array schon komplett zurückgegeben wurde und somit die Iteration beendet werden kann.

Wenn man intern jedoch nicht mit einem C-Array arbeitet, was vermutlich meistens der Fall ist, bietet es sich an, das Array in `stackbuf` zu befüllen. Das folgende Beispiel zeigt dies.

```
- (NSUInteger)countByEnumeratingWithState:(NSFastEnumerationState *)state
              objects:(id __unsafe_unretained[])stackbuf count:(NSUInteger)l
en
{
    unsigned long index = state->state;
    if (index == [arrayToIterate count])
        return 0;

    NSInteger itemsLeft = [arrayToIterate count] - index;
    state->mutationsPtr = &state->extra[0];
    state->itemsPtr = stackbuf;

    if (itemsLeft < len) {
        state->state = [arrayToIterate count];
        [arrayToIterate getObjects:stackbuf
                             range:NSMakeRange(index, itemsLeft)];
        return itemsLeft;
    }

    state->state += len;
    [arrayToIterate getObjects:stackbuf range:NSMakeRange(index, len)];
    return len;
}
```

Listing 14.9: `countByEnumeratingWithState` mit optimierter Array-Nutzung

Listing 14.9 zeigt nur die optimierte Methode `countByEnumeratingWithState`. Wie vorher wird zunächst der Index aus `state->state` gelesen und geprüft, ob die Iteration evtl. abgeschlossen ist.

Wenn dies nicht der Fall ist, wird zunächst errechnet, wie viele Einträge des Arrays noch zurückgegeben werden müssen. Da es wie oben beschrieben kein »`NSArray` hat sich verändert«-Flag gibt und `state->mutationsPtr` auf einen Wert ungleich 0 zeigen muss, setzen wir ihn auf `state->extra[0]`, da wir wissen, dass der Wert dieses Zeigers sich nicht verändert während der Enumeration.

Im Parameter `len` steht die Größe des C-Arrays, auf das `stackbuf` verweist. Müssen nur noch weniger Einträge zurückgeliefert werden, als im C-Array Platz finden können, kopieren wir diese direkt mittels `getObjects:range:` aus dem `NSArray` in das C-Array. Übersteigt die Anzahl der zurückzugebenden Elemente jedoch die Größe des C-Arrays, werden lediglich die `len` nächsten kopiert.

In jedem Fall passen wir `state->state` für den nächsten Aufruf an und geben die Anzahl der kopierten Elemente zurück.

Durch diese optimale Ausnutzung des durch `stackbuf` beschriebenen C-Arrays reduzieren wir die Anzahl der Aufrufe der Iterator-Methode deutlich, was uns einen Geschwindigkeitsvorteil gegenüber der schrittweisen Iteration einbringt.

14.2 Key-Value Coding

Key-Value Coding (KVC) ist eine Möglichkeit, indirekt auf die Eigenschaften eines Objekts zuzugreifen. Anstatt entsprechende Setter- bzw. Getter-Methoden aufzurufen oder auf die Variablen des Objekts direkt zuzugreifen, wird ein *key* oder ein *keypath* angegeben, der die gesuchte Eigenschaft beschreibt.

Ein *key* ist ein einfacher String, der die gesuchte Eigenschaft angibt. Dies ist üblicherweise der Name des Getters bzw. der Instanzenvariablen. Als Einschränkung für einen *key* gilt, dass er in normalen ASCII-Encoding ausdrückbar sein muss und keine Whitespaces enthalten darf. So wäre `id` zum Beispiel ein *key*, der die Eigenschaft mit dem Namen `id` referenziert.

Ein *keypath* ist ebenfalls ein String, der eine Menge von einzelnen *keys* enthält. Die einzelnen *keys* sind dabei durch Punkte voneinander getrennt. Ein Beispiel für einen *keypath* ist `next.id`, die die Eigenschaft `id` des durch die Eigenschaft `next` beschriebenen Objekts referenziert. Ein *keypath* ist immer relativ zu dem Objekt, an das die entsprechende Nachricht gesendet wurde.

Dieses Konzept wollen wir im Folgenden an einem Beispiel genauer beleuchten. Zunächst definieren wir eine Klasse `Person`. Diese speichert Daten zu einer Person und enthält wiederum Objekte vom Typ `Person`-Objekte, die den Vater und die Mutter speichern.

```
@interface Person : NSObject {
    NSString *firstName;
    NSString *lastName;
    Person *mother;
    Person *father;
}
@end
```

Listing 14.10: `Person.h`

Dies ist die ganze Definition der Klasse. Wir definieren weder Properties noch Zugriffsmethoden für die Instanzenvariablen.

Die Methoden für das Key-Value Coding sind im informellen Protokoll `NSKeyValueCoding` definiert. Dieses wird von `NSObject` bereits implementiert, so dass die Funktionalität des Key-Value Codings jedem Objekt, das von `NSObject` erbt, zur Verfügung steht.

Die wichtigsten vier Funktionen sind `valueForKey:` bzw. `valueForKeyPath:`, um den Wert zu einem *key* oder einem *keypath* zu erfragen und `setValue:forKey:` bzw. `setValue:forKeyPath:`, um den Wert für einen *key* bzw. *keypath* zu setzen.

In unserem einfachen Beispiel können wir also die Werte der Variablen setzen und auslesen, ohne dass wir Properties oder Zugriffsmethoden schreiben müssen. Listing 14.11 zeigt exemplarisch das Setzen und Auslesen der Eigenschaften von Objekten mittels *keys* und *keypath*. Die Ausgabe ist in Abbildung 14.5 dargestellt.

```
Person *person = [[Person alloc] init];
[person setValue:@"Max" forKey:@"firstName"];
[person setValue:@"Mustermann" forKey:@"lastName"];

Person *father = [[Person alloc] init];
[father setValue:@"Martin" forKey:@"firstName"];
[father setValue:@"Mustermann" forKey:@"lastName"];

[person setValue:father forKey:@"father"];

NSLog(@"Name der Person: %@ %@", [person valueForKey:@"firstName"],
                                 [person valueForKey:@"lastName"]);
NSLog(@"Vorname des Vaters: %@",
     [person valueForKeyPath:@"father.firstName"]);

[person release];
[father release];
```

Listing 14.11: Zugriff auf die Variablen von `Person` mittels KVC

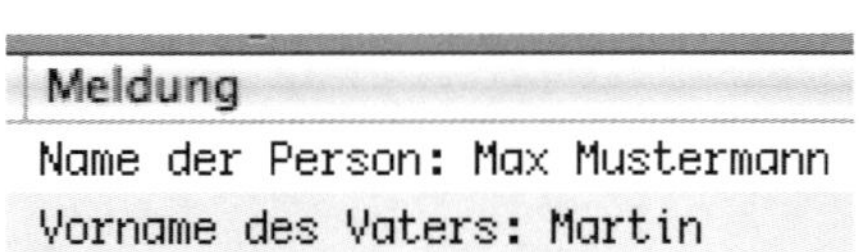

Abb. 14.5: Ausgabe von Listing 14.11

Die KVC-API bietet einen generischen, standardisierten Weg, um auf die Eigenschaften eines Objekts zuzugreifen. Die Standardimplementierung des Protokolls `NSKeyValueCoding` durch `NSObject` deutet schon darauf hin, dass das Key-Value Coding ein zentrales Element des Cocoa-Frameworks ist.

In Mac OS X wird dieser Mechanismus konsequent für das Scripting benutzt. Das Cocoa-Framework selbst benutzt diesen Mechanismus als Schlüsselkonzept für die Implementierung der Binding-Technologie sowie für CoreData.

14.2.1 Terminologie des Key-Value Codings

Das Key-Value-Coding-Konzept führt vier Begriffe ein, die in der Dokumentation durchgängig benutzt werden. Diese vier Begriffe werden im Folgenden kurz definiert. Um unnötige Verwirrungen zu vermeiden, verwenden wir im Folgenden die deutschen Begriffe.

Über das KVC kann auf drei unterschiedliche Arten von Eigenschaften eines Objekts zugegriffen werden: *Attribute, 1:1-Beziehungen* und *1:m-Beziehungen.*

Der Begriff **Eigenschaft** wird benutzt, um jede dieser drei Arten zu beschreiben, ohne genauer auf den konkreten Typ einzugehen. In der englischen Dokumentation wird dieser Term als *property* bezeichnet.

Ein **Attribut** (engl. *attribute*) bezeichnet eine Eigenschaft, die einen einfachen Datentyp beschreibt. Dies kann ein skalarer Wert, ein String oder ein boolescher Wert sein. Außerdem werden mit diesem Term auch Objekte bezeichnet, die unveränderbar sind wie beispielsweise `NSNumber`.

Als **1:1-Beziehung** (in der englischen Dokumentation *to-one relationship* genannt) wird eine Eigenschaft bezeichnet, die selbst wieder Eigenschaften haben kann. Der Typ dieser Eigenschaft ist also ein Objekt. Die Eigenschaften dieses Objekts können sich verändern, ohne dass sich das Objekt selbst ändert. Ein typisches Beispiel für eine 1:1-Beziehung ist ein `NSMutableDictionary`.

Eine Eigenschaft, die als **1:m-Beziehung** bezeichnet wird, enthält eine Sammlung zusammenhängender Objekte. Apple spricht hier von einer *to-many relationship.* Ein für diesen Eigenschaftentyp gebräuchliches Objekt ist ein `NSArray`.

14.2.2 Zuweisen und Auslesen von Werten

Um einer Eigenschaft eines Objekts, das das Key-Value Coding für diese Eigenschaft implementiert, einen Wert zuzuweisen, existiert die Nachricht `setValue:forKey:`. Da `NSObject` das Protokoll `NSKeyValueCoding` implementiert, existiert bereits eine Standardimplementierung dieser Methode. Diese Implementierung unterstützt sowohl das Setzen einer Eigenschaft durch eine spezielle Zugriffsmethode (Setter) als auch durch direkten Variablenzugriff. Der Ablauf ist dabei wie folgt:

- Die Benutzung eines Setters hat zwei Vorteile: Zum einen muss eine Eigenschaft eines Objekts nicht auf eine Variable gleichen Namens abgebildet werden. Zum anderen kann der Wert vor dem Speichern im Objekt noch manipuliert werden.

  Aus diesen Gründen wird die in `NSObject` vorhandene Implementierung von `setValue:forKey:` zuerst versuchen, einen Setter zu lokalisieren. Dieser Setter muss nach dem Muster `set<Key>` benannt werden.

Wird ein entsprechender Setter gefunden, wird er mit dem zu setzenden Wert aufgerufen.

- Wurde kein entsprechender Setter für die Eigenschaft gefunden, so wird überprüft, ob die Nachricht accessInstanceVariablesDirectly den Wert YES zurückgibt. Ist dies der Fall, wird überprüft, ob eine der folgenden Variablen existiert: _<key>, _is<Key>, <key> oder is<Key>. Hierbei ist zu beachten, dass die aufgeführte Reihenfolge die tatsächliche Suchreihenfolge ist. Die erste gefundene Variable wird benutzt, um den Wert zu setzen.
- Wurde weder ein Setter noch eine passende Variable gefunden, wird die Methode setValue:forUndefinedKey: aufgerufen. Die Implementierung in NSObject wird eine Ausnahme der Art NSUndefinedKeyException auslösen.

Hinweis

NSObject enthält eine Implementierung von accessInstanceVariablesDirectly, die YES zurückgibt.

Eine Unterklasse von NSObject kann diese Methode so überschreiben, dass sie NO zurückgibt, um den direkten Zugriff auf die Variablen durch das Key-Value Coding zu unterbinden.

Analog zum Setzen des Wertes einer Eigenschaft liefert die Nachricht valueForKey: den Wert für die durch den *key* beschriebene Eigenschaft der Klasse zurück, an die sie gesendet wurde.

Die in NSObject implementierte Variante dieser Methode kennt zwei Möglichkeiten, den Wert einer Eigenschaft auszulesen.

- Zuerst wird sie überprüfen, ob für diese Eigenschaft eine Zugriffsmethode (Getter) implementiert ist, die den Wert dieser Eigenschaft zurückliefert. Ist dies der Fall, wird dieser Getter aufgerufen und dessen Rückgabe an den aufrufenden Code weitergereicht.

  Die Standardimplementierung von valueForKey: erwartet, dass die Benennung des Getters für die gesuchte Eigenschaft den in Cocoa benutzten Konventionen folgt. Diese sehen vor, dass ein Getter für eine Eigenschaft *key* das Format <key> hat. Bei booleschen Werten ist auch das Format is<Key> gebräuchlich. Die Standardimplementierung unterstützt diese beiden Formate. Die Rückgabe der Methode <key> ist ein Objekt, ein skalarer Wert oder eine unterstützte Datenstruktur (siehe Abschnitt 14.2.4)
- Existiert kein entsprechender Getter, wird die Methode accessInstanceVariableDirectly aufgerufen. Gibt diese YES zurück (so wie es die Implementierung in NSObject vorsieht), wird überprüft, ob eine passende Klassenvariable existiert. Dabei werden für eine Eigenschaft *key* die Variablen _<key>,

_is<Key>, <key> und is<Key> in dieser Reihenfolge durchsucht. Sobald eine Variable gefunden wurde, wird deren Wert zurückgegeben.

- Existiert weder ein passender Getter noch eine entsprechende Klassenvariable, ruft die Standardimplementierung die Methode `valueForUndefinedKey:` auf. Diese ist in `NSObject` so implementiert, dass sie eine Ausnahme der Art `NSUndefinedKeyException` auslöst.

Das folgende Beispiel zeigt die verschiedenen Möglichkeiten, den Zugriff auf Eigenschaften mittels Key-Value Coding zu realisieren.

> **Wichtig**
>
> Eine Klasse ist *key-value coding compliant* für eine Eigenschaft, wenn die von `setValue:forKey:` und `valueForKey:` benötigten Methoden bzw. Variablen für diese Eigenschaft in der Klasse implementiert sind.

Nutzung von Subscripting für das Key-Value Coding

In Kapitel 11 haben Sie bereits das Subscripting für `NSArray` und `NSDictionary` kennengelernt und erfahren, wie der Compiler diese Konstrukte auf Methoden abbildet. Dieses Wissen können wir uns zunutze machen und mit dem Key-Value Coding kombinieren, um Subscripting für jede Klasse zu erlauben. Im Folgenden wollen wir uns ansehen, wie das Subscripting für Dictionaries mit Hilfe von Key-Value Coding für die Klasse `Person` implementiert werden kann.

Sehen wir uns zunächst die Zuweisungen eines Wertes an. Dieser soll die folgende Form haben:

```
person[key] = value;
```

Wie Sie wissen, wird dieser Ausdruck vom Compiler auf die Funktion

```
- (void)setObject:(id)obj forKeyedSubscript:(id)key;
```

umgesetzt. Für das Abfragen von Werten sieht der passende Ausdruck mit Subscripting wie folgt aus:

```
person[key] // returns value
```

Dieser Ausdruck wird vom Compiler auf die Methode

```
- (id)objectForKeyedSubscript:(id)key;
```

umgesetzt.

Um nun das Subscripting in dieser Form für die Klasse `Person` zu aktivieren, fügen wir die Methoden der Headerdatei `Person.h` hinzu, so dass der Compiler das Vorhandensein dieser Methoden kennt und uns erlaubt, den Subscripting-Operator zu benutzen.

Die Implementierung der beiden Methoden ist dann trivial:

```
- (void)setObject:(id)obj forKeyedSubscript:(id)key {
    [self setValue:obj forKey:key];
}

- (id)objectForKeyedSubscript:(id)key {
    return [self valueForKey:key];
}
```

Listing 14.12: Implementierung der Subscripting-Methoden

Danach kann das Subscripting wie gewünscht benutzt werden:

```
Person *person = [[Person alloc] init];
person[@"firstName"] = @"Max";
person[@"lastName"] = @"Mustermann";
NSLog(@"Person: %@, %@", person[@"lastName"],
                         person[@"firstName"]);
```

Listing 14.13: Benutzung des selbst-implementierten Subscriptings

Das obige Beispiel erzeugt die gewünschte Ausgabe `Person: Mustermann, Max`.

Vorsicht

Bei dieser einfachen Implementierung ist zu beachten, dass nur direkte Eigenschaften der Klasse `Person` gesetzt und abgefragt werden können. Ebenso wird jeder Versuch, ein Attribut zu schreiben oder zu lesen, das nicht mittels Key-Value Coding erreichbar ist, zu einer Ausnahme führen.

Key-Value Coding für einen keypath

Analog zu den oben beschriebenen Möglichkeiten, Eigenschaften eines Objekts mit Key-Value Coding zu lesen und zu setzen, funktioniert diese Methode auch für einen *keypath*.

Um den Wert für einen *keypath* zu setzen, wird die Nachricht `setValue:forKeyPath:` benutzt; um einen Wert zu einem *keypath* auszulesen, gibt es die Nachricht `valueForKeyPath:`.

Beide Methoden arbeiten den angegebenen *keypath* ab und rufen auf dem Weg zum letzten *key* die Methoden `setValue:forKey:` bzw. `valueForKey:` auf. An jedes Objekt in diesem *keypath*, das nicht *key-value coding compliant* für die angegebene Eigenschaft ist, wird die Nachricht `setValue:forUndefinedKey:` bzw. `valueForUndefinedKey:` gesendet.

Eine einfache Realisierung sieht man in Listing 14.14.

```
-(id)valueForKeyPath:(NSString *)keyPath {
    NSArray *keys = [keyPath componentsSeparatedByString:@"."];
    id value = self;
    for (NSString *key in keys)
    {
        value = [value valueForKey:key];
    }
    return value;
}
```

Listing 14.14: Simple Implementierung von `valueForKeyPath:`

Diese einfache Implementierung berücksichtigt natürlich keine leeren *keypaths* oder 1:m-Beziehungen, zeigt aber deutlich das Prinzip der Verarbeitung eines *keypath*.

1:m-Beziehungen als Teil von keypaths

Beim Auslesen von Eigenschaften für einen *keypath* kann es vorkommen, dass eine durch diesen *keypath* beschriebene Eigenschaft eine 1:m-Beziehung ist. Wenn dies der letzte *key* im *keypath* ist, wird lediglich dessen Wert zurückgegeben.

Ist dieser *key* aber nicht der letzte *key* des *keypath*, so wird die Methode `valueForKeyPath:` ein Array aller möglichen Werte für die nachfolgenden *keys* zurückliefern. Auf der ersten Position des Arrays steht also der Wert über den ersten Eintrag der 1:m-Beziehung, auf der zweiten Position der Weg über den zweiten Eintrag usw.

Erweitern wir im Folgenden unsere bisher benutzte Personenklasse um ein Array, das die Kinder dieser Person speichert.

```
@interface Person : NSObject {
    NSString *firstName;
    NSString *lastName;
    Person *mother;
    Person *father;
    NSMutableArray *children;
}
@end
```

Wir erstellen nun eine Person und weisen ihr zwei Kinder zu:

```
Person *person = [[Person alloc] init];
[person setValue:@"Max" forKey:@"firstName"];
[person setValue:@"Mustermann" forKey:@"lastName"];

Person *child1 = [[Person alloc] init];
[child1 setValue:@"Hans" forKey:@"firstName"];
[child1 setValue:@"Mustermann" forKey:@"lastName"];

Person *child2 = [[Person alloc] init];
[child2 setValue:@"Luise" forKey:@"firstName"];
[child2 setValue:@"Medium" forKey:@"lastName"];

NSMutableArray *children = [NSMutableArray arrayWithObjects:child1,
                             child2, nil];
[person setValue:children forKey:@"children"];
```

Schließlich lesen wir über den *keypath* `children.firstName` die Vornamen aller Kinder aus. Hierbei ist `children` eine 1:m-Beziehung, jedoch nicht der letzte *key* im *keypath*. Die Methode `valueForKeyPath:` liefert also ein Array zurück mit den Vornamen aller Personen-Objekte in `children`.

```
id ret = [person valueForKeyPath:@"children.firstName"];
NSLog(@"Rückgabe hat die Klasse: %@", [ret class]);
for (id entry in ret) {
    NSLog(@"Eintrag: %@", entry);
}
```

Listing 14.15: Auslesen einer Eigenschaft mit `to-many relationship` im *keypath*

Wie man in der Ausgabe in Abbildung 14.6 sieht, ist der Rückgabewert ein normales, unveränderbares Array, weshalb wir mittels schneller Iteration auf die einzelnen Elemente zugreifen konnten.

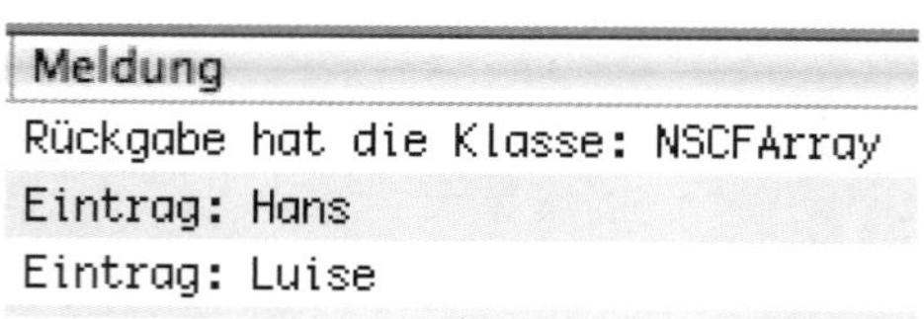

Abb. 14.6: Ausgabe von Listing 14.15

Dieses Verhalten gilt auch für das Setzen von Eigenschaften. Tritt innerhalb des *keypath* eine 1:m-Beziehung auf, so wird an jeden Eintrag dieser Beziehung eine `setValue:forKey:`-Nachricht gesandt.

Um diesen Effekt zu demonstrieren, fügen wir nun dem Beispiel aus Listing 14.15 das Folgende hinzu:

```
[person setValue:@"Bobby" forKeyPath:@"children.firstName"];
ret = [person valueForKeyPath:@"children.firstName"];
NSLog(@"Rückgabe hat die Klasse: %@", [ret class]);
for (id entry in ret) {
    NSLog(@"Eintrag: %@", entry);
}
```

Listing 14.16: Setzen einer Eigenschaft mit einer 1:m-Beziehung im *keypath*

Wichtig ist hier die erste Zeile, die den Vornamen aller Kinder auf Bobby setzt. Wie man in Abbildung 14.7 sehen kann, wurde tatsächlich jeder Eintrag des Arrays auf den neuen Wert gesetzt.

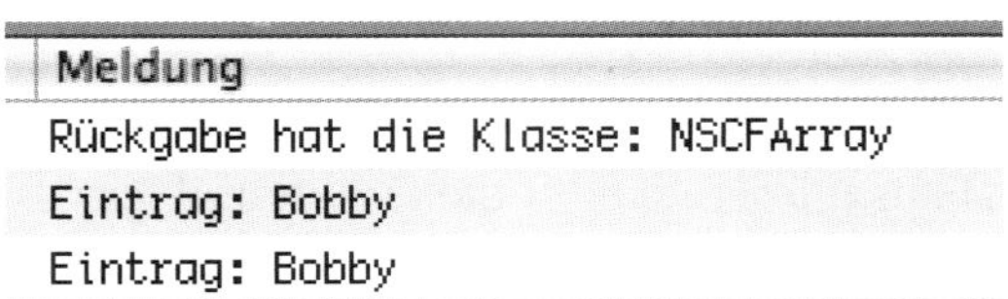

Abb. 14.7: Ausgabe von Listing 14.16

Operatoren auf 1:m-Beziehungen

Für 1:m-Beziehungen gibt es die Möglichkeit, im *keypath* Operatoren anzugeben. Ein solcher *keypath* setzt sich zusammen aus einem *keypath* zu der 1:m-Beziehung, einem Operator und danach folgt ein weiterer *keypath* zu der Eigenschaft, auf der der Operator arbeiten soll.

```
NSArray *array = @[@16, @4, @13];

NSLog(@"Kleinstes Element: %@", [array valueForKeyPath:@"@min.intValue"]);
NSLog(@"Größtes Element:   %@", [array valueForKeyPath:@"@max.intValue"]);
NSLog(@"Durchschnitt:      %@", [array valueForKeyPath:@"@avg.intValue"]);
```

Listing 14.17: Operatoren auf 1:m-Beziehungen

Im obigen Beispiel sehen wir einen *keypath* mit Operatoren. Hierbei sind `@min`, `@max` und `@avg` die Operatoren und `intValue` der *keypath* zur gewünschten Eigenschaft. Die Ausgabe hierzu ist in Abbildung 14.8 zu sehen.

Außer diesen drei oben gezeigten Operatoren gibt es noch einige weitere. Hierfür sei dem interessierten Leser der Blick in die Dokumentation von Apple empfohlen, da wir ein einfaches Aufzählen dieser Operatoren hier nicht für geeignet halten.

Meldung	
Kleinstes Element:	4
Größtes Element:	16
Durchschnitt:	11

Abb. 14.8: Ausgabe von Listing 14.17

Zugriff auf mehrere Eigenschaften

Will man auf mehrere Eigenschaften einer Klasse zugreifen, so kann man natürlich für jede Eigenschaft eine entsprechende `setValue:forKey:`- bzw. `valueForKey:`-Nachricht senden. Jedoch wird auch für diese Aufgabe von der Key-Value-Coding-API eine fertige Lösung angeboten.

Mit `setValuesForKeysWithDictionary:` lassen sich mehrere Eigenschaften eines Objekts auf einmal setzen. Hierzu wird der Methode ein `NSDictionary` übergeben, bei dem jeder Schlüssel eine Eigenschaft beschreibt. Der dem Schlüssel zugewiesene Wert wird als neuer Wert der Eigenschaft gesetzt.

Um mehrere Eigenschaften auf einmal auszulesen, gibt es die Funktion `dictionaryWithValuesForKeys:`. Dieser Methode wird ein `NSArray` übergeben, das alle Eigenschaftsnamen enthält, die ausgelesen werden sollen. Die Rückgabe ist ein `NSDictionary`, wobei die Schlüssel die angegebenen Eigenschaftsnamen enthalten und die Werte zu den Schlüsseln die Inhalte der entsprechenden Eigenschaften.

Die Funktionen `setValuesForKeysWithDictionary:` und `dictionaryWithValuesForKey:` sind in `NSObject` so implementiert, dass sie für jeden *key* `setValue:forKey:` bzw. `valueForKey:` aufrufen. Ein Geschwindigkeitsvorteil gegenüber dem mehrfachen manuellen Aufrufen der entsprechenden Methoden ist also nicht zu erwarten.

Wichtig

Eigenschaften eines Objekts können den Wert `nil` annehmen. Jedoch kann `nil` nicht zu einer Collection wie `NSDictionary` hinzugefügt werden. Um einen Nullwert in einem Dictionary zu speichern, gibt es das Objekt `NSNull`. Die Standardimplementierungen von `dictionaryWithValuesForKey:` wandeln `nil` automatisch in `NSNull` um.

```
Person *child1 = [[Person alloc] init];
[child1 setValue:@"Hans" forKey:@"firstName"];
[child1 setValue:@"Mustermann" forKey:@"lastName"];

Person *child2 = [[Person alloc] init];
```

```
[child2 setValue:@"Luise" forKey:@"firstName"];
[child2 setValue:@"Medium" forKey:@"lastName"];

NSMutableArray *children = [NSMutableArray arrayWithObjects:child1, child2,
                            nil];

Person *person = [[Person alloc] init];

NSDictionary *dict = @{@"firstName" : @"Max",
                       @"lastName" : @"Mustermann",
                       @"children" : children};

[person setValuesForKeysWithDictionary:dict];

NSLog(@"Vorname: %@", [person valueForKey:@"firstName"]);
NSLog(@"Nachname: %@", [person valueForKey:@"lastName"]);
NSLog(@"Anzahl der Kinder: %li", [[person valueForKey:@"children"] count]);

NSArray *props = [NSArray arrayWithObjects:@"lastName",@"firstName", nil];
NSDictionary *propertyDictionary = [child1
                                    dictionaryWithValuesForKeys:props];
NSLog(@"Vorname: %@", [propertyDictionary objectForKey:@"firstName"]);
NSLog(@"Nachname: %@", [propertyDictionary objectForKey:@"lastName"]);
```

Listing 14.18: Auslesen von Eigenschaften mit `dictionaryWithValuesForKey:`

Meldung
Vorname: Max
Nachname: Mustermann
Anzahl der Kinder: 2
Vorname: Hans
Nachname: Mustermann

Abb. 14.9: Ausgabe von Listing 14.18

14.2.3 Implementierung von 1:m-Beziehungen

Für eine 1:m-Beziehung haben wir bisher immer ein `NSArray` benutzt. Jedoch bietet das Key-Value-Coding-Framework ebenso die Möglichkeit, jede beliebige Eigenschaft als eine 1:m-Beziehung zugänglich zu machen, auch dann, wenn sie nicht in einem Array gespeichert wird.

Um eine Eigenschaft als 1:m-Beziehung zu realisieren, müssen zwei Methoden implementiert werden:

- Die Methode `countOf<Key>:` gibt die Anzahl der in dieser 1:m-Beziehung enthaltenen Objekte als `NSUInteger` zurück.
- Die Methode `objectIn<Key>AtIndex:` gibt entsprechend das Objekt an der durch den Index bezeichneten Stelle der Eigenschaft zurück.

Wenn diese beiden Methoden implementiert werden, kann die Eigenschaft im Key-Value Coding wie eine 1:m-Beziehung benutzt werden. Wenn Sie beispielsweise innerhalb eines *keypath* vorkommt, wird ein Array aller Werte zurückgegeben.

Im folgenden Beispiel fügen wir eine synthetische Eigenschaft (also eine Eigenschaft, die nicht direkt im Objekt gespeichert wird) `parents` zu unserer Personenklasse aus Listing 14.10 hinzu. Diese Eigenschaft soll die beiden Personenobjekte für die Mutter und den Vater zurückgeben.

Hierfür implementieren wir zunächst die Methode `countOfParents`. Diese ist relativ einfach, da die Größe der Eigenschaft ja konstant 2 ist.

```
-(NSUInteger)countOfParents {
    return 2;
}
```

Als Nächstes muss die Methode `objectInParentsAtIndex:` implementiert werden. Wir entscheiden uns hier dafür, an Index 0 die Mutter und an Index 1 den Vater zu setzen. Da wir exakt zwei Einträge in unserer 1:m-Beziehung haben, sieht die Methode wie folgt aus:

```
-(Person *)objectInParentsAtIndex:(NSUInteger)index {
    if (index == 0)
        return mother;

    return father;
}
```

Wie man sieht, ist der Rückgabewert der Funktion ein normaler Zeiger auf ein Objekt vom Typ `Person`, da durch diese Funktion genau ein Objekt der 1:m-Beziehung abgefragt wird.

Aus Sicht des Key-Value Codings verhalten sich Eigenschaften, für die diese speziellen Zugriffsmethoden implementiert sind, exakt wie ein Array und sind von einem solchen durch nichts zu unterscheiden.

Wenn wir nun unsere synthetische Eigenschaft `parents` in einem *keypath* verwenden, stellen wir fest, dass tatsächlich kein Unterschied zu der Benutzung eines Arrays als 1:m-Beziehung ersichtlich ist (vgl. Listing 14.15). Das Setzen einer

Eigenschaft über den *keypath* unter Benutzung dieser 1:m-Beziehung verläuft völlig analog, so dass es hier nicht gezeigt ist.

```
Person *person = [[Person alloc] init];
[person setValue:@"Max" forKey:@"firstName"];
[person setValue:@"Mustermann" forKey:@"lastName"];

Person *father = [[Person alloc] init];
[father setValue:@"Martin" forKey:@"firstName"];
[father setValue:@"Mustermann" forKey:@"lastName"];

Person *mother = [[Person alloc] init];
[mother setValue:@"Maria" forKey:@"firstName"];
[mother setValue:@"Mustermann" forKey:@"lastName"];

[person setValue:father forKey:@"father"];
[person setValue:mother forKey:@"mother"];

id ret = [person valueForKeyPath:@"parents.firstName"];
NSLog(@"Rückgabe hat die Klasse: %@", [ret class]);
for (id entry in ret) {
    NSLog(@"Eintrag: %@", entry);
}
```

Listing 14.19: Verwendung einer eigenen `to-many relationship`

Die Ausgabe zeigt deutlich, dass das Framework ein Array konstruiert, in dem die einzelnen Objekte gespeichert werden. Aufgrund der Rückgabe ist es nicht zu entscheiden, ob die Eigenschaft intern durch ein Array oder durch die Implementierung der beiden Methoden repräsentiert wird.

```
Meldung
Rückgabe hat die Klasse: NSCFArray
Eintrag: Maria
Eintrag: Martin
```

Abb. 14.10: Ausgabe von Listing 14.19

Diese Implementierung hat natürlich den Nachteil, dass für jeden Eintrag in der 1:m-Beziehung einmal die Methode `objectInParentsAtIndex:` aufgerufen wird und somit die Laufzeit nicht optimal ist. Um das Laufzeitverhalten zu verbessern, kann zusätzlich die Methode `get<Key>:range:` implementiert werden. Diese Methode bekommt als Parameter einen Zeiger auf ein C-Array und eine `NSRange`-

Struktur. Die Implementierung sollte den durch die `NSRange`-Struktur bezeichneten Bereich der *to-many relationship* in das C-Array kopieren.

Eine simple Implementierung für unsere Eigenschaft `parents` könnte wie folgt aussehen:

```
-(void)getParents:(Person * __unsafe_unretained [])persons range:(NSRange)range {
    NSArray *ret = @[mother, father];
    [ret getObjects:persons range:range];
}
```

Um eine selbst implementierte 1:m-Beziehung zu verändern, können die Methoden `insertObject:in<Key>AtIndex:` und `removeObjectFrom<Key>AtIndex:` implementiert werden.

Die Methode `insertObject:in<Key>AtIndex:` bekommt als ersten Parameter den Wert, der eingefügt werden soll, und als zweiten Parameter den Index, an dem dieser Wert eingefügt werden soll, als `NSUInteger` übergeben. Die Methode `removeObjectFrom<Key>AtIndex:` bekommt nur den Index, der gelöscht werden soll, als `NSUInteger` übergeben. Zur Performancesteigerung kann noch die Methode `replaceObjectIn<Key>AtIndex:withObject:` implementiert werden, die ein Objekt in der 1:m-Beziehung direkt ersetzt, ohne zuerst zu löschen und dann neu einzufügen.

Sind diese Methoden implementiert, kann man sich einer weiteren Feinheit des Key-Value Codings bedienen: Die Methoden `mutableArrayValueForKey:` und `mutableArrayValueForKeyPath:` geben nämlich ein `NSMutableArray` für die 1:m-Beziehung zurück, unabhängig davon, wie diese intern gespeichert wird. Dieses Array kann verändert werden, wodurch die vorgenommenen Änderungen in die 1:m-Beziehung zurückgetragen werden.

Dieses Verhalten wird realisiert, indem ein Proxy-Objekt zurückgeliefert wird. Jede Nachricht an dieses Proxy-Objekt resultiert in einer Kombination von `insertObject:in<Key>AtIndex:` und `removeObjectFrom<Key>AtIndex:`, um den neuen Zustand des Arrays auch in der 1:m-Beziehung herzustellen. Für den Fall, dass die Methode `replaceObjectIn<Key>AtIndex:withObject:` ebenfalls implementiert ist, wird diese für Ersetzungsoperationen aufgerufen.

14.2.4 Skalare Typen und Strukturen

Bislang sind wir immer davon ausgegangen, dass die Werte der Eigenschaften, die wir manipulieren wollten, auch tatsächlich Objekte sind, da `setValue:forKey:` einen Wert vom Typ `id` als neuen Wert übergeben bekommt und `valueForKey:` einen Wert vom Typ `id` zurückgibt.

Was ist nun aber, wenn man im Objekt einen skalaren Typ wie zum Beispiel `long` als Eigenschaft benutzt? Eine Möglichkeit, diese Inkompatibilität zu umgehen, ist, einen entsprechenden Setter zu schreiben, der das übergebene Objekt in einen skalaren Wert umwandelt, und einen dazugehörigen Getter zu implementieren, der den skalaren Wert wieder in ein Objekt verpackt.

Apple weist jedoch in der Dokumentation ausdrücklich darauf hin, dass nicht alle Setter und Getter so umzustellen sind, dass sie Objekte zurückliefern. Vielmehr sollen diese Zugriffsmethoden bzw. die entsprechenden Variablen so bleiben, wie sie sind. Um das Key-Value Coding trotzdem durchführen zu können, bieten die in `NSObject` enthaltenen Implementierungen von `setValue:forKey:` und `valueForKey:` genau bereits die Funktionalität der Umwandlung von skalaren Typen in Objekte und umgekehrt.

Für das folgende Beispiel fügen wir der Personenklasse eine Eigenschaft `id` vom Typ `long` hinzu. Wir implementieren keine speziellen Getter oder Setter für diese Eigenschaft. Da `id` ein Schlüsselwort ist, nennen wir die Variable `_id` und machen uns so das Suchverhalten der Standardimplementierung zunutze.

```
@interface Person : NSObject {
    long _id;
    NSString *firstName;
    NSString *lastName;
    Person *mother;
    Person *father;
    NSMutableArray *children;
}
@end
```

Um zu verstehen, wie die Umwandlung durch die in `NSObject` vorhandene Implementierung durchgeführt wird, lassen wir uns als den Wert der Eigenschaft `id` ausgeben und überprüfen, ob der zurückgelieferte Wert tatsächlich ein `NSNumber`-Objekt ist (siehe hierzu auch Kapitel 13).

```
Person *person = [[Person alloc] init];
if ([[person valueForKey:@"id"] isKindOfClass:[NSNumber class]])
    NSLog(@"Klasse von Id ist NSNumber");
NSLog(@"Wert von Id: %@", [person valueForKey:@"id"]);
```

Die Ausgabe sieht wie folgt aus:

```
Meldung
Klasse von Id ist NSNumber
Wert von Id: 0
```

Diese Ausgabe zeigt uns gut, dass `valueForKey:` tatsächlich den Wert der Eigenschaft in ein Objekt verpackt.

Betrachten wir noch einmal den Ablauf des Aufrufs von `valueForKey:` im Einzelnen:

- Zunächst wird festgestellt, dass kein passender Getter implementiert ist.
- Da wir `accessInstanceVariablesDirectly` nicht überschrieben haben, liefert die von `NSObject` geerbte Implementierung den Wert `YES` zurück. Daher wird nun eine zum *key* `id` passende Variable gesucht. Diese ist die Variable `_id` vom Typ `long`.
- Nun überprüft die Implementierung den Typ dieser Variablen (bei einem Getter würde entsprechend der Rückgabewert geprüft) und stellt fest, dass es sich um einen skalaren Typ handelt.
- Für diesen Fall existiert die Vorschrift, einen skalaren Wert durch ein `NSNumber`-Objekt zu repräsentieren.

  Da es sich um einen Wert vom Typ `long` handelt, wird das Objekt wie folgt erzeugt:

  ```
  [NSNumber numberWithLong:_id];
  ```

Wenn wir nun den Wert von `id` mit Key-Value Coding setzen wollen, müssen wir den neuen Wert selbst in ein Objekt verpacken. Wir gehen hierbei analog vor und nutzen ein Literal zu Erzeugung des `NSNumber`-Objekts:

```
[person setValue:@12 forKey:@"id"];
NSLog(@"Wert von Id: %@", [person valueForKey:@"id"]);
```

Die Ausgabe ist entsprechend wie in Abbildung 14.11 gezeigt.

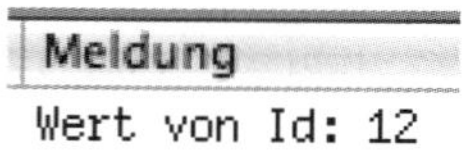

Abb. 14.11: Ausgabe eines Wertes mittels Key-Value-Coding

In der von `NSObject` geerbten Implementierung von `setValue:forKey:` wird festgestellt, dass die Eigenschaft für den *key* `id` durch die Variable `_id` vom Typ `long` repräsentiert wird. Der neue Wert für die Eigenschaft wird nun mit der Methode `longValue` ausgelesen.

Diese automatische Konvertierung zwischen skalaren Typen und `NSNumber`-Objekten funktioniert für alle skalaren Typen.

Ebenso, wie skalare Typen in ein `NSNumber`-Objekt verpackt werden, sieht die in `NSObject` vorhandene Implementierung auch eine Konvertierung für häufig benutzte Strukturen vor. Diese werden von `valueForKey:` in ein `NSValue`-Objekt verpackt und von `setValue:forKey:` aus einem `NSValue`-Objekt extrahiert.

Hierbei ist zu beachten, dass diese automatische Umwandlung nur für die vier von Apple unterstützten Strukturen `NSPoint`, `NSRange`, `NSRect` und `NSSize` funktioniert. Für andere Strukturen muss man selbst entsprechende Getter und Setter schreiben, die dieses Verhalten implementieren.

Setzen von nil

Obwohl die automatische Umwandlung von skalaren Typen und (im Rahmen) von Strukturen recht gut funktioniert, bleibt noch ein Problem bestehen: das Setzen von `nil` für eine Eigenschaft, deren Datentyp kein Objekt ist.

Für diesen Fall gibt es keine generelle Strategie, so dass die Verantwortung für eine sinnvolle Behandlung dieses Falles dem Programmierer obliegt.

Wenn die Methode `setValue:forKey:` für eine Eigenschaft, die kein Objekt ist, mit `nil` als Wert aufgerufen wird, so wird der Aufruf an die Methode `setNilValueForKey:` weitergereicht. Diese Methode kann in jeder Unterklasse überschrieben werden, um das gewünschte Verhalten sicherzustellen. Jedoch ist zu beachten, dass die Implementierung in `NSObject` eine Ausnahme vom Typ `NSInvalidArgumentException` auslöst.

```
-(void)setNilValueForKey:(NSString *)key {
    if ([key isEqualToString:@"id"])
        [self setValue:[NSNumber numberWithLong:0] forKey:key];
    else
        [super setNilValueForKey:key];
}
```

Listing 14.20: Überschreiben der Methode `setNilValueForKey:`

Das obige Beispiel zeigt exemplarisch eine überschriebene Methode. Hierbei wird überprüft, ob der oben eingeführten Eigenschaft `id` der Wert `nil` zugewiesen wird. Ist dies der Fall, so wird der Eigenschaft tatsächlich der Wert 0 zugewiesen, ansonsten wird die Implementierung der Oberklasse `NSObject` aufgerufen, die eine entsprechende Ausnahme auslöst.

Hinweis

Vor Mac OS X v10.3 gab es die Methode `unableToSetNilForKey:`, die zu diesem Zweck aufgerufen wurde. Sie ist zwar immer noch vorhanden, jedoch als veraltet markiert. Trotzdem kann es sein, dass man noch alten Quellcode hat oder bekommt, in dem diese Methode implementiert ist.

Zum Zwecke der Abwärtskompatibilität wird zuerst überprüft, ob die Klasse die von `NSObject` geerbte Methode `unableToSetNilForKey:` überschrieben hat. Ist dies der Fall, wird diese Methode anstatt `setNilValueForKey:` aufgerufen.

14.2.5 Key-Value-Validierung

Durch das Key-Value Coding kann jeder Eigenschaft eines Objekts jeder beliebige typkompatible Wert zugewiesen werden. Ein Problem entsteht jedoch, wenn man den Bereich der erlaubten Werte einschränken möchte.

Naheliegend ist zunächst die Idee, mit einem entsprechenden Setter die Einhaltung dieser Beschränkung zu überprüfen. Jedoch ergibt sich hier das Problem, dass es im Setter keine spezifizierte Möglichkeit gibt, dem aufrufenden Programmteil mitzuteilen, dass ein ungültiger Wert übergeben wurde.

Für diesen Zweck gibt es im Key-Value Coding eine API für die Validierung eines Eigenschaftswertes. Diese bietet die Möglichkeit, einen Wert zu akzeptieren, einen alternativen Wert zuzuweisen oder einen Wert abzulehnen und hierfür auch einen Grund zurückzuliefern.

Eine Validierungsmethode hat das folgende Format:

```
-(BOOL)validate<Key>:(id *)value error:(NSError **)error
```

Wie man sehen kann, werden beide Parameter als Referenz übergeben. Dies erlaubt es, ein neues Objekt als Wert zurückzugeben, das dann für die Eigenschaft gesetzt wird.

Nehmen wir als Beispiel wieder unsere Personenklasse. Wir wollen nun fordern, dass die Eigenschaft `lastName` keinen leeren String gesetzt bekommen soll. Der Aufruf `[person setValue:@"" forKey:@"lastName"]` soll ebenso wie `[person setValue:nil forKey:@"lastName"]` einen Fehler provozieren.

Außerdem fordern wir, dass der erste Buchstabe des Nachnamens immer ein Großbuchstabe sein muss. Damit würde der Aufruf `[person setValue: @"mustermann" forKey:@"lastName"]` ebenfalls ungültig.

Alle diese Forderungen sollen nun durch eine Validierungsmethode überprüft werden.

Eine Validierungsmethode kann eins von drei verschiedenen Ergebnissen liefern:

Ist der Wert nicht gültig und es kann oder soll kein gültiges Objekt erstellt werden, gibt die Methode `NO` zurück. In diesem Fall muss der Zeiger `error` auf ein gültiges `NSError`-Objekt zeigen. Dies ist der Fall, wenn der String für den Nachnamen leer oder `nil` ist.

```
if ([*value isEqualToString:@""] || *value == nil) {
    NSDictionary *dict =
        @{NSLocalizedDescriptionKey :
        @"Name darf nicht leer oder nil sein"};

    NSError *newError = [NSError
        errorWithDomain:@"PersonDomain" code:0
                          userInfo:dict];
   *error = newError;
    return NO;
}
```

Ist der Wert nicht gültig, kann ein neues Objekt mit einem gültigen Wert erstellt werden. Hierbei gibt die Methode YES zurück und dem Zeiger value wird ein neues Objekt zugewiesen. Beachten Sie hierbei, dass vom Framework gefordert wird, dass tatsächlich ein neues Objekt zugewiesen wird und nicht einfach das übergebene Objekt verändert wird. error wird in diesem Fall nicht verändert.

```
NSString *newName = *value;
if ([newName characterAtIndex:0]>='a' && [newName characterAtIndex:0]<='z')
{
    NSString *newString = [NSString stringWithFormat:@"%@%@",
        [[newName substringWithRange:NSMakeRange(0, 1)] uppercaseString],
        [newName substringFromIndex:1]];
    *value = newString;
    return YES;
}
```

Wenn der durch value bezeichnete Wert gültig ist, gibt die Methode lediglich YES zurück, ohne value oder error zu verändern.

Die komplette Validierungsmethode sieht damit wie folgt aus:

```
-(BOOL)validateLastName:(id *)value error:(NSError **)error {
    NSString *newName = *value;
    if ([*value isEqualToString:@""] || *value == nil) {
    NSDictionary *dict =
        @{NSLocalizedDescriptionKey :
        @"Name darf nicht leer oder nil sein"};
        NSError *newError = [NSError
            errorWithDomain:@"PersonDomain" code:0
                              userInfo:dict];
        *error = newError;
        return NO;
```

```
    } else if ([newName characterAtIndex:0] >= 'a'
            && [newName characterAtIndex:0] <= 'z')
    {
        NSString *newString = [NSString stringWithFormat:@"%@%@",
          [[newName substringWithRange:NSMakeRange(0, 1)] uppercaseString],
          [newName substringFromIndex:1]];
        *value = newString;
        return YES;
    }
    return YES;
}
```

Listing 14.21: Validierungsmethode für die Eigenschaft `lastName`

Wie man sieht, wird im Falle eines leeren Strings ein Fehler erzeugt und `NO` zurückgegeben. Im Fall eines nicht-leeren Strings kann die Validierung automatisch die Bedingung eines Großbuchstabens an erster Stelle herstellen, indem ein neues `NSString`-Objekt erzeugt wird, das dieser Bedingung genügt.

Validierung von Werten

Das Key-Value Coding führt die Validierung für den Wert, der einer Eigenschaft zugewiesen werden soll, nicht automatisch aus. Die Aufgabe, die entsprechende Validierungsmethode aufzurufen und angemessen auf das Ergebnis zu reagieren, wird dem Programmierer überlassen.

Es gibt einige Techniken im Cocoa-Framework, die die Validierung von Werten unterstützen. So führt z. B. Core Data eine automatische Validierung durch, wenn der *managed object context* gespeichert werden soll. Auf dem Mac gibt es für einige Cocoa-Bindings zusätzlich die Möglichkeit, anzugeben, dass eine automatische Validierung vorgenommen werden soll. Bindings und damit die automatische Validierung von Eingaben in Controls stehen auf dem IPhone nicht zur Verfügung.

Um eine Validierung auszuführen, gibt es zwei Möglichkeiten. Zum einen kann natürlich die Validierungsmethode direkt aufgerufen werden. Dies setzt natürlich voraus, dass zur Entwicklungszeit bekannt ist, welche Validierungsmethoden zur Verfügung stehen, und man Rücksicht darauf nimmt, die korrekte Validierungsmethode aufzurufen.

Zum anderen gibt es die Methode `validateValue:forKey:error:`. Die Standardimplementierung dieser Methode durchsucht die Klasse nach einer passenden Validierungsmethode. Wenn eine gefunden wird, wird sie aufgerufen und das Ergebnis zurückgegeben. Für den Fall, dass keine passende Validierungsmethode gefunden wurde, gibt die Standardimplementierung `YES` zurück und simuliert somit eine erfolgreiche Validierung.

Nachdem die Validierung durchgeführt wurde, muss natürlich noch auf das Ergebnis reagiert werden. Für den Fall, dass die Validierung erfolgreich war, kann mit dem Setzen des Wertes fortgefahren werden. War die Validierung nicht erfolgreich, muss entsprechend reagiert werden. Im nachfolgenden Codeausschnitt wird lediglich eine Nachricht in die Konsole geschrieben. Eine andere Möglichkeit wäre zum Beispiel das Auslösen einer Ausnahme.

```
Person *person = [[Person alloc] init];
NSError *error = nil;
NSString *newName = @"hans";

if ([person validateValue:&newName
           forKey:@"lastName"
           error:&error]) {
  NSLog(@"Alles Ok. Nachname ist: %@", newName);
} else {
  NSLog(@"Validierung fehlgeschlagen: %@",
     error.userInfo[NSLocalizedDescriptionKey]);
}
```

Listing 14.22: Validieren und Setzen einer Eigenschaft `lastName`

Die Ausgabe dieses Codestücks richtet sich natürlich nach dem Wert in `newName`.

Vorsicht

Eine Implementierung eines Setters für eine Eigenschaft sollte niemals die Validierungsmethode aufrufen.

Validierung von skalaren Typen

Bei skalaren Typen muss bei der Validierung noch beachtet werden, dass diese Werte automatisch in `NSNumber`-Objekte verpackt werden (siehe Abschnitt 14.2.4).

Hierdurch ergeben sich zwei Unterschiede zur Validierung von Objekttypen:

- Der tatsächliche Wert muss aus dem durch den Zeiger übergebenen Objekt mit `[value <Type>value]` ausgelesen werden.

  Für den Fall, dass ein neuer Wert gesetzt werden soll, muss dieser mit `[NSNumber numberWith<Type>:newValue]` oder mit `@()` ebenfalls in ein `NSNumber`-Objekt verpackt werden.

- Der Validierungsmethode kann auch `nil` übergeben werden. Die Behandlung von `nil`-Werten für skalare Typen geschieht, wie Abschnitt 14.2.4 erläutert, üblicherweise in der Methode `setNilValueForKey:`. Dies kann man erreichen, indem man die Validierungsmethode einfach `YES` zurückgeben lässt und somit erlaubt, dass `setValue:forKey:` mit `nil` aufgerufen wird.

Die andere Möglichkeit besteht darin, in der Validierung bereits einen Fehler oder einen anderen Wert zurückzugeben.

Hierfür gibt es in der Dokumentation keine Vorgabe, so dass es ganz den Vorlieben des Programmierers überlassen ist, welches Verfahren er hier bevorzugt.

Memory Management und Validierung

Bei einer Validierungsmethode werden sowohl der zu validierende Wert als auch das Error-Objekt als Zeiger übergeben. Dies hat zur Folge, dass beide Objekte durch ein neues ersetzt werden können.

Deshalb ist es wichtig, sich Gedanken um das Memory Management dieser Objekte zu machen, wenn die Anwendung manuelles Reference Counting benutzt.

```
Person *person = [[Person alloc] init];
NSError *error = nil;
NSString *newName = [[[NSString alloc] initWithString:@"bob"] autorelease];

if (![person validateLastName:&newName error:&error]) {
    //Fehlerbehandlungscode
}
```

Das obige Beispiel zeigt eine korrekte Lösung für dieses potenzielle Problem unter Verwendung von `autorelease`. Zur genaueren Betrachtung des Memory Managements sei auf das entsprechende Kapitel verwiesen.

14.2.6 Performance

Auch wenn Key-Value Coding ein effizientes Verfahren ist, so sei doch deutlich darauf hingewiesen, dass durch die hiermit verbundene Einführung einer Indirektionsstufe ein Geschwindigkeitsnachteil gegenüber dem direkten Aufrufen von Methoden entsteht. Daher sollte Key-Value Coding nur benutzt werden, wenn die damit gewonnene Flexibilität auch tatsächlich gebraucht wird.

Zur Performancesteigerung von 1:m-Beziehungen können die Methoden `get<Key>:range:` und `replaceObjectIn<Key>AtIndex:withObject:` wie in Abschnitt 14.2.3 gezeigt implementiert werden.

14.3 Observer-Pattern

Das Observer-Pattern (auch bekannt als Event oder Publish-Subscribe) definiert eine lose Kopplung zwischen zwei beteiligten Objekten. Das grobe Konzept ist in Abbildung 14.12 zu sehen. Generell besteht ein Observer-Pattern immer aus zwei Komponenten:

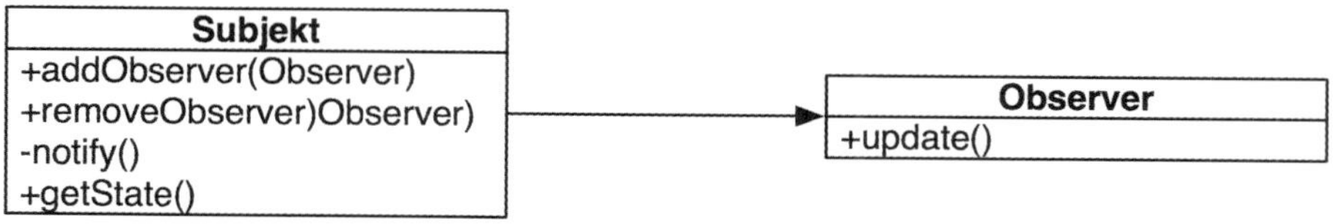

Abb. 14.12: UML-Struktur des Observer-Patterns

Die beiden an diesem Pattern beteiligten Komponenten sind das **Subjekt** und der **Beobachter** (oder **Observer**). Das Subjekt muss Methoden anbieten, um einen Observer an- bzw. abzumelden zu können. Außerdem benachrichtigt es alle angemeldeten Observer über Änderungen seines Zustands. Damit die Beobachter den neuen Zustand erfragen können, muss das Subjekt zusätzlich noch eine Möglichkeit bieten, um den Zustand auslesen zu können. Der Observer meldet sich bei einem Subjekt an und erhält danach Benachrichtigungen, wenn sich der Zustand des Subjekts ändert.

Hinweis

Wenn man das Observer-Pattern nachschlägt, wird man feststellen, dass im Klassendiagramm üblicherweise ein `Observer` und ein `ConcreteObserver` dargestellt sind, wobei der `ConcreteObserver` eine Unterklasse von `Observer` ist. Dies ist in vielen Sprachen nötig, um unterschiedliche Observer erstellen zu können, die sich aber alle zumindest in der `update`-Methode gleichen. In Objective-C ist diese Art von Vererbung jedoch unnötig, da die Methoden für das Observer-Pattern bereits in `NSObject` und dem Cocoa-Framework implementiert sind und daher jedem eigenen Objekt, das von `NSObject` erbt, automatisch zur Verfügung stehen.

Der grundlegende Ablauf ist wie folgt:

1. Jeder Observer, der das Subjekt beobachten will, meldet sich mit `addObserver` an.
2. Wenn der Zustand des Subjekts sich ändert, ruft es bei allen angemeldeten Observern die `update`-Methode auf.
3. Die Observer ihrerseits fragen beim Subjekt nach, welchen Zustand es nun hat, und reagieren entsprechend.

Eine Alternative zum Erfragen des aktuellen Zustands ist es, diesen in der `update`-Methode mitzusenden oder nur die Änderung, möglicherweise mit altem und neuem Wert. Das Observer-Pattern spielt eine zentrale Rolle für die Implementierung von ereignisgesteuerten Systemen. Aus diesem Grund ist im Cocoa-Framework eine durchgängige Unterstützung verankert. Hier gibt es zwei Ausprägungen, die sich in der Implementierung zwar nur geringfügig unterscheiden, jedoch einen deutlichen Unterschied in der Handhabung aus Sicht des Programmierers machen. Diese beiden Verfahren wollen wir uns im Folgenden ansehen.

14.3.1 Key-Value Observing

Eine einfache Möglichkeit, ein Modell zu beobachten, bietet das Key-Value Observing an. In Abschnitt 14.2 haben wir das Key-Value Coding im Detail vorgestellt. Eine Klasse, die wie dort beschrieben *key-value coding compliant* ist, kann mit einem zusätzlichen Schritt beobachtbar gemacht werden.

> **Wichtig**
>
> Eine Klasse ist **Key-Value Observing compliant** für eine Eigenschaft, wenn die Klasse für diese Eigenschaft *Key-Value Coding compliant* ist und wenn bei einer Veränderung dieser Eigenschaft die Observer benachrichtigt werden.

Um eine Klasse, die *Key-Value Coding compliant* ist, zu beobachten, sendet man ihr die Nachricht `addObserver:forKeyPath:options:context:`. Der erste Parameter ist der Observer, der über die Änderungen informiert wird. Da wir eine Eigenschaft des Objekts beobachten wollen, müssen wir als zweiten Parameter den *keypath* zu dieser Eigenschaft angeben. Für den Parameter `options` wird eine Oder-Verknüpfung von Konstanten der Aufzählung `NSKeyValueObservingOptions` übergeben. Die Bedeutung der einzelnen Werte werden wir weiter unten im Detail vorstellen. Für den letzten Parameter kann ein beliebiges Objekt übergeben werden, das bei einer Benachrichtigung unverändert übergeben wird. Ein Aufruf dieser Methode kann zum Beispiel wie folgt aussehen:

```
[person addObserver:self forKeyPath:@"age"
        options:NSKeyValueObservingOptionNew  context:@"Info"];
```

Sehen wir uns nun die Konstanten der Aufzählung `NSKeyValueObservingOptions` an. Die Optionen `NSKeyValueObservingOptionNew` und `NSKeyValueObserving-OptionOld` geben an, dass man am alten oder am neuen Wert interessiert ist. Der alte Wert ist der Wert vor, der neue Wert entsprechend der Wert nach der Änderung der Eigenschaft. Mit der Option `NSKeyValueObservingOptionInitial` wird eine Benachrichtigung verschickt, bevor die Registrierung des Observers abgeschlossen ist. Diese Benachrichtigung enthält den neuen Wert, wenn die Option `NSKeyValueObservingOptionNew` gesetzt ist, aber niemals einen alten Wert, da keine Änderung des Werts geschieht und so kein alter Stand ermittelt werden kann. Die Option `NSKeyValueObservingOptionPrior` legt fest, dass anstatt einer Benachrichtigung, wenn der Wert geändert wurde, zwei verschiedene Benachrichtigungen verschickt werden: eine vor dem Ändern des Wertes und eine nach der Änderung.

Vorsicht

Das Senden der Nachricht `addObserver:forKeyPath:options:context:` erhöht weder den Retain Count des Subjekts noch den des Observers. Je nach Anforderung des Programms muss der Entwickler sich also selbst um den Aufruf von `retain` und `release` für diese beiden Objekte kümmern.

Um einen Observer wieder von einer Klasse abzumelden, schickt man ihr die Nachricht `removeObserver:forKeyPath:`. Die Methoden `addObserver:forKeyPath:options:context:` und `removeObserver:forKeyPath:` sind bereits in `NSObject` implementiert. Ein Aufruf diese Methode ist im folgenden Beispiel zu sehen

```
[person removeObserver:self forKeyPath:@"age"]
```

Dies bedeutet, dass sich im Prinzip jedes Objekt innerhalb eines Objective-C-Programms beobachten lässt, was wiederum zeigt, wie tief verwurzelt das Konzept des Observer-Patterns in der Cocoa-Architektur ist. Zwei Ausnahmen für das Key-Value Observing gibt es dennoch: Die Klassen `NSSet` und `NSArray` sind – obwohl ebenfalls von `NSObject` abgeleitet – nicht beobachtbar. Zwar kann man auch an sie die oben beschriebenen Nachrichten senden, jedoch lösen die entsprechenden Implementierungen dieser Klassen eine Ausnahme aus. Die Logik hinter dieser Einschränkung ist, dass sowohl `NSSet` als auch `NSArray` eine Sammlung von zu einer 1:m-Beziehung gehörenden Objekten sind. Anstatt nun diese Sammlung zu beobachten, sollte besser die 1:m-Beziehung direkt beobachtet werden. Für ein `NSArray`-Objekt gibt es daher die Nachricht `addObserver:toObjectsAtIndexes:forKeyPath:options:context:`, deren Parameter sich, mit Ausnahme des Parameters `toObjectsAtIndexes`, genauso wie bei der Methode `addObserver:forKeyPath:options:context:` verhalten. Der zweite Parameter ist ein `NSIndexSet`. Ein Aufruf dieser Methode registriert für alle Objekte innerhalb des durch das Index Set bezeichneten Bereichs des Arrays einen Observer. Zu beachten ist, dass es sich hierbei nicht nur um eine Bequemlichkeitsfunktion handelt, sondern dass ein Aufruf dieser Methode in den meisten Fällen schneller ausgeführt wird als ein wiederholtes Aufrufen von `addObserver:forKeyPath:options:context:` für jedes einzelne Objekt. Das folgende Beispiel zeigt den Einsatz der Funktion `addObserver:toObjectsAtIndexes:forKeyPath:options:context:`:

```
NSArray *personArray;
NSRange range = NSMakeRange(0, [personArray count]);
NSIndexSet *indexes = [NSIndexSet indexSetWithIndexesInRange:range];
[personArray addObserver:self toObjectsAtIndexes:indexes
             forKeyPath:@"age" options:NSKeyValueObservingOptionNew
             context:nil];
```

Wir haben nun gezeigt, wie man einen Observer an einer Klasse für eine Eigenschaft anmelden kann. Nun stellt sich die Frage, was die Anforderungen an einen Observer sind. Dieser muss lediglich die Methode `observeValueForKeyPath:ofObject:change:context:` implementieren, die bei jeder Änderung einer beobachteten Eigenschaft aufgerufen wird. Für den ersten Parameter wird der *keypath* zu dem Attribut übergeben, das sich geändert hat. Da beim Key-Value Observing für jede Änderung die Methode `observeValueForKeyPath:ofObject:change:context:` aufgerufen wird, kann man hierüber identifizieren, welche Eigenschaft sich geändert hat, und entsprechend reagieren. Der zweite Parameter enthält das Objekt, dessen Eigenschaft sich geändert hat. Dies ist hilfreich, da ein Observer mehrere unterschiedliche Objekte gleichzeitig beobachten kann. Zusammen mit dem ersten Parameter kann man so exakt identifizieren, was sich geändert hat und wo. Für den Parameter `change` wird ein `NSDictionary` (siehe Abschnitt 11.3) übergeben, das den veränderten und den neuen Wert enthält, abhängig davon, mit welchen Optionen der Observer registriert wurde. Den Zusammenhang zwischen Optionen und dem Inhalt des Dictionarys sehen wir uns weiter unten an. Der Parameter `context` enthält genau das Objekt, das beim Anmelden des Observers für den Parameter `context` übergeben wurde.

Bevor wir uns nun die konkrete Benutzung des Key-Value Observings ansehen, wollen wir noch klären, wie die Optionen, die bei der Registrierung als Observer angegeben wurden und die Einträge des übergebenen Dictionarys zusammenhängen. Wenn die Option `NSKeyValueObservingOptionNew` angegeben wurde, so enthält das Dictionary unter dem Schlüssel `NSKeyValueChangeNewKey` den neuen Wert der Eigenschaft. Entsprechend ist der alte Wert unter dem Schlüssel `NSKeyValueChangeOldKey` abgelegt. Wenn die Option `NSKeyValueObservingOptionPrior` angegeben wurde und der Observer die erste Nachricht erhält, die vor dem Ändern der Eigenschaft gesendet wurde, so ist zusätzlich noch der Schlüssel `NSKeyValueChangeNotificationIsPriorKey` enthalten, der den Wert `[NSNumber numberWithBool:YES]` enthält. In diesem Fall enthält das Dictionary niemals den Schlüssel `NSKeyValueObservingOptionNew`, auch wenn dieser durch die Optionen angefordert wurde.

Nachdem wir nun den Zusammenhang zwischen Observer und Subjekt sowie den Inhalten der Dictionaries und den Optionen verstanden haben, wollen wir das Ganze einmal an einem zusammenhängenden Beispiel ansehen. Dazu benutzen wir eine Klasse, die eine Temperatur in Kelvin speichert. Der Zustand dieser Klasse (also der aktuelle Temperaturwert) soll beobachtbar sein. Als Beobachter dienen uns zwei Anzeigen, die die gespeicherte Temperatur in Celsius bzw. in Fahrenheit umgerechnet ausgeben. Ein dritter Beobachter soll dann warnen, wenn der Unterschied zwischen zwei Temperaturwerten größer als 30 Kelvin ist.

Wir definieren zunächst die Klasse `Temperature`, die die Temperatur speichert. Diese hat ein Property `temperature` vom Typ `float`. Außerdem soll die Klasse noch eine Möglichkeit bieten, auf die aktuelle Temperatur einen Wert zu addieren, falls differenzielle Messungen durchgeführt werden.

Listing 14.23 und Listing 14.24 zeigen das Klasseninterface bzw. die Implementierung der Klasse.

```
@interface Temperature : NSObject {
}

@property (nonatomic) float temperature;

-(void)addTemperature:(float)delta;
@end
```

Listing 14.23: `Temperature.h`

```
#import "Temperature.h"

@implementation Temperature

-(void)addTemperature:(float)delta
{
    [self willChangeValueForKey:@"temperature"];
    _temperature += delta;
    [self didChangeValueForKey:@"temperature"];
}
@end
```

Listing 14.24: `Temperature.m`

Wie man sieht, gibt es keine speziellen Anweisungen, um das Property beobachtbar zu machen. Der Compiler generiert die notwendigen Anweisungen, um das Key-Value Observing für diese Eigenschaft zu ermöglichen, automatisch. Im Falle der Methode `addTemperature` findet keine automatische Benachrichtigung statt. Hierbei ist allerdings zu beachten, dass die Implementierung direkt die Variable setzt. Würde man hier mit Hilfe von `self.temperature` den Setter für diese Eigenschaft benutzen, so würde die Benachrichtigung durch den Setter durchgeführt werden. Im obigen Fall müssen wir die Benachrichtigung selbst senden. Dazu rufen wir erst die Methode `willChangeForKey:` auf, um dem Benachrichtigungsmechanismus mitzuteilen, dass wir eine Änderung vornehmen wollen. So kann zum Beispiel der alte Wert zwischengespeichert werden und eine Benachrichtigung an die Beobachter geschickt werden, die mit der Option `NSKeyValueObservingOptionPrior` registriert wurden. Nach dem Ändern des Werts rufen wir die Methode `didChangeValueForKey:` auf, um zu signalisieren, dass die Änderung nun vollzogen ist und die Beobachter benachrichtigt werden können. Die eigentliche Benachrichtigung und die Erstellung und Initialisierung des Dictionarys nimmt das Cocoa-Framework vor.

Hinweis

Auch wenn in einer eigenen Setter-Methode kein Aufruf von `willChangeForKey:` oder `didChangeForKey:` stattfindet, funktioniert das Key-Value Observing. Die entsprechenden Methoden werden automatisch hinzugefügt. Dies funktioniert jedoch nur für Methoden, die den Namenskonventionen für Setter folgen. Im obigen Fall würde durch das Weglassen von `willChangeForKey:` und `didChangeForKey:` in der Methode `addTemperature:` auch das Key-Value Observing deaktiviert werden. Die Klasse `Temperature` wäre nicht mehr *key-value observing compliant* für die Eigenschaft `temperature`, da es eine Möglichkeit gibt, sie zu ändern, ohne den Mechanismus des Key-Value Observings aufzurufen.

Als Nächstes wollen wir die drei Beobachter erstellen. Dabei soll jeder Beobachter ein anderes Verfahren benutzen, um auf die Werte des Subjekts zuzugreifen. Zunächst erstellen wir die Klasse `CelsiusObserver`, die den aktuellen Messwert in Celsius ausgibt:

```
#import "CelsiusObserver.h"

@implementation CelsiusObserver
- (void)observeValueForKeyPath:(NSString *)keyPath
                      ofObject:(id)object
                        change:(NSDictionary *)change
                       context:(void *)context
{
    float temperature = [[object valueForKey:keyPath] floatValue];
    NSLog(@"Temperatur in Celsius: %f", temperature-273.15);
}
@end
```

Listing 14.25: `CelsiusObserver.m`

Diese Implementierung benutzt das Key-Value Coding, um auf den geänderten Wert zuzugreifen. Da die Implementierung des Key-Value Codings wie oben beschrieben schon in `NSObject` erfolgt und unsere `Temperature`-Klasse sich *key-value coding compliant* verhält, müssen wir lediglich den *keypath* zum gewünschten Property kennen, um ihn auslesen zu können. Er wird uns als erster Parameter mitgeliefert. Da wir nur den *keypath* `temperature` beobachten und wissen, dass es sich hierbei um einen `float`-Wert handelt, wandeln wir die Rückgabe von `valueForKey:` direkt um. Für diese Art der Implementierung muss der Observer das Subjekt aus Compilersicht nicht kennen. Sehen wir uns als Nächstes die Implementierung der Klasse `FahrenheitObserver` an, die den geänderten Wert in Fahrenheit ausgibt:

```
#import "FahrenheitObserver.h"
#import "Temperature.h"

@implementation FahrenheitObserver

- (void)observeValueForKeyPath:(NSString *)keyPath ofObject:(id)object
change:(NSDictionary *)change context:(void *)context
{
    float temperature = [(Temperature *)object temperature];
    NSLog(@"Temperatur in Fahrenheit: %f", 1.8*temperature-459.67);
}
@end
```

Listing 14.26: `FahrenheitObserver.m`

Da wir ein Property definiert haben, das die aktuelle Temperatur zurückliefert, können wir auch dieses benutzen, um an den gewünschten Wert zu gelangen. Aus Sicht von Objective-C müssen wir auch hier die Klasse `Temperature` nicht kennen, da wir ja jede Nachricht an jedes Objekt senden können. Jedoch führt dies zu einer Warnung während der Kompilierzeit, die sich durch einen Cast leicht vermeiden lässt, für den wir dann jedoch die Klasse kennen müssen und so eine abhängige Beziehung zwischen Observer und Subjekt herstellen. Jedoch gewinnen wir dadurch größere Flexibilität, da wir die Eigenschaften der beobachteten Klasse direkt verwenden können. Sehen wir uns nun die Klasse `TemperatureWarner` an, die eine Meldung in die Konsole schreibt, wenn sich die Temperatur zwischen zwei Aufrufen um mehr als 30 Kelvin verändert hat. Dazu definieren wir eine Variable `firstNotification` vom Typ `BOOL`, die angibt, ob dies die erste Benachrichtigung ist. Dies werden wir benötigen, um feststellen zu können, dass wir tatsächlich einen Unterschied der Temperatur berechnen können, was erst ab dem zweiten Messwert möglich ist.

```
@interface TemperatureWarner : NSObject {
    BOOL firstNotification;
}
@end
```

Listing 14.27: `TemperatureWarner.h`

In der `init`-Methode wird die Variable `firstNotification` auf `YES` vorinitialisiert. Wenn nun eine Benachrichtigung eintrifft, wird erst überprüft, ob `firstNotification` auf `YES` steht. Ist dies der Fall, wird sie einfach auf `NO` gesetzt. Sobald die Variable `firstNotification` auf `NO` gesetzt ist und eine weitere

Benachrichtigung eintrifft, wird die Differenz zwischen dem alten und dem neuen Wert berechnet und entsprechend eine Warnung in die Konsole geschrieben:

```
#import "TemperatureWarner.h"

@implementation TemperatureWarner
- (id) init
{
    self = [super init];
    if (self != nil) {
        firstNotification = YES;
    }
    return self;
}

- (void)observeValueForKeyPath:(NSString *)keyPath
                      ofObject:(id)object
                        change:(NSDictionary *)change
                       context:(void *)context
{
    float oldTemperature = [[change valueForKey:NSKeyValueChangeOldKey]
                              floatValue];
    float newTemperature = [[change valueForKey:NSKeyValueChangeNewKey]
                              floatValue];
    if (abs(oldTemperature - newTemperature) > 30 && !firstNotification)
        NSLog(@"Die Temperatur ändert sich rapide!");
    else
        firstNotification = NO;
}
@end
```

Listing 14.28: `TemperatureWarner.m`

Wie man sieht, benutzt diese Implementierung das mitgelieferte Dictionary, um den alten und den neuen Wert zu erfahren. Dafür müssen natürlich beim Registrieren als Beobachter die entsprechenden Optionen gesetzt werden. Schauen wir uns nun abschließend an, wie die einzelnen Beobachter beim Subjekt angemeldet werden und was passiert, wenn wir dessen Eigenschaft ändern:

```
Temperature *t = [[Temperature alloc] init];
CelsiusObserver *c = [[CelsiusObserver alloc] init];
FahrenheitObserver *f = [[FahrenheitObserver alloc] init];
TemperatureWarner *w = [[TemperatureWarner alloc] init];
```

```
[t addObserver:c forKeyPath:@"temperature" options:0 context:nil];
[t addObserver:f forKeyPath:@"temperature" options:0 context:nil];
[t addObserver:w forKeyPath:@"temperature"
      options:NSKeyValueObservingOptionNew | NSKeyValueObservingOptionOld
      context:nil];

[t setValue:[NSNumber numberWithFloat:255.37] forKeyPath:@"temperature"];
[t setTemperature:273.15];
t.temperature = 100;

[t addTemperature:100];

[t removeObserver:c forKeyPath:@"temperature"];
[t removeObserver:f forKeyPath:@"temperature"];
[t removeObserver:w forKeyPath:@"temperature"];
```

Listing 14.29: Registrierung der Observer und Ändern der Eigenschaft

Im obigen Beispiel sieht man das Zusammenspiel der einzelnen Observer mit dem Subjekt. Alle werden für den *keypath* `temperature` registriert, da nur Änderungen am Temperaturwert interessant sind. Da sowohl die Implementierung von `CelsiusObserver` als auch die von `FahrenheitObserver` nicht auf das Dictionary zugreifen, bekommt der Parameter `options` für diese beiden Objekte den Wert 0 übergeben. Die Klasse `TemperatureWarner` braucht hingegen sowohl den alten als auch den neuen Wert. Dementsprechend wird dem Parameter `options` die passende Bitmaske übergeben. Wenn nun wie Listing 14.29 gezeigt der Wert eines Attributs geändert wird, so werden die Observer benachrichtigt, die dieses Attribut beobachten. Das Ausführen des in Listing 14.29 gezeigten Code-Fragments führt daher zu der folgenden Ausgabe:

Meldung
Temperatur in Fahrenheit: -0.004009
Temperatur in Celsius: -17.780005
Temperatur in Fahrenheit: 31.999989
Temperatur in Celsius: -0.000006
Die Temperatur ändert sich rapide!
Temperatur in Fahrenheit: -279.670000
Temperatur in Celsius: -173.150000
Die Temperatur ändert sich rapide!
Temperatur in Fahrenheit: -99.670000
Temperatur in Celsius: -73.150000

Abb. 14.13: Ausgabe nach Ausführung von Listing 14.29

Abhängige Attribute

Zum Abschluss wollen wir unser Augenmerk noch auf einen weiteren Aspekt lenken: die abhängigen Attribute einer Klasse. Abhängige Attribute sind Attribute, deren Werte wiederum von den Werten anderer Attribute abhängen. Wir definieren dazu eine Klasse `Person`:

```
@interface Person : NSObject {
}

@property(nonatomic,strong) NSString *firstName;
@property(nonatomic,strong) NSString *lastName;
@property(nonatomic,readonly) NSString *fullName;
```

Listing 14.30: Klasse `Person` mit abhängigem Attribut `fullName`

Der vollständige Name einer Person soll aus Vor- und Nachname erstellt werden. Dazu sehen wir uns die Implementierung des Getters für die Eigenschaft `fullName` an:

```
-(NSString*)fullName {
    NSString *fullName = [NSString stringWithFormat:@"%@ %@", self.firstName,
    self.lastName];
    return fullName;
}
```

Es ist leicht zu sehen, dass sich auch der Wert für `fullName` ändern muss, wenn die Werte der Eigenschaften `firstName` oder `lastName` sich ändern. Wenn wir nun aber eine Instanz der Klasse `Person` erstellen und alle drei Eigenschaften beobachten, stellen wir fest, dass nur Benachrichtigungen für die Eigenschaften `firstName` und `lastName` verschickt werden, nicht jedoch für die Eigenschaft `fullName`. Die verwendete Klasse `Observer` beinhaltet lediglich Code, der auf Änderungen beim Key-Value Observing reagiert und diese ausgibt.

```
Observer *observer = [Observer new];
Person *person = [Person new];
person.firstName = @"Max";
person.lastName = @"Mustermann";

[person addObserver:observer forKeyPath:@"fullName"
       options:NSKeyValueObservingOptionNew context:nil];
[person addObserver:observer forKeyPath:@"firstName"
       options:NSKeyValueObservingOptionNew context:nil];
[person addObserver:observer forKeyPath:@"lastName"
       options:NSKeyValueObservingOptionNew context:nil];
```

```
person.firstName = @"Marta";
person.lastName = @"Musterfrau";
```

Listing 14.31: Verändern von abhängigen Attributen

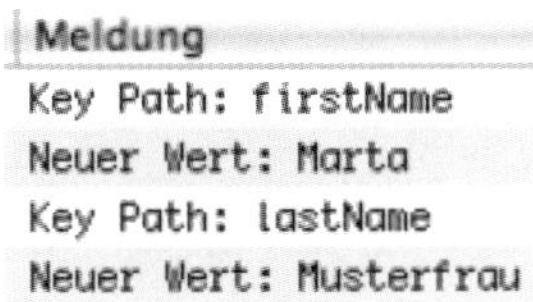

Meldung
Key Path: firstName
Neuer Wert: Marta
Key Path: lastName
Neuer Wert: Musterfrau

Abb. 14.14: Ausgabe von Listing 14.31

Wie können wir nun erreichen, dass auch eine Benachrichtigung für die Eigenschaft `fullName` verschickt wird? Zum einen könnten wir natürlich die Setter für `firstName` und `lastName` so implementieren, dass sie dem Observing-Mechanismus mitteilen, dass auch die Eigenschaft `fullName` geändert wird. Hierdurch würden die Setter aber unnötig komplex und schwer zu warten sein, wenn wir zum Beispiel mehrere abhängige Attribute haben oder die Abhängigkeiten später ändern wollen. Daher stellt das ocoa-Framework eine Unterstützung für abhängige Attribute zur Verfügung. Mit der Methode kann festgelegt werden, von welchen Attributen ein anderes abhängt. Die erste Möglichkeit ist, die Klassenmethode `keyPathsForValuesAffectingValueForKey:` zu überschreiben. Diese Methode gibt ein `NSSet` zurück, das die Eigenschaften enthält, von denen die übergebene Eigenschaft abhängig ist. In unserem Beispiel ist die Eigenschaft `fullName` von den Eigenschaften `firstName` und `lastName` abhängig. Eine Implementierung der Methode `keyPathsForValuesAffectingValueForKey:` würde daher wie folgt aussehen:

```
+ (NSSet *)keyPathsForValuesAffectingValueForKey:(NSString *)key {
    NSSet *keys = [super keyPathsForValuesAffectingValueForKey:key];
    if ([key isEqualToString:@"fullName"]) {
        NSSet *otherKeys = [NSSet setWithObjects:@"lastName",
                                                 @"firstName",nil];
        keys = [keys setByAddingObjectsFromSet:otherKeys];
    }
    return keys;
}
```

Listing 14.32: `keyPathsForValuesAffectingValueForKey:`-Implementierung für abhängige Attribute

Sie sollten, wenn Sie diese Methode überschreiben, einen Aufruf der Methode in der Oberklasse hinzufügen und dessen Ergebnis in Ihrem zurückgegebenen Set einbeziehen. Diese Möglichkeit ist etwas unhandlich und wird noch komplexer, wenn es mehrere unterschiedliche Abhängigkeiten gibt. Daher bietet das Cocoa-

Framework noch eine elegantere Möglichkeit, um die Abhängigkeit von Attributen festzulegen. Dazu muss die Klassenmethode keyPathsForValuesAffecting<Key>: implementiert werden, die ebenfalls ein Set zurückgibt. Die obige Implementierung von keyPathsForValuesAffectingValueForKey: könnte dann wie folgt ersetzt werden:

```
+(NSSet *)keyPathsForValuesAffectingFullName {
    return [NSSet setWithObjects:@"lastName", @"firstName",nil];
}
```

Listing 14.33: Abhängige Attribute per Namenskonvention

Der Vorteil der Benutzung von Namenskonventionen ist außerdem, dass die Kategorien einer Klasse, die neue abhängige Attribute hinzufügen, zwar nicht die Methode keyPathsForValuesAffectingValueForKey: überschreiben, aber eine neue Methode nach obiger Namenskonvention hinzufügen können. In beiden Fällen ist die Ausgabe von Listing 14.31 die folgende:

Meldung
Key Path: firstName
Neuer Wert: Marta
Key Path: fullName
Neuer Wert: Marta Mustermann
Key Path: lastName
Neuer Wert: Musterfrau
Key Path: fullName
Neuer Wert: Marta Musterfrau

Abb. 14.15: Ausgabe von Listing 14.31 mit abhängigen Attributen

Hinweis

Vor Mac OS X 10.5 wurde für abhängige Attribute die Methode setKeys: triggerChangeNotificationsForDependentKey: benutzt. Diese ist jedoch ab 10.5 als veraltet gekennzeichnet und durch die oben beschriebene Methode keyPathsForValuesAffectingValueForKey: ersetzt worden.

Vorsicht

Beim Registrieren eines Observers wird der isa-Zeiger des Subjekts verändert, um automatisches Key-Value Observing zu ermöglichen. Der isa-Zeiger wird auf eine dynamisch erzeugte Unterklasse des eigentlichen Subjekts gesetzt. Daher ist es unter Umständen nicht möglich, über den isa-Zeiger festzustellen, welcher Art das Subjekt ist. Um dieses Problem zu lösen, senden Sie dem Subjekt die Nachricht class, die von diesem Problem nicht betroffen ist.

14.3.2 Benutzung eines NSNotificationCenter

Moderne Systemarchitekturen bestehen üblicherweise aus mehreren unabhängigen Teilen, die lose miteinander gekoppelt sind. Wenn nun ein Teil auf ein Ereignis eines anderen reagieren will, muss die Möglichkeit eines Nachrichtenaustausches geschaffen weren. Eine erste Implementierung hierfür könnte sein, analog zum Key-Value Observing eine Subjekt-Beobachter-Beziehung zwischen den beteiligten Teilen herzustellen. Der Nachteil davon ist jedoch, dass sich eine enge Kopplung zwischen beiden Teilen ergibt, da das benachrichtigende Objekt wissen muss, welche anderen Objekte es benachrichtigen muss und auf welche Nachrichten diese reagieren. Unser Ziel ist es jedoch, die Systemteile weiterhin unabhängig voneinander zu halten.

Um solche eine lose Kopplung der Systemteile zu unterstützen, gibt es in Cocoa das Konzept der **Benachrichtigungen** (engl. **Notifications**). Benachrichtigungen kapseln Informationen über ein Ereignis, indem sie einen Namen, ein Objekt und evtl. noch ein Dictionary mit zusätzlichen Informationen enthalten.

Als Beispiel Abschnitt nehmen wir wieder das Thermometer aus dem letzten Abschnitt. Wir nehmen nun an, dass n unterschiedliche Thermometer ihre Daten an m Auswertestationen schicken.

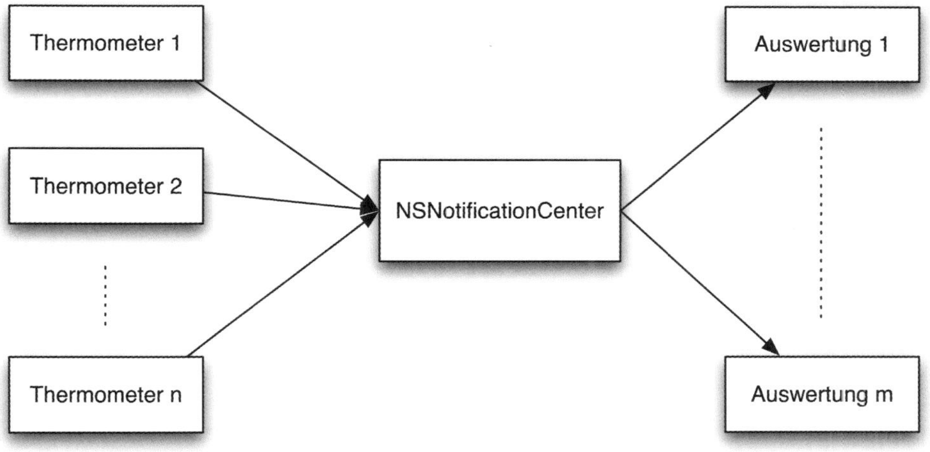

Abb. 14.16: Benachrichtigung über Ereignisse durch ein `NSNotificationCenter`

Wenn nun ein Ereignis eintritt (zum Beispiel das Abfallen der Temperatur), wird eine Benachrichtigung erzeugt. Diese Benachrichtigung wird aber nicht direkt an jedes an dem Ereignis interessierte Objekt gesendet, wie dies beim Key-Value Observing der Fall wäre, sondern an ein `NSNotificationCenter`. Dieses wiederum schickt die Benachrichtigung an alle interessierten Objekte weiter, wie in Abbildung 14.16 zu sehen.

Der Vorteil hierbei ist, dass zwischen dem benachrichtigenden Systemteil und jenem Systemteil, das an der Benachrichtigung interessiert ist, keine direkte Verbindung besteht, was eine lose Kopplung ermöglicht.

Die Klasse NSNotification

Das Konzept der Benachrichtigungen ist im Cocoa-Framework durch die Klasse `NSNotification` implementiert. Ein `NSNotification`-Objekt kapselt die für eine Benachrichtigung relevanten Daten, um sie zwischen beiden Systemteilen zu übertragen. Diese Daten sind durch die folgenden drei Eigenschaften eines `NSNotification`-Objekts abgebildet:

- Die Eigenschaft `name` ist ein String, der den Namen der Benachrichtigung speichert. Eine Benachrichtigung wird durch ihren Namen identifiziert, so dass diese Eigenschaft bei jeder Benachrichtigung gesetzt werden muss.
- Die Eigenschaft `object` assoziiert ein beliebiges Objekt mit der Benachrichtigung. Diese ist üblicherweise der Sender der Benachrichtigung, jedoch kann diese Eigenschaft auch `nil` sein.
- Neben diesen beiden durch `NSNotification` direkt unterstützten Eigenschaften bietet die Klasse noch die Möglichkeit, benutzerdefinierte Werte an die Benachrichtigung zu binden. Hierfür wird in der Eigenschaft `userInfo` ein `NSDictionary` gespeichert, dessen Einträge später vom Empfänger benutzt werden können. Auch diese Eigenschaft darf `nil` sein, wenn keine weiteren Informationen mitgeschickt werden sollen.

Instanzen von `NSNotification` sind unveränderlich. Sobald sie also einmal erzeugt wurden, kann der Inhalt der Benachrichtigung nicht mehr modifiziert werden. Außerdem ist die Klasse `NSNotification` so implementiert, dass eine Initialisierung durch die Methode `init` zu einer Ausnahme führt. Um eine Instanz von `NSNotification` zu erzeugen, stehen die Convenience-Konstruktoren `notificationWithName:object:` und `notificationWithName:object:userInfo:` zur Verfügung. Die Parameter entsprechen den oben beschriebenen Eigenschaften der Benachrichtigung.

Als Beispiel sehen wir uns den folgenden Code für die Erstellung einer Benachrichtigung für den Fall einer Temperaturänderung an:

```
-(void)setTemperature:(float)newTemperature
{
   NSDictionary *userInfo = @{
     @"oldTemperature" : @(_temperature),
     @"newTemperature" : @(newTemperature)};

    NSNotification *notification = [NSNotification
                   notificationWithName:@"TempChg"
```

```
                              object:self
                              userInfo:userInfo];

    [[NSNotificationCenter defaultCenter]
        postNotification:notification];
    _temperature = newTemperature;
}
```

Listing 14.34: Erstellen eines NSNotification-Objekts

Zuerst erstellen wir ein NSDictionary-Objekt, in das wir den vorherigen und den aktuellen Temperaturwert eintragen, so dass sie Beobachtern, die sich für diese Benachrichtigung interessieren, direkt zur Verfügung stehen. Danach erzeugen wir die eigentliche Benachrichtigung und verschicken sie über das Standard Notification Center ([NSNotificationCenter defaultCenter]). Den Mechanismus des Sendens werden wir später im Detail zeigen. Zuletzt sichern wir den neuen Temperaturwert in der Instanz.

Hinweis

Wenn Sie eine eigene Unterklasse von NSNotification erstellen wollen, so müssen Sie beachten, dass alle Eigenschaften der Klasse NSNotification durch Methoden implementiert sind, ohne durch Instanzenvariablen gestützt zu werden. Es müssen also die Methoden name, object und userInfo überschrieben werden. Außerdem muss darauf geachtet werden, dass die Unterklasse nicht die init-Methode von NSNotification aufruft (zum Beispiel [super init]), da diese wie beschrieben eine Ausnahme auslösen würde.

Die Klasse NSNotificationCenter

Neben der Klasse NSNotification ist die Klasse NSNotificationCenter die zweite zentrale Klasse im Benachrichtigungskonzept. Wie wir gezeigt haben, werden Instanzen der Klasse NSNotification an ein NSNotificationCenter-Objekt geschickt, das sie an alle bei diesem NSNotificationCenter registrierten Beobachter weiter verschickt, die an dieser Art der Benachrichtigung interessiert sind. Wichtig ist hierbei zu wissen, dass die NSNotificationCenter-Nachrichten synchron abgeliefert werden. Dies bedeutet, dass ein Objekt, das eine Benachrichtigung an ein NSNotificationCenter schickt, erst dann die Kontrolle zurückbekommt, wenn alle angemeldeten Beobachter die Benachrichtigung erhalten und verarbeitet haben. Um Nachrichten asynchron zu versenden, ist die Benutzung einer Warteschlange nötig, die wir weiter unten vorstellen werden. Jeder Applikation steht standardmäßig ein NSNotificationCenter zur Verfügung. Dieses erhält man durch die Klassenmethode defaultCenter. Ein Aufruf sieht also wie folgt aus:

```
NSNotificationCenter *defaultCenter = [NSNotificationCenter defaultCenter];
```

Vorsicht

Für den Fall einer Anwendung mit mehreren Threads werden die Benachrichtigungen immer im gleichen Thread zugestellt, in dem sie gesendet wurden. Beachten Sie hierbei, dass dies aber nicht unbedingt der gleiche Thread sein muss, in dem die Beobachter sich am `NSNotificationCenter` angemeldet haben.

Senden und Empfangen von Benachrichtigungen

Um Benachrichtigungen an alle interessierten Objekte zuzustellen, müssen sie lediglich an das `NSNotificationCenter` geschickt werden. Dieses schickt die Benachrichtigung wie beschrieben an alle registrierten Beobachter weiter. Um eine Benachrichtigung zu verschicken, gibt es die Methode `postNotification:`, an die man eine erstellte `NSNotification` übergibt, die dann unverändert weitergesendet wird. Zur Erinnerung noch einmal die entsprechende Zeile aus Listing 14.34:

```
[[NSNotificationCenter defaultCenter] postNotification:notification];
```

Es ist jedoch nicht zwingend notwendig, selbst ein `NSNotification`-Objekt zu erstellen, dies kann auch dem `NSNotificationCenter` überlassen werden. Hierfür gibt es die Methoden `postNotificationName:object:` bzw. `postNotificationName:object:userInfo:`, die sich aus Parametersicht exakt so verhalten wie die Convenience-Konstruktoren von `NSNotification`.

In Listing 14.35 ist die Implementierung der Methode `addTemperature:` unserer Temperaturklasse angegeben. Wie man sieht, erfolgt das Verschicken der Benachrichtigung analog zur Methode `setTemperature:` aus Listing 14.34, lediglich das explizite Erstellen eines `NSNotification`-Objekts entfällt.

```
-(void)addTemperature:(float)delta {
   NSDictionary *userInfo = @{
     @"oldTemperature" : @(_temperature),
     @"newTemperature" : @(delta+_temperature)};

    [[NSNotificationCenter defaultCenter]
        postNotificationName:@"TempChg"
       object:self userInfo:userInfo];
    _temperature += delta;
}
```

Listing 14.35: Verschicken von Benachrichtigungen ohne explizite `NSNotification`

Um Benachrichtigungen, die an ein NSNotificationCenter gesendet wurden, zu empfangen, muss man sich bei diesem anmelden. Hierfür gibt es die Methode addObserver:selector:name:object:. Der erste zu übergebende Parameter ist der Beobachter, der die Benachrichtigungen erhalten soll. Dem Argument selector wird ein Selektor übergeben, der aufgerufen wird, wenn die entsprechende Benachrichtigung im Notification Center vorliegt. Wenn man nur an bestimmten Benachrichtigungen interessiert ist, kann man für den dritten Parameter den Namen der Benachrichtigung angeben, die man erhalten will. Wenn für diesen Parameter nil übergeben wird, bekommt man alle Benachrichtigungen geschickt. Mit dem vierten Parameter kann man die Benachrichtigung noch weiter eingrenzen. Hier wird ein Objekt angegeben, das für die Eigenschaft object einer NSNotification gesetzt sein muss, damit dese Benachrichtigung an den Beobachter weitergeschickt wird. Will man alle Nachrichten unabhängig vom angegebenen Objekt erhalten, so kann hier nil übergeben werden. Nachdem ein Beobachter am Notification Center angemeldet wurde, kann er durch removeObserver: wieder davon abgemeldet werden. Der einzige Parameter für diese Funktion ist der Beobachter, der am NSNotificationCenter angemeldet ist.

Um das Beschriebene zu veranschaulichen, wollen wir nun zwei Instanzen unserer Klasse Temperature beobachten lassen. Zunächst definieren wir die Klasse TemperatureObserver, die für die Benachrichtigungen registriert wird:

```
@implementation TemperatureObserver
-(void)temperatureChanged:(NSNotification *)notification {
    NSDictionary *userInfo = notification.userInfo;
    NSLog(@"Benachrichtigt von %@",
            notification.object);
    NSLog(@"Temperatur vorher: %@",
            userInfo[@"oldTemperature"]);
    NSLog(@"Temperatur jetzt:  %@",
            userInfo[@"newTemperature"]);
}
@end
```

Listing 14.36: TemperatureObserver.m

Als Nächstes erstellen wir zwei Instanzen von Temperature und melden den Observer für die Benachrichtigungen an. Wenn wir diesen Code ausführen, erhalten wir die in Abbildung 14.1 gezeigte Ausgabe:

```
Temperature *t1 = [[Temperature alloc] init];
Temperature *t2 = [[Temperature alloc] init];

TemperatureObserver *observer =
    [[TemperatureObserver alloc] init];
```

```
[[NSNotificationCenter defaultCenter]
    addObserver: observer
    selector:@selector(temperatureChanged:) name:@"TempChg" object:nil];

t1.temperature = 100;
t1.temperature =50;
t2.temperature = 120;

[t2 addTemperature:20];
[t2 addTemperature:40];
```

Listing 14.37: Benutzung der `NSNotificationCenter`-Infrastruktur

Meldung
Benachrichtigt von <Temperature: 0x1033a0>
Temperatur vorher: 0
Temperatur jetzt: 100
Benachrichtigt von <Temperature: 0x1033a0>
Temperatur vorher: 100
Temperatur jetzt: 50
Benachrichtigt von <Temperature: 0x104c00>
Temperatur vorher: 0
Temperatur jetzt: 120
Benachrichtigt von <Temperature: 0x104c00>
Temperatur vorher: 120
Temperatur jetzt: 140
Benachrichtigt von <Temperature: 0x104c00>
Temperatur vorher: 140
Temperatur jetzt: 180

Abb. 14.17: Ausgabe von Listing 14.37

Als kleine Übung zum Nachdenken: Wie müssten wir die Anmeldung am `NSNotificationCenter` verändern, wenn wir nur an Benachrichtigungen interessiert wären, die als Objekt `t2` gesetzt haben?

Verteilte Benachrichtigungen

Bei Benutzung eines `NSNotificationCenter`-Objekts stehen die Benachrichtigungen nur innerhalb des Prozesses zur Verfügung, in dem sie gesendet wurden. Um nun Nachrichten zwischen verschiedenen Prozessen, die auf demselben Computer laufen, austauschen zu können, wird die Klasse `NSDistributedNotificationCenter` benutzt. Ebenso wie bei der Klasse `NSNotificationCenter` steht jeder Anwendung ein standardmäßiges `NSDistributedNotificationCenter` zur Verfügung, das mit der Klassenmethode `defaultCenter` angefordert werden kann. Ein Aufruf sieht wie folgt aus:

```
NSDistributedNotificationCenter *center = [NSDistributedNotificationCenter
                                            defaultCenter]
```

Hinweis

Ein `NSDistributedNotificationCenter` eignet sich nur für Benachrichtigungen zwischen Prozessen auf dem gleichen Rechner. Für Programme auf unterschiedlichen Rechnern im Netzwerk muss eine eigene Implementierung vorgenommen werden. Diese könnte zum Beispiel auf Sockets im Zusammenspiel mit nicht blockierenden Streams implementiert sein, wie in Abschnitt 12.3 gezeigt.

Dieses so erhaltene `NSDistributedNotificationCenter` lässt sich genauso benutzen wie ein `NSNotificationCenter`, indem zum Beispiel über `postNotification:` eine Benachrichtigung verschickt wird. Es gilt jedoch, zwei Einschränkungen zu beachten: Zum einen kann ein Beobachter an einem `NSDistributedNotificationCenter` nur String-Objekte beobachten. Da der Sender und der Empfänger in unterschiedlichen Prozessen sein können, kann kein Zeiger auf ein beliebiges Objekt mitgegeben werden. Daher ist ein `NSNotification`-Objekt, das über ein `NSDistributedNotificationCenter` verschickt wird, darauf beschränkt, `NSString`-Objekte zu benutzen. Benachrichtigungen werden im Notification Center daher auf Stringgleichheit überprüft und nicht wie bei einem `NSNotificationCenter` auf Referenzengleichheit. Wenn Sie eine Benachrichtigung an ein `NSDistributedNotificationCenter` verschicken, die ein Objekt enthält, das kein String ist, verweigert das Notification Center die Annahme und schreibt eine entsprechende Meldung in die Konsole, wie in Abbildung 14.18 zu sehen:

Meldung

```
*** Attempt to post a distributed notification (TempChg) with a non-string object
ignored.
```

Abb. 14.18: Meldung bei Verschicken einer Benachrichtigung mit einem Nicht-String-Objekt

Die zweite Einschränkung gegenüber einem `NSNotificationCenter`-Objekt ist, dass der Prozess, der als Beobachter am Notification Center angemeldet ist, eine Run Loop in einem der standardmäßigen Modi wie zum Beispiel `NSDefaultRunLoopMode` laufen lässt (siehe Abschnitt 15.4). Das Notification Center dient der Run Loop als Quelle. Wenn eine Benachrichtigung eintrifft, wird diese von der Run Loop an den entsprechenden Beobachter verschickt. Durch die Benutzung einer Run Loop ist es möglich, im Hintergrund auf Benachrichtigungen zu warten, ohne das Programm zu blockieren. Wenn das Programm, das die Nachricht empfängt, mehrere Threads besitzt, so ist es nicht garantiert, dass die Benachrichtigung an den Hauptthread gesendet wird.

Unsere Methode `setTemperature:` aus Listing 14.34 könnte unter Verwendung eines `NSDistributedNotificationCenter` wie folgt aussehen:

```
-(void)setTemperature:(float)newTemperature
{
    NSDictionary *userInfo = @{
    @"oldTemperature" : @(_temperature),
    @"newTemperature" : @(newTemperature)};

   NSNotification *notification = [NSNotification
                                notificationWithName:@"TempChg"
                                object:@"Temperature"
                                userInfo:userInfo];

    [[NSDistributedNotificationCenter defaultCenter]
                          postNotification:notification];
    _temperature = newTemperature;
}
```

Listing 14.38: Benutzung eines `NSDistributedNotificationCenter`

Für das oben gezeigte Beispiel gelten natürlich die erwähnten Einschränkungen. So kann das Objekt für die Benachrichtigung nur ein String sein, auch wenn man die Benachrichtigung evtl. im gleichen Prozess empfängt. Außerdem muss der Programmteil, der diese Benachrichtigungen empfangen soll, sich als Observer am `NSDistributedNotificationCenter` anmelden, was wiederum dazu führt, dass eine Run Loop laufen muss, die die Benachrichtigungen dieses Notification Centers entgegennimmt und weiterleitet.

Wichtig

Die Verwendung eines `NSDistributedNotificationCenter` ist sehr teuer, da die Benachrichtigungen zuerst an einen systemweiten Server geschickt werden, der sie dann wiederum an die interessierten Prozesse verschickt. Die Zeit zwischen dem Abschicken der Benachrichtigung und dem Empfang derselben durch einen Beobachter ist nicht spezifiziert. Wenn die Warteschlange des Servers voll ist, ist es sogar möglich, dass Nachrichten verloren gehen.

Warteschlangen von Benachrichtigungen

Die Benutzung eines `NSNotificationCenter` zur Verteilung der Nachrichten hat den Nachteil, dass die Benachrichtigung synchron erfolgt. Der Aufruf von `postNotification:` kehrt erst zurück, wenn alle Beobachter auf die Benachrichtigung reagiert haben. Um dieses Problem zu umgehen, gibt es die Klasse `NSNotificationQueue`, die eine Warteschlange für Benachrichtigungen implementiert. Diese Warteschlange behandelt die eingelieferten Benachrichtigungen mit einer First-In-First-Out(FIFO)-Strategie. Wenn eine in der Warteschlange gespeicherte Benachrichtigung (also eine Instanz von `NSNotification`) an die erste Stelle der Warteschlange tritt, wird sie an das `NSNotificationCenter` geschickt und aus der Warteschlange entfernt. Das `NSNotificationCenter` stellt die Nachricht dann endgültig an die registrierten Beobachter zu.

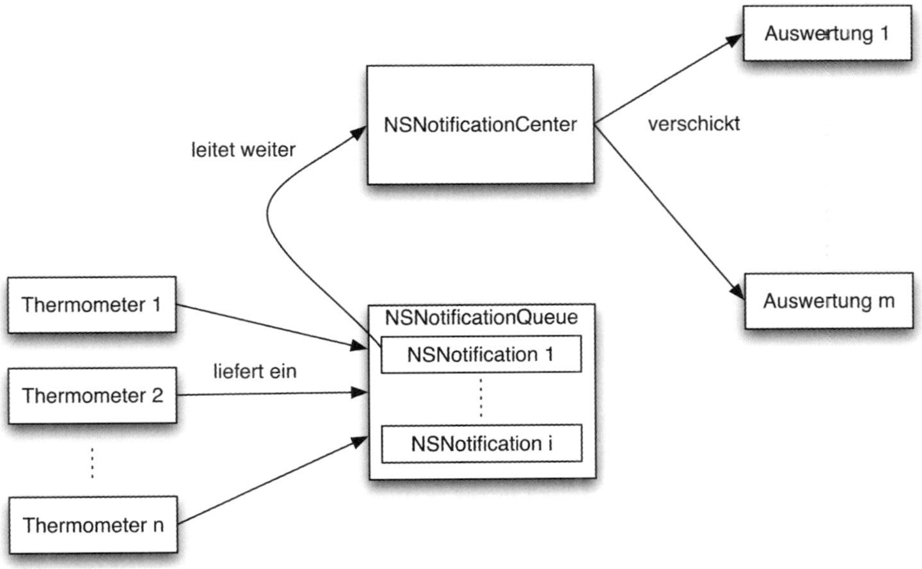

Abb. 14.19: Benachrichtigung über Ereignisse durch eine `NSNotificationQueue`

Ebenso wie beim `NSNotificationCenter` verfügt jedes Cocoa-Programm über eine standardmäßige `NSNotificationQueue`, die man durch `[NSNotificationQueue defaultQueue]` erhält. Diese `NSNotificationQueue` ist mit dem ebenfalls standardmäßig vorhandenen `NSNotificationCenter` einer Applikation verknüpft, das heißt, es benutzt dieses, um die Benachrichtigungen zu verschicken. Eine `NSNotificationQueue` erlaubt das asynchrone Versenden von Nachrichten. Das Einliefern einer Benachrichtigung in eine `NSNotificationQueue` gibt die Kontrolle sofort an den aufrufenden Programmteil zurück, nachdem die Benachrichtigung der Warteschlange hinzugefügt wurde. Um die tatsächliche Zustellung kümmert sich das `NSNotificationQueue`-Objekt selbst. Um eine

NSNotificationQueue benutzen zu können, muss eine Run Loop existieren und ausgeführt werden, die die Benachrichtigungen aus der Notification Queue an das Notification Center weiterleitet.

Um eine Benachrichtigung in eine Warteschlange einzureihen, gibt es die Methoden `enqueueNotification:postingStyle:coalesceMask:forModes:` und deren Kurzform `enqueueNotification:postingStyle:`. Im Unterschied zu einem `NSNotificationCenter`-Objekt gibt es keine Methoden, um ein `NSNotification`-Objekt erzeugen zu lassen. Der Entwickler muss dieses daher vor dem Hinzufügen selbst erstellen. Diesen Methoden wird zuerst das `NSNotification`-Objekt übergeben, das in die Notification Queue eingereiht werden soll. Der zweite Parameter ist eine Konstante der Aufzählung `NSPostingStyle` (ein `NSUInteger`), die angibt, wann die in der Warteschlange hinzugefügten Nachrichten gesendet werden. Der dritte Parameter ist ein `NSUInteger`, der spezifiziert, auf welche Art die Benachrichtigungen in der Notification Queue zusammengefasst werden. Der Parameter `forModes` gibt den Modus an, in dem sich die Run Loop befinden muss, damit die Benachrichtigungen gesendet werden. Wenn für diesen Parameter `nil` übergeben oder die Kurzform `enqueueNotification:postingStyle:` benutzt wird, wird die Benachrichtigung gesendet, wenn die Run Loop sich im Modus `NSDefaultRunLoopMode` befindet. Im Folgenden wollen wir uns die Benachrichtigungsmodi ansehen, bevor wir uns danach mit dem Zusammenfassen von Benachrichtigungen beschäftigen. Das Einliefern einer Benachrichtigung in eine Warteschlange zeigt das folgende Beispiel:

```
NSNotificationQueue *queue = [NSNotificationQueue defaultQueue];
NSNotification *n1 = [NSNotification notificationWithName:@"Nachricht1"
                                                    object:nil];
[queue enqueueNotification:n1 postingStyle:NSPostWhenIdle];
```

Eine Benachrichtigungswarteschlange unterstützt drei verschiedene Modi, die einstellen, wann die an die Warteschlange gesendeten Benachrichtigungen an das Notification Center weitergeleitet werden. Der Modus `NSPostNow` weist die Notification Queue an, die Nachricht sofort an das Notification Center weiterzuleiten. Dadurch wird die Benachrichtigung nicht mehr asynchron verschickt, sondern wie bei der direkten Verwendung des Notification Centers und `postNotification:` synchron. Dieser Modus ist nützlich, wenn man die Notification Queue anweisen will, von einem Aufruf der Methode `enqueueNotification:postingStyle` erst dann zurückzukehren, wenn die Benachrichtigung versendet wurde, um sicherzustellen, dass dies tatsächlich der Fall war, was beim asynchronen Versenden der Nachricht nicht direkt möglich ist. Der Unterschied zur direkten Verwendung eines Notification Centers und der Methode `postNotification:` ist, dass man trotz des synchronen Verhaltens weiterhin die Möglichkeit der Zusammenfassung von Benachrichtigungen behält, wie weiter unten gezeigt wird.

Die beiden Modi NSPostWhenIdle und NSPostASAP sorgen dagegen für eine asynchrone Behandlung. Dabei unterscheiden sie sich dadurch, wann genau von der Run Loop die eingereihten Nachrichten aus der Warteschlange an das Notification Center übergeben werden. Der Modus NSPostWhenIdle gibt an, dass die Benachrichtigung sobald wie möglich an das Notification Center weitergeleitet werden soll, üblicherweise, wenn die aktuelle Iteration der Run Loop beendet ist. Da die Run Loop möglicherweise vor dem Versenden der Benachrichtigung andere Eingaben mit höherer Priorität erhalten kann, ist dies jedoch nicht garantiert. Der Modus NSPostWhenIdle leitet die Benachrichtigung hingegen dann an das Notification Center weiter, wenn die Run Loop sich im Wartezustand befindet, das heißt keine weiteren Quellen bearbeitet werden müssen.

Der Unterschied zwischen dem synchronen Modus NSPostNow und den beiden asynchronen Modi NSPostASAP und NSPostWhenIdle ist im folgenden Beispiel dargestellt. Zunächst wird der Modus auf NSPostNow gesetzt. Die Ausgabe ist in Abbildung 14.20 zu sehen:

```
NSNotificationQueue *queue = [NSNotificationQueue defaultQueue];
NSNotification *n1 = [NSNotification notificationWithName:@"Nachricht1"
                                                   object:nil];
NSNotification *n2 = [NSNotification notificationWithName:@"Nachricht2"
                                                   object:nil];
NSNotification *n3 = [NSNotification notificationWithName:@"Nachricht3"
                                                   object:nil];

NSPostingStyle style = NSPostNow;
[queue enqueueNotification:n1 postingStyle:style];
NSLog(@"Next");

[queue enqueueNotification:n2 postingStyle:style];
NSLog(@"Next");

[queue enqueueNotification:n3 postingStyle:style];
NSLog(@"Next");
```

Listing 14.39: Verwendung einer NSNotificationQueue

Meldung
Nachricht: Nachricht1, Objekt: (null)
Next
Nachricht: Nachricht2, Objekt: (null)
Next
Nachricht: Nachricht3, Objekt: (null)
Next

Abb. 14.20: Senden mit NSPostNow

Wie man sieht, erfolgt die Benachrichtigung wie erwartet synchron. Ändern wir nun den Modus auf `NSPostASAP` oder `NSPostWhenIdle`, so erfolgt die Benachrichtigung asynchron, wie in Abbildung 14.21 zu sehen ist:

Meldung
Next
Next
Next
Nachricht: Nachricht1, Objekt: (null)
Nachricht: Nachricht2, Objekt: (null)
Nachricht: Nachricht3, Objekt: (null)

Abb. 14.21: Senden mit `NSPostASAP` oder `NSPostWhenIdle`

Warteschlangen bieten einen weiteren Vorteil gegenüber der direkten Verwendung eines `NSNotificationCenter`-Objekts. Da die Nachrichten nicht sofort verschickt werden, ist es möglich, mehrere gleiche Benachrichtigungen zusammenzufassen, um so das Nachrichtenaufkommen zu minieren. Hierfür wird mit dem Argument `coalesceMask` der Methode `enqueueNotification:postingStyle:coalesceMask:forModes:` angegeben, nach welchen Kriterien zwei Benachrichtigungen zusammengefasst werden. Für Benachrichtigungen, die nicht zusammengefasst werden sollen, muss `NSNotificationNoCoalescing` übergeben werden. Benachrichtigungen können dann zusammengefasst werden, wenn sie den gleichen Namen haben (`NSNotificationCoalescingOnName`) oder das gleiche Objekt speichern (`NSNotificationCoalescingOnSender`). Wenn beide Kriterien gelten müssen, kann auch die bitweise Oder-Verknüpfung der beiden Konstanten angegeben werden. Wenn die Methode `enqueueNotification:postingStyle:` benutzt wird, aktiviert diese das Zusammenfassen, wenn sowohl Name als auch Objekt der Benachrichtigungen übereinstimmen. Das folgende Beispiel zeigt die Zusammenfassung von Nachrichten:

```
NSNotificationQueue *queue = [NSNotificationQueue defaultQueue];
NSNotification *n1 = [NSNotification notificationWithName:@"Nachricht1"
                                                   object:nil];
NSNotification *n2 = [NSNotification notificationWithName:@"Nachricht1"
                                                   object:nil];
NSNotification *n3 = [NSNotification notificationWithName:@"Nachricht1"
                                                   object:nil];

NSPostingStyle style = NSPostWhenIdle;
[queue enqueueNotification:n1 postingStyle:style];
NSLog(@"Next");

[queue enqueueNotification:n2 postingStyle:style];
```

```
NSLog(@"Next");

[queue enqueueNotification:n3 postingStyle:style];
NSLog(@"Next");
```

Listing 14.40: Zusammenfassen von NSNotification-Objekten

Meldung
Next
Next
Next
Nachricht: Nachricht1, Objekt: (null)

Abb. 14.22: Ausgabe von Listing 14.40

Benachrichtigungen, die zwar in eine Warteschlange eingeliefert, bisher aber noch nicht gesendet wurden, können wieder aus der Warteschlange entfernt werden. Hierzu gibt es die folgende Funktion:

```
dequeueNotificationsMatching:(NSNotification *)notification
                        coalesceMask:(NSUInteger)coalesceMask
```

Der erste Parameter ist ein Benachrichtigungsobjekt, das die Eigenschaften der zu entfernenden Benachrichtigungen beschreibt. Der zweite Parameter definiert das Verhalten, wie die Eigenschaften auf die Benachrichtigungen in der Warteschlange angewandt werden sollen. Dieser Parameter verhält sich exakt wie beim Zusammenfassen von Benachrichtigungen beschrieben.

14.4 Delegation

Wenn wir Klassen entwerfen, so statten wir diese mit einem definierten Verhalten aus. Wenn man dieses Verhalten später ändern möchte, ohne dass die Klasse selbst verändert wird, gibt es die Möglichkeit, eine Unterklasse zu bilden, die das alte Verhalten durch das neue überschreibt. Dies führt dazu, dass man verschiedene Unterklassen für jede veränderte Funktionalität entwirft. Will man eine bestimmte Funktionalität zur Laufzeit austauschen, so muss man außerdem Methoden vorsehen, um von einer Unterklasse in eine andere zu konvertieren, oder die Klasse stark konfigurierbar machen, was normalerweise dazu führt, dass die Klasse zu einer Art Superklasse entartet, die sämtliche Funktionalität enthält und nicht mehr wartbar ist. Eine Idee, diesem entgegenzuwirken, ist das Konzept der **Delegation**. Bei der Delegation lagert man Funktionalität in eine zweite Klasse aus, das **Delegationsobjekt** (im Engl. **Delegate**). Dieses kann man zur Laufzeit der eigentlichen Klasse übergeben, die dann Methoden des Delegates aufruft, die das austauschbare Verhalten bestimmen. Dadurch erhält man sich den Vorteil verschiedener Unterklassen, nämlich die saubere Trennung unterschiedlichen Verhaltens, bekommt aber gleichzeitig eine Möglichkeit der leichten Austauschbarkeit.

14.4.1 Delegates zur Auslagerung von Funktionalität

Sehen wir uns einmal an, wie wir eine Klasse entwerfen können, die austauschbare Funktionalität durch Delegates implementiert. Das Ziel ist es, einen Logger zu schreiben, der eine Nachricht in die Konsole schreibt. Dabei soll das Delegate zuerst entscheiden können, ob eine Nachricht mit einem Logger überhaupt geloggt werden soll. Bevor die Nachricht in die Konsole geschrieben wird, hat das Delegate die Chance, diese Nachricht zu verändern. Definieren wir uns zuerst die Klasse `Logger`. Diese enthält eine Instanzenvariable `delegate`, die das Delegate gesetzt bekommt, und ein passendes Property. Zusätzlich enthält die Klasse noch die Methode `logMessage:`, über die eine Nachricht geloggt werden kann. Deren Implementierung sehen wir uns jedoch später an.

```
@interface Logger : NSObject {
}

-(void)logMessage:(NSString*)message;

@property(weak) id delegate;
@end
```

Listing 14.41: `Logger.h`

Hinweis

Wenn wir in einer Umgebung arbeiten, die Reference Counting benutzt, sollten wir darauf achten, das Delegate als `__weak` zu klassifizieren, um eine zyklische Referenz auszuschließen (eine detailliertere Beschreibung findet sich in Kapitel 9) .

Als Nächstes definieren wir das informelle Protokoll (siehe Kapitel 5) `DelegationProtocol`:

```
@interface NSObject (DelegationProtocol)
    -(BOOL)logger:(Logger*)logger shouldLogMessage:(NSString *)logger;
    -(NSString *)logger:(Logger *)logger
                willLogMessage:(NSString *)message;
@end
```

Das Protokoll definiert die beiden Methoden `logger:shouldLogMessage:` und `logger:willLogMessage:`. Die erste Methode wird aufgerufen, um zu überprüfen, ob die Nachricht überhaupt geloggt werden soll. Entsprechend gibt sie `YES` oder NO zurück. Wenn YES zurückgegeben wurde, wird die Methode logger:willLogMessage: aufgerufen, die ein NSString-Objekt zurückgibt, das dann geloggt wird. Auf diese Art kann das Delegate die Nachricht noch verändern, bevor sie geloggt wird. Nach der Festlegung des Protokolls können wir nun die Methode logMessage: implementieren:

```
-(void)logMessage:(NSString*)aMessage {
    BOOL shouldLog = YES;
    NSString *message = aMessage;
    if ([self.delegate respondsToSelector:@selector(logger:
        shouldLogMessage:)])
    {
        shouldLog = [self.delegate logger:self shouldLogMessage:message];
    }

    if (shouldLog) {
        if ([self.delegate respondsToSelector:
                @selector(logger:willLogMessage:)])
        {
            message = [self.delegate logger:self willLogMessage:aMessage];
        }
        NSLog(@"%@", message);
    }
}
```

Listing 14.42: Die Methode logMessage:

Da das DelegationProtocol ein informelles Protokoll ist, müssen wir zuerst prüfen, ob das Delegationsobjekt auf den gerade benötigten Selektor reagiert. Wir können den Logger nun wie im nächsten Beispiel gezeigt bereits benutzen:

```
Logger *logger = [[Logger alloc] init];
[logger logMessage:@"Message"];
[logger logMessage:@"Nachricht"];
```

Wie man in Abbildung 14.23 sieht, funktioniert der Logger auch, ohne dass wir ein Delegate gesetzt haben, und schreibt einfach jede Nachricht in die Konsole.

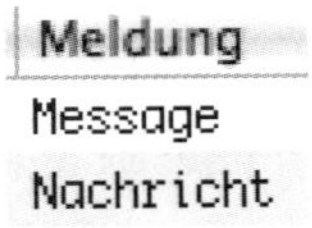

Abb. 14.23: Ausgabe des Loggers ohne gesetztes Delegate

Nun wollen wir den Logger so weit einschränken, dass nur die Nachrichten geloggt werden, die mit einem `N` beginnen. Außerdem soll jeder Ausgabe das aktuelle Datum vorangestellt werden. Dazu implementieren wir die beiden Delegationsmethoden in einer Klasse `DelegationObject` wie folgt:

```
@implementation DelegationObject
-(BOOL)logger:(Logger *)logger shouldLogMessage:(NSString *)message {
    return ([message hasPrefix:@"N"]);
}

-(NSString *)logger:(Logger *)logger willLogMessage:(NSString *)message{
    return [NSString stringWithFormat:@"[%@] %@", [NSDate date], message];
}
@end
```

Listing 14.43: Implementierung der Delegationsmethoden

Nun müssen wir das Delegationsobjekt noch dem Logger bekannt machen. Dazu müssen wir das Property `delegate` entsprechend setzen. Das folgende Beispiel zeigt die Benutzung des Loggers mit einem gesetzten Delegate:

```
Logger *logger = [[Logger alloc] init];
DelegationObject *delegate = [[DelegationObject alloc] init];
logger.delegate = delegate;
[logger logMessage:@"Message"];
[logger logMessage:@"Nachricht"];
```

Wie man in Abbildung 14.24 sehen kann, führt der Aufruf von `logMessage:` mit dem Wert `"Message"` zu keiner Ausgabe, da der String nicht mit einem `N` beginnt.

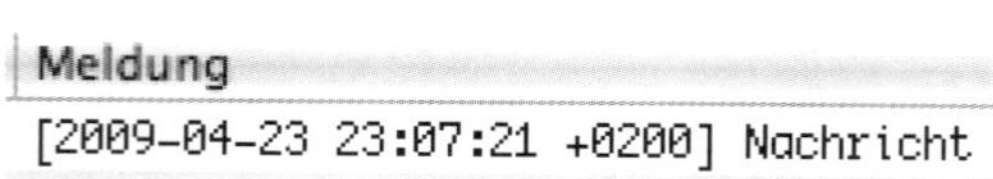

Abb. 14.24: Ausgabe des Loggers mit gesetztem Delegate

14.4.2 Delegates als Datenquelle

Außer dem Auslagern von Funktionalität kann ein Delegate noch eine andere Aufgabe erfüllen: Es kann einer Klasse als Datenquelle dienen. Dazu werden zuerst die Methoden definiert, über die die Klasse sich die Daten aus dem Delegate beschaffen kann. Danach wird das Delegate als Datenquelle gesetzt und liefert der Klasse damit die angeforderten Daten über die definierte Schnittstelle. Der Vorteil bei der Benutzung eines Delegates als Datenquelle ist, dass somit eine weitere Abstraktionsschicht gegenüber der eigentlichen Datenquelle geschaffen wird. So kann man einer Klasse ein Delegate übergeben, das Daten zum Beispiel aus einer Datenbank ausliest. Dieses Delegate kann bei Bedarf gegen eine andere Implementierung ausgetauscht werden, bei der die Daten zum Beispiel aus einer einfachen Textdatei oder über das Internet ausgelesen werden. Wir wollen wir nun ein Beispiel zeigen, das ein Delegate als Datenquelle benutzt. Wir wollen ein einfaches Adressbuch implementieren, das den Namen eines Eintrags zurückgibt sowie die Anzahl der enthaltenen Einträge. Dazu erstellen wir zuerst das Protokoll `AddressBookDataSource`:

```
@protocol AddressBookDataSource
-(NSUInteger)numberOfEntries;
-(NSString*)nameForEntryAtIndex:(NSUInteger)index;
@end
```

Listing 14.44: Formales Protokoll `AddressBookDataSource`

Nun benötigen wir eine Klasse, die ein Delegate als Datenquelle benutzt. Wir implementieren die Klasse `AddressBookPrinter`, die die Daten aus einer Datenquelle ausliest und in die Konsole schreibt:

```
@interface AddressBookPrinter : NSObject {
}

-(void)printAddressBook;
@property(weak) id<AddressBookDataSource> dataSource;
@end
```

Listing 14.45: `AddressBookPrinter.h`

```
@implementation AddressBookPrinter
@synthesize dataSource;

-(void)printAddressBook {
    NSLog(@"Adressbuch:");
    NSUInteger count = [dataSource numberOfEntries];
    NSLog(@"%li Einträge", count);
    for (NSUInteger i=0; i<count; i++) {
        NSLog(@"%@", [dataSource nameForEntryAtIndex:i]);
    }
}
@end
```

Listing 14.46: `AddressBookPrinter.m`

Wie man sehen kann, ist das Vorgehen das gleiche wie bei der Benutzung eines Delegates zur Abgabe von Kontrolle. Wir benutzen hier ein Protokoll, da eine

Datenquelle alle Methoden implementieren muss, um sinnvoll zu arbeiten. Nun implementieren wir eine Datenquelle, die das Protokoll `AddressBookDataSource` erfüllt. Diese nennen wir `InMemoryAddressBook`:

```
@interface InMemoryAddressBook : NSObject<AddressBookDataSource> {
    NSArray *entries;
}
@end
```

Listing 14.47: `InMemoryAddressBook.h`

```
@implementation InMemoryAddressBook
- (id) init
{
    self = [super init];
    if (self != nil) {
        entries = [NSArray arrayWithObjects:@"Max Mustermann",
                               @"Marta Mustermann", @"Aaron Whistler", nil];
    }
    return self;
}

-(NSUInteger)numberOfEntries {
    return [entries count];
}

-(NSString*)nameForEntryAtIndex:(NSUInteger)index{
    return [entries objectAtIndex:index];
}
@end
```

Listing 14.48: `InMemoryAddressBook.m`

Diese Datenquelle lädt ihre Daten aus einem `NSArray`. Auf die gleiche Art könnten wir eine Datenquelle erstellen, die eine Datenbank ausliest und deren Daten zur Verfügung stellt. Sehen wir uns abschließend noch an, wie man diese Konstellation aus Klasse und Datenquelle verwendet:

```
AddressBookPrinter *printer = [[AddressBookPrinter alloc] init];
InMemoryAddressBook *book = [[InMemoryAddressBook alloc] init];
[printer setDataSource:book];
[printer printAddressBook];
```

Listing 14.49: Verwendung einer Datenquelle

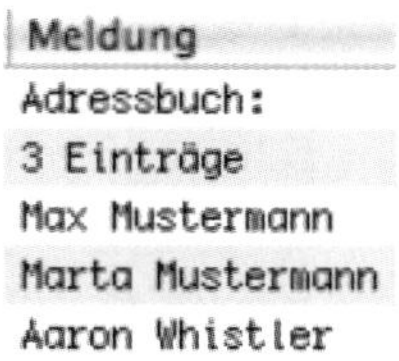

Abb. 14.25: Ausgabe von Listing 14.49

14.5 Singletons

Manchmal kommt man als Entwickler in die Situation, dass man exakt eine Instanz eines Objekts zur Laufzeit braucht und diese eine Instanz immer die gleiche sein soll. Genau hierfür eignet sich das Entwurfsmuster des **Singletons**. Ein Singleton ist also ein Objekt, das die **einzige Instanz** ihrer Klasse zur Laufzeit darstellt.

Wann benutzt man nun ein Singleton, wenn man doch auch jederzeit eine neue Instanz einer Klasse erstellen könnte? Üblicherweise benutzt man ein Singleton, wenn das zu lösende Problem in eine der drei folgenden Kategorien fällt:

1. Globaler Zugriff auf die gleiche Instanz eines Objekts

   Ein Singleton kann genutzt werden, wenn der Zugriff aus der gesamten Applikation auf dessen Funktionalität benötigt wird, jedoch immer die gleiche Instanz des Objekts benutzt werden muss. Ein Beispiel hierfür ist das `NSNotificationCenter` aus Abschnitt 14.3.2.

2. Benutzung einzigartiger Ressourcen

   Falls eine Klasse eine Ressource kapselt, die nur ein einziges Mal existiert, so ist der Einsatz eines Singletons eine gute Wahl. Durch das Singleton wird die Einzigartigkeit der Ressource auf Programmebene abgebildet. Ein Beispiel hierfür ist die Klasse `NSApplication`, die die aktuelle Applikation repräsentiert.

3. Benutzung teurer Ressourcen

   Neben einzigartigen Ressourcen bietet sich ein Singleton auch für die Kapselung von teuren Ressourcen wie einer Datenbankverbindung an. Dadurch, dass das Singleton während der gesamten Laufzeit des Programms existiert, kann die teurere Operation, das Herstellen der Datenbankverbindung, einmal geschehen und steht dann weiterhin zur Verfügung.

   Dies kann sogar noch so weit optimiert werden, dass sie erst erstellt wird, wenn eine Methode des Singletons aufgerufen wird, die tatsächlich mit der Datenbank zu tun hat. So wird das bloße Erstellen eines Singletons wiederum zu einer leichtgewichtigen Funktion.

Der Nachteil eines Singletons ist sicherlich, dass es einen globalen Zustand der Instanz gibt. Da ein Singleton die einzige Instanz ihrer Klasse ist, gilt der Zustand des Singletons zu jeder Zeit, wenn eine Methode aufgerufen wird. Weiterhin kann auch von jedem Punkt des Programms aus der Zustand des Singletons geändert werden. Dies kann dazu führen, dass Teile eines Programms, die sich auf einen bestimmten Zustand des Singletons verlassen, etwa weil sie ihn selbst gesetzt haben, nicht funktionieren, wenn dieser an einer anderen Stelle verändert wurde. Dieses Problem ähnelt dem, welches wir als Entwickler bei der Verwendung von globalen Variablen haben.

Im Unterschied hierzu können wir den Zustand des Singletons jedoch kapseln, so dass er von außen nicht zugreifbar ist. Ein nicht zu unterschätzendes Problem bei Singeltons ist das Multithreading. Wenn wir ein Singleton erstellen, welches nicht threadsicher (siehe Kapitel 15) ist und einen Zustand besitzt, so beschränken wir den Zugriff auf dieses Singelton auf den Hauptthread. Mit der Threadsicherheit von Singeltons beschäftigen wir uns ausführlich in Abschnitt 14.5.2.

Dieser Nachteil ist, je nach Anwendungszweck, so schwerwiegend, dass ein Singleton teilweise schon als Anti-Pattern, also als Beispiel für schlechtes Programmieren angesehen wird. Richtig angewendet können Singletons jedoch wie im Cocoa-Framework gute Dienste leisten, weswegen wir sie hier besprechen wollen.

14.5.1 Ein einfaches Singleton

Nachdem Sie nun wissen, was ein Singleton ist und welche Vor- und Nachteile es bietet, wollen wir uns anschauen, wie ein einfaches Singleton zu erstellen ist.

Ein Singleton enthält eine Klassenmethode, auch Factory-Methode genannt, die die Instanz zurückgibt. Üblicherweise beginnt der Name dieser Methode mit dem Präfix `shared` und dem weiteren Namensteil. Diese Methode muss nun dafür Sorge tragen, dass immer die einzig existierende Instanz des Singletons zurückgegeben wird.

Offensichtlich benötigen wir also eine Variable, in der die Instanz gespeichert wird. Dieser Variable soll genau einmal ein Objekt zugewiesen werden, danach soll das in dieser Variablen gespeicherte Objekt bei jedem Aufruf zurückgegeben werden. Das folgende Beispiel zeigt die einfachste Möglichkeit, ein Singleton zu erstellen:

```
static MySingleton *theSingleton = nil;

+(MySingleton*)sharedInstance {
    if (theSingleton == nil) {
      theSingleton = [[MySingleton alloc] init];
  }
  return theSingleton;
}
```

Listing 14.50: Ein einfaches Singleton

Wie zu sehen ist, wird die statische Variable `theSingleton` vom Typ des Singletons erstellt. In der Methode `sharedInstance` wird nun überprüft, ob der Variable bereits ein Wert zugewiesen wurde. Ist dies nicht der Fall, wird eine neue Instanz von `MySingleton` erstellt und `theSingleton` zugewiesen. In beiden Fällen wird `theSingleton` zurückgegeben. Dadurch wird immer die gleiche und einzige Instanz des Singletons zurückgegeben.

Testen wir nun das Singleton-Verhalten, indem wir die Methode `sharedInstance` wiederholt aufrufen und den Zeiger ausgeben:

```
NSLog(@"Address: %@", [MySingleton sharedInstance]);
NSLog(@"Address: %@", [MySingleton sharedInstance]);
NSLog(@"Address: %@", [MySingleton sharedInstance]);
NSLog(@"Address: %@", [MySingleton sharedInstance]);
```

Listing 14.51: Zugriff auf das Singleton

Wie erwartet und in Abbildung 14.26 zu sehen, zeigt die Rückgabe jeweils auf den gleichen Speicherbereich. Ein Aufruf von `sharedInstance` liefert also immer die gleiche und damit einzige Instanz des Objekts.

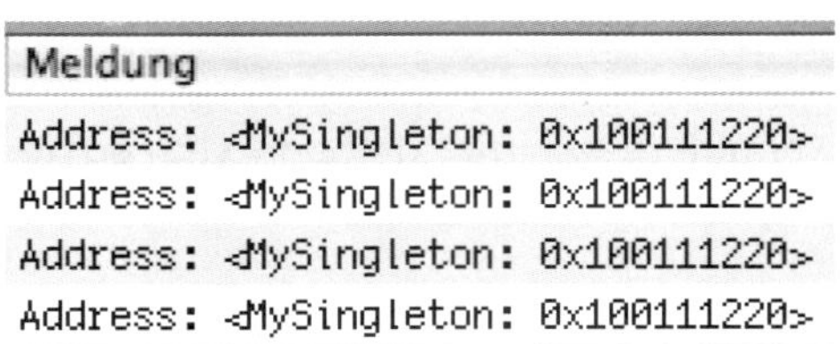

Abb. 14.26: Ausgabe von Listing 14.51

Absicherung des Singletons

Wie Sie in Listing 14.50 gesehen haben, benötigt ein funktionierendes Singleton lediglich eine Zugriffsmethode, mit der auf die Instanz des Singletons zugegriffen werden kann. Allerdings gibt es mit dieser Art der Realisierung ein Problem: Es können immer noch Instanzen des Singletons gebildet werden. Ein Aufruf von `[[MySingleton alloc] init]` etwa liefert uns eine neue Instanz dieses Singletons, mit dem Effekt, dass wir nicht mehr garantieren können, dass immer nur eine einzige Instanz des Singletons existiert.

Hinweis

Beachten Sie, dass die im Folgenden beschriebenen Methoden nicht wichtig für das Singleton sind, sondern nur verhindern, dass es falsch verwendet werden kann. Es handelt sich also eher um eine Absicherung vor dem Benutzer.

Um dies zu verhindern, müssen wir sicherstellen, dass ein Aufruf von `alloc` auch die Singleton-Instanz zurückliefert. Aus Kapitel 9 wissen Sie, dass die beiden Methoden `alloc` und `allocWithZone:` dazu dienen können, ein Objekt neu zu erzeugen. Sie wissen weiterhin, dass ein Aufruf von `alloc` umgesetzt wird in einen Aufruf von `allocWithZone:` mit der Default-Speicherzone. Daher müssen wir uns in unserer Singleton-Implementierung nur darum kümmern, die Methode `allocWithZone:` so zu überschreiben, dass sie auch die Singleton-Instanz zurückgibt. Dies kann ganz einfach dadurch geschehen, dass wir in der Methode auf die Singleton-Methode von `MySingleton` verweisen:

```
+ (id)allocWithZone:(NSZone *)zone {
    return [self sharedInstance];
}
```

Listing 14.52: Die überschriebene Methode `allocWithZone:`

Die Methode `allocWithZone:` ruft nun also `sharedInstance` auf, um die einzige Instanz des Singletons zurückzugeben. Allerdings stellen wir fest, dass die Implementierung von `sharedInstance`, wie wir sie bisher benutzen, ebenfalls `alloc` auf `MySingleton` aufruft. Dies würde also zu einer Schleife führen, in der `sharedInstance` zunächst `alloc` aufruft, was wiederum `allocWithZone:` aufruft, das dann wieder `sharedInstance` aufruft.

Um auch dieses Problem zu umgehen, verändern wir die Methode `sharedInstance` so, dass sie die `allocWithZone:`-Methode der Oberklasse verwendet. Listing 14.53 zeigt das angepasste Singleton:

```
+(MySingleton*)sharedInstance {
    if (theSingleton == nil) {
      theSingleton = [[super allocWithZone:nil]
                         init];
  }
  return theSingleton;
}

+ (id)allocWithZone:(NSZone *)zone {
    return [self sharedInstance];
}
```

Listing 14.53: Angepasstes Singleton

Diese angepasste Version des Singletons verhindert nun, dass außerhalb der einmaligen Erstellung in `sharedInstance` eine weitere Instanz der Klasse erstellt wird. Das folgende Listing zeigt dies:

```
NSLog(@"Address: %@", [MySingleton sharedInstance]);
NSLog(@"Address: %@", [[MySingleton alloc] init]);
NSLog(@"Address: %@", [[MySingleton
                          allocWithZone:nil] init]);
```

Listing 14.54: Verwendung des angepassten Singletons

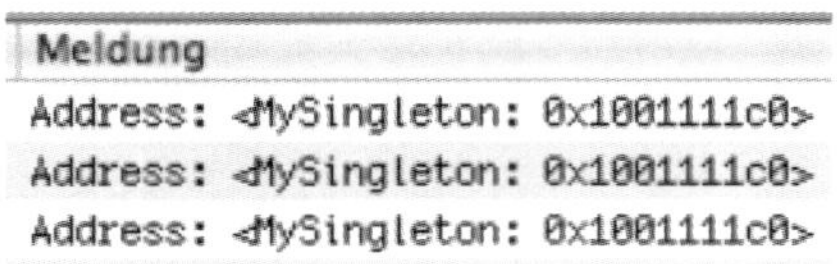

Abb. 14.27: Ausgabe von Listing 14.54

Weitere Absicherung bei manuellem Reference Counting

Wir haben nun sichergestellt, dass ein Singleton nur einmal erstellt werden kann und nachfolgende Aufrufe immer diese Instanz zurückliefern. Wenn wir uns in einer Umgebung mit manuellem Reference Counting befinden, so können wir noch sicherstellen, dass das Singleton nicht aus dem Speicher entfernt wird. Um dies zu erreichen, überschreiben wir die fünf Methoden, die den Reference Count betreffen: `copyWithZone:`, `retain`, `release`, `autorelease` und `retainCount`. Diese Methoden sind alle Instanzmethoden, so dass in diesem Fall das Singleton schon erstellt und initialisiert ist.

Die Methode `copyWithZone:` muss so gestaltet werden, dass keine Kopie erstellt wird. Da allerdings eine Rückgabe benötigt wird, die im Normalfall die Kopie des Objekts ist, geben wir hier einfach `self` zurück.

Die Methode `retain` dient dazu, den Reference Count zu erhöhen. Dies ist für den Fall eines Singletons jedoch nicht von Belang, da wir exakt eine Instanz haben, die niemals aus dem Speicher entfernt werden soll. Daher geben wir auch hier nur `self` zurück.

Die Methode `release` überschreiben wir so, dass sie einfach gar nichts tut. Im Gegensatz dazu muss die Methode `autorelease` wiederum `self` zurückgeben. Die eigentliche Aufgabe der Methode, das Hinzufügen des Objekts zu einem Autorelease Pool, wird nicht benötigt.

Abschließend überschreiben wir die Methode `retainCount` so, dass sie einen Wert zurückliefert, der verhindert, dass das Objekt aus dem Speicher entfernt wird. Dies kann einfach eine Konstante sein.

Diese fünf Methoden sind im folgenden Listing zusammengefasst:

```
- (id)copyWithZone:(NSZone *)zone {
  return self;
}
```

```
- (id)retain {
  return self;
}

- (void)release {
}

- (id)autorelease {
  return self;
}

- (NSUInteger)retainCount {
  return NSUIntegerMax;
}
```

Listing 14.55: Die fünf Methoden des Reference Countings bei einem Singleton

Eine weitere Spielart von Singletons sind hybride Singletons. Bei diesen liefert die Factory-Methode wie gewohnt immer die gleiche Instanz, jedoch lassen sich auch neue Instanzen erzeugen. Ein Beispiel hierfür ist die Klasse `NSFileManager`. In diesem Fall darf dann natürlich `allocWithZone:` nicht wie gezeigt überschrieben werden.

14.5.2 Singletons und Threading

Nachdem wir uns nun mit der allgemeinen Erstellung eines Singletons und der Absicherung gegen falsche Verwendung beschäftigt haben, wollen wir uns im Folgenden noch einmal ansehen, wie wir Singletons in einer Multithreading-Umgebung sicher benutzen können. Dabei beschränken wir uns darauf, den Zugriff auf die Methode `sharedInstance`, also das Erstellen oder Erhalten des Singletons, threadsicher zu machen.

Beschäftigen wir uns zunächst mit der einfachsten Möglichkeit, Programmcode threadsicher zu machen: dem Synchronisieren. Aus Kapitel 9 wissen Sie, dass dies mit Locks oder seit Objective-C 2.0 auch mit dem Schlüsselwort `@synchronized` zu erreichen ist. Wollen wir nun die Methode `sharedInstance` mittels eines Locks absichern, so könnte das wie im folgenden Beispiel aussehen:

```
+(MySingleton*)sharedInstance {
  @synchronized(self) {
    if (theSingleton == nil) {
      theSingleton = [[super allocWithZone:nil]
                          init];
```

```
    }
  }
  return theSingleton;
}
```

Listing 14.56: `sharedInstance` mit Synchronisierung

Diese Veränderung der Methode `sharedInstance` reicht im Prinzip aus, um das Erstellen des Singletons threadsicher zu machen. Sie wissen jedoch auch aus Kapitel 9, dass die Verwendung von Locks eine teure Operation ist.

In diesem Fall wiegt das besonders schlimm, da die Synchronisierung eigentlich nur ein einziges Mal benötigt wird, nämlich wenn die Variable `theSingleton` den Wert `nil` enthält.

Nachdem das Singleton also erstellt wurde, gibt es keinen Bedarf mehr für den Lock, da im Folgenden einfach nur noch der Wert von `theSingleton` zurückgegeben wird. Allerdings bleibt der Lock natürlich an dieser Stelle und synchronisiert so *jeden* Zugriff auf das Singleton.

Verwendung von initialize

Wir suchen also nach einer Methode, die die gleiche Sicherheit für die Verwendung in Multithreading-Umgebungen bietet, ohne dabei den oben beschriebenen Nachteil von Locks zu haben.

Erinnern Sie sich zurück an Kapitel 1. Dort haben Sie gelernt, dass die Klassenmethode `initialize` von der Laufzeitumgebung dann aufgerufen wird, wenn ein Programm das erste Mal die entsprechende Klasse verwendet. Dies ist genau das, was wir suchen. Bei der allerersten Verwendung der Klasse `MySingleton` erstellen wir eine Instanz, die wir in der Variablen `theSingleton` speichern. Die Methode `sharedInstance` gibt dann nur noch diese Variable zurück.

Dadurch, dass wir die Instanz außerhalb von `sharedInstance` erzeugen und das Laufzeitsystem uns garantiert, dass `initialize` nur einmal beim ersten Zugriff aufgerufen wird, entfällt die Notwendigkeit, selbst eine Synchronisierung zu erzwingen:

```
+(MySingleton*)sharedInstance {
  return theSingleton;
}

+(void)initialize {
  theSingleton = [[super allocWithZone:nil] init];
}
```

Listing 14.57: Singleton mit `initialize`

Die Tatsache, dass `initialize` beim ersten Zugriff auf die Klasse ausgeführt wird, ist gleichzeitig auch ein Nachteil. Dies bedeutet nämlich, dass jede Nachricht, die an die Klasse gesendet wird, das Singleton erstellt. Dadurch kann die Initialisierung des Singletons zu einem ungeplanten Zeitpunkt erfolgen.

Verwendung von Speicherbarrieren

Wenden wir uns zum Abschluss noch einmal dem Problem der Locks zu. Wie wir gemerkt haben, ist der Lock für diese Situation in allen Fällen überflüssig, außer wenn `theInstance` tatsächlich `nil` ist.

Die Überlegung ist nun, warum wir nicht zuerst das Kriterium, das den Lock nötig macht, überprüfen und dann erst falls nötig synchronisieren. Dieses Vorgehen findet man in der Literatur auch als »double-checked locking«. Ebenso findet man den Hinweis, dass dieses Vorgehen nicht zu empfehlen ist, wenn man Plattform-unabhängigen Code schreibt. Da wir uns aber hier auf eine Plattform beschränken, von der wir wissen, wie sie funktioniert, können wir diese Warnung daher getrost ignorieren.

Sehen wir uns nun einmal an, wie ein Singleton aussehen kann, das zuerst das Lock-Kriterium überprüft und den Lock nur dann setzt, wenn er benötigt wird:

```
+(MySingleton*)sharedInstance {
  if (theInstance == nil) {
    @synchronized(self) {
      if (theInstance == nil) {
        theInstance = [[super allocWithZone:nil]
                       init];
      }
    }
  }
  return theInstance;
}
```

Listing 14.58: Singleton mit double-checked locking

Am obigen Beispiel sehen wir auch, warum das Verfahren *double-checked locking* heißt. Wir prüfen zuerst, ob das Lock-Kriterium überhaupt erfüllt ist. Nur wenn dies der Fall ist, wird der Lock überhaupt erstellt.

Innerhalb des Locks überprüfen wir erneut, ob das Kriterium noch erfüllt ist (double-check). Dies hat den Grund, dass ein anderer Thread zuerst den Lock bekommen haben könnte und das Singleton bereits initialisiert ist. Durch die zweite Überprüfung synchronisieren wir also alle Threads, die versuchen, das Singleton zu initialisieren.

Nun haben wir also das Problem aus Listing 14.56 gelöst, dass immer ein Lock gesetzt wird, auch wenn er überhaupt nicht benötigt wird.

Ganz so einfach ist es aber leider nicht. Wir müssen bedenken, dass es durch den Compiler oder die CPU passieren kann, dass Variablen z.B. in Registern zwischengespeichert werden oder Zuweisungen umsortiert werden können. Dies kann dann wiederum zu Problemen mit der Zuverlässigkeit der Überprüfungen des Lock-Kriteriums führen.

Solche Probleme lassen sich in den Griff bekommen, wenn wir Speicherbarrieren mittels `OSMemoryBarrier()` setzen (siehe Kapitel 15). Wir verändern unsere Methode `sharedInstance` also derart, dass sie mittels einer Speicherbarriere die Reihenfolge des Speicherzugriffs sicherstellt. Dazu speichern wir die Singleton-Instanz zuerst in einer temporären Variablen zwischen und ziehen eine Speicherbarriere. Danach weisen wir die Instanz der statischen Variablen `theInstance` zu. Eine weitere Speicherbarriere ziehen wir vor dem `return` ein. Unsere Methode `sharedInstance` sieht damit wie folgt aus:

```
+(MySingleton*)sharedInstance {
  if (theInstance == nil) {
    @synchronized(self) {
      if (theInstance == nil) {
        MySingleton *tmp =
          [[super allocWithZone:nil] init];
        OSMemoryBarrier();
        theInstance = tmp;
      }
    }
  }
  OSMemoryBarrier();
  return theInstance;
}
```

Listing 14.59: Singleton mit double-checked locking und Speicherbarrieren

Wir umgehen mit dem obigen Verfahren mittels *double-checked locking* und der Verwendung von Speicherbarrieren die Notwendigkeit, jedes Mal einen Lock zu erstellen. Allerdings müssen wir uns bewusst sein, dass auch die Speicherbarrieren nicht umsonst sind. Üblicherweise sind sie jedoch günstiger als ein Lock.

14.6 Übungsaufgaben

1. Aufgabe

Schreiben Sie eine Klasse `JumpyArray`, die intern eine Instanz von `NSMutableArray` enthält. Sehen Sie eine Möglichkeit vor, um Objekte zum Array hinzuzufügen. Diese Klasse soll das Protokoll `NSFastEnumeration` implementieren, um über das Array zu iterieren. Die Reihenfolge der Enumeration soll dabei wie folgt sein:

- Das erste Element ist das Element an Position 0.
- Danach wird das Element an Position 2 zurückgegeben, dann das Element an Position 4 usw., bis das Array bis zum Ende durchlaufen ist.
- Danach werden die Elemente 1, 3 usw. zurückgegeben.

Geben Sie außerdem Code an, der die schnelle Iteration der Klasse `JumpyArray` benutzt.

2. Aufgabe

Erstellen Sie die Klasse `CVSData`. Diese soll wie folgt definiert sein:

```
@interface CSVData : NSObject {
    NSString *csv;
}

-(id)initWithString:(NSString *)string;
@end
```

In der Variablen `csv` soll ein String gespeichert werden, der einzelne Teilstrings durch ein Komma trennt. Erstellen Sie in der Implementierung der Klasse `CSVData` eine Eigenschaft `components`, die *key-value coding compliant* sein soll.

Dabei soll die Eigenschaft `components` eine 1:m-Beziehung sein, die die einzelnen Teilstrings aus `csv` enthält. Für den String `"a,b,c,d"` wären die Komponenten zum Beispiel die Strings `"a"`, `"b"`, `"c"` und `"d"`.

Testen Sie Ihre Implementierung mit dem folgenden Code:

```
CSVData *csvData = [[CSVData alloc] initWithString:@"a,b,c,d"];
NSMutableArray *components = [csvData
                              mutableArrayValueForKey:@"components"];
NSLog(@"%@", [csvData valueForKey:@"csv"]);

[components addObject:@"e"];
[components removeObjectAtIndex:1];
```

```
for (id object in components) {
    NSLog(@"%@", object);
}
NSLog(@"%@", [csvData valueForKey:@"csv"]);
```

Die Ausgabe sollte Abbildung 14.28 entsprechen.

Meldung
a,b,c,d
a
c
d
e
a,c,d,e

Abb. 14.28: Erwartete Ausgabe

3. Aufgabe

Erstellen Sie eine Klasse `Appointment`, die einen Termin abbildet. Diese soll eine Instanzenvariable für den Startzeitpunkt besitzen. Der Einfachheit halber können wir annehmen, dass ein Startzeitpunkt durch einen vorzeichenlosen Integer abgebildet wird (`NSUInteger startTime`). Außerdem soll sie eine Instanzenvariable für die Dauer des Termins enthalten (`NSUInteger duration`). Diese beiden Eigenschaften der Klasse sollen *key-value observing compliant* sein. Außerdem soll noch eine Eigenschaft `endTime` für den Endzeitpunkt des Termins implementiert werden. Diese ergibt sich als Ergebnis der Rechnung `startTime+duration`. Die Eigenschaft `endTime` soll ebenfalls *key-value observing compliant* sein, jedoch nicht durch eine zusätzliche Instanzenvariable gespeichert werden. Wenn sich die Werte für den Beginn oder die Länge des Termins ändern, soll auch für die Eigenschaft `endTime` eine Benachrichtigung versendet werden.

4. Aufgabe

Nehmen wir an, dass das Protokoll `IntegerBag` wie folgt definiert ist:

```
@protocol IntegerBag
-(NSUInteger)count;
-(int)integerAtIndex:(NSUInteger)index;
-(void)addInteger:(NSUInteger)integer;
@end
```

Erstellen Sie die Klasse `IntArray`, die dieses Protokoll erfüllt. Dabei sollen die Daten in einem `NSMutableArray` gespeichert werden. Erstellen Sie außerdem die Klasse `IntegerAccumulator`, die von einer Klasse, die das Protokoll `IntegerBag` erfüllt, die Summe der einzelnen Integer-Werte berechnet. Dazu soll sie die Methode `accumulateInteger` implementieren, die die Gesamtsumme zurückgibt.

Dabei soll in der Klasse `IntegerAccumulator` das Objekt, auf dessen Grundlage die Berechnung durchgeführt wird, nach dem Entwurfsmuster der Delegation als Datenquelle gesetzt werden können.

Threading

Um heutige Rechner und damit die darauf laufende Software immer schneller zu machen, wird versucht, immer neue Wege zu gehen. Der neueste Trend ist es, möglichst viele Aufgaben parallel zu verarbeiten. So besitzen heutige Rechner häufig nicht nur einen Rechnerkern, sondern mehrere. Häufig ist aber nicht die Rechenleistung eines Prozessors selbst der limitierende Faktor, sondern der Zugriff auf Ressourcen wie Speicher, Festplatte, Netzwerk oder die grafische Ausgabe. Während das Programm auf eine solche Ressource wartet, steht die Programmverarbeitung still. Um die Ressourcen eines Rechners optimal auszunutzen, wird versucht, möglichst viele Tätigkeiten parallel zu erledigen, die vom Betriebssystem auf die Prozessoren der einzelnen Kerne des Rechners verteilt werden, um somit die Ressourcen des Rechners besser auszunutzen. So kann zum Beispiel ein Programmteil auf einen Schreibvorgang auf der Festplatte warten, während ein anderer Programmteil über das Netzwerk empfangene Daten verarbeitet. Man sagt auch, ein Programm wird in einzelne **Threads** zerlegt, die quasi parallel ausgeführt werden.

Diese Parallelität führt in modernen Anwendungen zu einem erheblich besseren Ansprechverhalten, da zum Beispiel langwierige Aufgaben parallel zur Hauptabarbeitung des Programms ausgeführt werden und damit die Abarbeitung nicht blockieren. So wird in einer modernen Anwendung durch das Starten eines Druckvorgangs für die Berechnung des Ausdrucks nicht die ganze Anwendung blockiert, sondern ein Hintergrundthread gestartet, in dem die Berechnung parallel zu der Verarbeitung der Anwendung durchgeführt wird.

Allerdings ergeben sich für den Programmierer bei einer so programmierten Anwendung auch Schwierigkeiten. Zum einen erhöht sich die Komplexität der Anwendung im Gegensatz zu einer Anwendung, in der keine Aufgaben parallelisiert werden. Durch diese erhöhte Komplexität verliert man als Programmierer schneller den Überblick, da es oft sehr schwer ist, die Situationen abzuschätzen, zu denen es durch die parallele Verarbeitung kommen kann. Dieses Problem verstärkt sich, wenn parallel Programmteile auf die gleichen Datenstrukturen zugreifen und diese auch ändern müssen. Um in einer solchen Situation inkonsistente Daten zu verhindern, müssen die parallelen Teile eines Programms untereinander synchronisiert werden, was häufig jedoch kompliziert ist.

Aber wann lohnt es sich, für einen Programmteil einen parallelen Thread zu verwenden, um die Abarbeitung vom Rest des Programms zu entkoppeln? Auf keinen Fall ist es sinnvoll, ein Programm in viele kleine Threads zu zerlegen. Auch ein Programmteil in einen Thread auszulagern, der von vielen anderen Teilen abhängt, wodurch eine starke Synchronisation notwendig wird, ist sicherlich wenig sinnvoll. Handelt es sich hingegen um ein Programmelement, das völlig autark vom Rest des Programms agieren kann und relativ lange läuft (> 10 ms), so ist eine Auslagerung in einen Thread vermutlich sinnvoll.

Wann ein Thread eingesetzt wird, sollte auf jeden Fall wohl überlegt sein. Zuvor sollte man sich genau überlegen, welche Datenstrukturen des eventuell auszulagernden Programmteils mit anderen geteilt werden und wie viel Zeit der Programmteil insgesamt benötigt. Man sollte sich auch genau überlegt haben, welche Performance-Vorteile man sich von der Zerlegung verspricht, um dieses hinterher zu überprüfen. Außerdem sollte man sich fragen, ob man einen Thread auch mehrfach einsetzen kann, da auch die Konstruktion eines neuen Threads keine unerhebliche Zeit benötigt. Hier ist es eventuell sinnvoll, in einem zweiten Thread mehrere zu erledigende Aufgaben in einer Run Loop abzuarbeiten (siehe Abschnitt 15.4) oder eine Operation-Queue (siehe Abschnitt 15.1) einzusetzen.

Parallelisierung unter Mac OS X und Cocoa

Wir wollen aber erst einmal einen Überblick über die Möglichkeiten zur Parallelisierung geben, die mit Mac OS X und dem Cocoa-Framework bereitgestellt werden.

Die wichtigste Rolle in Sachen Parallelisierung übernehmen die Threads. Threads sind leichtgewichtiger als Prozesse und werden ebenfalls vom Betriebssystem verwaltet. Sie stellen das Basiskonzept dar, um ein Programm in mehrere Ausführungspfade zu zerlegen, ohne dass ein Pfad die Ausführung des Programms dominieren kann. Im Cocoa-Framework wird ein Thread durch die Klasse `NSThread` dargestellt. Auf die genaue Funktionsweise dieser Klasse gehen wir in Abschnitt 15.2 ein. Die Implementierung der Klasse `NSThread` basiert auf BSD-Threads direkt im Kernel, die über die POSIX-Threading-API zur Verfügung gestellt werden. In dieser API werden vom Betriebssystem die Funktionalitäten für das Erzeugen, Verwalten und Zerstören von Threads bereitgestellt. Als Programmierer kommen wir mit dieser API aber normalerweise gar nicht in Kontakt, da die Funktionalitäten, die im Cocoa-Framework abgebildet sind, für die meisten Programme ausreichen.

Häufig ist es sogar so, dass für die meisten Aufgaben schon die Verwendung eines `NSThread`-Objekts viel zu aufwendig wäre. So gibt es für sehr einfache Parallelisierungsaufgaben die Klasse `NSOperation`, mit der einzelne zu parallelisierende Teilprozesse beschrieben werden können. Die genaue Wahl der Parallelisierung, also wann der Prozess ausgeführt wird und wie viele Threads insgesamt für die Parallelisierung genutzt werden, kann man als Programmierer an die Klasse `NSOperationQueue` abgeben. Diese Klasse entscheidet zusammen mit dem

Betriebssystem anhand der zur Verfügung stehenden Leistung und momentanen Auslastung des Rechners die genaue Ausführungsform. Wir als Programmierer müssen uns bei Verwendung der Klasse `NSOperationQueue` um diese Fragen nicht kümmern. Die genaue Verwendung der `NSOperation` und `NSOperationQueue` wird im folgenden Abschnitt 15.1 erläutert.

Alternativen zu Threading

Jedoch basiert auch die Klasse `NSOperation` darauf, dass einzelne Threads erzeugt werden. Für sehr viele kleine Teilaufgaben lohnt es sich jedoch nicht, einen eigenen Thread zu starten. Hierfür besteht die Möglichkeit, unter Mac OS X innerhalb eines Threads eine Run Loop auszuführen. Diese Run Loop bietet dann einzelnen Input-Quellen die Möglichkeit, kurze Ereignisse auszuführen. Diese Ereignisse werden jedoch nicht wie Threads vom Betriebssystem bei längerer Ausführung unterbrochen, sondern sequenziell nacheinander ausgeführt. Für viele kleinere Aufgaben wirkt diese Form der Ausführung wie parallelisiert ohne den Overhead, den viele kurze Threads erzeugen würden. So wird zum Beispiel die Verarbeitung von Events wie Mausklicks, das Zeichnen der Fenster und Tastatureingaben über eine Run Loop verarbeitet. Wie Run Loops genau zu verstehen sind und wie sie verwendet werden, erklären wir in Abschnitt 15.4 und den darauffolgenden Abschnitten.

Mit Run Loops bietet das Cocoa-Framework dem Programmierer eine ganze Reihe von Hilfsmitteln, um die Ausführung eines Programmteils zu entkoppeln. So kann man anstelle der Ausführung eines Programmteils auch eine Idle-Time Notification erzeugen. Dazu sendet man einfach eine Notification an die Standard-Instanz der Klasse `NSNotificationQueue` mit der Option `NSPostWhenIdle` (siehe Abschnitt 14.3.2). Die Ausführung dieser Notification wird dann zu einem Zeitpunkt ausgelöst, wenn der Prozess selbst gerade nichts zu tun hat.

Alternativ besteht auch die Möglichkeit, `NSTimer`-Objekte auf Run Loops zu verwenden. Die Klasse `NSTimer` bietet dem Programmierer die Möglichkeit, die Ausführung eines Programmteils zu einer festgelegten Zeit geschehen zu lassen. Auch eine wiederholte Ausführung in einem festen Intervall ist möglich (siehe Abschnitt 15.5.1).

Auch viele asynchrone Funktionen wie zum Beispiel die Datenübertragung in der Klasse `NSConnection` nutzen für ihre Realisierung intern die Funktionalitäten einer Run Loop.

15.1 Operationen

Operationen sind einzelne endliche Aufgaben eines Programms, die konkurrierend zur Anwendung ausgeführt werden müssen, wie zum Beispiel eine Berechnung eines Druckauftrages oder eine komplexe Berechnung. Eine Operation wird durch die Klasse `NSOperation` dargestellt. Eingeführt wurde das Konzept der Operationen mit Mac OS X 10.5 und sie stehen dem Programmierer auch unter iOS zur Verfügung. Operationen stellen eine sehr viel einfachere Möglichkeit bereit, längere, aber endliche Aufgaben im Hintergrund auszuführen als Threads, die im nächsten Abschnitt 15.2 beschrieben werden.

Die erste Möglichkeit, um eine eigene auszuführende Operation zu erzeugen, ist es, eine Klasse zu implementieren, die von `NSOperation` erbt. In dieser Klasse muss man dann nur seine eigene Initialisierungsroutine implementieren und die Methode `main` überschreiben. Alles, was in der `main`-Methode steht, wird dann später parallel ausgeführt. Als Beispiel wollen wir eine Operation `MyOperation` schreiben, in der nach einer Primzahl gesucht wird:

```
@interface MyOperation : NSOperation {
    unsigned long current;
    unsigned long primeNumber;
}
- (id) init;
- (void) main;
@end
```

Listing 15.1: Klasseninterface für die Operation `MyOperation`

In der `init`-Methode erzeugen wir dazu einen ungeraden Startwert, ab dem wir die Suche nach einer Primzahl beginnen, und speichern ihn in der Variablen `current` ab:

```
- (id) init {
    self = [super init];
    if (self != nil) {
        srandomdev();
        current = random() | 1;
        NSLog(@"init: current = %lu", current);
        primeNumber = 0;
    }
    return self;
}
```

Listing 15.2: Implementierung der Initialisierungsmethode `init`

In der Methode `main` findet dann die eigentliche Suche nach der Primzahl statt:

```
- (void) main {
    NSLog(@"main: current = %lu", current);
    while(!isPrime(current)) {
        current += 2;
    }
```

```
    primeNumber = current;
    NSLog(@"main: primeNumber = %lu", primeNumber);
}
```

Listing 15.3: Implementierung der `main`-Methode von `MyOperation`

Dazu wird in einer Schleife mit der Funktion `isPrime` geprüft, ob die aktuelle Zahl `current` eine Primzahl ist. Solange die Zahl `current` keine Primzahl ist, wird sie um 2 erhöht.

In der `main`-Funktion der Anwendung können wir unsere Operation nun mit der Nachricht `start` ausführen:

```
int main (int argc, const char * argv[]) {
    @autoreleasepool {
        MyOperation *operation = [[MyOperation alloc] init];
         [operation start];
        NSLog(@"Operationen gestartet...");
        return 0;
    }
}
```

Listing 15.4: Berechnung von Primzahlen mit `MyOperation`

Eine mögliche Ausgabe, die dieses Programm erzeugt, sehen Sie in Abbildung 15.1.

Meldung
init: current = 840171181
main: current = 840171181
main: primeNumber = 840171253
Operation gestartet...

Abb. 15.1: Ausgabe von Listing 15.4

Die `start`-Methode führt also die Operation, das heißt deren `main`-Methode aus. Für den Fall, dass während der Ausführung der `main`-Methode eine Exception auftritt, wird dieser von der `start`-Methode gefangen, ohne dass der Fehler protokolliert wird. Aus diesem Grund ist es sinnvoll, in der `main`-Methode selbst die Exceptions zu fangen, um sie eventuell ausgeben oder darauf reagieren zu können.

Eine Operation kann nur einmal mit `start` ausgeführt werden. Sollte man eine bereits ausgeführte Nachricht nochmals mit `start` ausführen wollen, so führt dies zu einer `NSInvalidArgumentException`. Ob eine Operation gerade ausgeführt wird, können wir mit der Nachricht `isExecuting` erfragen. Die Methode gibt während der Ausführung YES zurück. Wenn die Ausführung einer Operation beendet ist, so erfahren wir dies über die Methode `isFinished`. Beide Methoden sind *Key-Value Observing compliant*. Die Änderung des Wertes bzw. des Zustands des Threads kann also überwacht werden (siehe hierzu Abschnitt 14.3.1).

Kommen wir aber noch einmal auf die Ausgabe des letzten Beispiels zurück. An der Ausgabe in Abbildung 15.1 sieht man, dass die Operation nicht wirklich im Hintergrund ausgeführt wird. Durch die Standardimplementierung in `NSOperation` wird durch den Aufruf von `start` sofort im aktuellen Thread die Methode `main` ausgeführt. Sie werden später sehen, dass man dieses Verhalten auch ändern kann.

15.1.1 Parallelisierung von Operationen

Der einfachste Weg, um eine Operation im Hintergrund auszuführen, ist allerdings, sie in eine Operation-Queue einzufügen. Hierzu dient die Klasse `NSOperationQueue`. In eine solche Operation-Queue kann dann mit der Methode `addOperation:` eine Operation zur Ausführung hinzugefügt werden. Für alle Operationsobjekte, die so durch `addOperation:` eingefügt wurden, wird von der Queue dann ein Thread erzeugt, in dem die Operation ausgeführt wird. Wie viele Threads maximal gleichzeitig gestartet werden, entscheidet das `NSOperationQueue`-Objekt anhand der zur Verfügung stehenden Ressourcen. Typischerweise entspricht die Anzahl der parallelen Threads genau der Anzahl der zur Verfügung stehenden Kerne des Rechners. Mit der Methode `setMaxConcurrentOperationCount:` können wir die maximale Anzahl aber auch gezielt einschränken. Auslesen können wir die maximal möglichen parallelen Prozesse mit der Methode `maxConcurrentOperationCount`. Schauen wir uns dazu folgendes Beispiel an:

```
int main (int argc, const char * argv[]) {
  @autoreleasepool {
    NSOperationQueue* queue = [[NSOperationQueue alloc] init];
    [queue setMaxConcurrentOperationCount:2];

    MyOperation* operations[5];
    for (int i = 0; i < 5; i++)
        operations[i] = [[MyOperation alloc] init];

    for (int i = 0; i < 5; i++)
        [queue addOperation:operations[i]];

    NSLog(@"Operationen gestartet...");
    [queue waitUntilAllOperationsAreFinished];
    return 0;
  }
}
```

Listing 15.5: Starten mehrerer Operationen mit `NSOperationQueue`

In dem Beispiel erzeugen wir ein `NSOperationQueue`-Objekt `queue` und schränken die Anzahl der parallelen Operationen auf 2 ein. Dann erzeugen wir fünf `MyOperation`-Objekte, die wir in die Queue mit `addOperation:` einfügen. Darauf folgt eine Ausgabe, dass die Operationen gestartet wurden. Um zum Schluss sicherzustellen, dass die Operationen auch ausgeführt werden, wird mit der Methode `waitUntilAllOperationsAreFinished` der aktuelle Thread so lange unterbrochen, bis alle Operationen der Queue abgearbeitet wurden. Andernfalls würden die Operationen mit dem Beenden der Anwendung ebenfalls beendet werden. Die Ausführung des Programms führt zu der Ausgabe in Abbildung 15.2.

Meldung
init: current = 544138707
init: current = 727182465
init: current = 1257797831
init: current = 749616717
init: current = 168629603
Operationen gestartet...
main: current = 544138707
main: current = 727182465
main: primeNumber = 544138733
main: current = 1257797831
main: primeNumber = 727182473
main: primeNumber = 1257797851
main: current = 749616717
main: current = 168629603
main: primeNumber = 749616719
main: primeNumber = 168629621

Abb. 15.2: Ausführung mehrerer Operationen in einer Queue

Man sieht, wie zuerst die `init`-Methoden der fünf Operationen ausgeführt werden. Als Nächstes folgt die Ausgabe, dass die Operationen gestartet sind. Die Operationsobjekte werden also wirklich im Hintergrund ausgeführt. Was man an der Ausgabe auch sehr schön sieht, ist, dass in dem Beispiel immer nur maximal zwei Operationen gleichzeitig gestartet werden. Die nächsten Operationen werden erst dann gestartet, wenn jeweils eine andere fertig geworden ist.

In größeren Anwendungen kann man also mit einer Operation-Queue alle auftretenden Operationen parallel zum eigentlichen Hauptprozess ablaufen lassen, ohne dass man sich um die Verwaltung der Threads kümmern muss. Aus diesem Grund ist es sinnvoll, in einer Anwendung zentral eine Operation-Queue anzulegen und diese immer, wenn Operationen auszuführen sind, zu verwenden. Um dies zu bewerkstelligen, könnte man zum Beispiel in einer zentralen Klasse der Anwendungen eine Klassenmethode `sharedOperationQueue` hinzufügen, über die man die Operation-Queue erhält. Die Methode könnte wie folgt implementiert werden:

```
static NSOperationQueue* sharedOperationQueue = nil;

+ (NSOperationQueue*) sharedOperationQueue {
    @synchronized(self) {
        if (sharedOperationQueue == nil) {
            sharedOperationQueue = [[NSOperationQueue alloc] init];
        }
    }
    return sharedOperationQueue;
}
```

Listing 15.6: Zugriff auf eine zentrale Queue mit `sharedOperationQueue`

Den Zugriff auf diese Operation-Queue erhält man durch eine einfache Anweisung wie `[MyApplicationDelegate sharedOperationQueue]`.

Abbrechen von Operationen

Da die Primzahlen im vorherigen Beispiel auf 32 Bit beschränkt sind, geschieht die Berechnung der Primzahlen noch sehr schnell. Würde man allerdings versuchen, Primzahlen größerer Bitbreite zu berechnen, so würde die Ausführung der Suche erheblich länger brauchen. Für solche länger andauernden Operationen (> 10 ms) ist es sinnvoll, zwischendurch über die Methode `isCancelled` zu prüfen, ob die Operation abgebrochen werden soll. In diesem Fall sollte die Ausführung sofort beendet werden. Eine Erweiterung unserer `main`-Methode, die diese Anforderung erfüllt, könnte zum Beispiel wie folgt aussehen:

```
- (void) main {
    NSLog(@"main: current = %lu", current);
    while(!isPrime(current)) {
        if ([self isCancelled]) {
            NSLog(@"main: Abbruch");
            return;
        }
        current += 2;
    }
    primeNumber = current;
    NSLog(@"main: primeNumber = %lu", primeNumber);
}
```

Listing 15.7: Abbrechen von Operationen durch Abfragen von `isCancelled`

Um auf diese Weise eine Operation abzubrechen, muss man ihr die Nachricht `cancel` senden. Alternativ kann man auch alle in einer Operation-Queue befindlichen Operationen, die noch nicht abgearbeitet sind, abbrechen, indem man der Queue selbst die Nachricht `cancelAllOperations` sendet. Es gibt aber auch die Möglichkeit, die Abarbeitung einer Queue nur zu pausieren. Hierzu dient die Eigenschaft `suspended`. Setzt man sie mit der Methode `setSuspended:` auf `YES`, so werden keine weiteren Operationen gestartet, bis die Eigenschaft `suspended` wieder auf `NO` gesetzt wird. Am Zustand der bereits gestarteten Operationen ändert sich hingegen nichts. Ob eine Queue pausiert ist, kann mit der Methode `isSuspended` abgefragt werden.

Wir wollen zeigen, was passiert, wenn wir in unserem Beispiel die Queue direkt nach dem Hinzufügen der Operationen pausieren:

```
//...
for (int i = 0; i < 5; i++)
    [queue addOperation:operations[i]];
[queue setSuspended:YES];
//...
```

Listing 15.8: Pausieren einer Operation-Queue

Wie in Abbildung 15.3 zu sehen, werden hierdurch nur die ersten beiden Operationen ausgeführt. Da das Programm allerdings auf die Ausführung aller Operationen wartet, endet es nie. Man könnte während des Programmablaufs das Pausieren der Queue wieder aufheben, wodurch die restlichen Operationen auch ausgeführt würden.

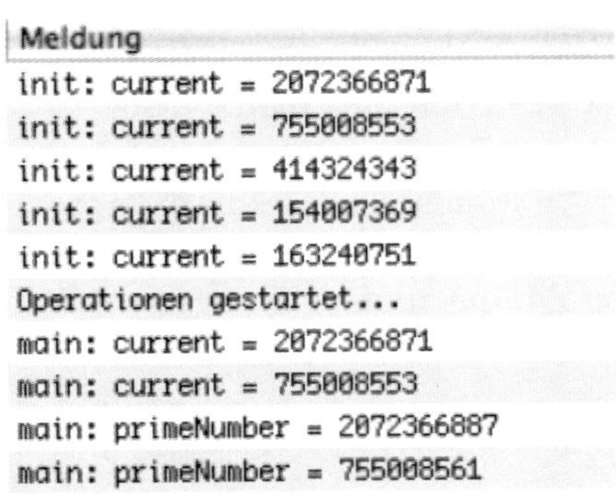

Abb. 15.3: Ausgabe von Listing 15.8

Würde man die Anzahl der maximal parallelen Operationen nicht mit `setMaxConcurrentOperationCount:` einschränken, so würde die Ausführung aller Operationen bereits geplant werden. Allerdings werden die geplanten Operationen erst dann ausgeführt, wenn die Queue beschließt, dass die benötigten Ressourcen zur Verfügung stehen. Erst Operationen, die nach dem Aufruf von `setSuspended:` hinzugefügt werden, würden also nicht mehr gestartet bzw. geplant werden. Das gleiche Bild würde sich zeigen, wenn man die Anzahl der maximalen Operationen mit `setMaxConcurrentOperationCount:` auf einen sehr hohen Wert wie zum Beispiel 1000 setzt. In diesem Fall würden auch alle Operationen bereits geplant und könnten deshalb nicht mehr pausiert werden. Allerdings beginnt auch deren Ausführung erst, sobald genügend Ressourcen zur Verfügung stehen. Aus diesem Grund laufen normalerweise auch nie mehr Operationen gleichzeitig, als Rechenkerne dem Computer zur Verfügung stehen.

Benutzerdefinierte Ausführung einer Operation

Wie wir bisher gezeigt haben, wird durch den Aufruf der `start`-Methode kein eigener Thread erzeugt. Die Threads werden für jede Operation erst in der Klasse `NSOperationQueue` erzeugt. Dieses Verhalten kann man allerdings auch ändern. Hierzu muss man die Methoden `start` und `isConcurrent` überschreiben. Innerhalb der `start`-Methode kann man einen eigenen Thread erzeugen und diesen passend konfigurieren. Der Thread selbst muss dann die `main`-Methode ausführen. Die Methode `isConcurrent` muss so überschrieben werden, dass sie `YES` zurückgibt. Hierdurch weiß ein `NSOperationQueue`-Objekt, dass eine solche Operation sich selbst um die Parallelisierung kümmert und deshalb kein Thread für die Operation erzeugt werden muss.

15.1.2 Priorisierung von Operationen

Wir wollen uns nun noch ein bisschen damit beschäftigen, in welcher Reihenfolge die einzelnen Operationen ausgeführt werden. Wie man an den vorherigen Beispielen erkennen kann, werden die Operationen in genau der Reihenfolge ausgeführt, in der sie auch eingefügt wurden. Es gibt aber auch Möglichkeiten, die Reihenfolge etwas genauer zu spezifizieren. Die erste Möglichkeit ist es, für eine Operation eine Priorität anzugeben. Die aktuelle Priorität einer Operation kann man mit der Nachricht `queuePriority` auslesen und mit `setQueuePriority:` setzen. Die Priorität selbst ist vom Typ `NSOperationQueuePriority`, was nichts anderes als `NSInteger` ist, wobei größere Werte auch eine höhere Priorität bedeuten. Erlaubt sind als Prioritäten allerdings nur die Werte der folgenden Enumeration:

```
enum {
    NSOperationQueuePriorityVeryLow = -8,
    NSOperationQueuePriorityLow = -4,
    NSOperationQueuePriorityNormal = 0,
    NSOperationQueuePriorityHigh = 4,
    NSOperationQueuePriorityVeryHigh = 8
};
```

Listing 15.9: Verschiedene Prioritäten von Operationen

Wird ein Wert für die Priorität angegeben, der von diesen Werten abweicht, so wird ein entsprechender Wert der Enumeration gewählt. Bei negativen Prioritäten wird auf- und bei positiven abgerundet. Jede neue Operation hat zu Beginn die Priorität `NSOperationQueuePriorityNormal`. Für die nächste Ausführung wird dann immer die Operation mit höchster Priorität gewählt, die als Erstes der Queue hinzugefügt wurde. Betrachten wir hierzu folgendes geänderte Programm:

```
NSOperationQueue* queue = [[NSOperationQueue alloc] init];
[queue setMaxConcurrentOperationCount:2];
[queue setSuspended:YES];

for (int i = 0; i < 5; i++) {
    MyOperation* operation = [[MyOperation alloc] init];
    [operation setQueuePriority:i * 4 - 8];
    [queue addOperation: operation];
}
[queue setSuspended:NO];

NSLog(@"Operationen gestartet ...");
[queue waitUntilAllOperationsAreFinished];
```

Listing 15.10: Ausführung von Operationen mit unterschiedlichen Prioritäten

Dieses Beispiel führt zu der Ausgabe in Abbildung 15.4. An dieser Ausgabe sehen Sie, dass durch die Vergabe der Prioritäten die Operationen genau in der umgekehrten Reihenfolge ausgeführt werden.

Meldung
init: current = 505818961
init: current = 2085161171
init: current = 1029199535
init: current = 24585859
init: current = 958789909
Operationen gestartet ...
main: current = 958789909
main: current = 24585859
main: primeNumber = 958789921
main: primeNumber = 24585877
main: current = 1029199535
main: current = 2085161171
main: primeNumber = 1029199537
main: primeNumber = 1029199537
main: primeNumber = 2085161173
main: current = 505818961
main: primeNumber = 505818991

Abb. 15.4: Ausgabe von Listing 15.10

15.1.3 Abhängigkeiten zwischen Operationen

Mit Operationen kann man als Programmierer die erzeugten Operationen, also die Reihenfolge der Ausführung, beeinflussen. Allerdings sollte man die Prioritäten nicht dazu benutzen, um zwischen mehreren Operationen Abhängigkeiten abzubilden. Hierfür bieten die Operationen einen eigenen Mechanismus. So können für jede Operation mit der Methode `addDependency:` Operationen vermerkt werden, die vor der Ausführung auf jeden Fall abgearbeitet sein müssen. Über die Methode `removeDependency:` kann eine solche Abhängigkeit auch wieder entfernt werden. Eine Liste aller Abhängigkeiten zu einer Operation erhalten wir über die Nachricht `dependencies`. Mit Abhängigkeiten können wir die Reihenfolge unserer Operationen durch folgendes Beispiel umkehren:

```
NSOperationQueue* queue = [[NSOperationQueue alloc] init];
[queue setMaxConcurrentOperationCount:2];
[queue setSuspended:YES];

MyOperation* last;
for (int i = 0; i < 5; i++) {
    MyOperation* operation = [[MyOperation alloc] init];
    if (i > 0) [last addDependency: operation];
    [queue addOperation: operation];
    last = operation;
}
[queue setSuspended:NO];
//...
```

Listing 15.11: Festlegen von Abhängigkeiten mit `addDependency:`

Es muss allerdings darauf geachtet werden, dass alle notwendigen Abhängigkeiten gesetzt sind, bevor eine Operation einer Queue hinzugefügt wurde. Andernfalls kann die Erfüllung dieser Abhängigkeit nicht gewährleistet werden. Außerdem ist es wichtig, dass alle Operationen, von denen eine andere Operation abhängig ist, ebenfalls Element einer Operation-Queue ist. Würde man zum Beispiel im vorherigen Beispiel die letzte Operation, von der alle anderen abhängig sind, nicht in die Queue einfügen, so würde keine der Operationen gestartet werden können. Um weitere Abhängigkeiten abzubilden, kann man auch die Methode `isReady` überschreiben. In dieser Methode ist in `NSOperation` das Verhalten basierend auf der Liste der Abhängigkeiten `dependencies` implementiert. Eine Operation wird nur dann zur Ausführung freigegeben, wenn die Methode `isReady` den Wert `YES` liefert. Allerdings sollte darauf geachtet werden, dass die Methode `isReady` für eine korrekte Funktionsweise *Key-Value Observing compliant* sein muss (siehe hierzu Abschnitt 14.3.1).

Wichtig ist auch, dass eine Operation-Queue nicht beachten kann, wenn eine abhängige Operation fehlschlägt. In solchen Situationen ist es Aufgabe des Programmierers, darauf zu reagieren und eventuell alle Operationen, die von der fehlgeschlagenen abhängig sind, auf seiner Queue zu entfernen, da sie sonst nie ausgeführt werden würden.

15.1.4 Die Klasse NSInvocationOperation

Alternativ zu der Verwendung der Klasse `NSOperation` kann auch die bereits fertige Unterklasse `NSInvocationOperation` zur Definition von Operationen genutzt werden. Eine solche Operation kann mit der Methode `initWithTarget:selector:object:` initialisiert werden. Schauen wir uns dazu folgendes Beispiel an:

```
NSMutableString* str = [[NSMutableString alloc] init];
NSOperationQueue*  queue = [[NSOperationQueue alloc] init];

[queue setSuspended:YES];
NSInvocationOperation *invocation1 = [[NSInvocationOperation alloc]
                                      initWithTarget:str
                                      selector:@selector(appendString:)
                                      object:@"Hallo, "];
NSInvocationOperation *invocation2 = [[NSInvocationOperation alloc]
                                      initWithTarget:str
                                      selector:@selector(appendString:)
                                      object:@"World!"];

[invocation2 addDependency:invocation1];
[queue addOperation:invocation1];
[queue addOperation:invocation2];

NSLog(@"string = %@", str);
[queue setSuspended:NO];
[queue waitUntilAllOperationsAreFinished];
NSLog(@"string = %@", str);
```

Listing 15.12: Operationen mit der Klasse `NSInvocationOperation`

Dieses Beispiel führt zu der Ausgabe in Abbildung 15.5. Sie sehen, dass die Aufrufe der Nachricht `appendString:` an das Objekt `str` innerhalb der Queue als Operationen ausgeführt werden.

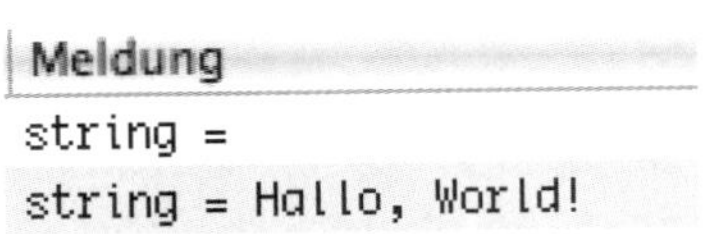

Abb. 15.5: Ausgabe von Listing 15.12

Alternativ kann man eine Instanz der Klasse `NSInvocationOperation` auch mit der Methode `initWithInvocation:` initialisieren. Als einziges Argument wird von dieser Methode ein `NSInvocation`-Objekt erwartet, das ausgeführt werden soll. Wie die Klasse `NSInvocation` verwendet wird, sehen Sie später in diesem Kapitel in Abschnitt 15.5.1 genauer.

15.1.5 Die Klasse NSBlockOperation

Die Klasse `NSBlockOperation` ist ähnlich wie die Klasse `NSInvocationOperation` eine konkrete Implementierung der Klasse `NSOperation`. Sie dient dazu, die Ausführung eines Blocks als eine Operation zu kapseln. Erzeugt werden kann eine Operation mit der Nachricht `blockOperationWithBlock:`. Hierzu folgendes Beispiel:

```
NSArray* files = @[@"~/file1.txt", @"~/file2.txt", @"~/file3.txt"];

__block NSInteger characterCount = 0;
NSCharacterSet* findCharacters =
    [NSCharacterSet characterSetWithCharactersInString:@"$!"];

NSOperationQueue* queue = [[NSOperationQueue alloc] init];
for (NSString* file in files) {
    [queue addOperation:[NSBlockOperation blockOperationWithBlock:^{

        NSString* content = [NSString stringWithContentsOfFile:
                             [file stringByStandardizingPath]
                             encoding:NSUTF8StringEncoding error:nil];

        for (NSInteger i = 0, n = [content length]; i < n; i++) {
            if ([findCharacters characterIsMember:
                    [content characterAtIndex:i]]) characterCount++;
        }
    }]];
}
[queue waitUntilAllOperationsAreFinished];
```

Listing 15.13: Paralleles Einlesen von Dateien mit Blöcken

In diesem Beispiel wird für jeden Dateinamen in einer Liste `files` eine Operation zu einer `NSOperationQueue` hinzugefügt. Die Operation selbst wird über einen Block definiert. In diesem Block wird der Inhalt der Datei eingelesen und für jedes Zeichen ein Zähler um 1 erhöht. Der Block muss dazu nicht zuvor vom Stack kopiert werden, da dies von der Klasse `NSBlockOperation` übernommen wird. Eine Instanz der Klasse `NSBlockOperation` kann jedoch nicht nur einen Block enthalten, sondern eine beliebige Anzahl. Eingefügt werden weitere Blöcke über die Nachricht `addExecutionBlock:`. Die Liste aller Blöcke erhält man über die Nachricht `executionBlocks`.

Für den Fall, dass es nur bei einem Block bleibt und der Operation wie in dem vorherigen Beispiel eine `NSOperationQueue` hinzugefügt wird, kann auch direkt die Methode `addOperationWithBlock:` verwendet werden.

15.2 Threads

Um ein Programm in mehrere parallele Pfade zu zerlegen, müssen einzelne Teile einer Anwendung in Threads ausgelagert werden. Im Cocoa-Framework werden Threads über die Klasse `NSThread` repräsentiert. Auch die Klasse `NSOperationQueue`, die wir im vorherigen Abschnitt vorgestellt haben, bedient sich der Klasse `NSThread`, um die einzelnen Operationen parallel auszuführen. Jedes Programm besitzt automatisch einen Thread. Dieser Thread startet die `main`-Funktion der Anwendung. Die `NSThread`-Instanz, die diesen Thread repräsentiert, erhalten wir mit der Klassenmethode `mainThread`, das heißt `[NSThread mainThread]`. An das Thread-Objekt des aktuellen (aktiven) Threads kommt man über die Methode `currentThread`, also `[NSThread currentThread]`.

Aber wie verwendet man die Klasse `NSThread`, um einen neuen Thread zu erzeugen? Hierfür gibt es zwei Möglichkeiten:

- Zum einen kann mit der Methode `detachNewThreadSelector:toTarget:withObject:` ein neuer Thread erzeugt werden, der den angegebenen Selektor an das Objekt `toTarget` mit dem Argument `withObject` sendet. Der Selektor muss genau ein Argument besitzen. Dies ist die Technik, die man in den meisten Anwendungen findet.
- Seit Mac OS X 10.5 gibt es zusätzlich die Möglichkeit, eine eigene Thread-Klasse zu schreiben, die von `NSThread` erbt. In dieser Klasse kann die `main`-Methode überschrieben werden. Der Thread kann dann mit der Methode `start` gestartet werden.

Um uns beide Varianten einmal anzuschauen, implementieren wir zuerst eine Klasse `MainWorker`:

```
@interface MainWorker : NSObject {}
- (void) mainThread;
@end
```

Listing 15.14: Klasseninterface der Klasse `MainWorker`

In der `main`-Funktion unserer Anwendung erstellen wir uns von dieser Klasse eine Instanz und rufen darauf die Methode `mainThread` auf:

```
int main (int argc, const char * argv[]) {
  @autoreleasepool {
    MainWorker* worker = [[MainWorker alloc] init];
    [worker mainThread];
    return 0;
  }
}
```

Listing 15.15: Implementierung der `main`-Funktion der Anwendung

Der eigentliche Programmablauf des Hauptthreads, der die `main`-Funktion ausgeführt hat, findet nun in der Methode `mainThread` der Klasse `MainWorker` statt.

Die Methode `mainThread` ist wie folgt implementiert:

```
- (void) mainThread {
    [NSThread
        detachNewThreadSelector:@selector(secondThread:)
        toTarget:self
        withObject:@"2. Thread"];

    for(;;) {
        NSLog(@"Hauptthread");
        [NSThread sleepForTimeInterval:0.5];
    }
}
```

Listing 15.16: Implementierung der Methode `mainThread`

Zuerst wird ein zweiter Thread nach der ersten Variante erzeugt. Dieser Thread führt die Methode `secondThread:` auf dem Objekt `self`, also der aktuellen Instanz von `MainWorker`, aus. Als Argument wird der Methode `secondThread:` der String `"2. Thread"` mitgegeben. Nachdem der zweite Thread erzeugt wurde, geht der Hauptthread in eine Endlosschleife, in der er jedes Mal die Zeichenkette `"Hauptthread"` ausgibt und darauf für eine halbe Sekunde einschläft. Das Einschlafen geschieht durch die Klassenmethode `sleepForTimeInterval:` der Klasse `NSThread`. Die Zeit, die der aktuelle Thread schlafen soll, übergibt man der Funktion als `double`-Wert in Sekunden. Alternativ kann man einen Thread mit der Funktion `sleepUntilDate:` auch bis zu einem festen Zeitpunkt einschlafen lassen. Hierzu übergibt man den Zeitpunkt, an dem der Thread wieder aufwachen soll, als `NSDate`-Objekt.

Um das Programm ausführen zu können, fehlt nur noch die Implementierung der Methode `secondThread:`. Auch diese Methode soll eine Endlosschleife ausführen und damit ebenfalls jede halbe Sekunde das als Argument erhaltene Objekt ausgeben:

```
- (void) secondThread: (id) data {
  @autoreleasepool {
    for (;;) {
        NSLog(@"%@", data);
        [NSThread sleepForTimeInterval:0.5];
    }
  }
}
```

Listing 15.17: Implementierung einer Methode secondThread

An der Ausgabe in Abbildung 15.6 sieht man sehr schön, dass die beiden Endlosschleifen auch wirklich parallel ausgeführt werden und jeder der beiden Threads ungefähr jede halbe Sekunde eine Ausgabe macht.

Zeit	Sender[PID]	Meldung
16.04.09 10:41:05	ThreadingTest[689]	Hauptthread
16.04.09 10:41:05	ThreadingTest[689]	2. Thread
16.04.09 10:41:06	ThreadingTest[689]	Hauptthread
16.04.09 10:41:06	ThreadingTest[689]	2. Thread
16.04.09 10:41:06	ThreadingTest[689]	Hauptthread
16.04.09 10:41:06	ThreadingTest[689]	2. Thread
16.04.09 10:41:06	ThreadingTest[689]	2. Thread
16.04.09 10:41:07	ThreadingTest[689]	Hauptthread

Abb. 15.6: Ausführung von zwei Threads auf Basis von Listing 15.15

Auf die gleiche Weise könnte man noch weitere Threads erzeugen. Zum Beispiel könnten wir anstelle unseres zweiten Threads direkt drei neue Threads erzeugen, die dann wie in Abbildung 15.7 zu sehen auch alle parallel ausgeführt werden:

```
for (int i = 2; i < 5; i++) {
    [NSThread
        detachNewThreadSelector: @selector(secondThread:)
        toTarget:self
        withObject:[NSString stringWithFormat:@"%d. Thread", i]];
}
```

Listing 15.18: Ausführen von vier Threads

Zeit	Sender[PID]	Meldung
16.04.09 10:49:57	ThreadingTest[794]	4. Thread
16.04.09 10:49:57	ThreadingTest[794]	3. Thread
16.04.09 10:49:57	ThreadingTest[794]	2. Thread
16.04.09 10:49:57	ThreadingTest[794]	Hauptthread
16.04.09 10:49:57	ThreadingTest[794]	4. Thread
16.04.09 10:49:57	ThreadingTest[794]	3. Thread
16.04.09 10:49:57	ThreadingTest[794]	Hauptthread

Abb. 15.7: Ausgabe von Listing 15.18

Alternativ zu der Methode `detachNewThreadSelector:toTarget:withObject::` existiert die Methode `performSelectorInBackground:withObject:` in der Klasse `NSObject`. Mit dieser Methode kann ein Thread äquivalent zu den vorherigen Beispielen wie folgt erzeugt werden:

```
[self performSelectorInBackground:@selector(secondThread:)
    withObject: @"2. Thread"];
```

Im Prinzip basiert die Erstellung von Threads mit `detachNewThreadSelector:toTarget:withObject:` oder `performSelectorInBackground:withObject:` auf der oben beschriebenen zweiten Variante von Threads. Hierbei wird ein `NSThread`-Objekt mit der Initialisierungsmethode `initWithTarget:selector:object:` erzeugt und dann mit `start` gestartet. Die eigentlich zu überschreibende Methode `main` ist in der Klasse `NSThread` bereits implementiert, so dass der mit der Initialisierung spezifizierte Methodenaufruf in `main` ausgeführt wird. Der Thread im vorherigen Beispiel lässt sich auf diese Weise wie folgt erzeugen:

```
NSThread* thread = [[NSThread alloc]
    initWithTarget:self
    selector:@selector(secondThread:)
    object:@"2. Thread"];
[thread start];
```

Listing 15.19: Erstellen eines Threads mit `initWithTarget:selector:object:`

Wir wollen nun allerdings trotzdem noch zeigen, wie wir einen zweiten Thread durch Überschreiben der `main`-Methode implementieren können. Hierzu benötigen wir eine neue Klasse `SecondThread`, die von `NSThread` erbt. In dieser Klasse überschreiben wir dann die `main`-Methode. Da der `main`-Methode kein Argument mitgegeben werden kann, benötigt die Klasse noch eine Instanzenvariable `name` und eine entsprechende Initialisierungsroutine:

```
@interface SecondThread : NSThread {
    NSString* name;
}
- initWithName: (NSString*) name;
- (void) main;
@end
```

Listing 15.20: Klasseninterface der Klasse `SecondThread` als Unterklasse von `NSThread`

Die Methoden `initWithName:` und `main` sind wie folgt implementiert:

```
- initWithName: (NSString*) aName {
    self = [super init];
    if (self != nil) {
        name = aName;
    }
    return self;
}
```

Listing 15.21: Implementierung der Methode `initWithName:`

```
- (void) main {
  @autoreleasepool {
    for (;;) {
        NSLog(@"%@", name);
        [NSThread sleepForTimeInterval:0.5];
    }
  }
}
```

Listing 15.22: Implementierung der Methode `main` der Klasse `SecondThread`

In der Klasse `MainWorker` können wir unsere neue Thread-Klasse wie folgt verwenden, um ebenfalls drei Threads zu erzeugen:

```
for (int i = 2; i < 5; i++) {
    SecondThread* thread = [[SecondThread alloc]
        initWithName:[NSString stringWithFormat:@"%d. Thread", i]];
    [thread start];
}
```

Listing 15.23: Erzeugung von drei Threads mit der Klasse `SecondThread`

Das Programm arbeitet somit wieder äquivalent zu dem Beispiel mit den Threads, die auf die erste Variante erzeugt wurden.

Um dem neuen Thread jedoch einen Namen zu geben, bräuchten wir die Instanzenvariable `name` gar nicht, da bereits die Klasse `NSThread` eine Eigenschaft `name` bereitstellt. Diese können wir mit der Methode `setName:` ändern und mit `name` auslesen. Die `initWithName:`- und `main`-Methoden können dann wie folgt umgeschrieben werden:

```
- initWithName: (NSString*) aName {
    if (self = [super init]) {
        [self setName: aName];
    }
    return self;
}
- (void) main {
  @autoreleasepool {
    for (;;) {
        NSLog(@"%@", [self name]);
        [NSThread sleepForTimeInterval:0.5];
    }
  }
}
```

Listing 15.24: Verwendung der Eigenschaft name der Klasse NSThread

Threading-Kosten

Sie sehen also, dass auch die direkte Erzeugung von Threads nicht sehr schwer ist. Jedoch sollte man nicht einfach in jeder möglichen Situation einen Thread einsetzen. Vor allem sollte man immer abwägen, ob es nicht sinnvoller ist, ein `NSOperation`-Objekt zu erzeugen, da es sich um eine zeitlich begrenze Aufgabe handelt, die sinnvollerweise konkurrierend zu anderen solchen Aufgaben in einer Operation-Queue ausgeführt wird. Will man allerdings eine Aufgabe, die sich über die ganze Laufzeit des Programms erstreckt, parallel ausführen, sind Threads sicherlich gut geeignet. Allerdings sollte man immer im Hinterkopf behalten, dass die Verwendung von Threads ein Programm auch langsamer machen kann, da auch die Verwaltung der Threads selbst Rechenleistung und Speicher verbraucht. Apple gibt folgende Kosten für das Threading auf einem iMac mit einem Intel Core2Duo 2GHz und 1 GB Hauptspeicher an:

- Die Erstellungszeit eines neuen Threads, also die Zeit zwischen dem Aufruf, dass ein Thread erstellt werden soll, und dem Zeitpunkt, zu dem die erste Aktion im Thread durchgeführt wird, liegt im Mittel bei 90 μs.
- Ein neu erzeugter Thread braucht für die Ausführung von Funktionsaufrufen seinen eigenen Laufzeitstack. Wie Sie später sehen werden, können wir dessen Größe anpassen. Allerdings ist die minimale Größe 16 KB. Standardmäßig besitzt der Hauptthread einen Laufzeitstack von 8 MB und jeder weitere Thread einen Stack mit 512 KB.

- Die Datenstrukturen zum Verwalten des Stacks im Kernel benötigen zusätzlich ca. 1 KB Speicher.
- Jedes Mal, wenn der Kernel entscheiden muss, ob die Ausführung der aktiven Threads auf die einzelnen Prozessorkerne neu verteilt werden muss, und diese auch eventuell umverteilt, vergehen dabei im Mittel 0,05 µs.
- Auch die Synchronisation von Threads kostet Zeit. So kostet allein die Prüfung, ob ein Thread auf einen anderen warten muss, ca. 0,2 µs, selbst wenn er danach sofort weiterarbeiten könnte. Muss ein Thread allerdings aufgrund der Synchronisation auf einen anderen warten, ist diese Zeit natürlich um ein Vielfaches höher.

Betrachtet man diese Zahlen jede für sich, erscheinen die Zeit- und Speicherverluste wenig problematisch. Wenn allerdings eine große Anzahl an Threads erzeugt wird oder eventuell die Hardware nicht so leistungsfähig ist, wie dies zum Beispiel bei iOS der Fall ist, können diese Werte schon einen erheblichen Einfluss auf die Laufzeit und den Speicherbedarf der eigenen Anwendung haben. Aus diesem Grund sollte man sich bereits vor der Verwendung eines Threads darüber im Klaren sein, welche Vorteile man sich verspricht, um später zu überprüfen, ob diese Vorteile erreicht wurden oder der Overhead durch die Threading-Verwaltung diese vielleicht zunichtegemacht hat. Auch alternative Realisierungen zu der Verwendung von Threads sollten angedacht werden.

Memory Management in Threads

Bisher haben wir bei Beispielen immer einen `@autoreleasepool` in die Hauptmethode des jeweiligen Threads eingetragen. In diesem Abschnitt wollen wir kurz der Frage nachgehen, wieso das notwendig ist und warum wir nicht den `@autoreleasepool` aus der `main`-Methode des gesamten Programmes benutzen können.

Bei der Verwendung von Reference Counting als Memory Management für Threads ändert in Hinsicht auf die Erhöhung und Reduzierung des Reference Counts bei Verwendung mehrerer Threads nichts. Allerdings muss im Zusammenhang mit Autorelease Pools beachtet werden, dass ein solcher Pool nur lokal für einen Thread gilt und durch den Aufruf von `autorelease` das entsprechende Objekt nur in den Autorelease Pool des aktuellen Threads hinzugefügt wird. Andernfalls würden Objekte, die in einem Thread in einen Autorelease Pool hinzugefügt werden, von einem anderen Thread zu einem ungewissen Zeitpunkt freigegeben, was zu unerwarteten Effekten führen würde. Aus diesem Grund muss für jeden Thread, der erzeugt wird, ein eigener Autorelease Pool erstellt werden. Dies geschieht zum Beispiel für den Hauptthread in der `main`-Funktion des Programms. Für alle weiteren Threads muss dann ebenfalls an passender Stelle ein eigener Autorelease Pool erstellt werden. Der Aufbau einer Threading-Methode sieht damit immer in etwa so aus:

```
- (void) threadMain: (id) data {
  @autoreleasepool {
    // Eigentliche Ausführung des Threads
  }
}
```

Listing 15.25: Erstellung eines Autorelease Pools je Thread

Beenden von Threads

Nachdem wir nun auf verschiedenste Weise Threads erzeugt haben, wollen wir uns der Beendung von Threads zuwenden. Am einfachsten ist es, Threads dadurch zu beenden, dass der Hauptthread der Anwendung endet. Da alle Threads standardmäßig als **detached** erzeugt werden, endet ihre Lebenszeit mit der Lebenszeit des Hauptthreads. Es besteht auch die Möglichkeit, Threads zu erzeugen, die nicht automatisch mit dem Beenden des Hauptthreads enden. In diesem Fall würde das Programm so lange laufen, bis auch diese Threads beendet sind. Auf diese Art von Threads wollen wir hier allerdings nicht weiter eingehen.

Um das Beenden der erzeugten Threads zusammen mit dem Hauptthread zu simulieren, ändern wir unsere Methode `mainThread` aus den vorherigen Beispielen wie folgt:

```
- (void) mainThread {
    SecondThread* thread = [[SecondThread alloc] initWithName:@"2. Thread"];
    [thread start];
    [NSThread sleepForTimeInterval:2];
}
```

Listing 15.26: Beenden der Threads zusammen mit dem Hauptthread

Hierdurch wird genau ein zusätzlicher Thread erzeugt. Dieser gibt alle halbe Sekunde den String `"2. Thread"` aus. Der Hauptthread legt sich nach der Erzeugung für zwei Sekunden schlafen und endet direkt nach diesen zwei Sekunden. Hierdurch werden, wie man in Abbildung 15.8 sieht, auch der zweite Thread und damit die gesamte Anwendung nach zwei Sekunden beendet.

```
[Session started at 2009-04-16 13:40:45 +0200.]
2009-04-16 13:40:45.700 ThreadingTest[1799:1203] 2. Thread
2009-04-16 13:40:46.340 ThreadingTest[1799:1203] 2. Thread
2009-04-16 13:40:46.844 ThreadingTest[1799:1203] 2. Thread
2009-04-16 13:40:47.346 ThreadingTest[1799:1203] 2. Thread

The Debugger has exited with status 0.
```

Abb. 15.8: Ausgabe von Listing 15.26

Über einen solchen Abbruch wird ein Thread allerdings nicht informiert, wodurch er seine verwendeten Ressourcen nicht sauber schließen und eventuelle Aufräumarbeiten nicht mehr durchführen kann. Aus diesem Grund wäre es das Beste, wenn ein Thread seine Ausführung immer rechtzeitig selbstständig durch die Beendigung seiner Threading-Methode beenden würde. Falls ein Thread beendet wurde, erfahren wir dies über die Methode `isFinished`. Diese gibt YES zurück, sobald die Abarbeitung des Threads beendet ist. Um nun jedoch die Abarbeitung eines zum Beispiel unendlich andauernden Threads abzubrechen, kann ähnlich zu der Klasse `NSOperation` die Methode `cancel` der Klasse `NSThread` verwendet werden. Wenn diese von einem beliebigen Thread aus ausgeführt wurde, gibt die Methode `isCancelled` des Threads daraufhin YES zurück. Diese Methode muss der Thread nun selbst in regelmäßigen Abständen abfragen, um eventuell seine Ausführung kontrolliert zu beenden.

Dazu passen wir unsere Methode `main` der Klasse `SecondThread` wie folgt an:

```
- (void) main {
  @autoreleasepool {
    while (![self isCancelled]) {
        NSLog(@"%@", self.name);
        [NSThread sleepForTimeInterval:0.5];
    }
    NSLog(@"Threadabbruch");
  }
}
```

Listing 15.27: Abbruch eines Threads durch Abfrage von `isCancelled`

Um nun nach den zwei Sekunden Pause im Hauptthread den Thread abzubrechen, senden wir ihm die Nachricht `cancel`. Hierdurch wird der Thread jedoch nicht sofort abgebrochen, sondern nur der Befehl zum Abbruch gegeben. Aus diesem Grund lassen wir den Hauptthread so lange warten, bis die `isFinished`-Methode des zweiten Threads YES zurückgibt:

```
- (void) mainThread {
    SecondThread* thread = [[SecondThread alloc] initWithName:@"2.Thread"];
    [thread start];

    [NSThread sleepForTimeInterval:2];

    [thread cancel];
    while (![thread isFinished]) {
        [NSThread sleepForTimeInterval:0.01];
    }
}
```

Listing 15.28: Abbruch des zweiten Threads durch `cancel`

An der Ausgabe in Abbildung 15.9 sehen Sie, dass der zweite Thread nun tatsächlich bereits vor der Beendigung des Programms abgebrochen wird.

```
[Session started at 2009-04-16 13:49:25 +0200.]
2009-04-16 13:49:25.574 ThreadingTest[1973:1203] 2.Thread
2009-04-16 13:49:26.104 ThreadingTest[1973:1203] 2.Thread
2009-04-16 13:49:26.604 ThreadingTest[1973:1203] 2.Thread
2009-04-16 13:49:27.106 ThreadingTest[1973:1203] 2.Thread
2009-04-16 13:49:27.607 ThreadingTest[1973:1203] Threadabbruch

The Debugger has exited with status 0.
```

Abb. 15.9: Ausgabe von Listing 15.28

Konfigurieren von Threads

Wie wir bisher gezeigt haben, können wir als Programmierer eine Vielzahl an Threads gleichzeitig erzeugen. Die Prozessorzeit, die unserem Prozess vom Betriebssystem zugeteilt wird, muss dann irgendwie unter diesen Threads aufgeteilt werden. Im Normalfall werden alle Threads gleich behandelt und erhalten vom Betriebssystem den gleichen Anteil. Es ist jedoch möglich, die Verteilung durch die Vergabe von Prioritäten zu beeinflussen. So werden Threads mit höheren Prioritäten vom Kernel gegenüber Threads mit niedrigerer Priorität bevorzugt. Es können allerdings keine Garantien für die Ausführungszeit abhängig von der Thread-Priorität angegeben werden.

Um die Thread-Priorität des aktuellen Threads festzulegen, besitzt die Klasse `NSThread` die Klassenmethode `setThreadPriority:`. Ausgelesen werden kann die aktuelle Priorität durch die Klassenmethode `threadPriority`. Thread-Prioritäten sind vom Typ `double` und bewegen sich zwischen 0.0 und 1.0, wobei 1.0 die höchste Priorität kennzeichnet. Ein typischer Wert für einen neuen Thread liegt bei 0.5.

Um also den aktuellen Thread auf die höchstmögliche Priorität zu setzen, da es sich zum Beispiel um eine sehr wichtige Berechnung handelt, genügt der folgende Aufruf:

```
[NSThread setThreadPriority: 1.0];
```

Ähnlich zu der Thread-Priorität kann man auch die Menge an Speicher beeinflussen, die ein Thread zugeteilt bekommt. So gibt es die Möglichkeit, für einen Thread festzulegen, wie groß der Laufzeitstack sein soll. Hierzu dient die Methode `setStackSize:` der Klasse `NSThread`. Dieser Methode kann ein Integer-Wert übergeben werden, der die Größe des Laufzeitstacks in Byte spezifiziert. Es sind allerdings nicht alle Werte erlaubt. So muss der Wert auf jeden Fall größer gleich 16 KB und ein Vielfaches von 4 KB sein, andernfalls wird der Aufruf von `setStackSize:` ignoriert. Damit die Funktion wirklich eine Auswirkung auf die Stackgröße hat, muss sie ausgeführt werden, bevor der Thread mit `start` gestartet wurde. Ausgelesen werden kann die aktuelle Größe des Stacks mit der Methode `stackSize`. Da wir wissen, dass wir in unseren Thread `SecondThread` keine rekursiven Aufrufe durchführen, kann unser Stack ruhig die minimale Größe annehmen. Standardmäßig würde unser neu erzeugter Thread eine Stackgröße von 512 KB zugewiesen bekommen. Um dies zu ändern, müssen wir nur die folgende Zeile in die Initialisierungsmethode des Threads einfügen:

```
[self setStackSize: 16 * 1024];
```

Bevor man mit dieser Methode die Stackgröße ändert, sollte man sich allerdings sicher sein, dass der Wert nicht eventuell zu klein ist. In diesem Fall würde das Programm mit einem Stacküberlauf abstürzen.

15.3 Synchronisation von Threads

Bisher haben alle gezeigten Threads unabhängig voneinander gearbeitet. Häufig ist es aber so, dass mehrere Threads auf die gleichen Datenstrukturen zugreifen müssen, um darauf basierend ihre Berechnungen oder Operationen durchzuführen. Wenn in solchen Situationen nicht aufgepasst wird, kann es schnell zu inkonsistenten oder einfach falschen Zuständen kommen.

Um in solchen Situationen einem Thread den Zugriff auf einen Teil der Anwendung zu verbieten, weil vielleicht gerade ein anderer Thread an diesem Teil Änderungen durchführt, sind im Cocoa-Framework und in Objective-C eine Vielzahl von Hilfsmitteln implementiert. Mit diesen Hilfsmitteln wollen wir uns in den folgenden Abschnitten etwas genauer beschäftigen.

Beginnen wir mit einem Beispiel, an dem man sieht, dass eine Synchronisation wirklich notwendig ist. Schreiben wir dafür eine Klasse `MainWorker`, von der wir in der `main`-Funktion eine Instanz erzeugen und dessen `mainThread`-Methode ausführen:

```
@interface MainWorker : NSObject {
    int count;
}
- (void) mainThread;
- (void) syncThread: (id) data;
@end
```

Listing 15.29: Klasseninterface der Klasse `MainWorker`

In der Methode `mainThread` erzeugen wir dann drei Threads für die Methode `syncThread:` und lassen den Hauptthread danach für zwei Sekunden schlafen:

```
- (void) mainThread {
    for (int i = 0; i < 3; i++) {
        [self performSelectorInBackground: @selector(syncThread:)
            withObject:nil];
    }
    [NSThread sleepForTimeInterval:2.0];
}
```

Listing 15.30: Starten von drei Threads in der Methode `mainThread`

In der Methode `syncThread:` wird die Instanzenvariable `count` ausgelesen, um eins erhöht und das Ergebnis wieder zurückgeschrieben und ausgegeben:

```
- (void) syncThread: (id) data {
  @autoreleasepool {
    for (;;) {
        int localCount = count;
        [NSThread sleepForTimeInterval:0.5];
        localCount = localCount + 1;
        count = localCount;
        NSLog(@"count = %d", localCount);
    }
  }
}
```

Listing 15.31: Implementierung der Methode `syncThread:`

Zusätzlich wird durch den Aufruf von `sleepForTimeInterval:` die Zeit zwischen Auslesen und Zurückschreiben auf eine halbe Sekunde gestreckt. Wenn man die parallele Ausführung außer Acht lässt, würde man erwarten, dass bei jeder Ausgabe der Variablen `count` der Wert um eins größer ist. An der Ausgabe in Abbildung 15.10 sehen Sie allerdings, dass dies nicht der Fall ist, da alle Threads auf dem gleichen Ausgangswert ihre Berechnungen durchführen und zurückspeichern.

Zeit	Sender[PID]	Meldung
16.04.09 19:51:03	ThreadingTest[3390]	count = 1
16.04.09 19:51:03	ThreadingTest[3390]	count = 1
16.04.09 19:51:03	ThreadingTest[3390]	count = 1
16.04.09 19:51:03	ThreadingTest[3390]	count = 2
16.04.09 19:51:04	ThreadingTest[3390]	count = 2
16.04.09 19:51:04	ThreadingTest[3390]	count = 2

Abb. 15.10: Berechnung ohne Synchronisation

Alternativ könnte man auch eine beliebige andere Verzögerung zwischen Auslesen und Zurückschreiben einbauen. Auch eine zusätzliche Ausgabe mit `NSLog` reicht bereits aus, um das Problem zu veranschaulichen. Je kürzer die Zeitspanne zwischen Auslesen und Zurückschreiben, umso unwahrscheinlicher ist es, dass der in Abbildung 15.10 zu sehende Fehler auftritt.

An dem Beispiel sieht man, dass das Problem der Synchronisation eigentlich immer darauf basiert, dass aus einer Datenstruktur Werte ausgelesen werden. Auf Basis dieser Werte werden dann Entscheidungen getroffen, die am Ende zu einer Änderung an dieser Datenstruktur führen. Durch einen parallelen Thread kann es nun jedoch bereits passiert sein, dass die Daten, auf denen die Entscheidungen basieren, zum Zeitpunkt der Entscheidung nicht mehr aktuell sind. Hierdurch befindet sich die Datenstruktur eventuell in einem inkonsistenten oder falschen Zustand. Das Problem basiert also immer auf einer Folge von Lesen, Berechnen und Schreiben. Ein korrektes Programm mit mehreren Threads bekommt man dementsprechend ohne Zuhilfenahme von Synchronisationsmitteln oft gar nicht oder nur sehr schwer in den Griff.

Allerdings sollte man dabei immer beachten, dass jede Maßnahme der Synchronisation auch Zeit kostet und die Komplexität erhöht. Aus diesem Grund sollte man beim Design seiner Anwendung darauf achten, dass möglichst wenige parallele Threads existieren, die voneinander abhängig sind. Eventuell ist es auf Grund der Synchronisationsproblematik manchmal sogar sinnvoll, auf einen Thread ganz zu verzichten.

15.3.1 Nicht-blockierende Synchronisation

Die einfachste Art und Weise, ein Problem wie das in Listing 15.31 gezeigte in den Griff zu bekommen, ist die Verwendung von atomaren Operationen. Bei atomaren Operationen handelt es sich im eigentlichen Sinne nicht um einen Synchronisationsmechanismus, sondern eher um komplexere Hardware-Instruktionen des Prozessors, die mehrere Operationen in einem Schritt ausführen können, die man ohne die Verwendung von atomaren Operationen in mehreren Schritten schreiben müsste. Wenn wir einmal die Unterbrechung mit dem Aufruf von `sleepForTimeInterval:` außen vor lassen, entspricht die kritische Berechnung aus Listing 15.31 nichts anderem als:

```
int localCount = count;
localCount = localCount + 1;
count = localCount;
```

Alternativ könnte man den Operator ++ verwenden:

```
int localCount = ++count;
```

Wenn man sich allerdings auf einer Intel-Architektur das Kompilat hierzu anguckt, sieht man, dass zur Realisierung dieses Ausdrucks ebenfalls erst die Variable `count` in ein Register geladen wird, um 1 erhöht und dann wieder zurückgeschrieben wird. Der Zeitpunkt zwischen Lesen und Schreiben von `count` ist zwar minimal kurz. Es ist jedoch immer noch möglich, dass genau zwischen diesen paar Befehlen das Betriebssystem zu einem anderen Thread wechselt oder ein Thread, der auf einem anderen Kern läuft, eine Änderung an der Variablen durchführt.

Genaue für solche Operationen gibt es unter Mac OS X jedoch eine ganze Reihe von Funktionen, die alle so ausgeführt werden können, dass sie bei Verwendung von Anwendungen mit mehreren Threads nicht zu Fehlern führen. All diese Methoden werden von Apple als atomare Operationen bezeichnet. Sie sind in der Datei `usr/include/libkern/OSAtomic.h` definiert. Hier gibt es sowohl 32-Bit- als auch 64-Bit-Operationen. Die 64-Bit-Operationen stehen nur 64-Bit-Prozessen zur Verfügung.

Wir wollen in diesem Abschnitt einige atomare Operationen exemplarisch zeigen. Wer in seinen Anwendungen häufig Threads verwendet, sollte sich jedoch unbedingt über den kompletten Umfang an atomaren Funktionen informieren. Denn es ist sicherlich sinnvoll, wenn es möglich ist, eine atomare Funktion zu verwenden, als einen anderen blockierenden Synchronisationsmechanismus einzusetzen.

Äquivalent zu dem Operator ++ gibt es die Funktionen `OSAtomicAdd32` oder `OSAtomicAdd64`, die zwei Integervariablen addieren und in eine der Variablen wieder zurückschreibt. Die folgenden beiden Berechnungen sind damit semantisch äquivalent:

```
int temp = intValue1 + intValue2;
intValue1 = temp;
int temp = OSAtomicAdd32(intValue2, &intValue1);
```

Als Spezialfälle dieser Funktion gibt es `OSAtomicIncrement32` und `OSAtomicIncrement64` zur Erhöhung um 1 und entsprechend `OSAtomicDecrement32` und `OSAtomicDecrement64` zur Reduzierung um 1.

Ähnlich wie für die Addition gibt es auch für das logische Oder die Operation `OSAtomicOr32`, für das logische Und die Funktion `OSAtomicAnd32` und für den Operator ^ die Funktion `OSAtomicXor32`.

Es gibt allerdings auch atomare Operationen, die nicht nur mehrere einfache mathematische Operationen zusammenfassen, sondern auch Abfragen mit einbeziehen. So kann zum Beispiel der Inhalt einer Variablen mit einem Wert verglichen und bei Gleichheit durch einen anderen ersetzt werden. So sind zum Beispiel wieder folgende Programme äquivalent:

```
bool temp;
if (temp == oldValue) {
    value = newValue;
    temp = true;
} else {
    temp = false;
}
bool temp = OSAtomicCompareAndSwap32(oldValue, newValue, &value);
```

Mit dieser Funktion könnten wir nun auch größere Berechnungen auf Basis eines Wertes vor Threading-Auswirkungen schützen:

```
int oldValue;
int newValue;
do {
    oldValue = value;
    // Komplizierte Berechnung von newValue auf Basis von oldValue
} while (OSAtomicCompareAndSwap32(oldValue, newValue, &value));
```

Listing 15.32: Synchronisation durch `OSAtomicCompareAndSwap32`

Allerdings kann so nicht garantiert werden, dass die `while`-Schleife irgendwann fertig wird. Es gibt jedoch Ansätze für einige Datenstrukturen, die eine solche Vorgehensweise bei der Implementierung ausnutzen, so dass keine blockierenden Synchronisationen notwendig sind.

Es gibt jedoch noch eine ganze Menge weiterer atomarer Operationen, auf die wir hier jedoch nicht weiter eingehen wollen. Es ist jedoch auf jeden Fall empfehlenswert, sich über diese genauer zu informieren.

Speicherbarrieren und volatile

Im Zusammenhang mit den atomaren Operationen und nicht-blockierenden Synchronisationsmitteln werden oft auch die Speicherbarrieren genannt. Speicherbarrieren zwingen den Compiler oder Prozessor dazu, Lese- oder Schreiboperationen zur Optimierung nicht umzusortieren. Um eine Speicherbarriere einzurichten, dient der Befehl `OSMemoryBarrier`:

```
//...
OSMemoryBarrier();
//...
```

Alle Speicher- und Lesevorgänge, die vor der Speicherbarriere im Programmcode stehen, werden dann auf jeden Fall vor allen Speicher- und Lesevorgängen, die nach der Barriere stehen, ausgeführt. Wer sich weiter über den Befehl `OSMemoryBarrier` informieren will, sollte sich die zugehörige *man page* durchlesen.

In dieses Gebiet fällt auch das Schlüsselwort `volatile`. Eine Variable, die mit `volatile` versehen wird, darf vom Compiler zur Optimierung nicht in einem Register zwischengespeichert werden, sondern wird wirklich bei jeder Verwendung aus dem Hauptspeicher geladen oder zurückgeschrieben. Bei einer lokalen Variablen ist das noch nicht besonders interessant. Handelt es sich hingegen um eine Variable, die auch einem anderen Thread zur Verfügung steht, so kann die Variable zwischen zwei Zugriffen durchaus verändert werden. Muss es erlaubt sein, dass eine Variable zu jeder Situation von außen geändert werden kann, also zwischen je zwei Hardware-Instruktionen, dann muss diese Variable als `volatile` definiert werden.

Ein Beispiel für eine solche Variable ist die Variable `shouldExit` im folgenden Programmausschnitt:

```
while (!shouldExit) {
    // Führe irgendwelche Operationen aus
}
NSLog(@"Abbruch");
```

In diesem Fall soll eine Schleife so lange weiterlaufen, bis die Variable `shouldExit` auf `YES` gesetzt wird. Wenn nun allerdings der Compiler entschließt, dass es sinnvoll ist, die Variable `shouldExit` in einem Register zwischenzucachen, wird die eigentliche Speicheradresse, an der sich `shouldExit` zur Prüfung der Schleifenbedingung befindet, nicht mehr abgerufen. Würde nun ein Thread von außen die Variable `shouldExit` ändern, so würde die Schleife trotzdem weiterlaufen, da der Inhalt des Registers von der Änderung unberührt bleibt. Fügt man der Variablendefinition allerdings das Schlüsselwort `volatile` hinzu, so wird bei jeder Verwendung der Variablen, insbesondere in der Schleifenbedingung, wirklich der Inhalt aus dem Speicher geladen. Hierdurch würde die Schleife auch bei einer Änderung von `shouldExit` aus einem anderen Thread heraus korrekt beendet werden.

15.3.2 Locks

Eines der wichtigsten Synchronisationsmittel stellen die **Locks** dar. Sie bieten dem Programmierer die Möglichkeit, einzelne Programmteile so zu schützen, dass nur ein Thread gleichzeitig diese ausführen kann und alle anderen eventuell warten müssen. Es gibt jedoch eine ganze Reihe von unterschiedlichen Locks, die wir in diesem Abschnitt zeigen wollen.

Die einfachste Form von Locks sind im Cocoa-Framework durch die Klasse `NSLock` repräsentiert. Jede Instanz der Klasse `NSLock` kann als geschützter Raum verstanden werden. Dieser Raum darf nur von einem Thread gleichzeitig betreten werden. Für das Betreten besitzt die Klasse `NSLock` die Funktion `lock`. Diese Funktion wartet, solange die Instanz noch anderweitig gesperrt, also der Raum belegt ist. Wieder freigeben kann man einen Lock mit der Funktion `unlock`. Hierdurch kann der nächste Thread den Lock mit `lock` sperren. Falls bereits einige andere Threads durch ein `lock` auf die Freigabe warten, wird dem ersten, der `lock` aufgerufen hat, der Zugang gewährt. Die beiden Funktionen `lock` und `unlock` unterstützen jede Variante eines Locks im Cocoa-Framework. Aus diesem Grund sind sie in dem Protokoll `NSLocking` beschrieben, das alle Lock-Klassen implementiert.

Das Beispiel aus Listing 15.31 können wir über die Klasse `NSLock` wie folgt korrigieren:

```
- (void) syncThread: (id) data {
    static NSLock* lock = nil;
    if (lock == nil) lock = [[NSLock alloc] init];

    for (;;) {
        [lock lock];
        int localCount = count;
        [NSThread sleepForTimeInterval:0.5];
        localCount++;
        count = localCount;
        NSLog(@"count = %d", localCount);
        [lock unlock];
    }
}
```

Listing 15.33: Synchronisation von Listing 15.31 mit NSLock

Wir erzeugen dazu eine statische Variable `lock`, die in jedem Aufruf von `syncThread:` auf die gleiche Instanz von `NSLock` zeigt. Durch diese Instanz schützen wir dann mit `lock` und `unlock` den kritischen Bereich innerhalb der `for`-Schleife. In Abbildung 15.10 sehen Sie, dass nun die Zahlen in der Ausgabe wie erwartet jeweils um eins wachsen.

```
[Session started at 2009-04-18 10:51:57 +0200.]
2009-04-18 10:51:58.408 ThreadingTest[4997:2103] count = 1
2009-04-18 10:51:58.910 ThreadingTest[4997:2203] count = 2
2009-04-18 10:51:59.418 ThreadingTest[4997:2503] count = 3

The Debugger has exited with status 0.
```

Abb. 15.11: Ausgabe von Listing 15.33

Allerdings erhalten wir nun nicht mehr jede halbe Sekunde von allen drei Threads eine Ausgabe, sondern nur jeweils von einem Thread. Der Grund hierfür ist, dass die Sperrung durch den Lock jeweils für eine halbe Sekunde anhält, da sich das Pausieren des Threads zwischen `lock` und `unlock` befindet. Hieran wird der größte Nachteil an der blockierenden Synchronisation deutlich: Durch die Locks wird die parallele Ausführung eines geschützten Bereichs in eine sequenzielle Abfolge gezwängt. Hierdurch geht jedoch der Vorteil der parallelen Ausführung verloren. Aus diesem Grund sollte man als Programmierer immer darauf achten, dass man nur so wenig wie möglich synchronisiert und dass die Teile, die synchronisiert werden, möglichst kurze Laufzeiten besitzen.

Ein weiteres Problem, das sich aus dem Aufruf von `lock` ergibt, ist, dass der Thread bis zur Freigabe des Locks gesperrt ist und nicht weiter reagieren kann. Möchte man das vorherige Beispiel mit Möglichkeit zur Beendigung schreiben, so würde der Thread auf eine Beendigungsanweisung nur dann reagieren, wenn er nicht gerade durch einen Lock gesperrt ist. Für diese Fälle gibt es die Methode `tryLock`. Sie funktioniert äquivalent zu `lock`, nur dass sie den Thread nicht sperrt, sondern `YES` zurückgibt, falls die Sperrung erfolgreich war, und andernfalls `NO` zurückgibt. Das vorherige Beispiel mit Möglichkeit zur Beendigung lässt sich damit wie folgt umsetzen:

```
while (![[NSThread currentThread] isCancelled]) {
    if ([lock tryLock]) {
        int localCount = count;
        [NSThread sleepForTimeInterval:0.5];
        localCount++;
        count = localCount;
        NSLog(@"count = %d", localCount);
        [lock unlock];
    }
}
```

Listing 15.34: Verwendung der Methode `tryLock` zur Synchronisation

Allerdings kann mit dieser Umsetzung nicht mehr garantiert werden, dass auch wirklich alle Threads in der Reihenfolge den Zugang zu der Locksperrung erhalten, in der sie zuerst `tryLock` aufgerufen haben. Um dies zu erreichen, muss der Programmierer selbst Sorge tragen.

Synchronisieren mit @synchronized

Eine alternative Art und Weise, einen Lock einzusetzen, ist der `@synchronized`-Ausdruck. Er gehört zum Objective-C-2.0-Standard und besitzt folgenden Aufbau:

```
@synchronized(objectRef) {
   // Synchronisierter Programmteil
}
```

Alles, was innerhalb der geschweiften Klammern steht, wird synchronisiert. Am Anfang wird der Lock gesperrt und am Ende wieder freigegeben. Die Referenz `objectRef` gibt eine beliebige Referenz an. Von allen `@synchronized`-Blöcken im Programm, die sich auf die gleiche Referenz beziehen, darf nur ein einziger zur gleichen Zeit ausgeführt werden.

Mit `@synchronized`-Blöcken kann die zuvor erreichte Synchronisation durch `NSLock` auch auf folgende Weise erreicht werden.

```
for (;;) {
    @synchronized(self) {
        int localCount = count;
        [NSThread sleepForTimeInterval:0.5];
        localCount++;
        count = localCount;
        NSLog(@"count = %d", localCount);
    }
}
```

Listing 15.35: Synchronisation von Listing 15.31 mit `@synchronized`

Jedoch sollte bei der Wahl der Referenz für die Synchronisation darauf geachtet werden, dass sich nicht zu viele andere `@synchronized`-Blöcke auf die gleiche Referenz beziehen, die eigentlich gar nicht untereinander synchronisiert werden müssten. Hier könnte man zum Beispiel eine statische Variable erstellen, um sich auf diese zu beziehen:

```
static id syncRef = @"CountSync";
//...
@synchronized(syncRef) {
    //...
}
```

Gefahren bei der Verwendung von Locks

Der Einsatz von Locks ist allerdings auch unabhängig von möglichen Performance-Einbußen nicht ganz ungefährlich. So können Programme, die eigentlich korrekt aussehen, durchaus Risiken beinhalten, die zu einer fehlerhaften Abarbeitung führen können. Dazu folgendes Beispiel:

```
NSMutableArray* array = /* ... */;
@synchronized(array) {
    // ... Veränderung des Arrays ...
    id object = [array objectAtIndex:0];
}
[object doSomething];
```

Listing 15.36: Fehler durch zu kurzen Synchronisationsbereich

In diesem Beispiel wird eine Änderung an einem Array durch einen Lock abgesichert. Am Ende der Änderungen wird das Objekt an Position 0 im Array ausgelesen. Dieses Objekt wird später nach dem Synchronisationsteil weiterverwendet. Bei Nutzung von manuellem Reference Counting kann nun vor Aufruf der Funktion `doSomething` durch einen anderen Thread das erste Element aus dem Array und dadurch das Objekt eventuell auch aus dem Speicher entfernt worden sein. Damit würde der Aufruf der Methode `doSomething` jedoch zu einem Fehler führen.

Besser wäre es, den Aufruf von `doSomething` mit in den Synchronisationsteil hineinzuziehen:

```
NSMutableArray* array = /* ... */;
@synchronized(array) {
    // ... Veränderung des Arrays ...
    id object = [array objectAtIndex:0];
    [object doSomething];
}
```

Listing 15.37: Performance-Einbußen durch zu großen Synchronisationsbereich

Damit würde das Programm korrekt arbeiten. Allerdings ist damit auch die Synchronisationszeit ausgedehnt worden, was zu weiteren Performance-Einbußen führen kann. Hier empfiehlt es sich, sich mit `retain` als Besitzer bei dem Objekt anzumelden, um es so vor einer Speicherfreigabe zu schützen:

```
NSMutableArray* array = /* ... */;
@synchronized(array) {
    // ... Veränderung des Arrays ...
    id object = [[array objectAtIndex:0] retain];
}
[object doSomething];
//...
[object release];
```

Listing 15.38: Kurzer Synchronisationsbereich durch Sichern des Objekts mit `retain`

Deadlocks

Ein weiteres Problem, das uns auch zu der nächsten Lock-Implementierung führt, sind die Deadlocks. Das Risiko für das Entstehen von Deadlocks besteht immer dann, wenn ein Thread versucht, zwei Locks für sich zu sperren. Dies wird zum Problem, wenn sich eventuell auch mehrere Threads im Kreis blockieren und dadurch die beteiligten Threads je auf den nächsten und der letzte wiederum auf den ersten warten. Eine solche Schleife aus Warten und Sperren kann nie durchbrochen werden und die beteiligten Threads bleiben auf ewig gesperrt. Das einfachste Beispiel, in dem ein solcher Fall auftreten kann, ist das Sperren eines Locks in einer rekursiv verwendeten Funktion:

```
- (void) someMethod {
    static NSLock* lock = nil;
    if (lock == nil) lock = [NSLock new];

    [lock lock];
        //...
        if (/*...*/) [self someMethod];
    [lock unlock];
}
```

Listing 15.39: Erzeugung eines Deadlocks

In der Funktion `someMethod` wird ein Programmteil mit einem Lock gesichert, der die Funktion `someMethod` rekursiv verwendet. Sollte nun bei einem Aufruf dieser rekursive Aufruf auftreten, so würde im rekursiven Aufruf der Lock ein zweites Mal im gleichen Thread verwendet werden. Da dieser jedoch bereits gesperrt ist, würde beim zweiten Aufruf die Funktion `lock` auf die Freigabe warten. Für diese Freigabe müsste allerdings der rekursive Aufruf zuerst enden. Hierdurch hängt der Thread selbst in einem Deadlock und bleibt für immer gesperrt.

Diese Kette von Sperrvorgängen kann auch sehr viel komplizierter sein und sich durchaus über mehrere Threads und Locks erstrecken.

Die Klasse NSRecursiveLock

Mit der Klasse `NSRecursiveLock` können Deadlocks, die durch rekursive Aufrufe in einem Thread entstehen, wieder korrigiert werden. Sie kann äquivalent zu der Klasse `NSLock` verwendet werden. Für das vorherige Beispiel würde die Initialisierung des Locks wie folgt aussehen:

```
static NSRecursiveLock* lock = nil;
if (lock == nil) lock = [NSRecursiveLock new];
```

Durch die Verwendung der Klasse `NSRecursiveLock` würde das Beispiel nun allerdings nicht in eine Endlosschleife geraten, da ein Lock dieser Klasse von demselben Thread durchaus mehrfach gesperrt werden kann. Nur ein anderer Thread würde bei einem Aufruf von `lock` warten müssen.

Die Klasse NSConditionLock

Eine weitere sehr interessante Form der Locks sind die **Condition Locks**. Diese sind in der Klasse `NSConditionLock` implementiert. Ein Condition Lock besitzt dazu einen internen Zustand, die `condition`. Diese »Bedingung« ist vom Typ `NSInteger` und kann einen beliebigen Wert annehmen.

Mit der Methode `lockWithCondition:` kann nun ein Sperrvorgang an diese Bedingung geknüpft werden, das heißt, der Aufruf bleibt so lange gesperrt, bis kein anderer Thread den Lock mehr sperrt und bis die Bedingung den geforderten Wert besitzt. Entsprechend gibt es die Methode `unlockWithCondition:` für die Freigabe. Hiermit wird der Lock wieder freigegeben und sein interner Zustand auf die angegebene Bedingung gesetzt.

Sehen wir uns die Verwendung in folgendem Beispiel an, in dem wir in einem Thread eine Queue aufbauen wollen, die wir in einem anderen Thread abarbeiten. Die Initialisierung einer neuen Condition funktioniert mit der Methode `initWithCondition:`.

```
condLock = [[NSConditionLock alloc] initWithCondition:kNoData];
```

Wenn nun der erste Thread in die Queue Elemente einfügen will, so muss er die Queue dazu sperren, damit ihr Aufbau konsistent bleibt:

```
[condLock lock];
// Füge Elemente in die Queue hinzu ...
[condLock unlockWithCondition: kHasData];
```

Im zweiten Thread, in dem wir die Elemente der Queue verarbeiten wollen, macht es nur Sinn, den Lock zu sperren, wenn auch wirklich Elemente in der Queue vorhanden sind. Aus diesem Grund verwenden wir die Methode `lockWithCondition:`:

```
for (;;) {
    [condLock lockWithCondition: kHasData];
    // Enferne Eintrag aus der Queue und speichere diesen zum Verarbeiten
    [condLock unlockWithCondition: isEmpty ? kNoData : kHasData];
    // Verarbeite gespeicherten Eintrag
}
```

15.3.3 Conditions

Als letztes Synchronisationsmittel wollen wir die Conditions zeigen. Sie stellen eine spezielle Form der Locks dar, die man als Programmierer gut einsetzen kann, um die Reihenfolge von parallelen Aufgaben untereinander zu beeinflussen. Implementiert sind sie in der Klasse `NSCondition`.

Schauen wir uns zu den Conditions direkt ein Beispiel an. In diesem Beispiel wollen wir eine Operation in einem parallelen Thread genau dann durchführen lassen, wenn es vom Programm her erforderlich ist. Dazu gibt es eine globale `int`-Variable `somethingToDo`, die dadurch, dass sie größer als 0 wird, anzeigt, dass eine Aktion durchzuführen ist. Dies könnte zum Beispiel das Speichern von in der Anwendung im Hauptspeicher gecachter Daten sein:

```
for (;;) {
    [condition lock];
    while (somethingToDo <= 0) [condition wait];
    somethingToDo = 0;
    // Führe die erforderliche Operation durch
    [condition unlock];
}
```

Listing 15.40: Warten auf das Auslösen einer Condition mit `wait`

Sie sehen, dass wir zum Überprüfen der `somethingToDo`-Bedingung eine `while`-Schleife eingerichtet haben. Diese wird erst verlassen, wenn wirklich etwas zu tun ist. Diese Schleife würde nun allerdings die ganze Zeit iterieren und den zugeteilten Prozessorkern mit voller Last auslasten. Aus diesem Grund rufen wir auf der Condition die Methode `wait` auf. Hierdurch schläft der Thread ein und wartet. Wird die Schleife verlassen, wird die Variable `somethingToDo` wieder auf 0 gesetzt und die eigentliche Operation durchgeführt.

Fällt nun in einem anderen Thread ein Grund an, weshalb die durchzuführende Operation gestartet werden müsste, zum Beispiel weil die gecachten Daten geändert werden, so wird die Variable `somethingToDo` um 1 erhöht. Hierdurch müsste die `while`-Schleife auf jeden Fall verlassen werden. Allerdings schläft der Thread und wartet. Mit der Methode `signal` können wir ihn nun darüber informieren, dass es sich lohnt, seine Bedingung erneut zu überprüfen:

```
[condition lock];
somethingToDo++;
[condition signal];
[condition unlock];
```

Listing 15.41: Auslösen einer Condition mit `signal`

Durch den Aufruf von `signal` wacht der Thread aus dem Aufruf von `wait` auf und kann nun, da die Variable `somethingToDo` größer 0 ist, seine entsprechenden Operationen ausführen. Zusätzlich zu den Aufrufen von `wait` und `signal` sehen Sie auch Aufrufe von `lock` und `unlock`. Der Grund hierfür ist, dass eine Condition zusätzlich blockierende Eigenschaften wie ein Lock besitzt. So darf sich wieder nur ein Thread zwischen den Aufrufen von `lock` und `unlock` befinden, außer der Thread hat die Funktion `wait` aufgerufen. In diesem Fall wird einem zweiten Thread der Zugang gewährt. Allerdings wird das `wait` erst dann wieder beendet, wenn der zweite Thread die Bedingung mit `unlock` wieder freigibt.

15.4 Run Loops

Kommen wir nun zu dem sehr interessanten Konzept der **Run Loops**. Run Loops spielen in Anwendungen mit grafischen Oberflächen und vielen asynchronen Aufgaben eine große Rolle, da sie dem Programmierer eine Art von paralleler Verarbeitung für viele sehr kurze Aufgaben bieten, ohne den großen Overhead von Threads zu besitzen.

Aber was genau sind Run Loops? Und wie verhalten sie sich im Vergleich zu Threads? Eine Run Loop ist im Prinzip eine Art Schleife, die eine Liste von Quellen (Sources) oder Timern auf abzuarbeitende Ereignisse (Events) überwacht. Diese Ereignisse sind zum Beispiel Nachrichten von anderen Threads und Anwendungen oder Timer Events zu einem festgelegten Zeitpunkt oder in einem festen Intervall (siehe Abschnitt 15.5). Sind zu einem Zeitpunkt keine abzuarbeitenden Ereignisse mehr vorhanden, legt sich der Thread »schlafen«, bis wieder ein Event in einer der Quellen aufläuft. Eine Run Loop selbst läuft ebenfalls innerhalb eines Threads. Bei Run Loops handelt es sich also um eine bestimmte Form der Verwendung von Threads.

Das Ziel dabei ist es, die Auslastung eines Threads so lange wie möglich hoch zu halten, ohne ihn löschen oder einen neuen starten zu müssen. Da die Abarbeitung der einzelnen Ereignisse jedoch nicht von anderen Ereignissen unterbrochen wird, eignen sich Run Loops weniger für längere Aufgaben. Für die meistens sehr kurzen Verwaltungsaufgaben, die in einer Anwendung durchzuführen sind, eignen sich Run Loops aufgrund ihrer besseren Effizienz gegenüber einzelnen Threads jedoch hervorragend. Der Benutzer hat dabei trotzdem das Gefühl, dass die einzelnen Aufgaben parallel abgearbeitet werden.

Das Konzept der Run Loops ist bei Mac OS X und Cocoa stark mit der Infrastruktur der Threads verknüpft. So wird vom Betriebssystem für jeden Thread eine Run Loop erzeugt. Der Programmierer muss diese nur noch für seine Zwecke konfigurieren und starten.

In einer Anwendung, die das Applikation Kit verwendet, findet man eigentlich immer eine `main`-Funktion, die in etwa wie die folgende aussieht:

```
int main(int argc, char *argv[]) {
    return NSApplicationMain(argc,  (const char **) argv);
}
```

Die eigentliche Programmverarbeitung wird hier also an die Methode `NSApplicationMain` abgegeben. Innerhalb dieser findet die ganze Verarbeitung, die für grafische Oberflächen notwendig ist, statt. Dazu wird für den Hauptthread der Anwendung eine Run Loop konfiguriert und gestartet, die bis zum Ende des Programms läuft. Events wie Mausklicks, Tastaturevents oder sonstige Anwendungsevents werden dann durch diese Run Loop verarbeitet.

Wir wollen nun zuerst einmal zeigen, welche Möglichkeiten es gibt, eine Run Loop zu konfigurieren und wie sie genau arbeitet und gestartet wird. Danach wollen wir uns damit beschäftigen, wie wir neue Quellen implementieren und nutzen können, um neue Ereignisse durch eine Run Loop verarbeiten zu lassen.

Arbeitsweise von Run Loops

Wann genau sollte man Run Loops verwenden? Run Loops werden auf jeden Fall erst benötigt, wenn wir einen zweiten Thread erzeugen. Bis dahin müssen wir uns als Programmierer um das Starten von Run Loops keine Gedanken machen.

Für einen zweiten Thread müssen wir uns allerdings entscheiden, ob dieser Thread selbst die Aufgaben ausführen soll, wie in Abschnitt 15.2 beschrieben, oder ob eine Run Loop für die zu erledigenden Aufgaben sinnvoll eingesetzt werden kann. In diesem Fall muss diese allerdings von uns konfiguriert und gestartet werden. Betrachten wir dazu zuerst die Funktionsweise einer Run Loop, um uns dann zu überlegen, in welchen Fällen die Verwendung wohl sinnvoll ist.

Zum Starten einer Run Loop dient die Funktion `CFRunLoopRunInMode`. Die Funktion stammt aus CoreFoundation und ist nicht Bestandteil des Cocoa-Frameworks. Dieses gilt für viele der Funktionen, die wir benötigen, um Run Loops zu beeinflussen. Wir wollen hierfür folgendes Grundgerüst zeigen: Wir erzeugen eine neue Klasse `WorkerClass` mit der folgenden `threadMainMethod:`, wodurch die Run Loop des aktuellen Threads abgearbeitet wird:

```
- (void) threadMainMethod: (id) data {
  @autoreleasepool {
    for(;;) {
        SInt32 res = CFRunLoopRunInMode(kCFRunLoopDefaultMode, 3, NO);
        NSLog(@"result = %d", res);

        if (res == kCFRunLoopRunStopped ||
            res == kCFRunLoopRunFinished) break;
```

```
        // Hier können weitere Abbruchbedingungen geprüft werden
    }
  }
}
```

Listing 15.42: Ausführen einer Run Loop mit CFRunLoopRunInMode

In diesem Fall wird innerhalb der `for`-Schleife die Run Loop gestartet. Das erste Argument `kCFRunLoopDefaultMode` bestimmt den Modus der Run Loop, auf den wir später zurückkommen. Über das zweite Argument bestimmen wir, wie lange in Sekunden die Run Loop Events aus Quellen verarbeiten soll. Das dritte Argument bestimmt dann durch `YES`, ob eine Run Loop nach der Verarbeitung einer Quelle abbrechen oder ob sie die gesamte über das zweite Argument angegebene Zeit Quellen weiterverarbeiten soll.

Hinweis

Für den Fall, dass für das Memory Management kein Garbage Collector, sondern Reference Counting verwendet wird, sollte bei Verwendung von Run Loops für den neuen Thread als Erstes ein Autorelease Pool erstellt werden, der aufgelöst wird, sobald der Thread endet (siehe Abschnitt 15.2). Dieser Autorelease Pool wird dann von der Run Loop nach jedem Durchlauf geleert.

Diese Klasse `WorkerClass` wollen wir nun in einer Konsolenanwendung verwenden, um uns an die Arbeitsweise von Run Loops heranzutasten. Die `main`-Funktion ist dafür wie folgt implementiert:

```
int main (int argc, const char * argv[]) {
  @autoreleasepool {
    WorkerClass* worker = [[WorkerClass alloc] init];
    [worker threadMainMethod: nil];

    return 0;
  }
}
```

Listing 15.43: Implementierung der `main`-Funktion der Anwendung

Alternativ könnten wir natürlich auch einen neuen Thread auf Basis der Methode `threadMainMethod:` starten:

```
[NSThread
    detachNewThreadSelector: @selector(threadMainMethod:)
    toTarget: worker
    withObject: nil];
```

In diesem Fall müsste nur sichergestellt werden, dass der Hauptthread der Anwendung lange genug bestehen bleibt, damit die Anwendung nicht beendet wird.

Kommen wir nun zurück zu der eigentlichen Run Loop. In dem obigen Beispiel läuft die Run Loop durch den Aufruf immer drei Sekunden, um Ereignisse abzuarbeiten. Danach endet die Funktion `CFRunLoopRunInMode` und gibt eine Statusmeldung zurück. Der Rückgabewert kann eine der folgenden vier Konstanten sein:

- `kCFRunLoopRunFinished` (Wert = 1) wird zurückgegeben für den Fall, dass der Run Loop keine Quellen oder Timer bekannt sind, von der sie Ereignisse bekommen könnte.
- `kCFRunLoopRunStopped` (Wert = 2) ist das Ergebnis für den Fall, dass die Run Loop beendet werden soll. Dies kann durch die Funktion `CFRunLoopStop` erreicht werden.
- `kCFRunLoopRunTimedOut` (Wert = 3) tritt auf, wenn die über das zweite Argument festgelegte Zeit abgelaufen ist.
- `kCFRunLoopRunHandledSource` (Wert = 4) wird als Ergebnis zurückgeliefert, falls eine Quelle abgearbeitet wurde und das dritte Argument von `CFRunLoopRunInMode` den Wert YES hatte.

In unserem Beispiel liefert die Funktion also sofort `kCFRunLoopRunFinished` und der Thread wird beendet, da wir bisher keine Quellen oder Timer registriert haben.

Wir wollen nun versuchen, einen ersten Timer in unserer Run Loop als Quelle zu registrieren. Hierfür existiert die Cocoa-Klasse `NSTimer`. Mit dem Konstruktor `scheduledTimerWithTimeInterval:target:selector:userInfo:repeats:`, der jede Sekunde die Nachricht `timerFired:` an den Thread sendet, erzeugen wir uns ein neues Timer-Objekt vor der `for`-Schleife:

```
NSTimer* timer1 = [NSTimer
                    scheduledTimerWithTimeInterval: 1.0
                    target: self
                    selector: @selector(timerFired:)
                    userInfo: nil
                    repeats: YES];
```

Der Konstruktor erzeugt dann das neue `NSTimer`-Objekt und registriert es als Quelle in der Run Loop des aktuellen Threads. Mit der `invalidate`-Methode wird der Timer wieder als Quelle von der Run Loop entfernt. Dieses können wir zum Beispiel zum Ende der Run Loop durchführen:

```
NSTimer* timer1 = [NSTimer ...];
for (;;) {
    //....
}
[timer1 invalidate];
```

Auf die genaue Funktionsweise der Timer wollen wir in diesem Abschnitt jedoch nicht weiter eingehen. Hierauf kommen wir in Abschnitt 15.5 zurück.

In der Methode `timerFired:`, die jede Sekunde vom `NSTimer`-Objekt aufgerufen wird, wollen wir eine einfache Statusmeldung auf der Konsole ausgeben:

```
- (void) timerFired: (NSTimer*) timer {
    NSLog(@"Timer wurde ausgelöst");
}
```

Listing 15.44: Implementierung der Timer-Methode `timerFired:` für `timer1`

In Abbildung 15.12 sehen Sie die vom Programm erzeugte Ausgabe. Jede Sekunde wird, durch den Timer ausgelöst, innerhalb der Run Loop die Methode `timerFired:` ausgeführt, was zur Ausgabe `Timer wurde ausgelöst` führt. Da die Run Loop über die Methode `CFRunLoopRunInMode` jedoch nur für drei Sekunden gestartet wird, erscheint jede dritte Zeile die Ausgabe `result` = 3. Die Funktion liefert also den Wert `kCFRunLoopRunTimedOut` zurück.

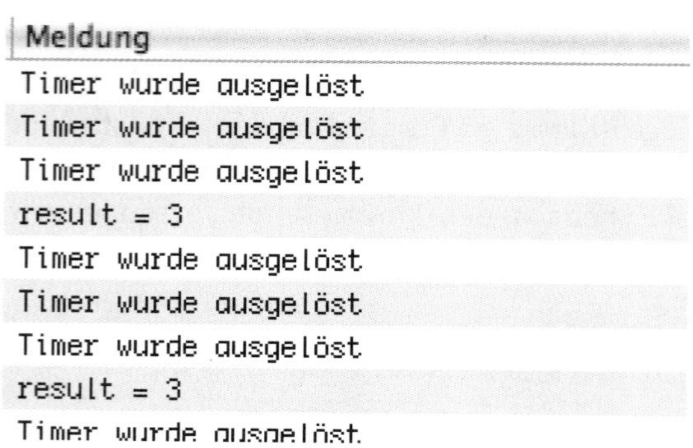

Abb. 15.12: Timer einmal pro Sekunde innerhalb einer Run Loop

Der Timer selbst läuft dafür aber nicht in einem anderen Thread, sondern innerhalb der Abfrageschleife in der Run Loop wird zum richtigen Zeitpunkt die Methode `timerFired:` ausgelöst. Fügen wir nun einen zweiten Timer `timer2` in die Run Loop hinzu, der die Methode `blockRunLoop:` nach zwei Sekunden einmalig aufruft:

```
NSTimer* timer2 = [NSTimer
                    scheduledTimerWithTimeInterval: 2.0
                    target: self
                    selector: @selector(blockRunLoop:)
                    userInfo: nil
                    repeats: NO];
```

Mit diesem zweiten Timer wollen wir nun versuchen, den Thread zu blockieren. Hierzu schreiben wir eine Endlosschleife, die eine Statusausgabe macht und dann den Thread für eine halbe Sekunde schlafen legt:

```
- (void) blockRunLoop: (NSTimer*) timer {
    for(;;) {
        NSLog(@"Thread wird blockiert.");
        [NSThread sleepForTimeInterval:0.5];
    }
}
```

Listing 15.45: Implementierung der Timer-Methode `blockRunLoop:` für `timer2`

Wenn man das Programm nun ausführt, ergibt sich die in Abbildung 15.13 zu sehende Ausgabe. In den ersten beiden Sekunden wird der Timer `timer1` ausgelöst, was zu den beiden Ausgaben `Timer wurde ausgelöst` führt. In der zweiten Sekunde wird dann auch der Timer `timer2` ausgelöst und die Methode `blockRunLoop:` aufgerufen. Diese führt die Endlosschleife aus, die jede halbe Sekunde die Ausgabe `Thread wird blockiert` ausgibt. Da dies alles im selben Thread abläuft und von der Run Loop hintereinander ausgeführt wird, ist damit die Run Loop blockiert.

Meldung
Timer wurde ausgelöst
Timer wurde ausgelöst
Thread wird blockiert.
Thread wird blockiert.
Thread wird blockiert.
Thread wird blockiert.
Thread wird blockiert.

Abb. 15.13: Run Loop wird durch zweiten Timer blockiert.

An dem Beispiel sieht man, dass eine Run Loop nicht dafür geeignet ist, längere Aufgabe zu »parallelisieren«, da diese wirklich sequenziell ausgeführt werden müssen und nicht wie Threads vom Betriebssystem unterbrochen werden können. Für viele kleine Aufgaben sind Run Loops allerdings hervorragend geeignet und sind vom Benutzer von der Ausführung in vielen einzelnen Threads nicht zu unterscheiden. Wenn die Run Loops passend eingesetzt werden, ergibt sich gegenüber den Threads sogar ein Effizienzvorteil, da weniger Verwaltungsarbeit für das Betriebssystem vonnöten ist.

Um nun eine Run Loop weiter konfigurieren zu können, gibt es den Datentyp `NSRunLoop` in der Cocoa-Bibliothek. Über die Klassenmethode `currentRunLoop` bekommt man die Run Loop des aktuellen Threads. Über die Klassenmethode `mainRunLoop` erhält man die Run Loop des Hauptthreads der Anwendung:

```
NSRunLoop* threadLoop = [NSRunLoop currentRunLoop];
NSRunLoop* mainLoop = [NSRunLoop mainRunLoop];
```

Alternativ gibt es den Datentyp `CFRunLoopRef` aus CoreFoundation, über den eine Run Loop angesprochen werden kann. Es ist zu beachten, dass Objekte der Klasse `NSRunLoop` aus Cocoa und der Datentyp `CFRunLoopRef` nicht toll-free bridged sind. In der Klasse `NSRunLoop` gibt es allerdings eine Methode `getCFRunLoop`, um sich den entsprechenden Zeiger auf das CoreFoundation-Objekt geben zu lassen:

```
CFRunLoopRef cfRunLoop = [threadLoop getCFRunLoop];
```

Alternativ kann man sich die Run Loop des aktuellen Threads als `CFRunLoopRef` aber auch mit der Funktion `CFRunLoopGetCurrent` geben lassen:

```
CFRunLoopRef cfRunLoop = CFRunLoopGetCurrent();
```

Wir wollen nun ein solches `NSRunLoop`-Objekt noch etwas genauer verwenden, um zu erklären, wie die Abhängigkeit zwischen einem Timer und einer Run Loop aussieht. Bisher haben wir unseren Timer über den Convenience-Konstruktor `scheduledTimerWithTimeInterval:target:selector:userInfo:repeats:` erzeugt. Alternativ können wir aber zum Beispiel auch den Konstruktor `timerWithTimeInterval:target:selector:userInfo:repeats:` verwenden. Erzeugen wir also unseren Timer `timer1` mit diesem Konstruktor:

```
NSTimer* timer1 = [NSTimer
                    timerWithTimeInterval: 1.0
                    target: self
                    selector: @selector(timerFired:)
                    userInfo: nil
                    repeats: YES];
```

Wenn wir nun unser Programm laufen lassen, wird der Timer `timer1` nicht mehr ausgeführt und es kommt sofort zur Blockade durch `timer2`. Aber warum? Der Grund ist, dass wir jetzt nur die Timer-Quelle erstellt und konfiguriert haben. Für die Timer-Quelle ist also spezifiziert, wann und wie oft der Timer ein Ereignis auslösen soll. Der Timer ist der Run Loop jedoch nicht als Quelle hinzugefügt worden im Gegensatz zur Verwendung des Convenience-Konstruktors `scheduledTimerWithTimeInterval:` aus den vorherigen Beispielen. Dies können wir allerdings auch manuell über die Funktion `addTimer:forMode:` der Klasse `NSRunLoop` wie folgt durchführen:

```
NSTimer* timer1 = /* ... */;
NSRunLoop* runLoop = [NSRunLoop currentRunLoop];
[runLoop addTimer:timer1 forMode: NSDefaultRunLoopMode];
```

Hiernach arbeitet das Programm wieder genauso wie vorher. Als zweites Argument taucht allerdings wieder der Run-Loop-Modus auf, den Sie bereits aus der Funktion `CFRunLoopRunInMode` kennen. Die Konstante `NSDefaultRunLoopMode` entspricht nur dem Cocoa-Pendant der Konstanten `kCFRunLoopDefaultMode` aus CoreFoundation. Ein Run-Loop-Modus ist eine Sammlung von Quellen und Timern, die von der Run Loop überwacht, und einer Menge Run-Loop-Observern, die über den Zustand der Run Loop informiert werden sollen, auf den wir hier jedoch nicht weiter eingehen wollen. Jedes Mal, wenn wir die Run Loop über die Funktion `CFRunLoopRunInMode` in Gang setzen, können wir über das erste Argument eine dieser Sammlungen auswählen. Während die Run Loop dann arbeitet, werden nur Ereignisse aus den Quellen dieses Modus verarbeitet. Eventuelle andere Quellen in anderen Run-Loop-Modi bleiben unbeachtet.

Ein Modus selbst ist nichts anderes als eine Zeichenkette. Durch Cocoa und CoreFoundation sind bereits einige Standard-Modi vorgegeben. Eigene Run-Loop-Modi erhält man, indem man eine eigene Zeichenkette, die unterschiedlich zu den Defaultwerten ist, verwendet. Wir wollen nun den Timer `timer1` zusätzlich in den Run-Loop-Modus `MyRunLoopMode` einfügen:

```
NSTimer* timer1 = /* ... */;
NSRunLoop* runLoop = [NSRunLoop currentRunLoop];
[runLoop addTimer:timer1 forMode: (__bridge NSString *)kCFRunLoopDefaultMode];
[runLoop addTimer:timer1 forMode: @"MyRunLoopMode"];
```

Wenn wir nun die Run Loop selbst auch in diesem Modus ausführen:

```
for(;;) {
    SInt32 res = CFRunLoopRunInMode((__bridge CFStringRef)@"MyRunLoopMode",
                                    3, YES);

    // ...
}
```

dann ergibt sich wieder die gleiche Ausgabe wie in Abbildung 15.12, obwohl der Timer `timer2` existiert. Allerdings wird dieser nur in den Default-Run-Loop-

Modus eingefügt und die Ereignisse werden von der Run Loop somit nicht verarbeitet.

Mit Run-Loop-Modi hat man als Programmierer also die Möglichkeit, in einem Durchlauf der Run Loop eine Art Filter für die Quellen, die im nächsten Durchlauf abgearbeitet werden dürfen, zu definieren. Wir wollen nun einmal die Run-Loop-Modi zeigen, die direkt durch Cocoa und CoreFoundation vorgegeben sind:

- `NSDefaultRunLoopMode` (Cocoa) oder `kCFRunLoopDefaultMode` (CoreFoundation)

  Dieser Modus wird von den meisten Operationen als Standard verwendet. Wie wir schon gezeigt haben, werden Timer zum Beispiel standardmäßig in diesem Modus als Quelle eingetragen. Aus diesem Grund sollten eigene Run Loops auch hauptsächlich in diesem Modus laufen.

- `NSConnectionReplyMode` (Cocoa)

  In Cocoa wird dieser Modus in Verbindung mit der Klasse `NSConnection` verwendet, um auf einkommende Nachrichten zu horchen. Diesen Modus sollte man als Programmierer nach Möglichkeit nicht verwenden.

- `NSModalPanelRunLoopMode` (Cocoa)

  Dieser Modus wird im Cocoa-Framework verwendet, um Events kontrolliert an ein modales Panel zu leiten. Denn wenn ein modales Panel aktiv ist, sollen schließlich auch nur Quellen verarbeitet werden, die Ereignisse senden, die für dieses Panel gedacht sind.

- `NSEventTrackingRunLoopMode` (Cocoa)

  Zum Beispiel während Mouse-Dragging-Prozessen in der GUI dient dieser Modus dazu, einlaufende Ereignisse einzuschränken.

- `NSRunLoopCommonModes` (Cocoa) oder `kCFRunLoopCommonModes` (CoreFoundation)

  Hierbei handelt es sich eigentlich weniger um einen Modus als um eine ganze Sammlung von Modi. Diese Sammlungen werden von vielen Methoden verwendet, um neue Quellen für all diese Modi einzufügen. Für Cocoa-Anwendungen umfasst die Sammlung `NSRunLoopCommonModes` die Modi: `NSDefaultRunLoopMode`, `NSModelPanelRunLoopMode` und `NSEventTrakkingRunLoopMode`.

  Die einfachste Möglichkeit, den aktuellen Modus einer Run Loop zu beeinflussen, ist es, die Run Loop während der Abarbeitung eines Ereignisses durch einen weiteren Aufruf von `CFRunLoopRunInMode` in einem anderen Modus erneut zu starten.

  Wir wollen zum Schluss noch zeigen, wie wir eine Run Loop wieder beenden, wenn sie wie in Listing 15.42 ausgeführt wurde. Hierzu dient die Methode `CFRunLoopStop`. Dieser Prozedur muss als Parameter die Run Loop als

CFRunLoopRef übergeben werden. Durch die Ausführung dieser Funktion wird die entsprechende Run Loop abgebrochen und die CFRunLoopRunInMode-Funktion liefert als Ergebnis die Konstante kCFRunLoopRunStopped zurück. Die aktuelle Run Loop kann also wie folgt gestoppt werden:

```
CFRunLoopStop([[NSRunLoop currentRunLoop] getCFRunLoop]);
```

Unbegrenzte Ausführung der Run Loop

Alternativ zu der Funktion CFRunLoopRunInMode gibt es noch die Funktion CFRunLoopRun. Diese Methode führt die Run Loop des aktuellen Threads im Modus NSDefaultRunLoopMode für eine unbegrenzte Zeit aus. Die Thread-Methode aus Listing 15.42 vereinfacht sich damit sehr stark:

```
- (void) threadMainMethod: (id) data {
    CFRunLoopRun();
}
```

Die Ausführung der Methode CFRunLoopRun wird beendet, wenn keine Input-Quellen an der Run Loop mehr angemeldet sind oder die Methode CFRunLoopStop aufgerufen wurde.

Insgesamt bietet eine Run Loop dem Programmierer die Möglichkeit, viele kleine Aufgaben sehr flexibel »asynchron« zu verarbeiten. Ein großer Vorteil im Gegensatz zu Threads ist allerdings, dass die Verarbeitung der Ereignisse in einer Run Loop in Wirklichkeit nicht asynchron abgearbeitet und damit während der Abarbeitung auch auf keinen Fall von anderen Ereignissen dieser Run Loop unterbrochen werden. Aus diesem Grund müssen die Ereignisse der Run Loop untereinander nicht synchronisiert werden. Da die Synchronisation häufig nicht sehr einfach umzusetzen ist und Geschwindigkeitseinbußen mit sich bringt, ist dies ein nicht zu unterschätzender Vorteil.

Run Loops starten mit der Klasse NSRunLoop

Bisher haben wir gezeigt, wie wir eine Run Loop über CFRunLoopRun und CFRunLoopRunInMode aus CoreFoundation starten können. Alternativ kann dies auch mit Funktionen der Klasse NSRunLoop bewerkstelligt werden.

So kann zum Beispiel mit der Methode run die Run Loop ohne Zeitbegrenzung im Modus NSDefaultRunLoopMode gestartet werden. Eine so gestartete Run Loop kann nicht abgebrochen werden:

```
[runLoop run];
```

Soll die Abarbeitung der Run Loop zeitlich begrenzt oder der Modus, in der die Run Loop arbeitet, spezifiziert werden, so kann die Methode runMode:beforeDate: verwendet werden. Hierdurch wird die Run Loop bis spätestens zum

Datum `beforeDate:` im Modus `mode:` gestartet. Sollte vorher ein Ereignis abgearbeitet werden, so wird die Methode nach der Abarbeitung ebenfalls beendet. Damit lässt sich wieder eine Run Loop starten, die durch die Ereignisse beendet werden kann:

```
do {
    [runLoop runMode:NSDefaultRunLoopMode
        beforeDate:[NSDate distantFuture]];
} while (!shouldExit);
```

In dem Beispiel wird die Run Loop für »unendliche« Zeit (`[NSDate distantFuture]`) gestartet. Da die Methode aber nach jedem verarbeiteten Ereignis beendet wird, wird der Aufruf mit einer `do-while`-Schleife so lange wiederholt, bis die lokale Variable `shouldExit` auf `YES` gesetzt wurde. Diese Variable muss nun zum Beispiel als Instanzenvariable zugänglich gemacht und während der Abarbeitung eines Ereignisses auf `YES` gesetzt werden, um die Run Loop zu beenden.

Es gibt noch mehr Funktionen zum Starten einer Run Loop in der Klasse `NSRunLoop`. Auf die genauen Unterschiede und die Funktionsweise dieser Methoden gehen wir hier nicht weiter ein. Sie können in der Klassendokumentation nachgelesen werden.

15.5 Run-Loop-Quellen

Wie Sie bereits erfahren haben, versorgen Input-Quellen und Timer-Quellen eine Run Loop in einem Thread asynchron mit Ereignissen, die dann sequenziell abgearbeitet werden. In diesem Abschnitt wollen wir uns etwas genauer damit beschäftigen, welche Arten von Quellen es gibt und wie sie funktionieren.

Prinzipiell gibt es zwei verschiedene Arten von Input-Quellen. Zum einen die Port-basierten Quellen, die auf Mach-Ports basieren und bei denen das Betriebssystem einen Thread automatisch darüber informiert, dass ein neues Ereignis aufgetreten ist. Zum anderen gibt es die benutzerdefinierten Quellen, die manuell in Objective-C implementiert sind und die zum Beispiel von anderen Threads über Ereignisse informiert werden. Hiervon können wir auch eigene Quellen implementieren.

Im Laufe des Kapitels wollen wir nun die Funktionsweise der Quellen etwas genauer zeigen. Wir beginnen mit den bereits bekannten Timern. Daraufhin wenden wir uns den Port-basierten Quellen und als Beispiel für benutzerdefinierte Quellen den bereits in Cocoa implementierten Perform-Selector-Quellen zu. Zum Schluss wollen wir dann betrachten, wie wir unsere eigene Quelle definieren, mit der wir Ereignisse durch eine Run Loop abarbeiten lassen können. Hierzu brauchen wir natürlich eine Run Loop. Gehen wir aus diesem Grund bei allen folgenden Beispielen davon aus, dass die Run Loop durch folgendes Programm betrieben wird:

```
[[NSRunLoop currentRunLoop] run];
```

Die Run Loop läuft also unbegrenzt im Modus `NSDefaultRunLoopMode`.

15.5.1 Timer-Quellen

Wie wir bereits im vorherigen Abschnitt gezeigt haben, werden Timer-Quellen in Cocoa durch die Klasse `NSTimer` repräsentiert. In CoreFoundation ist der entsprechende Typ `CFRunLoopTimerRef`. Für uns reicht allerdings der Zugriff auf Timer über die Klasse `NSTimer`. Erzeugen können wir Timer mit Convenience-Konstruktoren

- `scheduledTimerWithTimeInterval:target:selector:userInfo:repeats:`

  oder
- `scheduledTimerWithTimeInterval:invocation:repeats:`

Beide Konstruktoren erzeugen ein neues Timer-Objekt und fügen es als Quelle auch direkt der aktuellen Run Loop im Standard-Modus (`NSDefaultRunLoopMode`) hinzu. Äquivalent hierzu können wir ein Timer-Objekt auch erzeugen, ohne es direkt als Quelle in der Run Loop hinzuzufügen. Hierzu dienen die beiden ansonsten zu den vorherigen kompatiblen Convenience-Konstruktoren:

- `timerWithTimeInterval:target:selector:userInfo:repeats:`

  oder
- `timerWithTimeInterval:invocation:repeats:`

Diese Timer-Objekte können wir dann, wie wir bereits im vorherigen Abschnitt gezeigt haben, mit der Methode `addTimer:forMode:` der Klasse `NSRunLoop` einer Run Loop als Quelle hinzufügen.

Da wir im vorherigen Abschnitt bereits einige Varianten der Timer-Konstruktion gezeigt haben, wollen wir nun einmal den letzten der vier Konstruktoren verwenden, um ein Timer-Objekt zu erzeugen. Hierzu brauchen wir als Hilfe die beiden Klassen `NSMethodSignature` und `NSInvocation` zur Darstellung des Methodenaufrufs, der durchgeführt wird, wenn der Timer auslöst. Schauen wir uns also zuerst die Deklaration des Methodenaufrufs `invocation` an:

```
NSMethodSignature* signature =
    [NSMethodSignature signatureWithObjCTypes:"v@:@"];
```

```
NSInvocation* invocation =
    [NSInvocation invocationWithMethodSignature:signature];

[invocation setTarget:self];
[invocation setSelector:@selector(logMessage:)];

NSString* message = @"Ich bin eine Nachricht";
[invocation setArgument:&message atIndex:2];
```

Listing 15.46: Erstellen eines NSInvocation-Objekts für die Nachricht logMessage:

Wie Sie am Bespiel sehen, dient die Klasse NSMethodSignature zu nichts anderem als der Kapselung des Typausdrucks der aufzurufenden Funktion. Erzeugen kann man eine solche Methodensignatur mit dem Konstruktor signatureWithObjCTypes: und dem Typ der Methode in der char-Kodierung aus Abschnitt 12.2. Dieser Konstruktur existiert seit Mac OS X 10.5. Unsere Methode hat also keinen Rückgabewert (void), erwartet wie jede Objective-C-Nachricht als erstes Argument ein Objekt, dann einen Selektor und dann erst die eigenen Argumente. Dies ist in unserem Fall nur ein NSString-Objekt, also einfach @.

Mit diesen Signaturen können wir nur ein NSInvocation-Objekt erzeugen. Die Klasse NSInvocation dient dazu, einen beliebigen Methodenaufruf zu konfigurieren. In unserem Fall wollen wir an uns selbst die Nachricht logMessage: mit dem String @"Ich bin eine Nachricht!" als Argument senden.

Die Nachricht logMessage: ist wie folgt implementiert:

```
- (void) logMessage: (NSString*) message {
    NSLog(@"Message: %@", message);
}
```

Listing 15.47: Implementierung der Methode logMessage:

Wollen wir den Methodenaufruf ausführen, müssen wir dem Objekt invocation nur die Nachricht invoke senden. Wir wollen allerdings einen Timer konstruieren, der jede halbe Sekunde diese Nachricht sendet:

```
NSTimer* timer = [NSTimer
                     timerWithTimeInterval:0.5
                     invocation:invocation
                     repeats:YES];
```

Dies geschieht mit dem Konstruktor timerWithTimeInterval:invocation:repeats:, dem wir das Objekt invocation mitgeben. Wenn wir nun den Timer der aktuellen Run Loop hinzufügen und diese dann starten, erhalten wir die erwartete Ausgabe, die Sie auch in Abbildung 15.14 sehen können:

```
NSRunLoop* runLoop = [NSRunLoop currentRunLoop];
[runLoop addTimer:timer forMode: NSDefaultRunLoopMode];
[runLoop run];
```

Listing 15.48: Ausführen der Run Loop mit Timer `timer`

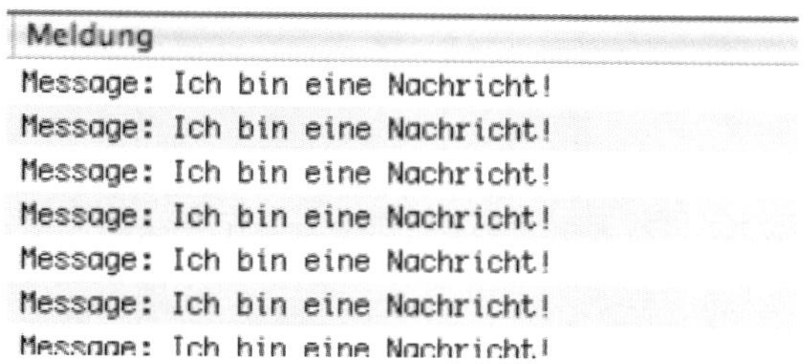

Abb. 15.14: Ausgabe des Timers alle halbe Sekunde auf Basis von Listing 15.48

Wir wollen nun den Aufruf der Methode so erweitern, dass zusätzlich der Timer, der ausgelöst wurde, bekannt ist und ein Zieldatum mitgegeben wird, an dem der Timer enden soll. Die neue Methode, die ausgeführt wird, lautet `timer:logMessage:untilDate:`. Die neue Signatur der Methode ist dann `v@:@@@`. Die Nachricht und das Zieldatum (zwei Sekunden nach dem aktuellen Datum) können wir nun direkt nach der Erzeugung des Objekts `invocation` setzen:

```
NSMethodSignature* signature =
    [NSMethodSignature signatureWithObjCTypes:"v@:@@@"];
NSInvocation* invocation =
    [NSInvocation invocationWithMethodSignature:signature];

[invocation setTarget:self];
[invocation setSelector:@selector(timer:logMessage:untilDate:)];

NSString* message = @"Der Timer endet nach 2 Sekunden.";
[invocation setArgument:&message atIndex:3];

NSDate* untilDate = [NSDate dateWithTimeIntervalSinceNow:2];
[invocation setArgument:&untilDate atIndex:4];
```

Listing 15.49: Erzeugung eines `NSInvocation`-Objekts für `timer:logMessage:untilDate:`

Hiernach erzeugen wir den eigentlichen Timer und setzen ihn als das erste Argument der Nachricht (also das Argument der internen Methode mit Index 2):

```
NSTimer* timer = [NSTimer timerWithTimeInterval:0.5
                    invocation:invocation repeats:YES];
[invocation setArgument:&timer atIndex:2];
```

Hierdurch haben wir innerhalb der Methode `timer:logMessage:untilDate:` nun den vollen Zugriff auf den Timer. Dies nutzen wir, um den Timer über die Nachricht `invalidate` zu deaktivieren, sobald das Ziel-Datum erreicht ist:

```
- (void) timer:(NSTimer*) timer
    logMessage: (NSString*) message
     untilDate:(NSDate*) date {

    NSDate* now = [NSDate date];
    NSLog(@"Message um %@: %@", now, message);
    if ([now timeIntervalSinceDate:date] > 0) {
        NSLog(@"Timer wurde gestoppt");
        [timer invalidate];
    }
}
```

Listing 15.50: Implementierung der Methode `timer:logMessage:untilDate:`

Wenn nun der Timer wie im vorherigen Beispiel der Run Loop hinzugefügt wird und die Run Loop läuft, wird der Timer, wie in Abbildung 15.15 zu sehen, ca. vier Mal ausgeführt.

```
Meldung
Message um 2009-03-23 17:30:23 +0100: Der Timer endet nach 2 Sekunden.
Message um 2009-03-23 17:30:24 +0100: Der Timer endet nach 2 Sekunden.
Message um 2009-03-23 17:30:24 +0100: Der Timer endet nach 2 Sekunden.
Message um 2009-03-23 17:30:25 +0100: Der Timer endet nach 2 Sekunden.
Timer wurde gestoppt
```

Abb. 15.15: Ausgabe der Nachricht maximal zwei Sekunden lang

Das Programm selbst wird allerdings fortgeführt, da die Run Loop weiterläuft. Um diese zu beenden, kann die Methode `CFRunLoopStop` verwendet werden. Ändern wir die Timer-Methode wie folgt, um die aktuelle Run Loop zu stoppen:

```
...
[timer invalidate];
CFRunLoopStop([[NSRunLoop currentRunLoop] getCFRunLoop]);
...
```

Hierdurch ändert sich am Verhalten allerdings auch nichts, da die Funktionalität des Abbrechens einer Run Loop in die Methode `run` der Klasse `NSRunLoop` nicht eingebaut ist. Rufen wir die Run Loop allerdings wie im vorherigen Abschnitt auf, wird das Programm wie erwartet beendet:

```
for (;;) {
    SInt32 res = CFRunLoopRunInMode(kCFRunLoopDefaultMode, 3, YES);
    if (res == kCFRunLoopRunStopped ||
        res == kCFRunLoopRunFinished) break;
}
```

Nachdem Sie also nun gesehen haben, wie wir einen Timer starten und wie wir ihn wieder ausschalten und sogar die zugehörige Run Loop beenden, wollen wir uns etwas genauer damit beschäftigen, wie wir beeinflussen können, wann ein Timer ausgelöst werden soll. Dazu erzeugen wir einen Timer, der eine Sekunde in der Zukunft ausgelöst werden soll. Dazu initialisieren wir den Timer mit der Methode `initWithFireDate:interval:target:selector:userInfo:repeats:`. Da der Timer nicht in einem festen Intervall ausgelöst werden soll, könnten wir `repeats` auf `NO` setzen. Wir lassen `repeats` allerdings auf `YES` und setzen das Intervall stattdessen auf `MAXFLOAT`, was abgesehen davon, dass der Timer nicht nach dem ersten Auslösen aus der Run Loop als Quelle entfernt wird, die gleiche Wirkung hat. Hierdurch können wir später weitere Zeitpunkte festlegen, zu denen der Timer ausgelöst werden soll. Alternativ könnten wir ihn zu dem Zeitpunkt auch erneut der Run Loop hinzufügen.

Zusätzlich zu der Regelung mit dem Intervall wollen wir das Argument `userInfo` nutzen, um dem Timer eine zusätzliche Information mitzugeben, in unserem Fall die aktuelle Zeit:

```
NSTimer* timer = [[NSTimer alloc]
    initWithFireDate:[NSDate dateWithTimeIntervalSinceNow:1]
    interval:MAXFLOAT
    target:self
    selector:@selector(timerFired:)
    userInfo:[NSDate date]
    repeats:YES];
[[NSRunLoop currentRunLoop]
    addTimer:timer forMode:NSDefaultRunLoopMode];
```

In der Methode `timerFired:`, die nach einer Sekunde ausgelöst wird, geben wir nun eine kleine Nachricht aus und programmieren den Timer erneut. Dies geschieht über die Methode `setFireDate:`. Der neue Zeitpunkt, zu dem der Timer ausgelöst werden soll, soll genauso weit in der Zukunft liegen, wie der Timer alt ist:

```
- (void) timerFired: (NSTimer*) timer {
    NSDate* now = [NSDate date];
    NSTimeInterval interval = [now timeIntervalSinceDate: timer.userInfo];
    NSLog(@"Timer ausgelöst: %@ %f", now, interval);
```

```
    [timer setFireDate:[now addTimeInterval:interval]];
}
```

Listing 15.51: Festlegen des Auslösezeitpunkts eines Timers mit `setFireDate:`

Hierdurch ergibt sich, wie in Abbildung 15.16 zu sehen, ein wachsendes Intervall mit ca. einer Sekunde, dann zwei Sekunden, vier Sekunden, acht Sekunden, 16 Sekunden usw.

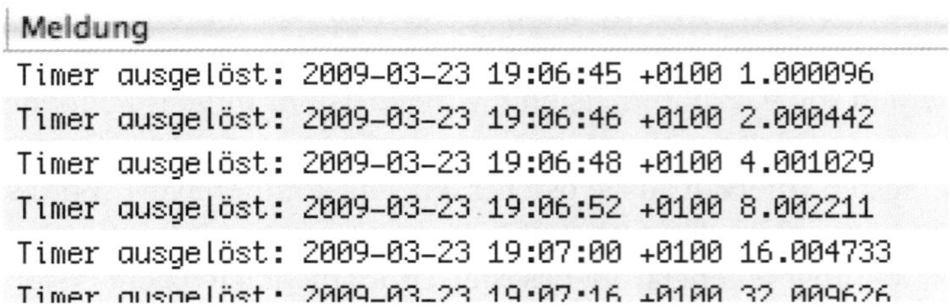

Abb. 15.16: Timer mit wachsendem Intervall

Die Funktionalität mit `fireDate` kann zum Beispiel genutzt werden, um eine verzögerte Suche zu implementieren. Hierzu legt man einen Timer an, der bei jedem Tastendruck in einem Textfeld auf einen Zeitpunkt um zum Beispiel 0,3 Sekunden in der Zukunft programmiert wird. Hierdurch wird der Timer ausgelöst, sobald 0,3 Sekunden keine Taste mehr gedrückt wurde. Denn wäre eine Taste vorher gedrückt worden, wäre der alte Wert von `fireDate` überschrieben worden. Aber versuchen Sie selbst einmal, dieses Verhalten zu programmieren.

15.5.2 Perform-Selektor-Quellen

In Anwendungen mit mehreren Threads ist es häufig notwendig bzw. sinnvoll, Aufgaben von einem Thread aus auf einem anderen zu starten. Um dies zu bewerkstelligen, sind in die Klasse `NSObject` einige Methoden implementiert, um die Ausführung einer Nachricht auf einem anderen Thread zu ermöglichen. Dazu bedient sich die Implementierung der Run Loops und fügt für jede auszuführende Nachricht in der entsprechenden Run Loop eine **Perform-Selektor-Quelle** ein, die nach der Ausführung der entsprechenden Methode direkt wieder entfernt wird. Wir erstellen für unseren Test eine neue Klasse `PerformSelectorThread` als Unterklasse von `NSThread`, in der die `main`-Methode wie folgt implementiert ist:

```
- (void) main {
  @autoreleasepool {
    [NSThread currentThread].name = @"Hilfsthread";
    [[NSRunLoop currentRunLoop] run];
  }
}
```

Dadurch wird der Name des Threads auf "Hilfsthread" gesetzt und die Run Loop des Threads gestartet, bis die gesamte Anwendung beendet wird. Diese Run Loop wollen wir im Weiteren verwenden, um dort einige Selektoren auszuführen.

Aber wie erstellt man nun so eine Perform-Selektor-Quelle? Schauen wir uns hierzu zuerst die beiden Funktionen `performSelector:onThread:withObject:waitUntilDone:` und `performSelector:onThread:withObject:waitUntilDone:modes:` der Klasse `NSObject` an. Mit beiden Funktionen kann ein angegebener Selektor auf einem bestimmten Thread ausgeführt werden. Dazu muss auf diesem Thread eine Run Loop abgearbeitet werden. Mit der ersten der beiden Varianten wird die dadurch erstellte Perform-Selektor-Quelle für die Modi `NSRunLoopCommonModes` in die Run Loop eingefügt. Mit der zweiten Variante können die Run-Loop-Modi über das Argument `modes:` beeinflusst werden.

Über den Parameter `withObject:` kann dem angegebenen Selektor bei der Ausführung zusätzlich ein Argument mitgegeben werden. Erwartet der Selektor keine Argumente, muss für `withObjects:` der Wert `nil` übergeben werden. Mit dem Argument `waitUntilDone:` kann der Programmierer bestimmen, ob der Thread, in dem die Quelle erstellt wird, warten soll, bis die Nachricht ausgeführt wurde. Hierzu muss `YES` übergeben werden. Falls auf die Ausführung nicht gewartet werden soll, übergibt man einfach `NO`. Für den Fall, dass der Selektor auf dem aktuellen Thread ausgeführt und auf die Ausführung gewartet werden soll, wird keine Perform-Selektor-Quelle erstellt, sondern die Nachricht sofort ausgeführt.

Wir wollen nun in der `main`-Funktion der Applikation den Thread `PerformSelectorThread` starten und auf dessen Run Loop den Thread selbst die Nachricht `somethingToDo:` senden lassen. Der Hauptthread soll auf die Ausführung der Nachricht warten:

```
int main (int argc, const char * argv[]) {
  @autoreleasepool {
    [NSThread currentThread].name = @"Hauptthread";
    PerformSelectorThread* thread = [[PerformSelectorThread alloc] init];
    [thread start];

    [thread performSelector:@selector(somethingToDo:)
        onThread:thread withObject:@"Nachricht" waitUntilDone:YES];

    NSLog(@"%@: Perform-Selector-Quelle hinzugefügt.",
        [NSThread currentThread].name);
    return 0;
  }
}
```

Listing 15.52: Ausführen von `somethingToDo:` auf einem zweiten Thread

Die Nachricht somethingToDo: ist dafür wie folgt implementiert;

```
- (void) somethingToDo: (NSString*) message {
    NSLog(@"%@: %@", [NSThread currentThread].name, message);
}
```

An der Ausgabe in Abbildung 15.17 sieht man, dass die Ausgabe der Nachricht vom zweiten Thread aus geschieht, der Hauptthread allerdings so lange wartet, bis die Nachricht ausgeführt wurde.

Meldung
Hilfsthread: Nachricht
Hauptthread: Perform-Selector-Quelle hinzugefügt.

Abb. 15.17: Ausgabe von Listing 15.52

Alternativ können wir den Hauptthread auch nicht blockieren, indem wir dem Parameter waitUntilDone: den Wert NO übergeben:

```
[thread performSelector:@selector(somethingToDo:)
    onThread:thread withObject:@"Nachricht" waitUntilDone:NO];

NSLog(@"%@: Perform-Selector-Quelle hinzugefügt.",
    [NSThread currentThread].name);
```

In diesem Fall muss allerdings sichergestellt werden, dass die Anwendung lange genug gestartet bleibt.

Von dieser Art von Funktionen gibt es noch einige weitere für verschiedene Aufgabenzwecke. Will man zum Beispiel eine Nachricht auf dem Hauptthread der Anwendungen ausführen, kann man die beiden Funktionen performSelectorOnMainThread:withObject:waitUntilDone: und performSelectorOnMainThread:withObject:waitUntilDone:modes: verwenden. Diese verhalten sich äquivalent zu den zuvor beschriebenen beiden Funktionen mit dem einzigen Unterschied, dass immer der Thread [NSThread mainThread] als Ausführungsort gewählt wird.

Weitere zwei Funktionen, performSelector:withObject:afterDelay: und performSelector:withObject:afterDelay:inModes:, dienen dazu, einen asynchronen Methodenaufruf in die Run Loop des aktuellen Threads [NSThread currentThread] auszuführen. Die Ausführung wird frühestens im nächsten Durchlauf der Run Loop begonnen. Über das Argument afterDelay: kann zusätzlich ein Zeitintervall in Sekunden angegeben werden, das bis zum Start der Abarbeitung mindestens vergehen muss. Wir schreiben zum Testen eine Klasse DelayTest mit folgenden beiden Methoden:

```
- (void) threadMainMethod {
    [self performSelector:@selector(closeApplication)
        withObject:nil afterDelay:3];

    NSLog(@"Run Loop startet um %@.", [NSDate date]);
    [[NSRunLoop currentRunLoop] run];
}
- (void) closeApplication {
    NSLog(@"Programm wird um %@ beendet.", [NSDate date]);
    exit(0);
}
```

Listing 15.53: Verzögerte Ausführung der Methode `closeApplication` über eine Run Loop

In der `main`-Funktion der Applikation erzeugen wir nun eine Instanz der Klasse `DelayTest` und führen die Methode `threadMainMethod` aus. Dadurch erhalten wir die Ausgabe, die in Abbildung 15.18 zu sehen ist.

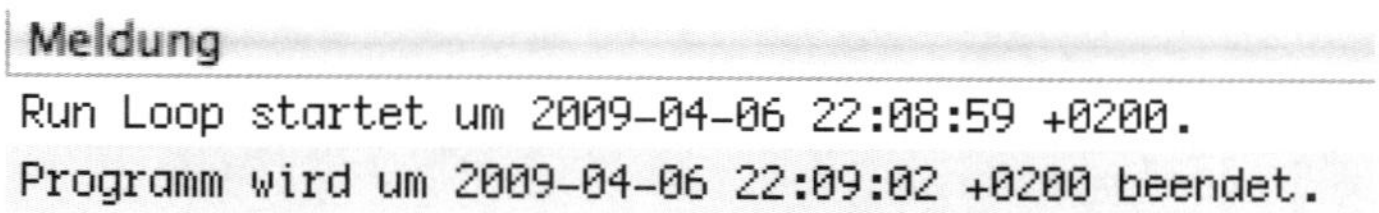

Abb. 15.18: Ausgabe von Listing 15.53

Zu einer interessanten Kombination werden diese beiden Funktionen zusammen mit den Funktionen `cancelPreviousPerformRequestsWithTarget:` und `cancelPreviousPerformRequestsWithTarget:selector:object:`. Diese dienen dazu, eine oder mehrere zuvor in die aktuelle Run Loop eingefügte Perform-Selektor-Quelle vor der Ausführung wieder zu entfernen und damit die Ausführung abzubrechen. Wir erstellen hierfür eine Cocoa-Application mit einem Fenster, auf dem wir zwei Textfelder platzieren (siehe Abbildung 15.19) und lassen für das Fenster eine Klasse mit dem Namen `MainWindow` generieren. Da es sich um eine grafische Anwendung handelt, wird automatisch im Hauptthread eine Run Loop ausgeführt. Diese steht uns für die asynchrone Verarbeitung zur Verfügung.

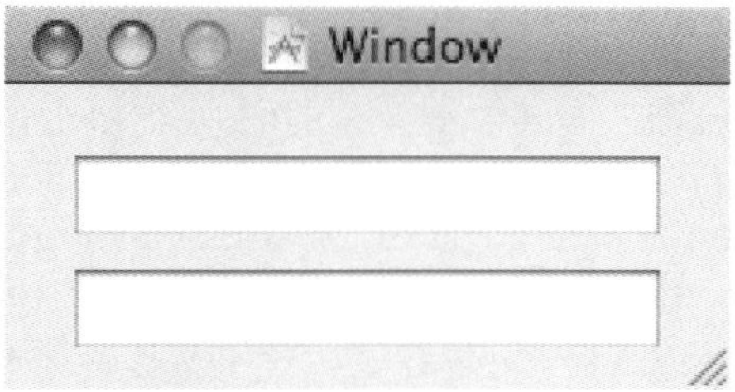

Abb. 15.19: Fenster mit zwei Textfeldern

Für die Klasse `MainWindow` erstellen wir zwei Outlets für die Textfelder mit den Namen `textFieldIn` und `textFieldOut`:

```
@interface MainWindow : NSWindow {
    IBOutlet NSTextField* textFieldIn;
    IBOutlet NSTextField* textFieldOut;
}
@end
```

Listing 15.54: Klasseninterface der Fensterklasse `MainWindow`

Diese beiden Outlets verbinden wir mit den Textfeldern in der GUI. Außerdem setzen wir das Fenster selbst als `delegate` für die beiden Textfelder ein. Hierdurch werden wir über die Methode `controlTextDidChange:` informiert, dass eines der Textfelder geändert wurde. Wir wollen nun die beiden Textfelder untereinander synchronisieren, wenn eine Sekunde keine Änderung mehr am Text durchgeführt wurde. Die Methode `controlTextDidChange:` ist dafür wie folgt implementiert:

```
- (void)controlTextDidChange:(NSNotification *)aNotification {
    [NSObject cancelPreviousPerformRequestsWithTarget: textFieldOut];
    [NSObject cancelPreviousPerformRequestsWithTarget: textFieldIn];

    if (aNotification.object == textFieldIn) {
        [textFieldOut performSelector:@selector(setStringValue:)
            withObject:textFieldIn.stringValue afterDelay:1.0];
    } else {
        [textFieldIn performSelector:@selector(setStringValue:)
            withObject:textFieldOut.stringValue afterDelay:1.0];
    }
}
```

Listing 15.55: Implementierung der Methode `controlTextDidChange:`

Abhängig davon, welches Textfeld geändert wurde, wird dem jeweils anderen Textfeld die Nachricht `setStringValue:` mit einer Verzögerung von einer Sekunde gesendet. Als Argument wird der Textwert des geänderten Textfeldes übergeben. Dadurch wird mit einer Sekunde Verzögerung jeweils der Inhalt eines Textfelds in das andere kopiert. Allerdings soll dies ja nur geschehen, wenn eine Sekunde lang keine Taste mehr gedrückt wurde. Dazu werden direkt zu Beginn der Methode mit `cancelPreviousPerformRequestsWithTarget:` alle Perform-Selektor-Quellen an `textFieldIn` und `textFieldOut`, die noch nicht ausgeführt sind, aus der aktuellen Run Loop gelöscht. Hierbei werden alle verzögerten Ausführungen an `textFieldIn` und `textFieldOut` entfernt und nicht nur jeweils die letzte. In diesem Beispiel handelt es sich jeweils nur um eine verzögerte Ausführung. Mit der Methode `cancelPreviousPerformRequestsWithTarget:selector:object:`

könnte man die Perform-Selektor-Quellen, die entfernt werden sollen, noch etwas genauer spezifizieren. Hier muss nicht nur das Objekt, an das die Nachrichten gesendet werden, übereinstimmen, sondern auch der angegebene Selektor und das Argument `object:`.

15.5.3 Port-basierte Quellen

Wir wollen uns nun mit Port-basierten Quellen beschäftigen. Ein Port ist eine Art Kommunikationskanal. Dieser Kanal wird immer zwischen zwei `NSPort`-Objekten aufgebaut, die sich in zwei unterschiedlichen Threads oder auch unterschiedlichen Prozessen, eventuell auch auf verschiedenen Rechnern befinden.

Von der Klasse `NSPort` gibt es dafür drei Unterklassen. Zum einen `NSMachPort` und `NSMessagePort` für die lokale Kommunikation auf einem Rechner zwischen zwei Threads oder Prozessen und `NSSocketPort` für die Kommunikation über das Netzwerk zwischen verschiedenen Rechnern. Die Klasse `NSMachPort` ist eine Wrapper-Klasse für den Zugriff auf Mach-Ports, dem Kommunikationsmittel von Mac OS X. Im Gegensatz dazu bietet die Klasse `NSMessagePort` eine systemunabhängige lokale Kommunikationsmöglichkeit. Auch mit der Klasse `NSSocketPort` kann natürlich eine lokale Kommunikation zwischen zwei Prozessen durchgeführt werden, jedoch dann mit einem größeren Overhead gegenüber `NSMachPort` und `NSMessagePort`. Aus diesem Grund sollte man `NSSocketPort` auch nur dann verwenden, wenn man die Kommunikationsmöglichkeit über das Netzwerk auch wirklich benötigt.

Aber was haben Ports nun mit Run Loops zu tun? Dies liegt daran, wie Ports verarbeitet werden. So wird von der Klasse `NSRunLoop` für jeden erstellten Port eine Port-basierte Quelle eingerichtet, die auf den entsprechenden Port eingestellt ist. Diese Quelle kann nun einer beliebigen Run Loop hinzugefügt werden, um damit die Kommunikation auf diesem Port asynchron zu überwachen. Um einen solchen Port einer Run Loop hinzuzufügen, gibt es die Methode `scheduleInRunLoop:forMode:` der Klasse `NSPort`:

```
NSPort* port = [NSMachPort port]; // z.B. ein Mach-Port
NSRunLoop* runLoop = [NSRunLoop currentRunLoop];
[port scheduleInRunLoop:runLoop forMode:NSDefaultRunLoopMode];
```

Alternativ kann dieses aber auch mit der Methode `addPort:forMode:` der Klasse `NSRunLoop` erledigt werden:

```
[runLoop addPort:port forMode:NSDefaultRunLoopMode];
```

Wieder entfernen kann man einen Port dann äquivalent mit der Methode `removeFromRunLoop:forMode:` der Klasse `NSPort` oder mit `removePort:forPort:` der Klasse `NSRunLoop`:

```
[port removeFromRunLoop:runLoop forMode:NSDefaultRunLoopMode];
[runLoop removePort:port forMode:NSDefaultRunLoopMode];
```

Mit solchen Ports können wir nun Nachrichten verschicken. Diese Nachrichten werden dargestellt über die Klasse `NSPortMessage`. Initialisieren können wir eine solche Nachricht mit der Methode `initWithSendPort:receivePort:components:`. Dazu müssen wir der Methode zwei Ports angeben: zum einen den Zielport `sendPort:`, über den wir senden wollen, und den Startport `receivePort:`, den wir für eine eventuelle Antwort benötigen. Außerdem können wir zusätzlich als Inhalt der Nachricht ein `NSArray`-Objekt übergeben. Dieses darf allerdings nur `NSData`- und `NSPort`-Objekte beinhalten. Die Initialisierung einer Nachricht sieht wie folgt aus:

```
NSArray* components = /* ... */;
NSPortMessage* message = [[NSPortMessage alloc]
    initWithSendPort: distantPort
    receivePort: localPort
    components: components];
```

Dieser Nachricht können wir über das Property `msgid` noch ein Kennzeichen vom Typ `unsigned int` zur Identifizierung des Nachrichtentyps mitgeben. Danach können wir die Nachricht mit der Methode `sendBeforeDate:` zu einem beliebigen Zeitpunkt senden. Hier senden wir die Nachricht zum Beispiel sofort:

```
[message setMsgid: msgid];
[message sendBeforeDate:[NSDate date]];
```

Um eine solche Nachricht zu empfangen, müssen wir dem Port ein Delegate-Objekt eintragen. Diesem Delegate-Objekt wird dann für jede empfangene Nachricht `handlePortMessage:` mit dem `NSPortMessage`-Objekt als Argument gesendet.

Kommunikation von zwei Threads über Mach-Ports

Wir wollen hierzu nun ein vollständiges Beispiel zeigen, in dem zwei Threads über Nachrichten mit Mach-Ports kommunizieren. Dazu brauchen wir eine neue Konsolenanwendung mit zwei Klassen `MainWorker` und `SecondWorker`, die später für die Verarbeitung je eines Threads verantwortlich und wie folgt aufgebaut sind:

```
@interface MainWorker : NSObject <NSPortDelegate> {
    NSPort* localPort;
    NSPort* distantPort;
    BOOL shouldExit;
```

```
    int lastResult;
}
- (void) firstThread;
- (void) startSecondThread;
// ...
@end
```

Listing 15.56: Klasseninterface der Klasse `MainWorker`

```
@interface SecondWorker : NSObject <NSPortDelegate> {
    NSPort* localPort;
    NSPort* distantPort;
    BOOL shouldExit;
}
- (void) secondThread: (NSPort*) aDistantPort;
//...
@end
```

Listing 15.57: Klasseninterface der Klasse `SecondWorker`

Jede der beiden Klassen besitzt jeweils eine Instanzenvariable zum Speichern eines Quell- (`localPort`) und eines Zielports (`distantPort`). Über diese beiden Ports findet später die Kommunikation der beiden Threads statt. Außerdem gibt es in beiden Klassen die Instanzenvariable `shouldExit`, die auf `YES` gesetzt werden kann, um die Run Loop des Threads und damit auch den Thread selbst zu beenden. Weiterhin besitzt die Klasse `MainWorker` zusätzlich die Instanzenvariable `lastResult`. In dieser Instanzenvariablen soll später ein Zwischenergebnis einer Berechnung gespeichert werden.

Damit wir uns in der Anwendung um das Memory Management nicht kümmern müssen, soll die Anwendung mit einem Garbage Collector arbeiten (siehe Abschnitt 8.4).

Der Hauptthread der Anwendung wird mit der Klasse `MainWorker` abgebildet. Dazu wird direkt in der `main`-Funktion der Anwendung eine Instanz der Klasse erzeugt und die Methode `firstThread` ausgeführt:

```
int main (int argc, const char * argv[]) {
  @autoreleasepool {
    MainWorker* worker = [[MainWorker alloc] init];
    [worker firstThread];
    return 0;
  }
}
```

Listing 15.58: Implementierung der `main`-Funktion

Die Methode `firstThread` der Klasse `MainWorker` sieht dann wie folgt aus:

```
- (void) firstThread {
    [NSThread currentThread].name = @"Hauptthread";

    localPort = [NSMachPort port];
    [localPort setDelegate:self];

    NSRunLoop* runLoop = [NSRunLoop currentRunLoop];
    [runLoop addPort:localPort forMode:NSDefaultRunLoopMode];

    [self startSecondThread];

    NSLog(@"%@: Run Loop starten ...", [NSThread currentThread].name);
    do {
        [runLoop runMode:NSDefaultRunLoopMode
              beforeDate:[NSDate distantFuture]];
    } while (!shouldExit);
    NSLog(@"%@: Run Loop beendet.", [NSThread currentThread].name);

   [runLoop removePort:localPort forMode:NSDefaultRunLoopMode];
}
```

Listing 15.59: Implementierung der Methode `firstThread`

Hier wird zuerst der Name der Threads auf `"Hauptthread"` gesetzt. Daraufhin wird der Quellport des ersten Threads vom Typ `NSMachPort` erstellt und die Instanz `self` direkt als Delegate des Ports eingetragen. Dieser Port wird nun der Run Loop des Threads hinzugefügt und wieder entfernt, bevor die Funktion beendet wird. Bevor die Run Loop dann ausgeführt wird, wird über die Methode `startSecondThread` der zweite Thread der Anwendung gestartet. Die Run Loop selbst soll dann in einer `while`-Schleife laufend immer genau eine Input-Quelle verarbeiten, so lange, bis die Variable `shouldExit` auf `YES` gesetzt wurde.

Der zweite Thread in der Methode `startSecondThread` wird dann wie folgt gestartet:

```
SecondWorker *worker = [[SecondWorker alloc] init];
[NSThread
    detachNewThreadSelector:@selector(secondThread:)
    toTarget:worker
    withObject:localPort];
```

Dazu wird eine Instanz der Klasse `SecondWorker` erzeugt und ein Thread erstellt, der die Methode `secondThread:` der neuen Instanz abarbeiten soll. Zur Initialisierung des Threads wird der Methode `secondThread:` zusätzlich der Quellport dieses Threads mitgegeben. Dieser wird den Zielport des zweiten Threads darstellen.

Dazu ist die Methode `secondThread:` der Klasse `SecondWorker` wie folgt implementiert:

```
- (void) secondThread: (NSPort*) aDistantPort {
  @autoreleasepool {
    [NSThread currentThread].name = @"Hilfsthread";

    distantPort = aDistantPort;
    localPort = [NSMachPort port];
    [localPort setDelegate: self];

    NSRunLoop* runLoop = [NSRunLoop currentRunLoop];
    [runLoop addPort:localPort forMode:NSDefaultRunLoopMode];

    [self sendCheckInMessage];

    NSLog(@"%@: Run Loop starten ...", [NSThread currentThread].name);
    do {
        [runLoop runMode:NSDefaultRunLoopMode
            beforeDate:[NSDate distantFuture]];
    } while (!shouldExit);
    NSLog(@"%@: Run Loop beendet.", [NSThread currentThread].name);

    [runLoop removePort:localPort forMode:NSDefaultRunLoopMode];
  }
}
```

Listing 15.60: Implementierung der Methode `secondThread:`

Dieser Thread wird mit der Zeichenkette `"Hilfsthread"` benannt. Der übergebene Quellport des ersten Threads wird in diesem neuen Thread als Zielport der Instanzenvariablen `distantPort` zugewiesen. Auch für diesen Thread wird daraufhin ein Quellport (`localPort`) vom Typ `NSMachPort` erstellt, die Instanz `self` als Delegate eingetragen sowie der Port der Run Loop hinzugefügt und am Ende wieder entfernt. Dieser neue Port soll nun der Zielport des ersten Threads werden. Dazu wird dem ersten Thread über die Methode `sendCheckInMessage` eine Check-In-Nachricht gesendet. Damit wir zwischen den beiden Threads miteinander kommunizieren können, definieren wir in beiden Klassen die Hilfsfunktion `sendMessage:withComponents::`

```
- (void) sendMessage: (NSUInteger) msg withComponents: (NSArray*) comp {
    NSPortMessage* message = [[NSPortMessage alloc]
        initWithSendPort:distantPort
        receivePort:localPort
        components:comp];
    [message setMsgid: msg];
    [message sendBeforeDate:[NSDate date]];
}
```

Listing 15.61: Implementierung der Methode `sendMessage:withComponents:`

Mit dieser Methode wird eine Nachricht vom Typ `NSPortMessage` vom Quellport (`localPort`) zum Zielport (`distantPort`) erzeugt. Das erste Argument der Funktion dient als Nachrichtenart der Identifikation und das zweite Argument als `NSArray`-Objekt wird zum Inhalt (`components`) der Nachricht. Daraufhin wird die Nachricht sofort versendet.

Die verschiedenen Nachrichtenarten sind über folgende Konstanten definiert:

```
#define kCheckInMessage 100
#define kExitMessage 200
// Definition weiterer Nachrichtenarten
```

Diese Konstanten müssen beiden Klassen, `MainWorker` und `SecondWorker`, zum Beispiel über eine dritte Datei `Message.h` zur Verfügung gestellt werden. Die Check-In-Nachricht kann damit wie folgt implementiert werden:

```
- (void) sendCheckInMessage {
    [self sendMessage:kCheckInMessage withComponents:nil];
}
```

Diese Nachricht soll nun der erste Thread empfangen, um damit seinen Zielport (`distantPort`) zu vervollständigen. Da sich die Instanz von `MainWorker` als Delegate bei `localPort` angemeldet hat, kann zum Empfangen der Nachrichten in `MainWorker` die Methode `handlePortMessage:` implementiert werden:

```
- (void) handlePortMessage: (NSPortMessage*) message {
    unsigned int msgid = [message msgid];

    if (msgid == kCheckInMessage) {
        NSLog(@"%@: Anmeldung erhalten", [NSThread currentThread].name);
        distantPort = [message sendPort];
        [self sendMessage:kExitMessage withComponents:nil];

    // Eventuelle Verarbeitung weiterer Nachrichtenarten

    } else if (msgid == kExitMessage) {
```

```
        NSLog(@"%@: Exit erhalten", [NSThread currentThread].name);
        shouldExit = YES;
    } else {
        NSLog(@"Unbekannte Nachricht erhalten");
    }
}
```

Listing 15.62: Implementierung der Methode `handlePortMessage:` der Klasse `MainWorker`

Die empfangene Nachrichtenart bekommen wir dann von der Nachricht `message` über die Methode `msgid`. In diesem Beispiel werden die beiden Nachrichtenarten `kCheckInMessage` und `kExitMessage` behandelt.

Bei einem Check-In wird der Sendeport der Nachricht als Zielport (`distantPort`) für diesen (ersten) Thread eingetragen. Dadurch ist nun auch dem ersten Thread ein Quell- und Zielport bekannt und er kann darüber dem zweiten Thread über `sendMessage:withComponents:` Nachrichten senden. In diesem Beispiel wird dem zweiten Thread direkt wieder die Nachricht `kExitMessage` gesendet. Alternativ könnten hier auch beliebige andere Nachrichten mit weiterem Dateninhalt geschickt werden.

Für den Fall, dass der erste Thread eine `kExitMessage` erhält, wird die lokale Variable `shouldExit` auf `YES` gesetzt, wodurch die Run Loop und damit der erste Thread beendet wird.

Um das Beispiel vervollständigen zu können, fehlt noch die Implementierung der Methode `handlePortMessage:` des zweiten Threads, mit der dieser auf Nachrichten vom ersten Thread reagiert.

In dieser Implementierung wird dem zweiten Thread direkt nach dem Check-in die Nachricht `kExitMessage` gesendet. Später soll hier die Kommunikation für die Berechnung stattfinden. Der erste Thread selbst reagiert aber auch auf die Nachricht `kExitMessage`. In diesem Fall wird die Variable `shouldExit` auf `YES` gesetzt, wodurch die Run-Loop-Verarbeitung und damit der Thread beendet wird.

```
- (void) handlePortMessage: (NSPortMessage*) message {
    unsigned int msgid = [message msgid];

    if (msgid == kExitMessage) {
        NSLog(@"%@: Exit erhalten", [NSThread currentThread].name);
        [self sendMessage:kExitMessage withComponents:nil];
        shouldExit = YES;

    // Eventuelle Verarbeitung weiterer Nachrichtenarten
    }
}
```

Listing 15.63: Implementierung der Methode `handlePortMessage:` der Klasse `SecondThread`

Für das Beispiel muss in dieser Methode nur mit der Nachrichtenart `kExitMessage` gerechnet werden. Falls der zweite Thread eine solche Nachricht erhält, wird äquivalent zum ersten Thread die lokale Variable `shouldExit` auf `YES` gesetzt, wodurch der Thread beendet wird. Zuvor wird dem ersten Thread allerdings ebenfalls eine `kExitMessage`-Nachricht geschickt.

Der gesamte Programmablauf ist in Abbildung 15.20 zu sehen. Man sieht, dass zuerst der zweite Thread dem ersten Thread eine Check-In-Nachricht schickt und sich daraufhin die beiden Threads direkt die Exit-Nachrichten schicken und sich daraufhin beenden.

Meldung
Hilfsthread: Run Loop starten ...
Hauptthread: Run Loop starten ...
Hauptthread: Anmeldung erhalten
Hilfsthread: Exit erhalten
Hilfsthread: Run Loop beendet.
Hauptthread: Exit erhalten
Hauptthread: Run Loop beendet.

Abb. 15.20: Kommunikation über Mach-Ports

Die Kommunikation, die im gezeigten Beispiel zwischen zwei Threads des gleichen Prozesses stattfindet, kann sehr einfach auch auf zwei Threads verteilt werden.

Hinweis

Unter iOS funktioniert die Kommunikation zwischen zwei Prozessen nicht, da die Ausführung paralleler Prozesse nicht möglich bzw. nicht gestattet ist.

Allerdings muss dafür dem zweiten Prozess der Port des ersten Prozesses bekannt gemacht werden. Um dieses Problem zu lösen, gibt es die Klasse `NSNameServer` bzw. ihre Unterklassen `NSMachBootstrapServer` für `NSMachPort`-Objekte, `NSMessagePortNameServer` für `NSMessagePort`-Objekte und `NSSocketPortNameServer` für `NSSocket`-Objekte.

Ein Name-Server dient dazu, einen Port über einen Namen zu erreichen. Dazu bietet die Klasse `NSNameServer` die Methode `registerPort:name:`, um einen Port für einen Namen als `NSString`-Objekt zu registrieren. Für jede der drei Arten von Ports gibt es genau eine Name-Server-Instanz. Diese erhalten wir, indem wir der entsprechenden Name-Server-Klasse die Nachricht `sharedInstance` schicken. Den Port, den wir in der Methode `firstThread` des ersten Threads erstellen, können wir also wie folgt dem Name-Server bekannt machen.

```
localPort = [NSMachPort port];
[[NSMachBootstrapServer sharedInstance]
    registerPort:localPort
    name:@"MyMachPort"];
```

Um einen über einen Name-Server freigegebenen Port wieder zu entfernen, dient die Methode `removePortForName:` von `NSNameServer`. Im Fall von Mach-Ports ist dies allerdings nicht erforderlich, da diese automatisch entfernt werden, sobald das entsprechende Port-Objekt aus dem Speicher entfernt wird.

In der Klasse `SecondWorker` müssen wir den Port dann nicht mehr als Parameter übergeben, sondern können uns diesen vom Name-Server mit der Methode `portForName:` holen. Alternativ gibt es auch noch die Funktion `portForName:host:`, um eine Kommunikation über das Netzwerk zu ermöglichen. Für `NSMachPort` besteht diese Möglichkeit jedoch nicht. Das `NSPort`-Objekt in der Klasse `SecondWorker` erhalten wir wie folgt:

```
distantPort = [[NSMachBootstrapServer sharedInstance]
    portForName: @"MyMachPort"];
```

Danach funktioniert das Beispiel wieder wie zuvor. Allerdings können die beiden Threads nun auch in verschiedenen Prozessen ausgeführt werden.

Verwendung der Klasse NSMessagePort

Auf die gleiche Weise können wir in dem vorherigen Beispiel nun auch `NSMessagePort`- anstelle von `NSMachPort`-Objekten verwenden. Das Beispiel funktioniert dadurch unverändert. Es muss allerdings beachtet werden, dass ein `NSMessagePort`-Objekt immer mit einem Namen im Name-Server eingetragen ist. Bei der Initialisierung des Port-Objekts in der Klasse `MainWorker` hat sich damit fast nichts geändert:

```
localPort = [NSMessagePort port];
[[NSMessagePortNameServer sharedInstance]
    registerPort:localPort name:@"MyMessagePort"];
```

Lediglich in der Klasse `SecondWorker` ändert sich die Initialisierung der Ports ein wenig:

```
distantPort = [[NSMessagePortNameServer sharedInstance]
    portForName:@"MyMessagePort"];

localPort = [NSMessagePort port];
[[NSMessagePortNameServer sharedInstance]
    registerPort:localPort name:@"MySecondMessagePort"];
```

Den Port `distantPort` erhalten wir äquivalent, allerdings muss der Port `localPort` ebenfalls beim Name-Server der Klasse `NSMessagePortNameServer` registriert werden.

Um die Threads auf zwei Prozesse zu verteilen, darf außerdem der zweite Thread nicht mehr automatisch vom ersten Thread erzeugt werden. Um zu entscheiden, ob der zweite Thread erzeugt werden soll, erweitern wir die Methode `firstThread` um einen Parameter vom Typ `NSNumber`, indem wir einen `BOOL`-Wert mitgeben, der angibt, ob der zweite Thread erzeugt werden soll oder nicht. Die Methode `firstThread:` ist damit wie folgt aufgebaut:

```
- (void) firstThread: (NSNumber*) boolValue {
    BOOL startThread = boolValue == nil || [boolValue boolValue];
    [NSThread currentThread].name = @"Hauptthread";

    localPort = [NSMessagePort port];
    [[NSMessagePortNameServer sharedInstance]
        registerPort:localPort name:@"MyMessagePort"];
    [localPort setDelegate:self];

    // ... Ausführen der Run Loop ...

    [runLoop removePort:localPort forMode:NSDefaultRunLoopMode];
}
```

Listing 15.64: Anpassen der Methode `firstThread:` aus Listing 15.59

Weiterhin passen wir die `main`-Funktion der Anwendung wie folgt an:

```
int main (int argc, const char * argv[]) {
  @autoreleasepool {
    if (argc > 1) {
        NSString* argument = @(argv[1]);
        if ([argument isEqualTo: @"first"]) {
            MainWorker* worker = [[MainWorker alloc] init];
            [worker firstThread: [NSNumber numberWithBool:NO]];
            return 0;
        } else if ([argument isEqualTo:@"second"]) {
            SecondWorker* worker = [[SecondWorker alloc] init];
            [worker secondThread:nil];
            return 0;
        }
    }
    MainWorker* worker = [MainWorker new];
    [worker firstThread: nil];
    return 0;
```

```
    }
}
```

Listing 15.65: Anpassen der `main`-Funktion aus Listing 15.58

Hierdurch können zwei Prozesse, wie in Abbildung 15.21 und Abbildung 15.22 zu sehen, durch Aufruf mit den Argumenten `first` oder `second` gestartet werden, in denen die Klasse `MainWorker` oder `SecondWorker` arbeitet.

```
Mac64:Debug tw$ ./PortTest first
2009-04-13 15:28:06.833 PortTest[94437:10b] Hauptthread: Run Loop starten ...
2009-04-13 15:28:16.683 PortTest[94437:10b] Hauptthread: Anmeldung erhalten
2009-04-13 15:28:16.686 PortTest[94437:10b] Hauptthread: Exit erhalten
2009-04-13 15:28:16.686 PortTest[94437:10b] Hauptthread: Run Loop beendet.
Mac64:Debug tw$
```

Abb. 15.21: Ausführung des Prozesses `MainWorker`

```
Mac64:Debug tw$ ./PortTest second
2009-04-13 15:28:16.683 PortTest[94438:10b] Hilfsthread: Run Loop starten ...
2009-04-13 15:28:16.685 PortTest[94438:10b] Hilfsthread: Exit erhalten
2009-04-13 15:28:16.685 PortTest[94438:10b] Hilfsthread: Run Loop beendet.
Mac64:Debug tw$
```

Abb. 15.22: Ausführung des Prozesses `SecondWorker`

Kommunikation übers Netzwerk

Soll hingegen eine Kommunikation zwischen zwei Threads aus Prozessen, die auf verschiedenen Rechnern ausgeführt werden, stattfinden, so müssen `NSSocketPort`-Objekte anstelle von `NSMachPort`- oder `NSMessagePort`-Objekten verwendet werden. Diese haben Sie bereits in Kapitel 11 kennengelernt, um eine Kommunikation zu ermöglichen. Diese Klasse kann jedoch auch verwendet werden, um `NSPortMessage`-Objekte zu verschicken.

Hinweis

Die Klassen `NSSocketPort` und `NSSocketPortNameServer` stehen unter iOS nicht zur Verfügung. Allerdings steht der Datentyp `CFSocketPortRef` in CoreFoundation unter iOS zur Verfügung. Dieser kann wie in Kapitel 11 gezeigt anstelle der Klasse `NSSocketPort` verwendet werden.

In der Klasse `MainWorker` muss die Initialisierung des Ports `localPort` dann wie folgt erfolgen:

```
localPort = [NSSocketPort port];
[[NSSocketPortNameServer sharedInstance]
    registerPort:localPort name:@"MySocketPort"];
```

Die Ports `localPort` und `distantPort` in der Klasse `SecondWorker` erhalten wir dann auf folgende Weise:

```
distantPort = [[NSSocketPortNameServer sharedInstance]
    portForName:@"MySocketPort"];
localPort = [NSSocketPort port];
```

Damit lässt sich bereits wieder eine Kommunikation zwischen zwei Threads auf dem gleichen Rechner durchführen. Allerdings müssen wir bei `NSSocketPort`-Objekten darauf achten, dass wir sie auch wieder richtig schließen. Hierfür müssen wir diesen, nach dem Beenden der Run Loop, die Nachricht `invalidate` senden und beim Name-Server wieder abmelden. Für den Fall der Klasse `MainWorker` ist die Methode wie folgt implementiert:

```
- (void) firstThread: (NSNumber*) boolValue {
    BOOL startThread = boolValue == nil || [boolValue boolValue];
    [NSThread currentThread].name = @"Hauptthread";

    localPort = [NSSocketPort port];
    [[NSSocketPortNameServer sharedInstance]
        registerPort:localPort name:@"MySocketPort"];
    [localPort setDelegate:self];

    if (startThread) [self startSecondThread];

    NSRunLoop* runLoop = [NSRunLoop currentRunLoop];
    [runLoop addPort:localPort forMode:NSDefaultRunLoopMode];

    NSLog(@"%@: Run Loop starten ...", [NSThread currentThread].name);
    do {
        [runLoop runMode:NSDefaultRunLoopMode
            beforeDate:[NSDate distantFuture]];
    } while (!shouldExit);
    NSLog(@"%@: Run Loop beendet.", [NSThread currentThread].name);

    [runLoop removePort:localPort forMode:NSDefaultRunLoopMode];
    [localPort invalidate];
    [[NSSocketPortNameServer sharedInstance]
        removePortForName:@"MySocketPort"];
}
```

Listing 15.66: Anpassen der Methode `firstThread:` aus Listing 15.64

Entsprechendes gilt natürlich auch für den Port `localPort` der Klasse `SecondWorker`.

Soll die Kommunikation über das Netzwerk zwischen zwei verschiedenen Rechnern stattfinden, muss der Port von einem anderen Host initialisiert werden. Dazu dient die Methode `portForName:host:` der Klasse `NSNameServer`. Über den Parameter `host:` kann ein Computername angegeben werden, auf dem der Zielport gesucht werden soll. Alternativ kann auch `@"*"` als Host angegeben werden. Hierdurch wird das gesamte Netzwerk nach einem Rechner durchsucht, auf dem ein Port unter dem entsprechenden Namen registriert wurde. Die Initialisierung des Ports `distantPort` in der Klasse `SecondWorker` funktioniert also auf folgende Weise:

```
distantPort = [[NSSocketPortNameServer sharedInstance]
    portForName:@"MySocketPort" host:@"*"];
```

Die beiden Prozesse für den ersten und den zweiten Thread können nun auf beliebigen Rechnern im lokalen Netzwerk ausgeführt werden. Um dies zu bewerkstelligen, bedient sich die Klasse `NSSocketPortServerName` der Klasse `NSNetService` und des Bonjour-Protokolls. Auf die genaue Funktionsweise dieser Klasse wollen wir allerdings nicht eingehen.

Soll die Kommunikation auch über die Grenzen eines Routers hinweg ausgeführt werden, so muss der exakte Name des Zielcomputers angegeben werden, da das Bonjour-Protokoll nur für Kommunikation innerhalb derselben Broadcast-Domain ausgelegt ist.

15.5.4 Benutzerdefinierte Quellen

Die bisher beschriebenen Arten von Input-Quellen sind bereits fest im Cocoa-Framework oder CoreFoundation implementiert. Es gibt aber auch die Möglichkeit, eigene benutzerdefinierte Quellen zu programmieren.

Um eine benutzerdefinierte Quelle zu erstellen, muss man auf Funktionen der CoreFoundation-Bibliothek zurückgreifen. Es handelt sich also um reine C-Programme und nicht um Objective-C. Allerdings spricht nichts dagegen, für die Erzeugung einer benutzerdefinierten Quelle eigene Objective-C-Wrapper-Klassen bereitzustellen. In unserem Beispiel soll die Klasse `CustomSource` heißen und folgenden Aufbau haben:

```
@interface CustomSource : NSObject {
    CFRunLoopSourceRef runLoopSource;
}
- (void) addToMainRunLoopInMode: (NSString*) mode;
- (void) removeFromMainRunLoopInMode: (NSString*) mode;
- (void) fire;
- (void) invalidate;
@end
```

Listing 15.67: Klasseninterface der Klasse `CustomSource`

Schauen wir uns nun an, was eine benutzerdefinierte Quelle genau ist. Sie besteht mindestens aus

- einer Scheduler-Funktion, die von der Run Loop ausgeführt wird, wenn die Quelle hinzugefügt wird,
- einer Perform-Funktion, in der die Verarbeitung der Ereignisse durchgeführt wird und
- einer Cancel-Funktion, die ausgeführt wird, wenn die Quelle von der Run Loop wieder entfernt wird.

Um eine neue Quelle zu erzeugen, dient die Funktion `CFRunLoopSourceCreate`. Dieser Funktion müssen drei Argumente übergeben werden. Als erstes Argument wird eine Speicherallokationsfunktion erwartet. Hier kann man einfach `NULL` übergeben, um die Allokationsfunktion `kCFAllocatorDefault` zu verwenden. Das zweite Argument gibt die Priorität der neuen Input-Quelle an. Die Quellen, die in einer Run Loop eingefügt sind, werden ihrer Priorität nach verarbeitet. Der Wert dieses Parameters sollte eigentlich immer 0 sein. Als letztes Argument muss eine Struktur vom Typ `CFRunLoopSourceContext` übergeben werden, durch die unsere neue Quelle beschrieben wird. In unserem Beispiel wollen wir unsere Input-Quelle in der `init`-Methode der Klasse anlegen:

```
- init {
    self = [super init];
    if (self != nil) {
        CFRunLoopSourceContext context =
            {0, (__bridge void*)self, NULL, NULL, NULL, NULL, NULL,
             &MySchedulerFunction, MyCancelFunction, MyPerformFunction};
        runLoopSource = CFRunLoopSourceCreate(NULL, 0, &context);
    }
    return self;
}
```

Listing 15.68: Implementierung der Initialisierungsmethode `init`

An dem Beispiel sieht man, wie die `CFRunLoopSourceContext`-Struktur aufgebaut wird. Viele der Elemente der Struktur bleiben leer, ihre genaue Funktion wollen wir hier nicht weiter beschreiben. Als zweites Element der Struktur übergeben wir in unserem Beispiel die Referenz unseres Wrapper-Objekts. Über diese Referenz wird später die Input-Quelle identifiziert. Die letzten drei Elemente der Struktur sind die angedeuteten Funktionen: Scheduler-, Cancel- und Perform-Funktion. Dieses müssen einfache C-Funktionen mit folgenden Signaturen sein:

```
void MySchedulerFunction(void* info, CFRunLoopRef runLoop, CFStringRef mode);
void MyPerformFunction(void* info);
void MyCancelFunction(void* info, CFRunLoopRef runLoop, CFStringRef mode);
```

Listing 15.69: Funktionssignaturen für die benutzerdefinierte Quelle

Über das Argument `info` bekommen wir von der Run Loop immer die Instanz mit, die wir über das zweite Element der `CFRunLoopSourceContext`-Struktur beim Konstruieren der Input-Quelle angegeben haben. Wenn wir die Input-Quelle wieder zerstören wollen, können wir dies mit der Funktion `CFRunLoopSourceInvalidate`. Die Funktion `invalidate` ist damit wie folgt implementiert:

```
- (void) invalidate {
    CFRunLoopSourceInvalidate(runLoopSource);
}
```

Listing 15.70: Implementierung der Methode `invalidate`

Um nun die Quelle einer Run Loop hinzuzufügen, dient die Funktion `CFRunLoopAddSource`. In unserem Beispiel sieht der Aufruf wie folgt aus:

```
- (void) addToMainRunLoopInMode: (NSString*) mode {
    CFRunLoopRef runLoop = [[NSRunLoop mainRunLoop] getCFRunLoop];
    CFRunLoopAddSource(runLoop, runLoopSource, (__bridge CFStringRef) mode);
}
```

Listing 15.71: Implementierung der Methode `addToMainRunLoopInMode:`

Entfernt wird die Input-Quelle wieder mit der Funktion `CFRunLoopRemoveSource`. Die Methode `removeFromMainRunLoopInMode:` kann damit auf folgende Weise implementiert werden:

```
- (void) removeFromMainRunLoopInMode: (NSString*) mode {
   CFRunLoopRef runLoop = [[NSRunLoop mainRunLoop] getCFRunLoop];
   CFRunLoopRemoveSource(runLoop, runLoopSource, (__bridge CFStringRef) mode);
}
```

Listing 15.72: Implementierung der Methode `removeFromMainRunLoopInMode:`

Um nun ein Ereignis der Input-Quelle auszulösen, dient die Funktion `CFRunLoopSourceSignal`. Diese kann in der Methode `fire` dazu verwendet werden, um die Perform-Funktion der Input-Quelle bei der nächsten Abarbeitung der Run Loop des Hauptthreads auszuführen. Es kann jedoch sein, dass die Run Loop gerade nichts zu tun hat und schläft. Aus diesem Grund muss die Run Loop zusätzlich mit der Funktion `CFRunLoopWakeUp` aufgeweckt werden. Die Implementation der Methode `fire` ist wie folgt aufgebaut:

```
- (void) fire {
    CFRunLoopSourceSignal(runLoopSource);
    CFRunLoopWakeUp([[NSRunLoop mainRunLoop] getCFRunLoop]);
}
```

Listing 15.73: Implementierung der Methode `fire`

Vor der Ausführung von `CFRunLoopSourceSignal` könnte man nun in dem Wrapper-Objekt weitere Metainformationen über das abzuarbeitende Ereignis speichern. Diese Metainformationen können dann bei der Ausführung der `MyPerformFunction`-Funktion für die Abarbeitung eines Ereignisses genutzt werden. Wir wollen in unserer Perform-Funktion nur eine Ausgabe machen:

```
void MyPerformFunction(void* info) {
    CustomSource* source = (__bridge_transfer CustomSource*) info;
    NSLog(@"Ereignis der Quelle: %@", source);
}
```

Listing 15.74: Implementierung der Funktion `MyPerformFunction`

Die Methoden `MySchedulerFunction` und `MyCancelFunction` lassen wir in diesem Beispiel leer. Unsere neu erstellte Quelle können wir nun in der `main`-Funktion der Anwendung wie folgt verwenden:

```
CustomSource* source = [CustomSource new];
[source addToMainRunLoopInMode:NSDefaultRunLoopMode];
[source fire];

[[NSRunLoop currentRunLoop] run];
```

Listing 15.75: Verwendung der benutzerdefinierten Quelle

Die Ausführung des Programms führt dann zu der Ausgabe in Abbildung 15.23. Sie sehen, dass unsere eigene Quelle korrekt ausgeführt wurde. Hierbei wäre auch egal gewesen, wenn der Aufruf der Methode `fire` aus einem anderen Thread heraus geschehen wäre. Die Auswertung des Ereignisses wäre trotzdem innerhalb der Run Loop des Hauptthreads ausgeführt worden.

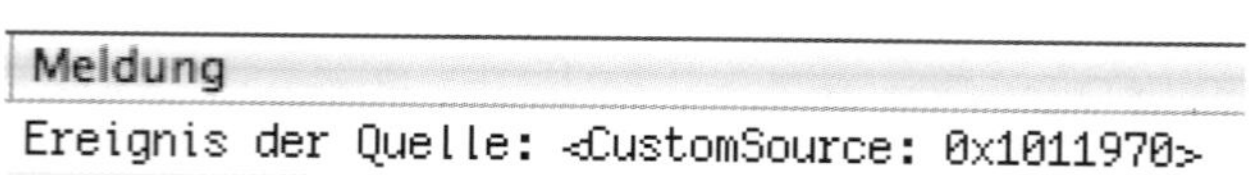

Abb. 15.23: Ausgabe von Listing 15.75

15.6 Übungsaufgaben

1. Aufgabe

Schreiben Sie eine Klasse `SearchFileOperation`, die von `NSOperation` erbt und ein Verzeichnis (`rootPath`) rekursiv durchsucht. Alle in diesem Verzeichnis befindlichen Dateien, die das Teilstück `subName` in ihrem Namen enthalten, sollen von der Operation in ein `NSMutableArray`-Objekt, das über das Property `filenames` zugänglich ist, eingefügt werden. Verwenden Sie hierzu die Funktion enumeratorAtPath: der Klasse NSFileManager. Auf die folgende Weise kann somit das aktuelle Benutzer-Verzeichnis nach Dateien, die test im Namen enthalten, durchsucht werden:

```
SearchFileOperation* search = [SearchFileOperation
    operationWithSubName:@"test"
    andRootPath:[@"~/" stringByStandardizingPath]];
[queue addOperation:search];
```

Listing 15.76: Verwendung der Klasse SearchFileOperation

Achten Sie bei der Implementierung darauf, dass die Klasse SearchFileOperation für die Verwendung von Reference Counting geeignet ist.

2. Aufgabe

Um die gefundenen Dateien aus Aufgabe 1 auszugeben, ist folgende Funktion definiert:

```
- (void) outputFiles: (NSArray*) filenames {
    for (NSString* filename in filenames) {
        NSLog(filename);
    }
}
```

Listing 15.77: Implementierung von outputFiles:

Erstellen Sie eine Operation über die Klasse NSInvocationOperation, die von der Operation search aus Listing 15.76 abhängig ist und die im Property filenames von search gespeicherten Dateien ausgibt.

3. Aufgabe

Was muss geändert werden, falls für die Dateisuche aus Aufgabe 1 keine Operation, sondern ein Thread verwendet werden soll? Was ändert sich dadurch an der Implementierung? Was ist notwendig, um den Stackspeicher des neuen Threads auf 64 KB Speicher einzuschränken?

4. Aufgabe

Passen Sie das Beispiel aus Listing 15.76 so an, dass es den Thread aus Aufgabe 3 ausführt. Führen Sie im Hauptthread die Ausgabe der Dateinamen aus und synchronisieren Sie die beiden Threads so, dass alle Ausgaben nach der Ausführung des Such-Threads ausgegeben werden. Erweitern Sie die Thread-Klasse dazu um eine Methode waitUntilThreadFinished und verwenden Sie für dessen Implementierung die Klasse NSConditionLock.

5. Aufgabe

Schreiben Sie in der Thread-Klasse für die Dateisuche aus Aufgabe 3 und 4 eine Methode `filenameAtIndex:`, der als Argument ein Index als Integer-Wert übergeben wird. Die Funktion liefert dann den Dateinamen mit dem entsprechenden Index aus dem Array `filenames` zurück. Für den Fall, dass der übergebene Index außerhalb des Arrays `filenames` liegt und der Thread bereits vollständig beendet ist, soll die Funktion `nil` liefern. Für den Fall, dass der Thread noch arbeitet, kann es zu einem späteren Zeitpunkt einen Dateinamen mit diesem Index in dem Array geben. Aus diesem Grund soll die Methode `filenameAtIndex:` warten, bis ein Dateiname in dem Array `filename` für den geforderten Index existiert oder der Thread beendet wird. Mit dieser Funktion kann dann synchron zu der Suche der Dateien ihre Ausgabe erfolgen:

```
NSString* filename;
for (int i = 0; filename = [search filenameAtIndex:i]; i++) {
    NSLog(filename);
}
```

Listing 15.78: Synchrone Ausgabe der gefundenen Dateien

Verwenden Sie für die Implementierung der Synchronisation zwischen Thread und der Methode `filenameAtIndex:` die Klasse `NSCondition`.

Bundles

Mac-OS-X-Programme erscheinen im Finder als Applikationen, die zum Beispiel durch einen Doppelklick gestartet werden können. Tatsächlich sind kompilierte Applikationen jedoch ein Verzeichnis, das alle benötigten Dateien für das Programm enthält. Dies kann man leicht selbst feststellen, indem man ein Programm mit einem Rechtsklick anwählt. Hier bietet der Finder die Option *Paketinhalt zeigen* an. Wählt man sie aus, so kann man sich den Inhalt des Programmverzeichnisses ansehen. Die Struktur eines einfachen Programms ist in Abbildung 16.1 zu sehen.

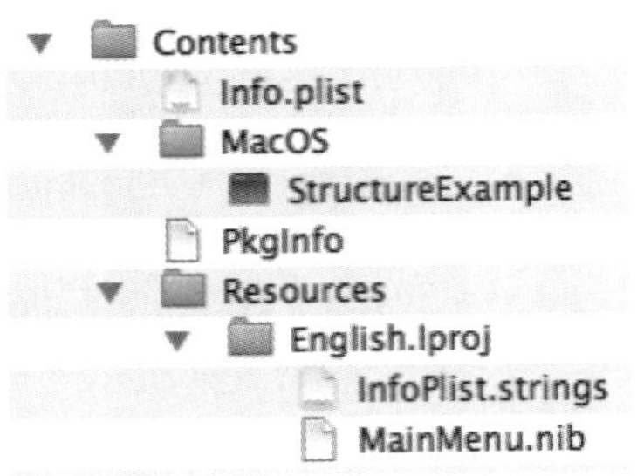

Abb. 16.1: Struktur einer neu erstellen Cocoa-Anwendung

Die eigentliche Anwendung liegt in einem definierten Unterordner dieses Verzeichnisses. Die Tatsache, dass solch eine Orderstruktur im Finder als einfache Applikation erscheint, die sich per Doppelklick starten lässt, ist eine besondere Eigenschaft des Betriebssystems. Durch diese Sonderbehandlung unterscheiden sich Applikationen unter Mac OS X deutlich von anderen Applikationen wie zum Beispiel Windows-Programmen. Diese bringen zwar auch zusätzliche Dateien mit, die jedoch vom Betriebssystem nicht auf gleiche Weise gruppiert werden. Verzeichnisse mit der Endung `.app` werden von Mac OS X als ausführbare Programme behandelt. Probieren Sie dies aus, indem Sie einem Verzeichnis die Endung `.app` hinzufügen. Natürlich lässt sich dieses Verzeichnis nicht starten, Sie sehen jedoch, wie der Finder es sofort als Applikation behandelt. Dieses Konzept wird von Apple **Bundles** genannt. Bundles spielen sowohl bei der Modularisierung von Anwendungen als auch bei deren Lokalisierung eine Rolle. In diesem Kapitel werden wir uns mit beiden Einsatzmöglichkeiten beschäftigen.

16.1 Anatomie eines Bundles

Ein Bundle ist eine normale Verzeichnisstruktur, die erst dadurch zu etwas Besonderem wird, dass der Finder sie wie eine einzige Datei behandelt. Wie wir gezeigt haben, werden Bundles, die die Endung `.app` besitzen, automatisch als Anwendung behandelt. Weitere dem Finder bekannte Endungen sind `.bundle`, `.framework`, `.plugin` und `.kext`. Alle Verzeichnisse mit einer dieser Endungen werden vom Finder automatisch als Bundle behandelt und verhalten sich für den Benutzer wie eine einzige Datei. Es ist auch möglich, eigene Endungen für Bundles zu definieren, die wiederum mit einem Programm verknüpft werden können, wie wir später zeigen werden.

Ein Bundle enthält als oberstes Verzeichnis das Verzeichnis `Contents`. Darin befindet sich immer eine Datei `Info.plist`, in der Metadaten für das Bundle gespeichert sind. Die Datei `Info.plist` ist eine normale, als XML-Datei gespeicherte Property List mit einem `NSDictionary` als Wurzelobjekt. Darüber hinaus kann ein Bundle beliebig viele weitere Dateien wie zum Beispiel Bilder enthalten. Wie in Abbildung 16.1 zu sehen ist, befinden sich diese Dateien meist in einem Verzeichnis unterhalb von `Resources`. Dieses Verzeichnis trägt den Namen der Sprache, in der die enthaltenen Dateien erstellt wurden, und die Endung `.lproj`. Hiermit werden wir uns in Abschnitt 16.2 noch genauer beschäftigen. Unterhalb des Verzeichnisses `Contents` befinden sich plattformspezifische Verzeichnisse, die den ausführbaren Programmcode für ein bestimmtes System enthalten. So enthält der Ordner `MacOS` die ausführbaren Teile, die von Mac OS X geladen und ausgeführt werden.

16.2 Lokalisierung

Die Lokalisierung von Anwendungen spielt heutzutage eine immer größere Rolle. Sei es, weil Sie direkt für einen internationalen Markt Software entwickeln oder weil Sie Ihr Programm zusätzlich in einer anderen Sprache vertreiben wollen. Immer ist es nötig, das Programm in mehreren Sprachen verfügbar zu haben. Tatsächlich geht Lokalisierung noch weiter. So müssen möglicherweise auch Bilder ausgewechselt werden, um unterschiedlichen Kulturen gerecht zu werden. Ressourcen, die lokalisiert werden können, sind zum Beispiel Oberflächenbeschreibungen, statischer oder dynamisch generierter Text, Icons und Grafiken. Ebenso müssen Audiodaten, die gesprochenen Inhalt enthalten, in eine andere Sprache übersetzt werden. Da unterschiedliche sprachliche Regionen oft auch unterschiedliche Formatierungen für zum Beispiel Datums- oder Zeitwerte haben, muss auch Code angepasst werden, der aus einem String ein Datum oder einen Zeitwert parst. Schließlich muss auch die Onlinehilfe in die entsprechende Zielsprache übersetzt werden.

Prinzipiell unterscheidet man zwischen den Begriffen Lokalisierung und Internationalisierung. Während die Internationalisierung der Prozess ist, ein Programm so zu designen und zu implementieren, dass eine Lokalisierung überhaupt erst möglich wird, ist die Lokalisierung selbst der Prozess, eine internationalisierte Anwendung für zwei oder mehr kulturell unterschiedliche Ziele anzupassen. Das Prinzip hinter der Lokalisierung ist es, alle Medien und sichtbaren Texte vom ausführbaren Code zu trennen. Dadurch können die einzelnen Teile unabhängig vom Quellcode lokalisiert und schließlich wieder in das Applikationsbundle integriert werden. Wie in Abbildung 16.1 zu sehen ist, enthält das Applikationsbundle im Ordner `Resources` einen Unterordner `English.lproj`. In diesem werden alle Ressourcen gespeichert, die für die englische Sprache lokalisiert sind. Wenn wir weitere Sprachversionen der Ressource hätten, würden sie in entsprechenden Unterordnern von `Resources` abgelegt.

Um mit Bundles und damit auch den Lokalisierungsfunktionen von Cocoa arbeiten zu können, benötigen wir eine Applikation, die tatsächlich gebundlet ist. Dies ist zum Beispiel eine *Cocoa Application* aus der Kategorie *Application*. In sie fügen wir per Interface Builder in der Datei `MainMenu.xib` ein `NSTextField` und einen `NSButton` ein (siehe Kapitel 8), so dass sie in etwa aussieht wie in Abbildung 16.2.

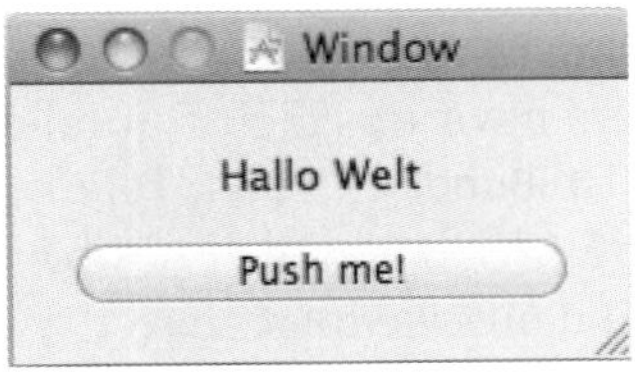

Abb. 16.2: `MainMenu.xib`

Im Interface Builder erstellen wir ein neues Objekt und weisen ihm die Klasse `MyWindow` zu, in der wir eine Action `buttonPushed:` anlegen und den zugehörigen Quellcode File|Write Class Files... erstellen lassen. Nun verbinden wir noch den Button (Sent Actions|selector) mit der Action `buttonPushed:`. Anschließend können wir den Interface Builder wieder schließen. In der erstellten Datei fügen wir der Methode `buttonPushed:` die Zeile `NSLog(@"%@", @"Hello World");` hinzu, so dass nach dem Klicken auf den Button eine Ausgabe in der Konsole erscheint.

Diese Anwendung hat nun zwei Komponenten, die lokalisiert werden können. Zum einen die grafische Oberfläche in der Datei `MainMenu.xib` und zum anderen den String `"Hello World"` in der Datei `MyWindow.m`. Fangen wir mit dem String an. Der erste Schritt ist es, den Code und die Ressourcen, in diesem Fall den statischen String `"Hello World"`, voneinander zu trennen. Da wir Strings auslagern wollen, erstellen wir zuerst einen neuen *String File* aus der Kategorie Other namens `Localizable.strings`. Ein **String File** enthält eine Zuordnung von

Schlüsseln zu den Übersetzungen. Schlüssel und Übersetzung sind jeweils in Anführungszeichen eingeschlossen und durch ein Gleichheitszeichen voneinander getrennt. Jede Zeile wird durch ein Semikolon abgeschlossen. Die Benennung der Schlüssel ist nicht wichtig, da der Benutzer sie nie zu sehen bekommt. Es ist jedoch üblich, die Schlüssel in Englisch zu benennen. In unserem neu angelegten String File fügen wir nun einen Eintrag für den String `"Hello World"` ein:

```
"Hello World" = "Hello World";
```

Anschließend müssen wir den Code so abändern, dass die Texte aus dem String File gelesen werden. Hierzu gibt es die Methode `localizedStringForKey:value:table:` der Klasse `NSBundle`. Dieser wird als erster Parameter der Schlüssel übergeben, unter dem die Übersetzung im String File abgelegt ist. Der Wert, der für `value` übergeben wird, wird zurückgegeben, wenn der Schlüssel nicht gefunden wurde. Wenn der Schlüssel nicht gefunden wurde und für das Argument `value` ein leerer String oder `nil` übergeben wurde, wird der Schlüssel selbst zurückgegeben. Der letzte Parameter gibt die Tabelle an, aus der die Strings gelesen werden sollen. Dies ist einfach der Name des String Files. Wenn hier `nil` übergeben wird, benutzt Cocoa automatisch den Namen `Localizable` und damit den String File `Localizable.strings`. Da diese Methode eine Instanzenmethode der Klasse `NSBundle` ist, benötigen wir zuerst eine Instanz von `NSBundle`. Da wir es im Moment mit nur einem Bundle, nämlich dem Applikationsbundle, zu tun haben und die Klasse `MyWindow` dazugehört, können wir uns dieses Bundle entweder mittels `[NSBundle mainBundle]` oder `[NSBundle bundleForClass:[self class]]` geben lassen, wobei der letztere Ansatz deutlich flexibler ist. Der ganze Inhalt der Methode `buttonPushed:` sieht dann wie folgt aus:

```
- (IBAction)buttonPushed:(id)sender {
    NSBundle *bundle = [NSBundle bundleForClass:[self class]];
    NSString *string = [bundle localizedStringForKey:@"Hello World"
                                  value:@"Hello World" table:nil];
    NSLog(@"%@", string);
}
```

Listing 16.1: Die Methode `buttonPushed:` mit Lokalisierungsfunktionen

Im obigen Beispiel haben wir den String File selbst angelegt und auch das Schlüssel-Wert-Paar per Hand eingetragen. In größeren Projekten wird diese Arbeit schnell monoton und führt zu Fehlern. Aus diesem Grund gibt es eine Reihe von Makros, die sowohl unnötige Schreibarbeit sparen, als uns auch einen Teil der Arbeit abnehmen. Sehen wir uns zunächst diese Makros an. Die einfachste Variante ist das Makro `NSLocalizedString(NSString *key, NSString *comment)`, das als ersten Parameter den Schlüssel übergeben bekommt und als zweiten Parameter einen Kommentar. Wofür der Kommentar wichtig ist, werden Sie weiter unten sehen. Dieses Makro gibt den Schlüssel zurück, wenn kein passender Eintrag gefunden wurde. Wenn man einen den Schlüssel in einem bestimmten String File nachschlagen möchte, muss das Makro NSLocalizedStringFromTable(NSString *key, NSString *tableName, NSString *comment) verwendet werden. Befindet sich der String File zusätzlich noch in einem anderen Bundle als dem Hauptbundle, so muss das Makro NSLocalizedStringFromTableInBundle(NSString *key, NSString *tableName, NSBundle *bundle, NSString *comment) benutzt werden. Hierzu gibt es noch eine Variante, die einen bestimmten Wert zurückgibt, wenn der Schlüssel nicht gefunden wurde. Dies ist das Makro NSLocalizedStringWithDefaultValue(NSString *key, NSString *tableName, NSBundle *bundle, NSString *value, NSString *comment). Da wir uns in unserem Beispiel im Hauptbundle befinden, kann die Methode buttonPushed: wie folgt vereinfacht werden:

```
- (IBAction)buttonPushed:(id)sender {
    NSString *string = NSLocalizedString(@"Hello World", nil);
    NSLog(@"%@", string);
}
```

Listing 16.2: Die Methode buttonPushed: mit Makrobenutzung

Da diese Makros den Schlüssel selbst oder einen Standardwert zurückliefern, wenn der entsprechende Schlüssel nicht gefunden wurde, sollte man sie dort, wo der Text möglicherweise lokalisiert werden soll, von Beginn an in das Programm schreiben. Dies wäre ein Schritt der Internationalisierung, da wir unser Programm darauf vorbereiten, lokalisiert zu werden. Der zweite Schritt ist das Erstellen der String Files und Eintragen der benutzten Schlüssel. Hierfür gibt es das Tool genstrings, das in den angegebenen Dateien nach der Verwendung der NSLocalizedString...-Makros sucht und die hierbei verwendeten Schlüssel in einen neu erstellten String File einträgt. Dabei beachtet das Tool auch die Verwendung unterschiedlicher Tabellen, indem es die entsprechenden angegebenen String Files erstellt. Alle Schlüssel, die keine spezielle Tabelle angegeben haben, werden in die Datei Localizable.strings eingetragen. Der bei den NSLocalizedString...-Makros angegebene Kommentar wird als Kommentar über das entsprechende Schlüssel-Wert-Paar in die Datei geschrieben. Hierdurch ist es möglicherweise leichter, eine passende Übersetzung zu finden, wenn man nur den String File betrachtet, da dort kein Kontext angegeben ist, in dem der String benutzt wird.

Das Tool genstrings wird auf der Kommandozeile aufgerufen. Dabei werden als Parameter die zu durchsuchenden Quellcodedateien mitgegeben. Mit der Option –o lässt sich ein Ausgabeverzeichnis für die erstellten String Files festlegen. Dies ist nicht nötig, empfiehlt sich aber, um die Dateien an einem definierten Ort erstellen zu lassen und so zu verhindern, dass möglicherweise schon vorhandene Dateien überschrieben werden, was standardmäßig so gehandhabt wird. Um dies zu verhindern, kann mit dem Parameter –a angegeben werden, dass die ermittelten Schlüssel-Wert-Paare an eine schon vorhandene Datei angehängt werden. Dabei werden sie allerdings nicht mit den vorhandenen Daten zusammengeführt.

Ein typischer Aufruf, um alle Objective-C-Dateien zu durchsuchen und die String Files in das Verzeichnis `German.lproj` schreiben zu lassen, sieht wie folgt aus:

```
genstrings -o German.lproj *.m
```

Wenn wir nun allerdings das Programm ausführen und auf den Button klicken, wird immer noch `"Hello World"` in die Konsole geschrieben. Der erste Schritt auf dem Weg der Lokalisierung ist jedoch gemacht: Die Trennung von Code und Ressourcen. Nun muss der String File noch lokalisiert werden. Wir wollen die Anwendung für die Sprachen Deutsch und Französisch lokalisieren. Hierbei hilft uns Xcode, indem es die Strukturen für lokalisierte Ressourcen in einem Bundle automatisch erstellt und die Verwaltung der lokalisierten Dateien übernimmt. Wählen Sie dazu im Bereich Groups & Files die Datei `Localizable.strings` mit der rechten Maustaste aus und klicken Sie auf Get Info. Daraufhin öffnet sich das Info-Dialogfenster. Im Bereich General klicken Sie nun auf den Button Make File Localizable. Xcode wandelt diese Datei dadurch in eine Gruppe von Dateien um, in der für jede Sprache eine Datei angelegt wird. Das Info-Dialogfenster dieser Gruppe ist in Abbildung 16.3 gezeigt.

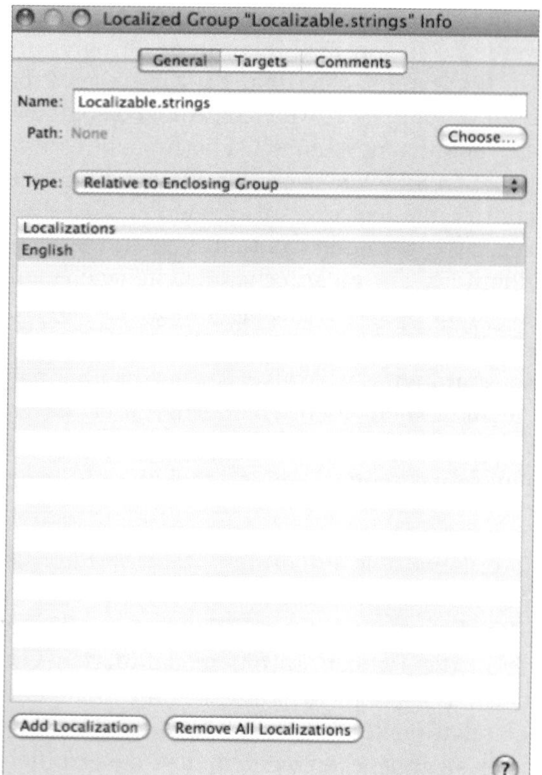

Abb. 16.3: Info-Dialogfenster einer Gruppe von lokalisierten Dateien

Hinweis

Eine Gruppe von Dateien ist nur die Xcode-Repräsentation. Tatsächlich wird für jede Sprache, sofern noch nicht vorhanden, ein entsprechender `.lproj`-Unterordner angelegt, in dem die lokalisierte Datei gespeichert wird.

Wie man sieht, existiert die Datei bislang nur auf Englisch. Um nun eine deutsche und eine französische Version dieser Datei zu erstellen, klicken Sie auf den Button Add Localization und geben die Sprache der Lokalisierung (zum Beispiel `German`) ein. Für Deutsch und Französisch sind allerdings auch schon Einträge in der Combobox vorhanden (Abbildung 16.4).

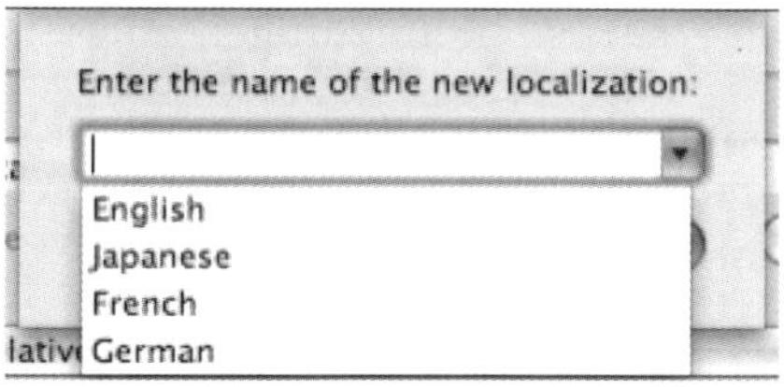

Abb. 16.4: Hinzufügen einer neuen Lokalisierung

Xcode erstellt nun eine Version der Datei für jede neu hinzugefügte Sprache, indem es die englische Fassung als Vorlage nutzt und kopiert. Alle lokalisierten Fassungen der Datei sind im Bereich Groups & Files zusammengefasst, wie in Abbildung 16.5 zu sehen. Wenn Sie eine Sprachversion einer Datei auswählen, wird die entsprechend lokalisierte Fassung ins Editorfenster geladen.

Abb. 16.5: Zusammenfassung lokalisierter Fassungen einer Datei

Passen Sie nun die deutsche Fassung mit dem String `"Hallo Welt"` und die französische Fassung mit dem String `"Bonjour le monde"` an. Die deutsche Fassung sollte nun wie folgt aussehen:

```
"Hello World"="Hallo Welt";
```

Die französische Fassung hingegen so:

```
"Hello World"="Bonjour le monde";
```

Wenn Sie das Programm nun starten und auf den Button klicken, wird in der Konsole die Meldung `Hallo Welt` ausgegeben, wenn Ihr System auf Deutsch eingestellt ist. Wenn Sie Ihr System nun auf Französisch stellen, wird in der Konsole `Bonjour le monde` ausgegeben. Wenn das System auf eine Sprache eingestellt ist, für die keine Lokalisierung vorliegt, wird der nächste Eintrag in der Liste der im System eingestellten Sprachen gewählt. Dies geschieht so lange, bis eine Sprache mit einer passenden Lokalisierung gefunden wurde. Wurde gar keine Sprache mit passender Lokalisierung gefunden, wird die native Lokalisierung der Anwendung benutzt. Diese lässt sich über die `Info.plist` konfigurieren und steht standardmäßig auf Englisch.

Auf diese Weise lässt sich jede Datei lokalisieren. Probieren Sie es, indem Sie die Datei `MainMenu.xib` selbst lokalisieren. Diese Datei ist bereits internationalisiert, so dass Sie nur noch Varianten für Deutsch und Französisch hinzufügen müssen.

Die Struktur des Kompilats auf der Festplatte ist in Abbildung 16.6 zu sehen. Wie man sieht, sind zusätzliche Ordner für die Sprachen Deutsch und Französisch hinzugekommen (`German.lproj` und `French.lproj`).

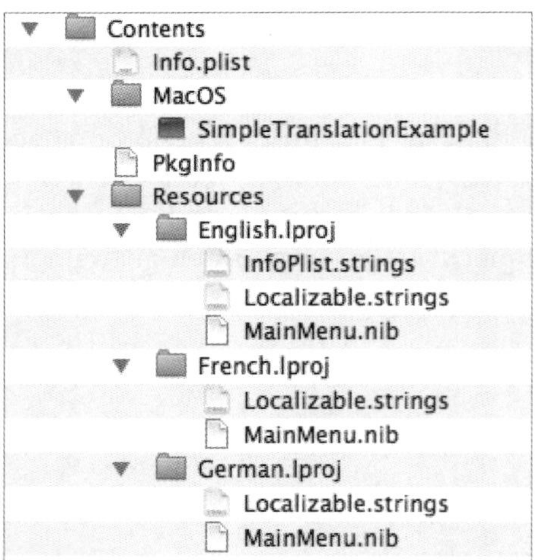

Abb. 16.6: Struktur des lokalisierten Programms

Zusammenfassend lässt sich festhalten, dass die Lokalisierung eines Cocoa-Programms durch die Unterstützung des Frameworks und des Betriebssystems sehr einfach machbar ist. Der größte Aufwand ist mit der Lokalisierung von Zeichenketten verbunden, da hier die Internationalisierung aufwändiger ist. Dieser Aufwand kann jedoch verringert werden, indem Sie von Anfang an die Makros der `NSLocalizedString...`-Familie benutzen und die Strings durch das `genstrings`-Tool in String Files schreiben lassen. Ressourcen wie Oberflächen oder Bilder lassen sich einfacher lokalisieren, da sie prinzipbedingt schon vom Code getrennt sind. Ein weiterer Vorteil, den die Verwendung einer Ordnerstruktur für ein Programm mit sich bringt, ist, dass eine neue Übersetzung auch ohne erneutes Kompilieren des Programms hinzugefügt werden kann. Hierzu muss lediglich ein neuer `.lproj`-Ordner in das Applikationsbundle integriert werden.

16.3 Verwendung von Bundles

Wie wir gezeigt haben, ist das Prinzip der Bundles gut dafür geeignet, lokalisierte Versionen einer Anwendung zu erstellen, indem die lokalisierten Ressourcen an definierten Stellen des Bundles abgelegt werden. Die Behandlung des Bundles und die Interpretation der Struktur geschehen hier vollkommen automatisch durch das Betriebssystem.

Erstellen von Bundles

Da Bundles normale Verzeichnisse sind, die vom Finder nur speziell behandelt werden, spricht nichts dagegen, sie per Hand zu erstellen. Dazu ist es nur nötig, einem Verzeichnis eine Endung anzuhängen, die es als Bundle ausweist. Dieses Vorgehen fügt sich allerdings schlecht in einen produktiven Softwareprozess ein. So ist es für Bundles, die nur Ressourcen wie Bilder oder Text enthalten, sicherlich möglich, sie im Finder zusammenzustellen, jedoch ist dies für Bundles, die zusätzlich ausführbaren Programmcode enthalten, schon deutlich aufwändiger, da man das Zusammenstellen des Bundles nach jedem Kompilieren neu durchführen müsste. Um diesen Prozess der Bundle-Erstellung zu automatisieren, kann man sich der Hilfe von Xcode bedienen: Um ein neues Bundle als Xcode-Projekt zu erstellen, wählen Sie den Eintrag Cocoa Bundle im Bereich Bundle. Xcode erstellt daraufhin ein neues Projekt, das nach der Kompilierung ein Bundle erzeugt. Dabei sind vor allem zwei Aspekte wichtig: Die Datei `Info.plist` ist mit typischen Einträgen für ein Bundle besetzt und das Kompilat erhält die Endung `.bundle`, damit es vom Finder als Bundle erkannt wird. Diese Endung kann in den Eigenschaften des Build-Targets unter dem Punkt Wrapper Extension verändert werden. Für die Bearbeitung der Datei `Info.plist` bietet Xcode zusätzlich einen integrierten Editor an. Dieser ermöglicht es, die Einträge dieser Datei zu verwalten, ohne direkt mit der XML-Struktur in Berührung zu kommen. Allerdings ersetzt er die Schlüsselnamen durch lokalisierte Texte, so dass es manchmal schwierig ist, eine Zuordnung zu Konstanten aus der Dokumentation zu den Einträgen im Editor zu finden.

Bundles objektorientiert verarbeiten

Bundles sind im Cocoa-Framework durch die Klasse `NSBundle` auf objektorientierte Weise zugreifbar. Um eine `NSBundle`-Instanz zu erzeugen, die auf das Hauptbundle einer Applikation verweist, also auf die Applikation selbst, genügt ein Aufruf des Convenience-Konstruktors `mainBundle`. Es gibt jedoch ein paar seltene Fälle, in denen diese Methode `nil` zurückliefert. Ein Beispiel ist, wenn die Applikation selbst nicht gebundlet ist, wie es zum Beispiel bei Konsolenanwendungen der Fall ist. Ein Aufruf von `mainBundle` wird zwar versuchen, eine `NSBundle`-Instanz zu erstellen, die den Inhalt des Programms enthält, es ist jedoch nicht garantiert, dass dies in allen Fällen funktioniert. Daher ist es bei Benutzung der Methode `mainBundle` immer eine gute Praxis, zu prüfen, ob die Instanz tatsächlich erzeugt wurde.

Um ein anderes als das Applikationsbundle zu bekommen, gibt es mehrere unterschiedliche Möglichkeiten. Die erste ist, ein Bundle über einen absoluten Pfad zu laden. Hierzu benutzt man den Convenience-Konstruktor `bundleWithPath:` oder die entsprechende `init`-Methode `initWithPath:`. Ein empfohlener Pfad für Bundles, die außerhalb des Programms liegen, jedoch als Erweiterung für dieses Programm gedacht sind, ist das Verzeichnis `~/Library/Application Support/$(APP_NAME)`. Unter der Annahme, dass das Programm `SimpleBundleLoader` heißt, lädt das folgende Programm das Bundle `extension.bundle::`

```
NSArray* librarySearchPaths =
        NSSearchPathForDirectoriesInDomains(NSApplicationSupportDirectory,
                                            NSUserDomainMask, YES);

NSString *bundlePath = [librarySearchPaths objectAtIndex:0];
bundlePath = [bundlePath
              stringByAppendingPathComponent:@"SimpleBundleLoader"];
bundlePath = [bundlePath
              stringByAppendingPathComponent:@"extension.bundle"];

NSBundle *bundle = [NSBundle bundleWithPath:bundlePath];
```

Listing 16.3: Laden eines Bundles über den Pfad

Natürlich kann das Bundle auch in jedem anderen Verzeichnis liegen, um mit `bundleWithPath:` oder `initWithPath:` geladen zu werden. Da ein Bundle nichts anderes als ein speziell behandeltes Verzeichnis ist, kann man natürlich innerhalb eines Bundles beliebige andere ablegen. Ein üblicher Ort für zusätzliche Bundles im Applikationsbundle ist das Verzeichnis `PlugIns` unterhalb des Verzeichnisses `Contents`. Um den vollen Pfad zu diesem Verzeichnis zu bekommen, benutzt man die Methode `builtInPluginsPath` der Klasse `NSBundle`. Die Rückgabe ist der absolute Pfad zum PlugIn-Verzeichnis des entsprechenden Bundles. Um zum Beispiel den Pfad zum PlugIn-Verzeichnis der Applikation selbst zu erhalten, kann man wie folgt vorgehen:

```
NSString *pluginPath = [[NSBundle mainBundle] builtInPlugInsPath];
```

Für Bundles, die bereits einmal in den Kontext der aktuellen Anwendung geladen wurden, für die also ein `NSBundle`-Objekt erzeugt wurde, gibt es noch eine zusätzliche Möglichkeit, die zum Bundle gehörige `NSBundle`-Instanz zu erhalten. Diese benutzt den Identifier eines Bundles, um hierüber wieder an das zugehörige `NSBundle`-Objekt zu gelangen. Ein Identifier ist ein einfacher String, der in der Datei `Info.plist` unter dem Wert `CFBundleIdentifier` gespeichert ist. In Xcode wird dieser Wert als `Bundle identifier` im Editor angezeigt. In bestimmten Situationen kann es besser sein, nur einen Identifier zu speichern als eine `NSBundle`-Instanz, da so nur Platz für einen `NSString` vorgehalten werden muss. Um zu einem Identifier wieder eine passende `NSBundle`-Instanz zu erhalten, benutzt man den Convenience-Konstruktor `bundleWithIdentifier:`. Den Identifier eines Bundles kann man mit Hilfe der Nachricht `bundleIdentifier` erfragen. Das folgende Beispiel zeigt die Verwendung dieser beiden Methoden:

```
NSString *pluginPath = [[[NSBundle mainBundle] builtInPlugInsPath]
                        stringByAppendingPathComponent:@"plugin.bundle"];

NSBundle *bundle = [NSBundle bundleWithPath:pluginPath];
NSString *identifier = [bundle bundleIdentifier];

NSBundle *bundleById = [NSBundle bundleWithIdentifier:identifier]
```

Listing 16.4: Benutzung von Bundle-Identifiern

Im obigen Beispiel wird zuerst ein Bundle aus dem Applikationsbundle geladen und dessen Identifier gespeichert. Anschließend wird mit `bundleWithIdentifier:` zu diesem Identifier wieder die `NSBundle`-Instanz abgefragt. Die beiden Variablen `bundle` und `bundleById` referenzieren danach jeweils das gleiche, bereits geladene Bundle.

Eine andere Möglichkeit, an die bereits geladenen Bundles zu gelangen, ist die Klassenmethode `allBundles` der Klasse `NSBundle`. Diese liefert ein `NSArray`-Objekt zurück, das zu jedem geladenen Bundle ein passendes `NSBundle`-Objekt enthält. In dieser Aufzählung sind die Frameworks, die das Programm benutzt, nicht mit enthalten. Wenn Sie die Auflistung der geladenen Frameworks wünschen, können Sie die Methode `allFrameworks` benutzen.

Zugriff auf Ressourcen innerhalb eines Bundles

Bundles können neben ausführbarem Code auch Ressourcen, wie zum Beispiel Bilder, Videos oder String Files enthalten. Die Klasse `NSBundle` bietet zwei Methoden an, um den Pfad zu diesen Ressourcen zu erhalten. Die erste Methode ist `pathForResources:ofType:`. Diese liefert den Pfad zu einer Ressource, deren Name gleich dem ersten Parameter und deren Typ, der durch die Endung bestimmt wird, gleich dem zweiten Parameter ist. Wenn für den Typ `nil` angegeben wird, wird der Pfad zu der ersten Ressource zurückgegeben, die exakt dem ersten Parameter entspricht. Bei der Suche geht die Methode wie folgt vor: Zuerst wird das Verzeichnis `Resources` nach einer passenden Datei durchsucht. Wird an dieser Stelle keine gefunden, so werden die sprachspezifischen Unterverzeichnisse in der im System festgelegten Reihenfolge durchsucht. Die Verzeichnisse werden jeweils nur auf der obersten Ebene durchsucht. Wenn eine Datei in einem Unterverzeichnis liegt, so ist die Methode `pathForResource:OfType:inDirectory:` zu benutzen. Die Suchreihenfolge ist identisch zur Methode `pathForResources:ofType:`. Jedoch werden nicht jeweils die obersten Verzeichnisse durchsucht, sondern die für das Argument `inDirectory` angegebenen Unterverzeichnisse.

Hinweis

Bei der Arbeit mit Ressourcen muss man sich immer wieder bewusst machen, dass Bundles aus Programmsicht nichts anderes als Verzeichnisse sind. Daher ist es problemlos möglich, auf eine Ressource wie gewohnt zuzugreifen, nachdem man sich den vollständigen Pfad zu dieser Ressource verschafft hat.

Bundles als Dokumente für Anwendungen

Mit dem Bundle-Mechanismus und dessen Unterstützung durch den Finder bieten sich zusätzliche Möglichkeiten zur Speicherung von Daten aus einem Programm. Bei Benutzung eines Bundles anstelle einer einzelnen Datei zur Speicherung von Daten ist es möglich, viele unterschiedliche Dateien zusammenfassend zu speichern, dem Benutzer aber dennoch die Möglichkeit zu geben, durch einfachen Doppelklick auf das Bundle die zugehörige Applikation zu starten, die die Daten aus diesem Bundle einliest. Diese Art von Bundles nennt sich **Dokumentenbundles** (im Englischen **Document Packages**). Die Struktur eines solchen Dokumentenbundles ist nicht spezifiziert, so dass wir als Entwickler frei sind, eine für unsere Zwecke optimale Struktur zu entwerfen. Dies bedeutet aber auch, dass wir die Methode zum Zugriff auf den Inhalt eines Dokumentenbundles selbst implementieren müssen. Außerdem ist zu beachten, dass im Gegensatz zu einer einzelnen Datei Dokumentenbundles nicht mehr ganz so einfach zum Beispiel per Mail verschickt werden können, da es sich um Verzeichnisstrukturen handelt.

Um ein Dokumentenbundle mit unserem Programm zu verknüpfen, müssen wir in der `Info.plist` den Schlüssel `CFBundleDocumentTypes` einfügen. Dieser ist ein Array von Dictionaries. Jedes Dictionary enthält Informationen zu einer Gruppe von Endungen, die jeweils mit der Applikation verknüpft werden. Hierzu wird im Dictionary unter dem Schlüssel `CFBundleTypeExtensions` wiederum ein Array angelegt, in dem jeder Eintrag für eine Dateiendung steht. Zusätzlich muss dem Dictionary noch der boolesche Wert `LSTypeIsPackage` hinzugefügt und auf `YES` gesetzt werden, um anzuzeigen, dass dieser Eintrag sich auf ein Verzeichnis mit den angegebenen Endungen bezieht. Beim nächsten Start des Programms wird das System alle Verzeichnisse mit den angegebenen Endungen automatisch mit dem Programm verknüpfen, so dass beim Doppelklicken auf ein solches Verzeichnis das entsprechende Programm gestartet wird. Für weitere Konfigurationsmöglichkeiten sei auf die *Runtime Configuration Guidelines* verwiesen. Der Editor in Xcode bietet eine komfortable Möglichkeit, um diese Werte hinzuzufügen. Dabei ersetzt er sogar die Schlüsselwerte durch englische Bezeichner, wie in Abbildung 16.7 zu sehen ist.

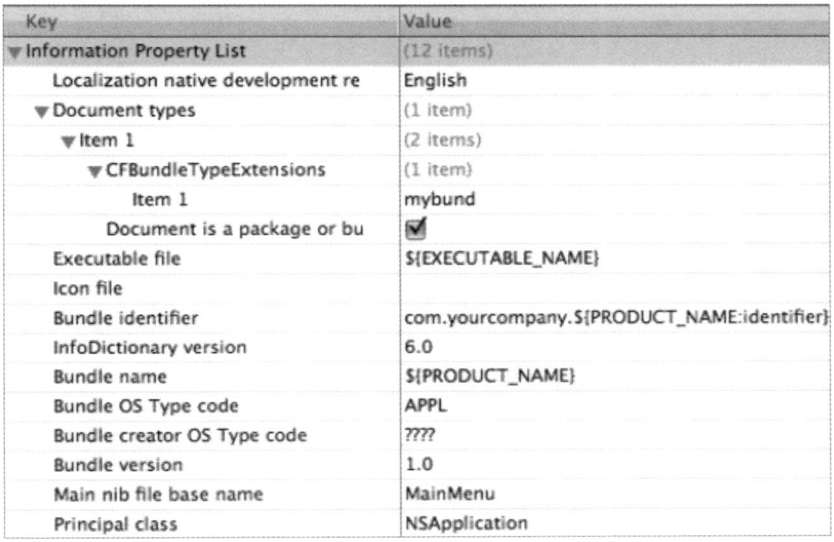

Key	Value
▼ Information Property List	(12 items)
Localization native development re	English
▼ Document types	(1 item)
▼ Item 1	(2 items)
▼ CFBundleTypeExtensions	(1 item)
Item 1	mybund
Document is a package or bu	☑
Executable file	${EXECUTABLE_NAME}
Icon file	
Bundle identifier	com.yourcompany.${PRODUCT_NAME:identifier}
InfoDictionary version	6.0
Bundle name	${PRODUCT_NAME}
Bundle OS Type code	APPL
Bundle creator OS Type code	????
Bundle version	1.0
Main nib file base name	MainMenu
Principal class	NSApplication

Abb. 16.7: Die `Info.plist` im Editor von Xcode

PlugIns

Eine häufige Anwendung von Bundles ist die Implementierung eines PlugIn-Systems für Programme. Durch die Tatsache, dass ein Bundle neben Ressourcen auch ausführbaren Programmcode enthalten kann, ist es optimal für diese Aufgabe geeignet. Dieser Mechanismus wird zwar vom Cocoa-Framework unterstützt, ist jedoch nicht weitergehend spezifiziert, so dass es im Ermessen des Entwicklers liegt, wie eine PlugIn-Schnittstelle genau aufgebaut ist. Das Cocoa-Framework bietet jedoch an, über die `Info.plist` einen Einstiegspunkt festzulegen. Dazu trägt man für den Schlüssel `NSPrincipalClass` die Klasse ein, die als Einstiegspunkt dienen soll. Mit der Methode `principalClass` von `NSBundle` kann dann für ein geladenes Bundle ein `Class`-Objekt für die hier angegebene Klasse erstellt werden.

Wir wollen uns diesen Mechanismus einmal genauer ansehen: Wir fordern für ein PlugIn, dass es als Einstiegspunkt eine Klasse setzen muss, die den Selektor `sayHallo` implementiert. Diese soll aufgerufen werden, wenn das PlugIn geladen wurde. Implementieren wir nun zuerst den Lademechanismus. Nehmen wir der Einfachheit halber an, dass das PlugIn den Namen `HelloPlugin.bundle` trägt und im PlugIn-Verzeichnis der Anwendung liegt. Das Laden des PlugIns kann dann wie folgt aussehen:

```
-(BOOL)loadPlugin {
    NSString *pluginPath = [[[NSBundle mainBundle] builtInPlugInsPath]
                     stringByAppendingPathComponent:@"HelloPlugin.bundle"];
    NSBundle *bundle = [NSBundle bundleWithPath:pluginPath];

    Class pluginClass = [bundle principalClass];
    if (!pluginClass)
    {
        NSLog(@"PlugIn kann nicht geladen werden");
        return NO;
    }

    id pluginInstance = [pluginClass new];
    if (![pluginInstance respondsToSelector:@selector(sayHello)])
    {
        NSLog(@"PlugIn hat den falschen Einstiegspunkt");
        return NO;
    }

    NSLog(@"Ergebnis von sayHello: %@", [pluginInstance sayHello]);
    return YES;
}
```

Listing 16.5: Laden eines Bundles als PlugIn

Um im nächsten Schritt das PlugIn zu erstellen, erstellen wir mit Xcode ein neues Bundle-Projekt namens `HelloPlugin`. In diesem legen wir die Klasse `MyExtension` an, die die Methode `sayHello` implementiert. Diese gibt einfach den String `"Hello World"` zurück, wie in Listing 16.6 zu sehen. Nun müssen wir die Klasse `MyExtension` noch für den Schlüssel `NSPrincipalClass` (oder `Principal Class` in Xcode) setzen, wie in Abbildung 16.8 zu sehen. Nach dem Kompilieren kopieren wir das entstandene Bundle in den Ordner `PlugIns` der ersten Anwendung. Wenn wir diese danach ausführen, so erhalten wir die Ausgabe aus Abbildung 16.9.

```
-(NSString*) sayHello{
    return @"Hallo Welt";
}
```

Listing 16.6: `sayHello`-Implementierung in `MyExtenion`

Abb. 16.8: Setzen des PlugIn-Einstiegspunkts

Abb. 16.9: Ausgabe nach Laden und Benutzen des PlugIns

Hinweis

Die Klasse `NSBundle` eignet sich nur, um Objective-C-Code zu laden. Wenn Sie C++-Code laden wollen, müssen Sie die CoreFoundation-Klasse `CFBundle` benutzen.

Das Laden und Ausführen von Code aus einem Bundle ist nicht auf die durch den Schlüssel `NSPrincipalClass` angegebene Klasse beschränkt. Mit der Methode `classNamed:` kann man sich ein `Class`-Objekt zu einer Klasse eines bestimmten Namens geben lassen. Ist eine Klasse dieses Namens nicht im Bundle vorhanden oder gab es einen Fehler beim Laden des ausführbaren Codes, so gibt die Methode `nil` zurück. Wir fügen unserem PlugIn nun die Klasse `GermanHello` hinzu, deren `sayHello`-Methode den String `"Hallo Welt"` zurückgibt. Entsprechend ändern wir die Methode `loadPlugin` aus Listing 16.5 so ab, dass sie die Klasse `GermanHello` lädt und benutzt. Dazu tauschen wir einfach die Zeile

```
Class pluginClass = [bundle principalClass];
```

durch die Zeile

```
Class pluginClass = [bundle classNamed:@"GermanHello"];
```

aus.

Vorsicht

Das Entladen eines Bundles ist für die Klasse `NSBundle` nicht implementiert.

Um Bundles zu einer Klasse zu erhalten, gibt es den Convenience-Konstruktor `bundleForClass:` der Klasse `NSBundle`. Diesem wird ein `Class`-Objekt übergeben, die Rückgabe ist das `NSBundle`-Objekt, das benutzt wurde, um die Klasse zu laden, oder das Hauptbundle, wenn die Klasse nicht dynamisch geladen wurde. Wenn Sie eine Klasse für diese Methode übergeben, die nicht in der Applikation selbst oder einem zugeladenen Bundle definiert wurde, sondern in einem Framework, so ist die Rückgabe das `NSBundle`-Objekt für das Framework, in dem die Klasse definiert ist. Das folgende Beispiel wendet die Methode `bundleForClass:` auf die Klasse `NSString` an:

```
NSLog(@"%@", [NSBundle bundleForClass:[NSString class]]);
```

Wie in Abbildung 16.10 zu sehen, ist die Rückgabe ein `NSBundle`-Objekt für das Foundation Framework. Damit wäre auch abschließend der Beweis erbracht, dass `NSString` tatsächlich eine Klasse aus dem Foundation Framework ist, wie die ganze Zeit behauptet.

Abb. 16.10: `NSBundle` für die Klasse `NSString`

16.4 Übungsaufgaben

1. Aufgabe

Gegeben ist die folgende Implementierung einer Klasse `MonoLingual`:

```
@implementation MonoLingual
-(void)isBigger:(int)number thanNumber:(int)number2 {
    if (number > number2)
        NSLog(@"%i ist größer als %i", number,number2);
    else
        NSLog(@"%i ist nicht größer als %i", number,number2);
}

-(NSString *)getInfo {
    return @"Eine Information über diese Klasse";
}

-(NSString *)getVersion {
    return @"0.1";
}
@end
```

Diese Klasse soll nun zuerst internationalisiert werden. Geben Sie die Klasse in internationalisierter Form an. Geben Sie danach an, was zu tun ist, um diese internationalisierte Klasse zu lokalisieren.

2. Aufgabe

Nehmen Sie an, dass das Protokoll `PluginProtocol` wie folgt definiert ist:

```
@protocol PluginProtocol
-(NSUInteger)version;
-(NSString*)info;
@end
```

Schreiben Sie eine Methode `executePlugin:`, die eine Instanz von `NSString` übergeben bekommt. Dieser String soll den Pfad des Bundles enthalten, das geladen werden soll. In diesem Bundle sollen von der `principalClass` die Methoden `info` und `version` ausgeführt werden.

Erstellen Sie außerdem ein Bundle, das von ihrer `executePlugin:`-Methode geladen und ausgeführt werden kann.

Teil III

Anhänge

In diesem Teil:

Lösungsvorschläge

A.1 Objekte und Klassen

1. Aufgabe

Die erste Variable, die dynamisch typisiert (id) ist, ist die Variable array. Dieser Variable wird ein NSMutableArray-Objekt zugewiesen, das mit dem Convenience-Konstruktor array erzeugt wird. Wir setzen den Typ von array also auf NSMutableArray*.

In der ersten for-Schleife finden sich dann drei dynamisch typisierte Variablen: formatStr, name und account. Die Variablen formatStr und name sollten sinnvollerweise statisch als NSString* typisiert werden, da formatStr eine Zeichenketten-Konstante und name ein Objekt zugewiesen wird, das mit [NSString alloc] erzeugt und mit initWithFormat: initialisiert wurde.

Die Variable account ist vom Typ OverdraftAccount*, da hier der Convenience-Konstruktor accountWithNumber:andName:andOverdraft: auf der Klasse OverdraftAccount für die Wertzuweisung verwendet wurde. In das Array array werden also nur Objekte vom Typ OverdraftAccount* eingefügt. Aus diesem Grund sollte auch die Variable account in der zweiten for-Schleife mit OverdraftAccount* typisiert werden, da hier genau diese Elemente wieder aus dem Array ausgelesen werden. Insgesamt sieht das Programm dann wie folgt aus:

```
NSMutableArray* array = [NSMutableArray array];
for (int i = 0; i < 10; i++) {
    NSString* formatStr = @"Bankkunde Nr. %d";
    NSString* name = [[NSString alloc] initWithFormat:formatStr, i];
    OverdraftAccount* account = [OverdraftAccount
        accountWithNumber:0 andName:name andOverdraft: i * 80];
    [array addObject:account];
}
for (int i = 0; i < 10; i++) {
    OverdraftAccount* account = [array objectAtIndex:(9 - i)];
    float value = i * 78.33;
    if (i % 2 == 0) {
        [account withdraw:value];
    } else {
        [account deposit: value];
```

```
    }
}
float sum = [BankAccount bankBalance];
NSString* message = @"Summe aller Kontostände ist %.2f";
NSLog(message, sum);
```

Listing A.1: Statisch typisiertes Programm

2. Aufgabe

Eine mögliche Lösung für das geforderte Klasseninterface der Klasse `Bank` könnte wie folgt aussehen:

```
#import <Cocoa/Cocoa.h>
#import "OverdraftAccount.h"

@interface Bank : NSObject {
    NSString* name;
    int bankCode;
    NSMutableArray* accounts;
}
- initWithName: (NSString*) name andBankCode: (int) bankCode;
+ bankWithName: (NSString*) name andBankCode: (int) bankCode;

- (NSString*) name;
- (int) bankCode;
- (OverdraftAccount*) createAccountWithName: (NSString*) name;
- (OverdraftAccount*) accountByAccountNumber: (int) accountNumber;
@end
```

Listing A.2: Klasseninterface der Klasse Bank

3. Aufgabe

Die Initialisierungsmethode `initWihName:andBankCode:` kann wie folgt implementiert werden:

```
- initWithName: (NSString*) aName andBankCode: (int) aBankCode {
    if (self = [super init]) {
        name = aName;
        bankCode = aBankCode;
        accounts = [NSMutableArray array];
    }
    return self;
}
```

Listing A.3: Implementierung der Initialisierungsmethode `initWithName:andBankCode:`

Zuerst wird mit `[super init]` die Initialisierung an die Klasse `NSObject` abgegeben. Daraufhin werden die drei Instanzenvariablen `name`, `bankCode` und `accounts` entsprechend gesetzt.

Der Convenience-Konstruktor verwendet dann diese Initialisierungsmethode zum Erstellen eines `Bank`-Objekts in einem Schritt:

```
+ bankWithName: (NSString*) name andBankCode: (int) bankCode {
    return [[[Bank alloc] initWithName:name andBankCode:bankCode]
              autorelease];
}
```

Listing A.4: Implementierung des Convenience-Konstruktors `bankWithName:andBankCode:`

4. Aufgabe

Das Klasseninterface für die Klasse `OnlineBank` könnte wie folgt aussehen:

```
#import <Cocoa/Cocoa.h>
#import "Bank.h"

@interface OnlineBank : Bank {
    NSString* url;
}
- (NSString*) url;
- (void) setUrl: (NSString*) url;
@end
```

Listing A.5: Klasseninterface der Klasse `OnlineBank`

Zusammen mit dem Klasseninterface aus Aufgabe 2 ergibt sich folgende Speicherstruktur:

```
struct OnlineBank_Structure {
    Class isa;
    NSString* name;
    int bankCode;
    NSArray* accounts;
    NSString* url;
};
```

Listing A.6: Speicherstruktur der Klasse `OnlineBank`

Zuerst haben wir die Instanzenvariable `isa` aus `NSObject`. Darauf folgen die drei Instanzenvariablen aus der Klasse `Bank`. Zuletzt steht die Instanzenvariable `url` der Klasse `OnlineBank`.

A.2 Wie werden Nachrichten verarbeitet?

1. Aufgabe

Die Übersetzung des angegebenen Programms sieht wie folgt aus:

```
id temp = objc_msgSend([NSString class], @selector(alloc));
NSString* name = objc_msgSend(temp, @selector(initWithCString:),
    "Mein Name");
OverdraftAccount *account = objc_msgSend([OverdraftAccount class],
    @selector(accountWithNumber:andName:andOverdraft:), 0, name, 300);
```

Listing A.7: Senden von Nachrichten mit objc_msgSend

In dem angegebenen Programm sind drei Methodenaufrufe zu übersetzen. Als Erstes wird die Klassenmethode alloc an das Klassen-Objekt von NSString gesendet. Übersetzt in einen objc_msgSend-Aufruf ist also der Empfänger das Klassen-Objekt mit [NSString class] und der Selektor @selector(alloc). Weitere Argumente werden nicht benötigt, da der Aufruf von alloc ohne Argument erfolgt. Das Ergebnis dieses Aufrufes merken wir uns in der Variablen temp.

An das Objekt temp wird dann die Nachricht initWithCString: mit dem Argument "Mein Name" gesendet. Dieses ergibt in der Übersetzung den zweiten Aufruf von objc_msgSend. Das Ergebnis landet in der Variablen name.

Zum Schluss wird auf dem Klassen-Objekt der Klasse OverdraftAccount der Convenience-Konstruktor accountWithNumber:andName:andOverdraft: ausgeführt, was in der Übersetzung zu dem dritten Aufruf von objc_msgSend führt.

2. Aufgabe

Das Ergebnis der Übersetzung der Methode withdraw: sieht wie folgt aus:

```
float withdraw(BankAccount* self, SEL _cmd, float money) {
    if (money > objc_msgSend_fpret(self, @selector(saldo)) || money < 0)
        return self->balance;
    self->balance -= money;
    return self->balance;
}
```

Listing A.8: Übersetzung der Methode withdraw:

Die Funktion liefert äquivalent zu withdraw: einen float-Wert zurück. Als Argumente besitzt die Funktion zuerst self vom Typ BankAccount*, da die Methode withdraw: in der Klasse BankAccount definiert ist, und _cmd vom Typ self für den Selektor, durch den diese Funktion ausgelöst wurde. Darauf folgt das Argument money der Methode withdraw:.

Im Methodenrumpf wird dann der Aufruf der Methode saldo äquivalent zu Aufgabe 1 in einen Aufruf von objc_msgSend_fpret übersetzt. Die Funktion objc_msgSend_fpret wird gewählt, da die Methode saldo der Klasse BankAccount einen float-Wert zurückliefert. Außerdem werden alle Zugriffe auf die Instanzenvariable balance als Zugriff auf die Speicherstruktur von BankAccount umgelenkt, das heißt self->balance. Aus diesem Grund muss für die Variable self auch genauer bekannt sein, von welchem Typ sie ist. Ohne einen Zugriff auf eine Instanzenvariable hätte auch der Typ id gereicht.

3. Aufgabe

Das Klasseninterface für die Klasse MyMultiProxy könnte wie folgt aussehen:

```
#import <Cocoa/Cocoa.h>

@interface MyMultiProxy : NSObject {
    NSArray* innerObjects;
}
- initWithInnerObject: (id) object;
- initWithInnerObjects: (NSArray*) objects;
+ proxyWithInnerObject: (id) object;
+ proxyWithInnerObjects: (NSArray*) objects;
@end
```

Listing A.9: Klasseninterface von MyMultiProxy in der Datei MyMultiProxy.h

Anstelle des inneren Objekts innerObject bei MyProxy gibt es in dieser Klasse die Instanzenvariable innerObjects zur Speicherung einer Menge von inneren Objekten. Aus diesem Grund gibt es zusätzlich auch die Initialisierungsmethode initWithInnerObjects: und den Convenience-Konstruktor proxyWithInnerObjects:. Diese sind wie folgt implementiert:

```
- initWithInnerObjects: (NSArray*) objects {
    if (self = [super init]) {
        innerObjects = objects;
    }
    return self;
}
+ proxyWithInnerObjects: (NSArray*) objects {
    return [[[self alloc] initWithInnerObjects:objects] autorelease];
}
```

Listing A.10: Implementierung der Objekterzeugung

In der Initialisierungsmethode `initWithInnerObject:` für nur ein inneres Objekt kann die Initialisierungsmethode `initWithInnerObjects:` nun mit einem Array von genau diesem einen Objekt verwendet werden:

```
- initWithInnerObject: (id) object {
    return [self initWithInnerObjects:[NSArray arrayWithObject:object]];
}
```

Listing A.11: Implementierung von `initWithInnerObject:`

Die passende Methodensignatur für einen Selektor ist dann die erste Signatur für den Selektor eines inneren Objekts. Die Implementierung in der Methode `methodSignatureForSelector:` sucht dazu in einer `for`-Schleife nach einer passenden Signatur bei den inneren Objekten:

```
- (NSMethodSignature *)methodSignatureForSelector:(SEL)aSelector {
    NSMethodSignature* signature = nil;
    for (int i = 0; signature == nil && i < [innerObjects count]; i++) {
        signature = [[innerObjects objectAtIndex:i]
                        methodSignatureForSelector:aSelector];
    }
    return signature;
}
```

Listing A.12: Implementierung von `methodSignatureForSelector:`

In der Implementierung von `forwardInvocation:` wird dann die Nachricht auf allen inneren Objekten mit `invokeWithTarget:` ausgeführt, wenn das Objekt für den entsprechenden Selektor die gleiche Signatur wie die Signatur des Nachrichtenaufrufs besitzt:

```
- (void) forwardInvocation: (NSInvocation*) invocation {
    NSMethodSignature* signature = [invocation methodSignature];
    SEL selector = [invocation selector];

    for (int i = 0; i < [innerObjects count]; i++) {
        NSObject* innerObject = [innerObjects objectAtIndex:i];
        if ([signature isEqual: [innerObject methodSignatureForSelector:
                                    selector]]) {
            [invocation invokeWithTarget: innerObject];
        }
    }
}
```

Listing A.13: Implementierung von `forwardInvocation:`

Insgesamt ergibt sich folgende Klassenimplementierung:

```
#import "MyMultiProxy.h"

@implementation MyMultiProxy
- initWithInnerObject: (id) object {
    return [self initWithInnerObjects:[NSArray arrayWithObject:object]];
}
- initWithInnerObjects: (NSArray*) objects {
    if (self = [super init]) {
        innerObjects = objects;
    }
    return self;
}
+ proxyWithInnerObject: (id) object {
    return [[[self alloc] initWithInnerObject:object] autorelease];
}
+ proxyWithInnerObjects: (NSArray*) objects {
    return [[[self alloc] initWithInnerObjects:objects] autorelease];
}
- (void) forwardInvocation: (NSInvocation*) invocation {
    NSMethodSignature* signature = [invocation methodSignature];
    SEL selector = [invocation selector];

    for (int i = 0; i < [innerObjects count]; i++) {
        NSObject* innerObject = [innerObjects objectAtIndex:i];
        if ([signature isEqual: [innerObject methodSignatureForSelector:
                                            selector]]) {
            [invocation invokeWithTarget: innerObject];
        }
    }
}
- (NSMethodSignature *)methodSignatureForSelector:(SEL)aSelector {
    NSMethodSignature* signature = nil;
    for (int i = 0; signature == nil && i < [innerObjects count]; i++) {
        signature = [[innerObjects objectAtIndex:i]
                            methodSignatureForSelector:aSelector];
    }
    return signature;
}
@end
```

Listing A.14: Klassenimplementierung in der Datei `MyMultiProxy.m`

A.3 Kategorien

1. Aufgabe

Kategoriendefinition: `NSString+Count.h`

```
@interface NSString (Count)
-(int)countOfCharacter:(unichar)theChar;
@end
```

Listing A.15: Definition der Kategorie Count

Kategorienimplementierung: `NSString+Count.m`

```
#import "NSString+Count.h"

@implementation NSString (Count)
-(int)countOfCharacter:(unichar)theChar {
    int count = 0;
    for (int i=0; i<[self length]; i++) {
        if (theChar == [self characterAtIndex:i]) {
            count++;
        }
    }
    return count;
}
@end
```

Listing A.16: Implementierung der Kategorie Count

2. Aufgabe

Die Ausgabe der Aufrufe ist in der folgenden Abbildung zu sehen:

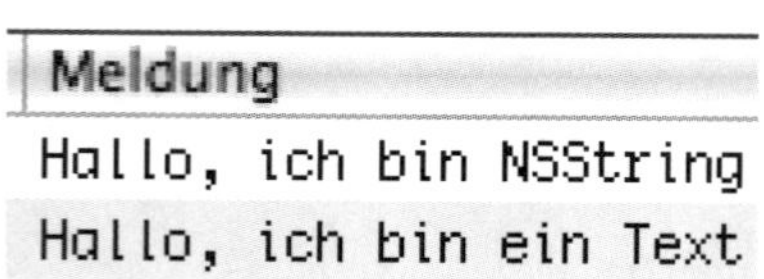

Da die Kategorie für die Klasse `NSObject` definiert ist, wird auch ein Aufruf der Methode `showMe` auf dem Klassenobjekt funktionieren, obwohl die Methode nicht als Klassenmethode definiert wurde. Die Variable `self` ist in diesem Fall das Klassen-Objekt.

3. Aufgabe

Die Definition der Extension für die Klasse `Parted` sieht wie folgt aus:

```
@interface Parted ()
-(void)dontUseMe;
@end
```

Listing A.17: Definition der Extension

Damit die Extension nur zugänglich ist, wenn man sich auch im Besitz des Quellcodes befindet, sollte sie in der `.m`-Datei der Klasse definiert werden. Die Implementierung der Extension muss im Implementierungsblock der Klasse `Parted` vorgenommen werden. Die komplette Implementierung von `Parted` sieht dann wie folgt aus:

```
@implementation Parted
-(void)useMe {
    NSLog(@"useMe aufgerufen");
}

-(void)dontUseMe {
    NSLog(@"dontUseMe aufgerufen");
}
@end
```

Listing A.18: Implementierung der Extension

A.4 Properties

1. Aufgabe

Die Definition des Property ist wie folgt:

```
@property(readonly) int readMe;
```

Um den Getter für dieses Property nicht selbst schreiben zu müssen, kann in der Klassenimplementierung der Klasse, die dieses Property enthält, die Direktive `@synthesize` benutzt werden. Dies sieht wie folgt aus:

```
@synthesize readMe;
```

2. Aufgabe

Für das Property `temperature` werden sowohl ein Getter als auch ein Setter benötigt. Der Getter kann wie folgt implementiert werden:

```
-(float)temperature {
    return temperature;
}
```

Listing A.19: Getter für die Eigenschaft `temperature`

Der Setter kann wie im nächsten Listing gezeigt implementiert werden. Beachten Sie dabei, dass der Parameter nicht ebenfalls `temperature` genannt werden darf, da sonst eine Zuweisung zur Instanzenvariablen `temperature` nicht mehr möglich ist.

```
-(void)setTemperature:(float)newTemperature {
    temperature = newTemperature;
}
```

Listing A.20: Setter für die Eigenschaft `temperature`

3. Aufgabe

Nach Ausführung der Zuweisungen hat die Instanzenvariable `var1` den Wert 3 und die Variable `var2` den Wert 4, da über die `@synthesize`-Anweisung das Property `intVar` auf die Variable `var2` und das Property `var2` auf die Variable `var1` abgebildet werden. Die Instanzenvariable `anotherVar` hat immer noch den Wert 0, da für die automatische Synthese die Instanzenvariable `_anotherVar` verwendet wird. Die Instanzenvariable `_anotherVar` hat nach erfolgter Zuweisung den Wert 5.

Die Variable `floatVar` hat weiterhin den Wert `0.0`. Der Versuch, dem Property `floatVar` einen neuen Wert zuzuweisen, führt zu einem Kompilierfehler, da dieses Property als `readonly` attributiert ist.

A.5 Protokolle

1. Aufgabe

Die Definition der Kategorie sieht wie folgt aus:

```
@interface NSObject (ProtocolUtils)
-(BOOL)conformsToOptionalSelector:(SEL)selector
                       ofProtocol:(Protocol*)protocol;
@end
```

Listing A.21: Definition der Kategorie `ProtocolUtils`

Um zu überprüfen, ob eine Klasse eine optionale Methode eines Protokolls erfüllt, muss zum einen überprüft werden, ob diese Methode implementiert ist, und zum anderen, ob die Klasse das Protokoll erfüllt. Da wir eine Kategorie zu `NSObject` schreiben, kann in `self` sowohl eine Instanz einer Klasse vorhanden sein als auch ein Klassenobjekt selbst. Daher senden wir zuerst die Nachricht `class`, um garantiert ein Klassenobjekt zu bekommen. Die Implementierung kann dann wie folgt aussehen:

```
@implementation NSObject (ProtocolUtils)

-(BOOL)conformsToOptionalSelector:(SEL)selector
                       ofProtocol:(Protocol*)protocol {
    BOOL hasSelector = [[self class] instancesRespondToSelector:selector];
    BOOL isProtocol = [self conformsToProtocol:protocol];

    return hasSelector && isProtocol;
}

@end
```

Listing A.22: Implementierung der Kategorie `ProtocolUtils`

2. Aufgabe

Die Protokollhierarchie sieht wie folgt aus:

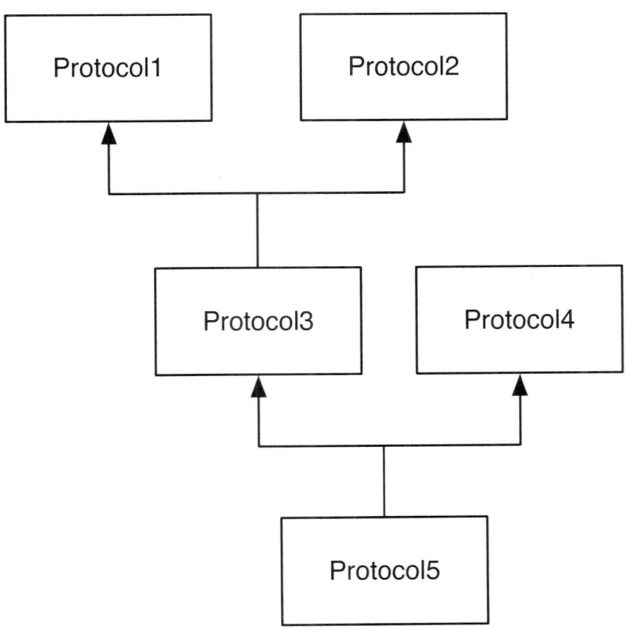

Um das Protokoll `Protocol5` zu implementieren, muss eine Klasse zusätzlich zu den von `Protocol5` geforderten Methoden ebenso die verpflichtenden Methoden aller anderen Protokolle implementieren, da diese in `Protocol5` enthalten sind, wie in der obigen Abbildung zu sehen. Im konkreten Fall sind dies die Methoden `method1`, `method2`, `method3`, `method4` und `method5` sowie die Methode `getTheString`.

3. Aufgabe

Da in einem informellen Protokoll alle Methoden optional sind, können die Methoden aus `MyProtocol` in ein informelles Protokoll aufgenommen werden, die mit dem Schlüsselwort `@optional` gekennzeichnet sind. Eine Definition dieses informellen Protokolls sieht wie folgt aus:

```
@interface NSObject ()
-(NSString*)method3;
-(id)method5;
-(void)method6;
@end
```

Methoden, die ohne ein Schlüsselwort in einem Protokoll definiert wurden, müssen in einer Klasse, die das Protokoll erfüllt, implementiert werden.

A.6 Ausnahmebehandlung

1. Aufgabe

In der Datei `NSObject+Ratio.h` wird zuerst einmal die Erweiterung `Ratio` für die Klasse `NSObject` mit der Methode `ratioWithStart:andEnd:andValue:` definiert:

```
#import <Cocoa/Cocoa.h>

@interface NSObject(Ratio)
+ (float) ratioWithStart:(float) start
                  andEnd:(float) end
                andValue:(float) value;
@end
```

Listing A.23: `NSObject+Ratio.h`

Die eigentliche Implementierung der Methode geschieht dann in der Datei `NSObject+Ratio.m`:

```
#import "NSObject+Ratio.h"
#import "MyException.h"

@implementation NSObject(Ratio)
```

```
+ (float) ratioWithStart:(float) start
              andEnd:(float) end
              andValue:(float) value {
    if (start >= end)
        @throw [MyException exceptionWithID:1 andMessage:@"start >= end"];
    if (value < start)
        @throw [MyException exceptionWithID:2 andMessage:@"value < start"];
    if (value > end)
        @throw [MyException exceptionWithID:3 andMessage:@"value > end"];
    return (value - start) / (end - start);
}
@end
```

Listing A.24: `NSObject+Ratio.m`

In der Methode werden dazu zuerst die drei Bedingungen mit einer `if`-Abfrage geprüft. Sollte eine Bedingung nicht erfüllt sein, wird mit `@throws` eine Ausnahme geworfen. Nach den drei Prüfungen findet die eigentliche Berechnung statt.

2. Aufgabe

Um eventuell auftretende Ausnahmen beim Aufruf von `doSomeCritical` abzufangen, wird der Aufruf der Methode in eine `@try`-Anweisung eingeschlossen. Zu dieser `@try`-Anweisung gehören drei `@catch`-Klauseln mit je einer Ausgabe mit `NSLog` für Exceptions der Klasse `MyException`, der Klasse `NSException` und zuletzt für beliebige Klassen. Der Aufruf der Methode `clean` steht dann in einer `@finally`-Klausel nach den `@catch`-Klauseln, damit dieser immer ausgeführt wird:

```
MyCriticalObject *obj = [MyCriticalObject new];
@try {
    [obj doSomeCritical];
} @catch (MyException* e) {
    NSLog(@"Eigener Fehler");
} @catch (NSException* e) {
    NSLog(@"Irgendein Cocoa-Fehler");
} @catch (id e) {
    NSLog(@"Unbekannter Fehler");
} @finally {
    [obj clean];
}
```

Listing A.25: Fangen von Exceptions

A.7 Blöcke

1. Aufgabe

Dazu definieren wir zuerst die Funktion `threetimes` mit dem Parameter `block`:

```
void threetimes(void (^block)()){
    block(); block(); block();
}
```

Listing A.26: Definiton von `threetimes`

Der Block kann dann innerhalb von `threetimes` direkt drei Mal hintereinander ausgeführt werden. In der `main` Funktion wird dann der Block `my_block` definiert, der an `threetimes` übergeben und damit drei Mal ausgegeben wird:

```
int main (int argc, const char * argv[]) {
    void (^my_block)() = ^{ NSLog(@"Dies wird 3 Mal ausgegeben ...");};
    threetimes(my_block);
    return 0;
}
```

Listing A.27: Verwendung von `threetimes`

2. Aufgabe

Die Korrektur von Listing 7.15 kann auf folgende Weise erledigt werden:

```
void (^test_block[4])(void);
for (int i = 0; i < 4; i++) {
    if (i % 2 == 0) {
        test_block[i] =
            Block_copy(^{ NSLog(@"Ein Block: %d", i); });
    } else {
        test_block[i] =
            Block_copy(^{ NSLog(@"Ein anderer Block: %d", i); });
    }
}
for (int i = 0; i < 4; i++) {
    NSLog(@"Block[%i] an Adresse %d", i, test_block[i]);
    test_block[i]();
    Block_release(test_block[i]);
}
```

Listing A.28: Korrektur von Listing 7.15

Für die Korrektur muss bei der Speicherung der Blöcke in dem Array `test_block` jeder Block zuerst kopiert werden. Auf diese Weise existiert für jeden Schleifendurchlauf im Heap genau ein Block. Nachdem die Blöcke dann nicht weiter benötigt werden, müssen sie allerdings auch wieder freigegeben werden. Dies geschieht in der Beispielimplementierung direkt nach der Ausführung. Werden die Blöcke natürlich noch weiter benötigt, so kann diese Freigabe auch später erfolgen.

3. Aufgabe

Damit die Funktion `threetimes` ebenfalls ein Block zurückgibt, kann das Programm z. B. wie folgt umgeschrieben werden:

```
void (^threetimes(void (^block)()))(){
    return [[^{ block(); block(); block(); } copy] autorelease];
}

int main (int argc, const char * argv[]) {
    NSAutoreleasePool* pool = [[NSAutoreleasePool alloc] init];
    void (^my_block)() = ^{ NSLog(@"Dies wird 3 Mal ausgegeben ..."); };
    threetimes(my_block)();
    [pool release];
    return 0;
}
```

Listing A.29: Variaten von `threetimes` mit Blockrückgabe

Dass der neu erzeugte Block auf dem Laufzeitstack des `threetimes`-Aufrufes liegt, muss es vor der Rückgabe kopiert werden. Damit er allerdings auch sicher wieder freigegeben wird, ist noch ein `autorelease` sinnvoll.

Für den Block `block` sind keine weiteren Betrachtungen notwendig. Denn falls er sich auf dem Stack befindet, wird er durch die durch das Kopieren des neuen Blocks mit kopiert. Dies passiert, da der Block `block` als lokale Variable verwendet wird. Betrachten wir dazu die genaue Deklaration des Blocks:

```
struct __block_literal_x {
    void* isa;
    int flags;
    int reserved;
    void (*invoke)(struct __block_literal_x* _block);
    struct __block_literal_descriptor_x *descriptor;
    void (^block)();
};

void __block_copy_x(struct __block_literal_x *dst,
                    struct __block_literal_x *src) {
    dst->block = Block_copy(src->block);
}
```

```
void __block_dispose_x(struct __block_literal_x *src) {
    Block_release(src->block);
}

static struct  __block_literal_descriptor_x {
    unsigned long int reserved;
    unsigned long int size;
    void (*copy)(struct __block_literal_x *dst,
                 struct __block_literal_x *src);
    void (*dispose)(struct __block_literal_x *src);
} __block_descriptor_x = {0, sizeof(struct __block_literal_x),
    __block_copy_x, __block_dispose_x};

void __block_invoke_x(struct __block_literal_x *_block) {
    _block->block();_block->block();_block->block();
}

void (^threetimes(void (^block)()))(){
    struct __block_literal_x _block_literal_x = {
                    __NSStackBlock__,
                    BLOCK_HAS_COPY_DISPOSE, 0,
                    __block_invoke_x,
                    &__block_descriptor_x,
                    block
    };

    return [[(void (^)()) (void*)(&_block_literal_x) copy] autorelease];
}

int main (int argc, const char * argv[]) {
    NSAutoreleasePool* pool = [[NSAutoreleasePool alloc] init];
    void (^my_block)() = ^{ NSLog(@"Dies wird 3 Mal ausgegeben ..."); };
    threetimes(my_block)();
    [pool release];
    return 0;
}
```

Listing A.30: Übersetzung des Blocks in `threetimes`

In den Kopier- und Freigabemethoden `block_copy_x` und `block_dispose_x` sieht man, wie der Block `block` ebenfalls kopiert und freigegeben wird.

A.8 Die Cocoa-Umgebung

1. Aufgabe

Wir definieren zuerst die Klasse `Fibonacci` in der Datei `Fibonacci.h`:

```
@interface Fibonacci : NSObject {
}
-(int)calcFibonacciNumber:(int)number;
-(void)printFibonacciNumbersTo:(int)number;
@end
```

Anschließend wird in der Datei `Fibonacci.m` die Implementierung der Methoden vorgenommen:

```
#import "Fibonacci.h"

@implementation Fibonacci
-(int)calcFibonacciNumber:(int)number {
    if (number == 0)
        return 0;
    else if (number == 1)
        return 1;

    return [self calcFibonacciNumber:number-1] +
           [self calcFibonacciNumber:number-2];
}

-(int)printFibonacciNumbersTo:(int)number {
    for (int i=0; i<=number; i++)
    {
        NSLog(@"%i. Fibonnacizahl: %i",i,[self calcFibonacciNumber:i]);
    }
}
@end
```

Wie man sehen kann, ist die Implementierung der Berechnung ebenfalls rekursiv gelöst. Um nun die Klasse `Fibonacci` in der `main`-Methode zu benutzen, muss zuerst deren Header-Datei eingebunden werden. Danach wird eine Instanz der Klasse erstellt, auf der Methoden aufgerufen werden können. Die vollständige Hauptdatei ist im Folgenden abgedruckt:

```
#import <Foundation/Foundation.h>
#import "Fibonacci.h"

int main (int argc, const char * argv[]) {
    NSAutoreleasePool * pool = [[NSAutoreleasePool alloc] init];

    Fibonacci *fibonacci = [[Fibonacci alloc] init];
    [fibonacci printFibonacciNumbersTo:10];

    [pool drain];
    return 0;
}
```

2. Aufgabe

Zuerst ziehen wir im Interface Builder das Textfeld in das Dialogfenster und richten es aus. Danach fügen wir der Klasse `MyDelegate` ein neues Outlet vom Typ `NSTextField*` hinzu, das wir `textfield` nennen. Dieses verbinden wir im Interface Builder mit dem neuen Textfeld, so dass wir es im Code ansprechen können. Nun müssen wir nur noch in der Methode `sliderHasChanged:` Code hinzufügen, der das Textfeld aktualisiert, wenn sich der Slider ändert:

```
- (IBAction)sliderHasChanged:(id)sender {
    [textfield setIntValue:[slider intValue]];
    [label setIntValue:[slider intValue]];
}
```

Listing A.31: Die Methode `sliderHasChanged:`

3. Aufgabe

Wir überschreiben zunächst die Methode `viewWillAppear:animated:`, die aufgerufen wird, kurz bevor das entsprechende View angezeigt wird. In dieser setzen wir den Titel des anzuzeigenden Views und rufen auf dessen Table View reloadData auf, um ihm mitzuteilen, dass es sich komplett aktualisieren soll.

```
-(void)viewWillAppear:(BOOL)animated {
    self.title = self.fontName;
    [self.tableView reloadData];
}
```

Listing A.32: Die Methode `viewWillAppear:animated:`

Anschließend müssen wir dem Table View des Detail-View-Controllers mitteilen, wieviele Zellen es enthält. Da wir nur eine Sektion in der Tabelle anziegen, geben wir einfach immer die Anzahl der Schriften der aktuellen Schriftfamilie zurück:

```
-(NSInteger)tableView:(UITableView *)tableView
numberOfRowsInSection:(NSInteger)section {
    return [UIFont fontNamesForFamilyName:self.fontName].count;
}
```

Listing A.33: Die Methode `tableView:numberOfRowsInSection:`

Abschließend konfigurieren wir jede Zelle im Table View so, dass sie die entsprechende Schrift anzeigt. Hierfür überschreiben wir die Methode `tableView:cellForRowAtIndexPath:` wie folgt:

```
-(UITableViewCell *)tableView:(UITableView *)tableView cellForRowAtIndex-
Path:(NSIndexPath *)indexPath {
    NSString *fontName = [UIFont fontNamesForFamilyName:self.fontName][index-
Path.row];

    UITableViewCell *cell = [tableView dequeueReusableCellWithIdenti-
fier:@"default"];
    cell.textLabel.text = fontName;
    cell.textLabel.font = [UIFont fontWithName:fontName size:14];
    return cell;
}
```

Listing A.34: Die Methode `tableView:cellForRowAtIndexPath:`

A.9 Memory Management

1. Aufgabe

Der erste Abhängigkeitsgraph, der sich aus den Wertzuweisungen ergibt, sieht aus wie in Abbildung A.1 gezeigt.

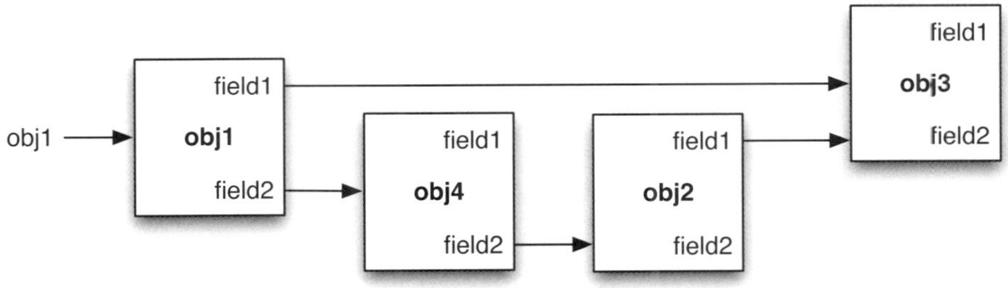

Abb. A.1: Abhängigkeitsgraph

Bis zum Zeitpunkt des zweiten Abhängigkeitsgraphen werden dann die Abhängigkeiten zwischen `obj2` und `obj3` und zwischen `obj1` und `obj3` aufgelöst. Hierdurch ergibt sich der Abhängigkeitsgraph, der in Abbildung A.2 gezeigt wird.

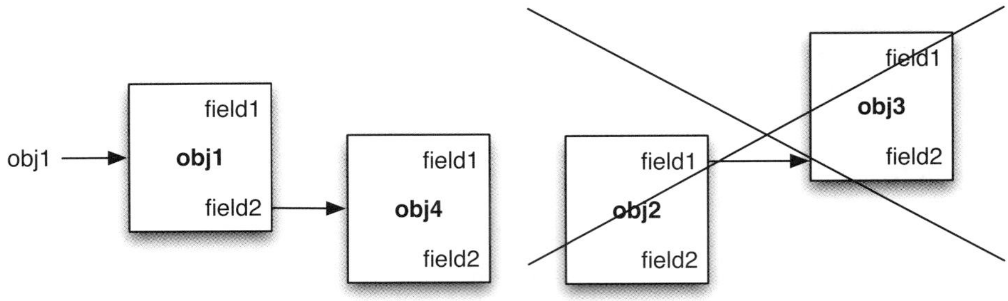

Abb. A.2: Abhängigkeitsgraph

Hierdurch endet für die Objekte `obj2` und `obj3` die Lebenszeit und sie müssen aus dem Speicher entfernt werden.

Zum Ende des Programms wird dann der Zeiger `obj1` auf `nil` gesetzt. Damit verliert man allerdings den Zugriff auf das Objekt `obj1`, wodurch `obj1` und `obj4` ausgelöst werden müssten.

2. Aufgabe

Die Properties `field1` und `field2` müssen in der Klasse `MyClass` wie folgt definiert werden:

```
@property (retain) MyClass* field1;
@property (retain) MyClass* field2;
```

Entscheidend ist hierbei, dass sie mit der Option `retain` definiert sind. Durch die Erzeugung der Objekte mit `alloc` oder `new` besitzen die Objekte sofort einen Reference Count von 1. Beim Setzen der Variablen auf `nil` muss der Reference Count zuvor mit `release` reduziert werden. Die Properties `field1` und `field2` beeinflussen den Reference Count jedoch auch. Das Programm inkl. der Reference Counts als Kommentare sieht dann wie folgt aus:

```
MyClass* obj1 = [[MyClass alloc] init];
MyClass* obj2 = [[MyClass alloc] init];
MyClass* obj3 = [MyClass new];
MyClass* obj4 = [MyClass new];

obj1.field2 = obj4;
obj2.field1 = obj3;
obj4.field2 = obj2;
obj1.field1 = obj3;


[obj2 release]; [obj3 release]; [obj4 release];
```

```
obj2 = obj3 = obj4 = nil;
//obj1.rc = 1, obj2.rc = 1, obj3.rc = 2, obj4.rc = 1

obj1.field2.field2 = nil;
obj1.field1 = nil;
//obj1.rc = 1, obj2.rc = 0, obj3.rc = 1, obj4.rc = 1

[obj1 release];
obj1 = nil;
//obj1.rc = 0, obj4.rc = 1
```

Listing A.35: Reference-Counting-Variante

3. Aufgabe

Die Setter `setField1:` und `setField2:` sind zum Beispiel wie folgt implementiert, um eine korrekte Funktionsweise zu garantieren:

```
- (void) setField1: (MyClass*) value {
    if (value != field1) {
        [field1 release];
        field1 = [value retain];
    }
}
- (void) setField2: (MyClass*) value {
    if (value != field2) {
        [field2 release];
        field2 = [value retain];
    }
}
```

Listing A.36: Implementierung von `setField1:` und `setField2:`

Damit melden also die Setter für `field1` und `field2` Besitz an den zugewiesenen Objekten an. Aus diesem Grund muss dieser Besitz in der `dealloc`-Methode wieder freigegeben werden:

```
- (void) dealloc {
    [field1 release];
    [field2 release];
}
```

Listing A.37: Implementierung der `dealloc`-Methode

4. Aufgabe

Eine mögliche geänderte Variante des Programms ist:

```
MyClass* obj1 = [[MyClass alloc] init];
MyClass* obj2 = [[MyClass alloc] init];
MyClass* obj3 = [MyClass new];
MyClass* obj4 = [MyClass new];

obj1.field2 = obj4;
obj2.field1 = obj3;
obj4.field2 = obj2;
obj1.field1 = obj3;
obj3.field1 = obj2;
//...
```

Listing A.38: Zyklische Abhängigkeiten zwischen `obj2` und `obj3`

Hierdurch ergibt sich eine zyklische Abhängigkeit zwischen `obj2` und `obj3`. Werden nun die Abhängigkeiten wie im vorgebenden Beispiel durch die folgenden Anweisungen entfernt, so sind die Objekte `obj2` und `obj3` nicht mehr erreichbar.

```
obj1.field2.field2 = nil;
obj1.field1 = nil;
```

Der Reference Count von beiden bleibt allerdings bei 1, so dass keines der beiden aufgelöst wird.

Wird nun anstelle von Reference Counting ein Garbage Collector verwendet, so wird der gesamte Abhängigkeitsgraph betrachtet. Für diesen Graphen ist zu dem Zeitpunkt nur das Objekt `obj1` ein Wurzelobjekt. Von diesem aus sind `obj2` und `obj3` jedoch nicht mehr erreichbar, wodurch diese als Garbage markiert und aus dem Speicher entfernt werden.

5. Aufgabe

Zu dem gefragten Zeitpunkt befinden sich die Methoden `main` und `func3` in der Ausführung. Damit können die lokalen Variablen von `main` und `func3` sowie die statischen globalen Variablen auf Wurzelobjekte zeigen. In diesem Fall sind es die Variablen `global`, `arg3`, `local3` und `ret`. Allerdings zeigen nur `global`, `arg3` und `local3` auf ein Objekt: `global` durch die Ausführung von `func1` auf **Objekt 4**, `arg3` auf **Objekt 2** über die Rückgabe von `func2` und den Aufruf von `func3` und `local3` auf **Objekt 3**. Durch die Ausführung von `func2` wird die Variable `ret` auf `nil` gesetzt, die zuvor an das **Objekt 1** gebunden war. Damit kann zu diesem Zeitpunkt **Objekt 1** nicht mehr erreicht und es müsste als Garbage markiert werden.

A.10 Grundlegende Klassen

1. Aufgabe

Die Methode `encodeWithCoder:` implementiert die Archivierung. In dieser Methode müssen alle Eigenschaften des Objekts, die persistent sind, durch den übergebenen `NSCoder` archiviert werden. Da wir von einem Keyed Archiver ausgehen, können wir jedes Element unter einem eindeutigen Namen ablegen. Zu beachten ist, dass die Variable `age` vom Typ `int` ist und daher nicht durch `encodeObject:forKey:`, sondern mit `encodeInt:forKey:` archiviert wird.

```
-(void)encodeWithCoder:(NSCoder *)coder {
    [coder encodeObject:firstName forKey:@"POFirstName"];
    [coder encodeObject:lastName  forKey:@"POLastName"];
    [coder encodeObject:mother    forKey:@"POMother"];
    [coder encodeObject:father    forKey:@"POFather"];
    [coder encodeInt:age          forKey:@"POAge"];
}
```

Listing A.39: Implementierung von `encodeWithCoder:`

Die Methode `initFromCoder:` liest eine archivierte Version ein und erstellt hieraus wieder ein `Person`-Objekt. Da es sich um eine `init`-Methode handelt, wird die Variable `self` verändert. Daher wird in der Methode zuerst `self` eine neue Instanz von `Person` zugewiesen, die dann mit den unarchivierten Daten konfiguriert wird. Abschließend wird `self` zurückgegeben. Da ein Keyed Archiver benutzt wird, müssen die Namen beim Unarchivieren exakt so angegeben werden wie beim Archivieren. Die Reihenfolge spielt jedoch keine Rolle. Auch hier muss für die Eigenschaft `age` wieder beachtet werden, dass es sich um eine `int`-Variable handelt.

```
-(id)initWithCoder:(NSCoder *)coder {
    self = [Person new];
    firstName = [coder decodeObjectForKey:@"POFirstName"];
    lastName  = [coder decodeObjectForKey:@"POLastName"];
    father    = [coder decodeObjectForKey:@"POFather"];
    mother    = [coder decodeObjectForKey:@"POMother"];
    age       = [coder decodeIntForKey:@"POAge"];
    return self;
}
```

Listing A.40: Implementierung von `initWithCoder:`

Das folgende Beispiel zeigt den Aufbau eines Objektgraphen von `Person`-Objekten und anschließender Archivierung und Unarchivierung unter Zuhilfenahme eines `NSData`-Objekts:

```
Person *mother = [Person new];
[mother setValue:@"Mutter" forKey:@"firstName"];
[mother setValue:@"NachnameM" forKey:@"lastName"];
[mother setValue:[NSNumber numberWithInt:40] forKey:@"age"];

Person *father = [Person new];
[father setValue:@"Vater" forKey:@"firstName"];
[father setValue:@"NachnameV" forKey:@"lastName"];
[father setValue:[NSNumber numberWithInt:42] forKey:@"age"];

Person *child = [Person new];
[child setValue:@"Kind" forKey:@"firstName"];
[child setValue:@"NachnameK" forKey:@"lastName"];
[child setValue:[NSNumber numberWithInt:10] forKey:@"age"];
[child setValue:father forKey:@"father"];
[child setValue:mother forKey:@"mother"];

NSData *data = [NSKeyedArchiver archivedDataWithRootObject:child];
Person *person = [NSKeyedUnarchiver unarchiveObjectWithData:data];
```

Listing A.41: Beispiel für die Archivierung und Unarchivierung

2. Aufgabe

Um ein `NSDate`-Objekt in einen formatierten String umzuwandeln, wird ein `NSDateFormatter` benutzt. Mit der Funktion `setDateFormat:` wird das Format der Ausgabe bestimmt. Schließlich wird das `NSDate`-Objekt durch die Methode `stringFromDate:` in einen String umgewandelt. Die Methode `dateToHumanTime:` ist im folgenden Listing dargestellt. Beachten Sie, dass die Zeichenkette `am` durch das Zeichen `'` eingeschlossen ist, da der Formatter sie sonst als Formatierungskonstante verwendet.

```
-(NSString *)dateToHumanTime:(NSDate *)date {
    NSDateFormatter *formatter = [NSDateFormatter new];
    [formatter setDateFormat:@"HH:mm 'am' dd.MM.yyyy"];
    return [formatter stringFromDate:date];
}
```

Listing A.42: Die Funktion `dateToHumanTime:`

Die Implementierung der Funktion `humanTimeToDate:` erfolgt äquivalent. Wichtig ist, dass der Formatierungsstring identisch ist, damit der String erfolgreich geparst werden kann. Die Umwandlung eines Strings in ein `NSDate`-Objekt erfolgt durch die Methode `dateFromString:` der `NSDateFormatter`-Instanz. Die Implementierung ist im folgenden Listing dargestellt:

```
-(NSDate *)humanTimeToDate:(NSString*)humanTime {
    NSDateFormatter *formatter = [NSDateFormatter new];
    [formatter setDateFormat:@"HH:mm 'am' dd.MM.yyyy"];
    return [formatter dateFromString:humanTime];
}
```

Listing A.43: Die Funktion `humanTimeToDate:`

3. Aufgabe

Die erste Instanz `numberZero` der Klasse `NSNumber` wird mit dem konstanten Wert erzeugt 0, so dass diese Erzeugung durch das Literal @0 ersetzt werden kann.

Die anderen beiden Instanzen werden mittels Variablen von primitiven Typen erzeugt, so dass hier das Boxing zu Einsatz kommt.

Insgesamt ergibt sich damit das folgende Ergebnis:

```
NSInteger integer = 12;
CGFloat pi = 3.14159265;

NSNumber *numberZero = @0;
NSNumber *numberPi = @(pi);
NSNumber *twelve = @(integer);
```

A.11 Collections

1. Aufgabe

Die Methode `count` der Klasse `NSCountedSet` zählt nur die Anzahl der unterschiedlichen Elemente in diesem Set. Um auf die Gesamtzahl der enthaltenen Elemente zu kommen, muss geprüft werden, wie oft jedes Objekt im Counted Set enthalten ist. Dazu werden die Objekte des Counted Sets durchlaufen und zu jedem Objekt mit der Methode `countForObject:` festgestellt, wie oft es tatsächlich im Set enthalten ist. Diese aufsummierte Zahl ergibt die Gesamtsumme der im Counted Set enthaltenen Objekte. Die Implementierung der Methode `fullCount:` ist im folgenden Beispiel dargestellt:

```
-(NSUInteger)fullCount:(NSCountedSet *)set {
    NSEnumerator *enumerator = [set objectEnumerator];
    NSUInteger count = 0;

    for (id object = [enumerator nextObject];
         object != nil;
         object=[enumerator nextObject])
    {
```

```
        count += [set countForObject:object];
    }
    return count;
}
```

Listing A.44: Implementierung der Methode `fullCount:`

2. Aufgabe

Um von der Methode `sortedArrayUsingSelector:` verwendet werden zu können, muss die zu implementierende Methode `lengthAndLexicalCompare:` zum einen eine Rückgabe des Typs `NSComparisonResult` liefern und zum anderen muss sie exakt einen Parameter vom Typ `NSString *` besitzen. In der Methode selbst muss zuerst die Länge der beiden Strings verglichen werden. Da wir eine Kategorie zu `NSString` erstellt haben, ist der erste Vergleichsstring in der Variablen `self` gespeichert. Nur wenn die beiden Strings die gleiche Länge haben, delegieren wir den Aufruf weiter an die Methode `localizedCaseInsensitiveCompare:` der Klasse `NSString`. Die Implementierung ist im folgenden Listing zu sehen:

```
-(NSComparisonResult)lengthAndLexicalCompare:(NSString *)string2 {
    if ([self length] > [string2 length]) {
        return NSOrderedDescending;
    } else if ([self length] < [string2 length])
        return NSOrderedAscending;

    return [self localizedCaseInsensitiveCompare:string2];
}
```

Listing A.45: Implementierung der Methode `lengthAndLexicalCompare:`

Wenn wir die Funktion `sortedArrayUsingFunction:context:` benutzen wollen, so müssen wir eine C-Funktion erstellen, die als Rückgabewerte `NSInteger` besitzt, sowie zwei Parameter vom Typ `id`, die verglichen werden sollen, und einen Parameter `context` vom Typ `void*`, in dem ein zusätzlich übergebener Wert abgelegt werden kann. Dieser wird zuerst nach `BOOL*` gecastet. Danach wird der Vergleich ähnlich dem obigen bei Implementierung als Kategorie durchgeführt. Dies ist im folgenden Beispiel dargestellt. Außerdem muss die Sortierreihenfolge abhängig vom Wert des Parameters `context` berücksichtigt werden.

```
NSInteger lengthAndLexicalCompare(id string1, id string2, void *context) {
    BOOL *ascending = (BOOL *)context;

    if ([string1 length] == [string2 length]) {
        if (*ascending)
            return [string1 localizedCaseInsensitiveCompare:string2];
        return [string2 localizedCaseInsensitiveCompare:string1];
```

```
    }

    if ([string1 length] < [string2 length]) {
        if (*ascending)
            return NSOrderedAscending;
        return NSOrderedDescending;
    } else if   ([string1 length] > [string2 length]) {
        if (*ascending)
            return NSOrderedDescending;
        return NSOrderedAscending;
    }
    return NSOrderedSame;
}
```

Listing A.46: Implementierung der Funktion `lengthAndLexicalCompare`

3. Aufgabe

Um zu überprüfen, ob ein Schlüssel in einem Dictionary enthalten ist, lassen wir uns zuerst von der Funktion `allKeys` ein `NSArray`-Objekt aller Schlüssel geben. In diesem können wir dann mit der Funktion `containsObject:` suchen, ob der angegebene Schlüssel enthalten ist. Dieses Ergebnis können wir direkt zurückgeben.

```
-(BOOL)dictionary:(NSDictionary *)dictionary containsKey:(id)key {
    NSArray *keys = [dictionary allKeys];
    return [keys containsObject:key];
}
```

Listing A.47: Die Funktion `dictionary:containsKey:`

4. Aufgabe

Um eine Klasse zu implementieren, die von `NSEnumerator` erbt, muss sie die beiden Funktionen `allObjects` und `nextObject` implementieren. Zuerst wollen wir uns aber die Methode `initWithArray:` ansehen. Diese führt die normale Initialisierung durch und setzt die Instanzenvariable `index` auf den Wert `0`. In dieser Variablen wollen wir uns merken, an welcher Stelle des Arrays wir uns im Durchlauf gerade befinden. Außerdem wird das übergebene Array kopiert, um zu verhindern, dass es während des Durchlaufs verändert werden kann.

```
-(id)initWithArray:(NSArray*)theArray
{
    self = [super init];
    if (self != nil) {
        array = [theArray copy];
        index = 0;
```

```
    }
    return self;
}
```

Listing A.48: Implementierung von `initWithArray:`

Der eigentliche Durchlauf findet durch wiederholtes Aufrufen der Methode `nextObject` statt. Wenn das Array vollständig durchlaufen ist (`index >= [array count]`), wird `nil` zurückgegeben. Ansonsten wird das Objekt an der durch `index` bezeichneten Position des Arrays zurückgegeben. Der Wert von `index` wird bei jedem Aufruf der Methode um 2 erhöht. Zum Ende der Methode wird überprüft, ob der Wert von `index` größer ist als das Array, der Durchlauf also eigentlich beendet wird. Wenn dies der Fall ist und der Wert von `index` durch 2 ohne Rest teilbar ist, wird er wieder auf `1` gesetzt, um den zweiten Durchlauf, der die ungeraden Positionen des Arrays liefert, zu starten. Die Methode `allObjects` bedient sich ebenfalls der Methode `nextObject`, um das gewünschte Array zu erstellen.

```
-(id)nextObject {
    if (index >= [array count])
        return nil;

    id object = [array objectAtIndex:index];

    index += 2;
    if ((index >= [array count]) && (index % 2 == 0))
        index = 1;

    return object;
}
```

Listing A.49: Implementierung von `nextObject`

```
-(NSArray *)allObjects {
    NSMutableArray *ret = [NSMutableArray arrayWithCapacity:[array count]];
    id object = [self nextObject];
    while (object != nil) {
        [ret addObject:object];
        object = [self nextObject];
    }

    return ret;
}
```

Listing A.50: Implementierung von `allObjects`

A.12 Eingabe und Ausgabe

1. Aufgabe

Zuerst erweitern wir die Definition der Klasse um die folgenden Instanzenvariablen:

```
NSInputStream *inputStream;
NSOutputStream *outputStream;
NSUInteger index;
NSMutableData *dataToWrite;
BOOL hasSpaceAvailable;
```

Da wir die Ein- und Ausgabe asynchron verwenden wollen, müssen in der Funktion `doStreamHandling` nur noch die Streams konfiguriert werden. Wichtig ist, dass die Delegates gesetzt werden:

```
- (IBAction)doStreamHandling:(id)sender {
    NSString *inputPath = [@"~/input.txt" stringByStandardizingPath];
    NSString *outputPath = [@"~/output.txt" stringByStandardizingPath];
    inputStream = [NSInputStream inputStreamWithFileAtPath:inputPath];
    outputStream = [NSOutputStream outputStreamToFileAtPath:outputPath
                    append:NO];

    [inputStream setDelegate:self];
    [outputStream setDelegate:self];

    [inputStream scheduleInRunLoop:[NSRunLoop currentRunLoop]
                           forMode:NSDefaultRunLoopMode];
    [outputStream scheduleInRunLoop:[NSRunLoop currentRunLoop]
                            forMode:NSDefaultRunLoopMode];

    [inputStream open];
    [outputStream open];

    index = 0;
    dataToWrite = [NSMutableData data];
}
```

Listing A.51: Die Methode `doStreamHandling`

Als Nächstes implementieren wir die Methode `writeData`, die das eigentliche Schreiben in den OutputStream durchführt. Solange in der Instanzenvariablen `dataToWrite` Daten vorhanden sind, werden diese geschrieben. Danach wird die Instanzenvariable `index` um die Anzahl der geschriebenen Bytes erhöht.

```
- (void) writeData {
    uint8_t *readBytes = (uint8_t *)[dataToWrite bytes];
    readBytes += index;
    NSUInteger len = [dataToWrite length] - index;
    len = [outputStream write:readBytes maxLength:len];
    index += len;
}
```

Listing A.52: Die Methode `writeData`

Die Methode `stream:handleEvent:` leitet wiederum die auftretenden Events nur weiter:

```
- (void)stream:(NSStream *)stream handleEvent:(NSStreamEvent)eventCode {
    if (stream == inputStream)
        [self handleInputStreamEvent:eventCode];
    else if (stream == outputStream)
        [self handleOutputStreamEvent:eventCode];
}
```

Listing A.53: Die Methode `stream:handleEvent:`

In der Methode `handleOutputStreamEvent:` findet die Verarbeitung der Events für den OutputStream statt. Wichtig ist die Behandlung von `NSStreamEventHasSpaceAvailable`. Wenn Daten vorliegen, so werden sie geschrieben. Wenn keine zu schreibenden Daten vorliegen, so wird die Instanzenvariable `hasSpaceAvailable` auf YES gesetzt. Dies ist wichtig, da dieses Event nur einmal zu Beginn und nach jedem Schreiben gesetzt wird.

```
- (void)handleOutputStreamEvent:(NSStreamEvent)event {
    switch (event) {
        case NSStreamEventHasSpaceAvailable: {
            if ((dataToWrite != nil) && (index < [dataToWrite length]))
            {
                [self writeData];

                hasSpaceAvailable = NO;
            } else {
                hasSpaceAvailable = YES;
            }
            break;
        }
    }
}
```

Listing A.54: Die Methode `handleOutputStreamEvent:`

In der Methode `handleInputStreamEvent:` findet die Verwaltung des InputStreams statt. Dabei wird zusätzlich überprüft, ob Platz zum Schreiben in den OutputStream zur Verfügung steht. Ist dies der Fall, so wird die Methode `writeData` aufgerufen.

```
- (void)handleInputStreamEvent:(NSStreamEvent)event {
    switch (event) {
        case NSStreamEventHasBytesAvailable: {
            uint8_t buffer[1024];
            NSUInteger len = [inputStream read:buffer maxLength:1024];
            [dataToWrite appendBytes:(const void *)buffer length:len];
            if (hasSpaceAvailable) {
                [self writeData];
            }
            break;
        }
    }
}
```

Listing A.55: Die Methode `handleInputStreamEvent:`

2. Aufgabe

Für die Klasse `DiceServer` erstellen wir zunächst die Instanzenvariablen `handle` und `socketPort` sowie eine `init`-Methode:

```
@interface DiceServer : NSObject {
    NSFileHandle *handle;
    NSSocketPort *socketPort;
}
- (id) initWithPort:(NSUInteger)port;
@end
```

Listing A.56: Definition der Klasse `DiceServer`

Bei der Implementierung ist vor allem die Methode `dataReceived:` interessant. Hier wird der String, der zum Server geschickt wurde, analysiert und eine entsprechende Antwort generiert:

```
@implementation DiceServer
-(id) initWithPort:(NSUInteger)port
{
    self = [super init];
    if (self != nil) {
        socketPort = [[NSSocketPort alloc] initWithTCPPort:port];
        handle = [[NSFileHandle alloc]
```

```
                initWithFileDescriptor:[socketPort socket]
                closeOnDealloc:YES];

        [handle acceptConnectionInBackgroundAndNotify];

        [[NSNotificationCenter defaultCenter] addObserver:self
            selector:@selector(newConnection:)
            name:NSFileHandleConnectionAcceptedNotification
            object:handle];
    }
    return self;
}

-(void)newConnection:(NSNotification *)notification {
    NSLog(@"%@", notification);
    NSFileHandle *originalHandle = [notification object];
    NSDictionary *dict = [notification userInfo];
    NSFileHandle *remote = [dict
      objectForKey:NSFileHandleNotificationFileHandleItem];

    [[NSNotificationCenter defaultCenter] addObserver:self
        selector:@selector(dataReceived:)
        name:NSFileHandleReadCompletionNotification
        object:remote];

    [remote readInBackgroundAndNotify];
    [originalHandle acceptConnectionInBackgroundAndNotify];
}

-(void)dataReceived:(NSNotification *)notification {
    NSData *data = [[notification userInfo] objectForKey:
                    NSFileHandleNotificationDataItem];
    NSString *cmd = [[NSString alloc] initWithData:data
                     encoding:NSUTF8StringEncoding];
    NSString *send = @"Ungültiges Kommando";

    if ([cmd hasPrefix:@"W"])
    {
        cmd = [cmd substringFromIndex:1];
        NSUInteger sides = [cmd intValue];
        send = [NSString stringWithFormat:@"%i", rand() % sides +1];
    }
```

```
    NSFileHandle *receivingHandle = [notification object];
    [receivingHandle writeData:[send
          dataUsingEncoding:NSUTF8StringEncoding]];
    [receivingHandle closeFile];
}
@end
```

Listing A.57: Implementierung der Klasse `DiceServer`

A.13 Introspektion

1. Aufgabe

```
#import "NSObject+Inspection.h"

@implementation NSObject(Inspection)
+ (Class) commonSuperclassWitClass:(Class) secondClass {
    Class class = self;
    while(class) {
        if ([secondClass isSubclassOfClass: class]) return class;
            class = [class superclass];
        }
        return nil;
}
- (Class) commonSuperclassWithObject:(id) secondObject {
    return [[self class] commonSuperclassWitClass:[secondObject class]];
}
@end
```

Listing A.58: `NSObject+Inspection.m`

2. Aufgabe

```
- (void) setValue: (id) value forKey:(NSString*) key {
    if ([key length] == 0) return;

    NSString* setSelectorName = [NSString stringWithFormat:@"set%@%@:",
        [[key substringToIndex:1] uppercaseString],
        [key substringFromIndex:1]];
    SEL setSelector = NSSelectorFromString(setSelectorName);

    if ([self respondsToSelector:setSelector]) {
        [self performSelector:setSelector withObject:value];
    } else {
```

```
        Ivar iVar = class_getInstanceVariable([self class], [key UTF8String]
);
        if (iVar) {
            object_setIvar(self, iVar, value);
        } else {
            [NSException
                raise:NSInvalidArgumentException
                format:@"key = %@", key];
        }
    }
}
```

Listing A.59: Implementierung der Methode `setValue:forKey:`

3. Aufgabe

Zuerst benötigen wir für die Methode `class` eine neue Implementierung. In dieser rufen wir die alte `class`-Implementierung auf und senden dieser Klasse die Nachricht `superclass`:

```
Class MemoryLogger_class(id self, SEL _cmd) {
    return [[self _MemoryLogger_class] superclass];
}
```

Listing A.60: Implementierung der Funktion `MemoryLogger_class`

In der Methode `startLogging` wird die Methode `close` nach dem Vorbild der anderen ausgetauscht:

```
IMP oldClass = class_getMethodImplementation(class,
    @selector(class));
class_addMethod(newSubClass,
    @selector(_MemoryLogger_class), oldClass, "#@:");
class_addMethod(newSubClass, @selector(class),
    (IMP) &MemoryLogger_class, "#@:");
```

Listing A.61: Austausch der Methode `close`

A.14 Design Patterns für Objective-C

1. Aufgabe

Um die schnelle Iteration mit einer eigenen Klasse zu benutzen, muss diese das Protokoll `NSFastEnumeration` implementieren. Dieses fordert die Methode `countByEnumeratingWithState:objects:count:`. Eine simple Implementierung ist die folgende, die immer nur ein Objekt zurückliefert. Dabei ist die Variable `array` eine Instanzenvariable vom Typ `NSMutableArray*`:

```
- (NSUInteger)countByEnumeratingWithState:(NSFastEnumerationState *)state
                                   objects:(id *)stackbuf
                                     count:(NSUInteger)len
{
    unsigned long index = state->state;
    if (index >= [array count])
        return 0;

    id object = [array objectAtIndex:index];
    index += 2;
    if ((index >= [array count]) && (index % 2 == 0))
        index = 1;

    state->mutationsPtr = (unsigned long*)self;
    state->state = index;
    state->itemsPtr = &object;
    return 1;
}
```

Listing A.62: Einfache Implementierung der schnellen Iteration

Wenn das Array vollständig durchlaufen ist (`index >= [array count]`), wird 0 zurückgegeben, um anzuzeigen, dass die Iteration beendet ist. Ansonsten wird ein Zeiger auf das Objekt an der durch `index` bezeichneten Position des Arrays in die Struktur `state` an den Platz `itemsPtr` geschrieben. Der Wert von `index` wird bei jedem Aufruf der Methode um 2 erhöht und als Status (`state->state`) der schnellen Iteration gespeichert. Zum Ende der Methode wird überprüft, ob der Wert von `index` größer ist als das Array, der Durchlauf also eigentlich beendet wird. Wenn dies der Fall ist und der Wert von `index` durch 2 ohne Rest teilbar ist, wird er wieder auf 1 gesetzt, um den zweiten Durchlauf, der die ungeraden Positionen des Arrays liefert, zu starten.

Eine bessere Variante der schnellen Iteration benutzt das durch den Parameter `stackbuf` übergebene C-Array, um mehrere Werte auf einmal zurückzuliefern:

```
- (NSUInteger)countByEnumeratingWithState:(NSFastEnumerationState *)state
                                   objects:(id *)stackbuf
                                     count:(NSUInteger)len
{
    unsigned long index =state->state;
    if (index >= [array count])
        return 0;
    NSMutableArray *ret = [NSMutableArray array];
    while (index < [array count])
```

```
    {
        [ret addObject:[array objectAtIndex:index]];
        index += 2;        if ((index >= [array count]) && (index % 2 == 0))
            index = 1;
        if ([ret count] == len)
            break;
    }

    state->mutationsPtr = (unsigned long*)self;
    state->state = index;
    state->itemsPtr = stackbuf;
    [ret getObjects:stackbuf];
    return [ret count];
}
```

Listing A.63: Variante der schnellen Iteration unter Verwendung eines C-Arrays

2. Aufgabe

Um eine 1:m-Beziehung für die Eigenschaft `components` im Key-Value Coding zu implementieren, müssen die beiden Methoden `countOfComponents` und `objectInComponentsAtIndex:` implementiert werden. Dadurch ist jedoch nur ein lesender Zugriff auf die Eigenschaft möglich. Um auch schreibenden Zugriff zu erhalten und die Methode `mutableArrayValueForKey:` benutzen zu können, müssen noch die Methoden `insertObject:inComponentsAtIndex:` und `removeObjectFromComponentsAtIndex:` implementiert werden:

```
@implementation CSVData
-(id)initWithString:(NSString *)string {
    self = [super init];
    if (self != nil) {
        csv = string;
    }
    return self;
}

-(NSUInteger)countOfComponents {
    return [[csv componentsSeparatedByString:@","] count];
}

-(NSString *)objectInComponentsAtIndex:(NSUInteger)index {
    return [[csv componentsSeparatedByString:@","] objectAtIndex:index];
}
```

```
-(void)insertObject:(id)object inComponentsAtIndex:(NSUInteger)index {
    NSMutableArray *array = [NSMutableArray arrayWithArray:[csv
                              componentsSeparatedByString:@","]];
    [array insertObject:object atIndex:index];
    csv = [array componentsJoinedByString:@","];
}

-(void)removeObjectFromComponentsAtIndex:(NSUInteger)index {
    NSMutableArray *array = [NSMutableArray arrayWithArray:[csv
                              componentsSeparatedByString:@","]];
    [array removeObjectAtIndex:index];
    csv = [array componentsJoinedByString:@","];
}
@end
```

Listing A.64: Implementierung einer 1:m-Beziehung für die Eigenschaft `components`

3. Aufgabe

Zuerst definieren wir die Klasse `Appointment`:

```
@interface Appointment : NSObject {
    NSUInteger startTime;
    NSUInteger duration;
}
```

Anschließend muss die Klasse `Appointment` implementiert werden. Für die Eigenschaft `endTime` fügen wir einen Getter hinzu, der den berechneten Wert liefert. Wenn wir dies nicht tun, könnte das Key-Value Observing keinen Wert für `endTime` ermitteln, da keine Instanzenvariable mit dem entsprechenden Namen zur Verfügung steht. Außerdem müssen wir dem Cocoa-Framework noch mitteilen, dass die Eigenschaft `endTime` abhängig von den Eigenschaften `startTime` und `duration` ist. Die gesamte Klasse sieht damit wie folgt aus:

```
@implementation Appointment

-(NSUInteger)endTime {
    return startTime + duration;
}

+(NSSet*)keyPathsForValuesAffectingEndTime {
    return [NSSet setWithObjects:@"startTime", @"duration", nil];
}
@end
```

4.Aufgabe

Um das Protokoll `IntegerBag` zu erfüllen, muss die Klasse `IntArray` die vom Protokoll geforderten Methoden erfüllen. Die Klasse verwendet intern ein `NSMutableArray*`, um die Werte zu speichern.

```
@interface IntArray : NSObject <IntegerBag>{
    NSMutableArray *integers;
}
@end
```

Listing A.65: Definition der Klasse `IntArray`

```
@implementation IntArray
- (id) init {
    self = [super init];
    if (self != nil) {
        integers = [[NSMutableArray alloc] init];
    }
    return self;
}

-(void)addInteger:(NSUInteger)integer {
    [integers addObject:[NSNumber numberWithInt:integer]];
}

-(NSUInteger)count {
    return [integers count];
}

-(int)integerAtIndex:(NSUInteger)index {
    NSNumber *number = [integers objectAtIndex:index];
    return [number intValue];
}
@end
```

Listing A.66: Implementierung der Klasse `IntArray`

Der Implementierung von `IntegerAccumulator` soll eine Datenquelle per Delegation gesetzt werden, die das Protokoll `IntegerBag` erfüllt. Dies implementieren wir durch eine Instanzenvariable vom Typ `id<IntegerBag>` und einer entsprechenden Property:

```
@interface IntegerAccumulator : NSObject {
    id<IntegerBag> dataSource;
}
```

```
-(NSUInteger)accumulateInteger;

@property(retain) id<IntegerBag>dataSource;
@end
```

Listing A.67: Definition der Klasse `IntegerAccumulator`

Innerhalb der Klasse `IntegerAccumulator` kann diese Delegationsklasse nun benutzt werden, um die Daten der externen Datenquelle zu benutzen:

```
@implementation IntegerAccumulator
@synthesize dataSource;

-(NSUInteger)accumulateInteger {
    if (dataSource == nil)
        return 0;

    NSUInteger sum = 0;
    for (int i=0; i<[dataSource count]; i++) {
        sum += [dataSource integerAtIndex:i];
    }
    return sum;
}
@end
```

Listing A.68: Implementierung der Klasse `IntegerAccumulator`

A.15 Threading

1. Aufgabe

Für die Parameter `subName` und `rootPath` gibt es jeweils eine Instanzenvariable vom Typ `NSString*` und je ein Property, das mit der Option `copy` definiert ist. Alternativ könnte man die beiden auch als `retain` definieren, um die Klasse für Reference Counting kompatibel zu machen. Das Property `filenames` ist als `readonly` definiert und kann von außen somit nur ausgelesen werden:

```
@interface SearchFileOperation : NSOperation {
    NSString* subName;
    NSString* rootPath;
    NSMutableArray* filenames;
}
@property (copy) NSString* subName;
@property (copy) NSString* rootPath;
```

```
@property (readonly) NSArray* filenames;

- initWithSubName: (NSString*) subName
      andRootPath: (NSString*) rootPath;

+ operationWithSubName: (NSString*) subName
            andRootPath: (NSString*) rootPath;
@end
```

Listing A.69: Klasseninterface der Klasse `SearchFileOperation`

Die Implementierung ist damit wie folgt strukturiert:

```
@implementation SearchFileOperation
@synthesize subName, rootPath, filenames;

- initWithSubName: (NSString*) aSubName
      andRootPath: (NSString*) aRootPath { /* ... */ }

- (void) dealloc { /* ... */ }

+ operationWithSubName: (NSString*) subName
            andRootPath: (NSString*) rootPath { /* ... */ }

- (void) main { /* ... */}
@end
```

Listing A.70: Struktur der Klassenimplementierung von `SearchFileOperation`

Schauen wir uns aus der Implementierung zuerst die Objekterzeugung und die `dealloc`-Methode an:

```
- initWithSubName: (NSString*) aSubName
      andRootPath: (NSString*) aRootPath {
    if (self = [super init]) {
        subName = [aSubName copy];
        rootPath = [aRootPath copy];
        filenames = [NSMutableArray new];
    }
    return self;
}
+ operationWithSubName: (NSString*) subName
            andRootPath: (NSString*) rootPath {
    return [[[self alloc]
```

```
        initWithSubName:subName andRootPath:rootPath] autorelease];
}
- (void) dealloc {
    [super dealloc];
    [filenames release];
    [subName release];
    [rootPath release];
}
```

Listing A.71: Objekterzeugung und `dealloc`-Methode

An der Initialisierungsmethode `initWithSubName:andRootPath:` sieht man, dass passend zu der Definition der Properties `subName` und `rootPath` die übergebenen Werte zuerst kopiert werden. Für das Property `filenames` wird ein neues `NSMutableArray`-Objekt erzeugt. In der `dealloc`-Methode werden die Werte aller drei Instanzenvariablen mit `retain` freigegeben.

Sehen wir uns nun an, wie die Ausführung der Operation in der `main`-Methode implementiert ist:

```
- (void) main {
    NSDirectoryEnumerator *direnum =
        [[NSFileManager defaultManager] enumeratorAtPath:rootPath];

    NSString *entry;
    while (entry = [direnum nextObject]) {
        if ([entry rangeOfString:subName].location != NSNotFound) {
            entry = [rootPath stringByAppendingPathComponent:entry];
            [filenames addObject: entry];
        }
    }
}
```

Listing A.72: Implementierung der Methode `main`

Hier wird zuerst ein `NSDirectoryEnumerator`-Objekt nach dem Vorbild aus Kapitel 11 eingesetzt. Dieses wird mit der Funktion `nextObject` Datei für Datei durchlaufen. Sollte der Dateiname `entry` das Teilstück `subName` enthalten, so wird der Dateiname plus dem Verzeichnispräfix `rootPath` in das Array `filenames` eingefügt.

2. Aufgabe

Die Operation mit der Klasse `NSInvocationOperation` wird über die Initialisierungsmethode `initWithTarget:selector:object:` erzeugt. Daraufhin wird die Abhängigkeit zu `search` hinzugefügt und `search` sowie `output` der Operation-Queue hinzugefügt. Da wir `output` nicht mit einem Convenience-Konstruktor, sondern mit einer Initialisierungsmethode erzeugt haben, geben wir den damit erhaltenen Besitz an `output` zum Schluss mit `release` wieder frei:

```
SearchFileOperation* search = [SearchFileOperation
    operationWithSubName:@"test"
    andRootPath:[@"~/" stringByStandardizingPath]];
NSOperation* output = [[NSInvocationOperation alloc]
    initWithTarget:self
    selector:@selector(outputFiles:)
    object:[search filenames]];

[output addDependency: search];
[queue addOperation:search];
[queue addOperation:output];
[output release];
```

Listing A.73: Ausführung von `outputFiles:` mit der Klasse `NSInvocationOperation`

3. Aufgabe

Die Implementierung für den Thread kann komplett erhalten bleiben. Nur die Klasse muss in diesem Fall von `NSThread` und nicht von `NSOperation` erben. Aus Gründen der Übersichtlichkeit nennen wir den Convenience-Konstruktor in `threadWithSubName:andRootPath:` und die Klasse selbst in `SearchFileThread` um. Das Klasseninterface sieht dann wie folgt aus:

```
@interface SearchFileThread : NSThread {
    NSString* subName;
    NSString* rootPath;
    NSMutableArray* filenames;
}
@property (copy) NSString* subName;
@property (copy) NSString* rootPath;
@property (readonly) NSArray* filenames;

- initWithSubName: (NSString*) subName andRootPath: (NSString*) rootPath;
+ threadWithSubName: (NSString*) subName andRootPath: (NSString*) rootPath;
@end
```

Listing A.74: Klasseninterface der Klasse `SearchFileThread`

Um den Stackspeicher auf 64 KB einzuschränken, muss in der Initialisierungsmethode zusätzlich der Aufruf von `setStackSize:` eingefügt werden:

```
- initWithSubName:(NSString*) aSubName andRootPath:(NSString*) aRootPath {
    if (self = [super init]) {
        subName = aSubName;
        rootPath = aRootPath;
        filenames = [NSMutableArray new];
        [self setStackSize: 64 * 1024];
    }
    return self;
}
```

Listing A.75: Implementierung der Methode `initWithSubName:andRootPath:`

4. Aufgabe

Ein neu erzeugter Thread auf Basis der Klasse `SearchFileThread` kann dann mit der Methode `start` gestartet werden. Die darauf folgende Ausgabe über `outputFiles:` wird durch den Befehl `waitUntilThreadFinished` abgetrennt:

```
SearchFileThread* search = [SearchFileThread
    threadWithSubName:@"test"
    andRootPath:[@"~/" stringByStandardizingPath]];
[search start];
[search waitUntilThreadFinished];
[self outputFiles: [search filenames]];
```

Listing A.76: Verwendung der Klasse `SearchFileThread`

Um die Methode `waitUntilThreadFinished` zu implementieren, fügen wir die Instanzenvariable `lock` hinzu:

```
@interface SearchFileThread : NSThread {
    NSConditionLock* lock;
    NSString* subName;
    NSString* rootPath;
    NSMutableArray* filenames;
}
//...
```

Listing A.77: Instanzenvariablen der Klasse `SearchFileThread`

Hierfür definieren wir in der Datei `SearchFileThread` zwei Konstanten:

```
#define kUnfinished 0
#define kFinished 1
```

Den Conditional Lock initialisieren wir in der Methode `initWithSubName:andRootPath:` auf `kUnfinished`:

```
- initWithSubName:(NSString*) aSubName andRootPath:(NSString*) aRootPath {
    if (self = [super init]) {
        //...
        lock = [[NSConditionLock alloc] initWithCondition:kUnfinished];
    }
    return self;
}
```

Listing A.78: Erstellung des Conditional Lock

Diesen Lock können wir in der Methode `waitUntilThreadFinished` verwenden, um den Thread so lange zu blockieren, bis der Condition Lock den Zustand `kFinished` annimmt:

```
- (void) waitUntilThreadFinished {
    [lock lockWhenCondition:kFinished];
    [lock unlock];
}
```

Listing A.79: Implementierung von `waitUntilThreadFinished`

Dies erreichen wir, indem wir zu Beginn der Methode `main` den Lock sperren und zum Ende in den Zustand `kFinished` wieder freigeben:

```
- (void) main {
    [lock lock];
    //...
    [lock unlockWithCondition:kFinished];
}
```

Listing A.80: Änderungen an der Methode `main`

5. Aufgabe

Um die Methode `filenameAtIndex:` zu implementieren, fügen wir der Klasse `SearchFileThread` die Instanzenvariable `condition` hinzu:

```
@interface SearchFileThread : NSThread {
    NSConditionLock* lock;
    NSCondition* condition;
    NSString* subName;
    NSString* rootPath;
    NSMutableArray* filenames;
}
//...
```

Listing A.81: Instanzenvariablen der Klasse `SearchFileThread`

In der main-Methode wird dann jedes Einfügen eines neu gefundenen Dateinamens durch die Condition synchronisiert. Dazu wird vor dem Einfügen in das Array filenames die Methode lock auf condition aufgerufen und danach das Hinzufügen mit signal bekannt gegeben und mit unlock die Condition wieder freigegeben. Außerdem wird signal vor dem Beenden der Methode main aufgerufen:

```
- (void) main {
    [lock lock];
    NSDirectoryEnumerator *direnum =
        [[NSFileManager defaultManager] enumeratorAtPath:rootPath];

    NSString *entry;
    while (entry = [direnum nextObject]) {
        if ([entry rangeOfString:subName].location != NSNotFound) {
            entry = [rootPath stringByAppendingPathComponent:entry];
            [condition lock];
            [filenames addObject: entry];
            [condition signal];
            [condition unlock];
        }
    }
    [condition lock];
    [condition signal];
    [condition unlock];
    [lock unlockWithCondition:kFinished];
}
```

Listing A.82: Implementierung von main unter Nutzung einer Condition

Hierdurch werden alle Threads für jede neu gefundene Datei aufgeweckt, die auf condition die Methode wait ausgeführt haben. Dies nutzen wir nun in der Methode filenameAtIndex: aus:

```
- (NSString*) filenameAtIndex: (int) index {
    NSString* ret = nil;
    [condition lock];
    while (index >= [filenames count] && ![self isFinished]) {
        [condition wait];
    }
    if (index < [filenames count]) {
        ret = [filenames objectAtIndex:index];
    }
    [condition unlock];
    return ret;
}
```

Listing A.83: Implementierung der Methode filenameAtIndex:

Da wir auch in dieser Methode auf das Array `filenames` zugegriffen haben, synchronisieren wir den Zugriff mit Hilfe der Condition. Dazu wird zu Beginn der Methode `lock` und zum Ende `unlock` ausgeführt. Auf diese Weise kann vom Thread kein neuer Eintrag in das Array `filenames` eingefügt werden. Nach dem Aufruf von `lock` folgt nun eine `while`-Schleife, die so lange ausgeführt wird, wie der Thread läuft und der erforderliche Index `index` außerhalb des Arrays `filenames` liegt. Innerhalb der Schleife wird der aktuelle Thread durch Aufruf von `wait` pausiert und die Synchronisation mit `condition` für andere Threads wieder freigegeben. Wird nun bei Ausführung des Threads eine weitere Datei gefunden oder der Thread beendet, so wird durch den Aufruf von `signal` der wartende Thread in der Methode `filenameAtIndex:` wieder aufgeweckt. Ist nach dem Aufwecken nun ein passender Eintrag im Array `filenames` vorhanden, so wird die `while`-Schleife verlassen und der Eintrag zurückgegeben. Wurde der Thread beendet und es gibt keinen weiteren Eintrag, so liefert die Methode `nil`.

A.16 Bundles

1. Aufgabe

Um eine Klasse zu internationalisieren, ersetzt man zuerst alle Vorkommen eines Strings durch einen Aufruf von `NSLocalizedString`:

```
@implementation MonoLingual
-(void)isBigger:(int)number thanNumber:(int)number2 {
    if (number > number2)
        NSLog(NSLocalizedString(@"%i ist größer als %i", @""),
              number,number2);
    else
        NSLog(NSLocalizedString(@"%i ist nicht größer als %i", @""),
              number,number2);
}

-(NSString *)getInfo {
    return NSLocalizedString(@"Eine Information über diese Klasse", @"");
}

-(NSString *)getVersion {
    return NSLocalizedString(@"0.1", @"");
}
@end
```

Für die Lokalisierung des Programms muss nun noch ein String File erstellt werden, aus denen je nach Sprache die entsprechenden Übersetzungen geladen werden können.

2. Aufgabe

Um ein Plugin zu laden, erstellen wir zuerst eine Instanz der Klasse NSBundle. Von dieser laden wir die Principal Class. Wichtig ist es zu überprüfen, ob die Klasse geladen werden konnte und ob sie überhaupt das Protokoll erfüllen. Ist dies der Fall, so kann eine neue Instanz dieser Klasse erzeugt werden, mit der gearbeitet werden kann.

```
@implementation Loader
-(void)executePlugin:(NSString *)plugin {
    NSBundle *bundle = [NSBundle bundleWithPath:plugin];
    Class principalClass = [bundle principalClass];

    if (!principalClass)
        return;

    if (![principalClass conformsToProtocol:@protocol(PluginProtocol)])
        return;
    id<PluginProtocol> instance = [principalClass new];
    NSLog(@"Version: %i", [instance version]);
    NSLog(@"Info: %@", [instance info]);
}
@end
```

Listing A.84: Implementierung der Methode executePlugin:

Die Implementierung des PlugIns ist simpel. Es muss jedoch beachtet werden, dass für das neu erstellte Bundle die Principal Class gesetzt werden muss.

```
@implementation PluginClass
-(NSUInteger)version {
    return 1;
}

-(NSString*)info {
    return @"SamplePlugin Info...";
}
@end
```

Listing A.85: Implementierung des PlugIns

Anhang B

Eine kurze C-Einführung

In diesem Anhang wollen wir eine kurze Einführung in die Programmiersprache C geben. Diese ist vor allem für die Programmierer gedacht, die sich für Objective-C interessieren, jedoch noch nie oder nur sehr wenig in der Programmiersprache C programmiert haben. Die Erklärungen sind eher kurz gehalten, da wir davon ausgehen, dass der Leser bereits Erfahrungen in der Programmierung mit einer modernen Programmiersprache besitzt.

Bei der Programmiersprache C handelt es sich um eine relativ alte Programmiersprache. Sie wurde zwischen 1971 und 1973 von Dennis Ritchie in den Bell Laboratories für die Implementierung des Betriebssystems Unix entworfen. Auf Grundlage dieser Arbeit konnte damals der Unix-Kernel für die PDP-11 in C neu geschrieben werden.

Die erste informelle Standardisierung der Sprache (auch K&R C genannt) entstand durch das 1978 veröffentlichte Buch *The C Programming Language* (in Deutsch: *Programmieren in C*) von Brain W. Kernighan und Dennis Ritchie. Im Jahr 1989 wurde die Sprache als ANSI-C standardisiert. Auf diesem Standard basieren auch heute noch die meisten C-Programme. Die Verwandtschaft zur Sprache von 1973 ist jedoch noch sehr groß. Vor allem ihre Ausrichtung ist noch gut zu erkennen. Es handelt sich um eine Sprache, die einem Programmierer den vollen Zugriff auf die Hardware und den Speicher des Rechners bietet. C ist damit eher eine hardwareunabhängige »etwas höhere« Maschinensprache. Sie bietet dem Programmierer damit jedoch fast beliebigen Einfluss auf die Ausführung der eigenen Programme, was zu sehr effizienten Programmen führen kann.

Genau diese Hardwarenähe unterscheidet C von den heutigen modernen Sprachen wie Java oder C#. Auf diesen Unterschied wollen wir daher unser Hauptaugenmerk in diesem Anhang legen. Da es sich bei Objective-C um eine Erweiterung von C handelt, können alle diese Eigenschaften in Objective-C auch ausgenutzt werden.

B.1 Aufbau eines C-Programms

Wir wollen zu Beginn direkt ein Programm zeigen. Das folgende Programm gibt auf der Konsole die Zeichenkette `"Hello, World!"` aus:

```
#include <stdio.h>

int main () {
    printf("Hello, World!\n");
    return 0;
}
```

Listing B.1: Hello-World-Beispiel in C

Dieses Programm können wir nun mit einem C-Compiler übersetzen und ausführen. Hierfür kann zum Beispiel die GNU Compiler Collection (kurz `gcc`) verwendet werden. Unter Mac OS X ist diese standardmäßig mit ausgeliefert und kann auf einem Terminal ausgeführt werden.

Wir speichern dazu das Programm aus Listing B.1 in eine Textdatei mit dem Namen `main.c`. Im Terminal können wir nun durch das Kommando `gcc main.c` unser Programm übersetzen. Hierdurch wird das ausführbare Programm standardmäßig in der Datei `a.out` gespeichert. Diese kann wie in Abbildung B.1 zu sehen ausgeführt und gestartet werden:

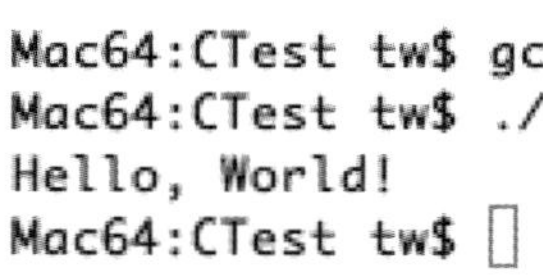

Abb. B.1: Kompilieren und Starten von Listing B.1

Bevor wir uns den Kompilierungsvorgang eines C-Programms in Abschnitt B.1.5 genauer anschauen, wollen wir uns zuerst mit unserem obigen Programm beschäftigen. Durch die erste Zeile beginnend mit `#include` wird eine Bibliothek in das Programm eingebunden. Die Beschreibung dieser Bibliothek befindet sich in der Datei `stdio.h`. Hinzugeladen wird die Datei `stdio.h` durch den Präprozessor, der vor dem eigentlichen Übersetzungsprozess ausgeführt wird. Die Funktionsweise beschreiben wir in Abschnitt B.2.

Als Nächstes folgt die Definition der Funktion `main`. Zur Definition gehört der folgende Teil:

```
int main() {
   //...
}
```

Die `main`-Funktion wird beim Starten des Programms ausgeführt und ausgewertet. Alle Anweisungen, die innerhalb dieser Funktion ausgeführt werden sollen, stehen innerhalb der geschweiften Klammern, dem Methodenrumpf und werden

– mit Ausnahme von Blöcken – durch ein Semikolon abgeschlossen. Als Blöcke bezeichnet man eine Folge von Anweisungen, die in geschweifte Klammern gefasst werden, also zum Beispiel ein Funktionsrumpf. Aus Programmsicht stellt ein Block genau eine Anweisung dar, obwohl innerhalb des Blocks mehrere Anweisungen, weitere Blöcke oder sogar gar keine Anweisungen stehen können:

```
int main () {
    printf("1. Anweisung\n");
    {
        printf("2. Anweisung");
        {}
        return 0;
    }
    printf("Hello, World!\n");
}
```

Listing B.2: Verwendung von Blöcken

Im Laufe dieses Anhangs werden wir zeigen, dass wir Blöcke dazu nutzen können, ein Programm sauber zu gliedern. Sie besitzen also eigentlich nur einen syntaktischen Nutzen. Die Anweisungen insgesamt dienen innerhalb eines Programms zur Bestimmung und Festlegung des Programmflusses. Welche Art von Anweisungen es gibt, beschreiben wir in Abschnitt B.3.

In der `main`-Funktion aus Listing B.1 befinden sich zwei Anweisungen. Die erste Anweisung ist die Auswertung eines Ausdrucks. Unter einem Ausdruck versteht man eine Berechnung, die einen Wert liefert, wie zum Beispiel die Addition zweier Zahlen. Die einfachste Form eines Ausdrucks sind Konstanten (siehe Abschnitt B.1.2) oder Zugriffe auf Variablen. Diese können mit Operatoren verknüpft oder als Argumente für einen Funktionsaufruf verwendet werden. Auch ein Funktionsaufruf ist wieder ein Ausdruck. Die Menge der erlaubten Operatoren zeigen wir in Abschnitt B.4. Die genaue Syntax eines Funktionsaufrufes klären wir in Abschnitt B.1.3. In diesem Fall wird die Funktion `printf` mit dem Argument `"Hello, World!\n"` ausgewertet. Die Funktion `printf` stammt aus der Bibliothek, die durch die Datei `stdio.h` hinzugeladen wurde. Sie dient dazu, eine Zeichenkette auf der Konsole auszugeben.

Die zweite Anweisung, die nach der Ausgabe ausgeführt wird, ist eine `return`-Anweisung. Hiermit wird der Rückgabewert des aktuellen Funktionsaufrufes bestimmt. Der Rückgabewert der Funktion `main` ist vom Typ `int`, was einem einfachen ganzzahligen Wert mit Vorzeichen entspricht. Der Rückgabewert ergibt sich durch den Ausdruck, der auf das `return` folgt. In unserem Fall ist es einfach die ganzzahlige Konstante 0. Die Auswertung einer `return`-Anweisung bestimmt jedoch nicht nur den Rückgabewert der aktuellen Funktion, sondern beendet auch ihre Ausführung. Im Fall der `main`-Methode wird also die Ausführung des gesamten Programms beendet. Alle Anweisungen, die darauf folgen, würden nicht weiter ausgeführt werden. Mit der folgenden `main`-Funktion würde sich also das gleiche Ergebnis wie in Listing B.1 ergeben:

```
int main () {
    printf("Hello, World!\n");
    return 0;
    printf("Hello, World!\n");
}
```

Listing B.3: Anweisungen hinter einer `return`-Anweisung

Für den Fall, dass eine Funktion nicht mit `return` beendet wird, endet ihre Ausführung mit der Ausführung der letzten Anweisung zwischen den geschweiften Klammern. Für den Fall, dass die Funktion einen Rückgabewert erwartet, wie in unserem Fall, wird ein Standardwert angenommen. Im Fall eines Rückgabewerts vom Typ `int` wäre der Wert 0.

An dem Beispiel sieht man bereits sehr gut, wie ein C-Programm aufgebaut ist. Interessant ist auch, dass ein C-Programm nicht zeilenbasiert ist. So werden Anweisungen mit einem Semikolon abgeschlossen oder der Rumpf einer Prozedur über geschweifte Klammern begrenzt. Tatsächlich könnte man ein C-Programm bis auf die Präprozessor-Befehle (wie `#include`) in einer einzigen Zeile schreiben.

Das Hello-World-Programm würde dann zum Beispiel wie folgt aussehen:

```
#include <stdio.h>
int main() {printf("Hello, World!\n");return 0;}
```

Listing B.4: Hello-World-Beispiel in einer Zeile

Zeilenumbrüche und Einrückungen dienen also nur der Übersichtlichkeit für den Programmierer, sind jedoch nicht zwingend erforderlich. Es ist jedoch ein Zeichen guten Programmierstils, die eigenen Programme lesbar zu formatieren. Dazu gehört ebenso das Einhalten von Namenskonventionen, das sinnvolle Einrücken durch Zeilenumbrüche, Leerzeichen und Tabulator oder das Kommentieren von Programmen.

B.1.1 Kommentare

Um in einem Programm Teile zu markieren, die nicht vom Compiler verarbeitet werden sollen, gibt es in C zwei Möglichkeiten: die Zeilen- und die Blockkommentare.

Die Zeilenkommentare werden durch zwei Slashes (//) eingeleitet. Hierdurch wird die gesamte Zeile ab den beiden Slashes vom Compiler ignoriert. Hierzu folgendes Beispiel:

```
int main () {
    // An dieser Stelle wird Hello-World ausgegeben
    printf("Hello, World!\n");
    return 0; // Durch diesen Befehl wird die Methode beendet.
}
```

Listing B.5: Verwendung von Zeilenkommentaren

In diesem Beispiel wird also die gesamte Zeile vor der Ausgabe von `"Hello, World!"` und alles hinter dem Semikolon der `return`-Anweisung ignoriert.

Die Kommentare beschränken sich jedoch immer genau auf die Zeile, in der sie begonnen wurden. Sollen mehrere Zeilen hintereinander auskommentiert werden, muss zu Beginn jeder Zeile ein Zeilenkommentar begonnen werden. Alternativ kann hierzu ein Blockkommentar verwendet werden. Ein Blockkommentar wird durch /* eingeleitet und durch */ beendet. Dazwischen sind beliebige andere Zeichenfolgen erlaubt. Alles, was zwischen Blockstart und Blockende steht, wird dann vom Compiler ignoriert. Hierzu folgendes Beispiel:

```
#include <stdio.h>

/* Hier ist ein Blockkommentar, der sich über
   mehrere Zeilen erstreckt.
   *******************************************/
int main () {
    /*
    printf("Hello, World!\n");
    */
    return 0;
}
```

Listing B.6: Verwendung von Blockkommentaren

In diesem Fall werden also die drei Zeilen vor der `main`-Funktion ignoriert. Außerdem ist der Aufruf von `printf` auskommentiert. Das Programm würde in diesem Fall also direkt wieder beendet werden, ohne eine Ausgabe durchzuführen.

B.1.2 Basisdatentypen und Konstanten

Sie haben in dem vorherigen Abschnitt bereits einige Arten von Konstanten kennen gelernt. Hierzu gehören die Zeichenkettenkonstanten (`"Hello, World!\n"`) und ganzzahlige Werte (0). In diesem Abschnitt wollen wir uns mit den in C existierenden Basisdatentypen und möglichen konstanten Werten dafür beschäftigen.

Zu den Basisdatentypen gehören die Datentypen, die zur Darstellung von Zahlenwerten dienen, und der Datentyp `void`. Alle weiteren Datentypen lassen sich als zusammengesetzte Typen auf diese Basistypen zurückführen.

Der Datentyp `void` besitzt keinen Wert und es gibt keine Operatoren in C, die auf diesem Datentyp definiert sind. Er wird zum Beispiel verwendet, um Funktionen zu kennzeichnen, die kein Ergebnis zurückliefern, im Gegensatz zu zum Beispiel der Funktion `main` aus Listing B.1, die einen Wert vom Typ `int` zurückliefern muss. Der Datentyp `void` wird Ihnen außerdem in Abschnitt B.5.2 wieder begegnen, um beliebige Pointer darzustellen.

Ganzzahlige Werte

In C gibt es eine ganze Reihe verschiedener Datentypen für ganzzahlige Werte. Diese unterscheiden sich in erster Linie durch ihren Wertebereich und damit durch ihren Speicherbedarf. Jedoch sind die Bitbreiten und damit die Wertebereiche nicht Bestandteil des ANSI-Standards für C. Aus diesem Grund sind die Grenzwerte für die Datentypen in der Datei `limits.h` definiert. Die folgenden Datentypen sind Bestandteil der Programmiersprache C:

`char`	Entspricht genau einem Byte (also 8 Bit). Dieser Datentyp wird für die Darstellung von Zeichen im Zeichensatz der Maschine verwendet. Konstanten: SCHAR_MAX, SCHAR_MIN, UCHAR_MAX, CHAR_MAX, CHAR_MIN
`short`	Ist ein ganzzahliger Wert, der üblicherweise 16 Bit breit ist. Konstanten: USHRT_MAX, SHRT_MAX, SHRT_MIN
`int`	Der Datentyp `int` entspricht dem Datentyp für ganzzahlige Werte, der normalerweise genau der Bitbreite entspricht, auf die der Prozessor optimiert wurde, also meistens 32 oder 64 Bit. Konstanten: UINT_MAX, INT_MAX, INT_MIN
`long int` (oder kurz: `long`)	Dient für ganzzahlige Werte mit üblicherweise 32 Bit. Konstanten: ULONG_MAX, LONG_MAX, LONG_MIN
`long long int` (oder `long long`)	Dieser Datentyp gehört nicht zum ANSI-C-Standard, existiert meistens jedoch trotzdem und dient meistens für Werte von 64 Bit Breite. Konstanten: ULLONG_MAX, LLONG_MAX, LLONG_MIN

Tabelle B.1: Ganzzahlige Datentypen in der Programmiersprache C

All diesen Datentypen können die Schlüsselwörter `signed` und `unsigned` für vorzeichenbehaftete und vorzeichenlose Zahlen vorangestellt werden (zum Beispiel `signed short` oder `unsigned int`). Standardmäßig sind die in der Tabelle dargestellten Datentypen bis auf `char` vorzeichenbehaftet. Die Vorgehensweise beim Datentyp `char` ist jedoch maschinenabhängig.

Über die in der Tabelle angegebenen Konstanten ergeben sich die maximalen und minimalen Werte: So liefert die Konstante INT_MAX den maximalen Wert von `int` bzw. `signed int` und INT_MIN den minimalen Wert. Für den entsprechenden vorzeichenlosen Datentyp `unsigned int` gibt die Konstante UINT_MAX den maximalen Wert an. Der minimale Wert eines vorzeichenlosen Datentyps ist immer 0.

Für den Datentyp `char` geben die Konstanten `CHAR_MAX` und `CHAR_MIN` die Grenzen an. Da wir nicht wissen, ob es sich bei `char` um einen vorzeichenbehafteten oder vorzeichenlosen Datentyp handelt, gibt es für `signed char` zusätzlich die Konstanten `SCHAR_MAX` und `SCHAR_MIN` und für `unsigned char` die Konstante `UCHAR_MAX`.

Die Anzahl an Bytes, die ein Wert dieser Datentypen einnimmt, erhalten wir über die Compilerdirektive `sizeof`. So liefert zum Beispiel `sizeof(int)` die Anzahl Bytes, die für die Speicherung eines `int`-Werts benötigt werden. Der Befehl `sizeof` kann jedoch nicht nur auf die Basisdatentypen angewendet werden, sondern auch auf beliebige Typen, die wir in der Programmiersprache C formulieren können. Dazu allerdings später.

Ganzzahlige Konstanten

Wie können nun jedoch ganzzahlige Werte in C dargestellt werden? Die einfachste Form der ganzzahligen Konstante ist eine beliebige Anreihung von Ziffern von `0` bis `9`, die nicht mit `0` beginnen, wie `1234`, `314`, `22`. Diese Ziffernfolge wird vom Compiler als ganzzahlige Werte zur Basis 10 interpretiert, also als die Zahlenwerte, die auch wir darunter verstehen, wenn wir die Zahlen lesen. Es gibt jedoch die Möglichkeit, die Basis zu beeinflussen. Beginnt eine Konstante mit einer `0`, wie zum Beispiel bei `037`, so wird dies als Zahl zur Basis 8 mit den Ziffern `0` bis `7` interpretiert und besitzt damit den Dezimalwert 31. Auch Zahlen zur Basis 16 können formuliert werden. Hierzu muss der Konstanten das Präfix `0x` oder `0X` vorangestellt werden. Für die 16 möglichen Ziffern dienen die Zeichen `0` bis `9` und `a` bis `f` (oder `A` bis `F`). Die Dezimalzahl 31 kann in C also auch durch `0x1f` oder `0X1F` dargestellt werden.

All diese so dargestellten Werte gehören dem Datentyp `int` an. Durch Anhängen eines Suffixes kann der Typ der Konstanten beeinflusst werden. Durch Anhängen von `l` oder `L` wird die Konstante zu einer `long`-Konstanten. Für die vorzeichenlosen Zahlen kann ein `u` oder `U` angehängt werden. Die Konstante `45u` entspricht dann dem Datentyp `unsigned int` und `45ul` dem Datentyp `unsigned long`.

Zeichenkonstanten

Eine Zeichenkonstante ist ebenfalls eine ganzzahlige vorzeichenlose Konstante. Hierzu wird das Einzelzeichen in Anführungszeichen geschrieben, wie zum Beispiel `'A'`. Der Wert dieser Konstanten entspricht dem numerischen Wert des Zeichens im Zeichensatz Ihres Rechners. So hat zum Beispiel das Zeichen `'A'` im ASCII-Zeichensatz den Wert 65.

Einige Zeichen im Zeichensatz, wie Zeilenumbruch, können allerdings nicht direkt dargestellt werden, für diese gibt es Ersatzkodierungen. Diese Ersatzdarstellungen (auch als Escapesequenzen bezeichnet) werden durch einen Backslash (\) eingeleitet:

`\a`	Klingelzeichen	`\v`	Vertikaler Tabulator
`\b`	Backspace	`\\`	Backslash
`\f`	Seitenvorschub	`\?`	Fragezeichen
`\n`	Zeilentrenner	`\'`	Anführungszeichen
`\r`	Wagenrücklauf	`\"`	Doppelanführungszeichen
`\t`	Tabulatorzeichen		

Tabelle B.2: Ersatzdarstellungen in Zeichenkonstanten

Als weitere Möglichkeit kann auf den Backslash auch eine Ziffer folgen. In diesem Fall werden die bis zu drei auf den Backslash folgenden Ziffern von `0` bis `7` als numerischer Wert zur Basis 8 interpretiert. Das Zeichen `'A'` kann also auch als `'\101'` dargestellt werden. Die Werte eines Zeichens können auch hexadezimal formuliert werden. Hierzu muss auf den Backslash ein `x` oder `X` folgen. Den Wert geben dann die bis zu zwei darauffolgenden Ziffern von `0` bis `9` und `a` bis `f` (oder `A` bis `F`) an. Das Zeichen `'A'` lässt sich hexadezimal dann als `'\x41'` darstellen.

Zeichenkettenkonstanten

Die Zeichenkettenkonstanten sind nichts anderes als eine Aneinanderreihung von Zeichenkonstanten. Eine ganze Zeichenkette wird im Gegensatz zu einzelnen Zeichen jedoch nicht in Anführungszeichen, sondern in Doppelanführungszeichen geschrieben, wie zum Beispiel die Zeichenkettenkonstante `"Hello, World!\n"` aus Listing B.1. Mehrere hintereinander stehende Zeichenkettenkonstanten werden vom Compiler als eine Zeichenkette interpretiert. So entspricht der folgende Text `"Hello" ", " "World" "!\n"` innerhalb eines C-Programms der gleichen Zeichenkettenkonstante wie zuvor, das heißt, alternativ könnte die Ausgabe auch wie folgt formuliert werden:

```
printf("Hello" ", " "World" "!\n");
```

Eine Zeichenkette entspricht allerdings nicht mehr einem einfachen Zahlenwert.

Fließkommazahlen

Auch zur Abbildung von Fließkommazahlen bietet C eine Reihe von Datentypen: `float`, `double` und `long double`. Ähnlich zu den ganzzahligen Werten unterscheiden sich die Typen für Fließkommazahlen auch nur in ihrer Speichergröße und damit in ihrem Wertebereich. Der genaue Wertebereich der einzelnen Typen ist jedoch ebenfalls nicht genormt. Es gilt nur, dass `sizeof(float) <= sizeof(double)` und `sizeof(double) <= sizeof(long double)` ist.

Die Grenzen für Datentypen von Fließkommazahlen sind für jede ANSI-C-Variante in der Datei `float.h` festgehalten. Hier gibt es jedoch eine sehr viel größere Anzahl von Konstanten als bei ganzzahligen Werten, auf die wir hier jedoch nicht genauer eingehen wollen.

Fließkommakonstanten

Fließkommakonstanten können in C in einer Form geschrieben werden, wie sie in sehr vielen Programmiersprachen gebräuchlich ist. Sie können nur auf Basis der Ziffern `0` bis `9` zur Basis 10 formuliert werden. Nachkommastellen können durch einen Punkt (`.`) getrennt hinter die Ganzzahl geschrieben werden. So sind zum Beispiel `3.14` oder `2.7224` gültige Fließkommakonstanten. Falls entweder der ganzzahlige Teil oder der Nachkommateil 0 ist, kann dieser auch entfallen. Allerdings dürfen nicht beide Teile entfallen. So sind auch `.5` für `0.5` und `3.` für `3.0` gültige Fließkommakonstanten.

Zusätzlich kann ebenfalls zur Basis 10 noch ein Exponent, durch `e` oder `E` eingeleitet, an die Zahlendarstellung angehängt werden. Dem Zahlenwert des Exponenten kann ein Vorzeichen mit einem Plus (+) oder Minus (-) vorangestellt werden. Wird kein Vorzeichen angegeben, so wird ein positiver Exponent angenommen. Solche Fließkommakonstanten sehen somit zum Beispiel wie folgt aus `5.0e8`, `33.33e+4` oder `2.2e-3`. Für den Fall, dass ein Exponent angegeben wurde, kann der Punkt für die Nachkommastellen auch ganz entfallen. Die Konstante `5.0e8` kann kürzer also auch als `5e8` geschrieben werden.

Ähnlich wie bei ganzzahligen Werten entspricht jede Fließkommakonstante dem Datentyp `double`. Sollte dieser Datentyp nicht ausreichen, werden die Konstanten automatisch als `long double` interpretiert. Um darauf hinzuweisen, dass es sich um eine Konstante vom Typ `long double` handelt, kann ähnlich zu den ganzzahligen Typen ein `l` oder `L` angehängt werden (zum Beispiel `3.14L`). Mit dem Suffix `f` oder `F` wird eine Fließkommakonstante zu einer `float`-Konstanten (zum Beispiel `3.14f`).

B.1.3 Funktionen

Genau so wie im Beispiel in Listing B.1 die Funktion `main` definiert ist, können wir auch weitere Funktionen definieren. Wir wollen uns zuerst der Definition eigener Funktionen zuwenden. Funktionen können nur auf globaler Ebene definiert werden. Funktionen in Funktionen wie in Pascal gibt es in C nicht. Jede Funktionsdefinition hat folgende Form:

```
Rückgabetyp Funktionsname (Parameterdeklarationen) {
    Anweisungen
}
```

Zuerst wird der Datentyp angegeben, den die Werte besitzen, die die Funktion zurückliefert. Dieser Typ kann auch entfallen. In diesem Fall wird als Datentyp `int` angenommen. Auf den Datentyp für die Rückgabewerte folgt der Name der Funktion, über den sie identifiziert wird. Ein Name besteht aus einer Folge von Buchstaben, Ziffern oder einem Unterstrich (_), wobei der Name nicht mit einer Ziffer beginnen darf. Es darf keine zwei Funktionen mit den gleichen Namen, aber unterschiedlicher Anzahl an Argumenten geben. Auf den Namen folgt in Klammern die Deklaration der Parameter. Über diese Parameter können einer Funktion bei Aufruf Werte mitgegeben werden. Die Klammern dürfen auch für den Fall, dass die Funktion keine Parameter besitzt, nicht entfallen. Auf die Parameterdefinitionen folgt dann in geschweiften Klammern der Funktionsrumpf mit den Anweisungen, die bei Ausführung der Funktion ausgewertet werden sollen. Die einfachste Form für eine parameterlose Funktion sieht wie folgt aus:

```
dummy() { /* ... */ }
```

Diese Funktion liefert Werte vom Typ `int` und entspricht damit der folgenden Funktion:

```
int dummy() { /* ... */}
```

Anstelle von `int` könnten hier auch andere beliebige Datentypen für den Rückgabewert verwendet werden. So hat zum Beispiel eine Funktion, die keine Werte zurückliefert, als Datentyp `void`:

```
void dummy() {  /* ... */ }
```

Alle drei Funktionen, die wir gerade gezeigt haben, besitzen keinen Parameter. Um dies noch etwas deutlicher zu kennzeichnen, kann in die Klammern der Typ `void` geschrieben werden:

```
void dummy(void) { /* ... */ }
```

Soll eine Funktion hingegen Parameter besitzen, so werden diese als kommaseparierte Liste in die Klammer geschrieben. Dabei besteht ein Eintrag jeweils aus dem Datentyp und dem Namen des Parameters. Eine Funktion `multiply`, die einen Wert vom Typ `int` zurückgibt und zwei Parameter von Typ `int` erwartet, sieht damit wie folgt aus:

```
int multiply(int a, int b) { /* ... */ }
```

Über die Namen `a` und `b` für die beiden Parameter kann innerhalb der Funktion auf die Werte zugegriffen werden, die der Funktion beim Aufruf übergeben wurden. Wollen wir zum Beispiel als Rückgabewert die Multiplikation der beiden Werte von `a` und `b` zurückgeben, so könnte unsere Funktion wie folgt implementiert werden:

```
int multiply(int a, int b) {
    return a * b;
}
```

Listing B.7: Definition der Methode `multiply`

Tipp

Es gibt in C auch Funktionen mit variabler Anzahl an Argumenten. Hierauf wollen wir allerdings nicht weiter eingehen. Informationen hierzu können zum Beispiel im Buch *Programmieren in C* von Kernighan und Ritchie oder *C – Einführung und professionelle Anwendung* von Ulla Kirch-Prinz und Peter Prinz nachgelesen werden.

Aufruf von Funktionen

Ein Funktionsaufruf einer selbst definierten Funktion funktioniert äquivalent zum bereits bekannten Aufruf der Funktion `printf` in Listing B.1. Dazu folgt auf den Namen der Funktion eine in Klammern stehende kommaseparierte Liste von Ausdrücken, die die Werte für die Parameter der Funktion bestimmen. Der Wert eines Funktionsaufrufs ist der Rückgabewert der Funktion, der während der Ausführung mit einer `return`-Anweisung spezifiziert wurde. Wir können unsere Funktion `multiply` in einer `main`-Funktion zum Beispiel wie folgt verwenden:

```
int multiply(int a, int b) {
    return a * b;
}
int main() {
    printf("10 * 20 = %d\n", multiply(10, 20));
    return 0;
}
```

Listing B.8: Aufruf der Funktion `multiply`

In der Funktion `main` wird die Funktion `multiply` mit den beiden Konstanten 10 und 20 ausgeführt. Bei Ausführung des Programms wird hierdurch die Funktion gestartet. Der Parameter a hat dann den Wert 10 und b den Wert 20. Als Ergebnis liefert die Funktion `multiply` die Multiplikation beider Zahlen, also den Wert 200 zurück. Dieser Wert dient dem Aufruf von `printf` als zweites Argument. Das erste Argument ist eine Zeichenkettenkonstante `"10 * 20 = %d\n"`. Diese Zeichenkette wird auf der Konsole ausgegeben. Die Teilzeichenkette %d wird durch den Dezimalwert des zweiten Arguments von `printf`, also unsere 200, ersetzt. Durch ein weiteres Auftreten von %d in der Zeichenkette würde das dritte Argument von `printf` als Dezimalzahl dargestellt werden usw. Wenn wir das Programm ausführen, erhalten wir, wie in Abbildung B.2 zu sehen, die Zeichenkette `10 * 20 = 200` ausgegeben.

```
Mac64:CTest tw$ gcc main.c
Mac64:CTest tw$ ./a.out
10 * 20 = 200
Mac64:CTest tw$ 
```

Abb. B.2: Ausgabe von Listing B.8

Hinweis

Es gibt für die Funktion `printf` eine ganze Reihe solcher Formatierungsangaben, wie `%f` für Fließkommazahlen oder `%s` für Zeichenketten. Auf den genauen Umfang wollen wir hier jedoch nicht weiter eingehen. Sie können jedoch sehr gut im Internet oder in der `man`-Page für `printf` nachgelesen werden.

Um eine Funktion, wie in diesem Beispiel die Funktion `multiply`, aufzurufen, ist es erforderlich, dass sie im Programm zuvor bereits deklariert ist. Aus diesem Grund ist `multiply` vor `main` definiert. Wenn wir `multiply` nach der `main`-Funktion definieren, ist sie für den Compiler zum Zeitpunkt des Funktionsaufrufes noch nicht bekannt. Aus diesem Grund gibt der Compiler eine Warnung aus, da er annimmt, dass es später noch eine Funktion mit diesem Namen gibt. Allerdings legt er für `multiply` bereits den Typ in der Symboltabelle fest. Dabei wird angenommen, dass die Funktion einen `int`-Wert zurückliefert und dass die Funktion genauso viele Parameter besitzt, wie Argumente übergeben wurden, die alle vom Typ `int` sind. In unserem Fall stimmt diese Annahme mit der Definition von `multiply` überein. Würden wir die Funktion hingegen für Fließkommazahlen definieren, würde es zu einem Übersetzungsfehler kommen, da für die Funktion `multiply` widersprüchliche Typangaben vermerkt sind.

Rekursive Funktionsaufrufe

Eine Funktion kann sich auch selbst wieder aufrufen. Innerhalb der Funktionsdefinition ist die Funktion also bereits bekannt. Hiermit lassen sich rekursive Algorithmen programmieren, wie zum Beispiel die folgende Implementierung der Fakultätsfunktion:

```
int factorial(int n) {
    if (n > 1) return factorial(n - 1) * n;
    return 1;
}
int main() {
     printf("10! = %d\n", factorial(10));
     return 0;
}
```

Listing B.9: Rekursive Implementierung der Fakultätsfunktion

Für die Implementierung von `factorial` verwenden wir eine `if`-Anweisung (siehe Abschnitt B.3.1). Hierdurch wird, falls der Wert des Parameters `n` größer als 1 ist, die `return`-Anweisung, die in der gleichen Zeile wie die `if`-Anweisung steht, ausgeführt und damit die Funktion beendet. Besitzt der Parameter `n` hingegen einen Wert, der kleiner oder gleich 1 ist, so wird mit der nächsten Anweisung, also der `return`-Anweisung für die Konstante 1, fortgesetzt und die Funktion mit dieser beendet.

Was geschieht jedoch nun, falls der Wert von `n` größer als 1 ist? In diesem Fall wird der Wert der Fakultät für `n - 1` durch einen rekursiven Aufruf von `factorial` berechnet. Auf diesen Wert wird `n` multipliziert, um den Wert für die Fakultät für `n` zu erhalten. Dies ist dann der Rückgabewert der Funktion. Wenn die Funktion `factorial` rekursiv aufgerufen wird, werden also eventuell zwei oder mehr Instanzen von ihr ausgeführt. In jeder dieser Funktionsaufrufe können die Parameter der Funktion, in diesem Fall nur `n`, einen anderen Wert besitzen. Um dies zu erreichen, wird vom Laufzeitsystem jeder Funktionsaufruf auf dem Laufzeitstack abgelegt.

In unserem Beispiel ist also als Erstes der Funktionsaufruf der Funktion `main` auf dem Stack. Darauf folgen die Funktionsaufrufe von `factorial` mit den Werten für `n` von 10 bis 1. Der Aufruf von `factorial(1)` liefert dann den Wert 1 zurück. Auf diesen wird im Aufruf von `factorial(2)` die 2 multipliziert usw. Nach Beendigung der Funktion `factorial(10)` steht der `printf`-Funktion als zweites Argument also das Ergebnis der Berechnung 10! zur Verfügung.

```
Mac64:CTest tw$ gcc main.c
Mac64:CTest tw$ ./a.out
10! = 3628800
Mac64:CTest tw$ ▯
```

Abb. B.3: Ausgabe von Listing B.9

Deklaration von Funktionen

Wie wir bereits vorher gezeigt haben, müssen Funktionen deklariert sein, bevor sie verwendet werden können. Wie soll man dann jedoch ein Programm wie das folgende programmieren?

```
float function1(float x) {
    return function2(x / 2.0) + 1;
}
float function2(float y) {
    if (y < 1.0) return 1.0;
    return function1(y) * 2;
}
```

Listing B.10: Gegenseitige Abhängigkeit zweier Funktionen

In diesem Beispiel ruft die Funktion `function1` die Funktion `function2` auf und umgekehrt. Aus diesem Grund gibt es keine korrekte Reihenfolge für die beiden Funktionen, so dass der Compiler die Funktionen zum Aufruf bereits kennt. Da jedoch die Argumente sowie die Rückgabewerte der Funktionen nicht vom Typ `int` sind, ist die Annahme für den Typ der Funktion bei einem Funktionsaufruf ohne vorherige Funktionsdefinition falsch. Aus diesem Grund gibt es die Möglichkeit, eine Funktion bereits vor der Definition erst einmal nur zu deklarieren. Hierdurch wird nur der Typ der Funktion in der Symboltabelle vermerkt, ihre Implementierung selbst bleibt jedoch offen. Eine Funktionsdeklaration ist wie folgt aufgebaut:

```
Rückgabetyp Funktionsname (Parameterdeklarationen);
```

Sie unterscheidet sich von einer Funktionsdefinition nur durch den fehlenden Funktionsrumpf in geschweiften Klammern. Dafür folgt auf die Parameterdeklarationen in Klammern ein Semikolon. Das obige Programm lässt sich damit auf folgende Weise korrigieren:

```
float function2(float y);
float function1(float x) {
     return function2(x / 2.0) + 1;
}
float function2(float y) {
     if (y < 1.0) return 1.0;
     return function1(y) * 2;
}
```

Listing B.11: Vorherige Deklaration der Funktion `function2`

Eine solche Deklaration darf im Laufe des Programms auch mehrfach auftreten. Theoretisch auch nach der Definition. Allerdings müssen in allen Deklarationen und der Definition die Signatur, also der Rückgabetyp, die Anzahl an Parametern und die Typen der Parameter identisch sein, andernfalls führt dies zu einem Übersetzungsfehler.

B.1.4 Variablen

Variablen in einem Programm dienen einem Programmierer dazu, Werte einer Berechnung zwischenzuspeichern. Der Compiler bildet die Werte auf Bereiche im Hauptspeicher ab, auf die wir als Programmierer über einen einfachen Namen zugreifen können. Eine Form von Variablen haben Sie bei der Definition von Funktionen bereits kennen gelernt – die Parameter einer Funktion. Sie werden beim Aufruf einer Funktion mit Werten belegt und können innerhalb der Funktion verwendet werden. Es gibt allerdings die Möglichkeit, innerhalb einer Funktion zusätzliche lokale Variablen zu verwenden, über die wir Werte zwischenspeichern können. Bevor wir eine solche Variable verwenden können, müssen wir sie jedoch ähnlich wie Funktionen zuvor deklariert haben. Dazu können wir eine Definitionsanweisung verwenden, mit der wir innerhalb einer Funktion neue Variablen festlegen. Eine Definitionsanweisung hat folgende Form:

```
Typ Variablenname (= Ausdruck)?(, Variablenname (= Ausdruck)?)* ;
```

Zuerst steht der Typ, den die Variablen annehmen sollen, darauf folgt als kommaseparierte Liste eine Folge von Variablennamen. Für Variablennamen gelten dabei die gleichen Regeln wie für Funktionsnamen. Abgeschlossen wird der Ausdruck durch ein Semikolon. Da auf diese Weise nur die Variablen definiert werden, jedoch nicht sofort einen Wert besitzen, kann eine Variable auch direkt initialisiert werden. Dazu können auf einen Variablennamen ein Gleichheitszeichen und ein Ausdruck, der den initialen Wert der Variablen festlegt, folgen. Dies kann zum Beispiel wie folgt aussehen:

```
int multiply(int a, int b) {
    int result = a * b;
    return result;
}
```

Listing B.12: Definition der Variablen `result`

In diesem Beispiel definieren wir innerhalb der Funktion `multiply` die lokale Variable `result`, über die wir Werte vom Typ `int` abspeichern können. Dieser Variablen weisen wir sofort den Wert der Multiplikation von `a` und `b` zu. In der darauffolgenden `return`-Anweisung greifen wir auf den in `result` gespeicherten Wert als Rückgabewert der Funktion zurück.

Hinweis

In ANSI-C sind Variablendefinitionen jeweils nur zu Beginn eines Blocks möglich. Folgt auf eine Variablendefinition eine andere Art der Anweisung, so sind erst in einem neuen Block weitere Variablendefinitionen möglich. Die meisten modernen C-Compiler erlauben die Definition von Variablen allerdings an beliebigen Stellen.

In dem Beispiel wird die Variable `result` also direkt mit einem Wert initialisiert. Es besteht auch die Möglichkeit, sie nicht zu initialisieren und ihr später über den Wertzuweisungsoperator (=) einen Wert zuzuweisen:

```
int multiply(int a, int b) {
    int result;
    result = a * b;
    return result;
}
```

Listing B.13: Definition der Variablen `result`

Bis zu dieser Wertzuweisung besitzt die Variable `result` allerdings einen undefinierten Wert. Variablen, die man in C definiert, werden nicht zuvor mit einem leeren Standardwert gefüllt, sondern besitzen den Wert, der zuvor an der Speicheradresse stand, an der die Variable abgelegt ist.

Auf diese Weise können beliebig viele Variablen definiert werden. Allerdings darf innerhalb eines Blocks (im Fall von `return` der Rumpf der Funktion) jeweils nur eine Variable mit dem gleichen Namen definiert werden. Innerhalb eines Unterblocks kann jedoch eine weitere Variable mit gleichem Namen existieren, die bereits in einem umliegenden Block definiert wurde.

Der Gültigkeitsbereich der Variablen, also der Bereich, in dem sie verwendet werden kann, erstreckt sich auf alle Anweisungen, die innerhalb des aktuellen Blocks auf ihre Definition folgen, also auch alle Unterblöcke, die sich innerhalb des Blocks befinden, es sei denn, innerhalb eines solchen Unterblocks wird eine neue Variable mit gleichem Namen definiert. Außerhalb des aktuellen Blocks, also spätestens außerhalb der aktuellen Funktion, ist die Variable jedoch nicht mehr definiert und kann nicht mehr verwendet werden. Hierzu folgendes Beispiel:

```
int dummy() {
    int a = 5, b = 7;
    { // Block 1
        int c = a + 3;
        int a = a + 2;
        { // Block 2
            a = b * c;
        }
    }
    return a * b;
}
```

Listing B.14: Variablendeklarationen und Blockstruktur

Im Funktionsrumpf, also dem obersten Block, werden die Variablen `a` und `b` definiert. Ihr Gültigkeitsbereich erstreckt sich damit über die gesamte Funktion, insbesondere aber über den den Definitionen der Variablen folgenden Block 1. Innerhalb dieses Blocks werden ebenfalls zwei Variablen `a` und `c` definiert. Ab ihrer Definition sind sie gültig bis zum Ende des Blocks 1. Wenn wir also bei der Initialisierung von `a` und `c` auf die Variable `a` zugreifen, verwenden wir noch die Variable, die im Funktionsrumpf definiert ist. Nach der Definition von `a` in Block 1 wird jedoch diese verwendet. So auch innerhalb von Block 2. Hier wird also auf die Variable `b` des Funktionsrumpfs und Variable `c` aus Block 1 zugegriffen und ihre Werte multipliziert. Das Ergebnis wird in der Variablen `a` aus Block 1 gespeichert. Zur `return`-Anweisung ist dann der Block 1 bereits zu Ende. Aus diesem Grund ist wieder der Gültigkeitsbereich der Variablen `a` aus dem Funktionsrumpf erreicht. Die Multiplikation von `a` und `c` greift in unserem Beispiel also auf die Werte 5 und 7 zurück. Das Ergebnis der Funktion ist 35.

Nachdem wir nun den Gültigkeitsbereich einer Variablen erläutert haben, müssen wir uns noch Gedanken um ihre Lebensdauer machen. Das ist genau die Zeit, über die ein Wert, den wir einer Variablen zuordnen, bestehen bleibt. Im Falle von lokalen Variablen ist ihre Lebensdauer auf die Ausführung der Funktion beschränkt. Wenn wir eine Funktion ein zweites Mal aufrufen, besitzt die Variable also nicht den Wert, den sie beim vorherigen Aufruf besaß. Dies gilt insbesondere bei rekursiv aufgerufenen Funktionen. So kann eine Variable in rekursiven Funktionsaufrufen unterschiedliche Werte besitzen, die sich nicht gegenseitig beeinflussen. Hierzu folgende Variante der `factorial`-Funktion:

```
int factorial(int n) {
    int ret = 1;
    if (n > 1) ret = n * factorial(n - 1);
    return ret;
}
```

Listing B.15: Lokale Variablen und Rekursionen

In diesem Fall ruft sich wie zuvor die Funktion `factorial` rekursiv auf, solange der Parameter `n` größer als 1 ist. Ihr Rückgabewert wird in der lokalen Prozedur `ret` berechnet. Der Wert, den `ret` innerhalb der Funktion annimmt, bezieht sich allerdings auf genau einen Funktionsaufruf. Sind mehrere rekursive Aufrufe aktiv, befindet sich die Variable `ret` auch mehrfach auf dem Laufzeitstack – je einmal für jeden aktiven Aufruf, ähnlich der Funktionsparameter.

Globale Variablen

Brauchen wir allerdings Variablen, deren Gültigkeitsbereich und Lebensdauer sich über eine Funktion bzw. einen Funktionsaufruf hinweg erstrecken, so können wir hierzu globale Variablen verwenden. Globale Variablen, werden, wie ihr Name schon sagt, auf globaler Ebene (wie Funktionen) mit der gleichen Syntax wie lokale Variablen deklariert. Eine Variable darf innerhalb einer Datei auch mehrfach definiert werden, jedoch darf nur eine dieser Definitionen eine zusätzliche Initialisierung beinhalten und die Typen müssen identisch sein. Der Gültigkeitsbereich einer globalen Variable erstreckt sich ab dem Punkt der ersten Definition bis zum Ende des Programms und auch die Lebensdauer eines Wertes, den wir einer globalen Variablen zuordnen, zieht sich über die gesamte Ausführung des Programms. Hierzu folgendes Beispiel:

```
int global = 10;

int dummy1(int arg) {
    int global;
```

```
    global = arg + 2;
    return global;
}
int dummy2() {
    global = 5;
    return dummy1(1) + global;
}
int main () {
    printf("%d", dummy2() + global);
}
```

Listing B.16: Verwendung von globalen Variablen

In dem Beispiel wird das Ergebnis des Funktionsaufrufs von `dummy2()` plus dem Wert der globalen Variablen `global` auf der Konsole ausgegeben. Durch die Ausführung der Funktion `dummy2` wird zuerst die globale Variable `global` auf den Wert 5 gesetzt. Das Ergebnis der Funktion ist dann die Addition aus `dummy1(1)` und dem Wert der Variablen `global`. In der Funktion `dummy1` gibt es eine lokale Variable `global`. Hierdurch wird durch die Wertzuweisung nicht die globale, sondern die lokale Variable `global` auf dem Wert `arg + 2` also 3 gesetzt. Der Rückgabewert von `dummy2` ist somit 8. Nach der Ausführung von `dummy2` besitzt `global` immer noch den Wert 5. Ausgegeben wird damit die Zahl 13.

Damit das Programm genauso funktioniert, wie eben beschrieben, werden globale Variablen im Gegensatz zu lokalen Variablen nicht auf dem Laufzeitstack abgelegt, sondern befinden sich ab dem Programmstart auf dem Heap. Ihre exakte Speicheradresse wird direkt vom Compiler zur Übersetzungszeit berechnet.

Wenn wir eine globale Variable innerhalb einer rekursiven Funktion verwenden, so wird bei einer Wertzuweisung der Wert einer Variablen für alle aktiven Funktionen geändert, da er sich nicht auf dem Laufzeitstack im Bereich für den einzelnen Funktionsaufruf, sondern im für alle Funktionsaufrufe globalen Heap befindet.

Auch die Initialisierungswerte werden vom Compiler bereits zur Übersetzungszeit berechnet. Aus diesem Grund dürfen nur Ausdrücke verwendet werden, die sich zur Übersetzungszeit auswerten lassen. So ist zum Beispiel eine Addition zweier Konstanten oder auch die Addition zweier vorher definierten und initialisierter globaler Variablen erlaubt, eine Initialisierung, die sich aus einem Aufruf einer Funktion ergibt, jedoch nicht. Falls allerdings eine solche nicht konstante Initialisierung erforderlich ist, so muss sie in der `main`-Funktion erfolgen.

Statische Variablen

Es gibt noch eine dritte Art von Variablen – die statischen Variablen. Um eine statische Variable zu deklarieren, kann sowohl einer globalen Variablendeklaration als auch einer lokalen das Schlüsselwort `static` vorangestellt werden. Hierdurch besitzt die Variable den gleichen Gültigkeitsbereich wie die Variable ohne `static`, ihre Lebensdauer erstreckt sich jedoch über die gesamte Programmausführung. An der Funktionsweise einer globalen Variablen ändert sich hierdurch nichts, eine lokale Variable verhält sich danach allerdings wie eine globale Variable, jedoch mit der Sichtbarkeit einer lokalen Variablen. Aus diesem Grund muss sich die Initialisierung von statischen Variablen wie die der globalen Variablen zur Übersetzungszeit auswerten lassen. Hierzu folgendes Beispiel:

```
int mystery(int arg) {
    static int value = 1;
    value = value + arg;
    return value;
}
int main() {
    printf("%d", mystery(mystery(5)));
}
```

Listing B.17: Verwendung einer statischen Variablen

In diesem Beispiel wird das Ergebnis des Aufrufes `mystery(mystery(5))` auf der Konsole ausgegeben. Dazu muss zuerst `mystery(5)` ausgewertet werden. Innerhalb der Funktion `mystery` ist eine statische Variable `value` definiert, die bereits seit dem Start des Programms mit 1 initialisiert ist. Dieser Variablen wird nun die Addition von `value` und `arg`, also 6, zugewiesen und als Ergebnis der Funktion zurückgeliefert. Mit diesem Wert wird nun der zweite Aufruf von `mystery` ausgeführt, das heißt `mystery(6)`. In dieser zweiten Ausführung der Funktion `mystery` hat die Variable `value` durch den ersten Durchlauf immer noch den Wert 6. Auf diesen Wert wird nun die 6, die über `arg` übergeben wurde, addiert und als Ergebnis zurückgegeben. Die Auswertung von `mystery(mystery(5))` liefert also insgesamt den Wert 12. Bei einer nächsten Auswertung der Funktion `mystery` hätte also die statische Variable `value` ebenfalls den Wert 12.

B.1.5 Kompilieren mehrerer Dateien

Ein Programm besteht nicht zwangsweise nur aus einer einzigen Datei, meist ist es auf mehrere Dateien verteilt. Alle Quelldateien, die vom Compiler übersetzt werden sollen, müssen dann auf `.c` enden, um dem Compiler mitzuteilen, dass es sich um eine C-Programmdatei handelt. Ein solches Programm kann dann einfach durch Angabe aller Dateien zu einem ausführbaren Programm `a.out` kompiliert werden:

```
gcc file1.c file2.c file3.c ...
```

Diese Vorgehensweise ist jedoch eher unüblich. Sehen wir uns dazu in Abbildung B.4 an, wie der Übersetzungsprozess eines C-Programms abläuft. Wenn wir mit `gcc` ein Programm übersetzen, wird jede Quelldatei einzeln zuerst von einem Präprozessor verarbeitet. Während dieser Phase werden alle Befehle, die mit # beginnen, wie `#include`, entfernt und verarbeitet. Wie genau der Präprozessor funktioniert, zeigen wir im nächsten Abschnitt. Hiernach ergibt sich für jede Quelldatei wieder eine Quelldatei, in der keine Präprozessorbefehle mehr vorhanden sind. Diese Dateien des Programms werden dann vom eigentlichen C-Compiler einzeln in Zwischencode übersetzt. Vom Assembler, der natürlich system- und hardwareabhängig ist, wird wieder jede Datei für sich in Maschinencode übersetzt. Alle diese Objektprogramme bestehend aus einer Menge von Objektdateien (`.o`) werden dann vom Linker zusammen mit bereits vorkompilierten Bibliotheken zum ausführbaren Programm zusammengesetzt.

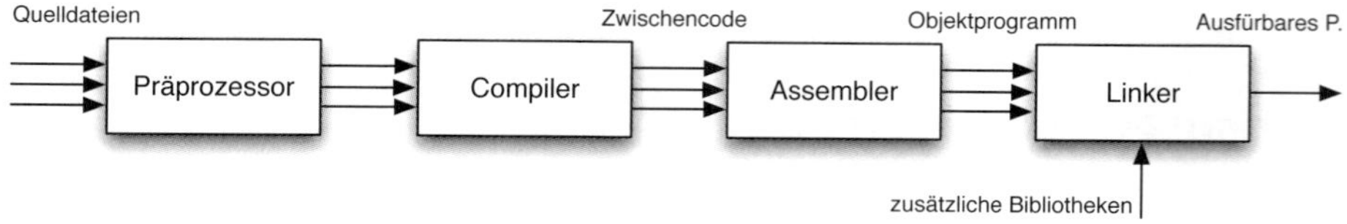

Abb. B.4: Aufbau des C-Übersetzungsprozesses

Zusammengeführt werden die einzelnen Quelldateien also erst vom Linker. Bis dahin werden sie vom Compiler als unabhängig betrachtet. Der Befehl `gcc` bietet aus diesem Grund die Möglichkeit, den Übersetzungsprozess zwischen Objektprogramm und Linker aufzutrennen. Dadurch muss eine Objektdatei nur dann neu erstellt werden, wenn sich die zugehörige Quelldatei geändert hat, was gerade bei großen Programmen zu einer geringeren Übersetzungszeit führt.

Sehen wir uns an, wie ein solcher Übersetzungsvorgang genau funktioniert. Zuerst wird jede Datei einzeln mit `gcc` in eine Objektdatei übersetzt. Dies erreicht man, indem man das `gcc`-Kommando mit der Option `-c` startet:

```
gcc -c file1.c
gcc -c file2.c
...
```

Für die Datei `file1.c` entsteht dann die Objektdatei `file1.o` usw. Diese Sammlung von `.o`-Dateien kann dann ebenfalls mit `gcc` zu einem ausführbaren Programm zusammengeführt werden:

```
gcc file1.o file2.o ...
```

Dazu ruft man den Compiler anstelle der `.c`-Dateien nun mit den `.o`-Dateien auf. An der Endung der Datei erkennt der Compiler, welche Stufen für die Datei ausgeführt werden müssen. In diesem Fall muss nur noch der Linker die Objektdateien verbinden. Hierdurch entsteht wie zuvor ein ausführbares Programm in der Datei `a.out`.

Der Name der Datei, in der das ausführbare Programm gespeichert wird, kann durch Angabe der Option `-o` auch noch genauer beeinflusst werden:

```
gcc -o outputfile file1.o file2.o ...
```

Die Ausgabedatei besitzt den Dateinamen `outputFile`. So können wir nun auch unser `"Hello,World!"`-Beispiel übersetzen, wie in Abbildung B.5 zu sehen. Hierzu wird zuerst die Datei `main.c` in die Objektdatei `main.o` übersetzt und diese dann zu dem ausführbaren Programm `helloWorld` zusammengefügt.

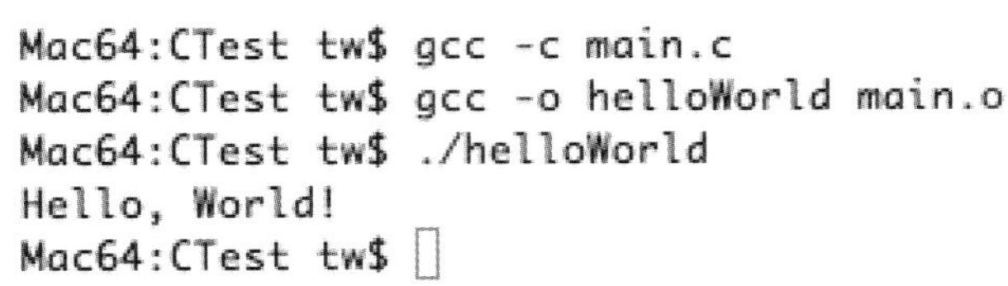

Abb. B.5: Zweistufiges Übersetzen von `main.c`

B.2 Der C-Präprozessor

Wie Sie im vorherigen Abschnitt bereits gelesen haben, wird die eingelesene Quelldatei vor der eigentlichen Übersetzung durch einen Präprozessor verarbeitet. Dieser ersetzt Makros im Programmcode, ermöglicht eine bedingte Übersetzung und kann weitere Dateien mit in den Quelltext hinzuladen. Alle Befehle, die sich an den Präprozessor richten, beginnen mit dem Zeichen #. Die Befehle sind im Gegensatz zu den C-Befehlen zeilenorientiert, das heißt, der Befehl an den Präprozessor beginnt bis auf Leerzeichen oder Tabulatoren am Anfang und endet mit der Zeile. Soll ein Präprozessorbefehl über mehr als eine Zeile gehen, so müssen die Zeilen untereinander verknüpft werden. Hierzu muss ans Ende der Zeilen, die durch die nächste Zeile fortgesetzt werden sollen, ein Backslash (\) angehängt werden. Alle Zeilen, die mit einem Backslash enden, werden vom Präprozessor mit der darauffolgenden Zeile zusammengeführt und als eine Zeile interpretiert. Schauen wir uns dazu folgenden Programmausschnitt an:

```
#define ifMakro(C, T, F) if(C) {\
    T;\
} else {\
    F;\
}
```

Listing B.18: Definition des Makros `ifMakro`

Dieser Präprozessorbefehl definiert das Makro `ifMakro`. Der Befehl erstreckt sich über alle fünf Zeilen und wird durch die Backslashes am Ende als nichts anderes als die folgende Zeile interpretiert:

```
#define ifMarko(C, T, F) if(C) { T; } else { F; }
```

Der restliche Quelltext innerhalb der Datei interessiert den Präprozessor nicht. Es ist also egal, ob Sie mit dem Präprozessor ein C-Programm verarbeiten oder eine beliebige Textdatei. Die Fehler im restlichen Programm werden erst in späteren Phasen des Übersetzungsprozesses festgestellt.

B.2.1 Definition von Makros

Schauen wir uns nun an, wie wir ein eigenes Makro definieren und verwenden können. Die erste Makrodefinition haben Sie bereits in Listing B.18 gesehen. Die allgemeine Syntax für ein Makro ist wie folgt definiert:

```
#define Makroname Makrorumpf
```

Durch eine Zeile dieser Art wird ein Makro mit dem Namen *Makroname* definiert. Dies hat zur Folge, dass an jeder Stelle im restlichen Programm, an der die Zeichenkette *Makroname* auftritt, diese gegen die Zeichenfolge *Makrorumpf*, die hinter dem Namen bei der Makrodefinition steht, ersetzt wird. Ein Makro dieser Art kann also zum Beispiel verwendet werden, um die Zeichenkette `"Hello, World!"` aus Listing B.1 als eine Art Konstante vorweg zu definieren:

```
#include <stdio.h>
#define HELLO_WORLD "Hello, World!\n"

int main () {
    printf(HELLO_WORLD);
    return 0;
}
```

Listing B.19: Verwendung eines Makros mit `#define`

Für den C-Compiler unterscheidet sich das Programm nicht von der Version aus Listing B.1. Von Makros dieser Art dürfen beliebig viele definiert werden. Jedoch dürfen keine zwei Makros mit gleichen Namen hintereinander definiert werden, es sei denn, das zweite Makro ist inkl. der trennenden Zwischenzeichen für Zeichen identisch zur ersten Definition.

So kann das Makro aus Listing B.18 jedoch nicht definiert werden. Hierzu gibt es eine erweiterte Syntax, bei der einem Makro zusätzliche Parameter mitgegeben werden können:

```
#define Makroname(arg0, arg1, ...) Makrorumpf
```

Dazu folgt auf den Makronamen eine geklammerte kommaseparierte Liste aus Parameternamen. Diese Namen können innerhalb des Makrorumpfs verwendet werden. Jedoch kann ein Parametername nicht innerhalb einer C-Zeichenketten-Konstanten verwendet werden – dazu später. Das Makro `ifMakro` aus Listing B.18 besitzt also drei Parameter, mit den Namen `C`, `T` und `F`, die innerhalb des Makrorumpfs verwendet werden.

Schauen wir uns hierzu noch ein zweites Beispiel an:

```
#include <stdio.h>
#define HELLO_WORLD "Hello, World!\n"
#define MAIN(output) int main() { printf(output); return 0; }

MAIN(HELLO_WORLD)
```

Listing B.20: Definition eines Makros MAIN mit Argumenten

In diesem Beispiel definieren wir zusätzlich zu dem Makro `HELLO_WORLD` ein Makro `MAIN` mit einem Parameter `output`. Dieses Makro erzeugt eine `main`-Funktion mit einer `printf`-Ausgabe. Die Ausgabe selbst wird durch das Argument `output` bestimmt. Die eigentliche `main`-Funktion des Programms wird dann durch das Makro `MAIN` generiert. Dazu wird dem Makroaufruf als Argument das Makro `HELLO_WORLD` mitgegeben. Der Wert des Parameters `output` ist also die Zeichenkette `HELLO_WORLD`. Generell können einem Makro beliebige Zeichenketten als Parameterwerte mitgegeben werden. Die einzelnen Werte müssen nur durch Kommata getrennt die korrekte Anzahl an Parametern für das Makro ergeben.

Hierdurch ergibt sich nach der Expansion folgendes Programm:

```
#include <stdio.h>
int main() { printf("Hello, World!\n"); return 0; }
```

Listing B.21: Makro-Expansion von Listing B.20

Bis auf andere Zeilenumbrüche sehen wir ein identisches Programm zu Listing B.1. Das Parameter `output` wird also einfach durch die Zeichenkette `HELLO_WORLD` ersetzt. Da es sich bei `HELLO_WORLD` jedoch ebenfalls um ein Makro handelt, wird dieses ebenfalls durch die Zeichenkette `"Hello, World!\n"` ausgetauscht. Die Anwendung eines Parameters entspricht also nur einem Einsetzvorgang einer Zeichenkette. Wenn sich durch das Einsetzen kein korrektes Programm ergibt, ist es die Aufgabe des Compilers, eine entsprechende Fehlermeldung zu generieren. Hierzu folgender Makroaufruf:

```
MAIN(abc def)
```

In diesem Fall wird ebenfalls eine `main`-Funktion generiert. Dem Aufruf der Funktion `printf` wird nun jedoch die Zeichenkette `abc def` eingesetzt:

```
int main() { printf(abc def); return 0; }
```

Dies ist jedoch kein gültiges C-Programm, was zu einem Übersetzungsfehler führt.

Es gibt allerdings die Möglichkeit, die Einsetzung eines Makroparameters noch genauer zu steuern. Hierzu dienen die beiden Operatoren # und ##, die im Makrorumpf eingesetzt werden können. Wenn zum Beispiel einer Anwendung eines Parameters im Rumpf ein # vorangestellt wird, so wird der Inhalt des Parameters bei der Anwendung des Makros als C-Zeichenkettenkonstante eingesetzt. Der Inhalt des Parameters wird also in Doppelanführungsstriche (") geschrieben. Wir definieren dafür folgendes Makro:

```
#define STRING(value) #value
MAIN(STRING(Hello World!\n))
```

Wenn wir dieses Programm nun expandieren, ergibt sich folgendes Programm:

```
int main() { printf("Hello World!\n"); return 0; }
```

Zusammen mit der Tatsache, dass der C-Compiler mehrere aufeinanderfolgende Zeichenkettenkonstanten zu einer zusammenfügt, können so Zeichenketten zusammengebaut werden. So zum Beispiel in folgendem Makro `DEBUGFUNC`:

```
#define DEBUGFUNC(name, message) \
    void name() { printf(#name ": " message "\n"); }
```

Dieses Makro besitzt zwei Parameter `name` und `message`. Expandiert wird eine Ausführung dieses Makros zu einer Funktionsdefinition mit dem Namen, der im Parameter `name` übergeben wird. Innerhalb dieser Funktion wird dann eine Zeile auf der Konsole mit `printf` ausgegeben. Dazu wird der Wert des ersten Parameters `name` als Zeichenkettenkonstante zusammen mit der Konstanten `": "`, dem Wert von `message` und `"\n"` ausgegeben. Wir expandieren dazu folgenden Makroaufruf:

```
DEBUGFUNC(fileerr, "Fehler beim Lesen der Datei.");
```

Das Ergebnis dieses Aufrufs ist:

```
void fileerr() {
    printf("fileerr" ": " "Fehler beim Lesen der Datei." "\n");
}
```

In diesem Beispiel wirkt der Aufruf von `printf` etwas verwirrend, da hier als Ausgabe vier Zeichenkettenkonstanten hintereinander angegeben sind. Diese werden vom C-Compiler nun als nur eine einzige Konstante gelesen. Damit ist das Programm äquivalent zu:

```
void fileerr() {
    printf("fileerr: Fehler beim Lesen der Datei. \n");
}
```

Kommen wir nun zum Operator ##. Dieser Operator hat eigentlich nichts mit der Parameterübergabe und -erzeugung zu tun, sondern dient eigentlich dazu, Trennzeichen wie Leerzeichen und Tabulatoren zu entfernen. Wird dieser Operator im Makrorumpf verwendet, wird er, nachdem die Parameter eingesetzt wurden, zusammen mit allen angrenzenden Leerzeichen und Tabulatoren entfernt. Hierzu folgendes Beispielmakro `cat`:

```
#define cat(x, y) x ## y
```

Dieses Makro besitzt zwei Parameter `x` und `y`, die im Rumpf hintereinander ausgegeben werden sollen. Ohne den Operator ## würden die beiden Parameter als durch zum Beispiel ein Leerzeichen voneinander getrennt hintereinander geschrieben werden. Durch den Operator ## werden die eingesetzten Werte für `x` und `y` jedoch ohne Trennung direkt hintereinanderweg geschrieben. So wird zum Beispiel aus dem Makroaufruf `cat(file, err)`, das Symbol `fileerr`. Allerdings ist nicht definiert, was bei mehrfacher Anwendung von ## passiert.

Kommen wir zum Schluss noch zu der Möglichkeit, Makrodefinitionen wieder aufzuheben. Hierzu dient folgende Syntax:

```
#undef Makroname
```

Durch den Befehl `#undef` gefolgt vom Namen des Makros wird die Definition des entsprechenden Makros ab dem Zeitpunkt im Programm wieder aufgehoben. So kann ein Makro auch umdefiniert werden, indem man zuerst mit `#undef` die Definition entfernt und dann mit `#define` wieder definiert. Die Anwendung von `#undef` auf ein Makro, das nicht definiert ist, führt auch nicht zu einem Fehler.

B.2.2 Einfügen von Dateien

Als Nächstes wollen wir zeigen, wie wir mit dem Präprozessor andere Dateien in eine Quelltextdatei hinzufügen. Den dazu benötigten Präprozessorbefehl `#include` haben Sie bereits in Listing B.1 kennen gelernt. Auf den Befehl `#include` folgt noch der einzubindende Dateiname in Doppelanführungszeichen oder spitzen Klammern:

```
#include "filename"
#include <filename>
```

Der Präprozessor entfernt dann diesen Befehl und fügt stattdessen den Inhalt der angegebenen Datei Zeichen für Zeichen ein. Befinden sich in diesem Programm weitere Präprozessorbefehle, werden sie vorher ebenfalls ausgeführt.

Durch die Angabe der Datei in spitzen Klammern weiß der Präprozessor, dass es sich um eine Bibliothek handelt, die mit dem Compiler zusammen ausgeliefert wird. Diese befindet sich an einem festgelegten Ort auf ihrem Rechner. Unter Mac OS X wie bei jedem Unix-System befinden sich all diese Dateien unter `/usr/include`. Durch die Angabe der Datei in Doppelanführungszeichen muss sie sich im gleichen Ordner befinden, in dem der `gcc`-Befehl ausgeführt wird. Um ein Programm in einzelne Verzeichnisse zu untergliedern, können jedoch auch weitere Pfadangaben und nicht nur ein Dateiname angegeben werden. Soll also zum Beispiel die Datei `someFile.h` im Unterverzeichnis `someDir` des aktuellen Verzeichnisses eingelesen werden, so sieht der `#include`-Befehl wie folgt aus:

```
#include "someDir/someFile.h"
```

An dem Beispiel und auch am `#include` in Listing B.1 sehen Sie, dass meistens `.h`-Dateien eingefügt werden. Hierbei handelt es sich um so genannte Header-Dateien. In diesen Dateien befinden sich normalerweise nur Funktions-, Variablen- oder Konstantendeklarationen, das heißt im Gegensatz zu `.c`-Dateien keine Implementierungen.

Wir wollen in einem ersten Beispiel die Möglichkeit der Auslagerung von Konstanten in eine Header-Datei zeigen. Wir nehmen dazu an, es gibt eine Datei `returnCodes.h`, die wie folgt aufgebaut ist:

```
#define RETURN_NOERROR 0
#define RETURN_USERERROR 1
#define RETURN_ARGERROR 2
#define RETURN_ABNORMALERROR 3
```

Listing B.22: `returnCode.h`

Außerdem gibt es eine Datei `strings.h`, in der die gesamten in der Anwendung verwendeten Zeichenkettenkonstanten ausgelagert sind:

```
#define HELLO_WORLD "Hello, World!\n"
#define PROGRAM_EXIT "Programm wurde korrekt beendet."
```

Listing B.23: `strings.h`

Diese beiden Dateien können wir nun in unsere Quelldateien hinzuladen, um dort die Variablen zu verwenden:

```
#include <stdio.h>
#include "returnCodes.h"
#include "strings.h"

int main() {
    printf(HELLO_WORLD);
```

```
    printf(PROGRAM_EXIT);
    return RETURN_NOERROR;
}
```

Listing B.24: Verwendung der Header-Dateien in der Datei `main.c`

An allen Stellen im Programm bzw. in egal welcher Quelldatei, in der wir diese Konstanten benötigen, können wir die Header-Dateien mit einem `#include` hinzufügen. Der Vorteil hiervon ist, dass wir die Definitionen nur an einer Stelle ändern müssen und nicht an mehreren Stellen im Programm.

Innerhalb von Header-Dateien können wir mit `#include` natürlich wieder Dateien hinzuladen. So zum Beispiel eine Datei `importantIncludes.h`:

```
#include "returnCodes.h"
#include "strings.h"
```

Listing B.25: `importantIncludes.h`

Dies hat zur Folge, dass nur die Datei `importantIncludes.h` eingebunden werden muss und damit indirekt die Dateien `returnCodes.h` und `strings.h` in die Quelldatei eingefügt werden. Problematisch wird es jedoch bei zyklischen oder mehrfachen `#includes` der gleichen Datei. Um dieses Problem in den Griff zu bekommen, müssen wir uns jedoch zuvor mit der bedingten Übersetzung beschäftigen.

Importieren von Funktionen und globalen Variablen

Auf die gleiche Weise wie Konstanten können auch Funktionen und Variablen durch eine `.h`-Datei für ein Programm hinzugefügt werden. Dazu sollten nur die **Deklarationen** der Funktionen und Variablen in eine Header-Datei aufgenommen werden.

Dies bedeutet, dass wir für eine Methode in der `.h`-Datei keine Funktionsrümpfe finden, das heißt, alle Funktionsdeklarationen enden mit einem Semikolon. Die **Funktionsdefinitionen** mit den Implementierungen befinden sich in den `.c`-Dateien. Für jede Funktion darf in den `.c`-Dateien, die vom Linker zusammengeführt werden, nur eine Implementierung existieren.

Aber wie können wir nun eine Variable nur deklarieren und worin unterscheiden sich Variablendeklaration und Definition? Eine Variablendeklaration erfolgt von der Syntax sehr ähnlich einer globalen Variablendefinition. Allerdings wird zusätzlich das Schlüsselwort `extern` vorangestellt und eine Initialisierung kann nicht angegeben werden. Der Unterschied zwischen einer Deklaration und einer Definition ist dann ähnlich zu den Funktionen. Durch eine Variablendefinition weist der Compiler für den Namen direkt eine Speicheradresse im Heap zu und ordnet dem Namen den Typ der Variablen zu. Durch die Deklaration wird nur der Typ zugewiesen, die Speicheradresse bleibt erst mal offen. Diese Speicheradresse wird dann durch eine spätere Definition innerhalb der gleichen Datei aufgefüllt oder spätestens vom Linker beim Zusammenführen der einzelnen Quelldateien. Existiert für eine deklarierte Variable keine Definition in einer anderen Datei, so führt dies zu einem Fehler. Betrachten wir nun ein Beispiel, in dem wir Funktionen und Variablen in eine Header-Datei auslagern:

```
extern int errorCount;
void error(char* message);
```

Listing B.26: Header-Datei `error.h`

Durch diese Header-Datei `error.h` wird uns also eine globale Variable `errorCount` vom Typ `int` und eine Funktion `error` mit einem Argument für eine Zeichenkette bereitgestellt. In der Datei `main.c` können wir diese Datei mit `#include` nun einbinden und verwenden:

```
#include <stdio.h>
#include "error.h"

int main() {
    error("Es ist ein komischer Fehler aufgetreten.");
    error("Es ist ein weiterer Fehler aufgetreten.");
    printf("Fehleranzahl: %d\n", errorCount);
    return errorCount;
}
```

Listing B.27: Implementierung in der Datei `main.c`

In der `main`-Funktion stehen uns nun die Funktion `error` und die Variable `errorCount` über die Header-Datei zur Verfügung, ohne dass wir die Implementierung der Funktion und die exakte Initialisierung der Variablen `errorCount` kennen. Diese können wir nun sinnvollerweise in der Datei `error.c` angeben:

```
#include <stdio.h>
#include "error.h"

int errorCount = 0;
void error(char* message) {
    errorCount = errorCount + 1;
    printf("ERROR: %s\n", message);
}
```

Listing B.28: Implementierungen in der Datei `error.c`

An dieser Implementierung sehen wir nun, dass die Variable `errorCount` mit dem Wert 0 initialisiert wird und die Methode `error` durch jeden Aufruf die Variable `errorCount` um 1 erhöht und die Nachricht `message` auf der Konsole ausgibt. Der Vorteil für uns als Programmierer ist, dass wir diese genaue Implementierung gar nicht kennen müssen. Für uns reicht eigentlich die Datei `error.h`, durch die wir das Versprechen bekommen, dass im restlichen Programm irgendwo die entsprechenden Funktionen und Variablen definiert werden. Die Datei `error.h` können wir dann auch mehrfach in verschiedenen `.c` Dateien verwenden. Auf diese Weise werden C-Programme strukturiert. Man findet in einem C-Projekt sehr häufig eine große Zahl zueinander passender `.c`- und `.h`-Dateien. In den `.h`-Dateien sind die Funktionen für den entsprechenden Programmteil ausgelagert und in der gleichnamigen `.c`-Datei befindet sich dann die Implementierung.

B.2.3 Bedingte Übersetzung

Bei bedingter Übersetzung kann der wirklich zu übersetzende Quelltext an Bedingungen geknüpft werden. Die einfachste Form ist, die Kompilierung des Quelltextes abhängig von der Definition einer Konstanten bzw. eines Makros zu machen. Die Syntax für eine solche bedingte Übersetzung sieht wie folgt aus:

```
#ifdef Makroname
// beliebiger Text (Makroname definiert)
#else
// beliebiger Text (Makroname nicht definiert)
#endif
```

Listing B.29: Aufbau einer bedingten Übersetzung mit `#ifdef`

Wenn der Präprozessor auf das Kommando `#ifdef` trifft, prüft er, ob das durch *`Makroname`* angegebene Symbol durch eine vorherige `#define`-Anweisung definiert ist. Ist dies der Fall, bleibt der gesamte Text bis zum `#else` im Programm erhalten. Hierfür reicht auch eine Definition mit leerem Makrorumpf:

```
#define SOME_SYMBOL
```

Andernfalls wird der gesamte Text bis `#else` entfernt und es bleibt nur der Text nach dem `#else` bis zum `#endif` erhalten. Der `#else`-Teil kann auch komplett entfallen. Ist das Symbol dann nicht definiert, entfällt der gesamte Quelltext von `#ifdef` bis `#endif`. Die Bedingung kann auch umgekehrt werden. Hierfür dient das Kommando `#ifndef`. Es ist vom Aufbau mit `#ifdef` identisch. Allerdings wird der Teil bis zum `#else` ausgegeben, falls das Symbol nicht definiert, und der Teil nach dem `#else`, falls das Symbol definiert ist. Mit diesem Kommando können wir nun das doppelte Hinzufügen einer Datei verhindern. Schauen wir uns dazu folgenden Programmteil aus Listing B.24 an:

```
#include "strings.h"
#include "importantIncludes.h"
```

Wenn wir diesen Programmteil vollständig expandieren, wird zuerst die Datei `strings.h` eingefügt. Darauf folgt die Datei `importantIncludes.h`, in der die Datei `strings.h` ebenfalls eingebunden wird. Hierdurch ergibt sich folgendes Programm, wenn alle `#include`s expandiert werden:

```
#define HELLO_WORLD "Hello, World!\n"
#define PROGRAM_EXIT "Programm wurde korrekt beendet."
#define RETURN_NOERROR 0
#define RETURN_USERERROR 1
#define RETURN_ARGERROR 2
#define RETURN_ABNORMALERROR 3
#define HELLO_WORLD "Hello, World!\n"
#define PROGRAM_EXIT "Programm wurde korrekt beendet."
```

Hieran sieht man, dass die Konstanten `HELLO_WORLD` und `PROGRAM_EXIT` zweimal definiert werden, was nicht erlaubt ist. Aus diesem Grund wäre es sinnvoll, wenn die Dateien `strings.h` und `returnCodes.h` nur einmal eingebunden werden können. Dies erreichen wir mit dem Befehl `#ifndef`. Hierzu passen wir die Datei `strings.h` wie folgt an:

```
#ifndef _STRING_H_
#define _STRING_H_

#define HELLO_WORLD "Hello, World!\n"
#define PROGRAM_EXIT "Programm wurde korrekt beendet."

#endif /* _STRING_H_ */
```

Listing B.30: Bedingte Übersetzung der Datei `strings.h`

Wenn die Datei `strings.h` nun das erste Mal importiert wird, so ist das Symbol `_STRING_H_` noch nicht definiert. Aus diesem Grund wird der gesamte Text bis zum `#endif` übernommen. Innerhalb dieses Textes wird sofort das Symbol `_STRING_H_` definiert. Wird nun die Datei mit `#include` ein zweites Mal hinzugeladen, ist das Symbol definiert und der gesamte Quelltext in der Datei ausgelassen. So sind auch zyklische `#include`s kein Problem mehr.

Der Befehl `#ifdef` basiert jedoch eigentlich auf dem Befehl `#if`. Dieser hat folgenden Aufbau:

```
#if Bedingung
// ...
#elif Bedingung
// ...
#else
// ...
#endif
```

Bei diesem Befehl können mehrere Fälle nacheinander über eine Bedingung abgeprüft werden. Im Ergebnisprogramm bleibt der Teil erhalten, dessen Bedingung von oben an als Erstes erfüllt ist. Dazu folgen auf ein `#if` evtl. auch mehrere `#elif`-Teile, die mit einem konstanten Ausdruck eine Bedingung prüfen. Liefert ein solcher Ausdruck einen Wert ungleich 0, so gilt er als erfüllt, andernfalls wird der nächste Abschnitt überprüft. Zum Schluss kann ähnlich zum `#ifdef` noch ein `#else`-Teil folgen. Abgeschlossen wird eine solche bedingte Übersetzung ebenfalls mit `#endif`. Diese Form der bedingten Übersetzung wird zum Beispiel gerne benutzt, um abhängig von einem Symbol eine Übersetzung zu steuern. Wir definieren dazu irgendwo an zentraler Stelle ein Symbol `DEBUG`:

```
#define DEBUG 0
```

Dieses Symbol kann nun abgefragt werden, um nur in gewissen Situationen Code zu kompilieren, wie zum Beispiel wie folgt:

```
#if DEBUG != 0
     printf("Eine Debugmeldung.");
#endif
```

Solange dem Symbol `DEBUG` der Wert 0 zugewiesen ist, verhält sich das Programm so, als ob die Zeilen nie im Programm gestanden hätten. Wird jedoch das Symbol `DEBUG` auf den Wert 1 gesetzt, so wird die `printf`-Funktion mit dem Programm übersetzt.

Wie oben bereits erwähnt, so lässt sich eine bedingte Übersetzung mit `#ifdef` und `#ifndef` in einen `#if`-Befehl übersetzen: Ein `#ifdef Makroname` entspricht dann einem `#if defined(Makroname)` und `#ifndef Makroname` einem `#if !defined(Makroname)`.

Der Präprozessor bietet noch eine ganze Reihe weiterer Befehle, auf die wir in diesem Anhang nicht mehr weiter eingehen wollen, diese können zum Beispiel wiederum im Buch *Programmieren in C* von Kernighan und Ritchie oder *C – Einführung und professionelle Anwendung* von Ulla Kirch und Peter Prinz nachgelesen werden.

B.2.4 Vordefinierte Namen

Ähnlich wie die Konstanten, die man als Programmierer mit `#define` definieren kann, sind im Präprozessor bereits einige feste Konstanten eingebaut, die im Quelltext ersetzt werden. Diese können allerdings nicht mit `#undef` entfernt oder mit `#define` umdefiniert werden. Diese vordefinierten Konstanten sind in der folgenden Tabelle aufgeführt:

`__LINE__`	Eine Dezimalkonstante, die die Zeile in der aktuellen Quelldatei angibt
`__FILE__`	Eine Zeichenkettenkonstante, die den Dateinamen der aktuellen Quelldatei enthält
`__DATE__`	Eine Zeichenkettenkonstante, die das aktuelle Datum im Format `"Mmm dd yyyy"` angibt
`__TIME__`	Eine Zeichenkettenkonstante, die die aktuelle Uhrzeit im Format `"hh:mm:ss"` angibt
`__STDC__`	Diese Konstante besitzt den Wert 1, wenn es sich bei dem verwendeten Compiler um einen C-Compiler handelt, der den ANSI-Standard erfüllt.

Tabelle B.3: Im Präprozessor vordefinierte Konstanten

Abhängig vom verwendeten C-Compiler existieren jedoch meist noch eine ganze Reihe weiterer vordefinierter Konstanten.

B.3 Anweisungen und Kontrollstrukturen

Im Laufe dieses Anhangs haben Sie bereits eine ganze Reihe von Anweisungen kennen gelernt. In diesem Abschnitt wollen wir die bereits bekannten noch einmal rekapitulieren und zeigen, welche Arten der Anweisungen es noch gibt. Bereits kennen gelernt haben Sie zum Beispiel die Anweisungen, über die ein Ausdruck auswertet. Auf diese Weise können Wertzuweisungen realisiert oder Funktionen ausgeführt werden. Auf die genauen Möglichkeiten von Ausdrücken gehen wir in Abschnitt B.4 ein. Um sie als Anweisung zu verwenden, müssen sie nur durch ein Semikolon abgeschlossen werden. Sehr ähnlich zu den Ausdrucksanweisungen sind die Variablendeklarationen. Auf diese sind wir ausführlich in Abbildung B.1.4 eingegangen.

Eine weitere sehr häufig eingesetzte Form der Anweisungen sind die Blöcke. Die Syntax von Blöcken sieht wie folgt aus:

```
{ (Anweisung)* }
```

Ein Block fügt eine beliebige Anzahl von Anweisungen zu einer Anweisung zusammen. Dazu schreibt man die zusammengehörigen Anweisungen in geschweifte Klammern. Innerhalb eines Blocks können auch gar keine Anweisungen stehen.

Es gibt jedoch noch eine ganze Reihe weiterer Anweisungen. Diese können wir in drei Gruppen zusammenfassen, die wir in den folgenden Abschnitten zeigen wollen. Die erste Art der Anweisungen sind bedingte Anweisungen, mit denen der

Kontrollfluss abhängig von Werten oder Berechnungen geleitet bzw. gesteuert werden kann. Ein Beispiel für eine solche Anweisung ist die `if`-Anweisung aus Listing B.9.

Die zweite Art von Anweisungen, die wir zeigen wollen, sind die Schleifen. Schleifen dienen dazu, eine oder mehrere Operationen mehrfach hintereinander auszuführen, bis ein bestimmtes Ereignis auftritt.

Die letzte Gruppe bilden die Sprunganweisungen. Sie bieten dem Programmierer die Möglichkeit, die Abarbeitungsreihenfolge der Anweisungen genauer zu beeinflussen. Zu dieser Gruppe gehört zum Beispiel die `return`-Anweisung, die Sie bereits in Listing B.1 kennen gelernt haben.

B.3.1 Bedingte Anweisungen

Die wichtigste bedingte Anweisung in C, die man in dieser Form eigentlich in fast jeder Programmiersprache findet, ist die `if`-Anweisung. Die `if`-Anweisung dient dazu, Teile eines Programms nur dann auszuführen, wenn eine Bedingung erfüllt ist. Für eine `if`-Anweisung gibt es folgende beiden Syntaxvarianten:

```
if (Bedingung) Anweisung1
if (Bedingung) Anweisung1 else Anweisung2
```

Auf das Schlüsselwort `if` folgt also immer in Klammern eine Bedingung. Diese Bedingung kann ein beliebiger Ausdruck sein. Dieser Ausdruck wird zur Ausführung ausgewertet. Trifft die Bedingung zu, die Auswertung liefert den Wahrheitswert **wahr**, also einen Wert ungleich von 0, so wird die Anweisung *`Anweisung1`* ausgeführt. Andernfalls, also der Ausdruck liefert den Wahrheitswert **falsch**, wird für den Fall der zweiten Variante die `Anweisung2` ausgeführt oder direkt mit der Anweisung, die auf das `if` folgt, fortgesetzt. Hierzu folgendes Beispiel:

```
int abs(int value) {
    if (value < 0) {
        return -value;
    } else {
        return value;
    }
}
```

Listing B.31: Implementierung der Absolutfunktion

In diesem Beispiel sehen wir die Implementierung der Absolutfunktion. Hierzu wird mit einer `if`-Abfrage überprüft, ob der Parameter `value` positiv oder negativ ist. Für den Fall, dass der Wert negativ ist, wird der negative Wert zurückgegeben. Andernfalls liefert die Funktion `value` unverändert zurück. An diesem Beispiel sieht man auch sehr gut, auf welche Weise sich Blöcke zum Strukturieren von Programmen eignen.

Es müssen jedoch nicht zwingend Blöcke für `Anweisung1` und `Anweisung2` verwendet werden. So lassen sich zum Beispiel ebenfalls `if`-Anweisungen auch wieder für `Anweisung1` und `Anweisung2` verwenden – `if`-Anweisungen lassen sich also schachteln. Wenn eine `if`-Anweisung direkt in `Anweisung1` verwendet wird, kann es durch den optionalen `else`-Teil jedoch zu mehrdeutigen Ausdrücken kommen:

```
if (value > 5)
    if (value < 10)
        printf("Variante 1\n");
else
    printf("Variante 2\n");
```

Listing B.32: Mehrdeutigkeiten bei `if`-Anweisungen

In diesem Beispiel wird über die erste `if`-Anweisung geprüft, ob eine Variable `value` größer als 5 ist. Ist dies der Fall, wird die zweite `if`-Anweisung ausgeführt. Bei dieser wird zusätzlich geprüft, ob `value` auch kleiner als 10 ist. In diesem Fall wird `"Variante 1"` ausgegeben. Darauf folgt ein `else`-Teil, durch den die Zeichenkette `"Variante 2"` ausgegeben wird. Es stellt sich nur die Frage, ob das `else` zur ersten oder zur zweiten `if`-Anweisung gehört. Auf Grund der Einrückung könnte man vermuten, dass es zur ersten `if`-Anweisung gehört. Dies ist jedoch nicht der Fall. Um dieser Verwirrung entgegenzuwirken, existiert die Regel, dass der `else`-Teil immer mit dem letzten noch offenen `if` verbunden wird. In diesem Fall wird der zweite `printf`-Aufruf also ausgeführt, falls `value` größer oder gleich 10 ist. Sollte `value` kleiner oder gleich 5 sein, so gibt es keine Ausgabe.

Die rekursive Verwendung von `if`-Anweisungen über `Anweisung2` stellt sich hingegen als unproblematisch dar und findet sich in C-Programmen auch sehr häufig, um zwischen mehreren Fällen zu unterscheiden:

```
int level(int value) {
    if (value < 10) {
        return 0;
    } else if (value < 100) {
        return 1;
    } else {
        return 2;
    }
}
```

Listing B.33: Mehrfachverzweigung mit `if`-Anweisungen

switch-Anweisung

Es gibt in C jedoch noch eine Spezialanweisung für Mehrfachverzweigungen, die in passenden Fällen zu einer besseren Laufzeit des Programms führt – die `switch`-Anweisung. Ihre Syntax ist wie folgt aufgebaut:

```
switch (Ausdruck) {
case Konstanter-Ausdruck:
    Anweisungen
case Konstanter-Ausdruck:
    Anweisungen
...
default:
    Anweisungen
}
```

Durch eine solche `switch`-Anweisung wird für den Wert eines Ausdrucks geprüft, ob eine oder mehrere ganzzahlige Konstanten genügen. Dazu gehen einer Folge von Anweisungen in einer `switch`-Anweisung eine oder mehrere `case`-Marken voraus. Hat der Ausdruck hinter `switch` den Wert einer `case`-Konstanten, so wird die Ausführung mit der nächsten Anweisung hinter dem `case` fortgesetzt. Dazu müssen alle `case`-Konstanten einer `switch`-Anweisung verschieden sein. Sollte keine `case`-Marke passen, so werden die Anweisungen hinter der `default`-Marke ausgeführt. Eine `default`-Marke kann allerdings auch entfallen. In diesem Fall wird die Ausführung hinter der `switch`-Anweisung fortgesetzt. `case`- und `default`-Marken können in beliebiger Reihenfolge angeordnet werden. Schauen Sie sich hierzu folgendes Beispiel an:

```
int romandigit(char digit) {
    int ret;
    switch (digit) {
        case 'I': case 'i':
            ret = 1;
            break;
        case 'V': case 'v':
            ret = 5;
            break;
        case 'X': case 'x':
            ret = 10;
            break;
        // ...
    }
    return ret;
}
```

Listing B.34: Verwendung einer `switch`-Anweisung

In dem Beispiel sehen Sie zum Beispiel, wie Sie den Wert einer römischen Ziffer mit einer `switch`-Anweisung in ihren Dezimal-Wert übersetzen können. Dazu wird der Kontrollfluss mit der `switch`-Anweisung abhängig vom Wert der Variablen `digit` verzweigt. Falls zum Beispiel `digit` den Wert `'I'` oder `'i'` hat, wird die Variable `ret` auf 1 gesetzt. Darauf folgt eine `break`-Anweisung (siehe Abschnitt

B.3.3). Diese Anweisung dient dazu, die weitere Ausführung der `switch`-Anweisung abzubrechen. Andernfalls würde die Variable `ret` als Nächstes auf 5, dann auf 10 usw. gesetzt werden.

B.3.2 Schleifen

Mindestens genauso wichtig wie die bedingten Anweisungen sind die Schleifen. Sie dienen dazu, Anweisungen mehrfach hintereinander auszuführen. In C gibt es hierfür zwei Anweisungen: die `while`- und die `for`-Schleifen. Schauen wir uns zuerst die `while`-Schleifen an. Sie besitzen folgende zwei Syntaxvarianten:

```
while (Ausdruck)
    Anweisung
do
  Anweisung
while (Ausdruck);
```

Die Anweisung wird so lange immer wieder ausgeführt, bis die Bedingung *Ausdruck* den Wert 0 (falsch) liefert. Bei der ersten Variante wird die Bedingung bereits vor der ersten Ausführung des Rumpfes geprüft. Bei der zweiten Variante hingegen erst nach der ersten Ausführung. Hierzu folgendes Beispiel:

```
int factorial(int n) {
    int ret = 1;
    int i = 2;
    while (i <= n) {
        ret = ret * i;
        i = i + 1;
    }
    return ret;
}
```

Listing B.35: Implementierung der Fakultätsfunktion mit einer `while`-Schleife

Das Fakultätsergebnis wird in der lokalen Variablen `ret` berechnet. Dazu wird eine `while`-Schleife so lange ausgeführt, bis eine Variable `i` größer als `n` ist. Dazu startet die Variable `i` bei 2 und wird innerhalb der Schleife je um 1 erhöht. Diese Variable `i` wird in jedem Durchlauf der Schleife auf `ret` multipliziert. Zuerst besitzt `ret` den Wert 1. In der Schleife wird `ret` dann mit 2 multipliziert, beim nächsten Durchlauf mit 3. Im letzten Durchlauf wird `ret` mit `n` multipliziert.

Noch eleganter lässt sich dieses Beispiel mit einer `for`-Schleife lösen. Die Syntax einer `for`-Schleife sieht wie folgt aus:

```
for (Ausdruck1; Ausdruck2; Ausdruck3)
    Anweisung
```

Bei der Ausführung einer `for` Schleife wird zuerst *Ausdruck1* (*Initialisierung*) ausgeführt. Hier können zum Beispiel Variablen initialisiert werden. Dann wird der *Ausdruck2* (*Bedingung*) ausgeführt. Ist dieser falsch bzw. besitzt er den Wert 0, so wird die `for`-Schleife verlassen. Ist der Wert ungleich 0, wird der Schleifenrumpf *Anweisung* ausgeführt. Nach dem Rumpf wird die Ausführung mit *Ausdruck3* fortgeführt. Daraufhin wird erneut die Bedingung *Ausdruck2* geprüft und die Schleife eventuell erneut ausgeführt. Hierzu folgendes Beispiel:

```
int factorial(int n) {
    int ret = 1;
    for (int i = 2; i <= n; i++) {
        ret = ret * i;
    }
    return ret;
}
```

Listing B.36: Implementierung der Fakultätsfunktion mit einer `for`-Schleife

Hinweis

In ANSI C darf für den *Ausdruck1* keine Variablendeklaration verwendet werden. In diesem Fall müssten die Variablen vor der `for`-Schleife bereits definiert werden und in der Schleife nur initialisiert werden. Die meisten C-Compiler erlauben allerdings eine Deklaration von Variablen innerhalb der Schleifenbeschreibung wie in Listing B.36.

Wie in diesem Beispiel dient in den meisten Fällen *Ausdruck1* dazu, eine Variable zu definieren und zu initialisieren. An dieser Stelle können durch Komma getrennt auch mehrere Variablendefinitionen und Initialisierungen folgen. In diesem Fall wird die Variable `i` definiert und auf den Wert 2 gesetzt. Über den *Ausdruck2* wird dann die gleiche Bedingung wie bei der `while`-Schleife geprüft. Im Schleifenrumpf wird die Variable `i` dann auf die Variable `ret` multipliziert. Die Erhöhung der Variablen `i` wird über *Ausdruck3* durchgeführt. Ähnlich wie bei *Ausdruck1* können durch Komma getrennt auch für *Ausdruck3* weitere Ausdrücke folgen. Eine solche `for`-Schleife sieht dann wie folgt aus:

```
for (int i = 1, int j = 20; i < j; i = i + 1, j = j - 1) { / *...*/ }
```

Alle drei Ausdrücke einer `for`-Schleife können allerdings auch leer bleiben. Für den Fall, dass die Bedingung leer bleibt, wird angenommen, dass sie wahr wäre. Wenn alle drei Ausdrücke leer bleiben, erhalten wir eine Endlosschleife:

```
for (;;) { /* ... */ }
```

Der Schleifenrumpf könnte allerdings zum Beispiel mit `return`- oder `break`-Anweisungen verlassen werden.

B.3.3 Sprunganweisungen

Zuletzt bleiben nur noch die Sprunganweisungen. Zwei Varianten der Sprunganweisungen haben Sie schon kennen gelernt. Es gibt vier verschiedene, mit folgender Syntax:

```
return Anweisung;
break;
continue;
goto Marke;
```

Die erste ist die `return`-Anweisung. Sie dient dazu, eine Funktion zu beenden und eventuell einen Wert zurückzugeben. Falls die Funktion `void` als Rückgabetyp besitzt, entfällt die Anweisung. Die zweite ist die `break`-Anweisung. In Abschnitt B.3.1 haben Sie gesehen, wie ein `break` dazu genutzt werden kann, eine `switch`-Anweisung vorzeitig zu verlassen. Auf die gleiche Weise kann mit `break` auch eine `for`- oder `while`-Schleife verlassen werden. Um die Abarbeitung von Schleifen zu beeinflussen, dient auch die `continue`-Anweisung. Sie darf ähnlich wie `break` innerhalb von Schleifenrümpfen angewendet werden. Allerdings wird durch `continue` nicht die gesamte Schleife abgebrochen, sondern nur die aktuelle Iteration. Daraufhin wird erneut die Bedingung geprüft und die Schleife eventuell weiter fortgesetzt. Bei einer `for`-Schleife wird vor der Bedingung noch der dritte Ausdruck ausgeführt. Hierzu folgendes Beispiel:

```
#include <stdio.h>
int readint() {
    int ret = 0;
    for (int i = 0; i < 10; i++) {
        int ch = getchar();
        if (ch == ' ') continue;
        if (ch < '0' || ch > '9') break;
        ret = ret * 10 + (ch - '0');
    }
    return ret;
}
int main() {
    printf("Eingabe = %d\n", readint());
    return 0;
}
```

Listing B.37: Verwendung von `break` und `continue`

In dem Beispiel wird über die Funktion `readint` eine Ganzzahl von der Konsole eingelesen. Dazu wird mit `for` eine Schleife für die Variable `i` von 0 bis 9 realisiert. In dieser Schleife wird mit der Funktion `getchar` aus der Bibliothek `stdio.h` ein Zeichen eingelesen. Ist dieses Zeichen ein Leerzeichen, so wird die

Funktion mit `continue` fortgesetzt, das heißt, der Schleifenrumpf beginnt von vorne. Vorher wird allerdings die Variable `i` mit `i++` um 1 erhöht und die Bedingung geprüft. Ist die Variable `i` weiterhin kleiner als 10, wird der Rumpf erneut ausgeführt. Andernfalls wird die Schleife beendet. Der Schleifenrumpf wird also in jedem Fall maximal 10-mal ausgeführt. Handelt es sich bei der Eingabe nicht um ein Leerzeichen und auch nicht um ein Zeichen zwischen `'0'` und `'9'`, so wird die Funktion mit `break` abgebrochen. Handelt es sich bei dem eingelesenen Zeichen um eine Ziffer, so wird diese Ziffer als neue Dezimalstelle dem Wert der Variablen `ret` hinzugerechnet. Allerdings können so nur maximal zehn Zeichen eingelesen werden. Sinnvoller wäre sicherlich, eine Endlosschleife mit `for(;;)` zu verwenden. Allerdings sollte diese Variante verdeutlichen, wie sich das `continue` verhält.

Kommen wir nun zur letzten Variante der Sprunganweisungen – der `goto`-Anweisung. Mit der `goto`-Anweisung kann der Kontrollfluss in beliebiger Form beeinflusst werden. Hierzu können in den Programmcode einer Funktion Sprungmarken mit folgender Syntax eingefügt werden:

```
Marke: Anweisungen
```

Auf den Namen einer Sprungmarke folgt ein Doppelpunkt, auf den weitere Anweisungen folgen. Wird dann im der Funktion irgendwo eine `goto`-Anweisung mit der gleichen Marke ausgeführt, springt das Programm an die Position dieser Marke und setzt mit der auf die Marke folgenden Anweisung fort. Für die Benennung von Marken gelten die gleichen Regeln wie für Funktions- oder Variablennamen. Wir wollen auf die `goto`-Anweisungen hier allerdings nicht weiter eingehen.

B.4 Ausdrücke und Operatoren

Nach den Anweisungen wollen wir nun zeigen, welchen Umfang an Ausdrücken uns die Programmiersprache C bietet. Ausdrücke sind Teile eines Programms, die einen Wert berechnen. Viele von ihnen haben Sie im Laufe dieses Anhangs bereits kennen gelernt. Hierzu gehören Konstanten und Variablen sowie die Funktionsaufrufe. Auch die Klammerung eines Ausdrucks ist wieder ein Ausdruck. Darüber hinaus gibt es jedoch noch eine ganze Reihe von Operatoren, die wir auf Ausdrücke anwenden können. Diese Operatoren wollen wir im Laufe dieses Abschnitts zeigen. Operatoren lassen sich in unäre Operatoren, die nur auf einen Wert angewendet, und binäre Operatoren, die auf zwei Werte angewendet werden, unterscheiden:

```
op Ausdruck
Ausdruck op
Ausdruck op Ausdruck
```

Den Umfang der Operatoren in der Programmiersprache C wollen wir in den folgenden sechs Abschnitten in verschiedene Kategorien unterteilt zeigen. Natürlich können innerhalb der Ausdrücke, auf die die Operatoren angewendet werden, ebenfalls wieder Operatoren verwendet werden. Auf die sich hierdurch ergebenen Konflikte und die Prioritäten unter den Operatoren als Lösung dieser Konflikte gehen wir im letzten Unterabschnitt dieses Abschnitts ein.

Vorweg wollen wir noch kurz zwei Operatoren vorstellen, die nicht so ganz in die vorgenommene Kategorisierung passen: der Komma-Operator und die bedingte Anweisung. Der Komma-Operator ist eigentlich ein binärer Operator. Allerdings wird durch das Komma nicht wirklich etwas berechnet. Sie haben den Komma-Operator schon bei der `for`-Schleife kennen gelernt. Er dient dazu, mehrere Ausdrücke durch Komma getrennt hintereinanderzuschreiben und diese Folge von Ausdrücken als eine einzige zu betrachten. Hierbei werden die Werte der einzelnen Ausdrücke allerdings nicht verknüpft, sondern nur der Wert des letzten Ausdrucks entspricht dem Wert des gesamten Kommaausdrucks. Hiermit lassen sich zum Beispiel mehrere Wertzuweisungen für eine `for`-Schleife zu einem Ausdruck zusammenfassen:

```
a = 5, b = 7, c = 9
```

Der bedingte Ausdruck ist eigentlich ein tertiärer Operator. Die Syntax des bedingten Ausdrucks sieht wie folgt aus:

```
Ausdruck1 ? Ausdruck2 : Ausdruck3
```

Ein bedingter Ausdruck ist dabei sehr ähnlich zu einer `if`-Abfrage. Zuerst wird der *`Ausdruck1`* ausgewertet. Besitzt dieser einen Wert ungleich 0 (wahr), wird der *`Ausdruck2`* ausgewertet und ergibt den Wert des gesamten Ausdrucks. Ist der Wert von *`Ausdruck1`* 0 (falsch), so wird *`Ausdruck3`* ausgewertet und bildet den Gesamtwert.

Einige weitere Operatoren werden Sie in Abschnitt B.5 kennen lernen. Diese sind im Zusammenhang mit zusammengesetzten Datentypen notwendig.

B.4.1 Arithmetische Operatoren

Kommen wir zuerst zu den arithmetischen Operatoren, mit denen wir mathematische Berechnungen abbilden können. Die ersten Operatoren, die wir in diesem Zusammenhang zeigen wollen, sind die Vorzeichen-Operatoren Plus (+) und Minus (-). Das Plus hat auf einen Zahlenwert keine Auswirkungen, das Minus hingegen dreht das Vorzeichen einer Zahl:

```
+5; -7; +var; -var;
```

Als binäre arithmetische Ausdrücke stehen uns unter C die Operatoren Addition (+), Subtraktion (-), Multiplikation (*), Division (/) und Divisionsrest (%) zur Verfügung. Bis auf den Operator % lassen sich die Operatoren auf alle Datentypen für Zahlendarstellungen anwenden. Der Operator % kann nur auf ganzzahlige Werte angewendet werden. Ein kurzes Beispiel zu den Operatoren:

```
printf("x * y = %f", x * y);
printf("x / y = %f", x / y);
printf("x + y = %f", x + y);
printf("x - y = %f", x - y);
```

Listing B.38: Verwendung von arithmetischen Ausdrücken

B.4.2 Vergleichsoperatoren

Eine weitere Gruppe der Operatoren bilden die Vergleichsoperatoren. Deren Einsatz haben Sie schon sehr häufig im Laufe des Anhangs sehen können. Es handelt sich hierbei ausschließlich um binäre Operatoren. Sie dienen dazu, zwei Zahlenwerte vom gleichen Datentyp miteinander zu vergleichen. Es gibt die Operatoren Kleiner (<), Kleiner-Gleich (<=), Größer (>), Größer-Gleich (>=), Gleich (==) und Ungleich (!=). Alle Operatoren liefern als Wert eine 1, sobald der Vergleich erfüllt, und eine 0, falls er nicht erfüllt ist. Hierzu folgende Beispiele:

```
if (x > y) printf("x ist größer als y\n");
if (x < y) printf("x ist kleiner als y\n");
if (x >= y) printf("x ist größer oder gleich y\n");
if (x <= y) printf("x ist kleiner oder gleich y\n");
if (x != y) printf("x ist ungleich y\n");
if (x == y) printf("x ist gleich y\n");
```

Listing B.39: Verwendung von Vergleichsoperatoren

B.4.3 Bit-Manipulationen

Eine weitere Kategorie der Operatoren bilden die Bit-Manipulationen. Sie dienen dazu, Werte auf Bit-Ebene zu verändern oder zu verknüpfen. Sie können auf alle ganzzahligen Datentypen angewendet werden. Als unärer Operator dient dazu der Tilde-Operator (~), der angewendet auf einen beliebigen Wert jedes Bit dieses Wertes umkehrt.

Zur Abbildung der logischen Funktionen stehen die binären Operatoren Und-Operator (&), Oder-Operator (|) und Exclusiv-Oder-Operator (^) zur Verfügung. Um sie anwenden zu können, müssen die beiden Ausdrücke, die verknüpft werden, vom gleichen Typ sein. Der Und-Operator wird zum Beispiel gerne dazu verwendet, um eine Auswahl von Bits auf null zu setzen:

```
n = n & 0177;
m = m & ~0177;
```

Hierdurch werden zum Beispiel alle Bits von `n` außer die letzten sieben gelöscht (maskiert). Dafür werden bei `m` genau diese sieben Bits gelöscht. Alle anderen bleiben erhalten.

Über den Oder-Operator können Bits gezielt auf 1 gesetzt werden:

```
x = x | 4;
```

So wird im Wert der Variablen `x` das drittletzte Bit auf 1 gesetzt.

Ebenfalls zu den Bit-Manipulationen gehören die Shift-Operationen. Hierbei werden die Bits eines ganzzahligen Wertes entweder nach links (<<) oder nach rechts (>>) geschoben. Die Anzahl der zu verschiebenden Bits gibt der rechte Operand an. Die Anzahl an zu verschiebenden Bits muss immer positiv sein. So werden zum Beispiel bei `x << 2` die Bits von `x` zwei Stellen nach links geschoben. Von rechts werden Nullen nachgeschoben. Die Operation entspricht also einer Multiplikation mit 4. Bei einem Shift nach rechts zum Beispiel durch `x >> 2` ist es etwas komplizierter und vor allem hardwareabhängig, welche Bits in `x` nachgeschoben werden. Bei den meisten Systemen ergibt sich allerdings folgendes Verhalten: Handelt es sich um einen `unsigned` Typ, so werden ebenfalls Nullen nachgeschoben. Handelt es sich hingegen um einen `signed` Typ, so wird das vor dem Shift am weitesten links stehende Bit von links nachgeschoben. Dies dient dazu, das Vorzeichen der Zahl bei Darstellung von negativen Zahlen mit Zweierkomplement zu erhalten.

B.4.4 Wertzuweisungen

Um in einer Anwendung nicht nur Werte zu verknüpfen und zu berechnen, sondern auch wieder zu speichern, existieren die Wertzuweisungsoperatoren. Der einfachste ist der Operator, der durch das Gleichheitszeichen (=) dargestellt wird. Hierdurch wird der Wert, der sich durch den rechten Ausdruck ergibt, der Variablen auf der linken Seite zugewiesen. Die Ausdrücke auf der linken und rechten Seite müssen dazu vom gleichen Typ sein. Sie werden später in Abschnitt B.5 sehen, dass auf der linken Seite auch mehr als nur eine Variable stehen kann. Der Wert des Wertzuweisungsausdrucks ist dann der zugewiesene Wert. Hierdurch und durch die Rechtsassoziativität (siehe Abschnitt B.4.7) lassen sich mehrere Wertzuweisungen direkt hintereinander schreiben:

```
a = b = c = d = 6;
```

So werden die Variablen `a` bis `d` auf den Wert 6 gesetzt.

Sehr häufig sieht man in Programmen, dass die Wertzuweisung direkt mit einer Operation auf der Variablen, der ein Wert zugewiesen werden soll, verknüpft wird:

```
i = i + 1;
```

Für genau solche Ausdrücke gibt es eine Reihe von kombinierten Wertzuweisungen. Dazu folgt auf die durchzuführende Operation das Gleichheitszeichen. Für die Erhöhung der Variablen `i` um 1 können wir also auch schreiben:

```
i += 1;
```

Erlaubt sind auf diese Weise die Operatoren +, -, *, /, %, &, ^, |, << und >> mit den Wertzuweisungsoperatoren +=, -=, *=, /=, %=, &=, ^=, |=, <<= und >>=.

Für eine solche Erhöhung einer Variablen um 1 genauso wie die Reduzierung um 1 gibt es noch zwei Spezialoperatoren: ++ und `--`. Sie können sowohl als Präfix- als auch als Suffixoperator angewendet werden:

```
int i = 5;
int j = i++;
int k = ++i;
```

Die Variable `i` besitzt nach diesen drei Zeilen den Wert 7, da durch jede Anwendung des ++-Operators der Wert der Variablen `i` um 1 erhöht wird. Allerdings besitzt die Variable `j` den Wert 5, wohingegen `k` den Wert 7 besitzt. Dies liegt daran, dass durch die Anwendung von ++ als Präfixoperator der Wert von `++i` der Wert von `i` nach der Erhöhung ist, die Erhöhung um 1 wird also vor dem Auslesen von `i` durchgeführt. Wird ++ hingegen als Suffixoperator verwendet, besitzt `i++` den Wert der Variablen `i` vor der Erhöhung. Äquivalentes gilt für den Operator `--`.

B.4.5 Logische Operatoren

Bei der `if`-Anweisung und bei der `for`- oder `while`-Schleife haben Sie gesehen, dass Wahrheitswerte immer über Zahlenwerte kodiert werden. So entspricht der Wert 0 dem Wahrheitswert **falsch** und alle anderen Werte ungleich 0 dem Wahrheitswert **wahr**. Hierfür gibt es nun einige Operatoren, die genau für solche Bedingungen ausgenutzt werden können. So dreht zum Beispiel der Not-Operator (`!`) einen Wahrheitswert 0. So wird aus einer 0 eine 1 und aus einem Wert ungleich 0 eine 0.

Weiterhin gibt es zwei binäre Operatoren für eine Und-Operation (&&) und eine Oder-Operation (||). Die Und-Operation (auch logisches Und genannt) liefert eine 1, falls beide Ausdrucke wahr sind, also einen Wert ungleich 0 besitzen. Andernfalls liefert das logische Und den Wert 0. Die Oder-Operation bzw. das logische Oder liefert eine 1, falls bereits einer der beiden Ausdrücke ungleich 0 ist. Sie liefert eine 0, falls beide Ausdrücke eine 0 besitzen:

```
if (x > y || x == y) printf("x ist größer oder gleich y");
if (x > a && x < b) printf("x ist zwischen a und b");
if (!(x > a && x < b)) printf("x ist nicht zwischen a und b");
```

Listing B.40: Verwendung der logischen Operatoren

Allerdings werden bei der Verwendung von logischem Und und logischem Oder nicht immer der linke und der rechte Ausdruck ausgewertet. Falls sich der Wert der Verknüpfung bereits durch den linken Ausdruck ergibt, so wird der rechte Ausdruck gar nicht mehr ausgewertet. Besitzt also zum Beispiel der linke Operand eines logischen Und den Wert 0, ist der Gesamtwert auf jeden Fall 0, unabhängig vom Wert des rechten Operators. Aus diesem Grund wird der rechte gar nicht mehr ausgewertet. Äquivalentes gilt für das logische Oder, falls der linke Operand einen Wert ungleich 0 liefert. Aus diesem Grund werden die beiden Operatoren auch als Shortcut-Operatoren bezeichnet. Hierzu folgendes Beispiel:

```
if (4 > 5 & faulty()) printf("OK");
if (4 > 5 && faulty()) printf("OK");
```

Listing B.41: Ausnutzen der Shortcut-Eigenschaft

Gehen wir davon aus, dass die Funktion `faulty` zu einem Programmfehler führt. Dann würde die erste Variante zu einem Fehler führen, obwohl der Vergleich `4 > 5` nie wahr wäre. Die zweite Variante würde hingegen zuerst den Vergleich `4 > 5` auswerten. Da dieser den Wert 0 für falsch liefert, würde die Funktion `faulty` gar nicht mehr ausgeführt werden und die gesamte Bedingung hätte den Wert 0.

B.4.6 Typ-Operatoren

Es gibt in C noch zwei Operatoren, die sich auf die Typen eines Ausdrucks beziehen. Den `sizeof`-Operator haben Sie bereits in Abschnitt B.1.2 kennen gelernt. Er hat folgende Syntax:

```
sizeof Ausdruck
sizeof (Typausdruck)
```

Beide Varianten liefern die Bitbreite in Bytes, die zur Speicherung eines Wertes notwendig ist. Bei der ersten Variante beziehen sich die notwendigen Bytes auf den Typ, den der angegebene Ausdruck besitzt. Bei der zweiten Variante bezieht sich die Breite auf den durch einen Typausdruck angegebenen Datentyp:

```
if (sizeof i == sizeof(int))
    printf("Die Variable i braucht genauso viel "
           "Platz wie der Datentyp int.");
```

Es gibt allerdings auch die Möglichkeit, zwischen den Datentypen eines Wertes hin- und herzuwandeln. So lassen sich zum Beispiel ganzzahlige Werte des Datentyps `int` in den passenden Wert vom Typ `double` umwandeln. Hierzu dient der Typcast-Operator. Er besitzt folgende Syntax:

```
(Typausdruck) Ausdruck
```

In diesem Fall wird der Wert des Ausdrucks in einen entsprechenden Wert des angegebenen Datentyps umgewandelt. Umgewandelt werden können untereinander prinzipiell alle Datentypen für Zahlendarstellungen. Bei gewissen Umwandlungen kommt es dabei sicherlich zu einigen Genauigkeitsverlusten oder auch Überläufen, auf die man als Programmierer zu achten hat. Auf die genauen Typumwandlungsregeln wollen wir hier jedoch nicht eingehen, da sie bei Weitem den Rahmen sprengen würden. Hierzu jedoch folgendes Beispiel:

```
float floatvar = 5.7;
int intvar = (int) floatvar;
```

Die Variable `floatvar` wird hierdurch in einen `int`-Wert umgewandelt und der Variablen `intvar` zugewiesen. Die Variable `intvar` besitzt danach den Wert 5.

Im Zusammenhang mit Typkonvertierungen ist in C noch wichtig zu wissen, dass an einigen Stellen implizite Typumwandlungen durchgeführt werden. So wird, falls notwendig, ein Datentyp geringer Bitbreite in einen äquivalenten Datentyp größerer Bitbreite umgewandelt, zum Beispiel von `int` zu `long` oder von `short` zu `double` oder `long double`. Im Zusammenhang mit binären Operatoren werden auch Umwandlungen von ganzzahligen Werten in Fließkommawerte durchgeführt. So wird zum Beispiel bei der Multiplikation von `5.31 * 4` der `int`-Wert 4 in einen `long double`-Wert umgewandelt und dann mit `5.31` multipliziert. Eine Umwandlung von Fließkommazahl zu Ganzzahl findet allerdings nie implizit statt.

B.4.7 Operatorprioritäten

Bisher haben wir die Operatoren nur isoliert voneinander betrachtet. Werden die Operatoren allerdings gemischt verwendet, ergibt sich die Frage, welche Operation zuerst ausgeführt wird, das heißt, wie die Operationen untereinander implizit geklammert sind. Hierzu folgendes Beispiel:

```
int x = a > b & c;
```

In diesem Beispiel stellt sich die Frage, ob zuerst verglichen wird, ob `a` größer `b` ist und der sich daraus ergebene Wert mit `c` (`(a > b) & c`) verglichen wird, oder erst `b` und `c` mit Und verknüpft und dies mit `a` verglichen wird (`a > (b & c)`). In diesem Fall ist die erste Variante die korrekte, da die Vergleichsoperatoren eine höhere Priorität als der Und-Operator besitzen. Eine weitere Frage ergibt sich, falls der gleiche Operator mehrfach hintereinander verwendet wird. So wird zum Beispiel die Addition linksseitig geklammert: `a + b + c` ist also `(a + b) + c`, wohingegen die Wertzuweisung rechtsseitig geklammert wird: `a = b = c = 5` ist `a = (b = (c = 5))`.

Eine genaue Aufführung der Operatorprioritäten und ihre Assoziativitäten sind in der Tabelle B.1 aufgeführt. Die Operatoren sind mit fallender Priorität in der Tabelle aufgeführt.

`! ~ ++ -- + - * & (Typ) sizeof`	rechtsseitig geklammert
`* / %`	linksseitig geklammert
`+ -`	linksseitig geklammert
`<< >>`	linksseitig geklammert
`< <= > >=`	linksseitig geklammert
`== !=`	linksseitig geklammert
`&`	linksseitig geklammert
`^`	linksseitig geklammert
`|`	linksseitig geklammert
`&&`	linksseitig geklammert
`||`	linksseitig geklammert
`?:`	rechtsseitig geklammert
`= += -= *= /= %= &= ^= |= <<= >>=`	rechtsseitig geklammert
`,`	linksseitig geklammert

Tabelle B.4: Operatorprioritäten und Assoziativität

B.5 Weitere Datentypen

Wir wollen uns im letzten Abschnitt dieses Anhangs nun mit den Datentypen beschäftigen. In Abschnitt B.1.2 haben wir bereits die Basisdatentypen vorgestellt. In C gibt es jedoch nicht nur diese Typen, sondern auch einige zusammengesetzte Typen, die für die Programmierung elementar wichtig sind. Wie Sie bereits erfahren haben, gibt es in C die Möglichkeit, den Speicher, der einem Programm zugeordnet ist und über den zum Beispiel die Variablen abgebildet werden, direkt anzusprechen. Um dies zu ermöglichen, gibt es in C die Pointertypen, die eine Speicheradresse bezeichnen. Wozu wir genau die Pointer einsetzen können und wie sie funktionieren, beschreiben wir in Abschnitt B.5.1.

Wenn wir im Speicher Daten von einem bestimmten Typ ablegen, brauchen wir oft nicht nur einen einzigen Wert, sondern eine ganze Menge dieser Werte. Hierzu dienen Arrays. In C kann man von allen Datentypen auch ein Array bilden, um eine festgelegte Anzahl von Werten dieses Typs auf einmal anzusprechen. Natürlich werden auch Arrays wieder im Speicher abgelegt. Auf die Funktionsweise von Arrays und wie sie mit Pointern zusammenhängen, gehen wir in Abschnitt B.5.2 ein.

Um jedoch komplexere Datenstrukturen abzubilden, ist es oft erforderlich, eine Gruppe von Werten unter einem gemeinsamen Namen abzuspeichern. Der Unterschied zu einem Array ist, dass die Werte dabei nicht alle vom gleichen Typ sein müssen. Ein solches Konstrukt wird in C als Struktur bezeichnet. In Abschnitt B.5.3 wollen wir zeigen, was genau eine Struktur ist und wie wir sie als Programmierer verwenden können.

Es gibt in C jedoch noch weitere Typen. Hierzu gehört zum Beispiel die Enumeration oder Unions. Wir wollen in dieser kurzen C-Einführung auf diese Typen allerdings nicht näher eingehen.

Häufig findet man in C-Programmen auch, dass den Typausdrücken zur Beschreibung eines Datentyps weitere Metainformationen wie `const` oder `volatile` hinzugefügt werden. Sie dienen dazu, den Optimierer im C-Compiler zu unterstützen, damit dieser weiß, inwieweit er eine spezielle Optimierung in einer Situation im Programm anwenden kann oder nicht. So drückt zum Beispiel das Schlüsselwort `const` aus, dass der Wert von einer Variablen nur gelesen, jedoch nicht geändert werden kann. Das Schlüsselwort `volatile` haben wir im Zusammenhang mit Threading in Kapitel 15 für Objective-C vorgestellt.

Definition eigener Datentypen

In vielen C-Programmen treten allerdings auch Typen auf, die hier nicht beschrieben sind. Dies liegt daran, dass der Programmierer in C in der Lage ist, sich seine eigenen benannten Typen (ähnlich den Basistypen) zu definieren. Dies geschieht mit einer Typdefinition. Die Syntax einer Typdefinition ist wie folgt aufgebaut:

```
typedef Typausdruck Typname;
```

Auf das Schlüsselwort `typedef` folgt ein Typausdruck, der den ursprünglichen Typ spezifiziert. Darauf folgt der neue Name für den Typ. Dieser Name unterliegt den gleichen Namensregeln wie Funktionen oder Variablen.

Auf diese Weise können wir uns zum Beispiel unseren eigenen Längentyp definieren:

```
typedef unsigned int Distance;
```

Durch diese Definition lässt sich der Name `Distance` als neuer Typ äquivalent für den Typ `unsigned int` verwenden. Man kann ihn zum Beispiel innerhalb einer Funktionsdefinition verwenden. Allerdings wird hierdurch nicht wirklich ein neuer Typ definiert, sondern C interpretiert den benannten Typ als genau den Typ, für den er einsteht.

B.5.1 Pointer

Wie wir bereits vorher mehrfach erwähnt haben, werden alle Daten, die wir in C über Variablen speichern, im virtuellen Speicher des laufenden Prozesses und damit im Hauptspeicher des Rechners abgelegt. Der virtuelle Speicher ist für das Programm selbst über die Speicheradresse von 0 an zugreifbar. Unter jeder Adresse kann ein Byte abgespeichert werden. In den meisten Programmiersprachen hat der Programmierer auf die Abbildung der Daten auf Speicher keinen Zugriff. Die Abbildung wird vom Compiler und dem Laufzeitsystem versteckt.

Dies ist in C etwas anders. In C gibt es Pointer, über die eine Speicheradresse beschrieben wird. Auch diese Speicheradressen, die im Hauptspeicher auf Daten zeigen, können als Wert verwendet werden. Solche Pointer-Werte besitzen dann einen Pointertyp. Um einen Typausdruck in C für einen Pointer anzugeben, wird einem beliebigen anderen Typausdruck ein Stern (*) angefügt, zum Beispiel `int*`.

In einer Variablen vom Typ `int*` kann also eine Speicheradresse gespeichert werden, die im Hauptspeicher auf einen `int`-Wert zeigt. Man bezeichnet dies deswegen auch als Indirektion. Eine Speicheradresse selbst kann natürlich als eine Ganzzahl dargestellt werden. Es ist jedoch hardwareabhängig, wie viele Bytes eine Speicheradresse und damit ein Pointer benötigt.

Es ist aber sicherlich nicht sinnvoll, die Speicheradressen, auf die man zugreifen möchte, direkt als Zahl anzugeben. Eine Ausnahme stellt hingegen die Speicheradresse 0 dar. Hierfür existiert die vordefinierte Konstante `NULL`. Mit der Speicheradresse `NULL` wird in C ausgedrückt, dass ein Pointer nicht initialisiert ist.

Eventuell ist jedoch von Interesse, unter welcher Adresse ein Wert gespeichert wurde. So kann man zum Beispiel über ein Argument nicht den Wert einer Variablen, sondern ihre Speicheradresse mitreichen. Hiermit erhält die Funktion die Möglichkeit, diesen Wert zu ändern. Um dies zu ermöglichen, gibt es in C zwei weitere unäre Operatoren – den Dereferenzierungs- (*) und Referenzierungsoperator (&). Mit dem Referenzierungsoperator erhalten wir für einen Ausdruck die Speicheradresse, an der ihr berechneter Wert abgespeichert wird. So können wir zum Beispiel die Speicheradresse einer Variablen auslesen:

```
int var = 5;
int *varAddr = &var;
```

In der Variablen `varAddr` ist also nicht der Wert 5 gespeichert, sondern die Adresse, an dem sich der Wert 5 der Variablen `var` im Speicher befindet. Mit dem Dereferenzierungsoperator können wir dann die Abbildung auf eine Speicheradresse rückgängig machen. Mit `*varAddr` erhalten wir als Wert wieder den Inhalt der Speicherzelle, auf die `varAddr` zeigt, also in diesem Fall 5. Der Derefenzierungsoperator kann allerdings auch auf der linken Seite einer Wertzuweisung verwendet werden:

```
*varAddr = 10;
```

So wird nicht die gespeicherte Speicheradresse, sondern der Inhalt im Hauptspeicher geändert, auf den die Variable `varAddr` zeigt. Da in diesem Beispiel die Variable `varAddr` auf die Adresse von `var` zeigt, wird auf diese Weise der Wert von `var` geändert, ohne die Beziehung zur Variablen `var` zu kennen.

So können wir also ein Argument einer Funktion nutzen, um den Wert einer Variablen zu ändern:

```
int usePointer(int *varAddr) {
    *varAddr = 10;
    return 5;
}
int main() {
    int a = 0;
    int b = 0;
    a = usePointer(&b);
    printf("a = %d, b = %d\n", a, b);
    return 0;
}
```

Listing B.42: Verwenden von Pointern als Funktionsargument

Auf diese Weise wird in der Funktion zum einen der Wert 5 als Rückgabewert zurückgegeben und zum anderen die 10 über den Pointer `varAddr` der Variablen `b` zugeordnet. Der Rückgabewert wird nach dem Aufruf von `usePointer` der Variablen `a` zugewiesen. Bei der Ausgabe durch `printf` besitzt die Variable `a` also den Wert 5 und `b` den Wert 10.

Anonyme Pointer

Manchmal ist es wichtig zu wissen, dass ein Wert eine Speicheradresse darstellt, jedoch nicht wichtig, auf welche Art von Wert diese Speicheradresse zeigt. Hierfür dienen die anonymen Pointer `void*`. Hiermit ist jedoch nicht bekannt, welchen Datentyp der Wert besitzt, auf den die Speicheradresse zeigt. Aus diesem Grund muss bei einer Dereferenzierung durch einen Cast der Typ des Wertes spezifiziert werden. Anonymer Pointer und typisierte Pointer lassen sich hierfür in C beliebig hin- und hercasten.

Funktionspointer

Jedoch brauchen nicht nur Werte wie Zahlen Speicher. Auch Funktionen nehmen Speicher für das dahinterliegende Maschinenprogramm ein. Auch auf diese Speicheradresse einer Funktion können wir als Programmierer zugreifen. So können wir eine Funktion als Argument einer anderen Funktion mitgeben, indem wir nur ihre Speicheradresse übergeben. Wie formuliert man allerdings in C einen Typausdruck für einen Funktionspointer? Hierzu folgendes Beispiel:

```
int apply(int value, int (*function)(int)) {
    return (*function)(value);
}
```

Listing B.43: Definition der Funktion apply

In diesem Beispiel soll der zweite Parameter der Funktion ein Funktionspointer sein. Dass es sich um einen Pointer handelt, sehen wir am * vor dem Namen `function`. Der Rückgabetyp der Funktion ist `int`. Die erwartete Funktion soll ein Argument, das ebenfalls vom Typ `int` ist, besitzen. Innerhalb des Funktionsrumpfs wird der Funktionspointer dann dereferenziert und kann damit aufgerufen werden.

Diese Funktion können wir nun verwenden und ihr die anzuwendende Funktion per Argument übergeben:

```
int square(int x) {
    return x * x;
}
int main() {
    printf("value = %d", apply(10, &square));
    return 0;
}
```

Listing B.44: Anwendung der Funktion apply

In diesem Beispiel wird der Funktion `apply` beim Aufruf als zweites Argument der Zeiger auf die Funktion `square` mitgegeben. Diese wird von `apply` dann auf den Wert 10 angewendet. Ausgegeben wird von dem Programm also der Wert 100. Da in dem Beispiel für das Symbol `square` bekannt ist, dass es sich um eine Funktion handelt, ist der Referenzierungsoperator nicht notwendig. Der Aufruf `apply(10, square)` wäre auch korrekt. Die Referenzierung der Funktion `square` wird in diesem Fall vom Compiler automatisch eingefügt.

B.5.2 Arrays

Kommen wir als Nächstes zu den Arrays. Ein Array bildet nicht nur einen Wert ab, sondern eine Folge von Werten. Ein Array, bei dem jedes Element den Typ `int` besitzt, wird wie folgt definiert:

```
int var[10];
```

Über die Variable `var` kann auf ein Array der Größe 10 zugegriffen werden. Die Elemente des Arrays werden sequenziell hintereinander im Speicher abgelegt und die Variable `var` nimmt also das Zehnfache der Größe eines `int`-Wertes im Speicher ein. Zugriff auf die Größe des Arrays erhalten wir über `sizeof var` oder `sizeof(int[10])`.

Auf die einzelnen Elemente kann mit dem Index-Operator zugegriffen werden. Dazu folgt auf den Ausdruck, den das Array liefert, in eckigen Klammern ein Ausdruck, der den Index für den Zugriff berechnet. Für ein Array der Länge 10 existieren Elemente mit den Indizes von 0 bis 9. Entsprechend für Arrays anderer Größe:

```
for (int i = 0; i < 10; i++) {
    printf("Element = %d\n", var[i]);
}
```

Listing B.45: Durchlauf durch ein Array

Der Index-Operator kann natürlich auch mit dem Referenzierungsoperator verknüpft werden. So liefert zum Beispiel der Ausdruck `&var[6]` die Adresse des siebten Elements des Arrays. Auch auf der linken Seite einer Wertzuweisung darf der Index-Operator verwendet werden:

```
for (int i = 0; i < 10; i++) {
    var[i] = i;
}
```

Listing B.46: Initialisierung eines Arrays

Eine Bereichsgrenzenüberprüfung findet in C allerdings bei Zugriff auf Arrays nicht statt. Würden wir also in dem Beispiel auf mehr als nur zehn Elemente zugreifen, würde dies nicht zu einem Fehler führen. Es würden jedoch Speicheradressen als Array-Elemente interpretiert werden, die gar nicht mehr zu dem Array gehören. Der Zugriff auf ein Array-Element über den Index-Operator dient also nur der Berechnung von Speicheradressen. So übersetzt der C-Compiler einen Ausdruck `var[i]` sofort in den Ausdruck `*(var + i)`. Dazu allerdings später.

Kommen wir noch einmal zu der Initialisierung von Arrays zurück. Soll ein Array komplett initialisiert werden, so kann dies auch auf folgende Weise geschehen:

```
int var[10] = {0, 1, 2, 3, 4, 5, 6, 7, 8, 9};
```

Arrays unbestimmter Länge

Arrays mit einer festen Länge sind beim Programmieren von allgemeinen Funktionen allerdings sehr unpraktisch. So muss man für jede Array-Größe eine passende Funktion anbieten. Aus diesem Grund gibt es bei der Angabe des Typs auch die Möglichkeit, die Größenangabe des Arrays einfach entfallen zu lassen. In diesem Fall ist allerdings nicht mehr bekannt, wie viel Speicher ein solches Array benötigt, da die Anzahl der Elemente unbekannt ist. Aus diesem Grund wird anstelle des gesamten Arrays immer nur der Zeiger auf seinen Start übergeben.

Der Typ `int[]` ist also äquivalent zu dem Typ `int*`. So lässt sich damit jedoch zum Beispiel eine allgemeine Sortierfunktion schreiben:

```
void sort(int[] values, unsigned int length) {
    // ...
}
```

Ein Array fester Länge wird von C implizit in ein Array unbestimmter Länge konvertiert. Eine Variable, die ein Array beschreibt, kann innerhalb eines Programms auch als ein Pointer des Elementtyps verwendet werden:

```
int var[10];
int firstElement = *var;
```

In diesem Beispiel wird auf das erste Element des Arrays `var` direkt mit dem Dereferenzierungsoperator zugegriffen. In diesem Fall wird die Variable `var` als eine Variable vom Typ `int*` betrachtet. Der Pointer zeigt auf den Anfang des Arrays. Durch eine Dereferenzierung wird also auf das erste Element zugegriffen. Um den Zugriff über die Pointer auf ein Array-Element zu ermöglichen, sind in C die Operatoren + und - auch auf Pointer definiert. Ein Operator der Form `var + b` für den Fall, dass `var` ein Pointer vom Typ `int*` ist, entspricht dann der Berechnung `var + b * sizeof(int)`. Aus diesem Grund entspricht ein Array-Zugriff `var[i]` nichts anderem als `*(var + i)`. In diesem Fall wird die Variable `var` als Pointer vom Typ `int*` interpretiert und zeigt auf den Anfang des Arrays. Durch die Addition mit `i` zeigt die Addition auf das Array-Element `var[i]`. Da bisher allerdings nur Speicheradressen berechnet werden, ist noch eine Dereferenzierung notwendig.

Mit diesem Wissen ist es jedoch sehr einfach möglich, einen effizienten Durchlauf durch ein Array zu programmieren, bei dem nicht für jedes Element wie in Listing B.45 die Speicheradresse berechnet werden muss:

```
int* last = &var[10];
for (int* item = var; item < last; item++) {
    printf("Element = %d\n", *item);
}
```

Listing B.47: Effizienter Durchlauf durch ein Array

Zeichenketten

Wie wir in Abschnitt B.1.2 bereits darauf hingewiesen haben, handelt es sich bei Zeichenketten nicht mehr um einfache Zahlenwerte. In Wirklichkeit ist eine Zeichenkette ein Array der einzelnen Zeichen plus ein Element mit dem Wert 0. Hinter `"Hello, World"` steckt also nicht anderes als `{'H', 'e', 'l', 'l', 'o', ',', ' ', 'W', 'o', 'r', 'l', 'd', 0}`. Da Zeichenketten allerdings unterschiedliche Längen besitzen, ist der Datentyp einer beliebigen Zeichenkette `char[]` oder `char*`.

Die Länge einer Zeichenkette kann mit der Funktion `strlen` auf der Bibliothek `string.h` bestimmt werden. Die Funktion kann zum Beispiel wie folgt implementiert werden:

```
unsigned int strlen(char* string) {
    unsigned int length = 0;
    for (; *string != 0; string++) length++;
    return length;
}
```

Listing B.48: Implementierung der Funktion `strlen`

B.5.3 Strukturen

Sehen wir uns als Letztes die Strukturen an. Eine Struktur verbindet mehrere Werte verschiedener Datentypen zu einem gesamten Datentyp. Sie sind damit den Arrays sehr ähnlich mit dem Unterschied, dass die einzelnen Elemente einen unterschiedlichen Typ besitzen dürfen und nicht über einen Index, sondern über einen Namen bereitgestellt werden. Eine Struktur kann wie folgt definiert werden:

```
struct {
    Elementdefinitionen
}
```

Auf das Schlüsselwort `struct` folgt in geschweiften Klammern eine Definition der Elemente in der Struktur. Die Definition eines Elementes ist ähnlich der Definition von lokalen Variablen, nur ohne Initialisierungen.

Die Struktur für die Darstellung eines Punktes aus `x`- und `y`-Koordinate lässt sich damit wie folgt definieren:

```
struct {
    float x;
    float y;
}
```

Listing B.49: Struktur zur Darstellung von Punkten

Dieser Ausdruck dient damit direkt als Typausdruck. Es ist also möglich, eine Variable mit diesem Typ zu definieren:

```
struct {float x; float y;} pointVar;
```

Eine Strukturvariable benötigt dann genau so viel Speicher, wie sich durch die Addition des Speicherbedarfs der einzelnen Elemente ergibt. `sizeof(struct {float x; float y;})` entspricht also dem Speicherbedarf von zwei `float`-Werten.

Um die Verwendung von Strukturen zu vereinfachen, können Strukturen benannt werden. Dazu folgt auf das Schlüsselwort `struct` der Name der Struktur:

```
struct point { float x; float y;}
```

In diesem Fall dürfen die Elementdefinitionen nur das erste Mal angegeben werden. Bei allen weiteren Verwendungen der benannten Struktur entfallen die geschweiften Klammern. Der Typausdruck ist dann nur `struct point`. Eine Definition einer benannten Struktur kann dann auf globaler Ebene, auf der wir auch Funktionen definieren können, durch einfaches Abschließen mit Semikolon definiert werden:

```
struct point { float x; float y};
float distance(struct point a, struct point b);
```

Häufig findet man die Definition einer Struktur auch mit der Kombination einer Typdefinition:

```
typdef struct point { float x; float y; } point_t;
float distance (point_t a, point_t b);
```

Im obigen Beispiel kann man nun also anstelle der Struktur `struct point` den Typ `point_t` verwenden.

Zugriff auf eine Struktur

Um auf eine Struktur zugreifen zu können, kann an einen Ausdruck ein Punkt gefolgt vom Namen des Strukturelementes angehängt werden. Hiermit wird nicht auf die gesamte Struktur zugegriffen, sondern nur auf das ausgewählte Element. So lässt sich die Funktion `distance` wie folgt implementieren:

```
float distance(point_t a, point_t b) {
    float dx = b.x - a.x;
    float dy = b.y - a.y;
    return sqrt(dx * dx + dy * dy);
}
```

Listing B.50: Implementierung der Funktion `distance`

Die Funktion `sqrt` berechnet in diesem Fall die Quadratwurzel. Die Funktion ist in der Bibliothek `math.h` definiert. Der Zugriff auf ein Strukturelement darf ähnlich zum Index-Operator auch auf der linken Seite einer Wertzuweisung angewendet werden. Der Abstand zwischen den Punkten (0,3) und (4,7) kann damit wie folgt geschrieben werden:

```
point_t p1;
point_t p2;
p1.x = 0.0; p1.y = 3.0;
p2.x = 4.0; p2.y = 7.0;
printf("Abstand = %f", distance(p1, p2));
```

Listing B.51: Verwendung der Funktion `distance`

Alternativ kann eine Struktur ähnlich zu Arrays auch wie folgt initialisiert werden:

```
point_t p1 = {0.0, 3.0};
point_t p2 = {4.0, 7.0};
printf("Abstand = %f", distance(p1, p2));
```

Durch den Aufruf von `distance(p1, p2)` werden die Strukturen `p1` und `p2` auf den Stack für den Funktionsaufruf von `distance` kopiert.

Strukturen, Pointer und rekursive Strukturen

Alternativ kann auf die Strukturen auch per Referenz, also über einen Pointer zugegriffen werden. In diesem Fall wird die Funktion `distance` wie folgt definiert:

```
float distance(point_t *a, point_t *b) {
    float dx = (*b).x - (*a).x;
    float dy = (*b).y - (*a).y;
    return sqrt(dx * dx + dy * dy);
}
```

Tipp

Für die Kombination aus Dereferenzierung und Strukturzugriff gibt es einen kombinierten Operator `->`. Hiermit lässt sich der Zugriff `(*b).x` auch schreiben als `b->x`.

Die Verwendung von Pointern auf Strukturen ist vor allem auch wichtig im Zusammenhang mit rekursiven Strukturen. Versuchen wir zum Beispiel eine Struktur für die Darstellung von binären Bäumen wie folgt zu definieren:

```
typedef struct tree {
    struct tree left;
    struct tree right;
    int value;
} tree_t;
```

Dies führt jedoch zu einem Übersetzungsfehler. Es macht allerdings auch Sinn, dass eine solche Definition nicht gültig ist. So ist es durch die rekursive Beziehung nicht möglich zu entscheiden, wie viel Speicher eine solche Struktur verbraucht. Anders sieht es aus, wenn man einen Baum wie folgt definiert:

```
typedef struct tree {
    struct tree *left;
    struct tree *right;
    int value;
} *tree_t;
```

In diesem Fall wird auf den Baum selbst als auch auf die linken und rechten Nachfolger eines Knotens per Pointer zugegriffen. Der Speicherbedarf eines Knotens entspricht dann dem Speicherplatz zweier Speicheradressen plus einem `int`-Wert. Allerdings benötigt man in diesem Fall die Möglichkeit, Speicherplatz für eine Struktur anzufordern. Hierzu dient die Funktion `malloc` aus der Bibliothek `stdlib.h`. Dieser Funktion wird als Argument die Anzahl an Bytes übergeben, die man an Speicher benötigt. Als Ergebnis liefert die Funktion eine Speicheradresse, an der der Wert der Variablen abgelegt werden kann. Hiermit lässt sich eine `insert`-Methode für den Baum wie folgt implementieren:

```
tree_t insert(tree_t tree, int value) {
    if (tree == NULL) {
        tree = malloc(sizeof(struct tree));
        tree->left = NULL;  tree->right = NULL;
        tree->value = value;
    } else if (tree->value > value) {
        tree->left = insert(tree->left, value);
    } else if (tree->value < value) {
        tree->right = insert(tree->right, value);
    }
    return tree;
}
```

Listing B.52: Implementierung der Funktion `insert` für den Datentyp `tree_t`

Für den Fall, dass der gesuchte Knoten nicht existiert, also `tree` gleich `NULL` ist, wird ein neuer Knoten mit `malloc` angelegt und initialisiert. Allerdings wird hierdurch für einen Knoten Speicher reserviert und belegt. Wird der Knoten nicht mehr benötigt, muss der Speicherbereich auch wieder freigegeben werden. Hierzu dient die Funktion `free`. Ihr übergibt man als Argument eine Speicheradresse, die man zuvor mit `malloc` angefordert hat, wodurch der belegte Speicher wieder freigegeben wird. So lässt sich zum Beispiel eine `deletemin`-Funktion für den Baum implementieren:

```
tree_t deletemin(tree_t tree) {
    if (tree != NULL && tree->left == NULL) {
        free(tree);
        return NULL;
    }
    return tree;
}
```

Listing B.53: Implementierung der Funktion `deletemin`

Hinweis

Die Funktionen `malloc` und `free` lassen sich für die Speicherung von beliebigen Daten verwenden. Es lassen sich damit also auch Arrays erzeugen, deren Größe zur Übersetzungszeit noch nicht bekannt war.

Stichwortverzeichnis

B

C

D

L

M

O

S

Robert C. Martin

Clean Code

Refactoring, Patterns, Testen und Techniken für sauberen Code

- Kommentare, Formatierung, Strukturierung
- Fehler-Handling und Unit-Tests
- Zahlreiche Fallstudien, Best Practices, Heuristiken und Code Smells

Selbst schlechter Code kann funktionieren. Aber wenn der Code nicht sauber ist, kann er ein Entwicklungsunternehmen in die Knie zwingen. Jedes Jahr gehen unzählige Stunden und beträchtliche Ressourcen verloren, weil Code schlecht geschrieben ist. Aber das muss nicht sein.

Mit Clean Code präsentiert Ihnen der bekannte Software-Experte Robert C. Martin ein revolutionäres Paradigma, mit dem er Ihnen aufzeigt, wie Sie guten Code schreiben und schlechten Code überarbeiten. Zusammen mit seinen Kollegen von Object Mentor destilliert er die besten Praktiken der agilen Entwicklung von sauberem Code zu einem einzigartigen Buch. So können Sie sich die Erfahrungswerte der Meister der Software-Entwicklung aneignen, die aus Ihnen einen besseren Programmierer machen werden – anhand konkreter Fallstudien, die im Buch detailliert durchgearbeitet werden.

Sie werden in diesem Buch sehr viel Code lesen. Und Sie werden aufgefordert, darüber nachzudenken, was an diesem Code richtig und falsch ist. Noch wichtiger: Sie werden herausgefordert, Ihre professionellen Werte und Ihre Einstellung zu Ihrem Beruf zu überprüfen.

Clean Code besteht aus drei Teilen: Der erste Teil beschreibt die Prinzipien, Patterns und Techniken, die zum Schreiben von sauberem Code benötigt werden. Der zweite Teil besteht aus mehreren, zunehmend komplexeren Fallstudien. An jeder Fallstudie wird aufgezeigt, wie Code gesäubert wird – wie eine mit Problemen behaftete Code-Basis in eine solide und effiziente Form umgewandelt wird. Der dritte Teil enthält den Ertrag und den Lohn der praktischen Arbeit: ein umfangreiches Kapitel mit Best Practices, Heuristiken und Code Smells, die bei der Erstellung der Fallstudien zusammengetragen wurden. Das Ergebnis ist eine Wissensbasis, die beschreibt, wie wir denken, wenn wir Code schreiben, lesen und säubern.

Dieses Buch ist ein Muss für alle Entwickler, Software-Ingenieure, Projektmanager, Team-Leiter oder Systemanalytiker, die daran interessiert sind, besseren Code zu produzieren.

Probekapitel und Infos erhalten Sie unter:
www.mitp.de/5548

ISBN 978-3-8266-5548-7

Ulla Kirch, Peter Prinz

C++

Lernen und professionell anwenden

Mit Microsoft Visual C++ 2010 Express Edition auf der CD

- **Gezielter Lernerfolg durch überschaubare Kapiteleinheiten**
- **Vollständige Darstellung – Schritt für Schritt**
- **Konsequent objektorientiert programmieren**
- **Mit Microsoft Visual C++ 2010 Express Edition auf der CD**

6. Auflage

Sie möchten die Programmiersprache C++ erlernen oder vertiefen – und sind Anfänger oder aber fortgeschrittener Programmierer? Dann ist dieses Buch richtig für Sie!

Sie lernen die elementaren Sprachkonzepte von C++ und werden schrittweise bis zur Entwicklung professioneller C++-Programme geführt. In den Beispielen zeigen die Autoren die ganze Breite des Anwendungsspektrums auf. Dabei basiert die Sprachbeschreibung auf dem ISO -Standard, der von allen gängigen Compilern unterstützt wird (Visual C++, C++Builder, GNU C++ etc.). Die Erweiterungen des neuen Standards von 2011 (kurz C++11) sind in aktuellen Compilern noch nicht voll integriert und werden deshalb in diesem Buch mit C++11 gekennzeichnet.

Für den professionellen Einsatz sind in den hinteren Kapiteln die Container und Algorithmen der Standard-Template-Library sowie die Numerische Bibliothek beschrieben. Zahlreiche Anwendungsbeispiele illustrieren die unterschiedlichen Verwendungsmöglichkeiten.

Jedes Kapitel bietet Ihnen die Gelegenheit, mit Übungen und Musterlösungen Ihre Kenntnisse direkt zu überprüfen und zu vertiefen. Damit Sie Ihr Programm unmittelbar testen können, ist auf der beiliegenden CD die Microsoft Visual C++ 2010 Express Edition beigefügt. Die Programmbeispiele finden Sie ebenfalls auf der CD.

Probekapitel und Infos erhalten Sie unter:
www.mitp.de/9195

ISBN 978-3-8266-9195-9

Rafael Mroz

App-Marketing

für iPhone und Android

Planung, Konzeption, Vermarktung von Apps im Mobile Business

- **Ideen nutzen und Apps effektiv konzipieren**
- **Marketing planen, erfolgreich umsetzen und Kunden langfristig binden**
- **Kennzahlen im App-Business und Tools zur Erfolgsmessung**

Ob iPhone oder Android – erst die Apps machen den Smartphone-Markt so erfolgreich. Jedoch reicht es heute nicht mehr aus, eine App einfach nur zu veröffentlichen und auf den Erfolg zu warten.

Der Autor zeigt in diesem Buch alle wichtigen Stellschrauben, an denen Sie drehen müssen, um eine App erfolgreich zu machen und sie im hart umkämpften App-Markt gewinnbringend zu positionieren.

Im ersten Teil lernen Sie alle Schritte kennen, die vor Veröffentlichung einer App wichtig sind. Denn der Erfolg einer App wird definiert durch Entscheidungen, die in einem ganz frühen Stadium getroffen werden. So werden Sie von Anfang den Blick auf das Wesentliche richten und durch eine strukturierte Arbeitsweise den Grundstein für den Erfolg Ihrer App legen.

Der zweite Teil des Buches behandelt die erfolgreiche Vermarktung nach Veröffentlichung der App. Sie lernen verschiedene Marketing-Maßnahmen kennen und erfahren, wo Sie Ihre App am besten bewerben. Ein Kapitel zur Erfolgsmessung rundet das Buch ab.

Das Buch richtet sich sowohl an Entwickler, die ihre eigene Idee umsetzen möchten als auch an App-Publisher, die ihre Idee von externen Dienstleistern umsetzen lassen. Ebenfalls können Unternehmen von den Inhalten profitieren, die bereits online präsent sind und nun den Sprung in die mobile Welt wagen wollen. Dabei spielt es keine Rolle, ob Sie Apps für Smartphones oder Tablets, für Apples iOS oder Googles Android veröffentlichen. Die Inhalte dieses Buches sind plattformübergreifend anwendbar.

Probekapitel und Infos erhalten Sie unter:
www.mitp.de/9209

ISBN 978-3-8266-9209-3

Holger Hinzberg

Objective-C und Cocoa Praxiseinstieg

Programmierung für Mac® OS X und iPhone

2. Auflage

- **Grundlagen von Objective-C und Cocoa**
- **Programmierung für iPhone & Co.**
- **Zahlreiche praxisnahe Beispiele**

Die Programmierung für Mac OS X und iPhone wird immer beliebter, jedoch ist der Einstieg nicht immer einfach. Holger Hinzberg zeigt Ihnen von Grund auf und praxisnah, wie Sie Anwendungen mit Objective-C und Cocoa erstellen und die dazu nötigen Werkzeuge bedienen. Alle Funktionen werden anhand von Beispielen erklärt. So lernen Sie das Handwerkszeug, das Sie benötigen, um später eigene Anwendungen zu entwickeln. Der Autor stellt die Praxis in den Vordergrund und die Beispiele sind so angelegt, dass sie leicht programmiert werden können.

In Teil I lernen Sie zunächst das Arbeiten mit der neuen Entwicklungsumgebung Xcode 4 kennen sowie alle wichtigen Grundlagen von Objective-C. Anhand von einfachen Beispielprogrammen wie Volumenberechnungen oder Personenlisten lernen Sie die ersten Schritte, um eigene kleine Programme zu schreiben.

Teil II beschäftigt sich mit dem Einsatz von Cocoa für grafische Benutzeroberflächen. Hier lernen Sie, wie Textfelder, Schaltflächen und viele andere Steuerelemente funktionieren. MVC-Architektur, Delegation und Sprachausgabe sind nur einige der behandelten Themen. Von einem kleinen Rechner über eine Taxianwendung bis hin zu sortierbaren Tabellen mit Drag und Drop werden hier zahlreiche Beispielanwendungen entwickelt.

Teil III widmet sich der Programmierung für iOS, also für iPhone, iPad und iPod Touch. Diese Geräte bieten vollkommen andere Möglichkeiten der Bedienung. Hier erfahren Sie, was bei der Programmierung anders ist, welche Funktionen Sie hierfür benötigen und worauf Sie achten müssen. Auch hier werden wieder verschiedene Anwendungen erstellt wie z.B. eine Länderdatenbank oder ein Farbmischer.

Zu jedem Kapitel finden Sie Übungsfragen mit Lösungen.

Das Buch richtet sich an Leser mit grundlegenden Programmierkenntnissen einer objektorientierten Programmiersprache. Vorkenntnisse in der Mac-Programmierung sind nicht erforderlich.

Für das Buch wurde Xcode 4.3 verwendet und die Beispiele sind unter Mac OS X ab Version 10.7 Lion oder höher lauffähig.

Über den Autor:
Holger Hinzberg arbeitet seit vielen Jahren als Softwareentwickler und hat bereits das Buch „Mac-Programmierung für Kids" geschrieben.

Probekapitel und Infos erhalten Sie unter:
www.mitp.de/9227

ISBN 978-3-8266-9227-7

Holger Hinzberg

iPhone
Programmierung

- **Vom Autor des bestverkauften und beliebten Einführungsbuches zu Objective-C und Cocoa**
- **Praktischer Einstieg mit zahlreichen einfachen Beispielen**
- **Alle grundlegenden Themen detailliert erläutert**

Die Entwicklung von Apps für das iPhone wird immer beliebter, jedoch ist der Einstieg nicht immer einfach. Holger Hinzberg zeigt Ihnen von Grund auf und praxisnah, wie Sie Apps mit Objective-C und Cocoa erstellen und die dazu nötigen Werkzeuge bedienen. Alle Funktionen werden anhand von Beispielen erklärt. So lernen Sie das Handwerkszeug, das Sie benötigen, um später eigene Apps zu entwickeln. Der Autor stellt die Praxis in den Vordergrund und die Beispiele sind so angelegt, dass sie leicht programmiert werden können.

Probekapitel und Infos erhalten Sie unter:
www.mitp.de/9287

ISBN 978-3-8266-9287-1